中国社会科学院学部委员专题文集

ZHONGGUOSHEHUIKEXUEYUAN XUEBUWEIYUAN ZHUANTI WENJI

吕政文选

吕　政◎著

中国社会科学出版社

图书在版编目（CIP）数据

吕政文选 / 吕政著 . —北京：中国社会科学出版社，2024.4
（中国社会科学院学部委员专题文集）
ISBN 978 - 7 - 5227 - 2600 - 7

Ⅰ.①吕…　Ⅱ.①吕…　Ⅲ.①工业发展—中国—文集
Ⅳ.①F424 - 53

中国国家版本馆 CIP 数据核字（2023）第 178466 号

出 版 人	赵剑英	
责任编辑	张　潜	
责任校对	党旺旺	
责任印制	戴　宽	

出　　版	中国社会科学出版社
社　　址	北京鼓楼西大街甲 158 号
邮　　编	100720
网　　址	http://www.csspw.cn
发 行 部	010 - 84083685
门 市 部	010 - 84029450
经　　销	新华书店及其他书店

印刷装订	北京君升印刷有限公司
版　　次	2024 年 4 月第 1 版
印　　次	2024 年 4 月第 1 次印刷

开　　本	710×1000　1/16
印　　张	37.25
字　　数	593 千字
定　　价	218.00 元

凡购买中国社会科学出版社图书，如有质量问题请与本社营销中心联系调换
电话：010 - 84083683

前　言

　　哲学社会科学是人们认识世界、改造世界的重要工具，是推动历史发展和社会进步的重要力量。哲学社会科学的研究能力和成果是综合国力的重要组成部分。在全面建成小康社会、开创中国特色社会主义事业新局面、实现中华民族伟大复兴的历史进程中，哲学社会科学具有不可替代的作用。繁荣发展哲学社会科学事关党和国家事业发展的全局，对建设和形成有中国特色、中国风格、中国气派的哲学社会科学事业，具有重大的现实意义和深远的历史意义。

　　中国社会科学院在贯彻落实党中央《关于进一步繁荣发展哲学社会科学的意见》的进程中，根据党中央关于把中国社会科学院建设成为马克思主义的坚强阵地、中国哲学社会科学最高殿堂、党中央和国务院重要的思想库和智囊团的职能定位，努力推进学术研究制度、科研管理体制的改革和创新，2006 年建立的中国社会科学院学部是践行"三个定位"、改革创新的产物。

　　中国社会科学院学部是一项学术制度，是在中国社会科学院党组领导下依据《中国社会科学院学部章程》运行的高端学术组织，常设领导机构为学部主席团，设立文哲、历史、经济、国际研究、社会政法、马克思主义研究学部。学部委员是中国社会科学院的最高学术称号，为终生荣誉。2010 年中国社会科学院学部主席团主持进行了学部委员增选、荣誉学部委员增补，现有学部委员 57 名（含已故）、荣誉学部委员 133 名（含已故），均为中国社会科学院学养深厚、贡献突出、成就卓著的学者。编辑出版《中国社会科学院学部委员专题文集》，即从侧面展示这些学者治学之道的一个重要举措。

　　《中国社会科学院学部委员专题文集》（下称《专题文集》），是中国社会科学院学部主席团主持编辑的学术论著汇集，作者均为中国社会科学院学部委员、荣誉学部委员，内容集中反映学部委员、荣誉学部委员在相关学科、专业方向中的专题性研究成果。《专题文集》体现了著作者在科学研究实践中长期关注的某一专业方向或研究主题，历时动态地展现了著作者在这一专题中不断深化的研究路径和学术心得，从中不难体味治学道路之铢积寸累、循序渐进、与时俱进、未有穷期的孜孜以求，感知学问有道之修养理论、注重实证、坚持真理、服务社会的学者责任。

2011年，中国社会科学院启动了哲学社会科学创新工程，中国社会科学院学部作为实施创新工程的重要学术平台，需要在聚集高端人才、发挥精英才智、推出优质成果、引领学术风尚等方面起到强化创新意识、激发创新动力、推进创新实践的作用。因此，中国社会科学院学部主席团编辑出版这套《专题文集》，不仅在于展示"过去"，更重要的是面对现实和展望未来。

这套《专题文集》列为中国社会科学院创新工程学术出版资助项目，体现了中国社会科学院对学部工作的高度重视和对这套《专题文集》给予的学术评价。在这套《专题文集》付梓之际，我们感谢各位学部委员、荣誉学部委员对《专题文集》征集给予的支持，感谢学部工作局及相关同志为此所做的组织协调工作，特别要感谢中国社会科学出版社为这套《专题文集》的面世做出的努力。

《中国社会科学院学部委员专题文集》编辑委员会

2012年8月

序

郑新立

　　吕政同志与我同庚，又同为 1978 年入学的工业经济专业研究生。毕业后共同致力于改革开放大潮推动下的中国工业化研究。进入 21 世纪后又共同参与了中国工业经济学会的组织领导工作。40 多年的共同经历，使我们成了无话不谈的学术挚友。时值其文选出版，写一点关于他为人为学的印象，权做对老友的深切怀念。

　　吕政同志从中国社会科学院研究生院毕业后，一直留在工业经济研究所工作，长期专注于中国工业发展问题研究，成为我国著名的经济学家和我国工业经济研究的代表性学者。他的学习研究、工作生涯与我国改革开放同步，是我国改革开放的见证者、参与者和推动者。这本文选收录了他从事科研工作四十多年的主要成果，反映了中国工业化研究最前沿的认识水平，彰显出吕政同志在为人为学方面的优秀品质和良好学风。

　　一是深厚的家国情怀和强烈的使命担当。著名诗人艾青在《我爱这土地》一诗中写道："为什么我的眼里常含泪水？因为我对这土地爱得深沉。"吕政同志曾告诉我，他的母亲在怀着他的时候，为躲避日寇扫荡，在山里东奔西逃，导致母子严重营养不良。旧中国的落后和老百姓的困苦，使他强烈渴望国家能够强大，人民能够过上好日子。为了避免"落后就要挨打"的命运，为了让中国站起来、富起来、强起来，必须加快推进工业化。我想这也是吕政同志选择工业经济研究作为自己终生职业，并为之付出毕生心血而坚持不懈的重要原因。

　　二是"苟日新，日日新，又日新"的研究态度。吕政同志常说，"理论研究不应当做重复劳动"，他对于生产力发展和我国经济建设中的新变化非常敏感，总是能够准确地抓住新问题和问题的本质，做出合理又有新意的理论分析，提出新颖且能落地的政策建议。比如，他 2001 年发表的论文《中国能成为世界工厂吗?》，率先洞察到中国加入 WTO 和进入国际分工体系后，我国工业国际地位可能发生的变化趋势。这篇论文发表后，在经济理论界和社会上都产生了广泛的影响。

三是"把论文写在祖国大地上"的扎实作风。中国社会科学院的研究既有理论探索的要求，又有资政建言的任务。中国工业化波澜壮阔的实践涌现出了大量需要从理论上揭示的重大问题，为党中央和国家决策资政建言更需要准确把握现实。对这些问题的准确把握离不开一手资料。吕政同志重视并长期坚持深入一线开展调查研究，几十年来他的足迹遍及祖国大地，为理论和政策研究奠定了坚实基础。

四是"文章不写半句空"的务实学风。中国快速的工业化不断出现新问题需要研究和解决，让吕政同志感到时不我待，学术研究不能做"无用功"。他的研究始终从中国实践中来、又回到中国实践中去，揭示中国经济运行的本质规律，科学回答中国工业化中需要解决的问题。他在工业经济发展、工业结构调整、工业对外开放、国有企业改革以及国防工业等领域开展了大量研究，做出了许多具有重要价值的理论创新和政策建议。

吕政同志于 2023 年 5 月离开了我们，这是我国经济学界的损失。斯人已逝，但他的品质、他的精神、他的学风是留给我们永远的宝贵财富。我们正迎来世界新一轮科技革命、产业变革同中国式现代化建设的历史性交汇时期，新型工业化如何推进、新兴产业如何发展、中国世界工厂地位怎样变化、国有经济应发挥什么作用等新的研究课题不断出现。《吕政文选》中的文章常读常新，能够对我们回答新时期不断出现的新问题给予有益的启发。谨以此文纪念吕政同志!

自 序

工业化是经济结构转变的过程,也是国家富强之路。由于错失了两次工业革命的机遇,旧中国积贫积弱并陷入半殖民地半封建社会,国家受到世界列强欺凌,人民处于水深火热之中。从洋务运动算起,一百多年来,通过工业化实现民族独立、国家富强和人民幸福是无数仁人志士的不懈追求。新中国成立后,我国实施了重工业优先发展战略,拉开了工业化进程的波澜壮阔画卷。通过建设 156 项重大工程为代表的一系列工业项目,在较短的时间内基本形成了较为完整的工业体系,对巩固新生的人民政权发挥了重要作用。但总体上看,这一时期我国的工业发展水平仍然与先发工业化国家存在巨大差距,而且重工业优先发展战略带来的轻、重工业结构失衡严重影响到工业和经济的发展。1978 年开始的改革开放释放了我国经济的活力,一方面使我国加入全球产业分工体系,可以利用世界范围内的资金、技术、人才、市场实现发展,另一方面也充分发挥出我国的比较优势,我国工业化进入快速推进的阶段。

改革开放 40 年来,我国工业化与经济发展取得巨大成就,工业发展有力支撑了"中国人民从站起来到富起来、强起来的伟大飞跃"。根据世界银行的数据,中国制造业增加值在 2010 年超过美国,之后持续居于世界第一位,2021 年中国制造业增加值占全球比重达到 30.32%,接近美国的两倍;中国商品和服务出口额自 2013 年超过美国居世界第一,2021 年占全球比重达到 12.75%,超过美国 3.64 个百分点。我国已经成为世界工业规模最大、产业门类最齐全、产业链最完整的国家,不仅规模优势突出,500 种主要工业产品中有四成以上产品的产量位居世界第一,而且创新能力显著增强、产业链韧性和国际竞争力持续提升,甚至在通信设备、轨道交通设备、发电设备、新能源汽车等一批高技术领域进入全球领先行列。我国"仅用几十年时间就走完发达国家几百年走过的工业化历程",创造了人类经济发展和工业化历史上的"中国奇迹"。

我的学术研究生涯与改革开放同步、与中国的快速工业化时期高度重合。1978 年我考取中国社会科学院研究生院工业经济系的研究生,从此开始了我的学术研究生涯。40 年多来,我的研究工作主要围绕工业发展、工业结构调整、工业对外开放、国有企业改革等重要的理论和中国经济发展改革实践问题展开,发表了数百篇学术论文、理论文章、政策建议报告,其中一些研究结论产生了较为广泛的社会影响,一些政策建议被中央采纳转化为具体的改革举措和产业政策。例如,2001 年发表的《中国能成为世界工厂吗?》一文,首次对世界工厂的含义、表现形式进行了理论上的界定,对于正确认识我国工业发展水平以及我国在国际分工体系中的地位起到了重要作用。2002 年提出进一步改革国有大企业管理体制、在中央和省市成立国有资产管理委员会的建议对推动我国国有资产管理体制改革发挥了积极作用。能够亲身见证中国工业由小到大、由大到强,亲身经历中国快速工业化的进程并在其中贡献自己的绵薄之力,是作为一名工业经济研究者的我之幸事。

本书选取了我四十多年学术生涯中比较重要的研究成果,其可大致划分为工业增长与发展、工业结构与产业政策、工业经济体制、工业资源与环境、工业技术创新、工业国际竞争力、国防科技工业、工业化与科学发展观、区域经济九个主题,每一主题的内容按照成果发表的时间顺序先后排列,由于部分文章发表时间较早,个别提法保留了发文原貌,不做改动。这些成果主要围绕改革开放以来工业领域各个关键节点上的重要问题展开,从本书的内容可以对我国改革开放以来的工业发展历程一窥全豹。

改革开放四十多年来,我国的经济体制、要素禀赋、产业结构、技术水平、产业竞争力、外部环境等多个方面发生了巨大的变化,改革开放和社会主义现代化建设的丰富实践不但为经济学理论研究源源不断地提供新问题,也要求我们对这些新问题给出经济学的回答,提出解决方案。中国的经济学研究者应当从国情出发,从中国实践中来、到中国实践中去,把论文写在祖国大地上,使理论和政策创新符合中国实际、具有中国特色。当前,我国已实现基本实现工业化这个目标,也实现了全面小康这个中华民族的千年梦想，正在向全面建成社会主义现代化强国、实现第二个百年奋斗目标的道路上迈进。作为经济学家，我们必须要在这一过程中承担自己的历史使命。多年前我在中国社会科学院院报上发表的一首散文诗中的一段可反映当代中国经济学家的理想和追求："不必羡慕诺贝尔经济学奖！13亿人的神州大地，从贫穷走向小康，从落后走向富强，才是中国经济学家的理想。"

本书的出版获得了中国社会科学院"学部委员文集"项目的资助，周维富博士承担了成果选择、文稿编辑等繁琐工作，在此表示感谢。

目　　录

工业增长与发展

工业结构与产业政策

工业经济体制

工业资源与环境

工业技术创新

工业国际竞争力

国防科技工业

工业化与科学发展观

区域经济

工业增长与发展

论 20 世纪 90 年代我国工业的发展与改革

经过近两年的治理整顿，我国 20 世纪 80 年代中后期出现的经济过热的局面已经扭转，物价大幅度上涨的势头逐步得到控制，流通领域经济秩序混乱的状况有了很大改变。这些都说明治理整顿取得了成效。但是与此同时，1989 年下半年以来，又出现了市场疲软问题。由于市场需求不足，导致工业增长速度严重下跌。如何使我国工业转向持续、稳定和协调发展的轨道，既是当前我国经济迫切需要解决的难题，也是关系到 2000 年我国经济发展目标能否顺利实现的重大课题。本文拟对 90 年代我国工业发展的任务以及完成这一任务的宏观经济政策进行初步的探讨。

一　20 世纪 90 年代我国工业发展的主要任务

今后 10 年，我国经济发展的战略目标是实现国民生产总值再翻一番，人民群众的生活达到小康水平，工业发展的任务应服从于这个总的战略目标。当前我国工业生产的形势仍处于低增长的状态，而且很不稳定。要实现 20 世纪 90 年代经济发展的战略目标，我国工业必须以提高经济效益为中心，优化工业结构，推进技术进步，保持中速增长，逐步实现工业发展的集约化。

（一）保持工业的中速增长

我国的国民生产总值按可比价格计算，1989 年比 1980 年增长了 124%，翻了一番多。从 1991—2000 年，在 1990 年国民生产总值的基础上再增长 70%，即平均每年增长 5.5%，可以实现比 1980 年翻两番的目标。1980—1988 年我国国民生产总值的年平均增长率为 10%，比同期工农业总产值年平均增长率低 2.1 个百分点。考虑到 20 世纪 90 年代我国建筑业、交通运输业、邮电通信业、商业和其他第三产业在国民经济中的比重进一步提高，以及技术进步加快和经济效益提高等因素，今后 10 年国民生产总值增长率与工农业总产值增长率之间的差距将会逐步缩小。但是，由于工业总产值中重复计算的比重较大，今后 10 年国民生产总值增长率与工农业总产值增长率的差距将不可能低于 1.5 个百分点，即使按 1.5 个百分点的差距测算，要保证国民生产总值平均每年增长 5.5%，工农业总产值的平均增长率应达到 7%。农业生产由于受到自然条件的限制，特别是土地资源的限制，未来 10 年在没有重大的带有革命性的科学技术成果广泛应用于农业的情况下，不可能出现超常增长，预计农业的年平均增长率在 3.5%—4%。根据经验数据，工业与农业之间的增长比例保持在 2∶1 至 2.5∶1 的水平上，工业和农业之间的关系就比较协调，因此"八五"和"九五"期间，工业增长率宜保持在 7%—9%。

在经历了 1989 年下半年以来的市场疲软和工业增长速度急剧下跌之后，人们往往很容易怀念 20 世纪 80 年代工业的高速增长，并期待着 90 年代出现一轮新的高速增长。

从经济发展水平看，我国仍然存在着拉动工业高速增长的潜在因素。第一，农业劳动力向非农业部门转移，是经济发展的必然趋势，农业劳动力转移的过程也是工业增长的过程。第二，钢铁工业在我国依然是上升的产业，还将继续增长，并将带动相关工业的发展。第三，建筑业在工业发达国家已长期处于不景气的状态，但在我国，无论是铁路、公路、港口、仓库建筑，还是城镇公共设施以及城乡居民的住宅建筑，都需要进行长期的大规模的建设，建筑业的发展必将增加对工业的需求。第四，汽车工业，特别是轿车工业在我国刚刚起步，从替代进口到扩大出口，预计在今后一个时期将会以较高的速度增长，同时带动相关产业的增长。第五，除了传统的三大产业外，20 世纪 80 年代在我国兴起的家电行业，其产品在城市的普及率虽然已达到较高的水平，但农村的市场前景仍十分广阔。第六，以微电子技术为中心的高技术产业目前还处于起步阶段，其中某些行业或产品将会出现超常的增长。

从经济机制看，从政府到企业，传统体制下长期形成的扩张冲动的经济机制并没有完全根除，中央以行政控制手段为主的宏观政策一有松动，这种扩张冲动可能会再次出现，从而推动工业的高速增长。此外，国家对企业的财务约束软化以及全民所有制企、事业职工"端铁饭碗"的问题也没有实质性的变化，企业和职工追求消费最大化的倾向依然存在。这种倾向在一定的条件下可能会再次导致新的消费浪潮，从而推动工业的高速增长。

但是，工业的高速增长必然会遇到农业、能源、原材料和交通运输等基础产业供给不足的"瓶颈"障碍。当工业高速增长超出这些基础产业的支撑能力时，就会引起新的结构失调和通货膨胀。因此我们必须努力避免这种重蹈覆辙的局面。我们反对和防止脱离实际的高速度，同时也要避免工业增长速度过低。当工业增长率低于 5% 时，工农业总产值的增长率只能达到 4% 左右，国民生产总值和国民收入增长率只能达到 2.5% 左右。由于 20 世纪 90 年代我国每年仍新增 1500 多万人口，新增人口均摊的国民收入将占去每年国民收入增长率的 1 个百分点。"八五"时期是我国偿还外债的高峰时期，每年还债额折合人民币约 300 亿元，相当于国民收入年增长率的 2 个百分点。偿还外债等于国民收入的净流出。因此，"八五"时期即使维持人均实际国民收入零增长，总的国民收入仍需要保持 3% 的增长率，相应的工农业总产值增长率至少应达到 4.5%，工业增长率不应低于 5%。

综上所述，我国工业增长速度的选择，应当是既不过高又不过低的中速增长。

（二）调整和优化工业结构

我国的工业结构存在三个突出的问题：一是能源和原材料等基础工业的发展相对滞后；二是附加价值高的、技术密集型的加工工业产品没有形成支柱性产业；三是工业的组织结构不合理，规模不经济的问题十分突出。

我国能源和主要原材料的产品产量在总量上虽然已跃居世界前列，但由于人口众多，按人均占有量计算，不仅大大低于工业发达国家的水平，也低于世界平均水平。我国能源、原材料短缺的格局在 20 世纪 90 年代还不可能有根本性的改变。因此，调整和优化工业结构的首要任务应当是加快能源和原材料工业的发展。

如果从能源、原材料的生产总量与所创造的国民生产总值对比看，我国能源、原材料的短缺又是相对的。我国的能源消费总量比日本高出 1 倍以上，但即使按购买力平价来计算，我国的国民生产总值也还远未达到日本的水平。其中一个重要原因是我国工业产品中附加价值高、技术密集型产品的比重低，没有形成支柱性产业。根据对中日两国 35 种最主要的工业产品产量的统计分析，我国有 24 种产品产量超过日本，2 种产品接近日本，低于日本产量的有 9 种；但是，如果用同一价格尺度计算，我国 35 种工业产品的价值只有日本同类产品价值的 52%，其原因主要是由于我国工业产品结构落后造成的。我国工业产品结构长期以初级产品和附加价值低的产品为主导，以数量的增加代替质量的提高，使得我国工业品在国际市场上的竞争能力低，换汇率低，处于一种不利的地位，大量的社会财富通过国际市场上事实上的不等价交换流入了其他国家。我们认为，当我国奠定了比较雄厚的工业化基础之后，就不应再以单纯追求量的扩张作为最主要的目标，而应在追求适度增长的同时，积极推进工业产业结构、产品结构和技术结构的转换与升级，把工业化的水平推向一个新的阶段。因此，20 世纪 90 年代调整和优化工业结构的第二个任务是在加工业中，把大力发展附加价值高技术密集型工业放在重要位置，特别是汽车工业和石油化学工业。通过进口替代和出口替代，逐步调整我国工业品进出口结构。

调整和优化工业结构的第三项重要任务是推进组织结构合理化。通过行业内部的调整和改组，继续发展专业化协作，改变"大而全""小而全"的状况。同时，要通过深化改革，克服体制性障碍，强化市场机制的作用，推进企业的联合和兼并。对适合大规模、集中化生产的行业和产品，应当规定起始规模标准、能源和原材料消耗标准，并通过信贷、税收等手段，限制达不到经济规模标准的企业的盲目发展。

（三）加快技术进步，推进工业现代化

20 世纪 80 年代以来，我国工业技术水平有了很大提高，主要表现

在通过大量的技术引进，新建了一批具有 80 年代先进水平的大型企业，改造了一批老的企业，在冶金、煤炭、电力、石油化工、建材、造船、电子以及轻纺等工业行业都出现了一些接近当代世界先进水平的现代化企业。但是，这些技术先进的企业在我国工业中的比重仍然很低，其他绝大部分工业企业的技术仍然停留在 70 年代以前的水平上。设备老化、工艺落后、技术陈旧是我国工业发展中的一个十分突出的问题。这种技术状况，在 80 年代以前能源、原材料价格和劳动力费用较低时，即使生产消耗高，企业也仍然能够取得较高的利润。80 年代以来，这种格局已经发生了很大变化，能源和原材料价格大幅度上涨，工资成本也在不断增加。但是大多数企业的生产技术水平没有多大提高，单位产品的各项消耗指标没有明显的改善，因而难以承受能源、原材料和工资费用上升的压力，导致利润率下降，经济效益状况恶化。要从根本上扭转这种状况，出路有两条：一是深化改革，解决经济运行机制问题；二是强化技术改造，大力推进工业技术现代化。除了能源、原材料工业以及高技术产业需要新建和扩建外，一般加工工业的发展今后应主要依靠现有工业企业的技术改造。通过大规模的技术改造，90 年代末我国工业主要行业的平均技术水平应当达到 80 年代中期的世界先进水平，少数领域处于领先地位，工业的总体技术水平与国外工业发达国家之间的差距缩短到 15 年左右。

二　几个重要的宏观经济政策

（一）积累和工业投资政策

资金短缺是 20 世纪 90 年代我国工业经济发展最突出的困难之一。由于必须实行向农业、交通运输业、能源和原材料工业等基础产业倾斜的投资政策，资金投入产出系数将明显高于 80 年代，据估算，为使国民收入年平均增长率达到 5.5% 以上，积累率仍须保持在 30% 或略高于 30% 的水平上。

在我国目前人均国民收入较低的情况下，30% 左右的积累率是一个不算低的积累水平，但是，为了实现 20 世纪 90 年代工业经济发展的目标，这也是个不算高的要求，低于这一积累水平，我国工业发展的后劲会受到削弱，产业结构调整也难以完成。在目前的体制下，实现这样的积累率就得注意处理好一系列新问题，在宏观政策上必须有新的作为。

1. 必须采取有效的货币政策以保持币值的稳定。自从实行改革以来，积累资金的来源发生了很大变化，积累主体多元化了，企业和居民储蓄成为越来越重要的积累资金来源，特别是居民储蓄所占比重日益提高。在这种情况下，宏观经济形势是否稳定，特别是币值是否稳定，直接影响着积累资金来源的稳定性。所以，国家尤其是国家银行必须有效地实施"保卫货币"的政策，控制货币发行和信贷规模，这是实现所企望的积累率的首要政策前提。

2. 要实行鼓励和方便储蓄的政策，特别是要发展和完善证券市场。在目前，国家债券（例如国库券）是最主要的有价证券，已成为越来越重要的筹资工具，20世纪90年代特别要注重完善国家债券的发行、转让、兑付制度，采取有效的政策措施，提高国家债券的信誉。同时，也要注意建立和发展其他多种类型的证券制度，银行储蓄业务以及各种非银行金融机构的融资业务也必须大大改进，积极引导居民、企业以及其他各类社会团体的储蓄行为，以保证积累资金有充分的储蓄来源。

3. 要实行鼓励企业和个人进行生产性积累的政策。企业对用自有资金进行投资所获得的收益应有更大的分享权，并要在产权规则上确定企业对积累资产的合法权益。个人（特别是农民和城市个体户及私人工商业者）进行生产性积累应受到政策鼓励和法律保护，引导企业和个人经营者把资金更有效地投入生产领域。

4. 20世纪90年代积累政策最重要的内容是要促进资金使用效率的提高。这主要包括两个方面：一是逐步提高资金的实际利息率，目前这种资金利率过低甚至实际利率为负值的状况要逐步改变。必须认识廉价资金供给的极大危害性，不改变资金廉价供给的现状就很难提高资金利用的效率。二是要实行有利于资金流动的政策，使资金流向利用效率最高的地方，才能较快地提高资金的利用效率。当然，实施这两方面的政策都要有一定的条件，不可能在短期内一蹴而就。但是，在政策取向上必须明确，并为逐步实施这种政策创造条件，而不要因一时的困难而迷失方向，与正确的政策取向背道而驰。

5. 在投资主体多元化的条件下，特别要注重国家对投资活动的政策引导。根据国家对 20 世纪 90 年代国民经济发展的总的指导思想，工业投资主要集中力量进行重点建设，一般加工工业基本上不搞新项目，只搞技术改造，把现有的生产能力充分利用起来。这就要求在工业投资政策上解决好两个方面的问题：第一，要采取一定的计划、财政和金融政策措施，提高投资项目的规模经济，解决投资资金运用过于分散、项目规模不经济的问题，为此要改变单纯按投资额度划分基本建设审批权限的办法（这种办法有利于小型项目的上马而不利于大型项目建设），实行主要根据产业政策原则和规模经济的要求进行投资项目管理的制度。第二，鼓励和支持企业进行技术改造投资，对扩建项目也应要求达到一定的技术水平，克服低水平重复建设的现象。

（二）需求管理政策

20 世纪 80 年代总体上实行的是较松的需求政策，这是导致 80 年代后期发生较严重通货膨胀的重要原因之一。我国 90 年代工业发展的资源供给比较紧张，表现为资源供给总量特别是资金供给量的限制、资源成本的上升以及资源利用效率还比较低，这会形成很强烈的通货膨胀压力。一旦放松总需求管理，就会不可避免地导致恶性通货膨胀，恶化整个宏观经济环境，使经济发展陷入严重的困境。因此，90 年代必须特别注意采取必要的宏观政策来控制总需求的规模及其增长速度：

一是财政支出必须从紧安排，尽可能减少赤字，并争取在三五年内达到财政收支的基本平衡。

二是银行信贷规模增长的速度要有所控制。1984 年以来，差不多每年的年信贷资金增加都比国民生产总值增长率高 90% 左右；1990 年，这种势头可能更强，经济增长率下降，信贷规模却迅猛增长，这是十分危险的。我们必须采取有效措施，在 20 世纪 90 年代上半期的几年内抑制住这种势头。

三是总需求管理还得辅之于必不可少的价格管制政策。在我国现行体制下，价格管理与总需求管理是密切相关的，目前，我们还不得不用价格管制的手段来缓解总需求膨胀和成本推进的压力，增强总需求管理的力度。20 世纪 90 年代上半期，对价格管理还要从严；20 世纪 90 年代中后期，随着改革的深入和财政金融形势的好转，可以逐步放松价格管制。

四是在总需求从紧管理的前提下，相机调整需求控制的力度，提高政策措施的弹性。例如，为了克服市场疲软现象，可以适当调整紧缩力度，特别是要配合实施产业政策，适度放松对重点产业及技术改造的投资控制。对国家预算外资金，主要采取经济和法律手段来引导其投资方向，而不宜因强调宏观控制而又变相地将其纳入集中决策和行政性管理的轨道，特别是对企业运用自有资金进行的投资，应尊重其自主权。总之，对投资的管理应做到严而不死，紧而有度。

五是适度控制个人收入增长幅度。20 世纪 80 年代个人收入增长一度过快。90 年代前期，在工业经济效益下降的势头还没有扭转的时期内，对个人收入的增长必须从严控制。但是，我们也应充分估计到，严格控制个人收入的政策也会产生一系列副作用，它可能会影响市场景气、劳动者积极性，影响技术进步，以及在开放经济中削弱我国在高级人才和熟练工人方面的竞争力。因此，90 年代中后期，随着改革的深入，特别是随着经济开放度的不断扩大，国家对个人收入的控制要视条件实行一些较松动的政策。

（三）产业政策

20 世纪 90 年代的产业政策应体现以下原则：

1. 向基础产业适度倾斜与大力发展低能耗、低物耗、高附加值产业并举。要尽可能多挤出一些资金，投入农业和能源、交通、原材料等基础产业的建设。但是，由于受资金量的制约，倾斜度不可能太高，企望在短期内向基础产业投入大量资金，彻底改变基础产业处于短线状态的局面，是不现实的。因此，在实行向基础产业适度倾斜政策的同时，尤其要花大力气实行以节约物耗和能耗为目标的产业调整措施，大力发展低能耗、低物耗、高附加值产业，压缩高能耗、高物耗产业，或对这些产业进行技术改造，以降低其能耗和物耗水平。一般加工工业则要充实、改造和提高，推进其技术升级、专业化协作水平升级、规模效益升级、产品结构和技术性能升级。为此，必须有重点地加快机电工业的技术改造和产品更新，用先进的机电设备改造和装备国民经济各个部门，从而普遍地提高工业生产的能源和物资利用效率。

2. 坚持重工业为农业、轻工业服务的方向。中华人民共和国成立以来的前 30 年，我们走的是优先发展重工业，重工业以自我服务为主，以大规模的重工业投资带动国民经济增长的道路。实践证明，这条路子产生了一些副作用。党的十一届三中全会以后，重工业的发展开始向为农业、轻工业服务的道路转变，尽管其中也发生了一些偏差，具体政策上有些失误，但这种转变的基本方向是正确的。20 世纪 90 年代，随着人均收入水平的提高，需求多样化的发展以及消费者选择性的提高，农业、轻工业将走上新的台阶，重工业必须面向农业、轻工业，面向消费品生产和基本建设需要，整个国民经济才能走上良性循环。

3. 提高劳动密集型产业的战略地位。对于这一点，我们必须有清醒的认识。未来的经济发展，我国所受到的资源约束将日趋严重，而我国最丰富的资源是人力。人口众多是一种生产潜力，但如果不充分利用它，就是一个沉重的负担。因此，我国的产业政策必须解决众多劳动人口的充分就业问题，根本的出路只能是大力发展劳动密集型产业。

劳动密集型产业并不等同于技术落后产业。这不仅是因为存在着这样的可能性，即在不降低技术水平的前提下可以用劳动替代资本，而且，随着劳动力素质的提高，可以发展劳动密集与技术知识密集相结合的产业，以增加工业生产的附加价值。

4. 发展出口导向产业和发展进口替代产业并重。积我国 40 多年产业发展的经验可以看到，单纯强调发展出口导向产业或进口替代产业都不能解决问题，正确的政策只能是两者并重。一方面，要实行鼓励出口的政策，积极发展出口导向产业，同时，瞄准国外市场进行技术改造和产品的更新换代，调整出口产品结构，实行出口产品的逐步高度化，改善贸易条件，降低换汇成本，提高出口贸易的经济效益。另一方面，也要大力扶植进口替代产业，一是要推进技术密集型工业制成品的国产化；二是要提高我国自己的先进技术装备的制造和安装能力，特别是要注重提高大型成套技术装备的建设能力。

（四）工业发展的技术政策

20世纪90年代，我国工业的发展将更大程度地依赖于技术进步，因此，必须与经济体制改革相结合，调整我国工业发展的技术政策。

1. 工业技术政策的重点是鼓励和支持企业自身的技术创新活动，把技术进步主要依赖于国家决策的技术投入（包括引进），转变为主要依赖于企业自己的技术创新。要把国家的技术政策和强化市场竞争的政策结合起来，使市场竞争成为企业技术创新的动力和压力。20世纪80年代，我国有些行业在这方面已有成功的先例。90年代，要总结这方面的经验，完善提高，以形成更有效的技术政策体系。特别是随着对外开放的进一步扩大和深入要积极引导企业参加国际竞争，在竞争中实现更快的技术进步。国家重点支持的技术进步项目的选择也要实行公开竞争的政策原则，并实行严格的项目管理，切实改变目前这种把争技术项目变为争投资、争外汇、捞实惠的现象，使国家的重点技术进步项目能够发挥长久的引导产业技术进步的作用。

2. 工业技术进步的主战场应是现有工业的技术改造。目前我国有两大科学技术发展计划，即"火炬计划"和"星火计划"。前者的中心任务是发展微电子技术、生物工程技术、新材料技术、宇航技术等高等科技，后者主要是面向农村的实用技术成果。我们可以把这两大科技政策概括为"抓两头"的政策。从中我们可以看出，我国的宏观科技政策存在着明显的断层，即对关系国民经济全局和国家经济命脉的现有工业的技术改造问题，缺乏有效的大政策。

我们认为，现阶段我国科技发展的重点应当放在吸收和消化70—80年代发展起来的成熟的先进技术上。在工业领域，必须优先解决常规能源的开采和利用技术、钢铁和有色金属的冶炼技术、现代石油化工技术、机电产品的设计、工艺及加工技术、大规模集成电路技术、交通运输设备制造技术，等等。

对于高科技的开发应当重视，但只能有选择有重点地进行。在世界上，目前大多数高科技研究仍处在实验室阶段，要转化为产品或生产工艺和形成产业，还有很长一段距离。即使在实验室里研究成功了，如果工业的基础技术落后，仍然难以将高科技成果转化为大批量的产品。因此，如果不把科学技术进步的战略重点转移到推进现有工业技术的现代化方面来，即使到了 21 世纪初，我国的高科技开发也仍难以形成大气候。

（本文原载《中国工业经济研究》1991 年第 1 期）

再论工业品市场疲软及其缓解措施

　　市场问题实质上是工业产品的实现问题，产品的实现则是工业再生产过程的重要环节。在传统的、高度集中的计划体制下，工业产品由国家统购包销，工业生产过程与市场是脱节的。产品过剩，积压在仓库里，企业仍然可以照常生产；产品短缺，国家就实行严格的配给制，以限制消费，企业也不会自动增加生产。因而工业增长基本不受市场供求变化的影响。

　　在过去10年的经济体制改革过程中，逐步引入市场机制，使我国工业经济运行的格局发生了重大变化。目前我国的工业消费品市场已基本放开，由国家直接分配的生产资料，其品种和比重也大大减少。因此，工业的增长越来越多地受到市场的制约，市场旺盛，工业增长就加快，市场疲软，工业增长就减慢。

　　在我国长期的经济发展过程中，我们经常遇到的矛盾是生产不足，商品短缺、市场供求紧张。在这种条件下，工业生产总是多多益善，工业增长得越快越好。但是，自1989年下半年以来，国内市场出现了出人预料的变化，即工业品销售增长缓慢，甚至出现了实际销售额下降的状况，产品库存急剧增加，工业企业的产品实现遇到了严重障碍，将近1/3的预算内工业企业发生亏损。如何启动市场，促进工业生产稳步回升，已成为当前我国经济生活迫切需要解决的问题。

　　针对治理整顿过程中出现的新问题、新情况，从1989年第四季度开始，国家先后采取了三项主要措施，试图摆脱困境，走出低谷，推动工业增长。这些措施是（1）增加对大中型企业流动资金的贷款，以缓解企业资金紧张的矛盾；（2）降低彩色电视机等耐用消费品的价格，以刺激购买；（3）调低银行储蓄的利率，以刺激消费。从实行的结果看，至少在近期还没有收到明显的效果。由于市场疲软，给工业企业增加的流动资金贷款的80%以上因产成品积压而沉淀了，说明"注入水泵"的方针没有见效；彩电等耐用消费品降价以后，销售量反而比降价前进一步下降；降低存款利率后，储蓄户的反应可以说是无动于衷，储蓄仍然呈稳步上升的趋势。

目前的经济形势使我们的政策陷入这样一种两难的境地，要克服停滞，促进增长，就要扩大需求，但又怕加剧通货膨胀；要坚持紧缩，进一步降低通货膨胀率，又担心工业增长速度继续下滑。

我们认为，在处理治理整顿、改革和发展的关系上，应根据经济形势的变化，处理好紧缩与松动，控制与搞活的关系，使经济发展保持适当的速度。治理整顿期间，经济发展速度过低，难以实现总供给的平衡，难以消除严重的通货膨胀，难以解决财政收支、劳动就业以及偿还债务等方面的矛盾。所以，我们在治理整顿的过程中，也应当求增长。

当前我国经济发展中的矛盾究竟是有效需求不足，还是供给不足？我们认为，对需求和供给应当进行结构分析，不应笼统地作出需求大于供给或供给大于需求的结论。

认为总需求大于总供给的一个重要依据是居民的储蓄存款和手持现金目前已超过7000亿元，即居民结余的购买力已相当于全年社会零售商品总额的85%，这是一笔巨大的社会需求，随时都有可能冲击市场。

事实上，在我国目前的储蓄中，定期储蓄占80%以上。定期储蓄是居民购买力的沉淀，已经暂时退出了流通领域，只要每年新增储蓄额大于从银行提出的存款额，那么就不会出现储蓄冲击市场的问题，相反它可以减少货币流通量，减轻对市场的压力。1988年是我国近几年物价上涨幅度最大，并出现了全国性的抢购风潮和挤兑银行存款的一年，但这一年全国城乡储蓄存款余额仍比上年增长了23.7%，从总量上考察，储蓄并没有构成对市场的严重冲击。

另外，对储蓄的构成还应做具体分析。在1989年的城乡储蓄总额中，农村只占30%，平均每个农民只有192元的存款，反映了农民购买力的低下。1989年城市储蓄占全国储蓄总额的70%，约3600亿元，平均每个城市居民户储蓄额约4300元。由于近年来城市居民收入差距的拉大，一部分家庭拥有大量存款，大部分家庭存款额并不多。

　　由于近年来物价的大幅度上涨，特别是副食品价格的上升，城市居民用于食物消费的支出明显上升。治理整顿以来，多数职工的隐性收入减少，再加上部分企业停工停产，工资和奖金收入下降，因此相当多的城市职工的实际购买力是下降的。城市居民因物价上涨实际收入下降的户数占总户数的比重，1986 年为 8.6%，1987 年为 20.8%，1988 年为 34.9%，1989 年在 50% 以上。在未来收入增长前景不明朗的情况下，大多数城镇居民对收入增长的预期值下降，因此即使减少生活费用的支出，也仍然坚持适当的储蓄，以有备无患。

　　家庭存款超过 1 万元的高收入户，在一般情况下，对家用电器和其他耐用消费品的需求已基本满足，在目前尚没有开辟新的消费领域的情况下，这一部分收入较高的居民的结余购买力必然转化为储蓄。

　　综上所述，我国目前的实际情况是，大多数城乡居民在价格水平较高的情况下，购买力十分有限，虽有购买欲望，但缺乏支付能力；少部分富裕家庭虽然有支付能力，但没有更高的消费需求，因而导致目前有效需求不足，市场疲软的局面。

　　长期以来，我国经济发展所遇到的主要矛盾和困难，都是短缺问题。但是，目前出现了中华人民共和国成立以来从未有过的市场疲软、商品过剩的问题。这种现象告诉我们，发展社会主义的商品经济，不仅要研究如何克服短缺的问题，同时也要研究如何克服结构性过剩的问题。由于长期受产品经济观念的影响，我们在认识上有一个错觉，即把需要当作需求，因而在安排投资、制订计划和预测市场的时候，以居民的消费需要为依据；把潜在市场当作现实的市场，进而认为我国人口众多，各种消费品的人均占有量都很低，市场广阔，不管什么消费品，生产多少都不会发生销售困难的问题。前几年经济过热，正是在这种产品经济观念的支配下，盲目地上项目和扩大生产能力的结果。但是，产品人均占有量低的自然短缺，并不等于经济学意义上的短缺，生产力发展水平较低的经济也并不必然会产生短缺经济。当有效需求不足的时候，就会出现生产过剩。

　　1989 年下半年以来，彩色电视机、电冰箱、洗衣机等耐用消费品的销售直线下降，库存积压严重，是销售疲软最突出的几种商品。如果从满足消费需要的角度考察，1988 年年底平均每百户城镇居民拥有的彩色电视机为 43.9 台，电冰箱 28.07 台；每百户农民拥有的电视机 34.4 台（其中大部分为黑白电视机），拥有的电冰箱为 63 台。虽然 1989 年城乡居民的耐用消费品拥有量又有所增长，但要达到普及的程度，仍有很大距离。然而，从购买力看，相当一部分城镇居民和大多数农民目前一次支付 2000—3000 元去购买这些商品则是十分困难的。用一句通俗的话来说，对于耐用消费品，有钱的人家已经不需要买了，没钱的人家想买也买不起。

再考察纺织品的消费，1988 年我国农民人均用于购买纺织品（包括成衣）的支出为 41.8 元。按照目前纺织品的平均价格计算，全国农民的纺织品人均消费量为 8 米。无论从直观上看，还是从统计数字看，我国农民的衣着消费水平仍然是低的，城市居民对纺织品的需求，在目前收入水平上则接近于饱和。但 1989 年我国各种纺织品年产量的总和已达 208 亿米，扣除 25％ 的出口量，人均纺织品的占有量为 14 米，比 1988 年农民人均消费量高出 75％。这种供求的大格局，决定了纺织品销售疲软是一种不可避免的现象。

对于当前的市场疲软，有的人认为是货不对路，花色品种单调或质量不可靠造成的，还认为目前我国群众的消费需求已开始发生变化，但企业的生产还没有适应这种变化。企业如果能在花色品种和质量上下功夫，销售的疲软的局面是可以克服的。这种看法只是从商品使用价值的角度进行考察，没有抓住问题的要害，同时对我国人民目前的消费水平估计过高。

按照价值规律的一般作用，当市场商品供大于求的时候，商品价格会下跌，直到供求平衡。但是由于工业生产的低效益而形成的成本刚性，如果商品销售价格下降，会导致企业亏损增加和国家财政收入的下降。因此，无论是企业还是政府，都不愿轻易采取降价措施，因而又导致了物价能升不能降的价格刚性。其结果是，一方面由于有效需求不足，市场销售疲软；另一方面由于企业产品成本和价格居高不下，超出居民可能的支付能力，不得不一边生产一边积压，产品无法实现，相当一部分企业生产的产品成为一种无效供给，出现了在社会主义商品经济条件下增长、停滞与通货膨胀并存的局面。

当前，消费品市场疲软的一个深层次原因是农业落后，农副产品供给不足。一方面，农副产品的短缺，引起农副产品价格连年上涨，使城镇居民的收入主要用于购买食物，大大限制了对其他商品的购买力，导致对工业消费品的有效需求不足；另一方面，由于农业资源有限和农村人口过多，使农民能提供的剩余农产品的数量十分有限，而因农民的人均收入增长极为缓慢，尤其是货币收入增长十分有限，使农民的有效需求不足。

如何走出困境，使工业生产保持适度的增长，又能缓解通货膨胀，可以有以下几项措施。但不论哪一项措施，都有一定的风险性和消极作用，都不可能是最优的。

第一，扩大固定资产投资规模，从而增加对生产资料和消费品的需求使工业生产摆脱销售疲软的状况，走出低谷。如果能够保证投资去向合理，重点用于加强基础产业，这种做法既有助于缓解目前市场疲软的矛盾，也有利于增加经济发展的后劲，从理论上看，这项措施是可取的。但不能不看到这种做法的难点和可能产生的负效应，首先，目前中央能够集中用于加强重点建设的财力有限，而地方和企业掌握的预算外资金难以向投资需要量大、建设周期长和见效慢的基础产业积聚和集中；其次，在目前财政收支存在着巨大差额的情况下，进一步扩大固定资产投资规模，会加重财政负担，加大财政赤字。如果靠银行扩大信贷规模，将会增加货币流通量，与克服通货膨胀的目标相抵触。所以对扩大固定资产投资规模的选择，应十分慎重。

第二，增加工资，提高职工的购买力，以扩大个人消费。这种做法的积极作用是可以增加个人需求，扩大商品销售，缓解市场疲软的状况。增加工资的消极影响是，它将会引起企业成本上升，增加国家的财政支出，最后可能会导致物价和工资轮番上升的局面。与此同时，对于收入较高的那一部分职工，在没有开辟新的消费领域的情况下，增加的工资会立即转化为储蓄。

第三，提高农副产品收购价格，增加农民的收入，以扩大农村市场。采取这项措施将会引起的后果是从积极的方面看，农副产品收购价格提高，有利于提高农民的生产积极性，增加对农业的投入，促进农业生产的发展，从而增加农副产品的供给。从消极的方面看，农副产品的价格提高以后，如果销售价格不动，将必然要增加财政补贴，从近期的财政状况看，很难承受；如果同时提高农副产品销售价格，就必须大幅度提高职工的工资。否则，城镇职工用于食物消费的支出将进一步增加，即恩格尔系数上升，对其他消费品的购买力则进一步下降。城镇职工购买力的下降将会抵消农民因农副产品价格提高而增加的购买力。

第四，扩大工业品出口。在国内市场疲软、产品积压的情况下，扩大商品出口是摆脱困境的有效途径。但是，它有两个前提条件：（1）国内滞销的产品能够用于出口，顺利地进入国际市场；（2）产品的换汇成本低，出口的扩大不应以增加财政对出口产品的补贴为代价。根据我国目前的实际情况，这两个前提条件都是不充分的。其一，由于长期以来，我国大多数工业企业的生产和经营与国际市场是脱节的，缺乏参与国际竞争的能力，用于内销的产品在短期内难以打进国际市场；其二，从总体上看，我国出口贸易的经济效益不高，外贸补贴已成为财政的一大负担。目前我国平均的换汇成本为 5—6 元人民币换 1 美元，如果不提高出口产品的经济效益，降低换汇成本，出口越多，亏损就越多，财政负担也就越重，结果将会加剧国内的通货膨胀。

第五，增加对商业部门的贷款，扩大商业收购，增加商业储备，以缓解工业生产的困难。据统计，目前商业储备与货币流通量的比例为 1.8∶1，大大低于合理的水平，扩大商业储备理所当然。但是，在目前市场销售不畅的情况下，扩大商业储备不过是将工业积压转变为商业积压，并且由商业部门负担银行贷款利息。在商业企业普遍承包的情况下，这一措施也很难实行。除非银行对商业部门实行贴息贷款，帮助商业扩大收购，增加储备，否则商业部门就不会去承担资金积压、多付利息的风险。

第六，全面降低工业消费品和生产资料中供大于求的产品价格，打破销售不畅的僵局。在上述的五项措施中，有一个共同点，就是维持工业结构的现状，容忍经济效益低下的生产继续进行，不触动现有的经济利益格局，以救援的方式帮助企业渡过难关。目前很多企业都在等待和观望，期待着政府的援救，期待着市场疲软很快过去，期待着一轮新的经济高涨的到来。

当前我国经济发展面临着三项突出的任务：（1）缓解和消除通货膨胀；（2）调整产业结构；（3）避免工业生产继续滑坡，保持工业的适度增长。但是前述五项措施，仍然是建立在财务约束软化、企业继续吃国家"大锅饭"的基础上的，是向低效益生产经营的一种妥协。也许暂时使工业增长速度有所回升，但以增加财政支出和扩大信贷规模为代价的救援政策，将不可能缓解通货膨胀和有效地调整产业结构，经济将继续带病运转。因此，在从经济过热转向持续、稳定和协调发展，从高速增长转向适度增长的过程中，企图不付出任何代价，千军万马都搭乘由国家统一保险的巨轮，平安地到达彼岸，是不现实的。

全面降低工业消费品和生产资料中长线产品的价格，则是打破僵局，摆脱困境，搞活市场，走出低谷的有效途径。通过降价销售，给工业企业造成背水一战、不进则垮的局面，强化企业之间的竞争，逼迫企业改善经营管理，努力降低成本，推进技术改造，淘汰那些质次价高的产品和技术落后、经济效益差的企业。这样既可以克服市场疲软，又有利于缓解通货膨胀；既有助于调整产业结构和产品结构，又能推进企业技术进步。没有市场的压力，没有伤筋动骨的调整，工业增长就不可能转向良性循环的新阶段。

（本文原载《当代经济科学》1991 年第 1 期）

论提高工业增长质量

一　未来 15 年工业增长速度问题将不是
中国经济发展中的突出矛盾

自 1978 年以来，我国工业实现了持续的高速增长。按可比价格计算，1994 年工业增加值比 1978 年增长了 5.038 倍，平均每年递增 11.89%，其中 1990—1994 年，平均每年递增 18.6%。1978—1994 年的 16 年，中国工业增长 11.89%，其中增长速度达到了日本和亚洲"四小龙"经济高速增长时的水平。预计 1996—2000 年，我国国民生产总值平均每年增长 8%—9%，2001—2010 年平均每年增长 7%，其中工业增加值的增长率在 1996—2000 年可以达到 10%，在 2001—2010 年可以达到 8%。预计未来 15 年我国工业增长速度虽然低于 1991—1995 年的平均增长水平，但仍然可以保持比较高的增长率，其理由是：

第一，今后我国仍将能够保持社会和政治的稳定局面，从而为经济的持续高速增长提供一个良好的社会政治环境。

第二，经过十多年改革开放的探索，我们找到了一条实践证明是正确的发展道路，积累了驾驭和经济运行过程的经验，增强了在转向市场经济的过程中改善和加强宏观经济管理的自觉性，减少了盲目性。

第三，我国正在转向市场经济，这一转变已经并将继续解放生产力，在传统计划经济体制下被压抑的经济潜力得到释放，并使经济更加具有活力。

第四，我国虽然已经形成了完整的工业体系，但工业化的任务还没有完成，目前仍处在全面实现工业化的发展阶段。大量农业人口向非农产业转移和城市化的过程，也是工业较快增长的过程，尤其是大规模的基础设施建设，将促进投资品工业的增长。

第五，从总体上看，全国城乡居民的消费水平还比较低，消费层次差异较大，特别是大多数农民的消费要达到小康水平，还需要付出很大的努力。这从另一方面说明，中国的消费需求有着广阔的国内市场，它将继续拉动工业的增长。

第六，20世纪80年代，我国的积累率一直保持在32%左右；1991—1994年的积累率高达34%。高积累率支撑了我国经济的高速增长，而这种高积累率在今后15年不会发生重大变化，预计最低可以保持在30%—32%的水平上。在向市场经济转变过程中，积累模式由传统体制下单一的政府积累模式向政府—社会积累模式转换，出现了积累主体多元化的格局，扩大了积累基金的源泉。此外，随着金融资产多元化的形成及各类证券市场的发展，为消费基金转化为积累基金创造了市场条件。超过30%的高积累率将是实现我国工业快速增长的重要保证。

综上所述，我认为今后15年我国经济仍将能够以较快的速度发展，工业增长速度问题不是未来经济发展中的突出矛盾。更突出的矛盾是如何转变经济增长方式，提高工业增长的质量，实现持续、稳定、协调和高效益的增长。

二　今后经济发展的着眼点必须放在
提高工业增长质量上

所谓提高工业增长质量，主要包括以下几个方面的含义：（1）增长的过程具有可持续性和相对稳定性，而不是时续时断、大起大落；（2）必须是协调的增长，即工业与国民经济其他部门相互协调，工业内部各个产业和环节之间相互协调，工业生产供给与市场需求相协调，不同区域之间相互协调；（3）工业增长的方式以内涵性扩大再生产为主导，即主要通过加强对现有工业企业的改造，加快技术进步，提高生产效率和发展高附加值产业来实现工业的快速增长；（4）既要保持较快的工业增长速度，又要避免出现严重通货膨胀，在国民生产总值年均增长9%，工业增加值年均增长 11% 的情况下，物价上涨的幅度不超过 6%；（5）工业的高速增长不以自然资源的过度消耗和恶化环境质量为代价，而应随着经济的发展和科学技术的进步，使有限的自然资源能够得到更有效的利用，环境质量不断得到改善和优化，从而实现可持续性的增长；（6）各个地区、各个阶层的人民都能从工业增长中普遍受益。从一个较长的发展过程看，工业的增长不会导致地区之间、各阶层之间收入差距的扩大，而是促进逐步缩小差距、实现共同富裕。

过去 16 年，由于经济改革和科学技术进步的推动，我国工业增长质量有了一定的改善，主要表现在单位国民生产总值的能源和原材料消耗水平、产品的品种和档次、出口产品结构等方面，逐年都有所改进。但是从总体上看，传统的粗放的经济增长方式还没有得到根本改变。这种粗放式的经济增长方式同表现为，工业的增长主要靠以外延为主的固定资产投资的高速增长来支撑；不合理的重复建设和规模不经济的问题严重，从而导致过度竞争、产业结构不合理以及生产能力的闲置；高速增长与严重的通货膨胀并存；企业生产经营成本不断攀升、相互拖欠问题加剧；技术进步缓慢，高附加值产品的比重低；在一些地区对资源进行掠夺性开采；部分城市和乡镇的生态环境质量下降。要使我国工业持续快速增长，顺利实现社会经济发展的第二步和第三步战略目标，必须转变这种粗放的经济增长方式，提高经济增长质量。

第一，提高工业增长质量是解决资源供求矛盾的唯一选择。我国经济发展所需要的各种自然资源，从总量上考察是丰富的，但由于人口众多，人均占有量普遍低于世界平均水平，其中有些资源的供求矛盾已十分突出。例如耕地资源，1994 年全国人均耕地面积只有 1.4 亩，到 2010 年在耕地总面积不减少的情况下，由于人口的增长，人均耕地面积将下降到 1.2 亩。但是，自 1992 年以来，许多地区盲目兴建开发区，大量圈占耕地。据不完全统计，1992 年我国开发区总数为 1176 个，1993 年猛增到 8000 多个，总面积达 15000 平方公里，相当于 1992 年以前我国城市市区面积的总和。耕地面积的减少，直接影响到农业生产，特别是粮食生产的稳定和发展。这种以牺牲农业为代价，通过占用大量土地资源兴办新的工业项目，追求工业的增长和发展，必将对整个国民经济的发展带来严重的消极后果。再如水资源，不仅是发展农业所必须的重要资源，也是发展工业和城市化所必须的重要资源。但我国是个水资源短缺而且分布严重不均的国家，在600多个城市中，水资源供给不足的城市有140多个，其中严重缺水的大中城市有40多个。在华北和西北的一些省区，煤炭资源十分丰富，但由于严重缺水，使这些地区利用煤炭资源优势发展电力工业受到限制。水和土地是难以进口替代的资源，我国工业化和城市化的进程，必须走节水和尽可能不占或少占耕地的道路。

在过去计划经济体制下，我国的价格体系和价格机制并不反映资源稀缺程度而是通过行政定价的方式压低能源和原材料的价格，使加工工业获得超额利润。这种体制抑制了基础产业的发展，助长了加工业的盲目发展和不重视节约能源原材料，加剧了基础产业与加工工业之间的结构性矛盾。20世纪80年代中期以来，由于能源和其他矿产开采成本上升，以及价格体系的改革，能源和原材料价格大幅度上升，1994年与1985年相比，煤炭价格上涨了3倍，原油价格上涨了2.8倍，钢材价格上涨了3.6倍。在资源性产品价格大幅度上升的同时，加工工业的产业和产品结构没有得到有效的调整，生产技术水平没有明显的提高，因此难以消化上游产品价格上涨所带来的不利因素，加工工业的生产成本相应大幅度上升，利润率下降，甚至出现大面积亏损。要摆脱这种困境，在市场竞争的条件下，不能指望大幅度提高加工工业产品的价格来转嫁投入品价格上升的损失，而应当通过调整产业结构和产品结构，加快技术进步，努力降低单位产品（产值）的能源和原材料消耗。

第二，提高工业增长质量是抑制通货膨胀的重要基础。从20世纪80年代以来我国经济发展的进程可以看出，1988—1989年、1993—1994年两次出现的严重通货膨胀的局面，主要是由三个方面的原因造成的：一是固定资产投资规模过大，导致总需求明显超过总供给；二是由于生产成本上升推动了物价上涨；三是由于结构失调，重要的基础产业的产品供给不足，价格上涨并引起连锁反应。80年代末，为了抑制当时严重的通货膨胀，主要采取行政手段压缩固定资产投资，抑制社会总需求。1989年全社会固定资产投资总额比1988年下降8%，实际完成的工作量下降了25%。这一措施对抑制物价上涨起到了积极作用，1990年和1991年物价上涨率分别回落到 2.1% 和 2.9%；但同时也出现了 1989 年和 1990 年经济增长率大幅度下降的情况。这两年我国国民生产值比上年分别只增长了 4.4% 和 4.1%，工业增长率分别为 5.1% 和 3.4%，又一次呈现出大起大落的局面。

从 1992 年开始，我国经济出现了新的高涨，1992—1994 年，国内生产总值增长率分别达到 13.6%、13.5% 和 11.8%。但由于基础产业的产品，特别是农产品供给不足，以及工业生产成本的大幅度上升，1993 年和 1994 年又出现了严重的通货膨胀，这两年物价上涨的幅度分别达到 13.2% 和 22%。1993 年 6 月，中央政府开始加强宏观调控，实行了紧缩的金融政策，经济增长速度逐步回落，生产资料供求矛盾明显缓解；但社会商品零售物价上涨的幅度仍然较高。1995 年年初以来，一直在 15%—20% 波动，说明实行两年多的加强宏观调控的政策还没有完全消除严重通货膨胀的威胁。

实践表明，单靠宏观经济政策的调整，并不能从根本上解决通货膨胀问题。在主要依靠投入拉动经济增长以及投入产出效益低下的情况下，紧缩往往导致滞胀和企业的大面积亏损。当放松紧缩政策以后，又会出现新的一轮投资扩张冲动和物价上涨，如此循环往复。近年来出现的严重通货膨胀，既有宏观经济政策的原因，更主要的原因是经济增长方式和生产经营的效率问题。因此，要想消除严重的通货膨胀，避免经济增长过程的大起大落，必须转变经济增长方式，使各类投资主体切实关心投资效益，使企业的生产经营者千方百计地降低生产经营成本，而不是通过涨价转嫁成本上升的损失。

第三，提高工业增长质量是到 20 世纪末实现小康生活水平的必由之路。由于 20 世纪 80 年代以来经济持续高速增长，按 1980 年不变价格计算，1994 年的国民生产总值已相当于 1980 年的 3.8 倍，预计到 1995 年年底，就可以实现国民生产总值比 1980 年翻两番的目标。但是要使 12 亿多中国人民到 2000 年普遍达到小康生活水平，任务还十分艰巨。

首先，我国目前还有 8000 万农民尚未摆脱贫困。要使他们脱贫，最主要的是依靠贫困地区人民自力更生发展经济，同时也需要中央和各级地方政府增加财政投入，扶持贫困地区。政府对贫困地区扶持能力的大小则主要取决于企业经济效益的高低及其纳税能力。

其次，已经摆脱贫困的几亿农民，还必须继续提高收入水平，才能逐步达到小康。由于目前国内主要农产品价格已接近国际市场价格，继续提高农产品价格将会导致城镇居民生活费用的大幅度上升和工业生产成本的上升，因此在现阶段靠提高农产品价格来增加农民收入的余地较小，并且风险较大。要提高农民收入，也必须转变经济增长方式，走农业集约化经营的道路。一是继续调整农村产业结构，发展多种经营；二是依靠科技进步，发展高效农业；三是控制由工业提供的农业生产资料的生产经营成本和价格，减轻农业生产成本不断上升的压力，提高农民从事种植业的收益。

今后五年，城镇居民的生活达到小康水平，重点需要解决两大难题。一是减少企业亏损，使这一部分企业职工的收入逐步增加，生活能够得到保障。对严重亏损而破产的企业职工实行社会失业救济只是事后的补救措施，最根本的出路是要通过市场竞争的压力，促使大多数企业努力提高经济效益，减少和避免亏损。二是进一步改善城镇居民的住房条件。自1993年以来，平均每年城镇住宅建设的竣工面积约20000万平方米，用于住宅建设的投资近3000亿元，但城镇居民住宅的供求矛盾仍然比较突出。在住房分配制度尚未根本变革的情况下，城镇住宅建设投资的主要渠道是各级政府的财政和企业的职工福利基金。无论是财政拨款还是企业自筹，都取决于企业经济效益的高低，即利润和税收状况。因此，提高企业经济效益，是财政增收、企业积累能力增强的基础，也是改善城镇居民住房条件的前提。

第四，提高工业增长质量是防治工业污染、改善环境的迫切要求。首先应当肯定，在20世纪80年代以来工业高速增长的情况下，环境质量相对稳定，没有出现明显恶化。1993年与1981年相比，工业废水排放量下降了3.5%，工业废水中重金属排放量下降73.3%，工业粉尘排放量下降59.5%；每亿元国民生产总值废水排放量下降55.8%，废气排放量下降52.6%，废渣产生量下降41.4%。这说明我国在实现经济高速增长的同时，在环境保护方面也取得了很大成效。但是我国目前仍然处在实现工业化的发展阶段，由于工业规模的迅速扩大，生产技术水平和工业结构又相对落后，工业污染的总量还没有明显下降，工业比较集中的大中城市环境质量也还没有显著的改善。1993 年全国废水排放总量为 355.6 亿吨，其中工业废水排放量占 62%，但工业废水未达到排放标准的占 45%。根据环保部门对 500 多个城市的二氧化硫、氮氧化物、颗粒物和降尘等四项污染物的监测，大气环境质量达到国家一级标准的只有很少数的城市。城市工业噪声、建筑施工噪声和道路交通噪声也比较严重，全国约有 30% 的职工在有噪声污染的环境中工作。另外，由于乡镇工业的高速发展，使一些有污染的工业向农村扩散，使一部分地区的农村生态环境恶化。据有关专家估算，1991—1995 年，每年由于环境污染造成的经济损失为 1350 亿元。因此，环境问题成为今后社会经济发展中越来越突出的问题，不能以牺牲环境质量为代价去追求工业的高速增长。

第五，提高工业增长质量，是增强中国工业国际竞争力的重要措施。在过去几十年中，我国工业发展的一个重要特征是依靠大量的投入来获得工业产品产量的增长。在奠定工业化基础的阶段，实行了一种别无选择的赶超战略。目前，中国多数工业产品产量已位居世界前列，工业经济的总体实力显著增强。1994 年中国原煤产量为 12 亿吨，水泥产量 4.2 亿吨，布 211.25 亿米，电视机 3283.3 万台，均居世界第一位；钢产量 9261 万吨，已超过美国，居世界第 2 位；发电量 9281 亿千瓦小时，也上升到世界第 2 位；原油产量居世界第 5 位。当然，由于我国人口众多，人均工业产品占有量仍远低于工业发达国家。在今后一个时期内，多数工业产品产量还需要增长。但是与发达国家之间的差距，更突出的是表现在产业结构、技术水平、产品档次和生产效率上的差距。在国际贸易中，中国进出口的基本特征是以数量对质量，即以大量附加价值低的、劳动密集型产品与附加价高的资本和技术密集型产品相交换。在人均资源占有量较低的情况下，这种贸易结构不利于我国经济的可持续发展。

据最新统计资料表明，1994 年我国排名前 500 家大型工业企业销售总额为 12986.1 亿元，按现行汇率计算，为 1564.6 亿美元，还低于日本几家汽车制造厂的汽车年销售额。这表明我国目前大型企业的生产规模仍然偏小，同时也表明这些大型企业产品大多是一些附加价值低的产品。中国虽然已经成为居世界第 2 位的钢铁生产大国，但钢铁工业的生产技术水平

与先进国家相比还存在很大差距。中国 10 大钢铁企业人均钢产量仅 40
吨，相当于国外 9 大钢铁公司年人均钢产量的十分之一，相当于新日铁公
司人均钢产量的十七分之一。再如机械工业，中国的机床产量居世界第 1
位，但中低档产品占 90%，高档的精密、高效和数控机床产品所占的比重
不到 10%。1991 年以来高档数控机床和锻压机床进口的数量和金额超过
了国产数控机床的产量和产值，两者的比例约为 6∶4。1992 年中国机械
产品进口额为 270 亿美元，相当于国内机械产品销售额的 45%。

　　传统的贸易理论认为，一个国家生产的产品，只要具有比较优势，例
如资源禀赋条件好，有廉价的劳动力，在国际分工与交换的过程中就能够
获益。但是，随着科学技术在工业生产中的作用日益突出，资源禀赋和劳
动力的比较优势的作用则逐步减弱，国际贸易中的竞争力主要取决于产业
组织方式和科学技术开发与应用的水平。如前所述，中国并不具有资源优
势，廉价劳动力的优势也正在发生变化。由于中国种植业不具有规模经营
的优势，农业劳动生产率低，农产品供给不足，农产品价格不断上升，使
工业部门职工的必要劳动费用——工资也相应上升，增加了工业成本，再
加上企业冗员多，劳动生产率低，从而抵消了劳动力工资水平低的优势。
例如，中国大型钢铁企业职工年平均工资只相当于日本钢铁公司职工年平
均工资的 4%，但由于中国钢铁工业实物劳动生产率低，吨钢工资成本则
相当于新日铁公司吨钢工资成本的 68%。

　　上述情况说明，提高中国工业的国际竞争力，不应主要依靠劳动力成
本低的优势，而应转向依靠科学技术进步和改进产业组织结构，提高生产
效率。

三　提高工业增长质量的途径

　　提高工业增长质量，也可以说是提高工业经济效益，实际上在 20 世
纪 80 年代初就曾提过类似的方针，但一直未真正实现这一目标。转变经
济增长方式，提高工业增长质量的主要途径是：

　　（1）深化体制改革，建立现代企业制度，构造适应市场经济规律要求
的微观经济主体及其运行方式，充分发挥市场机制在资源配置中的基础作

用，使企业，特别是使国有企业真正做到自主经营、自负盈亏。

（2）改革和完善宏观管理与宏观调控职能，特别是进一步处理好中央与地方的关系，即要调动地方政府发展本地区经济的积极性，又要克服各个地区盲目攀比工业增长速度、追求数量扩张的弊端。

（3）按照市场经济的要求，建立投资决策和运作机制，无论是政府用于提供公共产品的投资，还是企业进行盈利性投资，都必须硬化约束机制，出资者、决策者、资本经营者都应承担经济责任和投资风险。

（4）重建信用基础，严肃信用法制，改变目前许多企业滥用他人资金、借债不还、赖帐有恃无恐，银行也无可奈何和无动于衷的局面，增强资金运行的安全性，提高资金利用效益。

（5）产业政策必须突出重点，并有相配套的经济手段。政府投资的重点：一是补充市场不足，加强基础设施建设，提供公共产品；二是扶持支柱产业和高新技术产业的发展。对于产业结构的调整，既要提出行业和重要产品的起始规模标准，对达不到起始规模标准的投资项目进行限制，更主要的是依靠市场竞争的优胜劣汰机制，淘汰落后企业，实现规模经济。

（6）解决好科学技术转化为生产力的途径。首先，必须形成企业追求技术进步的动力和压力机制；其次，选择科学技术转化为生产力的有效方式，科技开发和科技成果的转化主要不是依靠技术市场以及科技人员"下海"，而应当主要依靠大企业或企业集团建立技术开发中心，聚集科技人才，依托企业的试制和生产手段实现科技开发与生产的结合。

（本文原载《中国工业经济》1995 年第 12 期）

部分工业企业陷入困境的深层次分析

目前我国有一大批工业企业生产经营陷入困境。有的同志认为是宏观调控力度过紧带来的，也有同志认为是微观生产经营管理不善造成的。笔者则认为，经济周期性矛盾、体制性矛盾以及结构性矛盾交织在一起，是许多工业企业生产经营陷入困境的深层次原因。

一　经济周期性矛盾

主要表现在前几年经济高涨时，许多地区和企业基于对未来市场前景不切实际的判断和预期，扩大固定资产投资规模，大上新的工业项目，近两年已陆续形成新的生产能力，使工业产品产量大幅度增长，超出了社会的有效需求。例如，1995 年与 1990 年相比较，呢绒增长125%，丝增长 100%，机制纸增长 105%，手表增长 455%，合成洗涤剂增长 98%，啤酒增长 126%，彩色电视机增长 99%，录音机增长193.8%，成品钢材增长 74%，水泥增长 127%，平板玻璃增长 193%，汽车增长 182%。除能源、原材料等基础产业的产品外，大多数加工工业产品产量在"八五"期间增长了一倍左右。按照可比价格计算，"八五"时期工业总产值平均每年递增 22.1%，1995 年比 1990 年增长了172.2%，由于目前我国仍处在工业化的发展阶段，而且人口众多，人均占有的工业产品产量还比较低，因此工业生产能力的扩大和产量的迅速增长有其必然性和合理性的一面。但是，必须看到，在"八五"时期工业的扩张存在着盲目性的一面，导致工业生产能力超出同一时期社会有效需求，出现了生产相对过剩。1995 年与 1990 年相比，我国城镇居民家庭实际收入增长了 45%，年均增长 7.7%，农民家庭实际收入增长

24.7%，年均增长 4.5%，城乡居民实际收入增长率大大低于加工工业产品产量平均每年增长 15% 左右的水平。

1993—1994 年固定资产投资规模的扩大，导致这两年投资品价格大幅度上升。为了抑制通货膨胀，防止经济过热，中央实行加强宏观调控政策以后，固定资产投资规模被逐步控制到较为合理的范围。1995 年全社会固定资产投资总额名义上是 1990 年的 4.34 倍，年均增长 34.1%；如果扣除同期投资品价格上涨因素后，实际增长 112%，年均增长 16.2%，如果再扣除土地征用等各种费用的增长因素以后，实际用于购买原材料和购置设备的投资增长率要低于 16.2% 的平均水平。因此，自 1995 年以来，投资品市场也出现供大于求的局面。据统计，我国目前有 900 多种工业产品生产能力利用率在 60% 以下。1995 年，钢铁生产能力利用率为 62%，内燃机生产能力利用率为 43.9%，大中型拖拉机生产能力利用率为 60.6%，小型拖拉机生产能力利用率为 43.9%，家用洗衣机生产能力利用率为 43.4%，彩色电视机生产能力利用率为 46.1%，家用电冰箱生产能力利用率为 50%，电话机单机生产能力利用率为 51.4%，电影胶片生产能力利用率为 25.5%，照相胶卷生产能力利用率只有 13.3%。

传统的经济学理论认为，在社会主义条件下由于消除了生产资料私人占有与生产社会化之间的矛盾，因此也消除了经济周期性波动的制度根源。社会主义生产的目的是为了不断满足人民群众日益增长的物质文化生活需要。这两个前提决定了在社会主义条件下不会出现相对过剩。但是，在我国经济运行方式逐步转向社会主义市场经济以后，一方面，由于投资主体的多元化，投资决策的分散化，以及市场供求信息的不充分性，投资决策的盲目性难以完全避免；另一方面，目前国有和集体所有制企业以及政府的一些部门事实上还没有真正形成承担投资风险的硬约束机制。这样，投资决策的盲目性与对投资决策者的软约束结合在一起，成为生产规模和结构脱离社会有效需求的根源。当经济运行从过热走向平稳之后，必然会有一部分工业产品遇到需求有限的问题。在市场供大于求的条件下，市场竞争加剧，工业产品的生产和销售逐步向优势企业和名牌产品集中，一大批生产经营处于劣势的企业，由于其产品缺乏竞争力而陷入困难。

二　体制性矛盾

主要表现在三个方面：

一是在向市场经济体制转轨过程中，大多数竞争性的国有企业和集体所有制企业的生死存亡还不可能完全由市场机制来决定。在市场经济条件下，那些资不抵债严重亏损的劣势企业易于被淘汰或重组。这种淘汰与重组不会减少社会的有效供给，反而有利于资源的优化配置。但是由于体制和社会承受力为一面的原因，相当多的企业还难以破产和重组，仍然期待政府的挽救、扶持政策——这是目前许多企业"半死不活"的体制性原因。

由于在传统体制下形成的企业只生不死的弊端至今仍未得到扭转，那些低效率的企业不能及时地退出市场，仍然滞留在生产经营领域，年复一年，这类企业越积越多，从而导致大面积亏损的局面。不仅如此，由于现代工业是社会化的大生产，企业在社会再生产过程中相互关联的程度日益增强，本应淘汰的企业不仅自身陷入困境，而且形成了以欠债为主要特征的对其他企业的拖累。

二是传统体制留下的历史包袱和历史欠账，使企业缺乏自我积累和自我发展的能力，一大批老企业在设备老化、生产技术落后的情况下，没有资金进行技术改造，产品缺乏竞争力，陷入困境。目前我国国有和城镇集体所有制工业企业冗员在 2000 万人—3000 万人，这部分冗员的工资支出每年超过 1000 亿元，相当于预算内工业企业年亏损总额的 1 倍。但是现在很难将大量冗余人员从工业部门分流出去，从企业内的隐形失业转变为公开的社会失业。

三是在体制转轨过程中，对国有企业缺乏有效的约束机制，生产经营管理滑坡，成本控制不严，追求工资和福利的最大化，经营者由于经营管理不善或决策失误造成企业亏损后得不到应有惩处。所谓"富了和尚穷了庙"，已不是个别的和偶然的现象。没有监督和制约，不仅在党政机关会产生腐败，而且会导致国有企业和集体企业的资产流失。传统体制下行之有效的行政约束已逐步弱化，而适应市场经济要求的新的监督、约束机制又没有真正形成和完善，有些企业的经营管理人员便趁机捞一把。

上述体制性矛盾，是许多工业企业效益下降甚至发生亏损的最主要的原因。

三　结构性矛盾

从工业与国民经济其他部门关系看，主要是工业生产能力与农村市场对工业品吸纳能力之间的矛盾；从工业内部看，主要是工业的产品结构和技术结构的问题较为突出。关于工业生产能力迅速增长与农村市场相对狭小的矛盾，主要是工业消费品的供给大于农民的有效需求。以"八五"时期增长最慢的纺织品为例，1995 年我国纺织品总量为 266.8 亿米，其中出口量为 63.6 亿米，占 23.8%，用于制作成衣约 112 亿米，占 42%。国内市场除成衣之外的纺织品供应量为 92.2 亿米。全国人均可供量为 7.5 米。但是，1995 年我国每年农民购买各种纺织品（棉布、化纤布、呢绒和丝绸）合计 2.22 米，低于 1990 年农民人均购买 2.76 米的水平。这种供求格局足以说明大量纺织品积压和纺织企业生产能力不得不闲置的原因。其他耐用消费品的供求矛盾也主要是农民的有效需求不足。许多耐用消费品在城市相对饱和的情况下难以迅速地向农村市场转移，从而出现了在农民消费水平不高的情况下的生产相对过剩。

生产资料供求结构问题最突出的矛盾是机械工业产品结构落后。据对机械工业重点骨干企业调查，1994 年主导产品达到 20 世纪 90 年代水平的只占 17.5%，80 年代水平的占 52.0%，60—70 年代水平的占 30%。大中型企业生产的 2000 多种主导产品的平均生命周期为 10.5 年，是美国机械工业产品生命周期的 3.5 倍。由于产品结构落后，国内大量急需的先进机电产品，许多企业生产不了，不得不依赖进口；此外，又有大量机械工业生产能力由于产品和技术落后不得不闲置。

综上所述，要使大批工业企业摆脱困境，单靠放松总量控制、扩大需求、增加贷款等短期政策手段并不能从根本上解决问题。针对三种矛盾交织在一起的情况，既要谨慎地和适度地松动总量控制，更要积极地推进体制改革，转换企业经营机制，加快企业资产的重组，下决心淘汰一批落后企业。对于产品结构的调整，则应更多地依靠市场竞争，加快产品的更新换代。农业的发展和农民收入的提高，对工业发展则可以起到促进的作用。

（本文原载《经济管理》1997 年第 7 期）

对 20 年来我国工业发展的回顾

1978 年 12 月，中国共产党召开了具有历史转折意义的十一届三中全会。会议决定全面地纠正"文化大革命"及其以前"左"的错误，作出了以经济建设为中心和实行改革开放的战略决策，从此我国的社会主义建设进入了一个新的历史时期。20 年来，我国社会经济实现了全面的发展和进步，工业持续高速增长，综合国力显著增强。在纪念党的十一届三中全会召开 20 周年之际，回顾 20 年来我国工业发展的成就和所走过的道路是很有意义的。

一　党的十一届三中全会前我国工业发展存在的主要问题

从中华人民共和国成立到 1978 年年底近 30 年的时间里，我国工业发展既有过高速增长、协调发展、成绩显著的时期，也经历了大起大落、挫折严重的时期。从总体上看，经过全国人民近 30 年的艰苦奋斗，在"一穷二白"的基础上初步奠定了社会主义工业化的基础，形成了独立完整的工业体系，各种工业产品与 1949 年相比都获得了巨大的增长。对于 1978 年以前我国工业发展的历程，可以用"代价高昂，成就显著，教训深刻"这 12 个字来概括。

党的十一届三中全会召开前夕，我国工业发展存在的问题主要表现在以下几个方面：

1. 工业产品全面短缺。1978 年全国城乡居民必需的消费品严重短缺、市场供应紧张，大多数消费品凭票凭证供应。例如，1978 年我国人均棉布供应量为 7.7 米，比 1956 年的人均水平还下降了 7.4%；纸张、家具、洗涤用品、啤酒、自行车、手表、缝纫机等轻工业品全面短缺；每万人拥有的电视机只相当于美国的 1/120、日本的 1/450；在能源原材料供给方面，当时全国有 1/4 的工业企业因缺电而不得不"开四停三"，一年损失的工业产值达几百亿元；钢材产量只有 2000 多万吨，每年进口钢材超过国内钢材消费量的 50%。

2. 工业结构严重失调。工业结构严重失调首先表现在轻重工业之间的比例关系上。1949—1978 年，我国重工业增长 390.6 倍，平均每年增长 16.9%，轻工业增长 19.8 倍，平均每年增长 11%，轻工业的发展严重滞后；在重工业内部，上游的能源原材料与下游的加工工业比例失调。1978 年，我国机床加工能力比钢材供应能力高出 3—4 倍，炼钢能力比轧钢能力平均高出 35%，其中重点钢铁企业要高出 44%，而国外两者正常比例应当为 1∶1；工业企业的组织结构基本是"大而全""小而全"的自给自足的生产组织形式，机械工业企业约有 80% 是全能厂。

3. 工业品出口规模小，产品结构落后。1978 年，我国进出口贸易额只有 206.4 亿美元，居世界第 28 位；在出口商品结构中，54% 为初级产品，38% 为轻纺产品，8% 为重工业产品，当年机电产品出口总额只有 2.6 亿美元，只占我国外贸易出口总额的 2.6%。

4. 工业生产技术水平落后。20 世纪 70 年代末，我国多数工业企业的技术装备是 50 年代和 60 年代的水平，还有相当部分停留在 40 年代的水平。由于生产技术水平落后，规模效益差，导致劳动生产率低下，能源消耗高。1978 年，美国、日本钢铁企业全年实物劳动生产率分别是我国的 27 倍和 32 倍；我国能源的有效利用率只有 28%，相当于 50 年代初的世界平均水平；机械工业中机床平均切削速度为国外的同类产品的 1/2，机械加工中钢材利用率比国外先进水平低 30%—40%。

二　1978 年以来我国工业发展取得的成就

（一）工业生产总量迅速增长

1978 年以来的 20 年，我国工业实现了持续快速发展，各种工业产品的生产能力和产品产量都大幅度增长。国有工业企业固定资产净值由 1978

年的 2114.5 亿元增长到 1996 年的 19813.6 亿元，工业增加值由 1978 年的 1607 亿元增长到 1997 年的 31752.3 亿元，按可比价格计算，1997 年比 1978 年增长了 7.6 倍，平均每年增长 12%；其中"六五"时期平均每年增长 9.9%，"七五"时期平均每年增长 9.2%，"八五"时期平均每年增长 17.68%。工业生产能力和工业产品产量的迅速增长，大大增加了市场供给，使我国工业品的供求状况由长期短缺转向了相对过剩。1997 年与 1978 年相比，原煤产量增长了 1.22 倍，原油产量增长了 54.5%，发电量增长了 2.42 倍，水泥增长了 6.84 倍，平板玻璃增长了 8.32 倍，农用化肥增长了 2.2 倍，汽车产量增长了 9.6 倍；彩电、家用电冰箱和洗衣机的产量分别比 1978 年增长了 7133 倍、372 倍和 31350 倍。从生产资料到消费资料等各种工业产品都增长了几倍到几十倍。随着工业生产能力的增长，我国正在逐步成为工业生产大国，一些重要工业产品产量在世界上的位置发生了重大变化（见表 1）。

表 1　　　　　　　　　我国一些重要工业产品在世界上的位次

年份	原煤	原油	发电量	钢	水泥	化肥	化学纤维	布	彩电
1978	3	8	7	5	4	3	7	1	8
1997	1	5	2	1	1	1	2	1	1

资料来源：《中国统计年鉴（1998）》，中国统计出版社 1998 年版。

由于工业产品产量的迅速增长，在全国总人口增加 28.4% 的情况下人均占有的工业产品产量仍然大幅度增加（见表 2）。

表 2　　　　　　　　　人均占有的主要工业产品量

产品 年份	布 （米）	纸 （公斤）	纱 （公斤）	原煤 （吨）	原油 （公斤）	发电量 （千瓦小时）	钢 （公斤）	水泥 （公斤）
1978	11.54	4.59	2.49	0.65	107.98	268.36	33.24	68.23
1997	20.23	22.22	4.55	1.12	130.68	923.16	88.57	416.02

资料来源：《中国统计年鉴（1998）》，中国统计出版社 1998 年版。

（二）工业结构发生了积极的变化

20 年来，我国工业结构发生了积极的变化，克服了 1978 年以前长期存在的结构严重失调的现象。第一个变化是轻重工业之间的比例关系逐步协调，20 世纪 80 年代前半期工业发展的重点是加快消费品的发展，80 年代后期，重点是加快能源和原材料工业的发展，80 年代轻工业的发展明显快于重工业，改变了轻工业发展滞后的状况，从而消费品市场从匮乏走向了丰富；90 年代初开始，在投资需求的拉动下，重工业生产出现了快速增长的局面，特别是能源、原材料工业迅速发展，到 1994 年，我国基础产业供给不足的"瓶颈"障碍明显缓解。从总体上考察，我国工业品结构短缺的矛盾基本得到克服。工业结构发生积极变化的第二个方面是技术密集型的、附加价值高的行业和产业迅速发展，我国已成为世界十大电子产品生产的国家（地区）之一，通信设备、电子计算机等电子产品的增长速度是工业平均增长速度的 2—4 倍，成为拉动工业快速增长的新的增长点。第三个积极变化是工业企业的规模结构逐步得到优化，特别是在加工工业领域，出现了生产和销售向优势企业集中的趋势，特别是 90 年代以来，这种趋势更加明显。"八五"时期，我国乡及乡以上工业企业单位数增加了 17.4%，但大中型企业在划分标准提高的情况下，从 1990 年的 1.35 万个增加到 1995 年的 2.3 万个，增长幅度为 70.4%。钢铁、汽车、彩电、家用电冰箱、洗衣机等行业的龙头企业的生产规模逐步达到或接近规模经济的要求。例如，我国前 10 名汽车制造企业的年产量已占全国汽车总产量的 80% 以上，前 10 名彩电生产企业的市场占有率为 80.49%，前 10 名电冰箱生产企业的市场占有率为 91.58%，洗衣机为 91.29%，空调器为 76.03%，VCD 为 81.53%。这种情况表明，通过市场竞争机制，促进企业的优胜劣汰，优化了资源的配置，把一大批缺乏竞争力的企业淘汰出局，惩罚了不合理的重复建设，改善了市场结构。

（三）工业生产技术水平显著提高

20 世纪 70 年代末，我国工业生产技术水平基本停留在 50 年代中期以前的水平上，与工业发达国家之间的差距在 20 年以上。能源原材料消耗高、劳动生产率低、产品性能差是当时普遍存在的问题。1978 年以来，通过技术改造、技术引进和自主开发，我国工业生产技术落后的状况有了显著变化，主要工业生产部门的骨干企业的技术水平与工业发达国家之间的差距从 20 年以上缩小到 15 年左右，少数领域的技术水平已接近发达国家的水平。工业生产技术水平的提高主要表现在以下几个方面：

1. 目前，我国工业技术装备达到 20 世纪 80 年代末、90 年代国际先进水平的约占 20%，达到 80 年代初期国际先进水平的约占 50%，70 年代末期以前技术水平的装备约占 30%。

2. 煤炭、冶金、化工、建材、机械等传统产业通过技术改造，主要技术经济指标有显著进步。1995 年与 1978 年相比较，煤炭生产效率（吨/工）提高了 70%，采煤机械化程度由 1978 年的 32.52% 上升到 1995 年的 72%，发电标准煤耗由 1978 年的 434 克/千瓦小时下降到 1995 年的 380 克/千瓦小时，油井利用率由 1978 年的 86% 上升到 1994 年的 94%，加工 1 吨原耗燃料油由 1978 年的 38.43 公斤下降到 1995 年到 29.6 公斤；吨钢综合能耗由 1980 年的 2.04 吨标准煤下降到 1995 年的 1.05 吨标准煤；合成氨耗电由 1978 年的 1516 千瓦小时/吨下降到 1995 年的 1339 千瓦小时/吨；水泥熟料耗标准煤由 1978 年的 211.2 公斤/吨下降到 1995 年的 175 公斤/吨。虽然这些技术经济指标与国外先进水平相比较还有很大差距，但纵向比较，比 1978 年确有显著的进步。1978—1997 年，我国 GDP 平均增长 9.7%，能源消费年均增长 4.9%，每亿元工业产值能耗由 1980 年的 7.84 万吨下降到 1997 年的 3.14 万吨。

3. 高新技术产业迅速发展。高新技术产业的发展从 20 世纪 80 年代初开始起步，到 1995 年高新技术企业已达 40481 个，占乡及乡以上独立核算工业企业总数的 7.9%；1997 年实现的工业产值约 8500 亿元；高新技术产业从业人员超过 800 万人，约占乡及乡以上工业企业人员的 9%，其中国家 53 个高新技术产业开发区的企业已达到 14000 家，从业人员 140 万人，人均工业产值 20 万元。"八五"期间，我国高新技术产业的产值平均每年增长速度超过 30%，大大高于全国工业年增长速度。目前，以电子信息技术为主导，多领域共同发展的产业布局已经形成。

4. 工业品出口规模迅速扩大，出口产品结构不断改善。1997 年，我国出口产品总额为 1827 亿美元，比 1978 年的 97.5 亿美元增长了 17.74 倍，平均每年递增 16.67%。在出口产品结构中，1978 年出口的初级产品占 50%以上，1997 年出口的工业制成品已达 1587.67 亿美元，占出口总额的 86.9%，工业制成品出口所占的比重世界平均为 73%，发展中国家平均为 59%的水平。在出口的工业制成品中，1997 年机电产品出口额为 593.2 亿美元，占出口总额的比重为 32.5%，超过了服装类产品出口额，出口的机电产品已成为我国出口额居第一位的商品。

三　20 年来我国工业高速和持续发展的主要原因

（一）坚持以经济建设为中心

1978 年以前的 20 年，我国经济发展过程中出现失误和挫折的原因是多方面的，但最主要的一条是实行"以阶级斗争为纲"的方针，没有把经济建设放在各项工作的首位。党的十一届三中全会果断地放弃了"以阶级斗争为纲"的方针，对当代中国社会的基本矛盾作出了准确的判断，即落后的生产力与人民群众不断提高物质文化生活需求之间的矛盾是最主要的矛盾。要解决这个矛盾以及其他各种社会矛盾，根本的出路就是发展经济。尽管 20 年来国际风云不断变幻，国内社会政治经济生活也出现过这样和那样的问题，但是坚持以经济建设为中心的方针始终没有动摇、没有偏离。20 年来，在邓小平理论的指引下，从社会主义初级阶段的现实出发，制定了一系列符合客观规律的政策，保证了我国的经济建设没有发生大的失误和偏差。

（二）正确处理改革、发展、稳定之间的关系

我国过去几十年的经验教训一再说明，经济建设必须有一个稳定的社会政治环境，否则你争我夺，整天乱哄哄的，社会不得安宁，什么事也干不成。20 年来，由于我国一直保持了社会政治稳定，经济才获得高速发展。20 世纪 90 年代初期，苏联解体、东欧剧变，这些国家在社会转轨过程中出现的社会政治动荡，严重地影响了经济的发展。与此形成鲜明对照的是，我国在 1991—1995 年的"八五"计划时期，国内生产总值每年平

均增长 12%，其中工业增加值 1995 年比 1990 年增长了 125.7%，平均每年增长 17.65%，是改革开放以来增长最快的一个时期。

当然，稳定不是不要改革。通过深化改革，理顺各种经济关系，解决上层建筑与经济基础、生产关系与生产力之间的矛盾，克服传统计划经济体制留下的各种弊端，进一步解放了生产力，促进了经济发展。经济发展了，增强了解决各种社会矛盾的能力，为保持社会稳定提供了可靠的物质条件。以改革促发展，在发展中保持稳定、在稳定的社会政治环境中深化改革、加快发展，这就是改革、发展和稳定三者之间的辩证关系。

（三）积极推进所有制改革

1978 年以来，一直鼓励各种非国有经济的发展，国有经济在 GDP 的构成中，已由 1978 年的 78% 下降到 1997 年 41.9%，非国有经济由 1978 年的 22% 上升到 1997 年的 58.1%，其中非公有制经济由 1978 年的 0.9% 上升到 1997 年的 24.2%。在工业企业的所有制构成中，公有制经济由 1978 年的 100% 下降到 1997 年的 78.8%，非公有制工业从零开始上升到 1997 年的 21.2%。所有制结构的变化促进了生产力的发展，扩大了城乡劳动力就业的门路，培育了多元化的经济主体，形成以国有经济为主导，公有经济为主体，多种经济成分共同发展的所有制格局，加速了中国经济向市场经济的转变。

（四）渐进性地转向市场经济

我国向市场经济的转变，事实上从 1978 年就开始了。最初从扩大企业的生产经营自主权、放开小商品市场、开放城乡集市贸易做起，继而把搞活国有大中型企业、转换企业经营机制作为体制改革的中心环节，同时逐步减少国家在生产和流通领域的指令性计划，扩大市场调节的范围。1987 年提出了"国家调节市场，市场引导企业"的改革模式，明确了国家对经济进行以间接管理为主的改革思路，并有步骤地进行价格体系的改革逐步放开生产资料价格。1992 年明确提出建立社会主义市场经济的改革目标。到 20 世纪 90 年代中期，企业的生产和产品流通，95% 以上已由市场进行引导和调节。绝大多数产品的价格也主要由市场供求关系来决定。

1993 年党的十四届三中全会提出了建立现代企业制度的改革目标，通过深化国有企业改革，逐步建立适应社会主义市场经济的微观基础。1997 年党的"十五大"明确提出要努力寻找能够符合社会化大生产规律、极大促进生产力发展的公有制实现形式，进一步推动了所有制的改革。

在宏观经济管理体制改革方面也取得了突破性的进展。对工业管理体制的改革一是改革计划体制，国家逐步减少直至基本取消对企业下达生产和流通计划；计划管理部门由过去批投资、批物资和批项目为主转向主要制定国民经济发展的长远规划和协调重大比例关系。二是改革投资体制使各种经济成分的企业成为真正的投资主体，逐步扩大企业从资本市场进行直接融资的范围。三是改革政企关系，实行政企分开，合并和撤销专业的经济管理部门，政府不再直接管理企业的人、财、物和供、产、销，而是用经济和法律手段间接引导和规范企业的生产经营活动。四是改革金融体制，理顺银行与企业之间的关系，硬化对企业资金使用的约束机制。

（五）正确处理工业与农业之间的关系

党的十一届三中全会以来，逐步提高农产品价格，缩小工农业产品剪刀差，增加了农民收入，使工业品的农村市场不断扩大。与此同时，由于对人民公社体制进行了根本性的改革，全面推行家庭联产承包经营责任制，解放了农村生产力。大量的剩余劳动力转向以乡镇工业为主体的非农产业，1997 年在乡镇企业就业的人员为 13050 万人，乡镇工业增加值已达 11985 亿元，占全国工业增加值总额的 37.75%。

（六）保持较高的积累水平

1980—1997 年，我国全社会固定资产投资总额累计达 140983 亿元，占同期国民生产总值累计额的 31.97%。这种较高的积累水平推动了工业生产能力迅速扩大，同时又为各类工业品提供了市场。

（七）坚持对外开放，广泛参与国际合作和国际交换

1979—1997 年，我国实际利用外资总额为 3483.48 亿美元，在制造业

的外商投资企业已达 172180 家，占外商投资企业总数的 71.6%；1997 年外商投资企业出口额为 748.99 亿美元，已占当年我国出口总额的 41%。在大量吸引外资的同时，积极引进国外的先进技术，1979—1996 年累计签订的技术引进合同达 5000 多项，引进技术的重点是能源、交通设备制造、通信设备制造、电子工业等基础产业和技术密集行业的设备和生产线。通过技术引进促进了我国工业生产技术水平的提高。

（本文原载《中国工业经济》1998 年第 12 期）

辉煌的成就　曲折的历程

——中国工业50年

1949年10月，中华人民共和国在解放战争取得全国性胜利的炮声中诞生。新民主主义革命的胜利，推翻了封建主义、官僚资本主义和帝国主义的统治，为中国的工业化开辟了道路。从中华人民共和国成立初期到20世纪70年代后期，经过30年的艰苦奋斗，初步奠定工业化的基础，形成了独立的和比较完整的工业体系。1978年12月党的十一届三中全会以来的20年，由于实行了以经济建设为中心和改革开放的方针，开始了从计划经济向社会主义市场经济的转变，工业实现了持续、稳定和高速增长，主要工业产品产量已跃居世界前列，工业品的供给由长期短缺转变为丰富充裕。在庆祝中华人民共和国成立50周年的时候，回顾半个世纪中国工业发展的历程，展望21世纪的发展前景和面临的挑战是很有意义的。

一　中华人民共和国工业发展的历史起点

50年前中华人民共和国刚刚诞生的时候，是一个经济极其落后的农业国，人均国民收入只有66元。在1949年的社会总产值构成中，农业产值占90%，工业产值只占10%。在全部制造业产值中，手工工业占73%，使用机械生产的工业只占27%；在使用机器的工业中，生产消费资料的轻纺工业占80%以上，生产生产资料的重工业不到20%，几乎所有的机器设备都依靠进口。在工业布局上，70%的工业集中在上海、天津、青岛等沿海少数城市，占国土面积90%以上的广大内地，工业产值只占全国工业总产值的30%。在工业资本的构成中，官僚资本占全部工业资本的80%

以上。1949 年中国主要工业的生产能力和产品产量不仅远远落后于美国，而且落后于印度（详见表1）。

表1　　　　　1949 年中国、美国、印度三国主要工业产品产量比较

产品名称	单位	中国	美国		印度	
		产量	产量	为中国倍数	产量	为中国倍数
原煤	亿吨	0.32	4.36	13.63	0.32	相等
原油	万吨	12.00	24892	2074.33	25	2.08
发电量	亿度	43.00	3451	80.26	49	1.14
铜	万吨	15.8	7074	447.72	137	8.67
生铁	万吨	25.0	4982	199.28	164	6.56
水泥	万吨	66.0	3594	54.45	186	2.82
硫酸	万吨	4.0	1037	259.25	10	2.5
纯碱	万吨	8.8	355	40.34	1.8	0.20
烧碱	万吨	1.5	202	134.67	0.6	0.40
金属切削机床	万台	0.16	11.6	7.25	—	—
纱	万吨	32.7	171.5	5.24	61.5	1.88
布	亿吨	18.9	76.8	4.05	34.6	1.83
原盐	万吨	299.0	1413	4.73	202	0.68
糖	万吨	20.0	199	9.95	118	5.9

资料来源：汪海波主编：《新中国工业经济史》，经济管理出版社 1986 年版。

二　中华人民共和国成立初期国民经济的恢复和工业的发展

中华人民共和国一成立，就开始医治战争创伤，努力恢复和发展国民经济，当时采取了下列政策措施：第一，没收以蒋、宋、孔、陈四大家族为代表的官僚资本主义工业、商业和金融业，这些企业转变为代表全国人民利益的国有经济，使国有制经济掌握了国民经济命脉。第二，实现全国财政统一，抑制恶性通货膨胀，为经济发展创造良好的宏观经济环境。第三，推进土地改革，使全国 3 亿多无地或少地的农民分得了 7 亿亩土地，

改变了旧中国90%的农民只有不到30%耕地的状况，使农民从封建的生产关系中解放出来。第四，鼓励和扶植民族资本主义工商业的发展，政府帮助私人资本主义工商业解决原料、市场和资金等方面的困难，把私人资本主义工商业纳入新民主主义经济的轨道。第五，对没收的官僚资本主义工业企业实行民主改革，由党和政府委派厂长（经理），掌握这些企业的领导权；废除压迫和剥削工人的制度；在企业建立工会组织，全心全意地依靠工人阶级。经过3年的努力，国民经济得到了恢复，1952年和1949年相比，国民收入增长了40%，平均每年增长12.1%；工业总产值增长了44.8%，平均每年增长13%。主要工业产品产量都大幅度增长，1952年与1949年相比较，生铁增长了76.4%，钢增长55.8%，原煤增长14.6倍，原油增长12.7%，发电量增长22.2%，水泥增长55.8%，布增长了102.6%。

在国民经济全面恢复和发展的基础上，1953年中国开始实行第一个五年计划，以优先发展重工业为主导，进行了大规模的社会主义工业化建设。"一五"时期，新建大中型工矿企业921个，其中到1957年有428个项目全部投产。一大批现代工业部门如飞机制造业、汽车制造业、发电设备制造业、高级合金钢冶炼业等，在"一五"时期陆续建立起来。经过5年的建设和发展，中国的经济结构发生了重大变化。工业总产值占工农业产值的比重由1952年的46.9%上升到1957年的56.7%；重工业的比重由1952年的37.3%上升到1957年的45%；国有工业加集体所有制工业产值由1952年的44.8%上升到1957年的72.8%，公私合营工业产值的比重由1952年的4%上升到1957年的26.3%。"一五"时期，在指导思想和政策上没有发生大的偏差，国民经济发展顺利，工业生产实现了持续高速增长。1957年与1952年相比，工业产值增长了128%，平均每年增长18%，主要工业产品产量大幅度增长。

三　1958—1978年中国工业的发展与挫折

（一）大跃进造成的损失和国民经济调整

由于对经济发展的客观规律缺乏科学的认识，夸大了人的主观能动性的作用，第一个五年计划胜利完成之后，在当时党的领导人和干部中滋长了盲目乐观的情绪，经济建设上的"左"的指导思想抬头。因此，1958 年夏季开始，发动了工农业生产"大跃进"，提出了许多不切实际的高指标，最突出的是企图用一年的时间使钢产量比 1957 年翻一番，即由 1957 年的 535 万吨增加到 1958 年的 1070 万吨。为此，开展了全民"大炼钢铁"的运动。1958—1960 年的"大跃进"，给国民经济的发展造成了巨大损失。

（1）"大跃进"导致国民经济比例关系严重失调，首先是工业基本建设规模急剧扩大。1958—1960 年的 3 年工业基本建设投资累计额达 611.5 亿元，比"一五"时期工业基本建设投资总和增长 1.44 倍。工业基本建设投资的急剧增长，导致财政赤字迅速扩大，1958—1960 年，平均每年财政赤字递增 93%。其次是农轻重比例失调。重工业产值 1958 年比 1957 年增长 78.8%，轻工业增长 33.7%，农业只增长了 2.4%；1959 年的重工业比上年增长 48.1%，轻工业增长 22%，农业生产比 1958 年下降 13.6%，粮食减产 3000 万吨；1960 年重工业比上年增长 25.7%，轻工业则下降 9.8%，农业比 1959 年又下降 12.6%，粮食减产 1260 万吨。农业、轻工业、重工业之间比例由 1957 年的 42.5∶32.2∶25.3 变化为 1960 年后的 21.8∶26.1∶52.1，3 年农业的比重下降了将近 50%，轻工业的比重下降了 18.9%，重工业的比重上升了 106%。

（2）"大跃进"使工业经济效益大幅度下降。1960 年与 1957 年相比，工业基本建设形成的固定资产交付使用率下降了 246 个百分点，全民所有制工业全员劳动生产率下降 20%，每百元工业产值的生产费用上升 10%，每亿元工业产值的电力消耗上升 37.6%，煤炭上升 1.1 倍；在钢铁工业中，小高炉的生产成本比国家规定的出厂调拨价平均高出 66%—100%；工业产品质量全面下降，大多数工业产品的合格率由 1957 年的 95% 以上下降到 1960 年的 70% 左右。

（3）"大跃进"和自然灾害导致人民群众生活状况急剧恶化。由于农业和轻工业生产的下降，使当时我国的粮食等各种农副产品以及各种轻纺工业产品的供应全面紧张。人民群众的实际生活水平，1960 年比 1957 年下降了 30% 以上。

为了摆脱困境，纠正国民经济比例严重失调的状况，1961 年年初党的八届九中全会作出决定，对整个国民经济实行"调整、巩固、充实、提高"的方针。当时采取的主要措施是坚决压缩工业基本建设规模，大幅度地降低工业生产计划指标，大力精简职工和压缩城镇人口，对一大批仓促上马、效益差、消耗高的工业企业实行关停并转。经过3年伤筋动骨、退够退足地大调整，到1964年年底，被"大跃进"严重破坏了的各种比例关系开始得到协调，1963—1965年的工业增加值分别比上年增长13.3%、25.6%和25.8%。1965年，中国国民经济形势全面好转，工业经济也开始走上健康发展的轨道。

（二）"文化大革命"时期工业的增长与波动

1965年出现的国民经济协调发展的大好局面，没有持续多久，就被1966年夏天开始的"文化大革命"破坏了，中国工业增长的好势头又再次出现大的波动。1967年，由于"文化大革命"从学校、机关的动乱发展到全国各条战线，出现了全国性的大动乱。从政府机关到工矿企业，从城市到农村，从中央各部委到省、地、县、社，党的各级领导被取消，权力被篡夺，经济管理职能陷于瘫痪状态。同时，全国不少地方发生了大规模的"武斗"，交通运输经营中断，许多工矿企业陷于停产或半停产的困境，结果导致工业生产全面下降。1967年和1968年工业总产值分别比上年下降13.8%和5%，在100种主要工业产品产量中，除原油、天然气、收音机、手表和啤酒等少数产品没有下降外，其余90%以上的工业产品都出现下降。

20世纪70年代初期，"文化大革命"仍在继续，但1967—1969年全国范围内急风暴雨式的大动乱有所缓和，一些停工停产的工矿企业逐步恢复生产，工业生产在20世纪60年代末期连续下降的基础上开始回升和增长。但是，1974年由于"四人帮"打着"批林批孔"的旗号，到处煽风点火，煽动无政府主义，重新挑起群众中的派性，使许多工矿企业的生产秩序出现新的混乱，一些铁路枢纽经常被堵塞，国民经济形势再度恶化。

1975年邓小平主持中央领导工作，同"四人帮"进行了针锋相对的斗争，对国民经济进行全面整顿，力图恢复经济管理的正常秩序，使1975年的经济形势明显好转。工业总产值比1974年增长了15%，但1976年由于"四人帮"批判邓小平的正确主张，全面否定1975年各项整顿工作的成绩，这一年国民经济又出现了倒退和停滞的局面。1976 年，国民收入比上年下降了 2.6%，工业总产值的增长率下降了 1.3%。政治动乱，导致工业增长的剧烈波动。

（三）1977—1978 年国民经济在前进中的徘徊

历时 10 年的"文化大革命"使中国国民经济遭受了巨大损失。持续的政治动乱，严重地阻碍了社会生产力的发展。"四人帮"的倒行逆施激起了全国人民的普遍不满和怨恨。1976 年 10 月，中共中央政治局顺应党和人民的意志，毅然粉碎了"四人帮"集团，结束了"文化大革命"这场政治动乱。1977 年，中国的工业生产开始出现转机，工业总产值比上年增长 14.6%。但这仍属于恢复性的增长。多年积累下来的国民经济比例严重失调的状况还没有任何改变。然而当时担任党中央主席的华国锋同志对经济形势作出了过高的估计，他认为 1977 年是中国国民经济转向稳定上升、持续跃进的新起点，因此应该加快国民经济的发展速度。急于求成的思想又再次抬头。

1978 年 2 月召开的五届人大一次会议的政府工作报告提出，1978—1985 年，在燃料、动力、钢铁、有色金属、化工、铁路和港口等方面，新建和续建 120 个大型项目，其中包括 30 个大电站，8 个煤炭基地，10 个大油气田和一条输气管道，8 年内新增采油能力 1.34 亿吨，1985 年前建成全长 1200 公里的川汉输气管道，10 大钢铁基地，9 大有色金属基地。1978 年 7 月，国务院务虚会进一步提出要组织国民经济新的大跃进，要比原来设想更快的速度实现四个现代化，要在 20 世纪末实现更高程度的现代化，要放手利用外资，大量引进国外的先进技术设备。试图通过大规模的技术引进，在短短 20 年的时间内，就全面实现现代化。

在这种思想指导下，1978 年基本建设规模比 1977 年增长 31%，大大超过国民收入比上年增长 12.3% 的水平，只能继续以牺牲居民的消费来支撑。1978 年的积累率达 36.5%，仅低于 20 世纪 50 年代末 3 年"大跃进"时的水平。1978 年进口钢材比 1977 年增长 65%，已相当于当年国内产量的 37.6%。在这一年内，还签订了 22 个大型引进项目，需用外汇 130 多亿美元，加上国内配套工程的投资，共需 600 多亿元人民币。以盲目追求工业增长高指标和工业基本建设高速度为主要特征的"大跃进"又再度形成。"左"的指导思想仍然是中国社会经济健康发展的主要障碍。

四 改革开放以来中国工业发展的成就

1978 年 12 月，中国共产党召开了具有历史转折意义的十一届三中全会。会议重新确立了马克思主义的实事求是的思想路线，决定全面地纠正"文化大革命"及其以前"左"的错误，果断地放弃了"以阶级斗争为纲"的路线，作出了以经济建设为中心和实行改革开放的战略决策。党的十一届三中全会以来的 20 年，中国社会经济实现了全面的发展和进步，工业生产持续、稳定、高速增长，工业产品产量完成了从少到多的转变。工业创造的国内生产总值由 1978 年的 1607 亿元增长的到 1998 年 35000 亿元，按可比价格计算增长了 900%，年均增长 11.6%。主要工业产品产量都获得了大幅度增长，在世界上的位次也发生了显著变化，绝大多数产品产量已位居世界前列（详见表 2、表 3 和表 4）。

表 2　　　　　中国主要生产资料工业产品产量增长情况

产品	单位	1978 年	1997 年	1997 年比 1978 年增长（%）
煤炭	亿吨	6.18	13.73	122
原油	万吨	10405	16074	54.5
天然气	亿立方米	137.3	227.03	65.3
焦碳	万吨	4946	13731.17	177.6
发电量	亿千瓦小时	2566	11355	342.5
生铁	万吨	3479	11511	230.8
钢	万吨	3178	10894	242.8
钢材	万吨	2208	9978.9	352
水泥	万吨	6524	51173	684
平板玻璃	万重量箱	1784	16630	832
硫酸	万吨	661	2036.9	208
纯碱	万吨	132.9	725.2	446

续表

产品	单位	1978 年	1997 年	1997 年比 1978 年增长（%）
合成氨	万吨	1183.5	3000.76	153.5
化肥	万吨	869.3	2820.9	224.5
化学纤维	万吨	28.46	471.6	1557
机车	台	521	1069	105

资料来源：《中国统计年鉴（1998 年）》，中国统计出版社 1998 年版。

表3　　　　　　　　　中国主要消费品工业产品产量增长情况

产品	单位	1978 年	1997 年	1997 年比 1978 年增长（%）
布	亿米	110.3	248.79	125.5
呢绒	万米	8885	38791.3	336.6
食用植物油	万吨	177	893.73	404.9
啤酒	万吨	40	1888.94	4622
手表	万只	1410.8	29504.6	1970
机制纸及纸板	万吨	439	2733.2	522.6
合成洗涤剂	万吨	32.40	279.91	764
彩色电视机	万台	0.38	2711.33	703500
家用电冰箱	万台	2.8	1044.43	37200
家用洗衣机	万台	0.04	1254.48	3136200

资料来源：《中国统计年鉴（1998 年）》，中国统计出版社 1998 年版。

表4　　　　　　　　　我国主要工业产品产量居世界位次

产品	居世界位次	
	1978 年	1997 年
原煤	1	1
原油	8	5
发电量	7	2
水泥	4	1
钢	5	1
化肥	3	1

续表

产品	居世界位次	
	1978 年	1997 年
化学纤维	7	2
布	1	1
彩色电视机	8	1
家用电冰箱	第 10 位之后	1
家用洗衣机	第 10 位之后	1

资料来源:《中国统计年鉴（1998 年）》，中国统计出版社 1998 年版。

随着工业生产能力和产品产量的迅速增长以及对外开放的不断扩大，中国对外贸易的规模也迅速增长。1978—1997 年，进出口贸易额每年增长 16.8%，出口贸易的产品结构也发生了重大变化。1978 年在出口产品中，工业制成品只占 50%，1997 年已上升到 89%。在出口的工业制成品中，机电产品出口额已超过 500 亿美元，在各类出口产品中居第一位。

到 20 世纪 90 年代中期，中国工业品的市场供求由长期短缺转向相对过剩。大多数工业生产能力大于市场需求。据统计，到 1998 年年底，在 613 种消费品中，供求平衡的占 67%，供大于求的占 33%，近两年大多数消费品的价格稳中有降。能源、原材料和交通运输等基础产业的"瓶颈"障碍也明显缓解。当然，如果按人均占有的工业产品产量计算，中国仍然远远低于美国、日本等工业发达的大国。例如，中国人均消费的能源为 1 吨标准煤，只相当于美国人均能源消费量的 10%，日本的 25%；中国人均占有的钢产量只有 85 公斤，只相当于美国人均占有量的 20%，日本的 12%；中国人均占有的发电量只相当于美国人均的 7.8%，日本人均的 12%。如果以达到发达国家人均工业产品消费量为目标，那么中国工业数量扩张的任务还远没有完成。但是必须看到，由于中国人口因素的影响，资源条件的制约，环境保护的压力，在需要大量消耗自然资源的产业领域，以达到工业发达的大国人均消费量为发展目标是不现实的。我们必须找到符合中国国情的发展道路和消费模式，既能不断提高消费水平和生活质量，又能有效的节约资源和保护环境。其出路只有一条，就是依靠科技进步，提高工业以及整个国民经济素质。

20 年来，中国工业持续高速增长，最根本的原因是由于我们党在邓小平建设有中国特色社会主义理论的指导下，实行了改革开放的方针，遵循社会主义初级阶段的基本规律，从实际出发制定了一系列正确的路线、方针和政策。

（一）坚持以经济建设为中心

1978 年以前的 20 年，中国经济发展过程中出现失误和挫折的原因是多方面的，但很重要的一条是实行"以阶级斗争为纲"的方针，没有把经济建设放在各项工作的首位。党的十一届三中全会果断地放弃了"以阶级斗争为纲"的方针，对当代中国社会的基本矛盾做出了准确的判断，即落后的生产力与人民群众不断提高的物质文化生活需求之间的矛盾是最主要的矛盾。要解决这个矛盾以及其他各种社会矛盾，根本的出路就是发展经济。尽管 20 年来国际风云不断变幻，国内社会政治经济生活出现过这样和那样的矛盾，但是坚持以经济建设为中心的方针始终没有动摇、没有偏离。

（二）坚定不移地推进经济体制改革，渐进地转向市场经济

事实上，从 1978 年就开始了向市场经济的转变。最初从扩大企业的生产经营自主权、放开小商品市场、开放城乡集市贸易做起，继而把搞活国有大中型企业，转换企业经营机制作为体制改革的中心环节，同时逐步减少国家在生产和流通领域的指令性计划，扩大市场调节的范围。1987 年提出了国家调节市场、市场引导企业的改革模式，明确了国家对经济进行以间接管理为主的改革思路，并有步骤地进行价格体系的改革，逐步放开生产资料价格。1992 年明确提出建立社会主义市场经济的改革目标。到 20 世纪 90 年代中期，企业的生产和产品流通，95% 以上已由市场进行引导和调节。绝大多数产品的价格也主要由市场供求关系来决定，市场在资源配置中的基础地位得以确立。这种渐进式的改革，符合事物从量变到质变的普遍规律，减少了体制转轨过程中的社会震荡，又实现了经济的持续、稳定和快速发展。

（三）实行对外开放政策

1979 年以来的 20 年，中国实际利用外资累计达到 3500 亿美元，发展
建立了 29 万家"三资"企业，其中工业企业占 70%。到 1997 年，"三
资"企业出口额已占当年全国出口总额的 40.7%；与此同时，积极引进
国外的先进技术。从 1979 年到 20 世纪 90 年代中期累计签订的技术引进
合同达 5000 多项，引进技术的重点是能源、交通设备制造、通信设备制
造、电子工业等基础产业和技术密集行业的设备和生产线。通过技术引进
促进了中国工业生产技术水平的提高，推动了工业产业结构的升级和产品
的更新换代。

（四）正确处理改革、发展和稳定之间的关系

过去几十年的经验教训一再说明，经济建设必须有一个稳定的社会政
治环境做保证。否则，你争我夺，整天乱哄哄的，社会不得安宁，什么事
也干不成。20 年来，由于中国一直保持了社会政治稳定，经济才获得高速
发展。当然，稳定不是不要改革。通过深化改革，理顺各种经济关系，解
决上层建筑与经济基础、生产关系与生产力之间的矛盾，克服传统计划经
济体制留下的各种弊端，进一步解放了生产力，促进了经济发展。经济发
展了，增强了解决各种矛盾的能力，为保持社会稳定提供了可靠的物质条
件。以改革促发展，在发展中保持稳定，在稳定的社会政治环境中深化改
革、加快发展，这就是改革、发展和稳定三者之间的辩证关系。

过去的 50 年，中国的工业发展实现从无到有和从少到多的转变，以
追求数量赶超的高速增长为基本特征。目前，中国工业与工业发达的大国
之间的差距已主要不是表现在数量上，而是表现在科技水平上。从现在
起，中国工业发展的主要任务是推进工业技术水平从低到高的转变，全面
实现中国工业现代化，从工业生产大国转变为工业生产强国。

（本文原载《中国工业经济》1999 年第 10 期）

实现工业持续增长的关键是扩大内需

实现工业的持续快速增长，必须继续坚持扩大内需和鼓励出口的方针。扩大内需，除了增发国债、加快基础设施建设和西部大开发外，还需要从以下几个方面做出努力。

一　鼓励和引导非国有经济主体的投资

在我国 GDP 的构成中，非国有经济的比重约占 60%。在工业增加值构成中，非国有经济约占 70%。这说明非国有经济在国民经济中已占有十分重要的地位。但在全社会固定资产投资构成中，20 世纪 90 年代以来国有经济及国有控股单位的投资平均占 80% 左右，今年上半年仍然占 75%。今年上半年集体经济和个体、私人经济的投资增长率分别为 8.7% 和 6.5%，相当于国有经济投资增长率的 49% 和 36%。

非国有经济投资比重低，投资增速减缓的原因是第一，非国有经济主要分布在资本有机构成低的劳动密集型领域，产业进入门槛低，产品普遍供大于求，并出现过度竞争，使企业投资的边际效益递减，因此投资十分谨慎。第二，企业缺乏技术创新能力，没有技术储备，企业找不到新的投资项目，缺乏新的经济增长点。实际上大多数国有企业也存在类似的问题。第三，非国有经济主体缺乏有效的融资渠道。由于贷款担保、投资回报风险以及企业信用等方面的原因，国有商业银行向非国有企业的贷款极为慎重。据 1997—1999 年的统计，国有商业银行向个体和私人企业发放的贷款只占贷款总额的 0.6%—0.7%，加上向乡镇企业的贷款，其比重只占 7.2%。这种情况表明，对非国有经济主体的资金供给与其对国民经济增长的贡献是不相称的。融资困难成为制约非国有经济增长的一个重要因素。

　　解决非国有经济融资困难的主要措施：一是积极稳妥地发展股份制性质的地方商业银行，主要为非国有经济主体，特别是中小企业服务；二是建立各地区面向中小企业的贷款担保基金；三是减少对非国有经济主体投资领域的限制；四是减轻中小企业缴费负担，增强这些企业自我积累、自我发展的能力。

二　加快企业的设备更新改造

　　目前，我国工业企业的技术装备水平总体上仍然比工业发达国家落后15年左右。以向国民经济各部门提供机器装备的机械工业为例，其主导产品"九五"末期达到20世纪80年代末90年代初国际先进水平的约占20%，达到80年代中期水平的约占30%，达到70年代后期、80年代初期水平的约占50%。

　　经济周期的实践表明，每一轮新的经济增长总是建立在企业大规模更新改造的基础之上。企业的设备更新，既拉动了对机械装备制造业及其相关产业的需求，又提高了企业装备技术水平，增强了企业的竞争力。美国20世纪80年代对企业实行减税政策，增强了企业的积累能力和技术创新能力，从而为90年代美国经济持续的高增长奠定了基础。

　　今年上半年，在国有及其他类型的投资中更新改造资金比去年同期增长了26.9%，但投资额只有1776亿元，相当于全社会固定资产投资总额14.9%，远远不能适应企业设备更新和技术进步的要求。企业更新改造资金投入不足的主要原因是企业缺乏积累能力。2000年国有及国有控股企业实现的利润为2400亿元，由于利润的分布极不均衡，扣除石油和化工企业等少数盈利大户后，大多数盈利企业的年平均利润不到150万元，没有依靠自我积累进行技术改造的能力。要加快企业的技术改造和设备更新，需要重新考虑工业企业的税制，减轻企业的税负，增强企业发展的后劲，其结果将有利于增加国家的税收来源。因此，应当把减轻企业税负、增强企业自我积累能力作为积极的财政政策的一部分。

三　扩大消费需求的重点是增强低收入阶层的购买力

目前我国工业品的过剩是相对的，是在大多数低收入阶层的有效需求不足的情况下出现的。今年上半年国内消费品零售总额比去年同期增长10.3%，增长率并不低。但是从消费品零售额的结构看，城乡居民的购买力存在十分悬殊的差距。上半年城市消费品零售额11209.1亿元，人均约3736元，县及县以下实现的零售额为6706.1亿元，人均约700元，城市居民购买的消费品是县及县以下居民的5.3倍。

现阶段我国低收入人群主要是大多数农民、城镇下岗职工、退休工人、经济欠发达地区的中小学教师和基层干部。扩大内需的政策必须考虑怎样有助于增加这些阶层的收入。只有这些阶层的收入增加了，才能真正扩大全社会的有效需求，实现城乡消费品市场的持续繁荣。

增加农民收入需要有一个较长期的经济发展过程。从近期看，建议在中央财政转移支付中，进一步增加对经济欠发达的中西部地区基础教育的经费支持。

（本文原载《中国经贸导刊》2001 年第 19 期）

论工业的适度快速增长

2003 年我国工业在遭遇突如其来的"非典"冲击的情况下，实现了高速增长，成绩来之不易。这种高速增长能够保持下去吗？在高速增长的过程中还存在什么问题和隐忧？如何解决？本文试图对这些问题做一些分析和回答。

一　2003 年工业增长和运行状况的回顾

2003 年，我国工业增加值比 2002 年增长了 16.8%，是 1995 年以来增长最快的一年。这种高速增长既有其客观必然性，也有经济政策等主观能动性方面的原因。从客观上考察，我国经济在经历了 1997 年亚洲金融危机冲击和国内有效需求不足的矛盾之后，2002 年开始又进入新的一轮快速增长时期，突出表现为投资需求旺盛，企业设备更新加快，产品销售和盈利上升，库存下降，生产经营不景气的企业显著减少。在加入 WTO 之后劳动力便宜的比较优势得到了更好的发挥，促进了进出口的高速增长。从主观上考察，2003 年继续实行积极的财政政策和扩张的货币金融政策，推动了经济增长；各级地方政府为了实现到 2020 年 GDP 比 2000 年再翻两番的目标，纷纷扩大建设规模，并且把发展工业作为振兴当地经济的主导产业；政府减少了对民营企业投资领域的限制，促进了民营企业的资本进入资本密集型的基础产业。

2003 年工业增长最快的行业主要集中在资本密集和技术密集型产业，表明我国新一轮的经济增长主要由重化工业和新兴的 IT 设备制造业等投资类产品的需求拉动的。增长最快的工业产品如表 1 所示（2003 年比 2002 年增长百分比）。

表1　　　　　　　2003 年中国主要工业产品增长情况（单位:%）

产品	增长率	产品	增长率
煤炭	15.4	化学纤维	17.1
发电量	15.4	汽车	35.7
成品钢材	19.4	其中：轿车	87.2
有色金属	19.0	微型计算机	91.4
水泥	16.3	移动电话	53.6

资料来源：国家统计局。

在表 1 列的工业产品中，成品钢材、有色金属、化学纤维、汽车、电子通信设备等 5 个行业的增长对工业增长的贡献率为 52.4%。

由于我国工业仍然具有速度效益型的特点，在工业高速增长的同时，工业经济效益显著提高。据统计，2003 年 1—11 月，工业经济效益指数为143.6，比上年同期提高了 14 个百分点。工业企业实现的销售收入增长了27.7%，产品产销率为 97.81%，工业企业实现利润盈亏相抵后增长了44.6%，其中国有及国有控股企业实现的利润增长了 66.6%，企业交纳的税金增长了 19.3%。

在 39 个大类工业行业中，有 38 个行业实现的利润都比上年同期显著增长。新增利润较多的行业分别是石油天然气工业 318.2 亿元，黑色金属冶炼及压延加工业 288.9 亿元，交通运输设备制造业 279.9 亿元，化学原料和化学制品 174.3 亿元，电力及热力生产与供应业 132 亿元。以上 5 个行业新增利润合计为 1193.3 亿元，占整个工业新增利润的 53.4%。

2003 年工业的高速增长超出了人们的预期，但在高速增长的同时，也出现一些必须引起重视的问题。一是这种高速增长主要是建立在固定资产投资高增长拉动的基础上，当固定资产投资增长率回落时，工业的增长速度必然随之回落。二是工业的高增长是依靠能源和原材料的大量消耗实现的。2003 年，我国消耗的钢材相当于全世界钢产量的 20%，水泥产量的50%，进口了 8000 万吨石油和世界铁矿石当年出口量的 50%，消耗的能源总量相当于美国的 60%，日本的 3 倍；但仍然出现了煤炭、电力、原材料和交通运输供给紧张的状况，2003 年全国有 23 个省、市出现了拉闸限电的情况。三是部分行业出现了低水平重复建设。四是工业的高增长并没有带来就业的相应增长，特别是在开发区的建设中，出现了乱占耕地的现象。五是在经济增长构成中，工业与农业及第三产业之间的比例不协调，2003年第三产业的增长率只有6.7%。六是与投资高速增长形成明显反差的是城乡居民消费需求不足的状况没有大的变化。

二　保持工业适度的快速增长

适度的快速增长应当是各种比例关系较为协调、更有效地利用各种生产要素、经济效益不断提高、具有可持续性的增长。著名的匈牙利经济学家科尔内曾经提出过"和谐增长"的理论观点，他指出，和谐增长应当满足下列目标：均匀而有规律的提高消费；技术、产品质量和科研的发展；教育的发展；自由施展才干的机会；社会保险；对可以再生产实物资本的精心维护；在非竞争性生产中的结构比例性；外贸和国际金融关系的平衡发展；对环境及自然资源的保护；有刺激力和平等的收入分配；永远留有储备。科尔内提出的这些主张，对现实经济工作仍然具有理论指导意义。

为了推进工业化的进程和全面建成小康社会，各级政府普遍有一种"多少事，从来急"的紧迫感，都试图实现跨越式和超常规的发展。但是，经济增长是受客观经济规律制约的，积极进取的精神必须与遵循客观规律的科学态度结合起来，才有可能避免或减少经济发展中的失误和失衡。

从总体上和发展趋势看，决定和影响我国经济增长的基本因素不会发生大的和突然性的变化，我国经济快速增长的格局将会继续保持。但是，要保持2003年工业高速增长的水平则是困难的。因为，我国工业增长既要受资源供给条件和环境承受力的约束，也要受城乡居民需求和国际市场需求的约束。2004—2010年和2020年，我国经济增长速度究竟应当保持在什么水平上才是比较适度的呢？

按照党的"十六大"提出的到2020年国内生产总值比2000年翻两番的战略目标，在制定国民经济"十一五"计划和到2020年长远规划时，可以考虑将其分为两个发展阶段：第一阶段（2004—2010年），GDP年均增长8.1%。2000年我国GDP总额为89442.2亿元，按2000年不变价计

算，2010 年应当达到 195000 亿元。在第一产业、第二产业和第三产业结
构协调的情况下，工业增加值的年增长率应当比 GDP 的年增长率高出 3—
4 个百分点。因此，2004—2010 年工业增加值的适度增长率应当为 12% 左
右。2003 年工业增加值的增长率比 GDP 的增长率高出 7.7 个百分点，显
然超出了合理的范围。第二阶段（2010—2020 年），GDP 年均增长
6.25%。这一时期，第三产业的增长率有可能超过工业的增长率。到 2020
年我国 GDP 总量按 2000 年不变价格计算，将达到 35.8 亿元。上列预期的
经济增长速度是一种积极进取的和适度的增长速度，它既能保证党的"十
六大"提出的到 2020 年经济发展目标，又使经济增长指标留有余地，而
不会导致顾此失彼的局面。

由于各个地区经济发展的起点不同，客观条件不同，经济增长速度必
然有高有低；但作为中长期的发展规划，地区经济增长速度的合理选择，
应以全国平均增长水平为基准，有条件的地区可以高一些，但不必追求不
切实际的高速度。例如，经济发展条件好的地区或基数较低的地区，在
2010 年之前 GDP 的年均增长率保持在 8%—9%，工业增加值的年均增长
率在 12% 左右。这一预期增长率已经是较高的增长目标了，如果能够持续
到 2010 年，届时经济发展水平将会再上一个大的台阶。

从 2003 年的情况看，工业的高速增长主要是依靠固定资产投资的高
增长拉动的。但 2003 年固定资产投资增长偏高，需要适当下调。1992 年
以来我国固定资产投资与经济增长关系表明，当投资增长率与 GDP 增长
率的比例超过 3∶1 的水平时，固定资产投资的增长率偏高，当这一比例
低于 2∶1 时，表明投资增长率偏低（见表 2）。

表 2　　　　　　　　　　中国 GDP 增长与固定资产投资增长关系

年份	1992	1993	1998	1999	2000	2001	2002	2003
GDP 增长率（%）	14.20	13.50	7.80	7.10	8.00	7.30	8.00	9.10
工业增长率（%）	21.20	19.90	8.90	8.50	9.80	8.90	12.60	16.80
投资增长率（%）	44.40	61.80	13.90	5.10	10.30	13.00	17.40	31.40
比值	3.14	4.57	1.78	0.65	1.29	1.78	2.17	3.69

资料来源：国家统计局。

从表 2 所列数字可以看出，1992 年和 1993 年我国经济出现过热，固定资产投资增长与 GDP 增长之间的比值都超过 3∶1。虽然 1992 年和 1993 年有投资品价格大幅度上涨的因素，但固定资产投资分别比上年增长 44.4% 和 61.8%，显然超出了正常合理的增长水平。1998—2001 年我国固定资产投资增长率则明显偏低，固定资产投资增长率与 GDP 增长率的比值都在 2∶1 以下，因此，表现为社会有效需求不足。2003 年固定资产增长率在扣除投资品价格上涨因素后，与 GDP 增长率之间的比值在 3∶1 左右。这说明，2003 年全社会固定资产投资增长偏快。根据经验数据，固定资产投资增长与 GDP 增长之间的关系，保持在 2.5∶1 的水平上比较合理，即当 GDP 的年均增长率在 8% 时，全社会的固定资产投资增长率应保持在 20% 的水平上。

三　低水平重复建设的一般分析

什么是低水平重复建设？低水平重复建设就是新建项目的规模和生产技术水平低于现有企业的生产规模和技术水平，这些新建项目从局部看，可能具有一定的合理性和必要性，如短期内能够扩大就业，增加地方财政收入。但从全局考察，这些新建项目投入生产后，并不能增加新产品的供给，而是进一步加剧一般性产品供大于求的矛盾，出现污染环境、浪费资源等外部不经济性，还导致企业之间的恶性竞争，降低了生产要素的综合配置效率。

当然，在市场经济条件下，由于投资主体的多元化，要绝对避免重复建设是不现实的。没有重复建设就没有竞争。只有通过同类企业的竞争才能淘汰那些落后的企业及其生产能力，并迫使企业不断改进技术和生产组织，提高效率，促进生产力的发展。在市场竞争中，经常出现后来者居上的情况，即新建的生产能力更具有竞争力，从而击败原有的企业，老企业被迫退出市场。

新增的企业生产能力是否属于重复建设，还要受失常供求关系的影响。在经济周期的繁荣和扩张阶段，由于市场需求旺盛，既引发新的重复建设，而且已形成的重复建设生产能力及其产品仍然能够实现，其危机和消极后果还是潜在的。当市场需求规模或增长幅度下降时，这种重复建设的消极后果才会充分暴露，通常表现为大量企业倒闭破产、工人失业、银行呆坏账增加。这种状况实际上是市场经济条件下经济周期性波动和危机的表现。宏观调控的目的就在于防止低水平的重复建设，避免经济增长和运行过程的大起大落，减少生产要素配置的损失。

有一种观点认为，在市场经济和投资主体多元化的条件下，投资者愿意上什么项目，想上多大规模的项目，盈利还是亏损，完全是投资主体自己的事，政府不必干预。这种观点似是而非。现代市场经济是有规则的经济，改革政府的行政审批，不等于取消市场准入规则。微观经济主体的投资行为并不考虑外部的合理性问题。这就需要由政府或者行业协会制定市场准入规则，作为判断是否属于低水平重复建设的依据。市场准入规则包括各个行业的先进的技术经济指标、环境保护指标、企业起始规模的标准。只有当新建项目比原有同行业先进企业的技术经济指标更先进时，在经济上才具有扩大投资的合理性。政府应当逐步减少和改革对固定资产投资的行政性审批，可以通过市场准入标准和规则对微观经济主体的投资行为进行规范。

为了减少和避免低水平的重复建设，还要解决信息不对称问题。行业协会应当经常发布现有企业生产能力利用率、主要产品产销率、企业景气或破产的比例、同类企业主要产品国际竞争力状况，以作为投资主体投资决策时的依据或参考。

目前，各地新上的工业投资项目其资金来源多数是依靠银行贷款。因此，商业银行把好信贷关是防止低水平重复建设的关键性环节。主要依靠中央银行控制商业银行的信贷规模，往往会出现"一刀切"的问题，把投资前景好的项目也卡死了。同时，也很难走出商业银行信贷"一放就乱，一卡就死"的循环。要走出这种循环，一是继续深化国有商业银行的改革，建立符合市场经济要求的激励与约束机制；二是提高商业银行对于贷款对象的分析判断能力，按照政府有关部门和行业协会发布的市场准入标准及市场信息，加强对投资项目的可行性研究，以避免信贷决策失误。

四   生产能力迅速扩张的主要行业

2003 年各地对钢铁工业、汽车工业、氧化铝和电解铝工业的投资大幅度增长，使这些行业的生产能力迅速扩大。下面主要以钢铁、汽车工业做一分析。

2003 年我国钢产量已突破 2.2 亿吨，同时进口了 3000 多万吨。我国钢材消费量已经是日本、美国、欧盟钢材产量的总和。由于国内市场对钢材的需求旺盛，钢材价格上涨，又进一步刺激了对钢铁工业的投资。据中国钢铁工业协会对在建和规划建设的钢铁生产能力的调查分析，目前正在新建的钢铁生产能力有 8000 万吨，到 2005 年全国炼钢能力将达 3.66 亿吨，2010 年将达 4.45 亿吨。

到 2010 年，我国究竟需要多少钢材，主要取决于以下几个因素：一是经济发展阶段。由于我国工业化、城镇化的任务还没有完成，对钢材的需求还将继续增长。二是经济结构状况。主要是工业，特别是重化工业在国民经济中的比重。三是人口规模及其消费结构。2003 年我国 GDP 为11.4 万亿元，消费的钢材总量约为 26000 万吨，每亿元 GDP 消费钢材2280 吨。

表3   1990—2003 年中国钢材消费量的变化情况

年份	1990	1995	1998	2000	2003
GDP（亿元）	18500	58500	78300	89442	114000
消费的钢材（万吨）	5300	9800	11600	14100	26000
每亿元 GDP 消费钢材（吨）	2865	1675	1481	1577	2280

资料来源：国家统计局。

2010 年，我国 GDP 总量将达 195000 亿元。随着经济结构的变化和技术进步的作用，每亿元 GDP 的钢材消费量将呈下降的趋势。如果 2010 年每亿元 GDP 消费的钢材降到 2000 吨以下，届时我国钢材消费总量预计为32000 万—36000 万吨。由于钢材生产结构与需求结构上的差异，没有必要做到钢材需求的 100% 自给，进口量占国内需求的 10%，即每年进口3000 万吨钢材是必要的和可行的。

　　根据以上分析，目前我国钢铁工业的投资总规模偏大，出现了低水平的重复建设。钢铁工业生产能力的扩张存在以下几个突出问题。一是巨大的资源缺口：①铁矿石缺口。据钢铁协会预测，2005 年需进口铁矿石1.82 亿吨，2010 年要进口 3.42 亿吨，将比 2002 年的进口增加 2.3 亿吨。②能源缺口。炼焦煤和肥煤的缺口 2005 年为 2000 万—4000 万吨，2010年为 4000 万—6000 万吨。③水资源的缺口。我国钢铁联合企业生产每吨钢消耗的淡水高达 15 吨，而德国生产每吨钢消耗的淡水为 3.2 吨，韩国为 3.6 吨，我国最先进的上海宝钢为 5 吨。我国是个水资源严重短缺且分布不均的国家，钢铁工业的发展，其生产要素必须向进口矿石的运输条件好，淡水资源丰富的沿海大型和特大型钢铁企业集中。最终，形成 20—30个年产量在 1000 万吨以上的大型钢铁企业，应当作为钢铁工业发展的目标。二是结构性矛盾：钢铁企业的产业组织结构不合理。20 世纪 80 年代中期我国有 110 家炼钢企业，目前已增加到 280 家。多数企业没有达到经济规模。在炼钢能力的增长构成中，钢铁协会会员企业增长 35%，非会员企业增长 122%。在新增的炼钢能力中，小于 100 吨的转炉占 48%。这种情况说明，生产要素仍然缺乏向优势大企业集中的机制。在新增的炼钢能力中，产品结构不合理。国内目前短缺的主要集中在附加价值高的汽车板材、管材和特殊钢材，但大多数地方中小型钢铁企业和民营企业新上的生产能力主要是长线的普通钢材。钢铁工业的健康发展，在控制总量盲目扩张的同时，更要优化产业组织结构和产品结构。

　　汽车工业生产能力的迅速扩张是当前盲目投资的又一突出问题。目前，全国 27 个省、市有汽车生产厂家，其中 23 个省市有轿车生产线。2002 年汽车生产能力已超过 600 万辆，加上在建规模，到 2010 年汽车生产能力将超过 1000 万辆。几年后，将会出现汽车生产供大于求的局面。轿车工业的低水平重复建设的重要原因是产品销售价格过高，生产厂家在高关税和配额制度的保护下获得了超额利润。在发达国家，普通桑塔纳的零售价不超过 8000 美元，而我国目前的售价仍高达 10 万元人民币，比发达国家的价格高 50% 以上；排量 2.0 的帕萨特 B5 在德国本土的零售价折合人民币为 18.2 万元，但上海生产的排量 1.8 的帕萨特 B5 的零售价则为 23.4 万元，后者比前者的价格高 28.5%。我国汽车工业获取超额利润，从其积极意义上看，增强了轿车生产企业的盈利和积累能力；从消极后果看，一是损害了消费者的利益，二是使那些没有经济合理性的杂牌小型汽车厂家也有生存空间并获得盈利，加剧了汽车工业资源配置中的散、乱、低的局面，实际上是保护了落后企业，使不具有经济规模的汽车制造企业也能够生存下去，促进了低水平的重复建设。因此，只有大幅度降低主要品牌轿车销售价格，才能把低水平的轿车生产能力逐出市场，优化汽车工业的组织结构，提高汽车工业的资源配置效率。

五　整顿开发区过多过滥的问题

目前，全国的经济技术开发区和高新技术产业开发区共有 3837 个。其中经国务院批准的只有 232 个，占开发区总数的 6%；省级政府批准的 1019 个，占 26.6%；其他 2586 个开发区是未经规定的审批程序设立的。据有关部门统计，目前全国开发区占地总面积为 36000 平方公里，其中闲置的土地面积约占开发区总面积的 43%。

对开发区占用耕地进行严格控制是完全必要的，但又不应搞 "一刀切"。对少数办得好的开发区，有进一步发展和扩张的条件，通过科学的规划和严格审批，可以适度的拓展空间。对县以下大多数不具备开发条件和前景的开发区，应当下决心关闭，促使县以下的乡镇工业企业向中心城镇集中，通过有效的土地置换和土地整理，在总量上严格控制开发区占用土地的增加。

在征用农村土地进行基本建设和商业性开发时，为了防止出现无土地、无职业、无社会保障的 "三无" 农民，需要对现行的土地征用补偿机制进行重大调整，即由一次性补偿改为长期补偿。因基本建设征用农民土地，农民可以以土地入股的方式从基本建设项目未来的收益中分红；工商业开发用地可以每年向农民支付租金。这样做，既可以使农民获得长期稳定的收入，又可避免政府寅吃卯粮，使后来的各届政府也能从土地出让中获得收益。

参考文献

1. ［匈］亚诺什·科尔奈:《突进与和谐的增长》,张晓光、潘佐红、靳平等译,经济科学出版社 1988 年版。

2. 宫广军:《中国汽车业:重组催生 3＋6 新格局》,《国际金融报》2003 年 1 月 6 日。

（本文原载《中国工业经济》2004 年第 2 期）

对"十一五"时期我国工业发展
若干问题的探讨

第十个五年计划时期的前 4 年（2001—2004 年），我国经济实现了持续的快速增长，年均增长率 8.5%，"十五"计划经济增长的预期目标将超额实现，并为第十一个五年计划的实施奠定了良好的基础。"十一五"计划时期，我国经济增长应当保持在什么水平上比较合理，经济发展面临哪些突出的矛盾，结构调整与升级的任务是什么，如何依靠科技进步推动经济发展，怎样认识生产集中化趋势与区域协调发展的关系？本文拟对这些问题进行初步的探讨。

一 经济增长速度问题

决定经济增长速度的主要因素有三个，即投资率和投入产出系数、消费与出口市场需求、生产要素的利用效率。如果从投资率和投入产出系数考察，我国经济的潜在增长率应在 9%—9.5%。2000—2003 年我国的资本形成率（投资率）分别为 36.4%、38.0%、39.2% 和 42.3%，4 年平均为 38.97%；投入产出系数分别为 4.80、4.00、4.54 和 3.77，4 年平均为 4.28。这 4 年的潜在增长率平均为 9.1%，比经济的实际增长率 8.5% 高 0.6 个百分点。如果在"十一五"时期，资本形成率保持在 38%—40%，投入产出系数平均为 4.2，那么，2005—2010 年 GDP 的潜在增长率应为 9%—9.5%。为了扩大城乡居民的消费需求，控制固定资产投资增长过快的倾向，减轻资源性产品供给不足的压力，"十一五"时期，有必要将投资率降到 36% 左右。在投入产出系数为 4.2—4.5 的情况下，我国经济的潜在增长率应为 8.5%，实际增长率将在 8% 左右。

自 2000 年以来，我国的投资率一直保持在 36% 以上，2003 年高达 42.3%。2000—2003 年的最终消费率分别为 61.1%、59.8%、58.2% 和 55.5%，消费率明显偏低。为了降低投资率，必须继续控制固定资产投资规模。按不变价格计算，固定资产投资增长率与当年 GDP 增长率的比例保持在 2.5∶1 的水平上比较适当。

"十一五"时期，消费率应当由 2001—2003 年的平均 58% 上升到 65% 左右。提高消费率的途径，要从调节国民收入初次分配和国民收入再分配两个方面进行。调节国民收入初次分配关系，重点是提高进城务工农民的收入。目前，珠江三角洲和长江三角洲出现的"民工荒"，实际上是劳动力供求市场给出的信号，即相当多的农民不愿意背井离乡，继续从事高强度、低工资的工作，说明国民收入的初次分配存在着严重的不合理现象。以珠江三角洲为例，当地职工年平均收入为 16000—17000 元，而外地农民工的年平均收入为 8400 元。农民工每周平均工作时间在 50 小时以上，并且居住和生活条件差，也没有为他们建立养老和医疗等社会保险。农民工的工资待遇没有达到为保证劳动力再生产（包括培养下一代劳动力）的必要劳动所应得到的补偿。农民的现金收入主要来自进城务工的工资性收入，但农民工的低收入限制了农民消费水平的提高。在所有制结构发生重大变化的条件下，事实上出现了劳资双方不同的利益主体。国民收入的初次分配，必须兼顾劳资双方的利益，使不同的经济主体都能够分享经济发展所带来的收益。为此，有必要提高带有强制性的最低工资标准，并为农民工建立养老和医疗保障基金制度。建立这种制度，在技术上并没有障碍，因为每个人的身份证号是唯一的，商业银行在全国已经实现联网。建立农民工养老和医疗保险的个人账户，完全可以进行异地兑现。

关于出口对经济增长的影响，我们认为今后我国的出口增长率也不可能继续保持 2002—2004 年分别增长 22.3%、34.5% 和 32% 的超高速增长格局。因为这种超高速增长，一是由于 2001 年我国加入世界贸易组织后出现了短期的出口增长的"井喷"效应；二是由于"9·11"之后美元贬值，使我国出口商品的价格相对下降，刺激了出口的增长。推动出口高速增长的这两个因素都具有一定的特殊性和暂时性。相反地，随着出口规模的扩大以及世界贸易保护主义的抬头，我国出口商品遭遇反倾销的情况不断加剧，同时仍然面临人民币升值的压力。所以，出口增长速度将由2002—2004年的超常规的高速增长转向适度的快速增长，出口对经济增长的拉动作用将会减弱。

综上所述，"十一五"计划时期我国经济增长率以保持在7.5%—8%比较适当。对GDP增长及其构成的预测如表1所示。

表1　　　　　　　　"十一五"时期我国GDP增长及其构成预测

年份	2004		2005		2010		2005—2010
	绝对值（亿元）	比重（%）	绝对值（亿元）	比重（%）	绝对值（亿元）	比重（%）	增长率（%）
GDP	126000	100	136000	100	200000	100.0	8.00
第一产业	18900	15	20400	15	24000	12.0	3.30
第二产业	66800	53	72100	53	108000	54.0	8.40
其中工业	56700	45	61200	45	88500	44.2	7.65
第三产业	40300	32	43500	32	68000	34.0	9.40

注：绝对值按2000年不变价格计算。

资料来源：作者根据有关资料计算、整理。

经济增长速度的高低，既取决于我国经济发展阶段的客观必然趋势和外部环境的变化，也取决于中央政府宏观调控的力度。同时，由于我国经济运行方式的特殊性，地方政府在经济发展过程中，发挥着重要的推动作用。在扩大就业和保证地方财政收支平衡的压力下，地方政府总是希望本地区的经济增长速度更快一些。因此，要抑制地方的投资扩张冲动有一定的难度。领导干部任职一方，出发点当然是造福一方。但行政任职的短周期与经济发展的协调、平稳和可持续性的客观要求事实上存在着矛盾。以前舆论曾经报道和批评过"走读"的乡镇长，即家住在县城，每天坐车到乡镇上班。现在，在不少地区出现了"走读"的市长和市委书记，即到一个地方任职，只是作为一种暂时的过渡，作为一种升迁的平台，在一个地方工作的时间，多则五年，少则三四年。因此，必然会出现追求短期的政绩,其至出现违背客观经济规律的盲目扩张。解决的办法,一是完善地方政府管理经济的职能,改革投资管理体制,由过多地介入具体投资项目转向主要为企业创造良好的投资环境,为各个经济主体提供服务。二是延长党、政主要领导在一个地方的任职期限,改革和完善政绩考核方法,使科学发展观能够落到实处。

二 资源约束下的可持续发展问题

20 世纪 90 年代中后期,我国出现过煤炭、电力、钢铁等生产资料和交通运输相对过剩的情况,使人们产生一个错觉,即我国从此全面消除了短缺,进入了从消费品到生产资料供大于求的时代。但是 2002 年以来,我国又重新出现煤炭、电力、交通运输全面紧张的局面。资源性产品供不应求的矛盾固然与经济增长周期性变化有关,但更主要的是由我国人均资源占有水平低的基本国情所决定的,同时也是经济增长方式粗放造成的。我国工业的高增长是依靠能源和原材料的大量消耗实现的,致使出现了煤炭、电力、原材料和交通运输供给紧张的状况。可持续发展的基本要求是人类的社会再生产活动既要满足当代人的需求,又不对后代人满足其需求的能力构成危害的发展。但我国在资源开采和利用上,事实上出现了寅吃卯粮的局面。考察一下我国能源、原材料消耗的情况,就可以看出 2003—2004 年的工业高速增长是不可持续的,就能够理解加强宏观调控、抑制局部行业投资过热的必要性。

我国是一个人口众多、人均资源短缺、生态环境相对脆弱的国家。经济的高增长不可能长期建立在大量消耗能源和原材料的基础上。在能源、铁矿石、土地、森林和水等自然资源供给不足的情况下,如何实现工业化和现代化,是我们面临的与"三农"问题并列的又一个突出矛盾。走新型工业化道路,出发点就是为了找到解决这个矛盾的办法。以能源为例,由于我国处在加速工业化的进程中,加上能源资源条件的制约,能源供给不足的矛盾将会长期存在。我国的工业化和现代化不可能以美国等发达国家人均能源消费水平为标准。从 1980—2000 年的 20 年,我国能源消费增长了 118.9%,而同期 GDP 按可比价格计算则增长了 536.6%。依靠科技进步和结构调整，到 2020 年，以能源消费比 2000 年增长 1 倍来支撑 GDP 翻两番，是必要的，也是有可能的。

我国能源供给不足的突出矛盾是石油产量远远满足不了经济发展的需要。2003 年我国原油产量为 16959.98 万吨，消费量约 2.7 亿吨，进口原油占国内消费量的 35%。预计到 2010 年我国原油需求将增长到 3.5 亿吨，国内产量 1.8 亿吨，需要进口 1.7 亿吨，对国际原油市场的依存度为48%。在国际政治经济形势相对平稳的情况下，通过进口满足国内需求，不会出现严重的原油短缺危机。

为了更有效地利用资源，减少环境污染，在改革投资体制、赋予微观投资主体投资决策权的同时，必须制定市场准入规则，对于单位产出的能源消耗高、达不到先进技术经济指标和环境保护标准，并将造成外部不经济性的投资和生产经营项目，要严格限制它们的进入。

有一种观点主张，为了应对提前到来的老龄化问题，现在应当放宽计划生育政策。我认为，这种主张是不可取的。我国当前和未来的能源、土地、水、森林和矿产资源短缺的矛盾，荒漠化加剧，以及就业的压力，主要是由于人口规模过大造成的。我国资源密集型和劳动密集型产品的总产量，大多超过了美国、日本等发达国家，但人民群众的实际生活水平要远远低于这些国家，主要原因是人口过多，人均占有水平低。

表 2　　　　　　　　　　我国能源生产与消费状况及其趋势

年份	一次能源产量 （万吨标准煤）	能源消费量 （万吨标准煤）	GDP（亿元）	单位 GDP 消费能源 （万吨/亿元）
1980	63735	60275	4517.8	13.34
1990	103922	98703	18547.9	5.32
2000	106988	130297	89442.2	1.45
2003	160300	167800	116603.2	1.44
2010	200000	220000	195000.0	1.28
2020	240000	280000	358000.0	0.78

资料来源：作者根据有关资料整理、计算。

我国每年新出生的人口总数超过 1500 万人，16—60 岁的劳动力总量在 6.6 亿—7 亿人。美国、日本从事制造业的劳动力总数只有 2000 万人，我国从事制造业的总人数有 9000 万人。在 5 亿农业劳动力中，每年直接从事农业生产的天数不到 30%。在人口自然增长率继续下降的情况下，我国直接从事物质财富生产的劳动力仍然是充裕的。随着科学技术的进步和人民健康水平的提高，可以通过调整就业结构，延长退休年限和养老社会化等途径，解决老龄化带来的问题。要使我国 13 亿以上的人口都能够分享经济增长和现代工业文明所带来的利益，过上比较宽裕的小康生活，要进一步改善我国的生态环境，缓解自然资源短缺的压力，必须继续坚持计划生育政策，严格控制人口增长。调整计划生育政策的机制和方法是必要的，但绝不能动摇实行计划生育、控制人口增长的基本国策。在人口低增长的条件下，经济增长速度即使放慢，人均 GDP 水平和实际生活质量仍然能够提高。

三　结构调整与产业升级问题

工业结构是生产要素在不同部门、不同区域配置的比例关系。它既是过去经济发展的结果，又是新的经济周期或发展阶段的起点。调整工业结构的主要目的：一是消除结构性短缺或结构性过剩，保证市场供求的平衡；二是促进生产要素向效率更高的部门转移，提高资源配置效率和国际竞争力，在国际分工和国际交换中保持优势。当前，我国工业结构调整和优化升级既要解决资源配置的平衡问题，更要解决资源配置的效率问题。

推进产业结构的优化升级，需要加快我国战略性产业的发展。所谓战略性产业，是在国民经济体系中占有重要地位，对国计民生、国家经济安全和军事安全有重大影响的产业。由于科学技术进步和生产力的发展变化，在社会经济发展的不同阶段，战略性产业也是在变化的。从社会经济发展的不同目标、不同角度出发，许多产业都可以视为战略性产业，例如，农业、能源工业、原材料工业是国民经济的基础，应当属于战略性产业；劳动密集型的轻纺工业是吸收大量劳动力就业和能够发挥中国比较优势的产业，也可以说是战略性产业；半导体芯片制造和软件开发是电子信息产业的基础，是当代的战略性产业；机床制造业、大型成套设备和交通运输设备制造业是为国民经济各部门提供物质技术装备的产业，也是战略性产业；航天工业、航空工业、核工业关系国家军事安全，也应当作为战略性产业。由此可见，战略性产业具有多元化的特点。

由于各个国家的大小不同，资源禀赋条件不同，经济发展水平不同，国际政治、经济、军事环境不同，不同国家战略性产业的选择也各不相同。如何选择战略性产业？在社会化大生产和专业化分工的条件下，每一个产业都是重要的。在一系列产业群中，如何确定特定发展阶段的战略性产业，或者是重点发展的产业，需要根据国民经济、国防安全和参与国际竞争的客观要求来确定。具体地说，现阶段战略性产业的选择需要满足以下几个目标：一是产业发展的目标定位，既要发挥劳动力资源丰富的比较优势，继续大力发展劳动密集型产业，同时也要不失时机地推进产业升级，增强资本密集型和技术密集型产业的竞争优势。二是我国人口众多但资源有限，在这种条件下实现工业化、城镇化、现代化和可持续发展，面临着一系列矛盾和困难。战略产业的选择要着眼于解决这些矛盾和困难，要使国民经济的物质技术装备和手段转移到现代化的基础上来。三是为了维护国家的安全，实现祖国的完全统一，并为打赢高技术条件下的局部战争做好准备，建立以现代高技术为基础的、寓军于民的国防科技工业，发展高新技术武器装备，实现国防现代化，仍然是一项不可懈怠的、长期的战略性任务。四是在国际分工体系中，战略性产业的选择要有利于改变为跨国公司做代工的状况，有利于改善国际贸易条件，促进出口产品的结构升级。

近年来，我国高新技术产业产值的出口交货值不断上升，但其中外商投资企业占据了主导地位，其核心技术主要由跨国公司控制。为了改变这种状况，一些学者提出要防止高新技术产业的"空心化"。所谓产业"空心化"，它有两层含义：一是指一个国家或地区的制造业转移到其他国家，导致国内就业机会减少，市场需求下降，经济增长放慢。例如，日本和我国的台湾、香港出现的情况。二是指技术密集型产业没有核心技术，形成对跨国公司技术和资本的依赖。上述第一种类型的空心化主要发生在发达国家和地区，但是国民收入仍然是净流入的。第二种类型的空心化主要出现在发展中国家，其后果是国际贸易条件恶化，如拉美国家在发展和开放中出现的问题，跨国公司控制着国民经济命脉，GNP的增长与GDP的增长不同步，甚至出现有增长而无发展的情况。我国所要避免的是第二种类型的"空心化"。

目前，我国依靠自主技术创新的产业主要集中在发达国家对我国进行技术贸易限制的航天技术、核技术等涉及国家军事安全的领域。通过引进和消化吸收，生产技术能力显著提高的产业有大型发电设备制造、程控交换设备制造、家用电器制造等产业。大量重复引进，消化吸收能力差的制造业主要有石油化工成套设备制造、轿车设计和轿车生产线设备制造。完全依靠进口的产品有民航干线大飞机、大规模集成电路生产设备等技术和知识密集、附加价值高的产品。从这些经验教训看，防止技术"空心化"，需要调整和完善引进技术与利用外资的方式。引进技术应由购买设备转向购买制造技术与合作生产为主，并使用于消化吸收的资金投入超过引进技术的资金投入。对新进入的外资，必须进行筛选。发展中国家利用外资是为了弥补资金缺口和技术缺口。从我国经济发展的实际情况看，资金短缺已不是主要矛盾。因此，利用外资的重点应当是能够带来先进技术的资本。

有一种观点认为，发展中国家的技术研发能力先天不足，在国际竞争中与工业发达国家不是处在同一起跑线上，要缩小与发达国家的技术差距，必须实行以市场换技术的策略。从实践上考察，这种策略有其积极的作用，与发展中国家最初的技术和产业起点相比，以市场换技术确实起到了缩小技术差距、促进新兴产业发展的作用。但是，发展中国家的技术进步不能长期建立在以市场换技术的基础上，因为你所换到的技术永远是第二流或第三流的。发达国家为了通过技术垄断实现超额利润，在技术转让时，必然要"留一手"。即使是跨国公司的技术研发实行本土化策略，不仅利用了发展中国家廉价的、高素质的科技人才，而且技术的所有权仍然控制在跨国公司手里。因此，我们在利用外资、引进技术的同时，必须不断培养和增强自主创新能力，逐步改变高新技术产业对跨国公司的技术依赖，在一些重要的技术领域实现跨越。

　　产业组织结构调整是提高资源配置效率的重要方式。我国大多数企业实际上是在用小农经济的小生产的办法搞大工业生产，专业化分工程度低，零部件的自制率过高。企业从原材料采购、铸造、各种零部件的加工到产品组装和包装，大部分生产过程都在企业内部完成。产业结构调整必须先改变"大企业、小生产"以及企业专业化分工程度低的企业组织结构。在一般加工组装型产业领域，没有小而专的小企业，就没有大而强的大规模生产。在专业化分工的条件下，小而专的企业，也可以实现大批量、大规模生产。

四　生产要素集中化趋势与区域协调发展问题

　　在市场竞争机制的作用下，生产要素不仅向优势企业集中，而且向优势地区集中。因此，出现了像广东的东莞和江苏昆山的电子信息产品制造基地，浙江义乌的小商品生产基地，温州的制鞋基地等产业集群地区。

　　所谓产业集群，就是在同一地区集中了大批生产同类产品的企业，这些地区在国内甚至国际市场上都占有很高的市场份额。产业集群的特点是，具有显著的规模效应；实行高度的专业化分工；具有很强的工业配套能力；原材料和零部件采购半径小、物流成本低；具有完善的社会化服务体系；主导着该产业技术进步的方向；具有产品成本低的竞争优势。产业集群的出现，大大促进了专业化分工，首先是地区之间的专业化分工；其次是产业集群地区的专业化分工。以骨干企业为龙头，大批小企业为核心企业配套。产业集群的出现，为更多的小企业提供了生存和发展的机会。

　　在市场经济条件下，商品供给总体上是竞争的，但每一个地区、企业必须形成局部的相对垄断地位，才有可能实现利润最大化。可以说，没有特色，没有相对的垄断地位，就没有竞争力。

　　在区域经济布局的认识和实践问题上，我们纠正了20世纪50—70年代要求各个地区建立完整的工业体系的做法。今天，在强调地区经济协调发展的同时，也要看到生产要素的集中化趋势。以较少的国土面积，实现产业积聚，可以大大提高生产要素的配置效率。产业集群的出现，加剧了生产要素在地区之间配置的不平衡性。产业集群地区占有很高的市场份额。在这种情况下，后来者必须开辟新的产业领域，发展具有本地区比较优势和特色的产业和产品。这是解决生产集中化趋势与区域协调发展之间的矛盾的必由之路。

（本文原载《中国工业经济》2004 年第 11 期）

转变经济发展方式需要解决的突出问题

党的十七大报告指出，加快转变经济发展方式，推动产业结构优化升级，是关系国民经济全局紧迫而重大的战略任务。转变经济发展方式，需要解决以下一些突出问题。

一　必须认清我国经济发展条件的变化

一是资源性产品供给不足的矛盾导致资源性产品价格上升。人口众多，人均占有的自然资源低于世界平均水平是我国的基本国情。国内资源性产品供给不足，使我国工业发展依靠资源性产品进口的程度不断提高。到 2006 年我国石油进口量已占石油消费量的 40%，铁矿进口量已占国内需求量的 50%，进口的铝土矿占国内需求的比例为 33%，进口的铜矿占国内需求的 50%。此外，我国工业构成中的重化工业显著提高。重工业与轻工业之间的比例由 1998 年的 55 : 45 变为 2006 年的 69 : 31。资源密集型的重化工业的比重上升，加剧了资源性产品供给不足的矛盾。在资源供给紧约束的情况下，资源性产品价格上涨的趋势是不可逆转的。其结果，必然导致工业生产成本上升。

二是劳动力成本上升显著加快。从总体上讲，我国劳动力资源丰富，现阶段仍然具有劳动力价格便宜的比较优势。但这并不等于我国可以长期保持低工资水平不变。持续 30 年的计划生育政策，使我国人口总量已进入低增长时期，城乡青壮年劳动力的比例在下降；此外，由于国家对农村、农业和农民政策的不断调整，农民从事农业的收益逐步提高。在这一背景下，工业部门劳动力的供给呈现下降趋势，工业工资水平不断提高是个必然趋势。2006 年与 2000 年相比非农产业职工工资水平上升了一倍。

三是企业的资金供给条件和人民币汇率不断变化。银行贷款利率的多次上调，加大了企业资金成本；目前银行一年期贷款的基准利率比2002年提高了将近25％；与此同时，人民币汇率逐步升值，使我国的贸易条件发生新的变化。从2007年7月1日起，国家降低了2200多种商品出口退税的税率。这些变化，使我国制造业企业出口产品的价格竞争力相对下降。

四是企业必须承担的社会责任成本在逐步提高。在现代社会化的大生产条件下，企业的生产经营活动总是在一定的社会经济关系中运行的。企业既要追求利润最大化，也要兼顾外部经济性的要求。利润最大化是有条件的，即在追求出资人利益的同时，也必须兼顾利益相关者的利益。提高企业职工的社会保障水平，加大对污染物的治理以减轻环境污染，都会增加工业的生产经营成本。

五是国际经济关系的变化。我国进出口贸易规模日益扩大并成为位居世界前列的贸易大国，加之贸易保护主义的抬头，使我国出口产品遭遇的贸易摩擦也日益增加。特别是通过环境保护、产品质量等技术标准措施，提高了我国出口产品的市场准入门槛。

上述变化不是暂时的、个别的，而是长期的和全方位的。它直接制约和影响到我国经济发展的速度、结构和效益。应对这些变化的根本出路是转变经济发展方式，从粗放式增长转向集约式增长，使经济发展转移到提高资源配置和运行效益的基础上。

二　正确处理速度与效益的关系

转变经济发展方式，应从单纯追求经济增长速度转向又好又快发展。我国经济发展的条件和环境正在发生变化，资源供给不足的矛盾日益突出，环境治理和保护标准不断提高，劳动力的成本逐年上升，人民币持续升值，国际贸易摩擦增加。在这种大背景下，粗放型的高增长将难以持续。经济发展方式必须改变过度依靠能源、原材料、土地资源的大量投入、压低农民工低工资和牺牲生态环境为代价的状况。2007年上半年，我国GDP比去年同期增长了11.5％，工业增加值增长了18.1％，城镇固定资产投资增长了25.9%，居民消费品零售物价上涨了4.4%。这种高增长如果持续下去，有可能转向经济过热，对固定资产投资和信贷规模继续实行从紧控制的政策是完全必要的。

三　调整和优化产业结构

调整和优化产业结构是提高工业经济效益的重要途径。产业结构是生产要素配置的结果，同时又是再生产过程的新起点。我国工业结构的突出矛盾表现为资源密集型产业的生产集中度低、生产工艺和技术落后、能源消耗高、严重污染环境的资源密集型中小企业降低了资源配置效率。全国工业增加值平均只有28%左右。在工业成本构成中，80%以上是转移的物化劳动，资源耗费高是我国工业成本上升的最主要因素。降低物化劳动的消耗是提高工业经济效益的最重要的途径。资本密集型行业应推进生产要素向大型企业集中。这种集中是生产力发展的客观要求，有利于提高资源配置效率。有人认为提高基础产业进入门槛，资本密集型产业向国有大企业集中抑制了民营资本进入基础性产业，不利于民营经济的发展。从法律上和政策上看，并不存在阻碍民营企业进入资本密集型基础产业的障碍，但是民营资本的进入，必须适应资本密集型产业有机构成高、资本投入强度大的特点。在煤炭开采、火力发电、石油化工，钢铁及有色金属冶炼与压延、水泥、玻璃等工业，要以大型和特大型企业为主导，淘汰那些规模不经济、技术经济指标落后、严重污染环境的中小型企业。

四　节约资源、保护环境

《国民经济与社会发展第十一个五年规划纲要》提出，要把节约资源作为基本国策。节约资源、保护环境，应当贯穿于从资源开采、加工、流通到消费和回收再利用的全过程。首先要提高开采过程的资源利用率。在放开不同经济主体产业准入限制的同时，必须实行统一的开采准入标准，达不到资源回收比率的企业不得取得资源开采权。还应通过提高资源占用税的经济手段，限制挑肥拣瘦、丢弃可采资源。由于采矿造成地面环境及建筑物破坏，应建立规范的环境保护补偿机制，由开采者承担地面治理的经济责任和社会责任。必须发挥市场机制在节约资源和保护环境中的调节作用。在勘探、开发的上游环节，要建立公开、公平、公正的资源交易市场，规范市场主体和市场交易行为，加强市场监管。一是依法明确资源的所有权主体；二是坚持资源的有偿占用，通过招标、拍卖和挂牌出让的方式替代行政审批，避免开采、占用权出让过程中的不规范行为；三是合理确定资源价格，要保证资源勘探、环境保护、生态补偿所需要的各项成本的支出需要，要有合理的市场利润回报以及必要的社会扣除，使资源所有者的经济权益能够得到保证。必须通过市场调节的手段，改变资源开采者不承担外部社会责任的状况。在资源加工利用环节，价格应当反映资源的稀缺程度，充分发挥价格对资源加工和消费的引导作用。要逐步调整稀缺资源定价偏低的状况，通过价格杠杆调节供求关系，抑制对资源性产品的浪费。例如，保障我国食品安全的可耕地属于不可再生的稀缺资源，需要严格保护。除了必要的行政手段外，应当提高土地转让价格，制止用低价，甚至零地价的优惠招商引资的做法。通过提高污染物排放的技术标准和购买污染排放权的收费标准，迫使生产经营者加强对生产过程废弃物的治理和回收利用，实现清洁生产，降低排放成本，增加企业收益。

五 实现区域协调发展

区域协调发展包含资源配置过程的协调、区际经济关系的协调和社会产品分配的协调等三个方面的要求。具体地说，一是不同地区经济增长的差距控制在社会可承受的范围内。由于地区之间既有的经济规模不同，又有增长的起点不同，实际的差距仍然较大，这种差距也只能在发展的过程中逐步缩小。二是每个地区不必追求完整的工业体系，而是要着力培育和发展本地区最具有竞争优势的产业，促进资源空间配置的宏观经济效益与微观经济效益的统一。三是建立全国统一、开放的市场体系，消除地方保护主义，使生产要素能够顺畅流动。为此，必须进一步理顺价格体系和价格形成机制，使资源性产品调出地区和加工制造业基地都能获得合理的税收和利润。四是经济布局的疏密程度与人口分布以及自然生态环境承载能力相适应。实行产业疏导政策，在加快东部地区产业升级的同时，促进企业分布过密地区的产业向中西部地区转移。五是在经济持续快速增长的同时，实现人与自然的和谐，严重污染的状况得到有效治理，生态脆弱地区的环境得到切实保护。六是各个地区的城乡居民都能够均等地享受到与现阶段我国经济总体发展水平相适应的教育、医疗卫生、社会保障、文化等基本的公共服务。通过增强财政转移支付的力度，改变中西部地区，特别是这些地区广大农村的基础设施、教育、医疗卫生、文化等社会事业发展滞后的状况。

六　增强企业创新能力，促进科技成果向现实生产力的转化

增强企业创新能力是转变经济发展方式的关键环节。我国目前科技研发与经济发展两张皮、科技创新成果转化率低的问题并没有根本解决。科研院所通过技术市场向企业转让科技创新成果面临的突出问题是大多数科技成果未经过工业性中试，其技术的可靠性还有待完善，其经济可行性还需要市场的验证。技术创新必须以企业为主体。根据市场和各类用户提出技术创新的需求，由企业组织实施，并负责资金的筹措等生产要素的组织。科研院所和大学根据企业提出的技术需求，参与技术创新过程，提供理论和技术支持。由于现代科学技术的综合性和复杂性，技术创新必须建立在社会化分工的基础上。企业作为创新主体，应具有系统集成能力和对社会化分工的协调能力，按照十七大提出的要求，引导和支持创新要素向企业集聚，促进科技成果向现实生产力转化。目前我国科技人员的分布仍然主要集中在科研院所和大学，占到科研人员总人数的50％以上。因此，必须改变我国科技研发的人力资源与企业生产能力及经营能力相分离的状况，大力充实企业的科技人员，加强企业技术研发中心建设，以实现科技要素、生产要素、经营管理要素的直接结合。

由于我国工业技术水平与工业发达国家存在较大差距，因此继续引进先进技术仍然是缩小差距的有效途径。例如我国的大型发电设备制造业、冶金设备制造业、石油化工装备、数控机床、汽车生产装备制造、机车车

辆制造业、电子通信设备制造业、家用电器制造业等行业的技术进步和生产能力的提高，主要是通过引进技术实现的。与此同时，要改变以往重引进、轻消化吸收的弊端，在政策上鼓励企业加强对引进技术的消化吸收及其再创新。

七　推进生产社会化

在继续推进生产经营领域市场化改革的同时，必须推进生产社会化的改革和调整。长期的小农经济生产方式使我国社会再生产活动的社会化程度很低，阻碍了生产集中化和专业分工，降低了资源配置效率。积极发展生产性服务业是提高生产社会化程度的有效途径。生产性服务业是从工业企业分离出来的专门为工业生产服务的企业。它包括工业设计、设备安装与维修、原材料和零部件采购、仓储、配送、产成品整理和包装等直接为生产服务的业务，还包括市场调查、企业经营管理咨询、财务会计、法律等为企业经营管理服务的业务。为生产服务的服务业，大多是技术与知识密集型的服务业，由于专业化的分工，它有利于减少企业不直接从事生产的人员，降低企业的生产成本和交易成本，进而提高全社会的资源配置效率。

（本文原载《前线》2008 年第 3 期）

提高资源配置效率，应对
经济发展阶段的新变化

经济发展阶段与经济周期是两个不同的经济范畴。经济发展阶段通常是用生产力发展水平、工业化进程、经济规模、经济结构、经济增长趋势、人均收入水平、消费结构、国际贸易条件等指标来衡量。经济周期是指经济发展过程中出现的繁荣、危机、萧条和复苏的波动与循环。应对经济发展阶段性变化，需要从经济发展战略、增长方式、产业政策、创新政策、经济关系等方面进行全方位的统筹与规划、调整和改革。应对经济周期性波动，主要通过财政、货币、信贷、汇率等短期的反周期政策进行调控。因此不应把经济发展阶段性变化等同于经济的周期性波动。认识经济发展和运行的客观规律，是应对经济发展阶段变化的前提。

一　科学把握我国经济发展的阶段性变化

1949 年中华人民共和国成立以来，我国经济发展的进程经历了两个发展阶段。前 30 年，经济发展的主要任务是奠定工业化基础，建立独立完整的现代工业体系。改革开放以来，经济发展的任务主要是消除短缺，实现从贫困向经济大国和小康社会的转变。虽然这两个阶段经济工作的指导思想、管理体制、经济运行机制、发展模式、对外开放政策都大不相同，但在发展战略上，也有一个共同点，就是把经济增长速度放在突出的位置，努力在工农业产品产量、交通运输能力、进出口贸易规模等方面缩小与发达国家之间的差距，实现数量赶超。事实表明，到第十一个五年计划结束，这一战略目标已基本实现。

1. 改革开放以来，中国工业持续高速增长，工业增加值由 1978 年的 1607 亿元增长到 2013 年的 210689.4 亿元。按照可比价格计算，增长了 40.64 倍，平均每年增长 9.7%。中国 220 多种的主要工业产品产量超过了美国、德国、日本等工业发达国家，位居世界第一位。中国工业实现了从全面短缺向世界工业生产大国的转变，即工业产品产量实现了从少到多的转变。可以说，中国工业产品总量赶超的任务已经基本完成。

从现在起，中国工业发展的主要任务将转向以提高生产要素利用效率为主导，在产业结构和技术水平上全面缩小与发达国家之间的差距，实现从工业生产大国向工业强国的转变。

表1　　　　2012 年中国主要工业产品产量占世界总产量的比重（%）

工业产品	占世界总产量的比重	工业产品	占世界总产量的比重	工业产品	占世界总产量的比重
煤炭	45	钢材	53	发电量	22
水泥	60	化肥	35	微波炉	70
汽车	25	铜	24	计算机	68
彩电	50	化纤	42	电冰箱	65
空调	80	玻璃	50	洗衣机	44
手机	70	造船	41	电解铝	65
纱	46	数码相机	65	工程机械	43

资料来源：网易财经（https://www.163.com/money/article/9CQVMF0J00253G87.html）。

2. 产能相对过剩已成为制造业的突出矛盾。长期以来，我国经济面临的主要问题是供给不足的矛盾，经济工作的重点是扩大各种产品的生产能力。2011 年以来，我国大多数工业行业的产能都出现相对过剩，尤其是金属冶炼、建筑材料、基础化工、机械装备制造、汽车制造等重化工业的产能过剩的问题更为突出。按照国际制造业的通行标准，工业生产能力利用率在 80%—90% 为正常，我国工业生产能力平均利用率只有70%—75%。

表 2　　　　　　　　　　2012 年以来重化工业生产能力利用率情况

行业及产品	产能利用率（%）	行业及产品	产能利用率（%）
钢铁	73.9	聚氯乙烯	60.0
电解铝	70.0	甲醇	50.0
水泥	72.6	氯碱	70.0
平板玻璃	68.0	电石	76
汽车	70.0	焦化	74.9
机械	<70.0	化肥	70.0
太阳能电池组件	51.1		

资料来源：《中国工业发展报告（2013）》和《中国工业发展报告（2014）》。

3. 世界经济增长前景的不确定性导致工业品出口增速放缓。2001 年中国加入世界贸易组织后，由于国际贸易环境出现有利于我国扩大出口的变化，工业品进出口贸易出现了井喷式的高速增长。工业品出口总额从 2000 年的 2237.43 亿美元增长到 2010 年的 14960.69 亿美元，增长了 5.68 倍，年均增长 20.9%。2011 年以来我国货物进出口贸易增速显著下降。

表 3　　　　　　　　　　中国货物进出口贸易增长变化

年份	2011	2012	2013	2014	2015（1—4 月）
进出口增速（%）	17	3.2	5.7	2.3	−7.3

资料来源：2011—2014 年数据来自《中国统计年鉴》相关年份，2015 年 1—4 月数据来自国家海关总署。

20 世纪末，国际上有一些经济学家认为由于电子信息技术革命和 IT 产业的高速发展，将会熨平经济周期性波动。但是 2000 年以纳斯达克指数大幅下跌为标志，IT 产业的发展进入调整阶段，同时也表明当代科技革命并没有熨平经济周期波动。

2008 年国际金融危机后，经济全球化的进程不是加快，而是在放慢或进入新的调整阶段。一是发达国家为了应对国内经济危机，纠正虚拟经济与实体经济脱节以及服务业比重过高的问题，实施再工业化战略，支持制造业的发展，减少进出口贸易赤字；二是国际资本流动放缓甚至回流，国际产业转移放缓，以防止国内产业空心化；三是由于发达国家需求增长回落，导致国际货物贸易增长速度下降，世界货物贸易从2001—2007年年均增长14.1%回落到2008—2011年的3.8%；四是国际贸易保护主义抬头。在这种背景下，我国对外出口增速回落不可避免。2011—2013年我国工业制成品出口额年均增长11.9%，比2000—2010年工业品出口的平均增速回落9个百分点。

"十二五"以来，我国经济发展趋势出现了新的变化，进入了一个新的阶段。这种变化主要表现为经济增长速度下行的压力增大，工业生产能力相对过剩的矛盾突出，劳动力成本上升，以技术创新为支撑的产业升级更为紧迫，提高城镇化质量的任务艰巨，环境治理与保护的要求更加严格，世界经济复苏和增长趋势不确定，国际市场需求增长放缓、国际竞争更为激烈。这些变化，使我国经济发展面临一系列新的矛盾和挑战。但是，世界上没有矛盾的经济工作是不存在的。经济发展总是在不断解决生产关系与生产力、投入与产出、供给与需求等各种矛盾的过程中实现的。中国经济发展阶段的变化，要求经济发展方式必须由粗放型转向集约型。在一定的意义上，它比追求经济高速增长还要艰巨，从政府到每一个经济主体，从宏观到微观，都应积极主动地应对这种变化。

二　努力促进农业生产力的发展

农业劳动生产率低于非农产业劳动生产率是经济发展的一般规律。我国农村人多地少，农业的有机构成低，即农民占有的土地等生产资料少，进一步扩大了农业与非农产业、农村与城市之间的差距。小农经济的生产方式已不适应社会扩大再生产的要求，成为我国经济结构和经济发展的突出矛盾。从供给层面看，我国社会消费品零售价格波动，70%是源于食品价格，即由于农业生产成本高，农产品供给不稳定。农业资源禀赋和农业生产效率是决定农产品价格的基础。农产品价格直接影响到我国消费品价格的稳定。消费品价格的波动又影响到银行的存贷款利率水平。我国存贷款利率水平显著高于发达国家，直接抬高了企业的融资成本。究其原因，一是由于在资金供求关系方面，还没有真正摆脱投资饥渴症；二是由于农业生产力落后，农业的基础地位不稳定。从需求层面考察，工业产能过剩，一个重要原因是工业快速增长遇到了农民有效需求不足的矛盾。由于农业生产力落后，农民收入水平低，导致农村的工业品市场狭小。2014年我国全社会消费品零售总额为 262394 亿元，其中乡村销售额为 36027 亿元，只占 13.73%。46% 的乡村人口人均购买消费品的支出只相当于城镇人口人均购买消费品支出的 32%。要改变这种状况，根本出路在于继续促进农业人口向非农产业和城镇转移，推进农村土地的规模化、集约化和社会化经营，提高农业劳动生产率。它既有利于减少农民和富裕农民，又有利于增加城镇劳动力供给，降低企业劳动力成本。因此需要积极推动农村土地经营方式的改革，改变小农经济生产方式与现代大工业发展不协调、不平衡的矛盾。

三　制造业结构调整升级的方向是"高也成、低也就"

制造业调整升级的重点和难点在于提高生产要素的配置效率。调整升级的方向和任务不应仅仅理解为产业结构的高度化，而应当实行"高也成、低也就"的方针。所谓高也成，就是提高技术密集型的高附加值产业在制造业中的比例，并用高新技术改造传统产业，改善我国制造业在国际产业分工体系中的地位。

制造业的升级有两条途径，一是依靠科学技术革命，采用全新的技术，研发全新的产品，引领生产和消费的新潮流。二是用高新技术改造和提升传统产业，对现有产业及其生产技术进行改进，提高产品质量和性能，降低生产成本，减少生产过程的污染，增强传统产业的市场竞争力。前者是产业的革命性突破，后者是渐进性的改进。工业革命以来制造业发展历史进程表明，每一次工业革命之间，都经历了百年以上对新技术的消化、吸收、传播、改进和完善的过程。新的技术和产品的出现，多数是以渐进性的革新为主导，突破性的质变和飞跃，也是在渐进性的量变基础上实现的。

进入 21 世纪以来，工业和交通运输等物质生产部门的主导产品和技术仍然是以 20 世纪发明的技术和产品为主体，技术创新的一个重要任务是对现有产业的生产技术不断进行改进和完善，而不都是革命性的变革。现阶段还不可能完全脱离 20 世纪发明的产品及其生产技术而另起炉灶，用全新的产业和产品替代它们。因此，不应当把经济增长的希望主要寄托在科学技术的革命性突破的基础上。在跟踪当代科技革命的前沿，积极发展战略性新兴产业的同时，也要重视对现有产业生产技术的创新。在制造业领域，瞄准与发达国家之间的差距，把缩小差距作为新的经济增长点，用高新技术改造传统产业，增强传统产业的国际竞争力。努力在金属与非金属材料制造业、高性能和智能化机械装备制造业、汽车制造业、高速铁路装备制造业、航空航天设备制造业、精密仪器制造业、电子通信设备制造业、精细化工制造业、新药研发和生产等高附加值产业领域达到工业先进国家的生产技术水平。

低也就，就是努力保持比较优势，继续发展劳动密集型产业。近 10 年来，我国制造业的劳动力成本不断上升，制造业人均年工资 2004 年为 14148元，2013 年上升到 46720 元，名义工资上升了 2.3 倍。如果按美元计算，我国制造业人均工资从 2004 年相当于美国等工业发达国家制造业人均工资的7% 上升到目前的 16% 左右。发达国家的再工业化战略将导致制造业的一些领域向本国回归，但并不表明发达国家在重新恢复劳动密集型制造业。我国与发达国家制造业结构互补的关系还没有发生根本性的变化。2014 年我国城镇制造业就业的劳动力总量为 5258 万人，只占全社会劳动力总量的6.63%，因此从总量上考察，不存在劳动力供给不足的问题，而是劳动力的供给结构问题。首先，应当调整教育结构，扩大职业技术院校的招生，增加技术工人的供给。其次，我国地区经济发展的不平衡性，为沿海地区劳动密集型产业向中西部劳动力输出地区转移提供空间。此外，与发展中国家相比，我国工业的配套体系、产业链的完整性，能源和交通运输等基础设施的条件是工资更低的发展中国家现阶段还难以达到的。

四　全面缩小制造业与发达国家的技术差距

2015 年 5 月 19 日，国务院发布的《中国制造 2025》，提出到 2025 年迈入世界制造业强国的发展目标，并部署了全面推进实施制造业强国战略。什么是制造业强国？作为工业生产大国，一是要具有独立完整的现代工业体系；二是主要工业产品生产能力和产量位居世界前列；三是在产业结构方面，技术密集型和高附加值工业占主导地位；四是生产要素利用效率达到国际先进水平；五是在国际分工和商品交换体系中，从主要依靠比较优势转向主要依靠竞争优势；六是具有自主创新能力，核心与关键技术立足于国内并具有自主知识产权；七是有一批进入世界前列的大企业和知名品牌。我国工业发展已进入从产品数量赶超转向生产要素利用效率赶超，即从制造业大国转向制造业强国的新阶段。

当前我国工业发展遇到的突出矛盾是传统制造业产能过剩，企业找不到新的经济增长点。新的经济增长点产生需要两个前提条件，一是出现了具有广阔成长前景的市场需求；二是以新的技术创新成果为支撑的新兴产业或新产品的出现。新的技术创新成果又分为两种类型，一类是由于科学技术革命性的突破引起的新的产业革命；另一类是对现有产业和产品生产技术的渐进性改进。

近代资本主义工业革命以来的历史表明，革命性的突破只有三次，即蒸汽机发明以后的机器大工业的出现，电力发明以后的规模化和专业化流水线生产方式的出现，从 20 世纪 60 年代开始的以电子信息技术为先导的信息化革命。在每一次工业革命之间，都经历了百年以上的对新技术的消化、吸收、传播、改进和完善的过程。目前我们是处在新的科技革命突飞猛进的时代，还是处在对信息技术应用深化和完善的阶段？有一种观点认为，我们不是处在科技革命突飞猛进的时代，而是处在科技革命进展放缓的时代。信息时代的新发明给生活和工业带来的变革远不及 20 世纪初期至中期的一系列的重大发明。目前传统技术仍然唱主角，例如发电技术、汽车发动机技术、喷气式飞机技术等。真正的革命性技术创新非常罕见，而它们即使出现，也许要过很长时间才能改变经济和日常生活。迄今为止人类仍然在分享那个时代的科学成就。20 世纪主要在实际应用上，解决了新产品发明所必须的工程技术、材料和制造工艺问题。这种观点有一定的道理。

表4   20世纪影响人类社会生活的重大技术发明

青霉素	输血技术	阿司匹林	圆珠笔	扫描仪
起搏器	彩色胶卷	彩色电影	无线电	电视
信用卡	个人电脑	计算机	机器人	扫描仪
石英表	激光照排	超级市场	互联网	洗衣机
晶体管	人造卫星	克隆技术	微波炉	录像机
复印机	高速公路	杂交水稻	塑料	激光
电冰箱	安全气囊	真空吸尘器	电梯	尼龙
不锈钢	流水线	手机	飞机	雷达
液晶	空调	坦克	火箭	传真机
核能	原子弹	干电池	小儿麻痹疫苗	

资料来源：黄莹：《影响人类生活的100大发明》，武汉大学出版社2008年版。

　　从表4所列的产品和技术可以看出，进入21世纪以来，工业和交通运输等物质生产部门以及文化产业，主导产品和技术仍然是20世纪发明的技术和产品，技术创新的重要任务是对现有产业的生产技术不断进行改进和完善，而不是颠覆性和革命性的变革。由此给我们启示是新的技术和产品的出现，是以渐进的革新为主导，突破性的质变和飞跃，也是在渐进性的量变基础上实现的。现在还不可能全面放弃上列产品及其生产技术而另起炉灶，用新的产业和产品替代它们。因此，不应当把经济增长主要寄托在科学技术的革命性突破和寻找新的经济增长点的基础上，而应当重视对现有产品及其生产技术的改进和革新。

　　我国制造业与发达国家之间的差距，包括产业的横向差距和产业链的纵向差距。所谓横向差距，主要是在国际制造业分工体系中，我国以生产出口劳动密集型产品为主导，进口产品以高附加值的技术密集型产品为主导。例如，目前我国进口一架波音中型客机需要1.05亿美元。2013年我国出口355亿件服装，出口额1572亿美元，每件服装出口的平均单价为4.43美元。需要出口2370万件衬衫才能买一架波音737中型客机。生产2370万衬衫要5000名工人工作1年，同时还需要4200万米的服装面料。要改变在国际分工体系中的这种局面，出路有两个，一是纺织服装行业在提高出口产品品质和培育自主品牌的基础上提高出口单价;二是实现国产民用干线飞机从研发到批量生产的突破,逐步减少民用干线飞机的进口。

在产业链纵向分工体系的差距,主要表现在我国制造业大多处于产业链的低端,发达国家处于高端。例如,在机械装备制造行业,90%的高档数空机床、70%的轿车制造关键设备、95%的芯片制造设备、100%的光纤制造设备依赖进口;在化学工业领域,我国的染料、合成纤维、化肥、农药、纯碱、烧碱、轮胎、涂料、硫酸等普通化学品行业,无论是产量还是销量都已居世界前列。但是在高端专用化学品、化工新材料等高技术含量、高附加值的高端产品方面,主要依赖进口。

再例如,PX产品是生产合成纤维、医药、农药、染料、油墨、溶剂等化工产品必须的化工原料。中国2011年产能为876.5万吨,进口700万吨,2015年进口量将达1300万吨,进口额约1700亿元人民币。2010年进口价每吨8350元人民币,2011年上涨到11850元,2013年为12800元。PX产品出口国主要集中在日本和韩国。国内每一次出现反对PX建设项目的群体事件后,都引起PX产品进口价格上涨。我国是电子工业生产大国,电视机、计算机、手机等产品产量分别占世界总产量的50%、68%和70%;但这些产品所需要的核心元器件,大部分依赖进口。2014年,我国进口的集成电路2856.6亿块,进口额2184亿美元,仅此一种产品的进口额就占进口总额的11.25%。

上述情况表明,我国制造业既存在产能过剩,同时也存在供给不足。供给不足主要集中在技术密集型的高附加值行业。这些正是国内企业的市场空间。与其把希望寄托在新的科技革命的出现,不如把缩小现有的技术密集型产业和产品与发达国家的差距作为新的经济增长点的立足点和出发点。推进现有产业的技术和产品的升级,找准与美国、德国、日本等工业先进国家的差距,实现技术赶超。在钢铁工业、有色金属工业、非金属材料工业、石油化学工业、高性能和智能化机械装备制造业,高速铁路装备制造业、精密仪器制造业、电子通信设备制造业、精细化工制造业、新药研发和生产等高附加值产业领域缩小与发达国家的差距。

五　优化科技创新的路径与机制

在社会化大生产的条件下，科技创新分为科学发现、技术发明和科技成果产业化三个阶段。发现的目的在于揭示从宏观到微观的物质世界存在形式及其运动规律，主要是从事基础理论研究工作的科学家的责任和工作重点。发明的任务是根据科学发现所揭示的规律，通过工程技术手段，研制成新材料、新产品或新的生产工艺。发明主要是在工程技术层次上的创新。发现是基础研究，发明是应用研究。虽然二者不可能截然分开，但在多数情况下，二者仍然是有区别的，创新的目标不同、侧重点不同，成果的表现形式不同。技术创新成果的工程化、产业化和市场化是科技创新的最终目标。衡量是否成为创新型大国，既要看科学论文发表的数量和质量，还要看技术发明专利的规模、层次及其转化为现实生产力的能力，看高新技术产业的国际竞争力。

技术创新及其产业化的主体应当是企业，工程技术研发中心建在企业，科技队伍的主体集中在企业，科技创新投入的主体是企业。这是因为企业作为以盈利为目的经济组织，具有通过技术创新实现利润最大化的内在推动力；在市场经济条件下以及经济国际化的大环境中，企业始终面临着竞争的压力，不搞创新，企业就难以生存，更谈不上发展；企业在生产经营活动的实践中，能够使技术创新方向和目标的选择更符合市场需求；企业具有把科技成果转化为产品的生产设备、工程技术能力以及社会化的配套能力。企业能够把科技要素、工程要素、资金要素、市场要素直接结合起来。

对于重大技术创新项目，应当采取需求牵引，工程依托，以企业为主体，社会化分工与市场化运作的方式。需求牵引，是指技术创新要有明确的工程化和产业化的需求目标，解决产业升级需要解决的核心技术。工程依托是指技术创新有具体的工程项目载体，在工程的实施过程中，围绕关键技术、工艺和材料组织攻关；以企业为主体，是根据创新目标需求，由企业组织实施，科研院所和大学根据企业提出的技术需求，参与技术创新合作，提供理论和技术支持。产学研联盟的主体是企业。科研院所的技术创新成果也需要通过企业进行工程化实验和完善，转化并形成能够面向市场的实际生产能力。

由于现代科学技术的综合性和复杂性，技术创新必须建立在社会化分工的基础上。在市场经济条件下，必须遵循市场经济规律，特别是需要处理好各个方面的利益关系，龙头企业应具有系统集成能力和对社会化分工的协调能力。财政、金融政策应当有利于增强企业自我积累和自我发展的能力，通过加速折旧、创新成本抵扣、贴息贷款、政府采购新产品等政策，促进企业技术创新。

六　努力降低物化劳动消耗

在经济高速增长过程中，我国的能源、原材料等资源密集型产品的消费也迅速增长。2014年我国消耗的能源总量为42.6亿吨标准煤，7.15亿吨钢材，2438万吨电解铝，24.76亿吨水泥，分别占世界总消费量的21.5%、50%、53%和60%。当年我国国内生产总值占世界总量的12.5%，说明我国单位GDP产出所消耗能源和主要原材料显著高于世界平均水平。

由于我国仍处在推进工业化和城镇化的发展阶段，大规模的基础设施建设，城镇空间的快速扩张，13亿多人口消费结构的升级，使我国现阶段能源原材料消耗总量大具有一定的客观必然性，与已进入后工业化阶段的国家不完全具有可比性。但是，我国资源禀赋条件难以满足资源型产品消耗需求是个突出的矛盾，治理污染和保护环境的紧迫性也要求我们必须降低资源消耗强度。

从生产环节考察，商品的价值是由物化劳动消耗 + 活劳动消耗 + 利润三个部分组成。在我国工业产品的价值构成中，转移的物化劳动消耗占74%，工业增加值率平均只有26%，低于工业发达国家42%以上的水平。其主要原因一是产业结构问题，即资源密集型的重化工业比重高、规模大，低消耗的高附加值制造业比重小；二是生产技术、企业规模和管理水平的差距，导致单位产出消耗的能源原材料高。

长期以来，我国经济增长方式是速度效益型的，即工资、利润和财政税收的增长主要依靠外延式扩大再生产的高速增长。当经济增长速度出现回落以后，员工希望增加工资，企业希望增加利润，政府希望增加财政收入，这是当前经济工作面临的难题。解决办法应当主要依靠提高生产要素利用效率，即降低物化劳动消耗，提高劳动生产率。2014 年我国由企业工资和税前利润两部分构成的工业增加值为 227264 亿元，工业总产值为874092 亿元，其中物化劳动消耗的价值为 646828 亿元。如果物化劳动消耗降低一个百分点，在工业总产值零增长的条件下，工业增加值仍可增加6468.28 亿元。做好这项工作既是压力，也是潜力，需要从调整产业结构，增强技术创新能力，改革经济机制，改善经营管理等等各个方面下工夫。

七　降低生产经营的流通成本

经济运行过程包括生产、流通、分配和消费四个环节。流通是从生产转向消费的纽带。改革开放以来，我国工农业产品产量高速增长，大多数产品产量已位居世界第一。但在实际生活中，城乡居民感受到的消费水平的提高与生产增长速度存在差距，其中一个重要原因是由于流通成本过高，抬高了产品的终端价格。

流通成本包括物流成本和商业批发零售成本两个部分。据统计，2013年我国物流费用为 10.2 万亿元，相当于当年 GDP 的 18%，比发达国家高出 9 个百分点。如果物流成本能降低一个百分点，一年就可节约 1000 亿元的物流费用。在商业流通领域，从批发到零售的环节多、周转慢，商业场租费用高，抬高了商品零售价格。这也是我国网上购物增速显著高于发达国家、实体商店经营陷入困境的重要原因。可以说，降低流通成本与降低生产成本具有同等的重要性。

降低流通成本，第一，要优化生产力的空间布局，减少不合理、不经济的货物流向。第二，破除部门垄断行为，建立有利于铁路、公路、航空、水运等部门高效协调的物流管理体制以及合理的价格收费体系。第三，用社会化大生产的方式改造小生产的运输组织，依托交通枢纽、生产基地、中心城市和大型商品集散地，发展专业化、跨区域的大型流通企业。中小型流通企业向专业化、特色化方向转型。第四，加强物流企业的

信息化建设，推动互联网、物联网、云计算、地理信息系统、电子标签等
信息技术的应用，减少社会再生产过程的信息不对称问题。第五，优化城
镇商业布局，形成大型综合商场适度集中、中小型综合超市和社区便利店
协调发展的商业服务体系。第六，引导综合性电商与专业性电商的协调发
展，形成既有相对集中又有竞争的电商市场结构，避免电商寡头的垄断。

八　努力提高城镇化的质量和水平

2015 年，我国城镇常住人口约占人口总量的 55%。但城镇的户籍人
口只有 35%。说明进程务工农民还没有真正融入城市。中国工业化和城镇
化的突出难题仍然是农民如何与工业化进程同步，真正转变为市民。

20 世纪 80 年代到 90 年代中期，农村劳动力转移主要依靠兴办乡镇企
业吸收剩余农业劳动力，其特点是离土不离乡。当时试图通过办乡镇企
业，使农民就地转移的途径，走出一条新型城镇化道路。后来的实践证
明，分散的乡镇企业和亦工亦农的模式不符合现代社会化大生产客观规律
的要求。主要问题是企业布局过于分散，难以形成上下游衔接和以专业化
分工为基础的现代产业体系；基础设施不能共享，提高了基础设施建设成
本和企业使用成本；生产过程产生的污染物难以集中治理，导致环境污染
的扩大。因此，从全局看，依靠发展乡镇工业难以推进城镇化。

20 世纪 90 年中期以后，大批乡镇企业停产倒闭，一部分具有竞争力
的企业向县及县以上的中心城市搬迁和集中。此后，农村劳动力转移的特
点是大规模的外出务工。外出务工农民虽然离开家乡，但并没有真正的离
开土地。农村还有住房、承包的土地和父母妻儿。由乡镇企业大发展阶段
的"离土不离乡"转变为现阶段的"离乡未离土"。形成农民"穿衣戴
帽"进城的局面。

所谓农民"穿衣戴帽"进城，就是农业劳动力可以自由进入城市就业
务工，但仍保留农村户籍，保留农村的承包田和宅基地。它的好处，一是
进城农民还拥有农村的生产资料和生活资料，当在城镇失去工作岗位或丧
失劳动能力的时候，不至成为完全失去生产资料的无产者，还能回到原
籍，因此有利于在农业劳动力转移过程中保持社会稳定。二是城市用人单

位可以压低农民工的工资，特别是工商企业，由于城乡两种不同的社会保障体系以及非农产业与种植业经济收益上的差距，使压低农民工工资和社会保障水平成为可能，也是我国劳动力便宜的比较优势得以维持的体制性基础。

但是农民"穿衣戴帽"进城存在显著的弊端：第一，继续维持城乡人口的二元结构，工业化与城镇化仍然不同步。第二，降低了土地利用效益。农村的宅基地和房屋需要继续保留，难以转化为城镇住房建设用地。但目前的体制和机制，难以实现土地利用的空间置换，加剧了城镇化进程中城镇建设用地供给不足的矛盾。第三，增加了农村耕地扭转的难度，土地规模化经营难以推进，继续保留小农经济生产方式。第四，使我国非农产业的劳动力长期依靠高度流动的农民工，难以造就高素质的产业工人队伍。第五，农民没有纳入城市社会保障体系，当他们丧失劳动能力的时候，仍然没有可靠的养老保障。

农村人口转变为市民的主要障碍不是户籍制度问题，而是需要生产方式和经济关系的变革。一是农民在城镇有稳定的就业机会，二是进城农民具有购买商品房的能力，三是进城农民同原有的城镇居民一样难入社会保障体系，四是进城农民能够同等的分享城镇公共事业服务。

要具备上述条件，需要以城市和农村生产力发展为基础。城市非农产业的发展和政府财政收入的增长，有能力承担农民转化市民的各项成本。农村必须改变小农经济的生产方式，减少农业人口，提高农业生产效率，用办工业的办法发展工业。其主要途径是提高农业的经营规模，促进土地向种植业大户和家庭农场集中；提高农业的有机构成，推进农业的机械化和信息化水平；促进农业生产经营的社会化分工，发展农业产前、产后、产中的社会化服务体系；培训农民，使他们转变为有专业知识和技能的现代农民。

到 2030 年我国城镇人口将达到 70%，约 10 亿人，但农村仍然有 4.5 亿人。能否实现农民不进城的城镇化？在改变农业生产方式和提高农业生产效率的基础上是完全能够实现的。在产业发展方向上，一是发展有经济规模种植业；二是发展特色高效农业；三是发展适度规模的养殖业，实现家和业的统一。在空间分布上，农业人口向基础设施和公共服务体系完善的小城镇集中。在公共基础设施建设方面，一条输变电线，改变农村的生产和生活方式；有一条高速公路及其连接线，使农村的人和物与外部世界通畅交往；一条信息高速公路，实现互联网＋现代物质文化生活活动。农民虽然没有进城，但实际上比城市生活更有幸福感。因为它把现代工业文明、信息化文明和田园牧歌式的生态文明在社会再生产的过程中有机地结合起来，它实现习近平总书记关于既要金山银山，又要青山绿水，城镇化也能记住乡愁的中国梦。

参考文献

1. 《中共中央关于制定国民经济和社会发展第十三个五年规划的建议》，人民出版社2015 年版。

2. 中国社会科学院工业经济研究所编：《中国工业发展报告（2012）》，经济管理出版社 2012 年版。

3. 中国社会科学院工业经济研究所编：《中国工业发展报告（2013）》，经济管理出版社 2013 年版。

4. 中国社会科学院工业经济研究所编：《中国工业发展报告（2014）》，经济管理出版社 2014 年版。

5. 中国科学院：《2014 中国高技术发展报告》，科学出版社 2014 年版。

6. 饶艳：《中国制造业劳动力成本优势分析》，《北方经济》2007 年第 23 期。

7. 户海印、李文兴：《中国民用航空制造业的演进逻辑》，《物流技术》2012 年第13 期。

（本文系未发表的研究报告）

供求关系变化对我国工业增长的影响

2011 年以来，我国工业增长速度逐年下降，从 2010 年 12.6% 的高速增长回落到 2015 年的 6.2%。我国工业增长速度下行的原因是什么？从工业发展趋势考察，工业增长速度下降，是我国经济进入新常态的重要表现。根本原因是中国经济发展新阶段，供给和需求两侧的客观趋势都发生了新的变化。

一　以数量赶超为主的发展阶段已经结束

1949 年中华人民共和国成立到 2049 年这 100 年，中国工业发展的历史进程可以用"从无到有，从少到多，从大到强"这十二个字来概括。已经过去的 60 多年，工业发展经历了两个阶段。前 30 年，经济发展的主要任务是奠定工业化基础，建立起钢铁和有色金属冶炼、石油化工、重型机械装备制造、机床制造、航空、船舶、机车、汽车、电子、航天、原子能等现代工业部门，形成了独立完整的现代工业体系。

改革开放以来，工业增加值由 1978 年的 1607 亿元增长到 2015 年的 210689.4 亿元。按照可比价格计算，增长 40.64 倍，平均每年增长 9.7%。中国 220 多种的主要工业产品产量超过了美国、德国、日本等工业发达国家，位居世界第一位。中国工业实现了从全面短缺向世界工业生产大国的转变，即工业产品产量、交通运输能力、进出口贸易规模等方面在数量上赶超发达国家，实现了从少到多的转变。到第十一个五年计划结束，中国工业产品总量赶超的任务已经基本完成。

表1　　　　　中国主要工业产品产量占世界总产量的比重（%）

工业产品	占世界总量的比重	工业产品	占世界总量的比重	工业产品	占世界总量的比重
煤炭	45	钢材	53	发电量	22
水泥	60	化肥	35	微波炉	70
汽车	25	铜	24	计算机	68
彩电	50	化纤	42	电冰箱	65
空调	80	玻璃	50	洗衣机	44
手机	70	造船	41	电解铝	65
纱	46	数码相机	65	工程机械	43

资料来源：《中国已成为制造业大国，220种工业产品产量世界第一》，中国新闻网，2014年10月5日。

二　工业产能过剩已成为制约工业增长的突出矛盾

改革开放以来，拉动我国工业增长的需求结构和供给结构的变化，可以分为两个阶段。1980—1995年为第一阶段。拉动工业增长的主要动力是满足城乡居民对消费品的需求。到1995年我国的日用消费品、纺织服装和耐用消费市场消除了短缺，生产能力基本适应国内的消费需求，并开始出现生产相对过剩。

从1996年实行第九个五年计划开始，我国重化工业进入新的一轮扩张和高速增长阶段。特别是进入21世纪以来，重化工业增加值平均每年增长16%左右，比轻纺工业的增长率高出4个百分点，目前重化工业在工业增加值的构成中已达70%。2012年是我国资源密集型重化工业增长的转折点，由高速增长转向低速甚至负增长，由供需两旺转向供大于求，由价格不断上涨转向价格下跌和企业亏损上升。工业产能过剩已经成为制约我国经济持续增长的突出矛盾。

按照国际制造业的通行标准，工业生产能力利用率在80%—90%为正常。我国工业生产能力平均利用率只有70%—75%，显著低于正常水平。产能过剩导致企业失去扩大再生产的动力，企业生产经营成本上升，资金链面临断裂危险。

表2				重化工业产能过剩情况			
行业或产品	产能利用率（%）	行业或产品	产能利用率（%）	行业或产品	产能利用率（%）	行业或产品	产能利用率（%）
钢铁	73.9	化肥	70.0	水泥	72.6	甲醇	50.0
电解铝	70.0	聚氯乙烯	60.0	平板玻璃	68.0	氯碱	70.0
焦炭	74.9	电石	76.0	汽车	70.0	机械	<70

资料来源：《中国产能过剩行业排行榜》，豆丁网，2016年2月7日。

三　劳动力成本上升的必然性

进入21世纪以来在城镇工业企业就业的职工工资水平不断上升，劳动力工资成本相对便宜的比较优势正在发生变化。

表3	城镇单位就业人员平均工资和水平变化情况			
年份	2001	2005	2010	2015
年平均工资（元）	10834	18200	36539	55324
以2001年为100	100	167.99	337.26	510.65

资料来源：国家统计局：《中国统计年鉴（2014）》，中国统计出版社2014年版；《2015年国民经济和社会发展统计公报》，《人民日报》2016年2月28日。

我国劳动力成本上升具有客观必然性。一是随着工业化进程，我国人均国民收入从2000年的7855元上升到2015年的49125元，按可比价格计算增长3倍左右。人均国民收入的增长必然带来人均工资收入水平的增长。二是持续30多年的计划生育政策，使我国人口总量已进入低增长时期，城乡青壮年劳动力的比例在下降，劳动力供求关系正在发生变化。三是农村政策的调整，2005年开始免除农业税，增加农民种粮补贴，农村土地流转费用上升农民在当地非农产业就业机会增多，这些变化，促进农民现金收入的增长。四是社会必要劳动费用上升，即购买家庭必须生活资料的费用支出和用于子女教育费用逐年上升。

四 固定资产投资增长速度放缓

长期以来，我国工业持续高速增长的一个重要原因是靠固定资产投资增长推动。从总体上看，以基础设施建设为主导的固定资产投资增长已逐步放缓。

表4 固定资产投资增长情况

年份	投资额（万亿元）	增长速度（%）
2010	27.80	24.5
2011	30.19	23.8
2012	37.46	20.3
2013	43.65	19.2
2014	50.20	15.1
2015	55.20	12.0

资料来源：国家统计局：《2010—2015年国民经济和社会发展统计公报》。

2000年以来，我国的高速公路、港口、机场、高速铁路等基础设施建设的迅速扩张，成为拉动重化工业高速增长的主要动力。例如，我国高速公路通车里程由2000年的1.63万公里，增长到2014年的10万公里，平均每年增长15.9%。目前我国高速公路建设已进入后期，根据交通部的规划，到2030年我国高速公路建设总里程只有6000公里，只相当于今年一年的竣工量。投资方向主要是完善高速公路网，建设重点转向车流量较少的偏线和冷线；港口吞吐能力已经出现过剩；机场建设重点转向二、三线城市的支线机场。

固定资产投资的增长直接决定了经济增长速度。20世纪90年代以来的经验数据表明，当固定资产投资增长率高于25%时，经济运行有可能出现过热；当低于20%时，将出现经济增长速度下降和经济偏冷。从上表投资变化的趋势可以看出，2011年以来，我国固定资产投资增长速度逐年下降，是工业增长下行的重要原因。

五　城镇空间扩张和工业园区建设的进程放缓

2000 年我国城市建成区面积为 22439 平方公里，2012 年增加到 45565.8 平方公里。12 年城市建成区面积增加了 23126.8 平方公里，超过 1949—2000 年城市建成区面积总和，年均增长 6.08%。在城市急剧扩张的同时，城市基础设施建设显著加快。城市基础建设的资金来源主要靠借债。到 2013 年年底，我国地方政府债务总额为 17.9 万亿元，其中负担偿还责任的 10.89 万亿元，担保责任的 2.67 万亿元，承担一定救助责任的 4.74 万亿元。

地方政府巨额债务已构成金融风险，缺乏硬约束的借债影响到国民经济的健康发展。为了控制地方政府的债务规模，规范借贷行为，防范债务风险，中央政府已出台政策，约束地方债务。主要政策措施是，清理地方政府的融资平台；明确地方政府财政部门作为债务责任人；加强各级人大对地方政府财政预算和债务的监督；控制土地征用规模；加强银行向地方政府授信和贷款的管理；中央政府不承担地方政府债务责任。

上述政策措施将有效防止地方政府的盲目借债，防范债务风险。与此同时，也将制约地方政府对土地需求的扩张。因此，未来我国城市面积的扩张将不可能继续保持 2001—2012 年的规模和速度。

六　汽车进入家庭的井喷式增长已经结束

汽车工业是国民经济的支柱性产业，汽车进入家庭的进程对于拉动经济增长具有十分显著的作用。2000—2010 年，我国轿车进入家庭出现了井喷式的高速增长。轿车销售量由 2000 年 60 万辆上升到 2010 年的 960 万辆，增长了 15 倍，年均增长 31.76%。2011 年轿车的销售量增长开始趋缓，2011—2013 年平均每年增长 7.8%，比前十年的平均增速回落了近 24 个百分点。2013 年城镇每百户家庭轿车拥有量全国平均约 24 辆，家用汽车普及程度虽远低于发达国家。问题在于收入较高的东部大中城市，家用汽车日渐普及，同时家用轿车增长过快，城市交通拥堵问题日益突出，一些购买力较强的大城市不得不实行汽车限购政策。但是广大农村和中西部地区，受到收入水平的制约，汽车进入家庭将是一个长期和渐进的过程。因此汽车工业的产量和销量难以保持2000—2010年高速增长格局。

七　高房价对消费需求的制约

高房价加重了城镇居民以居住为目的购房者的经济压力，套住了两代人的消费能力，削弱了对其他消费品的购买力，压缩了其他产业的市场空间，阻碍国民经济产业体系的协调发展。30—50岁的工薪阶层是我国城镇消费的主要群体。很显然，由于他们被房贷所困，必然要压缩购买其他消费品的支出。因此，轻工、纺织、服装、家电等日用消费品工业、商业服务业、家用汽车工业等产业的市场，必然受到大多数普通工薪劳动者支付能力不足的限制，难以实现生产经营的良性循环。国民经济的一系列产业失去了有效需求的市场支撑。

目前许多地方为了刺激房地产市场，纷纷取消限购政策。实际上制约房地产健康发展的主要因素仍然是商品房的价格。大多数城市的商品房价格严重偏离价值，超出了当地城镇居民的有效支付能力。以适应城镇居民的刚性需求和改善性需求为主要目标，继续限制投机性需求，逐步增加普通商品住宅供给，抑制价格上涨，把房地产利润率调整到社会资本平均利润的水平，是保证房地产市场和国民经济其他产业健康发展的正确选择。

八　农民有效需求不足

农业劳动生产率低于非农产业劳动生产率是经济发展的一般规律。我国农村人多地少，农业的有机构成低，即农民占有的土地等生产资料少，进一步扩大了农业与非农产业、农村与城市之间的差距。小农经济的生产方式已不适应社会扩大再生产的要求，成为我国经济结构和经济发展的突出矛盾。从供给层面看，我国社会消费品零售价格波动，70%是源于食品价格，即由于农业生产成本高，农产品供给不稳定。农业资源禀赋和农业生产效率是决定农产品价格的基础。农产品价格直接影响到我国消费品价格的稳定。消费品价格的波动又影响到银行的存贷款利率水平。我国存贷款利率水平显著高于发达国家，直接抬高了企业的融资成本。其中一个重要原因是由于农业生产力落后，农业的基础地位不稳定。

从需求层面考察，工业产能过剩，一个重要原因是工业快速增长遇到了农民有效需求不足的矛盾。由于农业生产力落后，农民收入水平低，导致农村的工业品市场狭小。2014 年我国全社会消费品零售总额为 262394 亿元，其中乡村销售额为 36027 亿元，只占 13.73%。46% 的乡村人口人均购买消费品的支出只相当于城镇人口人均购买消费品支出的 32%。

要改变这种状况，根本出路在于继续促进农业人口向非农产业和城镇转移，推进农村土地的规模化、集约化和社会化经营，提高农业劳动生产率。它既有利于减少农民和富裕农民，又有利于增加城镇劳动力供给，降低企业劳动力成本。因此需要积极推动农村土地经营方式的改革，改变小农经济生产方式与现代大工业发展不协调、不平衡的矛盾。

九　世界经济复苏乏力，进出口贸易增速下降

2001 年中国加入世界贸易组织后，进出口贸易出现井喷式的高速增长。工业品出口总额从 2000 年的 2237.43 亿美元增长到 2010 年的 14960.69 亿美元，增长了 5.68 倍，年均增长 20.9%。2011 年以来我国货物进出口贸易增速显著下降。

表5　　　　　　　　　　2011—2015 年进出口总额增长率（%）

2011	2012	2013	2014	2015
22.25	6.2	7.5	3.4	-8

资料来源：海关总署综合统计司：《"十二五"期间中国对外贸易监测报告》，中国海关出版社 2016 年版，第 690 页。

2008 年国际金融危机后，经济全球化的进程不是加快，而是在放慢或进入新的调整阶段。一是发达国家为了应对国内经济危机，提出再工业化战略。国际资本流动放缓甚至回流，国际产业转移放缓，以防止国

内产业空心化。二是由于发达国家需求增长回落，国际货物贸易增长速度下降，世界货物贸易从 2001—2007 年年均增长 14.1% 回落到 2008—2011 年的 3.8%。三是国际贸易保护主义抬头。在这种背景下，我国对外出口增速回落不可避免。2011—2013 年我国工业制成品出口额年均增长 11.9%，比 2000—2010 年工业品出口的平均增速回落 9 个百分点。

十　新科技革命的不确定性，难以确立新的经济增长点

当前我国工业发展遇到的突出矛盾是传统制造业产能过剩，企业找不到新的经济增长点。新的经济增长点的产生需要两个前提条件，一是出现了具有广阔成长前景的市场需求；二是以新的技术创新成果为支撑的新兴产业或新产品的出现。新的技术创新成果又分为两种类型，一类是由于科学技术革命性的突破引起的新的产业革命；另一类是对现有产业和产品生产技术的渐进性改进。

近代资本主义工业革命以来的历史表明，革命性的突破只有三次，即蒸汽机发明以后的机器大工业的出现，电力发明以后的规模化和专业化流水线生产方式的出现，从 20 世纪 60 年代开始的以电子信息技术为先导的信息化革命。这一进程还在发展过程中。

在每一次工业革命之间，都经历了百年以上的对新技术的消化、吸收、传播、改进和完善的过程。目前我们是处在新的科技革命突飞猛进的时代，还是处在对信息技术应用深化和完善的阶段？有一种观点认为，当代不是处在科技革命突飞猛进的时代，而是处在科技革命进展放缓的时代。美国《时代》周刊 2010 年 3 月发表了新美国基金会经济增长项目政策主任迈克尔·林德的一篇文章，认为我们生活在技术停滞的时代。他认为信息时代的新发明给生活和工业带来的变革远不及 20 世纪初期至中期的一系列的重大发明。

目前传统技术仍然唱主角，例如发电技术、汽车发动机技术、喷气式飞机技术等。真正的革命性技术创新非常罕见，它们即使出现，也许要过很长时间才能改变经济和日常生活。迄今为止人类仍然在分享那个时代的

科学成就。20 世纪主要在实际应用上，解决了新产品发明所必须的工程技术、材料和制造工艺问题。

在工业革命后的 17—19 世纪的 200 多年，曾经出现了一系列重大的科学发现，为 20 世纪的技术发明奠定了科学理论基础。20 世纪产生了100 多项影响人类生产和生活的重大技术发明。表 6 所列产品和技术是 20世纪重大技术发明的代表性成果。

表6   20 世纪重大技术发明与重要产品

青霉素	输血技术	阿司匹林	圆珠笔	电视
起搏器	彩色胶卷	彩色电影	无线电	电冰箱
信用卡	个人电脑	计算机	互联网	洗衣机
石英表	激光照排	机器人	微波炉	录像机
晶体管	人造卫星	克隆技术	激光	传真机
复印机	高速公路	杂交水稻	电梯	尼龙
安全气囊	真空吸尘器	塑料	飞机	雷达
不锈钢	流水线	手机	火箭	扫描仪
液晶	空调	坦克	小儿麻痹疫苗	
核能	原子弹	干电池		

资料来源：作者根据有关资料整理。

很难想象，放弃上列产品及其生产技术而另起炉灶，用全新的产业和产品替代它们而形成新的经济增长点。促进工业持续稳定增长的立足点，不应当把希望主要寄托在科学技术的革命性突破和寻找新的经济增长点的基础上，而应当重视对现有产品及其生产技术的改进和革新。在制造业领域的"互联网＋"，主要任务是应用 IT 技术改造物质产品的生产方式，提高传统制造业的效率，而不是用"互联网＋"的虚拟经济替代实体经济的生产和经营。

事实上，我国现有工业的各个行业的产业组织、生产技术水平、物化劳动消耗、劳动生产率、产品品牌以及技术创新能力，与工业先进国家相比较，都还存在差距。全面缩小差距，同样也能形成新的经济增长点。所以，现阶段我国工业转型升级的重点应首先推进现有产业的技术和产品的升级，找准与美国、德国、日本等工业先进国家的差距，实现技术赶超。在钢铁工业、有色金属工业、非金属材料工业、石油化学工业、高性能和智能化机械装备制造业、高速铁路装备制造业、精密仪器制造业、电子通信设备制造业、精细化工制造业、新药研发和生产等高附加值产业领域缩小与发达国家的差距。

十一　应对工业增长下行的出路

我国经济过去几十年的发展面临的主要矛盾是供不应求，因此长期以来把增加供给、消除短缺作为经济发展的主要任务。国民经济与社会发展第十一个五年规划结束后，我国经济从生产资料到消费品，出现了全面过剩，遇到市场需求不足的矛盾。在这一背景下，常规的政策选择是按照凯恩斯主义的理论和政策主张，政府宏观经济政策的重点是需求管理，通过扩大政府开支、减税等刺激政策，扩大市场需求，以应对经济下行，促进经济复苏和发展。

问题在于，在生产资料和消费品相对过剩的情况下，上新的工业项目，将可能进一步加剧生产过剩。为了应对 2008 年国际金融危机，依靠大规模投资的刺激政策所带来消极影响不得不引以为戒。现阶段我国经济发展面临的主要矛盾是供给侧生产要素的配置效率问题，强调供给侧结构性改革抓住了我国经济发展的主要矛盾。

习近平总书记 2016 年 1 月 27 日在中央财经领导小组第十二次会议的讲话指出，供给侧结构性改革的根本目的是提高社会生产力水平，落实好以人民为中心的发展思想。要在适度扩大总需求的同时，去产能、去库存、去杠杆、降成本、补短板，从生产领域加强优质供给，减少无效供给，扩大有效供给，提高供给结构适应性和灵活性，提高全要素生产率，使供给体系更好适应需求结构变化。

供给侧结构性改革是转变经济发展方式的客观要求。长期以来经济增长过程中高能耗、高物耗、高污染，低劳动成本、低资源成本、低环境成本、低技术含量、低价格竞争的粗放型的经济增长方式已经难以继续下去了。推进供给侧结构性改革是应对工业增长下行的根本出路。

参考文献

1. 中国社会科学院工业经济研究所编：《中国工业发展报告（2015）》，经济管理出版社 2015 年版。

2. 黄莹：《影响人类生活的 100 大发明》，武汉大学出版社 2008 年版。

（本文原载《中国井冈山干部学院学报》2016 年第 6 期）

对中国经济增长动力问题的探讨

　　自 2011 年以来，我国经济增长速度显著下行，面对经济增长速度下行的压力，各个行业和地方都在寻找经济增长的新动力。经济增长新动力，不应仅仅理解为革命性的新技术、全新的产品和新兴产业。生产力发展的渐进性规律，决定了新动力仍然要立足于现有经济基础，把提高生产要素配置效率作为经济增长新动力的立足点和出发点。转变经济发展方式，推进供给侧结构性改革，依靠创新驱动，深化经济体制改革，落实"一带一路"倡议，推动企业"走出去"，都是经济增长新动力的应有之义。

一　提高现有产业生产要素配置效率
是推动经济增长的基础

　　经济增长下行后，企业希望利润继续增长，员工希望增加工资收入，政府希望财政税收保持稳步增长。在速度效益型的增长方式下，主要依靠外延式扩大再生产实现上述目标。由于经济发展阶段的变化，外延式扩大再生产的市场条件也发生了变化。要求我们必须转变经济发展方式，即从外延式扩大再生产转向内涵式扩大再生产，提高现有产业生产要素配置效率是推动经济持续增长的基础。

　　供给侧生产要素的配置效率低是我国经济发展存在的突出矛盾。与主要发达国家比较，我国主要工农业产品产量虽然超过了它们，但生产要素利用效率仍然存在巨大差距。物质产品的生产成本是由消耗的能源原材料等物化劳动成本、工资成本、资金成本、经营管理成本和流通成本构成的。我国社会再生产的每一个环节都有降低成本的潜力和空间。

1. 在我国工业产值的构成中，工业增加值平均只有 26% 左右，74% 是转移的物化劳动成本。工业先进国家工业生产的物化劳动消耗平均不超过工业产值的 50%。马克思主义政治经济学的原理揭示的社会产品的价值，是由 C + V + M 构成的，在经济增速下降的情况下，降低能源原材料的消耗强度，即降低 C 的消耗，仍然能够实现产品增加值的增长。

2. 提高劳动生产率是应对劳动力成本上升的有效途径。随着经济发展和人均国民收入水平的提高，劳动力成本上升是必然趋势。解决这个矛盾的根本出路是提高劳动生产率。我国制造业员工的名义工资虽然只有发达国家的 15%，但是制造业的劳动生产率分别是日本的 21.3% 和德国的 24.8%，显著低于发达国家。因此抬高了单位产品的工资成本。

3. 在农业方面，我国粮食、蔬菜、水果、肉、蛋和水产品的产量都居世界第一位，但是农业劳动生产率远远低于发达国家。我国农村人口占 44%，直接从事农业生产的人口仍然达 6 亿，如果劳动力占 60%，也有 3.6 亿人，平均每个农业劳动力的产出只供养 3.8 人，远低于农业现代化的国家。这也说明提高农生产经营效率大有可为。

4. 流通成本高抬高了商品终端价格。流通成本包括物流成本和商业批发零售成本两个部分。在商业流通领域，从批发到零售的环节多、周转慢，商业场租费用高，抬高了商品零售价格。这也是我国实体商店经营陷入困境的重要因素。降低流通成本与降低生产成本具有同等的重要性。降低流通成本，第一，要优化生产力的空间布局，减少不合理的货物流动；第二，破除部门垄断，建立有利于铁路、公路、航空、水运等高效协同的物流管理体制以及合理的价格收费体系；第三，用社会化大生产方式改造小生产运输组织，依托交通枢纽、生产基地、中心城市和大型商品集散地，发展专业化、跨区域的大型流通企业，中小型流通企业向专业化、特色化方向转型；第四，加强物流企业信息化建设，加强信息技术推广应用，减少物流产业的信息不对称问题；第五，优化城镇商业布局，形成大型综合商场适度集中、中小型综合超市和社区便利店协调发展的商业服务体系。

5. 降低社会再生产的资金成本。我国企业生产经营的资金成本高主要有三个原因：一是银行贷款利率高，二是依然存在投资饥渴症，三是企业资金杠杆率过高，平均负债率超过 70%。近年来我国物价水平与经济高速增长阶段相比有明显回落，消费品零售物价指数保持在 2% 左右。银行的贷款利率也有所降低。进一步降低银行贷款利率的首先是降低物价上涨率，即降低 CPI 和 PPI；其次是抑制地方政府和企业的投资饥渴症，避免盲目扩大建设规模；再次是降低企业对银行贷款的过度依赖，提高企业自有资金的比重。约束和降低地方政府债务规模的途径是，清理地方政府的融资平台；明确地方政府财政部门作为债务责任人；加强各级人大对地方政府财政预算和债务的监督；控制土地征用规模；加强银行向地方政府授信和贷款的管理；中央政府不承担地方政府债务责任。企业去杠杆和提高自有资金比重的途径是，推进资不抵债、生产经营陷入严重困境的僵尸企业破产；改善企业经营管理和财务状况，降低企业负债率；发展和完善资本市场，提高企业直接融资的比重和规模，银行和非银行金融机构严格控制企业信贷的风险。

二　创新驱动应实行发展新兴产业与改造传统产业并重的方针

习近平总书记 2016 年 9 月 4 日在 G20 峰会开幕式上的致辞中指出，"上一轮科技进步带来的增长动能逐渐衰减，新一轮科技和产业革命尚未形成势头"。这是对现阶段世界科技进步现状的科学判断，对于准确把握科技进步和产业发展的趋势，构建我国经济增长新动力具有重要意义。

1. 上一轮科技进步带来的增长主要是 20 世纪 60 年代开始的微电子技术革命促进了信息产业的发展。计算机运行速度的提高，计算机的小型化和普及，移动通信技术和设备的不断更新换代，互联网的广泛应用，等等，信息化深刻地改变了当代人类社会的生产和生活方式。新一轮科技和产业革命尚未形成势头，突出表现在进入 21 世纪以来，信息技术并没有出现新的革命性突破，进入调整产能、深化 IT 技术应用以及消除数字鸿沟的阶段；生物工程技术中的研发新的药物，如治疗艾滋病、癌症的新药并没有取得实质性的突破，大多数的研发还处在实验室阶段；以太阳能光伏发电为代表的新能源技术，其转换效率有待提高，市场应用还不广泛。

与此同时，石油、天然气等传统化石能源供给增加，需求增长放缓，从而导致美国等发达国家对太阳能光伏发电、风电等新能源的市场需求下降，进而影响到新能源开发的进程。在这一背景下，创新驱动的路径，既要着眼于前瞻性和战略高新技术研发的布局，又要立足当下，提升现有产业的生产技术水平，加强对现有产业的技术改造。

2. 当前我国工业发展遇到的突出矛盾是传统制造业产能过剩，企业找不到新的经济增长点。新的经济增长点的产生需要两个前提条件，一是出现了具有广阔成长前景的市场需求；二是以新的技术创新成果为支撑的新兴产业或新产品的出现。新的技术创新成果又分为两种类型，一类是由于科学技术革命性的突破引起的新的产业革命；另一类是对现有产业和产品生产技术的渐进性改进。创新驱动既要积极促进高新技术产业的发展，同时也要高度重视对现有产品及其生产技术的改进和革新。传统产业的发展应当从以产品产量赶超为主转向生产要素配置和利用效率赶超为主的新阶段。技术进步的渐进性，决定了无论是发达国家还是后发的新兴工业化国家的经济增长，都须在积极培育和发展新兴产业的同时，努力改造现有产业，提升现有产业的竞争力。

3. 在我国中长期科学技术发展与制造业升级的规划中，把节能环保、新兴信息技术、生物工程、高端装备制造、新能源、新能源汽车和新材料作为新兴战略性产业。"十三五"以来，又进一步把当代高新技术的前沿领域，如大数据、人工智能、物联网、虚拟现实、无人机、无人驾驶、量子通信、网络信息安全、空间科学、深海探测、生命科学等重要领域，作为国家重大战略需求，超前部署，力争实现关键核心技术的重大突破，以培育我国经济发展新的竞争力。

发展战略性新兴产业和高新技术的途径是，对科技进步的方向做出准确的判断；依靠自主研发获得关键的技术；增强将科技创新成果工程化、产业化和市场化的动力和能力；培育具有先进制造业的配套能力和核心龙头企业的集成能力；形成以企业为主导的产学研相结合的机制和组织方式；增强高科技人才的凝聚力；企业家应树立追求创新发展的价值理念。

4. 缩小技术密集型制造业与发达国家之间的差距，也是新的经济增长点。在经济全球化的条件下，不同国家或地区之间进行高度的专业化分工，发达国家的跨国公司控制核心技术和关键零部件的生产。在产业链纵向分工体系中，我国制造业大多处于产业链的低端，发达国家处于高端。

要缩小技术密集型产业与发达国家之间的差距，必须从行业、企业到产业横向和纵向分工体系，全面揭示我国工业与发达国家在规模经济、生产技术水平、产品成本和性能、创新能力和关键技术、核心元器件和零部件等方面差距的现状，明确缩小差距的目标和途径。通过强化优胜劣汰的市场竞争机制，推进企业兼并重组，优化产业组织结构，形成生产要素配置的集中化、规模化、专业化和集群化的产业组织体系，通过改进产业组织方式，提高员工素质，提高自动化、信息化和智能化水平。

5. "互联网＋"不是万能工具，"互联网＋"与物质产品生产的关系是毛与皮的关系，皮之不存，毛将焉附？互联网的发展将从过去以视听的虚拟世界为主转向互联网与实体经济相融合，促进实体经济的信息化、自动化和智能化。在工业领域，IT 技术的应用重点是智能制造，通过人与智能机器的协同，扩大、延伸和部分地替代人工在制造过程中的脑力劳动和体力劳动，实现制造过程的柔性化、智能化和高度集成化；互联网＋物流运输业，促进物流产业的信息化，解决物流业的信息不对称问题，优化物流过程，减少不合理运输，降低物流成本；在生产性服务业领域，互联网＋工业设计、设备安装与维修、节能与环境保护工程服务；互联网＋市场调查、企业经营管理诊断与咨询、财务会计服务、法律服务、商贸服务；互联网＋城市交通体系与安全服务；互联网＋远程教学、远程诊断服务；互联网＋城乡社区服务。总之，"互联网＋"应当有助于提高工农业生产与流通的效率，服务于人们的衣食住用行、学习与办公、健康与医疗、文化与休闲等社会需求。

三　固定资产投资和消费仍然是推动经济增长的重要动力

改革开放以来，投资和出口是推动我国经济高速增长的主要动力。由于经济发展阶段和世界经济供求关系的变化，国内固定资产投资增速从25％以上回落到12％左右，出口增速也从20％以上回落到7％以下。经济增长客观条件的变化，要求我们必须转换经济增长动力。但是这种转换，仍然需要实行投资、出口与消费并重的方针。

（一）保持适度的固定资产投资规模

我国的工业化、城镇化还没有完成，人均 GDP 不到一万美元，需要投资建设的任务量大面宽。目前投资增速虽然下降，但每年的投资规模在 60 万亿元以上，增速在 10% 左右。固定资产投资仍然是推动经济增长的主要力量。过去几十年，我国固定资产投资方向主要集中在两个领域，一是公路、港口、铁路、机场和城市的基础设施建设；二是工业生产项目。从发展阶段看，以交通运输基础设施和新增工业生产能力为主的两大领域的大规模固定资产投资已基本结束。固定资产投资方向需要调整。调整的方向是，加强跨流域的江河湖海的治理；确保农业稳产的基本农田基础设施建设；完善城镇基础设施；加强教育、养老、医疗、文化体育等民生工程建设；环境治理与保护；重视对现有工业生产设备和工艺的技术改造，推进信息化与制造业的融合，促进制造业的智能化和绿色化。增强企业技术创新的积累能力，扩大对技术创新的投入。

（二）促进城乡居民消费的增长和提高消费质量

2016 年我国全社会消费品零售总额 33.2 万亿元，增长 10.4%。最终消费对经济增长的贡献率为 64.6%，比 2015 年提高 4.9 个百分点。消费结构和消费方式也出现新的变化，即消费需求由满足日常需求向追求品质转变，高品质、多功能、智能型的产品日益受到追捧。2016 年家庭轿车更新换代明显加快，汽车销售量超过 2800 万辆，同比增长 13.7%。其中，纯电动汽车销售量增长 65%，二手车的交易量更突破了 1600 万笔，同比增长将近 20%；消费方式由单纯线下向线上和线下融合发展转变。随着电子商务发展，传统商贸企业积极开展了网络营销，新兴电子商务企业也在不断向线下拓展，线上线下融合发展对消费起到巨大的促进作用。2016 年网络商业零售额增长 25.6%，占社会消费品零售总额的比重达到 12.6%。

国务院关于促进消费的政策导向是从强化创新驱动、深化流通改革、调整供给结构、优化消费环境等四个方面入手，着力补齐流通效率低、成本高、环境差、供需结构错配等短板，进一步释放消费潜力，推动消费升级。消费升级的六大方向，主要包括服务消费、信息消费、绿色消费、时尚消费、品质消费和农村消费，通过发挥新消费的引领作用，培育形成新供给的力量。

（三）控制城镇商品住宅价格过快上涨是促进消费的重要途径

现阶段我国城镇化的任务还没有完成，城镇居民购买自住商品房的刚性需求和改善型需求仍然是推动经济增长的重要领域。由于城镇房地产的产业链条长，活跃的房地产市场能够带动建材产业、建筑业、装修产业、家具制造业、轻纺、家电等一系列产业的发展，仍然是经济发展和提高人民群众生活水平的支柱性产业。

由于资本追求利润最大化的要求，地方政府对土地转让收益的过度依赖，根深蒂固的偏爱购置不动产的社会文化传统，收入差距的扩大，这些因素交织在一起，导致城镇商品房价格持续的过快上涨。其结果，阻碍了城镇化进程，抑制了城镇居民的刚性和改善型住房需求；抬高了城镇工商业成本；房地产的超额利润，诱导资本投向房地产市场，削弱了企业资本投向技术创新的积极性，降低了我国工业竞争力；高房价使财富向少数人集中，加剧了社会财富的分配不公；高房价使大多数购房者为了支付购房贷款，不得不压缩购买其他消费品的支出。因此，轻工、纺织、服装、家电等日用消费品工业、商业服务业、家用汽车工业等产业的市场，必然受到大多数普通工薪劳动者支付能力不足的限制，难以实现扩大再生产的良性循环。

习近平总书记指出，"房子是用来住的，不是用来炒的"。这一论述对于制定房地产调控政策，抑制城镇商品房价格过快上涨具有重要作用。城镇商品房的基本属性是保证劳动力再生产所必需的生活资料。在马克思主义政治经济学理论的含义中，住宅是属于社会必要劳动的组成部分，即一定年限的家庭可支配的收入，能够购买或租赁符合当时社会生产力发展水平和平均生活水平相适应的商品住宅。因此，房地产政策的立足点必须优先保证刚性需求和改善型需求。贯彻落实"房子是用来住的，不是用来炒的"指导思想，把握好房地产市场与国民经济发展全局的关系，下决心抑制城镇商品房价格的过快上涨，在继续实行行政性限购政策的同时，逐步强化用经济手段调控房地产市场，保证房地产市场的健康发展。

四　不断提高城镇化水平

1. 提高城镇化水平。提高城镇化水平包括两层含义，一是提高城镇化率，即提高城镇人口的比重；二是提高城镇化的质量，使进城务工农民真正转变为市民并稳定地在非农产业就业。2016 年我国城镇常住人口 79298 万人，城镇人口占总人口比重为 57.35%，但城镇户籍人口为 41.2%。全国人户分离人口 2.92 亿人，其中流动人口 2.45 亿人，主要是进城务工的农民。他们虽然被统计为城镇常住人口，但户籍仍在农村，还没有真正转变为城镇居民。

2. 从推进农村家庭联产承包责任制以后，农业劳动力可以自由进入城市就业务工，但仍保留农村户籍，保留农村的承包田和宅基地。它的好处，一是进城农民还拥有农村的生产资料和生活资料，当在城镇失去工作岗位或丧失劳动能力的时候，不至成为完全失去生产资料的无产者，还能回到原籍，因此有利于在农业劳动力转移过程中保持社会稳定，避免了一些人口众多的发展中国家农村人口向城镇无序转移过程中的一系列社会问题；二是城市用人单位可以压低农民工的工资，特别是工商企业，由于城乡两种不同的社会保障体系以及非农产业与种植业经济收益上的差距，使压低农民工工资和社会保障水平成为可能，也是我国劳动力便宜的比较优势得以维持的体制性基础。

但这种方式和机制存在显著弊端：一是继续维持城乡人口的二元结构，工业化与城镇化不同步；二是继续保留小农经济生产方式，增加了农村耕地流转的难度，土地规模化经营难以推进；三是继续保留农村的宅基地和房屋，难以实现土地利用的空间置换，使之转化为城镇住房建设用地，降低了土地利用效益；四是我国非农产业的劳动力长期依靠高度流动的农民工，难以造就高素质的产业工人队伍；五是进城务工的农民没有纳入城市社会保障体系，当他们丧失劳动能力的时候，仍然没有可靠的养老保障。

3. 促进农民转变为市民，不仅仅是户籍制度的改革，更重要的是需要推进农村生产关系和社会保障体系的改革。农村人口转变为市民的条件是非农产业的不断发展，使进城农民在城镇有稳定的就业机会；进城农民具有购买商品房的能力；进城农民同城镇居民一样纳入社会保障体系，能够同等地分享城镇公共事业服务；异地务工缴纳的社会保障基金能够"漫游"，即在务工城市由单位和个人共同缴纳的社会保障基金能够从务工城市转回到原籍，为回原籍城镇定居养老并放弃农村承包田和宅基地创造条件。

4. 积极探索农民不进城的城镇化。城镇化的基本含义是人口集聚，生产经营以商品生产和商品交换为主导，用现代产业生产经营方式改造小农经济；生活方式依托社会化的服务体系。途径是提高农业的经营规模，降低农村土地流转成本。促进土地向种田大户和家庭农场集中；提高农业的有机构成，推进农业的机械化和信息化水平；促进农业生产经营的社会化分工，发展农业产前、产中、产后的社会化服务体系；培训农民，使他们转变为有专业知识和技能的现代农民。

由于我国人口众多，区域经济发展差异大，城镇化的形态具有多样性。家庭农场和各具特色的专业户的发展，使农民有在本地就业的机会，使农村人口向基础设施和公共服务体系完善的家乡小镇集中。农民虽然没有进城，但比城市生活更有幸福感，并且有利于解决青壮年农民常年背井离乡导致大量留守妇女儿童和空巢老人的社会问题。这种生产方式把现代工业文明、信息化文明和田园生态文明在产业化、市场化和现代化的社会再生产过程中有机地结合起来，使我国农村建设成为人们向往而不是逃离的幸福家园。

五　落实"一带一路"倡议，推动优势产能"走出去"

1. 2013 年，我国政府提出建设"丝绸之路经济带"和"21 世纪海上丝绸之路"的倡议。这一倡议得到了"一带一路"沿线国家的积极响应和广泛支持。目前参与"一带一路"国际合作的区域涵盖四大洲、65 个国家和地区。2017 年 5 月在北京举办的"一带一路"国际合作高峰论坛上，我国宣布了一系列将要投资的项目，并承诺会在新项目上的投资超过1000 亿美元，"一带一路"的建设，将有利于提高全球 70% 人口的生活水平。"一带一路"是一条和平、合作、包容、互利和共赢之路。

2. "一带一路"的推进，为我国优势产能"走出去"提供了机遇。我国是世界第二大经济体和世界第一贸易大国。改革开放以来经济高速增长和产业结构升级，在能源开发、交通运输设施建设、装备制造、电子通信设备制造等领域形成了巨大的生产规模和建设能力，也是我国的优势产能。这种优势主要表现为，一是具有较强的国际竞争力。是相对于其他国家而言具有成本更低、质量更优、技术工艺水平更高、品牌更响的产业发展水平。二是具有较强的研发设计、生产制造、市场销售、服务配套等多个环节、全产业链的综合优势。三是生产配套能力强。体现在原材料供应、工程设计、专业人才和施工力量、标准制定等方面配套能力。"一带一路"沿线的大多数国家仍然是发展中国家，迫切需要加快能源、交通运输和城市基础设施建设。由于经济发展阶段和经济结构上的差异，我国的优势产能与"一带一路"沿线国家具有很强的互补性。

3. 优势产能"走出去"应从现阶段我国优势产能的供给能力和"一带一路"沿线国家的市场需求出发，我国优势产能"走出去"的重点领域是钢铁和有色金属冶炼、建材、化工、铁路装备与建设、电力设备制造与发电能力建设、新能源、纺织服装、通信设备、家电和消费电子、汽车、工程机械、船舶和海洋工程等行业。

优势产能"走出去"主体途径主要包括资本输出、装备输出、技术输出、服务输出、标准输出、规则输出等方面。各种形式的输出主要以产能项目合作为依托，不同输出形式相互组合。我国优势产能走出去，将始终坚持平等、自愿和互利的原则，充分考虑东道国的需求与能力。

4. 不断增强企业"走出去"能力，提高优势产能"走出去"的效益。

第一，优势产能走出去要以企业为主体，支持企业开展对外投资活动时探讨新的商业模式。依托地方商会、行业协会等行业中介服务组织，探索"协会 + 企业 + 境外园区"合作模式，形成地方优势产能向国外延伸，促进国内外产业互动发展。

第二，提高企业国际化和本土化经营能力。在境外布局产业项目时，大力引导"走出去"企业创建国际化的企业，从经营理念、人才安排、产业链布局、品牌塑造等方面体现国际化的视野。

第三，促进境外园区健康发展。完善海外产业园区的顶层设计，制定海外产业园区建设的行动方案，主要包括海外产业园区布局、分类建设实施指导方案及相关配套政策。

第四，完善配套支持政策。构建完善的投融资支撑体系。充分发挥政策性金融机构的作用，优先为优势产能"走出去"提供差异化的投融资服务。同时，为了降低项目运营风险，引导商业性保险机构共同为优势产能合作项目提供特殊保险服务，以减少东道国政治动荡或自然灾害给项目造成的经济损失。

第五，大力培养国际化经营人才，支持国家重点院校设立专门培养跨国经营高级管理人才的教学与研究机构。优化对外经济相关专业设置，设立境外专业技术人才培训基地，帮助"走出去"企业解决人才需求问题。

第六，做好风险防控。建立优势产能"走出去"部际协调机制，结合"一带一路"倡议和国际产能合作进展，制定优势产能"走出去"全球战略、布局国别指南和行动计划；建立对外投资环境评价、风险防控和安全保障体系，定期发布国别投资环境报告和投资指南，帮助企业科学决策和合理布局。

（本文原载《中国井冈山干部学院学报》2017 年第 4 期）

中国人民不但善于破坏一个旧世界，也善于建设一个新世界

——正确认识中华人民共和国成立到改革开放前夕经济发展的历史

1949 年新民主主义革命的胜利，为实现中华民族的伟大复兴创造了根本的社会条件，开辟了中国社会经济发展的新纪元。到改革开放前夕，中国共产党领导全国人民，战胜了国际上敌对势力对新中国的热战和冷战、经济和技术封锁等一系列严峻的挑战，克服了在"一穷二白"基础上进行国民经济恢复和社会主义建设面临的重重困难，建立起社会主义新制度，奠定了社会主义工业化的基础。正如党的十九届六中全会通过的《中共中央关于党的百年奋斗重大成就和历史经验的决议》（以下简称《决议》）指出的：中国人民不但善于破坏一个旧世界，也善于建设一个新世界。由于清政府的腐败、自鸦片战争开始的西方列强的入侵、旧中国封建主义、帝国主义和官僚资本主义统治的桎梏，使中国从 18 世纪中叶到 20 世纪中叶的 200 年，失去了与世界近代工业化同步的第一次和第二次工业革命的历史机会。

中华人民共和国成立时，以小生产方式为主导的农业和手工业占国民经济的90%。美国早在 1790 年就开始了近代工业化进程，1949 年中国工业化刚处于起步阶段，二者发展阶段相差 160 年。1950 年朝鲜战争爆发时，美国人均 GDP 为 1882 美元，中国为 23 美元，美国人均 GDP 是中国的 81.8 倍。与 1947 年获得独立以及人口相近的印度相比，1949 年印度主要工业产品产量全面高于中国，在代表性的基础工业中，印度原油产量高

出 1.98 倍，生铁高出 5.5 倍，钢产高出 7.7 倍，水泥产量高出 1.8 倍，发电量高出 14%。

中华人民共和国一成立，在中国共产党的领导下，立即进行国民经济恢复和建立新民主主义经济制度的工作。1950 年开展全面土地改革，3 亿多农民分得了 7 亿亩耕地，改变了旧中国 90% 农民只占不到 30% 的耕地的状况，彻底推翻了延续几千年的封建土地制度。在城市，大力发展国营经济，同时鼓励资本主义工商业和个体私营经济的发展，在私营工商企业推进民主改革，调整劳资关系，维护工人阶级的合法权益。新中国成立初期的新民主主义政策，极大地促进了社会生产力的发展，并为抗美援朝战争的胜利提供了可靠的物质保障。

1952 年与 1949 年相比，国民收入增长 40%，年均增长 12.1%；农业总产值增长 48.5%，粮食总产量增长 42.8%，棉花总产量增长 193.4%，农民的购买力增长 76%；1949—1952 年，工业总产值增长 44.8%，年均增长 13%。在国民经济全面恢复的基础上，1953 年开始实施社会主义经济建设第一个五年计划，1957 年全面实现了"一五"计划目标。1953—1957 年，我国 GDP 年均增长 9.24%，工业总产值年均增长 14.7%；全国人口 1957 年比 1949 年增长 19.3%，增加 1.0486亿，人均粮食产量由 1949 年的 208 千克增长到 1957 年的 301 千克，增长了 44.8%。"一五"计划时期，我国社会主义工业化建设快速推进。建立起矿山和冶金设备制造、发电设备制造、重型机器和各种机床制造、机车车辆和汽车制造、航空工业、电子和仪器仪表工业、石油化学工业等一系列现代新兴工业部门，到 1957 年初步形成了门类齐全的现代工业体系。这一时期兴建的几千个大中型工业企业，在今天的现代化建设中仍然在发挥着重要作用。

《决议》第二部分指出：1957 年以后，先后出现了反右派扩大化、人民公社运动和"大跃进"等严重错误。人民公社化运动脱离了当时农村生产力发展水平，"大跃进"片面追求经济增长高速度和钢铁工业的优先发展，造成国民经济比例关系的严重失调。1958—1965 年，我国的经济建设在大起大落和不断纠错中前行。1961—1965 年，党中央对国民经济实行"调整、巩固、充实、提高"的方针。按照经济发展客观规律的要求，调整了积累与消费、工业与农业、重工业与轻工业的关系，以及农村的生产关系。经过四年的努力，到 1965 年国民经济全面好转，工农业主要产品产量大幅增长，人民群众的生活显著改善。

1966—1976 年的"文化大革命"十年，我国社会主义经济建设又遭遇严重波折和损失。由于老一代无产革命家力挽狂澜，广大干部群众不断抵制"左"的错误，亿万人民群众的艰苦奋斗，这一时期的国民经济仍然在困境中得到发展。1966—1976 年，国民收入年均增长 6%，工业增加值年均增长 8.8%，农业水利基础设施建设取得显著进展，初步改变了农业生产完全靠天吃饭的局面，粮食产量由 1965 年的 1945.25 亿千克增加到 1975 年的 2845.15 亿千克，在 10 年净增 1.988 亿人口的情况下，人均占有粮食产量保持 1965 年 310.5 千克的水平。在国防科技战线，基本建成了从常规武器到尖端、战略武器的科研和生产体系，奠定了独立的现代国防科技工业基础。从中华人民共和国成立到改革开放前夕，我国社会主义经济建设，既经历了顺利发展、成就辉煌的时期，也经历了失误与损失，在曲折中前行的年代。

将近 30 年的发展历程，不断地探索，不断地积累经验和吸取教训。对究竟什么是社会主义，怎样建设社会主义，经历了实践、认识，再实践、再认识的历史过程，并形成了符合中国社会主义社会发展客观规律的理论认识。这些理论认识包括社会主义社会是一个相当长的历史阶段，社会主义建设不可能一蹴而就；社会主义社会的基本矛盾是人民群众对不断提高物质文化生活水平的要求与生产力发展不充分的矛盾；无产阶级夺取政权以后，疾风暴雨式的阶级斗争基本结束，其主要任务是发展社会生产力；社会主义的经济制度不应是单一的公有制经济，也要发展多种形式的非公有制经济；经济运行方式不能完全由指令性计划管死，应当遵循价值规律和允许市场竞争；资源配置应当遵循国民经济各部门和各地区协调发展的规律；政府管理经济要转变职能，尊重企业的生产经营自主权；要承认经济主体对物质利益的合理追求，正确处理国家、集体和个人三者的利益分配关系；在国际市场已经广泛形成的条件下，应当积极参与国际分工和国际交换。这些理论认识不是来自西方经济学教科书，也不是来自"华盛顿共识"，而是对改革开放前近 30 年社会主义经济建设历史经验的总结，是马克思主义基本原理与中国国情及发展实践相结合的产物。正如《决议》所指出的：党在社会主义革命和建设中取得的独创性的理论成果和巨大成就，为在新的历史时期开创中国特色社会主义提供了宝贵的经验、理论准备和物质基础。

［本文原载《湖南科技大学学报》（社会科学版）2021 年第 6 期］

工业结构与产业政策

20 世纪 90 年代以来我国工业发展和结构调整的新特点

我国工业发展的过去、现在和未来，是一个从无到有、从少到多和从低到高的过程。毛泽东时代，工业的发展基本上完成了从无到有的历史任务。虽然在这一历史时期经历了许多曲折和失误，付出了高昂的学费和代价，但仍然奠定了中国工业化的基础，初步形成了独立完整的工业体系。1978 年中共十一届三中全会以来的 20 年，我国工业在实行体制变革的同时，也实现了从少到多的转变，即消除了短缺，在工业产品的生产能力和产量方面大大缩小了与经济发达国家之间的差距，国内市场由供不应求转向了相对过剩，由匮乏走向了繁荣。从现在起到 21 世纪中叶，我国工业发展的主要任务就是要实现从低到高的转变，在工业的整体素质和效率方面，缩小与发达国家之间的差距。

一　工业发展的任务从数量扩张为主转向了以素质提高为主的新阶段

1981—1996 年，我国工业实现了持续高速增长。按可比价格计算，1996 年工业总产值比 1980 年增长了 9.4 倍，平均每年增长 15.8%；主要工业产品产量都获得成倍增长，1996 年与 1990 年相比原煤产量增长了 1.25 倍，发电量增长了 2.6 倍，钢产量增长了 2.19 倍，水泥增长了 5.15 倍，平板玻璃增长了 5.5 倍，塑料增长了 5.4 倍，化学纤维增长了 7.3 倍，化肥增长了 1.28 倍，汽车增长了 5.6 倍，家用电冰箱增长了 198.3 倍，洗衣机增长了 42.8 倍，彩色电视机增长了 789 倍，照相机增长了

109.5 倍。除原油产量外，我国的煤炭、钢、发电量、水泥、化肥、化学纤维、布、家用电器等主要工业产品量已位居世界第一位或第二位。而且目前的工业产品产量是在工业生产能力大量闲置的情况下实现的，实际的生产能力比目前的产量均高出 30%—50%。虽然我国人均占有的工业产品产量仍低于美国、日本、德国等工业发达国家，但在大多数产品生产总量上赶上工业发达国家的任务已基本完成。即使到 21 世纪中叶全面实现现代化的时候，由于受到资源和环境等条件的约束，我国人均占有的基础产业的主要产品产量也不可能达到发达国家人均占有水平。当前和今后工业发展的主要任务，已不再是追求数量扩张，而是要在工业发展的科技水平和效率上缩小与世界先进水平的差距。必须使传统产业在生产技术水平、物质消耗水平、劳动生产率、产品品种和质量等方面缩小和发达国家之间的差距，才能为人均消费水平的提高奠定可靠的基础。几十年来，我国工业走了一条以数量扩张为主的发展道路，生产技术水平和效率明显落后于工业发达国家。

1996 年我国煤炭产量 13 亿吨，煤炭行业职工 700 万人，人均产量 185 吨；美国年产 10 亿吨商品煤，用工 15 万人，人均产量 6600 吨，是中国煤炭行业人均实物劳动生产率的 35.6 倍。

我国钢产量已突破 1 亿吨，居世界第一位。但除上海宝钢外，鞍钢、首钢等 10 大钢铁企业年人均钢产量只有 40 吨，是日本钢铁企业人均钢产量的 6.3%；我国吨钢综合能耗为 976 公斤标准煤，比日本吨钢综合能耗高出 40%。在钢材生产工艺方面，我国钢材连铸比只有 47%，而 1994 年世界平均水平为 73.5%，日本为 96.9%，美国为 88.9%；在钢材的品种和质量方面，我国钢材中的管、板、带材产量占 35.63%，日本、美国等钢铁生产大国均超过 60%；我国国民经济 15 个主要部门所需要的 100 个关键性钢材品种中，生产能力不足的有 27 种，质量达不到要求的有 20 种，目前还不具备生产技术条件的有 11 种。近年来一方面国内普通钢材生产能力利用不足，另一方面每年又必须进口 1000 多万吨国内短缺的、附加价值高的优质钢材。

我国是建筑材料生产大国，水泥、平板玻璃、建筑陶瓷等产品产量均居世界第一位，其中水泥产量已超过 5 亿吨，占世界总产量的 28%，平板玻璃 1.6 亿箱，占世界总产量的 25%。但我国建材工业如同钢铁工业一样大而不强。水泥生产采用先进技术的生产能力，仅占全部生产能力的 6%，立窑生产工艺占全部水泥生产能力的 81%，每吨水泥熟料消耗的标准煤 175 公斤，比国际先进水平高出 50%；水泥工业粉尘、烟尘排放量平均为 23 公斤/吨。世界采用浮法玻璃生产工艺的产量平均已达 80%，目前我国只有 50%。墙体材料方面，日本、美国、德国在建筑中采用粘土实心砖的比重分别为 3%、0.75% 和 2.23%，我国采用小块实心砖的比重仍然占墙体材料的 80% 以上，为此，生产企业占地 500 万亩，每年烧制 7000 万块粘土实心砖，挖土毁田几十万亩。

化学工业是我国仅次于机械工业的第二大工业部门，1996 年其产值已占全部工业产值的 13%。合成氨、氮肥、电石的产量居世界第一位，硫酸、化学农药、染料、磷肥等产量居世界第二位。但是，在生产技术水平和产品品种方面，与发达国家相比，还存在很大差距。化学肥料中的氮、磷、钾比例，农业需求为 1∶0.5∶0.2，而生产结构为 1∶0.27∶0.01；化学工业万元产值综合能耗比美国高 2 倍，比日本高 8 倍；我国化学工业的全员劳动生产率为 7000 多元，分别是日本化学工业全员劳动生产率的 1.46%，美国的 2.55%，法国的 2.66%；"八五"期间，我国每年进口的化工产品有 100 多种，出口的化工产品主要集中在高能耗、原料型、低附加价值等品种上，进口化工产品 70% 以上是高附加价值的、技术含量高的品种；在产品结构上，发达国家的精细化工所占比例在 60% 左右，我国目前只占 35%。

机械工业是我国最大的工业部门，1995 年已有 9700 多家企业，700 万职工。1996 年实现销售收入 12000 多亿元，出口额 480 亿美元。从数量上看，我国已成为机械工业生产大国之一，但在生产技术和工艺水平上，要比工业发达国家落后 15—20 年。目前主要机械工业产品达到 20 世纪 80 年代初期水平的占 40%，达到 80 年代后期水平的只占 20% 左右，将近有 40% 的产品的技术水平还是 70 年代末的水平。进口设备在国内机械产品市场占有的份额，1990 年为 26%，1995 年上升到 36%。目前，数控机床的 80%、一般机床的 55% 是被进口产品所占领。此外，机械工业生产能力利用率平均只有 50%。

　　我国纺织工业拥有 1500 万职工，占全国工业职工总人数的 12.5%。纺织品的产量和出口量均居世界第一位。我国纺织工业是具有比较优势的产业，目前存在的突出问题是低水平生产能力过剩，高档产品生产能力不足。纺织工业生产技术落后，全国棉纺能力 4100 万锭，其中有 1000 万锭是需要淘汰的落后设备。毛纺生产能力 360 万锭，达到国际先进水平的只占 15%。印染后整理设备中，达到国际先进水平的只占 6%，超期服役的占 60%。我国虽然具有劳动力便宜的比较优势，但由于纺织工业劳动生产率低，使劳动力便宜的比较优势日益下降。国外棉纺工业万锭用工 100 多人，我国需要 400 多人。纺织工业产品大多是中低档产品，目前一方面纺织生产能力严重过剩，另一方面每年进口的中高档服装面料占纺织系统进口额的 30%。由于国内工资成本和原材料价格逐年上升，技术和产品升级缓慢，我国的纺织工业受到了其他发展中国家的挑战。

　　从以上主要工业部门的情况可以看出，我国工业与发达国家之间的差距，除少数行业外，已主要不是表现在生产能力大小和产品产量多少上的差距，而是在生产技术水平、产品品种和结构、单位产品物质消耗以及劳动生产率方面的差距。要缩小这种差距，就必须转变工业增长方式，从以数量扩张为主转向以提高工业素质和工业增长质量为主。

二　工业发展面临的矛盾由短缺转向了相对过剩

　　20 世纪 90 年代以前的 40 年，我国经济发展一直被短缺所困扰。进入 90 年代以后，这种情况发生了重大变化，即由长期短缺转向了相对过剩。根据第三次工业普查，目前主要工业产品生产能力利用率比较充分的占 36.1%，主要是能源、原材料和一部分名优产品；生产能力利用不足，闲置 1/5 至 1/3 的占 27.2%；生产能力利用严重不足，闲置一半的占 18.9%；处于停产、半停产状态、生产能力利用不到一半的占 19.1%。例如，彩电和洗衣机的生产能力利用率分别为 46.1% 和 43.4%；家用电冰箱的生产能力利用率为 50.5%；房间空调器的生产能力利用率为 33.5%；微波炉的生产能力利用率为 38.6%；纺织工业生产能力利用率为 70%；自行车生产能力利用率为 54.5%。由于大多数产品生产能力超出了市场需求而出现相对过剩，导致加工工业过度竞争，并造成资源浪费。根据原国内贸易部的统计，到 1997 年年底，在 613 种消费品中，供求平衡的占 66.6%，供大于求的占 31.8%，供不应求的占 1.6%。因此工业结构调整的一个重要任务就是要解决相对过剩问题，调整的对象也由增量为主转向对现有资产存量调整为主。在短缺经济条件下，主要靠增量的投入，大量建设新的项目，形成新的生产能力，以增加供给，消除短缺。在相对过剩条件下，必须对现有的资产存量进行重组，通过市场竞争，生产和销售向优势企业集中，淘汰一批效益差、缺乏市场竞争力的落后企业和落后产品。对现有资产存量的调整，一方面是对企业生产能力的调整；另一方面是对与这些生产能力相联系的劳动力的调整。一部分职工将因结构调整而下岗待业，与增量调整能够扩大就业相比较，对存量调整的难度更大。在市场经济条件下，生产力的重组与发展，产业结构的升级，必然会导致一部分企业被淘汰，一部分职工失去原来的工作岗位，并由此产生一些社会问题。

三　工业结构调整重点由解决比例失调问题转向推进产业结构升级

按照通常的理解，工业结构主要是指各个产业相互之间的比例关系。因此产业结构调整的主要任务就是使各个产业之间的比例由失调转变为协调。从目前我国工业的实际情况看，各个产业之间比例失调的状况并不明显，结构性短缺的矛盾基本消除。

20 世纪 80 年代以来，我国工业发展过程中对工业结构进行了几次较大的调整。80 年代初期，结构调整的主要任务是解决轻工业与重工业的比例失调问题。通过抑制重工业的过度发展，加快轻纺工业的发展，以克服消费品市场的短缺。经过短短两三年的努力，到 1983 年前后，轻纺工业产品供给不足的矛盾基本得到解决；80 年代中期开始，各地重点发展彩电、家用电冰箱、洗衣机等耐用消费品，引进国外生产线和技术，以满足国内市场对耐用消费品的需求。到 1991 年，耐用消费品开始出现供大于求的局面，销售价格出现了稳中趋降，厂家之间的竞争开始加剧；80 年代后期和90年代初，由于加工工业发展过快，能源、原材料、交通运输等基础产业供给不足的矛盾日益突出。为了消除基础产业发展滞后的"瓶颈"障碍，各级政府加强了能源、原材料和交通运输等基础设施产业的建设，同时加快了基础产业价格体系和价格机制的改革，取消了能源、原材料的价格双轨制，逐步放开了这些产业的价格，增强了基础产业自我积累和自我发展能力。到90年代中期，基础产业供给不足的矛盾明显缓解。当前工业结构存在的主要问题是发展水平上的矛盾，突出表现在三个方面：一是消耗大、附加价值低的产业比重高，技术和知识密集型的、附加价值高的产业比重低；二是企业生产和销售的市场集中度低，规模效益差；三是传统产业的技术结构和产业结构落后。

21世纪即将来临，人类社会将逐步从传统的工业经济社会进入知识经济社会。在21世纪，高新技术发展的速度、规模和水平将主导着社会经济形态的变化进程。由于各国经济发展水平不同、条件不同，以高新技术产业为主导的知识经济的发展也将是不平衡的。我国高新技术产业发展水平与美国、日本等发达国家相比较，还存在很大差距，但也可以利用当代最新科学技术成果以及发展中大国的后发优势，缩小这种差距。

1996年我国高新技术产业增加值在制造业中所占的比重为12%，而美国、日本、德国的这一指标均超过了25%，印度在1990年也达到了12.5%。1996年，我国高新技术产品出口额为76.81亿美元，进口额为188.7亿美元，进出口逆差111.9亿美元。这些情况说明，中国高新技术产业的发展仍然比较落后，加快高新技术产业发展，是跨世纪中国产业升级的一项战略任务。我国高新技术产业发展的主要目标是到2010年，高新技术产业增加值在制造业增加值中的比重由目前的12%上升到25%，2020年再进一步上升到35%。发展高新技术产业，需要人才、资金和有效的运行机制。在资金有限的情况下，高新技术发展不可能全面推进，而必须选择有限目标，集中力量，突出重点，抓住关键。

推进产业升级，也包括加强对传统产业的技术改造，推进传统产业的技术升级和产品的更新换代。我国的传统产业虽然在生产技术方面比较落后，但还有广阔的市场和生存发展的空间。把传统产业看作夕阳产业，听其自然，放任自流，只重视发展高新技术产业的认识和做法是片面的。事实上，只有夕阳技术，没有夕阳产业，即使是最古老的纺织业，用现代科学技术进行改造和武装，同样能够焕发出新的活力。蒸汽机车落后了，取而代之的是内燃机车；内燃机车落伍了，又有电气机车来代替。产业升级，大多是在对传统产业的不断改造、推陈出新的过程中实现的。

首先，产业升级的关键是技术升级，技术升级的主要力量是大中型企业。加强对传统产业的改造，首要的任务是深化国有企业改革，推进企业的制度创新，使企业真正成为市场经济的主体，形成企业重视技术进步的动力和压力，通过市场竞争、优胜劣汰的机制，促进企业的技术进步。

其次，应选择企业技术创新的有效组织形式，重点是建立、扶持和发展企业的技术开发中心，使企业成为技术开发的主体。从全国参与科技研究与开发的人员分布看，企业占 50%，科研机构和高等院校也占 50%。但 1996 年我国国内专利申请量合计 25130 件，其中工矿企业申请的专利为 20301 件，占 80.8%；科研单位 2835 件，占 11.3%；大专院校 1994件，占 7.9%。这种情况表明，技术进步必须主要依靠企业。虽然国家近年来一直在鼓励和推进产学研相结合，各地还纷纷建立技术市场，但对推动企业技术创新的效果并不明显。这主要是由于研究所和高等学校脱离市场，不直接从事生产经营，在选择和确立科技开发项目时，往往不能很准确地把握和预测市场需求；研究所和高等院校缺乏中试手段和工程化能力，限制了科技成果的转化。因此，要从根本上改变科研开发与企业技术进步相脱节的状况，必须改变传统的科研组织方式，借鉴美国、日本等工业发达国家的成功经验，科技开发力量和机构的主体应放在企业，把大多数从事应用研究的科研院所并入大中型企业或企业集团。今后，理工科院校毕业生主要分配去向应是企业，加强和壮大企业的工程技术队伍，使研究开发与制造在企业内结合起来。

最后，解决好企业技术改造、技术创新的资金来源问题。1996 年我国用于研究和开发的经费为 332 亿元，占 GDP 的比重为 0.5%，其中企业用于研究与开发的费用占全部研究与开发经费的 36.8%。美国、日本、德国和韩国的企业用于研究与开发的经费占全国研究与开发经费的比重分别为71.1%、66.1%、66.1% 和 73%。我国大多数企业缺乏依靠自我积累进行技术开发的能力，1997 年全部国有工业企业实现利润盈亏相抵后，净盈利

只有 451 亿元，每个企业年均盈利只有 66.32 万元。因此，增强企业积累
能力，是加快企业技术改造、推进产品升级的关键。从宏观决策上看，在
资金有限的情况下，用于基础设施建设与用于现有企业技术改造之间比例
需要进行权衡。如果制造业的技术改造和产业升级滞后，产品缺乏竞争
力，既会影响各级财政收支，还会影响银行的信贷能力和效益，最终也会
影响到基础产业建设的筹资能力以及对基础产业的需求。应当把加强对现
有企业的技术改造，加快制造业的产业升级放在与加强基础产业同等重要
的地位。

四　乡镇工业的增长速度明显回落，高速增长的局面已经结束

从 20 世纪 80 年代到 90 年代中期，由于农村生产关系的变革以及市场
供求格局的支配，我国乡镇工业持续高速增长。乡镇工业企业数量由 1980
年的 75.8 万个增加到 1996 年的 756.4 万个；乡镇工业的职工人数由 1980
年的 1942.3 万人增加到 1996 年的 7860.1 万人。乡镇工业创造的工业总
产值 1996 年占全国工业总产值的 1/3，1992—1996 年乡镇工业增长率分
别为 33%、35%、25%、15% 和 21%。但从 1997 年开始，乡镇工业增长
速度明显下降，工业增加值的增长率为 12%。这种下降带有客观必然性，
今后我国乡镇工业的发展将很难再重现"八五"时期高速增长的局面。这
是因为，第一，农民办工业的一个重要目的是想把由工农业产品剪刀差形
成的超额利润留在农村。随着农产品价格的逐步提高，工农业产品剪刀差
逐步缩小，农产品收购价格指数 1978 年为 100，1990 年为 273.9，1996
年为 550.1，1996 年比 1978 年提高了 4.5 倍。因此，乡镇工业试图获取
剪刀差所形成的利润的条件已发生了变化。投资工业的资金回报不一定
高于投资农业，所谓"无工不富"的条件和环境都发生了变化，一些地
方甚至出现"无工不亏"的现象。第二，工业品相对过剩出现以后，市
场空档在减少。特别是大多数乡镇工业集中在技术层次比较低的行业，
大量的低水平的重复建设，导致企业之间过度竞争，使乡镇工业寻找市
场空档的机会在减少。第三，乡镇工业资本有机构成提高以后，使新办

企业进入壁垒上升。80 年代乡镇工业装备一个农民需要 1 万—2 万元的投资，现在则需要 5 万元以上。投资强度提高以后，靠农民集资办工业的难度上升。第四，国家关于保护环境和资源的法律逐步完善，使以牺牲环境和资源为代价发展乡镇工业受到抑制。第五，随着市场秩序的逐步完善，在早期阶段一些企业靠销售假冒伪劣产品实现资本积累的现象受到了遏制。第六，乡镇工业企业与传统体制下的国有工业企业相比，虽然具有机制灵活的优势，但也存在着产权关系不明确，预算软约束，管理不善等问题，乡镇工业企业的制度和经营管理方式不适应市场经济的要求。因此，今后乡镇工业的发展，不应再继续追求数量扩张，而应转向推进制度创新、资产重组、技术改造、产品升级换代，从粗放经营转向集约经营。

五　结构调整的方式由行政的、计划的手段为主转向依靠市场机制为主

在 20 世纪 80 年代的几次调整中，主要是依靠行政的力量和计划的手段，在当时的体制下，这些手段是比较有效的。自 1992 年以来，我国经济运行方式发生了重大变化，即逐步转向了社会主义市场经济。因此，结构调整的方式越来越依靠市场机制。首先是出现了投资主体多元化，政府对各类投资主体投资行为的行政约束力弱化，而必须转向主要依靠经济手段进行引导；其次是企业生产什么，不生产什么，生产多少，主要由市场供求关系来决定；最后，价格体系基本理顺，价格形成机制已基本市场化，价格信号成为调节供求关系的重要杠杆。这些变化使产业结构调整的主导方式由计划转向了市场，产业结构调整的主体也由政府转向了企业。产业结构的变化，更多地取决于企业的投资行为，技术创新的广度和速度，以及城乡居民的收入水平和需求结构的变化。事实上，近几年来在中国产业结构、产品结构以及企业组织结构的变化过程中，哪些行业发展得快一些，哪些企业被兼并或破产，哪些产品该上，哪些产品该下，已主要不取决于行政和计划的安排，而取决于市场供求关系的变化和市场竞争力的强弱。

六　随着对外开放的不断扩大，中国产业结构调整面临着国际竞争的压力

　　由于科学技术在工业生产中的作用日益突出，资源禀赋和劳动力便宜的比较优势的作用逐步减弱，国际贸易中的竞争力主要取决于产业组织方式和科学技术开发与应用的水平。中国已广泛参与国际分工和国际交换，对外贸易出口额已相当于国民生产总值的20%。1996年4月，4000多种进口商品的关税税率平均下调30%，使关税总水平下降到23%；1997年10月1日又下调了26%，并计划到2000年进一步下调到15%。此外，由于大量"三资"企业在我国设厂，因此在国内市场也面临着跨国公司的竞争，即出现了国际竞争国内化的局面。随着对外开放的进一步扩大，中国工业将不再主要依靠关税保护来维持市场份额，而是要把立足点转移到提高工业素质上来。在出口产品结构中，一方面应继续发挥劳动密集型产业的比较优势，努力开辟和扩大新的出口市场；另一方面要增强技术密集型的机械、电子等产业的竞争力，扩大高附加价值产品的出口。

（本文原载《中国工业经济》1998年第7期）

产业结构优化升级的目标与对策

中国经济发展的过去、现在和未来，是一个从无到有、从少到多和从低到高的过程。毛泽东时代，中国经济发展，特别是工业的发展，基本上完成了从无到有的历史任务。虽然在这一历史时期，中国经济发展经历了许多曲折和失误，付出了高昂的学费和代价，但仍然奠定了中国工业化的基础，初步形成了独立完整的工业体系。1978 年中共十一届三中全会以来的 20 年，中国经济在实行体制变革的同时，也实现了从少到多的转变，即消除了短缺，在工农业产品的生产能力和产量方面大大缩小了与经济发达国家之间的差距，国内市场由供不应求转向了相对过剩，由匮乏走向了繁荣。从现在起，到 21 世纪中叶，中国经济发展的主要任务就是要实现从低到高的转变，在国民经济的整体素质和效率方面，缩小与发达国家之间的差距，从而使城乡居民的生活在实现小康的基础上逐步走向富裕。

一　20 世纪 90 年代以来中国产业结构调整任务与环境的变化

20 世纪 80 年代以来，中国工业发展过程中对工业结构进行了几次较大的调整。80 年代初期，结构调整的主要任务是解决轻工业与重工业的比例失调问题。通过抑制重工业的过度发展，加快轻纺工业的发展，以克服消费品市场的短缺。经过短短两三年的努力，到 1983 年前后，轻纺工业产品供给不足的矛盾基本得到解决；80 年代中期开始，各地重点发展彩电、家用电冰箱、洗衣机等耐用消费品，引进国外生产线和技术，以满足国内市场对耐用消费品的需求。到 1991 年，耐用消费品开始出现供大于求的局面，销售价格出现了稳中趋降，厂家之间的竞争开始加剧；80 年代后期和 90 年代初，由于加工工业发展过快，能源、原材料、交通运输等基础产业供给不足的矛盾日益突出。为了消除基础产业发展滞后的"瓶颈"障碍，各级政府加强了能源、原材料和交通运输等基础设施产业的建设，同时加快了基础产业价格体系和价格机制的改革，取消了能源、原材料的价格双轨制，逐步放开了这些产业的价格，增强了基础产业自我积累和自我发展能力。到 90 年代中期，基础产业供给不足的矛盾明显缓解。

随着生产力的发展和科学技术的进步，经济运行方式的变化以及对外开放的进一步扩大，中国产业结构调整与发展的条件、环境和任务也出现了新的变化。认识这些变化的特点和趋势，对于制定产业政策，引导投资方向，选择投资项目，优化产业结构，增强企业对市场的应变能力，都具有十分重要的意义。这些变化也直接关系到如何确定中国产业结构优化、升级的任务及其重点。

1. 中国产业结构调整重点由解决比例失调问题为主转向推进产业结构升级为主。按照通常的理解，产业结构主要是指产业相互之间的比例关系。因此产业结构调整的主要任务就是使各个产业之间的比例由失调转变为协调。从目前中国产业的实际情况看，各个产业之间比例失调的状况并不明显，结构性短缺的矛盾基本消除。当前工业结构存在的主要问题是发展水平上的矛盾，突出表现在两个方面：一是消耗大、附加价值低的产业比重高，技术和知识密集型的、附加价值高的产业比重低；二是企业生产和销售的市场集中度低，规模效益差。例如，1996 年中国最大 500 家工业企业年销售额为 16000 亿元，按当年汇率计算，为 1900 亿美元，还低于日本几家汽车制造企业的汽车年销售额。再如，最能反映当代科学技术水平的电子工业，我国已有 5700 多家电子工业企业，210 万职工，在产品产量和品种方面，已成为世界十大电子生产国家（地区）之一；但是，我国电子工业创造的增加值目前只占国内生产总值的 1%，低于世界平均 4.5% 的水平。电子工业的规模集中度低，排在前十名的企业销售收入只占全行业销售收入的 15%，而美国和日本则达到 50%—60%；在电子产品构成中，消费类电子产品比重过高，投资类电子产品比重过低。投资类

电子产品、消费类电子产品、元器件电子产品三者之间的比例，中国为
33.1：33.2：33.7，美国为 68：11.5：20.5，日本为 61.9：14：24.1。
这些情况表明，今后我国工业结构调整的主要任务，必须在继续加强基础
产业的同时，积极改造传统产业，大力发展高新技术产业，在工业结构的
水平和素质上缩小与发达国家之间的差距。

2. 结构调整的对象由消除短缺转向解决相对过剩问题。20 世纪 90 年
代以前的 40 年，我国经济发展一直被短缺所困扰。在相当长的时期，从
消费品到生产资料，几乎全面短缺。80 年代初到 90 年代初的几次调整，
主要解决日用品、纺织品、耐用消费品、能源和原材料的短缺问题。90 年
代以后，这种情况发生了重大变化，即由长期短缺转向了相对过剩。根据
第三次工业普查，目前主要工业产品生产能力利用率比较充分的占
36.1%，主要是能源原材料和一部分名优产品；生产能力利用不足，闲置
1/5 到 1/3 的占 27.2%；生产能力利用严重不足，闲置一半的占 18.9%；
处于停产、半停产状态，生产能力利用不到一半的占 19.1%。例如，彩电
和洗衣机的生产能力利用率分别为 46.1% 和 43.4%，家用电冰箱的生产
能力利用率为 50.5%，房间空调器的生产能力利用率为 33.5%，微波炉
的生产能力利用率为 38.6%，纺织工业生产能力利用率为 70%，自行车
生产能力利用率为 54.5%。由于大多数产品生产能力超出了市场需求而出
现相对过剩，导致加工工业的过度竞争，并造成资源的浪费。根据原国内
贸易部的统计，到 1997 年年底，在 613 种消费品中，供求平衡的占
66.6%，供大于求的占 31.8%，供不应求的占 1.6%。因此工业结构调整
的一个重要任务就是要解决相对过剩问题，调整的对象也由增量为主转向
对现有资产存量调整为主。在短缺经济条件下，主要靠增量的投入，大量
建设新的项目，形成新的生产能力，以增加供给，消除短缺。在相对过剩
条件下，必须对现有的资产存量进行重组，通过市场竞争，生产和销售向
优势企业集中，淘汰一批效益差、缺乏市场竞争力的落后企业和落后产
品。对现有资产存量的调整，一方面是对企业生产能力的调整，同时也是
对与这些生产能力相联系的劳动力的调整。一部分职工将因结构调整而下
岗待业，与增量调整能够扩大就业相比较，对存量调整的难度更大。但
是，在市场经济条件下，生产力的重组与发展，产业结构的升级，必然会

导致一部分企业被淘汰，一部分职工失去原来的工作岗位，并由此产生一些社会问题。

3. 随着对外开放的不断扩大，中国产业结构调整面临着国际竞争的压力。由于科学技术在工业生产中的作用日益突出，资源禀赋和劳动力便宜的比较优势的作用逐步减弱，国际贸易中的竞争力主要取决于产业组织方式和科学技术开发与应用的水平。中国已广泛参与国际分工和国际交换对外贸易出口额已相当于国民生产总值的 20%。1996 年 4 月，4000 多种进口商品的关税税率平均下调 30%，使关税总水平下降到 23%；1997 年 10 月 1 日又下调了 26%，并计划到 2000 年进一步下调到 15%。与此同时，由于大量三资企业在中国大陆设厂，因此在国内市场也面临着跨国公司的竞争。随着对外开放的进一步扩大，中国工业将不再主要依靠关税保护来维持市场份额，而是要把立足点转移到提高工业素质上来。在出口产品结构中，一方面还应继续发挥劳动密集型产业的比较优势，努力开辟和扩大新的出口市场；另一方面更要增强技术密集型的机械、电子等产业的竞争力，扩大高附加价值产品的出口。

4. 结构调整的方式由行政的、计划的手段为主转向依靠市场机制为主。在 20 世纪 80 年代的几次调整中，主要是依靠行政的力量和计划的手段，在当时的体制下，这些手段是比较有效的。自 1992 年以来，中国经济运行方式发生了重大变化，即逐步转向了社会主义市场经济。因此，结构调整的方式越来越依靠市场机制。首先是出现了投资主体多元化，政府对各类投资主体投资行为的行政约束力弱化，而必须转向主要依靠经济手段进行引导；其次是企业生产什么，不生产什么，生产多少，主要由市场供求关系来决定；最后是价格体系基本理顺，价格形成机制已基本市场化，价格信号成为调节供求关系的重要杠杆。这些变化使产业结构调整的主导方式由计划转向了市场。事实上，近几年来，在中国产业结构、产品结构以及企业组织结构的变化过程中，哪些行业发展得快一些，哪些企业被兼并或破产，哪些产品该上，哪些产品该下，已主要不取决于行政和计划的安排，而取决于市场供求关系的变化和市场竞争力的强弱。认清这些变化及其客观必然性，对于产业结构调整的政策与实践，都是有意义的。

二　产业结构优化、升级的主要目标和任务

中国产业结构存在的主要问题是农业发展滞后，能源、原材料、交通运输等基础产业不适应国民经济持续发展的要求，传统产业的生产技术水平低，多数产品缺乏国际竞争力，企业组织结构不合理，技术和知识密集的高新技术产业比重低。针对这些问题，从现在起到2020年，中国产业结构优化升级的主要目标是继续加强农业、能源、原材料、交通运输和通信等基础产业；加快对传统产业的技术改造，推进加工工业生产能力的重组和产品的升级换代；积极发展高新技术产业；调整企业组织结构，提高企业的规模效益；大力发展第三产业。通过产业结构的调整和优化，提高国民经济的素质和效率。

（一）继续加强农业，改善农业生产条件，提高农业生产效率

自1978年以来，由于农村生产关系的变革和正确的农业政策，中国农村生产力获得了巨大的解放，实现了农业的持续稳定增长，在人口逐年增加的情况下，基本解决了农副产品供给不足的矛盾，人均占有的粮食由1978年的319公斤上升到1997年的390公斤。农村的产业结构也发生了深刻变化，1996年乡镇工业产值是农、林、牧、副、渔总产值的1.5倍；农村剩余劳动力向非农产业转移累计约13000万人，其中20世纪80年代平均每年转移约1000万人，90年代平均每年转移400万人。到90年代中期，95%的农民摆脱了贫困，实现了温饱，正在逐步走向小康。从现在起到2020年，实现农业的持续高效发展，是中国产业升级的首要任务。

当前中国经济结构中的突出矛盾，是农业与国民经济其他部门，特别是与工业之间的关系不协调。由于农业生产效率低，农村剩余劳动力数量大，农民收入增长缓慢，导致农民的收入和消费水平在20世纪80年代中期与城镇居民的差距缩小之后，90年代又出现了重新扩大的局面。1978年城镇居民与农民消费水平之间的比值为2.9∶1，1984年缩小到2.4∶1，1996年又扩大到3.2∶1。城乡居民收入和消费水平的扩大，农民购买工业品的能力增长缓慢，加剧了工业品的相对过剩。中国目前彩电生产能力

利用率只有 50% 左右，但农村家庭彩电普及率只有 20%，还有 80% 的农户即 1.8 亿户农民家庭还没有彩电，相当于彩电生产能力的 4.5 倍，彩电供求出现了买不起与卖不出并存的局面。其他产品的生产供给和消费需求也普遍存在类似情况。由此可见，不提高农业效率和增加农民收入，农民的有效需求不足，工业也很难摆脱市场不景气的困境。

推进农业的产业升级，提高农业效率，增加农民收入，有以下几个途径可供选择，但这些途径又都面临着许多难题。通过土地的相对集中来提高种植业的规模效益不符合中国农村人多地少的现实。目前中国农民人均占有耕地面积只有 1.8 亩，到 2020 年农民人均耕地将下降到 1.5 亩左右。现阶段土地仍然是农民赖以生存和经济保障的基本生产资料，在非农产业收入不稳定的情况下，农民不会轻易地让出土地使用权。因此，土地的相对集中和规模经营只能在少数非农产业比较发达或人均占有耕地面积较多的地区推行。保持土地承包的长期稳定仍然是必须坚持的基本政策。

乡镇工业的增长速度已逐步下降，农村剩余劳动力向非农产业转移的规模和速度受到了抑制。1980—1996 年，乡镇工业已吸纳了 7000 万从农业转移出来的劳动力，乡镇工业创造的产值已超过全国工业总产值的 1/3。1992—1996 年乡镇工业增长率分别为 33%、35%、25%、15% 和 21%。但从 1997 年开始，乡镇工业增长速度明显下降，只有 12%。这种下降带有客观必然性，今后中国乡镇工业的发展将很难再重现"八五"时期高速增长的局面。这是因为，第一，农民办工业的一个重要目的是想把由工农业产品剪刀差形成的超额利润留在农村。随着农产品价格的逐步提高，工农业产品剪刀差逐步缩小，乡镇工业试图获取剪刀差所形成的利润的条件已发生了变化。第二，工业品相对过剩出现以后，市场空当在减少，使乡镇工业寻找市场空当的机会在减少。第三，乡镇工业资本有机构成提高以后，使新办企业进入壁垒上升。20 世纪 80 年代乡镇工业装备一个农民需要 1 万—2 万元的投资，现在则需要 5 万元以上。投资强度提高以后，靠农民集资办工业的难度上升。第四，国家关于保护环境和资源的法律逐步完善，使以牺牲环境和资源为代价发展乡镇工业受到抑制。第五，随着市场秩序的逐步完善，在早期阶段一些企业靠销售假冒伪劣产品实现资本积累的现象，受到了遏制。因此，今后乡镇工业的发展，不应再继续追求数量扩张,而应转向推进制度创新、资产重组技术改造、产品升级换代,从粗放经营转向集约经营。

进一步提高农产品价格的余地和空间日益缩小。1978—1996年,中国农产品价格逐年提高,农产品收购价格指数1978年为100,1985年为166.8,1990年为273.9,1996年为550.1,1996年比1978年提高了4.5倍。从当前农民的收入状况看,理应进一步提高农产品收购价格,以增加农民收入,抑制城乡居民收入扩大的趋势。但农产品提价又不能不考虑以下三个因素:一是农产品供求状况。目前国内农产品供应比较充足,1996年以来市场价格呈现下跌的局面,市场供求状况制约着农产品价格上升。二是国家财政和工业的承受能力。因为农产品提价以后,需要相应地提高工资,增加工业生产成本,会影响工业品的国际竞争力。三是在开放条件下,还必须考虑国内农产品价格与国际市场农产品价格的对比关系。目前中国主要农产品价格如大米、小麦、食用植物油等都已接近甚至高于国际市场价格。农产品提价后,势必会抑制对国内农产品的需求,增加进口,这对农业的发展也会带来不利影响。

根据以上分析,推进农业的产业升级,实现农业的持续稳定发展,政策的立足点不是实行土地的规模经营,也不是依靠乡镇工业的高速增长和提高农产品价格,而是在保持农户生产经营方式不变的前提下,依靠科学技术和精耕细作,把现代农业科学技术同密集的劳动力结合起来,提高农业劳动生产率。与此同时,积极发展农村社会化服务体系和市场中介组织,把农户的分散经营同国内外大市场连接起来,把种植、加工、商贸结合起来。政府的责任主要是稳定和完善各项农业经济政策,创造有利于农业发展的社会经济环境;组织实施跨地区、大规模的农田水利基础设施建设,改善农业生产条件;开发和推广先进的农业科学技术,培养各种类型的农业专业技术人才,普及农业科学知识,提高农民的科学文化素质。

(二)加强对传统产业的技术改造

中国仍处在向工业化迈进的发展阶段。1997年中国人均国民生产总值为6000元(人民币),只相当于730美元。到2000年,中国人均国内生产总值约850美元。据初步预测,2000—2010年GDP年均增长7.2%,

2010 年 GDP 总量为 18 万亿元人民币，人均 GDP 约 1600 美元；2010—2020 年 GDP 年均增长 6%，2020 年中国 GDP 总量为 32.4 万亿元，人均 2.2 万元，也只相当于 2650 美元，尚未达到中等发达国家的人均水平。因此，与美国、日本等经济发达国家的传统产业已呈现衰退的情况相比较，中国的传统产业仍然有广阔的发展空间。片面强调发展知识经济，忽视对传统产业的技术改造和升级，不符合现阶段中国经济发展的实际情况。

　　传统产业是否还要继续发展，主要取决于有没有社会需求以及需求规模和结构的变化。目前中国工农业主要产品产量虽然在总量上大多赶上或超过美国、日本、德国等工业发达国家，但由于人口众多，人均占有水平仍然很低。1996 年中国人均消费的能源为 1 吨标准煤，只相当于美国人均水平的 10%，日本的 25%；人均消费的钢材 85 公斤，相当于美国人均钢产量的 20%，日本的 12%；中国人均占有的发电量 900 千瓦时，仅相当于美国人均占有发电量的 7.8%，日本人均水平的 12%；中国人均汽车产量仅相当于美国的 3.5%，日本的 1.5%。

　　当然，由于受到资源、环境等因素的制约，中国全面实现现代化之后，主要物质产品的人均消费量也不可能都达到美国、日本、德国等发达国家的水平。更重要的是，必须使传统产业在生产技术水平、物质消耗水平、劳动生产率、产品品种和质量等方面缩小与发达国家之间的差距，才能为人均消费水平的提高奠定可靠的基础。几十年来，中国传统产业走了一条以数量扩张为主的发展道路，生产技术水平和效率明显落后于工业发达国家。

　　1996 年中国煤炭产量为 13 亿吨，煤炭行业职工 700 万人，人均年产量 185 吨；美国年产 10 亿吨商品煤，用工 15 万人，人均产量 6600 吨，是中国煤炭行业人均实物劳动生产率的 35.6 倍。

　　中国钢产量已突破 10000 万吨，居世界第一位。但除上海宝钢外，鞍钢、首钢等十大钢铁企业年人均钢产量只有 40 吨，是日本钢铁企业人均钢产量的 6.3%；中国吨钢综合能耗为 976 公斤标准煤，比日本吨钢综合能耗高出 40%。在钢材生产工艺方面，中国钢材连铸比只有 47%，而 1994 年世界平均水平为 73.5%，日本为 96.9%，美国为 88.9%，中国台湾省高雄钢铁厂为 99%；在钢材的品种和质量方面，中国钢材中的管、板、带材产量占 35.63%，日本、美国等钢铁生产大国均超过 60%；中国国民经济 15 个主要部门所需要的 100 个关键性钢材品种中，生产能力不足的有 27 种，质量达不到要求的 20 种，目前还不具备生产技术条件的有 11 种。因此，近年来一方面国内普通钢材生产能力利用不足，另一方面每年又必须进口 1000 多万吨国内短缺的、附加价值高的优质钢材。

中国是建筑材料生产大国，水泥、平板玻璃、建筑陶瓷等产品产量均居世界第一位，其中水泥产量已超过 5 亿吨，占世界总产量的 28%，平板玻璃 16000 万箱，占世界总产量的 25%。但中国建材工业如同钢铁工业一样大而不强。水泥生产采用先进技术的生产能力，仅占全部生产能力的 6%，立窑生产工艺占全部水泥生产能力的 81%，每吨水泥熟料消耗的标准煤 175 公斤，比国际先进水平高出 50%；水泥工业粉尘、烟尘排放量平均为 23 公斤/吨；世界采用浮法玻璃生产工艺的产量平均已达 80%，目前中国只有 50%；墙体材料方面，日本、美国、德国在建筑中采用粘土实心砖的比重分别为 3%、0.75% 和 2.23%，中国采用小块实心砖的比重仍然占墙体材料的 80% 以上，为此，生产企业占地 500 万亩，每年烧制 7000 万块粘土实心砖，挖土毁田几十万亩。

化学工业是中国仅次于机械工业的第二大工业部门，1996 年其产值已占全部工业产值的 13%。合成氨、氮肥、电石的产量居世界第一位，硫酸、化学农药、染料、磷肥等产量居世界第二位。但是，在生产技术水平和产品品种方面，与发达国家相比，还存在很大差距。化学肥料中的氮、磷、钾比例，农业需求为 1：0.5：0.2，而生产结构为 1：0.27：0.01；化学工业万元产值综合能耗比美国高 2 倍，比日本高 8 倍；中国化学工业的全员劳动生产率为 7000 多元，分别是日本化学工业全员劳动生产率的 1.46%，美国的 2.55%，法国的 2.66%；在"八五"期间，中国每年进口的化工产品有 100 多种，出口的化工产品主要集中在高能耗、原料型、低附加价值等品种上，进口化工产品 70% 以上是高附加价值的、技术含量高的品种；在产品结构上发达国家的精细化工所占比例在 60% 左右，中国目前只占 35%。

机械工业是中国最大的工业部门，1995 年已有 9700 多家企业，700

万职工。1996 年实现销售收入 12000 多亿元，出口额 480 亿美元。从数量上看，中国已成为机械工业生产大国之一，但在生产技术和工艺水平上，要比工业发达国家落后 15—20 年。目前主要机械工业产品达到 20 世纪 80 年代初期水平的占 40%，达到 80 年代后期水平的只占 20% 左右，将近有 40% 的产品的技术水平还是 70 年代末的水平。进口设备在国内机械产品市场占有的份额，1990 年为 26%，1995 年上升到 36%。目前数控机床的 80%，一般机床的 55% 是由进口产品所占领。此外，机械工业生产能力利用率平均只有 50%。

中国纺织工业拥有 1500 万职工，占全国工业职工总人数的 12.5%。纺织品的产量和出口量均居世界第一位。中国纺织工业是具有比较优势的产业，目前存在的突出问题是低水平生产能力过剩，高档产品生产能力不足。纺织工业生产技术落后，全国棉纺能力 4100 万锭，其中有 1000 万锭是需要淘汰的落后设备。毛纺生产能力 360 万锭，达到国际先进水平的只占 15%。印染后整理设备中，达到国际先进水平的只占 6%，超期服役的占 60%。中国虽然具有劳动力便宜的比较优势，但由于纺织工业劳动生产率低，使劳动力便宜的比较优势日益下降。国外棉纺工业万锭用工 100 多人，中国需要 400 多人。纺织工业产品大多是中低档产品，目前一方面纺织生产能力严重过剩，另一方面每年进口的中高档服装面料占纺织系统进口额的 30%。由于国内工资成本和原材料价格逐年上升，技术和产品升级缓慢，中国的纺织工业受到了其他发展中国家的挑战。

从以上主要工业部门的情况可以看出，中国传统产业与工业发达国家之间的差距，除少数行业外，已主要不是表现在生产能力大小和产品产量多少上的差距，而是在生产技术水平、产品品种和结构、单位产品物质消耗以及劳动生产率方面的差距。要缩小这种差距，就必须加快对传统产业的技术改造，推进技术升级和产品的更新换代。

中国的传统产业虽然在生产技术方面比较落后，但还有广阔的市场和生存发展的空间。把传统产业看作夕阳产业，听其自然，放任自流，只重视发展高新技术产业的认识和做法是片面的，至少不符合中国的实际情况。事实上，只有夕阳技术，没有夕阳产业，即使是最古老的纺织业，用现代科学技术进行改造和武装，同样能够焕发出新的活力。蒸汽机车落后了，取而代之的是内燃机车；内燃机车落伍了，又有电力机车来代替。产业升级，大多是在对传统产业的不断改造、推陈出新的过程中实现的。

第一，产业升级的关键是技术升级，技术升级的主要力量是大中型企业。加强对传统产业的改造，首要的任务是深化国有企业改革，推进企业的制度创新，使企业真正成为市场经济的主体，形成企业重视技术进步的动力和压力，通过市场竞争、优胜劣汰的机制，促进企业的技术进步。

第二，应选择企业技术创新的有效组织形式，重点是建立、扶持和发展企业的技术开发中心，使企业成为技术开发的主体。从全国参与科技研究与开发的人员分布看，企业占50%，科研机构和高等院校也占50%。但1996年中国国内专利申请量合计25130件，其中工矿企业申请的专利为20301件，占80.8%，科研单位2835件，占11.3%，大专院校1994件，占7.9%。这种情况表明，技术进步必须主要依靠企业。虽然国家近年来一直在鼓励和推进产学研相结合，各地还纷纷建立技术市场，但对推动企业技术创新的效果并不明显。这主要是由于研究所和高等学校脱离市场，不直接从事生产经营，在选择和确立科技开发项目时，往往不能很准确地把握和预测市场需求；其次是研究所和高等院校缺乏中试手段和工程化能力，限制了科技成果的转化。因此，要从根本上改变科研开发与企业技术进步相脱节的状况，必须改变传统的科研组织方式，借鉴美国、日本等工业发达国家的成功经验，科技开发力量和机构的主体应放在企业把大多数从事应用研究的科研院所并入大中型企业或企业集团。今后，理工科院校毕业生主要分配去向应当到企业，加强和壮大企业的工程技术队伍，使研究开发与制造在企业内结合起来。

第三，解决好企业技术改造、技术创新的资金来源问题。1996年中国用于研究和开发的经费为332亿元（人民币），占GDP的比重为0.5%，其中企业用于研究与开发的费用占全部研究与开发经费的36.8%。美国、日本、德国和韩国的企业用于研究与开发的经费占全国研究开发经费的比重分别为71.1%、66.1%、66.1%和73%。中国大多数企业缺乏依靠自我积累进行技术开发的能力。1997年中国68000家国有工业企业，实现利润盈亏相抵后，净盈利只有451亿元，平均每个企业只有66.32万元。在

68000 家企业中，亏损企业达 31000 家，亏损面占 45.6%，亏损额为 744 亿元。企业利润主要被三个方面的支出所抵消：一是能源、原材料价格不断上涨并逐步接近国际市场价格，但由于企业生产技术落后，单位产品（产值）物耗高，导致成本上升；二是企业负债率高，利息负担重，侵蚀了利润；三是企业富余人员多，工资成本高。为了降低企业负债率，1996 年开始，国家采取措施，补充国有大中型企业的资本金，办法一是国家财政每年拿出 300 亿元用于冲销企业欠银行贷款中的呆账；二是将 20 世纪 80 年代以来固定资产投资中 300 亿元拨改贷形成的债务改为国家向企业投入的资本金，企业可以不再偿还；三是每年批准国有企业股票上市额度 300 亿元，按 1∶6 的溢价发行，可以从资本市场筹资 1800 亿元。以上三项合计，每年可以减少企业 2400 亿元的债务，经过 4—5 年可以把国有企业的负债率降低到 55% 左右。

第四，把利用外资同加快传统产业的技术改造结合起来。到 1997 年年底，中国实际利用外资已超过 2000 亿美元。外资的进入，补充了国内建设资金的不足，引进了国外的先进技术和设备，扩大了就业，增加了出口。但是，对外资投向需要进行调整和引导。1980 年以来，利用外资建立的企业，小项目多，大项目少；劳动密集型项目多，资本和技术密集型项目少；投向旅游服务业和房地产业项目多，投向基础产业和机电设备制造业的项目少。由于劳动密集型行业、房地产业、旅游业的供给能力已相对饱和，外资要在中国寻找新的市场机会，必须转向能源、冶金、石油化工、机械制造、投资类电子产品等领域。

（三）积极发展高新技术产业

21 世纪即将来临，人类社会将逐步从传统的工业经济社会进入知识经济社会。在 21 的世纪，高新技术发展的速度、规模和水平将主导着社会经济形态的变化进程。由于各国经济发展水平不同，条件不同，以高新技术产业为主导的知识经济的发展也将是不平衡的。

中国高新技术产业发展水平与美国、日本等发达国家相比较，还存在很大差距；但也可以利用当代最新科学技术成果，以及发展中大国的后发优势，缩小这种差距。

1996 年中国高新技术产业增加值在制造业中所占的比重为 12%，而美国、日本、德国的这一指标均超过了 25%，印度在 1990 年也达到了 12.5%。1996 年，中国高新技术产品出口额为 76.81 亿美元，进口额为 188.7 亿美元，进出口逆差 111.9 亿美元。这些情况说明，中国高新技术产业的发展仍然比较落后，加快高新技术产业发展，是跨世纪中国产业升级的一项战略任务。

中国高新技术产业发展的主要目标是到 2010 年，高新技术产业增加值在制造业增加值中的比重由目前的 12% 上升到 25%，2020 年再进一步上升到 35%。发展高新技术产业，需要人才、资金和有效的运行机制。在资金有限的情况下，高新技术发展不可能全面推进，而必须选择有限目标，集中力量，突出重点，抓住关键。高新技术产业发展的主要领域是：

信息技术产业。以微电子技术和重要元器件为基础，加强系统及其应用技术和大规模生产技术的研究开发，重点发展现代通信技术产业、计算机及软件产业。

生物技术产业。以农业生物技术、医药生物技术为突破口，重点开发和应用动、植物育种技术，粮食和经济作物优质高产技术，以保证农业的高效和稳定发展。

机电一体化产业。以计算机集成制造系统为发展方向，重点开发现代设计、精密成形与加工、激光、机器人、数控、传感等技术，并用这些高新技术改造传统产业。

新材料产业。重点发展新型结构材料、功能材料产业，特别是支柱产业和国防建设需要的关键新材料。

发展高新技术产业，首先应发挥大型骨干企业的技术优势，积极扶持科研院所和高等院校兴办高新技术企业，重点办好各种不同类型的高新技术产业开发区。

三　新的经济增长点的选择和培育

生产决定消费，消费又影响、制约和带动生产。在目前中国商品普遍供大于求的情况下，准确地选择新的经济增长点难度较大。新的经济增长点是否主要集中在信息产业和服务业，新的经济增长点主要是由技术创新决定还是由需求决定，这些问题都需要研究。我们认为，新的经济增长点的选择，必须从我国经济发展实际情况出发，即不应简单地同发达国际类比，要考虑世界经济一体化的影响以及国际竞争的压力。

在中国城乡居民的消费结构中，是按衣食住用行的顺序排列的，实际上，穿衣吃饭是并列的。如果按消费水平的层次及其递进的顺序来划分又可以分为温饱型、小康型和富裕型三个阶段。从 1978 年到 90 年代中期，中国经济发展的一个突出成就是比较有效地解决 12 亿多人的温饱问题，并在此基础上，开始了向小康生活的转变。与此相适应，在中国的生产结构中，为衣、食而生产的总量基本满足了温饱需要。今后的任务是在巩固数量的基础上逐步提高质量，增加品种，改善结构。那么第二个层次的消费需求就是住房。中国人口多，城镇居民的住房尚未完全达到住得下、分得开以及功能配套的水平，农村的居住面积虽然比较大，但大而无当，缺乏基础设施的配套条件，所以住房的数量和质量都需进一步提高。

随着工业化、城镇化和社会化的推进，人们相互之间的联系日益增多，活动的范围日益扩大，这就需要加快发展通信交通运输设施和运输设备制造业。通信、交通运输设施和交通运输设备制造业今后的 20 年仍将处于打好基础，扩大规模，提高水平的发展时期。

从以上的概括分析，可以看出，今后 20 年中国新的经济增长点主要集中在资本、技术和知识密集型产业，这一特点是与中国社会逐步实现工业化和现代化的发展进程相一致的。

新的经济增长点，应当是一种动态的和发展变化的；而且由于中国经济发展的不平衡性，特别是城乡差别较大，社会需求的层次是多样的。因此在新的经济增长点中，既有传统产业和产品，也有高新技术产业和产品，而不是集中在一两个领域。

（一）住房建设

1979—1995 年，全国城乡共投资 11379.94 亿元，建成住房 129 亿平方米,"八五"期间,城镇住宅建设完成投资 8416 亿元,城镇居民人均居住面积由 1978 的 3.6 平方米增加到 1995 年的 7.9 平方米;但是由于人口众多,加上住房分配制度上的弊端,到 1995 年年底,全国城市仍有 325 万户人均居住面积在 4 平方米以下,还有 19 个省自治区城市人均居住面积低于全国平均水平。到 2000 年,全国城市人均居住面积达到 9 平方米,70% 的城镇家庭每户都有一套功能基本齐全的住房,平均每年需要新建 2.5 亿平方米,每年直接用于住宅的投资约 2500 亿元;到 2020 年,预计中国城镇人口将占总人口的 50%,约 7 亿人,届时人均居住面积按 14 平方米计算,2001—2020 年需要新建 70 亿平方米住宅,平均每年需新建 3.5 亿平方米,按 1995 年价格计算,年投资额需 2100 亿—2400 亿元。住房建设的发展,必然会带动建筑业和房地产服务业的发展,1978 年中国从事建筑业的总人数为 854 万人,1995 年上升到约 3200 万人,占全社会就业人口中的比重,由 1978 年的 2.1% 上升到 5.2%。发展住房建设还可以扩大对钢材、水泥、玻璃、陶瓷、家具等产品的需求,因此住房建设是今后 20 年中国经济发展中的一个重要的新的经济增长点。

但是,1996 年城镇积压的商品房已超过 6000 万平方米,其中普通住宅占 75%。这是一种典型的相对过剩,其主要原因是计划经济体制下形成的住房分配制度没有根本改变,没有真正形成住房商品化的生产流通、分配和消费体制;此外,住房的销售价格扭曲,大大超过了城镇居民的承受能力。因此,住房建设成为新的经济增长点的前提条件是必须加快住房制度的改革。

(二)交通运输建设

20 世纪 80 年代以来,中国交通运输迅速发展,1995 年各种运输方式的总里程达 250 多万公里,比 1978 年增长 1 倍。其中铁路营业里程由 1978 年的 5.17 万公里增加到 1995 年的 6.3 万公里。公路通车里程由 1978 年的 89.02 万公里,增加到 1995 年的 113.5 万公里。高速公路在 80 年代后期起步,1997 年总里程已超过 3000 公里。民航线路里程 1978 年为 14.89 万公里,1995 年为 120 万公里。到 90 年代中期交通运输设施不足的"瓶颈"障碍明显缓解,但交通运输设施的总体规模仍不适应国民经济快速发展的需求，例如中国的铁路网密度略高于印度的25%，公路网密度只相当于印度的17%、巴西的56%；交通运输网络的总体布局不均衡，中西部地区交通运输基础设施不足，交通运输设施和技术装备水平落后。尤其是大中城市的交通状况，近年来呈现逐年恶化的趋势，改善城市交通状况成为日益紧迫的任务。

随着我国经济结构和经济增长方式的变化，今后20年对交通运输的需求结构也将相应地发生变化，这种变化的特点是货物运输总量仍将继续增长，但增长速度将逐步趋缓，弹性系数逐步下降；城乡居民出行的次数、时间和费用将不断上升，距离延长，因此客运量的增长将快于货运量的增长。预计到2000年、2010年和2020年，铁路通车里程分别达到7万公里、8万公里和9万—10万公里；公路的国道主干线分别达到2万公里、3万公里和4万公里；高速公路分别达到4000公里、8000公里和20000公里。到2010年沿海港口生产性泊位达到1800个，内河干线通航里程达到3万公里，民用机场300个，油气管道2.5万公里。

交通运输建设的重点是运输大通道、大枢纽的建设；发挥多种运输方式的优势，提高综合运输的能力；加快技术进步，提高交通运输的现代化水平。在加强区域间、大中城市之间交通运输建设的同时，加快以公共交通为主导，特别是城市轨道交通为重点的大中城市内部的交通运输基础设施的建设。

（三）电子信息产业

以微电子技术为基础，以计算机、网络和通信技术为主体，信息技术已渗透到社会经济文化生活的各个领域。据有关专家预测，到2000年，中国信息化市场规模将达到1万亿元，到2010年达到6万亿元，2020年中国的信息市场规模将居世界首位。在发展战略上，中国将在继续推进工业化的同时，加快信息产业的发展。

发展电子信息产业，首先是提高电子工业制造业的生产技术水平和新产品的开发能力，特别是提高投资类电子产品和器件的生产技术水平，包括重点开发大规模集成电路、数字程控交换机、移动通信、光纤通信、卫星通信等通信电子产品。加快国民经济信息化的步伐，搞好国家重点信息系统建设，包括国家公用经济信息网工程、金融管理现代化网络工程、国家对外经济贸易信息网工程，并以此为突破口，逐步实现金融、交通运输、电力、气象等领域的信息化，以及企业政府办公的信息化和自动化。

积极发展智能化的工业电子产品和机电一体化新产品，开发各种工业控制系统，逐步实现工业生产过程的单机、单元、生产线和工厂的自动控制。

进一步增强国产个人电脑的竞争能力，扩大生产规模，推进个人电脑的普及，以 1995 年销售个人电脑 110 万台为起点，到 2010 年，个人电脑的生产和销售平均每年递增 15% 以上。

（四）机械制造工业

机械工业是国民经济的装备部门，也是国民经济的一个重要的支柱产业。目前机械工业生产过剩，主要是生产技术和产品性能落后的那一部分生产能力过剩。加快机械工业的技术进步和产品的更新换代，是振兴机械工业的关键。其发展目标是，机械工业主要产品的生产技术水平与世界先进水平的差距由目前的 15 年左右到 2010 年缩短到 10 年，大型骨干企业的主要产品全面实现升级换代，主要机械产品应有 70% 达到 90 年代末、21 世纪初的世界先进水平，10% 接近当时的世界先进水平。

机械工业发展的重点产品是数控机床和数控系统等基础机械产品，液化、气动、密封、轴承、模具、仪表元器件等基础零部件，电力设备、矿山设备等重大技术成套装备，机车车辆、汽车、船舶、民用飞机等交通运输设备。

（本文是提交给国家计委 1998 年召开的"2020 年的中国经济"
国际研讨会的研究报告）

工业结构调整的任务和方式

中央经济工作会议提出，"大力调整经济结构，促进产业优化升级"。当前，我国经济结构调整的一个重要方面就是要加快工业结构调整。在经济发展的不同时期，由于供求关系的变化，科学技术的进步以及国际政治经济环境的不同，工业结构调整的任务和方式也不相同。因此，要搞好我国跨世纪的工业结构调整，就必须认清世纪之交我国经济运行发展变化的趋势和特点。

结构调整的任务由解决轻重工业之间以及上下游产业之间的比例失调问题转向推进产业升级

按照通常的理解，工业结构主要是指各个产业之间的比例关系，因而工业结构调整的主要任务就是使各个产业之间的比例由失调转变为协调。但由于 20 世纪 80 年代以来，我国在工业发展过程中曾对工业结构进行了几次较大的调整，因而从目的的实际情况看，各个产业之间的比例失调的问题并不突出。

20 世纪 80 年代初，结构调整的主要任务是解决轻工业与重工业的比例失调问题，通过抑制重工业的过度发展，加快轻纺工业的发展，克服消费品市场的短缺。经过短短两三年的努力，到 1983 年前后，轻纺工业产品供给不足的矛盾基本得到解决。从 20 世纪 80 年代中期开始，各地重点发展彩电、家用电冰箱、洗衣机等耐用消费品，大量引进国外生产线和技术，以满足国内市场对耐用消费品的需求。到 1991 年，耐用消费品开始出现供大于求的局面，销售价格稳中趋降，生产厂家之间的竞争开始加剧。20 世纪 80 年代后期和 90 年代初期，由于加工工业发展过快，能源、原材料、交通运输等基础产业供给不足的矛盾突出。为了消除基础产业发展滞后的"瓶颈"障碍，各级政府加强了能源、原材料和交通运输等基础产业的建设，同时加快了基础产业价格体系和价格机制的改革，取消了能源、原材料的价格双轨制，逐步放开了这些产品的价格，增强了基础产业自我积累和自我发展能力。到 20 世纪 90 年代中期，基础产业供给不足的矛盾明显缓解。

　　几次大的结构调整取得了明显成效，当前工业结构存在的主要问题是发展水平上的矛盾，突出表现的三个方面，一是消耗大、附加值低的产业比重高，技术和知识密集型、附加值高的产业比重低；二是企业生产和销售的市场集中度低，规模效益差；三是传统产业的技术结构和产品结构落后。因而，当前调整工业结构主要是推进产业升级，包括四个方面的任务，一是积极发展高新技术产业；二是用高新技术改造传统产业；三是在提高素质、优化产品的结构和保护环境的基础上，继续发展能源、原材料等基础产业；四是调整产业组织结构，在提高大企业生产集中度的同时，实现大中小企业的合理分工和协调发展。

结构调整的重点由以消除短缺为主转向解决不合理的重复建设

　　20 世纪 90 年代以前的 40 年，我国经济一直被短缺所困扰。20 世纪 90 年代中期以后，这种情况发生了重大变化，即由长期短缺转向了相对过剩，有效需求不足，成为近几年经济发展中的一个突出矛盾。目前，大多数行业生产能力利用率在 70% 左右，还有一些行业生产能力利用率在 50% 以下。物价指数持续负增长，供大于求的商品占 80%。对供求总量的宏观调控，虽然暂时缓解有效需求不足和企业的生产经营不景气的状况，但难以解决制约经济中长期发展的结构性矛盾。一些落后企业不能及时退出市场，是当前商品供大于求的重要原因之一。因此，工业结构调整的重点必须由过去以消除短缺为主转向以解决不合理的重复建设为主，调整的对象也应由以增量为主转向以调整现有资产存量为主。

　　在短缺经济条件下调整工业经济结构，主要靠增量的投入，大量建设新的项目，形成新的生产能力，以增加供给，消除短缺。在相对过剩条件下调整工业结构，必须对现有的资产存量进行重组，通过市场竞争，使生产和销售向优势企业集中，淘汰一些效益差、缺乏市场竞争力的落后企业和落后产品。对现有资产存量的调整，既是对企业生产能力的调整，也是对与这些生产能力相联系的劳动力的调整。一部分职工将因结构调整而下岗，但随着产业升级和新兴产业的出现又会创造出新的就业岗位，这又对劳动力的供求结构的调整提出了要求。因而与增量调整相比，存量调整的难度更大。在市场经济条件下，生产力的重组与发展，产业结构的升级，必然导致一部分企业被淘汰，一部分职工失去原来的工作岗位，出现劳动力供求结构失衡，并由此产生的一些社会问题。但只有不失时机地进行产业结构的优化升级，才能实现经济的持续协调发展，增强国际竞争力；也只有用发展的办法才能解决前进中的问题。

从 20 世纪 90 年代初期开始，我国工业生产和经营出现了向优势企业集中的趋势，例如，彩电、电冰箱和洗衣机行业的前 10 家大企业的市场占有率平均超过了 80%，而其他生产同类产品的企业市场份额不断减少，有的甚至关门停产或被兼并。但是，市场供给并没有因为这些厂家的不景气或退出生产经营而减少，竞争的结果是改变了市场结构，促进了规模经济的形成和成本、价格的下降，优化了资源配置，消费者也从中受益。这种集中化的趋势虽然导致了缺乏竞争力的企业的破产，但从宏观上考察，却提高了经济效率，促进了生产能的发展。

工业结构调整的另一个重点是积极发展高新技术产业，缩小与发达国家在这方面的差距，这是一项战略任务。发展高新技术产业应实行突出重点与综合配套相结合，自主开发与积极引进相结合，市场主导与国家扶持相结合，军用与民用相结合，国家投资与民间投资相结合。

在强调发展高新技术产业的同时，必须正确处理高新技术产业与传统产业之间的关系

知识经济时代日益临近，但发展知识经济并不意味着以知识经济取代农业和工业生产。无论科学技术怎样进步，人类的生存和发展，都离不

开穿衣、吃饭、住房和交通工具，离不开提供相应产品的生产经营活动。科学技术作为一种生产要素，所改变的是物质产品的生产方式和流通方式，并在社会生产过程中日益发挥主导作用，但脱离农业和工业生产的知识经济是不可能存在的。知识经济作为一种生产要素，与农业、工业、交通运输业等物质生产部门的关系是改造、服务与被改造、被服务的关系。

从发展的阶段特点看，我国全面实现工业化的任务还没有完成，而一些发达国家已进入了后工业化的发展时期，生产力发展水平不同，服务业的比重必然大于相同。没有高度发达的第一、二产业，特别是如果第一、二产业没有较高的劳动生产率，就不可能大幅度地提高第三产业的比重。即使像美国和日本等先进的工业化国家，也仍然把发展制造业、提高制造业的竞争力放在突出和优先地位。一个国家综合国力增强的最主要体现，是制造业的竞争力的增强。

人们往往把服务业仅仅理解为商贸、金融、餐饮以及旅游娱乐等，但实际上有的国家服务业的发展重点，首先是为生产服务的部门，包括软件开发、数据处理、可行性研究、工程设计、财会管理、法律咨询、进出口贸易服务、市场研究、技术服务、运输和通信服务，等等。随着高新技术在服务业的推广运用，为物质生产过程服务的产业日益多样化、专业化和高效化，从而进一步提高了第一、二产业的竞争力。

所以，发展知识经济，绝对不能忽视制造业，而必须在积极发展新兴产业和高技术产业的同时，把用高新技术改造传统产业、提高传统产业的效率，推进传统产业的升级作为一项战略任务。

结构调整的方式由以行政、计划手段为主 转向以市场机制为主

20 世纪 80 年代的几次调整，主要是依靠行政的力量和计划的手段，在当时的体制下，这些手段是比较有效的。1992 年以来，我国经济运行方式发生了重大变化，市场配置资源的基础性作用基本确立，因此，结构调整的方式越来越转向依靠市场机制。首先，出现了投资主体多元化趋势，政府对各类投资主体投资行为的行政约束弱化，而必须转向主要依靠经济

手段进而引导；其次，企业生产什么，生产多少，主要由企业根据市场供求关系自主决定；再次，价格体系基本理顺，价格形成机制已基本市场化，价格信号成为调节供求关系的重要杠杆。这些变化使产业结构调整的主导方式由计划转向市场，产业结构调整的主体也由政府转向了企业。产业结构的变化，更多地取决于企业的投资行为、技术创新的广度和速度以及城乡居民的收入水平和需求结构的变化。这就要求政府对产业政策的实施近期改革，不仅要提出鼓励或限制的产业和产品目录，还要有相应的、符合市场规律要求的手段加以配合，否则，产业政策就难以得到贯彻落实。事实上，近几年来在产业结构、产品结构以及企业组织结构的变化过程中，哪些行业发展得快一些，哪些企业被兼并或破产，哪些产品上，哪些产品下，已主要不取决于行政和计划的安排，而取决于市场供求关系的变化和市场竞争力的强弱。可见，提高市场竞争力是结构调整的关键。

（本文原载《人民日报》1999 年 12 月 9 日）

努力推进中国工业由大到强的转变

一

经过半个世纪的建设和发展，特别是改革开放以来 20 多年持续的高速增长，我国已从一个落后的农业国转变成为工业生产大国。新中国工业发展的历史成就主要体现在以下几个方面：

第一，建立起了独立完整的现代化工业体系。我国的能源工业、冶金工业、化学工业、建材工业、机器设备和通信设备制造工业、交通运输设备制造工业以及各种消费品工业等传统产业都形成了庞大的生产能力，高新技术产业也初具规模并迅速增长。

第二，农业在国民经济中的地位发生了重大变化，工业在工农业总产值中的比重由 1949 年的 10% 上升到 1999 年的 73%；20 世纪 90 年代中期以来，GDP 的构成中工业增加值一直保持在 49% 左右。

第三，绝大多数工业产品产量已经居世界前列，例如，煤炭、钢铁、水泥、玻璃、各种家用电器纺织品等产品的产量位居世界第一位，发电量、化学纤维等产品产量居世界第二位。

第四，为国民经济各个部分提供了大量的物质技术装备，例如矿山的大型开采设备、冶金、电力、化工和建材工业的成套设备，电力机车和远洋运输设备、各类机械加工设备、轻纺工业设备等，已基本上立足于国内制造。

第五，已消除了工业品的短缺现象，市场供应充足，并出现了相对过剩。城乡居民人均购买和占有的工业品不断增长。

第六，工业品的出口持续增长。1980 年以来年均增长 15%，工业制成品占出口商品的比重已达到了85%，对外贸易出口额由1978年的90多亿美元增长到1999年的1900多亿美元。

第七，建立起了独立的现代国防工业体系。20世纪50年代我国只能仿制轻武器，目前已能够自行研制和成批量生产各种常规武器以及建立在高科技基础上的战略武器。国防工业为推进我军的现代化建设做出了重大贡献。

50年来，我国工业发展逐步完成了从无到有、从少到多和从小到大的转变。毛泽东当年曾梦寐以求要使中国成为以钢铁产量为代表的工业生产大国。今天这一理想已经变成了现实。

二

由于科学技术的进步，生产力的发展，人民群众物质文化生活的需求规模和结构的变化，以及资源、环境、国际竞争的压力，我国工业生产能力进入世界前列之后，又面临新的挑战。21世纪我国工业发展的目标和任务，就是再经过20—30年的努力，实现从一个工业生产大国到工业强国的转变。

第一，在生产能力及生产规模上，不仅在主要工业产品生产总量上保持或达到世界第一的水平，而且在一些行业有若干能够进入世界工业500强的大型企业，推进生产要素和市场份额向优势企业集中，有一大批企业的生产能力和生产技术水平成为世界同类企业的排头兵。

第二，形成协调发展、高效运行的产业结构。建立强大的基础产业，有效支持国民经济各部门的发展，适应城乡居民物质文化生活水平不断提高的要求；通过不断的技术改造，使传统产业实现现代化；高新技术产业在GDP的构成中由目前的7%左右提高到30%以上；促进现代科学技术与劳动密集型产业的有机结合，继续保持我国劳动密集型产业的比较优势。

第三，生产的技术水平和研究开发能力达到或接近世界先进水平。主要任务是在冶金、电力、石油化工、机械制造、飞机、船舶、机车和汽车等交通运输设备制造、大规模集成电路和其他重要电子元器件制造、软件开发、各类消费品和医药生产等各个领域，其主要经济技术指标达到同期国际先进水平，部分领域达到国际领先水平。用于研究与开发的资金投入由目前占 GDP 的 0.5% 左右提高到 3% 左右。

第四，在发挥劳动力便宜的比较优势的同时，不断提高工业劳动生产率，坚决而又稳步地裁减企业的冗员，特别是在资本密集和技术密集领域，劳动生产率应逐步达到或接近世界同类企业的先进水平；制造业全员劳动生产率平均每年增长 5%，力争到 2020 年使制造业的从业人员比 2000 减少 50%，即从目前 9000 万人减少到 4500 万人。

第五，在优化出口产品结构，提高出口产品国际竞争力的基础上扩大出口规模。在出口产品构成中，应在继续扩大劳动密集型产品出口的同时，使附加价值高的技术密集型产品出口比重大幅度上升。在国际竞争中，由主要依靠劳动力便宜的比较优势转变为主要依靠科学技术先进和规模效益的竞争优势，特别是提高拥有自主知识产权的核心竞争力。培育和增强国内大中型企业跨国经营的能力，特别是采掘业和制造业，要有越来越多的企业在国外投资办厂，以更好地利用国外资源和扩大国际市场。

第六，更加有效地利用资源，逐步减少并根本改善工业对环境造成的污染。第一步是控制工业污染的继续加剧，并得到初步治理，力争使世界上污染最严重的大城市名单上不再有我国的大城市；第二步是经过几十年的努力，使我国城乡的环境达到发达国家的水平。

第七，继续推进国防工业的现代化。通过改革和改组逐步建立起"小核心、大外围、高水平"以及寓军于民、军民结合、具有平战转换能力的国防工业新体系。随着国民经济的发展，按比例有限度地逐步增加对国防科技工业的投入，增强先进武器装备的研究、试制和成批量生产的能力，缩小武器装备研制水平与发达国家之间的水平差距，保持和增强高技术战略武器的威慑力量。

三

实现工业由大到强的转变，实质上是推进工业现代化的过程。在一定意义上说，它比实现从无到有、从少到多的转变更为困难。过去的 50 年，我国工业发展主要依靠资本、自然资源和劳动力的投入，以数量扩张、粗放发展为基本特征。今后的几十年，要实现由数量扩张到素质的转变，当然还需要继续投入资金、自然资源和劳动力，但是必须使这种投入更加有效率。在短缺的经济条件下，不管生产多少工业品，大多都能顺利完成实现；在相对过剩条件下，主要矛盾并不在于你生产什么，而在于你的生产经营是否具有竞争力。市场上的竞争如同短兵相接，只能是优者、廉者以及捷足先登者胜。而且，还必须看到，这种转变是在扩大开放、广泛参与国际竞争条件下进行的，面临着更为激烈的国际竞争压力。同行业的同类产品，要么是第一流的和最具竞争力的，要么就退出市场竞争，被淘汰出局。

推进我国工业由大到强的转变，必须重视和解决在新的发展阶段面临的一些突出难题。正确处理各种矛盾，既要抓住关键，突出重点，又不能顾此失彼。

第一，正确处理加快农村工业化与推进国民经济现代化之间的关系。工业化与国民经济现代化既有联系又有区别。工业化是国民经济现代化的基础，国民经济现代化是工业化的继续、延伸和提高，农村工业化是国民经济现代化过程中最困难的环节。农村工业化的任务主要集中在两个方面：一是农业劳动力向以工业为主导的非农产业转移，二是农村人口向中小城镇转移和集中。这两个转移，都具有数量扩张的特征，国民经济现代化是在工业化的基础上使整个国民经济转移到现代化物质技术基础之上，是以提高国民经济素质和水平为主要目标。由于我国经济仍然是典型的二元经济结构，即一方面，已建立了完整的现代工业体系，并呈现出某些成熟经济的特征，如相对过剩，市场集中度不断提高等，其发展的任务已经不再是一般的数量扩张；另一方面，农村工业化的任务又远远没有完成，大量农业劳动人口仍滞留在传统的农业领域，众多的农村人口，分散在大大小小的村落。这种客观现实使我国经济发展不得不同时在两个战场进行两面作战，既要继续推进农村工业化的进程，又要加快工业现代化的步伐，解决这个矛盾，必须坚持以提高资源配置效率为中心，通过素质和水平的提高，实现数量的增长。在城乡工业的分工上，主要通过市场机制进行调整，使以农产品加工为主导的劳动密集型产业向乡镇企业转移，而乡镇企业也应向小城镇集中。

　　第二，解决好以能源资源为主体的资源禀赋条件差异与保护环境、实现经济可持续发展之间的矛盾。我国能源生产和消费总量已仅次于美国，但人均消费水平与发达国家相比还有很大差距。目前总量已出现相对过剩，而提高人均消费水平，能源总量还需要继续增长。我国能源资源的禀赋条件决定了我国能源控生产和消费结构都以煤炭为主体，煤炭在能源生产和消费量中占74%左右。保护环境的要求又不能容忍延续现有的生产和消费结构增长下去。优化能源结构，提高能源利用效率，节约能源是解决这一矛盾的根本出路。减少直到停止对劣质煤炭的开采，加快煤炭气化和液化技术的开发及其工业化生产的进程，继续发展水电和核电，并使高耗能工业向水电资源富集的地区转移和集中。在加强国内石油、天然气勘探的同时，稳步增加石油及成品油的进口，并努力增强在海外投资开采石油的能力。

　　第三，正确处理提高工业劳动生产率与扩大就业的关系。由于人口众多，资源有限，无论是城镇还是农村都存在着劳动力就业难的巨大压力，而且在21世纪的前半期不会有根本性的变化。过去长期实行低工资、高就业的政策是客观现实逼出来的，因此也是无可厚非的。但是这种政策在单一公有制和计划经济条件下可以行得通。在转向市场经济、实行对外开放以及多种所有制经济并存的情况下，以牺牲效率为代价保持普遍就业就十分困难了。市场竞争中的价值规律迫使每一个经营主体都必须千方百计地提高效率、降低成本；非公有制经济的发展也迫使国有经济和集体所有制经济不断减少冗员，改变三个人的活五个人干的状况。在对外开放条件下，跨国公司的规模效益和先进的生产技术使我国劳动力便宜的比较优势受到挑战。因此，无论是资本和技术密集型行业，还是劳动密集型行业，都必须把提高劳动生产率放在重要位置。从短期看和局部看，裁减冗员会导致下岗失业人员的增加；但从长期看和全局看，它有利于扩大就业。效率的提高意味着劳动剩余产品的增加，从而为开辟新的就业门路和扩大政府的公共城支出增加了积累能力。保持一定的失业队伍，促进就业竞争，鞭策劳动者提高素质，努力工作，有利于经济的发展。由于工业的开放程度和世界经济一体化的程度更高，面临国际竞争的压力更大，因此，应当坚定不移地和逐步地裁减工业部门的冗员，分流到第三产业，以提高我国工业的竞争力。

第四，正确处理高新技术产业与传统产业之间的关系。20 世纪 90 年代以来，以信息技术为主导的高新技术产业迅猛发展。1992 年以来，在高新技术产业的带动下，美国经济实现了超过 100 个月的高增长，被一些经济学家称之为"新经济"现象。工业发达国家、新型工业化国家和地区以及许多发展中国家都把高新技术产业放在优先发展的战略地位，以提高在 21 世纪的国际竞争力和国家的综合实力。在这种大背景、大趋势下，中国作为一个发展中的大国，必须高度重视高新技术产业的发展。要紧紧跟踪世界先进水平，积极学习和引进国外先进技术，吸引和凝聚高科技人才，加大培养人才的教育投入和科技投入，增强自主开发能力，加快高新技术产业化、市场化的进程。

发展高新技术产业并不意味着传统产业已经过时了，或者其重要性已经下降了。由于经济发展阶段不同，人均的收入水平以及由收入水平所决定的需求结构不同。因此不能把我国经济同美国等已经进入后工业社会化的发达国家相提并论。冶金、石油化工、机械制造、建筑等传统工业在美国经济中的地位相对下降，需求增长缓慢；但中国则不同，传统工业仍然有广阔的市场需求，仍然是我国综合经济实力的重要支柱，还需要继续发展。高新技术产业与传统产业不是替代与被替代的关系，而是改造与被改造的关系，我们既要使我国的高新技术产业在世界上占有重要的地位，同时也要采用高新技术对传统工业进行全面的改造，推进传统工业的现代化，使我国真正成为一个现代化的工业强国。

[本文原载《中国工业发展报告（2000）》一书的序]

工业结构调整任务的变化

我国工业结构调整的任务、环境和机制与 20 世纪 90 年代中期以前相比，发生了显著变化，具有许多新的特点。认清这些变化和特点，是确定跨世纪我国工业结构调整任务和政策的前提。

一、20 世纪 90 年代中期以前工业结构调整的主要任务是消除短缺，例如，80 年代初的调整，重点是解决轻工业与重工业之间的比例关系问题。当时的政策是抑制重工业的过度发展，加快轻工业的发展，以增加消费品的供给。80 年代中期，工业发展的重点是扩大耐用消费品的生产能力，解决彩电、家用电冰箱和洗衣机等耐用消费品供不应求的问题。80 年代后期到 90 年代初期，工业调整的主要任务是加强基础产业，缓解能源、原材料和交通运输供给不足的"瓶颈"障碍。到 90 年代中期，上述调整任务已先后完成。目前，我国供求格局已由长期短缺转向了相对过剩。因此，工业结构调整的主要任务将不再是以补短为重点。

二、由于我国工业发展已由供给约束转向需求约束，因此工业结构调整的对象也由过去的以增量调整为主转向对现有的资产存量调整为主。这就决定了新建工业项目的数量和比重都将逐步下降，对资产存量调整的主要任务是制止和消除不合理的重复建设。当然，没有必要的重复建设，就不可能有竞争，但不合理的重复建设则导致生产能力的大量闲置和资源的浪费。制止和消除不合理的重复建设，必须弄清我国主要工业部门及其主要产品的过剩状况、过剩原因以及需要退出生产经营过程的类型和数量。对资产存量的调整应主要通过市场竞争来实现。

三、为了消除短缺所进行的调整，其方向十分明确，重点容易突出。但是在相对过剩条件下的调整，方向和重点不是十分明确，目标不易集中。过去所进行的调整，大多是在比例失调情况下的调整，而现在比例失调的问题并不突出，工业结构调整的方向和任务具有了多重性的特点。首先，仍然要继续加强基础产业。我国能源、原材料的生产总量虽然已跃居世界前列，但按人均占有量计算，还远远低于发达国家，因此还需要继续发展。能源、原材料工业的发展不能走过去几十年粗放扩张的老路，资源和环境的压力也不容许粗放增长。数量的增长必须在提高生产技术水平，提高资源利用率和保护环境的前提下实现。其次，我国还处在工业化的过程中，传统产业仍然有广阔的市场和发展空间，那种把知识经济与工业经济及传统产业割裂开来的观点是错误的。现阶段的任务主要不是用知识经济、信息产业去替代传统产业，而是要在发展新兴产业的同时，用现代科学技术去改造传统产业。最后，积极发展高新技术产业，努力缩小与发达国家之间的差距，是跨世纪工业发展的战略性任务。发展高新技术产业，必须注重突出重点与综合配套相结合，自主开发与积极引进相结合，市场主导与国家扶持相结合，军用与民用相结合，国有经济与民营经济相结合。

四、我国工业结构的突出矛盾已主要不是产业之间如重工业与轻工业、能源原材料工业与加工工业之间的矛盾，而是产业内部的产品结构矛盾。这种矛盾的主要表现是技术含量低、质量性能低、附加价值低的产品比重高，大量的生产能力闲置。但与此同时又不得不大量进口市场有需求而国内还生产不了的产品。例如，我国钢产量已位居世界第一位，但许多优质钢材还需要依靠进口；我国纺织工业生产能力严重过剩，但高档服装面料则需要进口；彩电、电脑等产品的生产能力很大，但关键性的元器件还得依赖国外的大公司；大的发电厂、水泥厂、玻璃厂生产能力利用不足，但耗能高、污染严重的小电厂、小水泥厂、小玻璃厂还在运转。所以说，工业结构调整的重点是产业内部产品结构、技术结构和组织结构的调整。

五、必须认清结构调整机制的变化。工业结构的变动是生产要素在不同部门配置的过程。在计划经济条件下，这种配置主要是通过计划和行政的手段来实现。在转向市场经济以后，工业结构调整的机制发生了根本性的变化，即市场机制在资源配置过程中起着基础性和主导的作用。这种作用表现为企业成为结构调整的主体，生产什么，不生产什么，企业的退出和进入，主要由市场供求关系和价格信号来引导，直接的计划安排已基本退出微观的生产经营过程，包括产品结构的调整，无形的手成为引导生产经营方向的支配力量；由于投资主体的多元化，在大多数进入门槛比较低的领域，国有的、集体的、私人的竞相投入，因此不可避免地出现投资盲目性及不合理的重复建设。要消除这种不合理的重复建设，行政手段越来越难以奏效，主要应当通过竞争进行淘汰；企业的生死存亡，主要取决于企业自身的竞争力。这些变化，要求政府产业政策的作用方式也必须进行改革。如果仅仅提出鼓励或限制发展和生产的产品目录，而没有相应的符合市场经济规律要求的经济手段，产业政策就不可能得到贯彻和落实。

（本文原载《经济理论与经济管理》2000 年第 1 期）

制约我国经济长期发展的几个突出矛盾

近两年人们对经济发展和运行的关注主要集中在有效需求不足问题上，以为通过实行扩张的货币政策和财政政策就可以解决问题，就能够保持国民经济的快速增长。作为短期的宏观经济政策，扩大内需是完全必要的。但是，短期的宏观经济政策并不能解决制约我国经济长期发展的一些基本矛盾。这些矛盾不仅是导致有效需求不足的根本原因，也是影响我国经济长期发展的重要因素。认识和分析这些矛盾，是制定经济改革与发展政策的前提。

一　加快农村工业化和城镇化与非农产业发展趋缓的矛盾

如果按照发展经济学的理论及其提出的数量界限，我国目前人均国民收入只有700多美元，处于钱纳里工业化模型中第二阶段的初期，经济发展进入了工业高速增长和大量农业劳动力向非农产业转移的起飞阶段。但实际上，我国工业发展的规模、结构和已经达到的速度，已超出了钱纳里模型所描述的工业化第二阶段初期的水平。工业增长已开始从持续20年的高速增长转向中速增长。作为一个工业大国，呈现出与一般发展中国家很多不同的特殊性：一方面工业已发展到相当成熟的阶段，特别是重化工业和制造业的比重已超出一般发展中国家在经济起飞时所能达到的水平；但是另一方面，我国农业劳动力向非农产业的转移以及城镇化的步伐并没有与工业的高速增长同步，而是严重滞后。到20世纪90年代末，在GDP的构成中，以农业为主的第一产业只占18%，但是农业人口仍然占总人口的70%；农业人口并没有随着过去20年非农产业的高速增长而相应地大幅度下降。今后5—10年，我国乡镇工业和其他非农产业还会继续增长，但是增长速度将不可能保持过去20年高速增长的局面。事实上，从90年代中期开始，就已经出现了增速下降的趋势。1996年以来，乡镇工业平均增长速度已经从1995年以前的平均25%以上回落到10%左右；农业劳动力向非农产业转移的规模在80年代平均每年约1000万人，90年代下降到平均每年约400万人。特别是最近两年，由于乡镇企业也开始从数量扩张转向以提高有机构成和优化结构为主，关门停产的企业增多，使得原来已经务工的农民又重新返回农业生产。城市的许多农民工的岗位由下岗职工所替代，减少了农民在城镇务工的机会。这些因素都限制了农业劳动力向非农产业转移的规模和速度，限制了农村城镇化的步伐。

人们通常把城镇化滞后的主要原因归结于限制农村户口向城市迁移的户籍管理制度，这当然是一个原因，但不是主要原因。现在许多中小城市已经放松了农业人口转变为非农业人口以及在城镇定居的限制，但并没有出现中小城镇人口迅速增长的现象。一个重要原因是，小城镇的发展必须依托一定的产业。从城市形成和发展的历史过程看，在近代和现代，没有市场就没有城市，而没有产业依托，也就不可能形成市场。向城镇转移的农业人口，不可能都是食利者阶层，因而必须有赖以谋生的产业。产业—市场—城镇，这是经济发展的自然历史过程，政府的政策只是起到延缓或加速这一进程的作用，但不可能改变它的规律。由于非农产业发展速度趋缓，我国农村工业化和城镇化的进程将受到极大制约，也将直接或间接地影响着我国经济的供求规模和结构。

二　工业发展集约化与扩大就业的矛盾

过去的50年，我国工业完成了两大历史任务，一是在"一穷二白"的基础上建立起独立完整的工业体系，奠定了社会主义工业化的基础；二是改革开放以来，实现了工业的持续高速增长，消除了工业品的短缺，使大多数工业品的产量跃居世界前列，成为一个工业生产大国。可以说，我国工业以数量扩张为主的发展阶段已基本结束，从现在起，工业发展应当转向以提高素质为主的新阶段，从粗放发展走向集约化发展的道路。

在对外开放不断扩大的条件下，我国工业越来越广泛地参与国际竞争，作为一个人口众多的发展中国家，劳动力便宜的比较优势还需要继续保持，但由于科学技术的进步，劳动力比较优势将逐步退居第二位，而依靠科技创新、资本投入强度、规模经济和高效率的经营管理的竞争优势作用则越来越突出。在国际竞争的压力下，我们必须不断提高和增强竞争优势。按照效率的原则，我国工业已不再需要用一亿多劳动力从事工业生产。到 1997 年，我国制造业的职工总数为 9763 万人，美国、日本、德国制造业的人数分别为 2051.8 万人、1445 万人和 853.6 万人，我国制造业职工人数分别是上述三国的 4.76 倍、6.55 倍和 11.44 倍；但我国制造业创造的价值量则远远低于这三个国家，从而使我国劳动力便宜的优势大大打了折扣。

20 世纪 90 年代以来，我国工业生产和经营出现了向优势企业集中的趋势，例如，彩电、电冰箱和洗衣机的前 10 家大企业的市场占有率平均超过 80%，而其他生产同类产品的企业因市场份额少而不断减少生产，直到关门停产或被兼并。但是，并没有因为大多数厂家的不景气或退出同类产品的生产经营而导致市场供给的减少，改变的只是市场结构，因而促进了规模经济的形成和成本、价格的下降，优化了资源配置，消费者也从中受益。当然，这种集约化的趋势必然会导致缺乏竞争力的企业破产和职工下岗，但它提高了效率，促进了生产力的发展。

从宏观上看，假定能够裁减 1500 万工业职工，将不会减少工业的总产出。这 1500 万职工人均年工资按 5000 元计算，一年就可减少 750 亿元的工业工资成本支出，相当于 1997 年工业的全部亏损额。这 1500 万职工离开工业部门后，又可以创造新的社会财富。因此，减人增效势在必行，将来在工业部门就业的劳动力只会减少而不能增加。从长远看，工业效率的提高有利于扩大就业，有利于增加劳动者的闲暇时间，但在短时期，必然与扩大就业产生矛盾。工业企业裁减冗员也只能采取逐步和稳妥的办法。

三 生产资料和一般消费品相对过剩与
公共消费品供给不足的矛盾

我国工业生产能力的平均利用率在 60% 左右，部分行业和产品的生产

能力利用率在 50% 以下。工业品的积压超过 6000 亿元,是合理库存量的
4—5 倍。虽然我国人均占有的工业品产量还显著低于发达的工业大国,但
由于人口、资源和环境的制约,我国工业发展不可能以达到发达国家人均
占有水平作为目标。

我国的钢材、水泥等基础工业品产量以及各类消费品的产量都已位居
世界第一,城乡居民的衣、食、住、用也有显著提高。衡量一个国家发展
程度和生活质量的一些重要指标明显高于我国人均 GDP 在世界上的排位。
相当多数的城乡居民生活达到了小康水平。在工业品相对过剩的情况下,
一些企业或地方纷纷在寻找新的发展目标,甚至感到无所适从。事实上,
作为一个发展中国家,还有一系列严重滞后的领域需要建设和发展。在我
国的经济生活中,一般消费品的相对过剩与公共产品供给不足并存(表现
在生活质量上),以及家庭内部消费的相对舒适性与外部消费的不方便、
不舒适性并存。这种状况表明,当前我国的生产结构、供给结构和消费结
构不合理。例如,大中城市因交通拥挤、混乱,公共服务设施和体系不完
善、不配套,人们居住的外部环境脏、乱、差,以及出行不舒适、不快
捷,等等,使大多数居民的消费局限于家庭范围内,而不愿意出行。在能
源、原材料和消费品供大于求的情况下,应当充分利用这些资源,加快提
供公共产品的城乡基础设施的建设。

四　工业生产总量相对过剩与局部产品短缺的矛盾

从总量上考察,我国工业品,无论是生产资料,还是消费品,都是供
大于求,但不能因此而忽视各个行业都存在一些供给不足的产品。增加这
些产品供给则是调整工业品结构的主要任务。

我国能源生产总量将近 14 亿吨标准煤,但煤炭产量占 74%,石油、
天然气、水电、核电等优质能源只占 26%;目前煤炭库存积压达 2 亿吨,
但我国近两年需净进口 1 亿吨的优质能源。优质能源供给不足将是我国经
济发展中一个长期性的难题。

我国钢铁生产能力达 1.6 亿吨,生产能力利用率为 62%,钢产量超过
1 亿吨,但是生产轿车用的钢板,采油用的石油套管,饮料工业、家用电

器工业用的薄板等优质钢材还需要大量进口。

我国机械制造工业生产能力利用率平均不到50%，但冶金、电力、石化等部门的大型成套设备以及轿车制造业的生产设备还需大量进口；机床产量居世界第一位，但国产机床在国内机床市场占有的份额只有40%。纺织工业中的高档服装面料主要依靠进口。

这些情况表明，总量过剩和告别短缺都是相对的。过剩的是容易生产的和重复建设严重的一般性产品；短缺的是质量性能好、附加值高、技术密集型的产品。短缺就是差距，只有缩小差距，才能消除短缺。所以，在总量相对过剩的情况下，企业并非无所作为。

（本文原载《当代财经》2000 年第 1 期）

加快工业改组改造和结构优化升级

工业在国民经济中处于主导地位，目前在 GDP 的构成中占 50% 左右，工业发展的规模和水平是一个国家综合经济实力的重要体现。改革开放以来，我国工业持续高速增长，基本实现了从一个落后农业国向工业生产大国的转变；与此同时，由于我国农村人口众多，农村工业化的任务还没有完成，工业生产技术水平与发达国家比较还有很大差距。继续推进工业化和努力实现现代化是 21 世纪的艰巨任务。过去的 50 年，我国工业发展逐步实现了从无到有，从小到大的转变，即奠定工业化的基础，形成了独立完整的现代工业体系，并从根本上改变了工业产品供给不足的状况。21 世纪我国工业发展的主要目标就是在生产结构、生产技术水平和生产效率方面缩小与先进工业大国之间的差距，实现从工业生产大国向现代化工业强国的转变。

实现工业由大到强的转变，实质上是推进工业现代化的过程。在一定意义上说，它比实现从无到有、从少到多的转变更为困难。过去的 50 年，我国工业发展主要依靠资本、自然资源和劳动力的投入，以数量扩张、粗放发展为基本特征。今后的几十年，要实现由数量扩张到素质的转变，当然还需要继续投入资金、自然资源和劳动力，但是必须使这种投入更加有效率。在短缺经济条件下，不管生产多少工业品，大多都能顺利完成实现；在相对过剩条件下，主要矛盾并不在于企业生产什么，而在于企业的生产经营是否具有竞争力。

一　加快工业结构调整和结构优化升级

工业结构调整的目的主要有两个，一是消除结构性短缺或结构性过剩，保证市场供求关系的平衡和国民经济各部门的协调发展；二是使生产要素向效率更高的部门转移。到"九五"末期，我国工业结构的状况及其调整的任务、环境和机制与20世纪90年代中期以前相比较，发生了显著变化，呈现出许多新的特点，而认清这些变化和特点，是确定"十五"时期我国工业结构调整目标和政策的前提。

（一）工业结构调整的重点由解决比例失调为主转向推进产业升级为主

按照通常的理解，工业结构主要指各个产业之间的比例关系，因此产生结构调整的主要任务就是使各个产业之间的比例由失调转变为协调。从目前我国工业的实际情况看，各个产业之间比例失调的状况并不明显，结构性短缺的矛盾基本消除。当前工业结构存在的主要问题是发展水平上的矛盾，突出表现在三个方面：一是消耗大、附加价值低的产业比重高，技术和知识密集型的、附加价值高的产业比重低；二是企业生产和销售的市场集中度低，规模效益差；三是传统产业的技术结构和产品结构落后。因此，推进结构升级是"十五"时期工业结构调整的突出任务。

（二）工业结构调整从以消除短缺为主转向以消除不合理的重复建设为主

1995年以前的40年，我国经济发展的一个主要任务是增加供给，消除短缺。20世纪90年代中期以后，工业品的供求状况发生了重大变化，即由长期短缺转向了相对过剩，因此工业结构调整的对象也由增量为主转向对现有资产存量调整为主。

在相对过剩条件下，必须对现有的资产存量进行重组，通过市场竞争，生产和销售向优势企业集中，淘汰一批效益差、缺乏市场竞争力的落后企业和落后产品。对现有资产存量的调整，一方面是对企业生产能力的调整；另一方面也是对这些生产能力相联系的劳动力的调整。一部分职工将因结构调整而下岗待业，与增量调整能够扩大就业相比较，对存量调整的难度更大。

（三）工业结构调整面临着更激烈的国际竞争的压力

由于科学技术在工业生产中的作用日益突出，资源禀赋和劳动力便宜的比较优势的作用逐步减弱，国际贸易中的竞争力主要取决于产业组织方式和科学技术开发与应用的水平。我国已广泛参与国际分工和国际交换，我国即将加入世贸组织，入世以后关税水平将进一步降低。此外，由于大量"三资"企业在我国设厂，因此在国内市场也面临着跨国公司的竞争，即出现了国际竞争国内化的局面。随着对外开放的进一步扩大，中国工业将不再主要依靠关税保护来维持市场份额，而是要把立足点转移到提高工业素质上来。在出口产品结构中，要增强技术密集型的机械、电子等产业的竞争力，扩大高附加值产品的出口。

（四）工业结构调整的机制和主体发生了重大变化

工业结构的变动是生产要素在不同部门配置的过程。在转向市场经济以后，市场机制在资源配置过程中起着基础的和主导的作用，这种作用表现在企业成为结构调整的主体，生产什么，不生产什么，企业的退出和进入，主要由市场供求关系和价格信号来引导，直接的计划安排已基本退出微观的生产经营过程。市场机制在资源配置中发挥基础作用，并不是说政府在结构调整中可以无为而治，特别是发展中国家，在经济总量赶超工业发达国家的任务基本完成以后需要转向素质和水平赶超。政府产业政策应转向以提高经济竞争力为重点，其主要任务是扶植幼芽期的高新技术产业的发展，对关系到国家安全的军事工业以及提供社会公共产品的产业进行直接投资；对衰退行业和破产企业实行必要的援助政策，在遵循国际贸易准则的前提下，维护本国的经济利益。

二　正确处理发展高新技术产业与传统产业的关系

积极发展高新技术产业，努力缩小与发达国家的差距，是跨世纪工业发展的战略性任务。目前我国高新技术产业存在的主要问题是具有自主知识产权时核心技术开发能力不强，高新技术产业的技术来源主要依靠从国外引进；缺乏完善的支持高新技术的风险投资体系；大中型企业还没有真正成为高新技术研究与开发的主体，大多数科研院所的新技术、新产品缺乏工程化和产业化能力。发展高新技术产业，必须突出重点，选择对经济发展和技术进步全局有重要影响的关键技术和产业；集中必要的人力、财力进行攻关。要逐步使大中型企业成为发展高新技术产业的主体，同时鼓励和扶植高科技型的民营企业的发展。在从事应用技术研究和开发的科研院所转型为企业以后，政府应为它们的发展壮大创造必要的条件。

科技创新还必须与创业相结合，才能实现科技成果的转化。因此必须培养和造就一批从事高新技术产业经营与管理的企业家，特别是形成有利于造就经营管理高科技产业的企业家队伍的机制。

发展高新技术产业，并不意味着传统产业已经过时了，或者其重要性已经下降了。在我国，传统工业仍然有广阔的市场需求，仍然是我国综合经济实力的重要支柱，还需要发展。高新技术产业与传统产业不是替代的关系，而是改造与被改造的关系。我们既要使我国的高新技术产业在世界上占有重要的地位，同时也要采用高新技术对传统工业进行全面的改造，推进传统工业的现代化，使我国真正成为一个现代化的工业强国。

目前，在传统产业的发展问题上，存在着一种无所作为的思想和畏惧情绪，认为传统产业的生产能力严重过剩，不愿意进行设备更新和技术改造。推进传统产业的设备更新和技术改造，需要对以下两个问题有正确的认识。第一，传统产业还有没有市场前景，回答当然是肯定的。即使是已经进入后工业化社会的美国，制造业也仍然是国民经济的支柱产业和国家综合实力的重要体现。据统计分析，在近年美国出现的"新经济"中，高新技术对经济增长的贡献率占33%，传统产业的增长对经济增长的贡献率占2/3，与美国相比，我国的工业化任务还远远没有完成，传统产业在我国仍然有广阔市场。问题并不在于传统产业要不要发展，而在于如何发展。我国资源条件和环境状况的压力，都不容许传统产业继续走过去低效式增长的老路。今后的发展如果没有素质和水平的提高，就难以实现数量持续的增长。还应当指出，目前工业品的相对过剩掩盖着局部的短缺。从总体上看，工业品确实过剩，但从局部看还存在着大量短缺，短缺的大多是国内暂时生产能力不足或生产不了的性能好、附加值高的产品。只有通过对制造业的更新改造，才能逐渐消除这些缺口。第二，在供大于求、激烈竞争的条件下，传统产业的生存空间和发展机会取决于企业自身的竞争力。在以创新能力为主导的市场竞争中，技术进步、创新能力强是保持暂时垄断地位和获取超额利润的基础，用高新技术改造传统产业，是使传统产业获得新的发展动力和市场空间的重要条件。因此，加强对传统产业技术改造，加快企业设备更新的步伐，对经济发展全局具有战略性的意义。

（本文原载《首都经济贸易大学学报》2001 年第 1 期）

当前中国工业发展与结构调整的新问题

一 新型工业化道路的含义及其与传统工业化道路的区别

（一）新型工业化道路的含义

党的"十六"大对新型工业化道路做了一个概括，主要有四点：一是信息化带动工业化，工业化促进信息化；二是依靠科学技术进步优化产品结构，积极发展高新技术产业，并用高新技术改造传统产业；三是正确处理人口、资源与环境的关系，实现人口、资源与环境的协调发展；四是坚持对外开放，发挥比较优势，广泛参与国际分工和交换。这主要是针对经济增长方式、方法和传统工业化中出现的问题提出来的。从广义来讲，新型工业化道路除了经济增长方式、方法外，还包含了制度安排，要解决生产关系和上层建筑中的一些问题。

（二）新型工业化道路与传统工业化道路的区别

1. 在发展战略上，传统工业化道路片面强调经济增长速度，依靠大量人力、物力和财力的投入实现经济高速增长。新型工业化道路强调实事求是、量力而行，强调在提高效益的前提下保持经济的快速增长。

2. 在工农业关系上，传统工业化道路实行工农业产品价格差的政策，通过低价统购农产品，为工业化积累资金，并且实行城乡分割的政策，限制农村人口流入城市。新型工业化道路要求正确处理工业与农业的关系，实现工农业的协调发展和城乡的协调发展，鼓励农村劳动力的流动，鼓励农业劳动力向非农产业转移。

3. 在产业结构上，传统工业化强调重工业的增长，实行"以钢为纲"的政策。新型工业化道路强调轻重工业的协调发展，强调劳动密集产业、资本密集产业、技术密集产业的协调发展，不再单纯突出某种产业，或者实行以某个产业为纲的政策。

4. 在工业布局上，传统工业化道路强调在各个地区建立比较完整的工业体系。新型工业化道路强调发挥比较优势，发挥地区优势，做到优势互补，形成全国统一的市场体系，不要求每个地区都要建立完整的工业体系。

5. 在所有制结构上，传统工业化道路实行单一的公有制，特别强调国有经济、集体经济，强调集体经济向全民所有制过渡。新型工业化道路在所有制的安排上强调国有经济主导、多种经济成分并存的所有制结构。

6. 在资源配置方式上，传统工业化道路实行计划经济，以行政方式配置资源。新型工业化道路要转向社会主义市场经济，使市场机制在资源配置中发挥基础性作用。

7. 在对外关系上，传统工业化道路片面强调自力更生，而新型工业化道路强调坚持对外开放，充分利用两种资源、两个市场，广泛参与国际分工和国际交换。

（三）要充分认识中国工业化的艰巨性

1960 年，韩国人均 GDP 水平与中国相近，而且其工业基础远远落后于中国。但经过 30 年的发展，韩国基本上实现了工业化，而中国经过 50 多年的建设仍然没有完成工业化。一个很重要原因是中国人口众多，地域辽阔，地区经济发展不平衡。中国要使 13 亿以上的人口实现工业化，比世界上现在已经进入工业化的总人口（12 亿）还要多，同时还要面对资源、环境的压力和国际竞争的压力。中国工业化的进程具有长期性和艰巨性的特点。

二　当前固定资产投资规模与国家宏观调控政策取向

（一）固定资产投资增长的宏观判断与调控政策

2002 年中国经济开始进入新的快速增长周期，而当前的宏观调控政策要适当控制固定资产投资规模和信贷规模。2003 年中国固定资产投资规模增长 26.7%，GDP 增长 9.1%，两者间的关系是 2.63：1。

从 1992 年以来的实证分析看，当固定资产投资规模增长率与 GDP 增长率比值高于 3：1 时，就会出现经济过热；而低于 2：1 时，国内有效需求就不足，就会出现经济偏冷。比如，1992 年是 3.14：1，1993 年超过了 4：1，出现了 1994 年的宏观紧缩；而 1998—2001 年，国内有效需求不足，主要原因是固定资产投资增长过慢，固定资产投资规模增长率与 GDP 增长率比值都在 1.5：1 以下，固定资产投资的不足，引起了包括上游产品在内的国内有效需求不足。从 2002 年开始，固定资产投资出现恢复性增长，今年一季度全社会固定资产投资比去年同期增长 43%。其中增长最快的黑色金属冶炼和压延加工业增长了 176%，化学原料和化学制品增长了 152%，非金属矿开采及矿物制品增长了 137%，电气机械增长了 170%，电力和供水增长了 60%，建筑业增长了 93.4%，房地产也增长了 43%。去年央行发了 121 号文件来控制房地产投资，但去年房地产投资还是增长了 34%。可见，当前确实出现了固定资产投资增长过快的势头，因此要收缩固定资产投资规模。最主要的办法是"看住信贷，管紧土地"，提高商业银行存款准备金率，严格控制各种开发区、各种建设用地的审批。这是从宏观上的判断，应该收缩固定资产投资规模；但从地方来看，经过 1998 到 2001 年的低增长，刚刚进入新一轮的经济增长加速期，刚刚开始新的起飞，又要"软着陆"了，似乎起飞后的飞行距离太短。所谓"软着陆"，就是既要抑制局部的过热和某些行业的低水平重复建设，又要保持快速增长的势头，不是全面的刹车，不是全面的紧缩。

（二）固定资产投资增长过快带来的问题

目前这一轮投资增长主要是集中在资本密集型和资源密集型产业，无论是投资还是生产能力、产品产量，增长最快的也都集中在重化工产业。今年第一季度，钢材增长 29.1%，化学纤维增长 27%，水泥增长 21.7%，十种有色金属增长 20%，冶炼设备增长 67%，化工设备增长 23%，发电设备增长 98.8%；而居民有效需求增长相对缓慢，社会商品零售总额增长率大约是 9%—10%，因此下游产业并没有高速增长。这样，增长带来了能源、原材料价格的上涨，而中游和下游又消化不了这种价格上涨引起的成本上升，使下游生产遇到困难。因此，这一轮涨价不像 1993 年、1994年的价格全面上涨的通货膨胀，而是上游产品涨价，下游产品涨不上去。这样，就有一个问题，即要不要提高贷款利率和存款利率。一种判断认为，今年一季度消费品物价指数是 0.8％，物价上涨已经超出了居民存款的利率水平。而货币政策的基本取向是不调利率，既不调存款利率，也不调贷款利率。有三个原因：一是目前的物价上涨是温和的，是消费者可以接受的；二是提高利率会加大投资和生产企业的生产经营成本，对经济发展不利；三是中国存款利率已经高于美国、日本，如果提高中国人民币的存款利率，有可能出现国际流动资本套取人民币利息的问题。

这次价格上涨，80％是由粮食、食品价格上涨引起的，而粮食价格上涨正是我们所期盼的，它有利于提高农民收入，而且涨的幅度还没有达到1994 年的水平；此外，目前居民收入比 1994 年要高得多。因此，价格上涨使生活质量真正受到影响的人群是失业、下岗和领最低生活保障救济金的人。据调查，这部分人由于粮食、食品价格上涨而每月多支出 25 元。因此只应采取局部的微调，提高失业保障救济金和最低生活保障救济金的标准，就可以解决本次物价上涨的不利影响。

三　关于低水平重复建设问题

（一）低水平重复建设的含义

从经济学原理讲，没有重复建设就没有竞争，只有一个企业是垄断，只有两个企业是寡头垄断。因此，不可能也不应当制止重复建设，我们要制止的是低水平的重复建设。此外，重复不重复受经济总量的制约，在1999 年、1998 年是重复的（比如当时许多煤矿要限产压库，钢材也销售不畅）；但当经济总量变化后，又可能不是重复的了，目前即使是小钢厂也能赚钱。因此对低水平重复建设的判断，既要从其自身来判断，还要从整个经济系统和经济周期的角度来判断，在有效需求不足时期的重复建设在经济高涨时期可能就不是重复建设了。一般来讲，低水平重复建设就是新建项目的规模和技术水平低于现有的平均先进水平，其投产不能增加有效供给，而是造成产品的供大于求和企业间的恶性竞争，并且造成环境污染、资源浪费，出现了外部不经济性。因此，应分行业制定技术标准和指标体系来对低水平重复建设进行判断。

（二）目前我国低水平重复建设的主要领域

目前我国重复建设严重的行业，第一是钢铁，第二是汽车，第三是氧化铝，第四是制药，第五是纺织。钢铁工业到明年年底要达到 3.6 亿吨的生产能力，现在的生产能力已经达到了 2.6 亿吨。如果不制止，按各地规划，2010 年中国钢铁生产能力将达到 4.5 亿吨，

而现在全世界的钢铁生产能力是在 12 亿吨左右。据预测，到 2010 年中国钢材消耗量为 3.6 亿吨左右，显然现在在建和规划的钢铁企业生产能力大大超出了未来对钢铁的需求。还有一个问题是，谁来生产这些钢材。钢铁产业是要求规模经济的资源密集型产业，

从理论上讲，我国未来达到 3.6 亿吨钢产量时，有 30 到 40 家钢铁企业就足够了，而目前已经有 280 家炼钢企业，只有靠市场竞争来淘汰。理想的市场经济状态是投资者通过购买优势大型钢铁企业的股票来扩大钢铁生产能力；但由于目前行政区划的分割阻碍了国内资本的合理流动，致使大量小的钢铁企业继续存在。另外，钢铁产业还面临资源短缺的问题，去年我国铁矿石的进口占世界出口量的 40%，世界铁矿石价格已经上涨了一倍，钢铁工业的盲目扩张还将遇到铁矿石严重短缺的矛盾。

低水平重复建设的第二个热点行业是轿车工业。目前全国有 27 个省市区有汽车生产厂家，23 个省市区有轿车生产线，生产能力已经突破 600 万辆。

（三）如何制止低水平重复建设

首先，应从总量上来控制。目前出现的大炼钢铁是因为市场需求旺盛，而市场需求旺盛又是由固定资产投资增长过快引起的。其次，要解决信息不对称问题。微观的生产企业、地方政府并不清楚全国、国际上同行业的市场供求情况，就需要行业协会或有关部门来发布有关信息，来解决投资的盲目性问题。最后，还要制定市场准入政策。市场准入与行政审批

是不同的概念，规范的市场经济国家没有行政审批，但不等于没有市场准入。像美国这样的国家也有市场准入，而且往往是通过法律制度来实现的。比如国土规划，规划不能建厂的地方就不能建厂；再如环境保护，不能达到规定的排污标准就不能得到环保部门的批准。市场准入的定位是解决微观经济主体的外部不经济问题，而不是解决其内部的生产经营问题。而中国的市场经济是政府主导下的市场经济，政府并没有完全退出微观经济活动，目前不可能完全取消行政审批。

四　关于开发区问题

现在对开发区的扩张采取严格控制，不允许再乱占耕地。全国开发区总数是 3837 个，国务院批准的 232 个，占 6%，省级政府批准的也仅 1 千多个，其他很多都是未经过规范的审批程序而设立的地级市以下的开发区；开发区土地的闲置面积也高达 43%，并且在开发区征地和扩大城镇建设规模的过程中，产生了没有土地、没有职业、没有社会保障的"三无"农民。目前的开发区建设确实存在过多、过滥的问题，控制各地开发区的扩张是完全必要的。

从工业化发展进程来看，工业布局不宜遍地开花，生产应相对集中，以高效率地利用基础设施；城市中现有的工业也具有向开发区集中的客观要求。另外，要发挥我国劳动力便宜的比较优势，需要发展工业，而且其发展工业的比较利益高于农业。一方面要保证农业耕地不减少，另一方面又要保证工业有适当的扩展空间，如何来解决这个矛盾？我认为应该采取"总量控制，空间置换，动态平衡"的办法。总量上不增加开发区的面积，但对成熟的开发区、需要扩张的开发区可适当扩张；对县以下乡镇层次的开发区尽可能地关闭，把工业生产要素集中在县、地级市这个层次上。这样，关掉了 100 平方公里的乡镇开发区，可能只要扩张 20 平方公里就可以满足县以上开发区发展用地。还要改革土地征用补偿制度，由一次性买断变为长期性的补偿，土地作为农民的生产资料和生产要素入股或者租赁。土地像城市居民的最低生活保障一样，是农民的生命线；征用农民土地，不是一次性给予补偿，而是每年都给予一定补偿，这样就使其有长期的基本的生活保障。城市建设用地也应改为长期补偿，使政府获得长期持续的收入，也降低了房价，对政府和消费者都有好处。

五　关于结构调整的任务与机制变化

结构调整要解决两个矛盾：一是解决再生产过程中的平衡、协调问题，即比例关系问题，保证再生产不出现大起大落；二是解决效率问题，使生产要素向更有效率的地区、部门和企业转移。目前，我国经济结构调整的重点是解决效率问题。

（一）经济结构调整任务与机制发生的变化

20世纪90年代中期以来，我国工业结构调整的任务和机制发生了许多新的变化，主要表现为，一是结构调整的重点由解决产业间的不平衡转向解决产业内部的产品结构问题，调整的中心环节是产品，关键是提高产品的竞争力。

二是结构调整的主体由政府转向是企业。在法律允许和市场准入的前提下，由企业来判断、决定投资方向与规模。

三是调整机制是市场机制，而不是计划机制。其中，政府的作用主要在于：第一，创造公平竞争的市场环境，当好裁判员。政府在结构调整中不是直接投资于某个产业，而是为其发展营造良好的环境。第二，搞好基础设施建设，解决经济的外部性问题。第三，当好收容队。在结构调整中，必然有破产的企业、下岗的职工、失业的人群。政府当好收容队，就是建立完善的社会保障体系，就等于帮助企业进行结构调整，帮助企业裁减富余劳动力，帮助企业提高效率。此外，政府还应发展教育、培养人才、加强技术研发、提供技术支持。

（二）如何认识当前重化工业加速发展的趋势

1998年以来，中国重化工业年平均增长率在16%以上，而轻纺工业的平均增长率在12%以下；在整个工业增加值中，重化工业比重已达到64.3%，而轻纺工业的比重已经下降到35.7%。这种变化具有客观必然性：一是消费需求结构的变化，比如住房、汽车消费的增长带动了对上游产品的需求；二是城镇化进程加快，基础设施建设加快；三是工业出口结构的变化。重化工业比重的上升给一些地区带来新的机会，特别是对于中西部和东北地区。20世纪80年代浙江、江苏、广东抓住了对外开放的机遇和轻纺工业高增长的市场机会，大力发展劳动密集型产品，推动了地区经济的发展。目前，西部地区也应抓住重化工业加速发展的机遇。

（三）关于结构调整中战略性产业的选择战略性产业就是对国民经济全局以及国家经济与国防安全有重大影响的产业

现在有科学家提出要防止我国产业出现"空心化"。空心化有两个含义：一是产业转移走了；二是技术空心化，高新技术产业没有核心技术，核心技术依赖于跨国公司。现在主要是如何防止第二种类型的空心化。如何选择战略性产业，有三个要求：

1. 我国既要发挥劳动力便宜的比较优势，继续发展劳动密集型产业，更重要的是要不失时机地推进产业升级，在国际分工体系中改变主要依靠出卖劳动力的状况。因此，在发展劳动密集型产业的同时也要发展技术密集型产业，发展装备制造业。

2. 要解决在工业化、城镇化过程中面临的资源、能源短缺问题。

3. 必须建立以高技术为基础的寓军于民的国防科技工业，发展高技术的武器装备，实现国防的现代化。应建立寓军于民的产业组织结构，核心企业只掌握核心技术和总成，零部件可通用化并扩散到一般的民用机械制造业，使其既可以生产民品，又可以生产军品的零部件。对武器装备业而言，对产业组织进行调整与技术进步同等重要，要改变"小生产方式搞大工业"的状况。

［本文原载《重庆工商大学学报（西部论坛）》2004年第2期］

调整经济结构　提高经济增长质量

　　调整和优化经济结构，是提高经济增长质量和效益，实现全面协调可持续发展目标的重要环节。当前我国产业结构存在的突出问题是，一、二、三产业的关系不协调，农业和服务业发展滞后，部分行业产能过剩，但仍在盲目扩张。能源、原料供给不足与消耗高的矛盾并存；具有自主知识产权的核心技术缺乏，不适应产业升级的要求；产业组织结构不合理，企业规模不经济，专业化分工程度低。

　　加大结构调整的力度，要以提高资源配置效率和产业竞争力为中心，消除结构性短缺和结构性过剩，促进生产要素向效率更高的部门和企业转移。推进产业升级，控制并减轻环境污染，保护生态平衡，实现人与自然的和谐，促进可持续发展。

一　继续加强农业在国民经济的基础地位

　　农业基础脆弱，农业经济社会发展明显滞后，是我国经济结构中最突出的矛盾。2005 年国民生产总值第一、第二、第三产业的比重为 12.4%、47.3% 和 40.3%。

　　以农业为主体的第一产业的比重不断下降，是个必然趋势，问题是在我国农业比重下降的过程中，并没有伴随农业劳动力的同步转移。目前从事农业生产的劳动力仍然有 3.6 亿人，生产的国内生产总值只有 2 万亿元左右，人均产出为 5550 元。包括农民工在内、非农产业就业的劳动力有 5 亿人，产出的国内生产总值为 16.23 万亿，人均产出 3.25 万元，后者是前者的 5.85 倍。这种结构性差别导致农业缺乏进行扩大再生产的积累能力，是农村经济社会发展滞后的重要原因，也是城乡收入差距扩大的结构性原因。同时，由农业劳动生产率低所决定的农民收入增长缓慢使农民购买工业品的有效需求进而使工业的扩大再生产遇到障碍。

"三农"问题是关系国民经济全局的结构性问题。重视农业，加强农业，建设社会主义新农村是结构调整的首要任务。必须继续促进农业富余劳动力稳定向非农业产业转移、向城镇转移，延长农业生产的产业链，促进农产品加工增值，使农民从农产品深加工的经营中增加收益；控制农业生产资料价格上涨，保障中央各项惠农政策的实施效果。加强农业基础设施建设，保证农业的可持续发展。

二　重视解决工业产能过剩问题

从产品生产能力看，目前产能过剩的问题主要集中在钢铁、焦炭、水泥、汽车、化纤等资源和资本密集型的重化工业。

导致生产能力相对过剩的原因，一是固定资产投资增长过快，前几年投资所形成的生产能力陆续投产，使供给能力超过有效需求；二是市场准入规则不健全，或执行不力，新上了一批技术经济水平落后的项目；三是生产要素的定价机制不合理，进入重化工业的门槛过低，导致低水平的重复建设。主要表现为，通过协议低价供应土地的途径，导致大量不具备资金能力的投资者进入资本密集型重化工业；自然资源开采权和污染排放权无偿或低价取得，既没有形成市场定价机制，又缺乏有效的监管，一些企业因此而获得超额利润，却没有承担必须的社会责任。

部分行业产能过剩的不良后果主要表现为产成品库存增加、企业效益下滑、应对反倾销压力加大。解决生产过剩问题，主要应通过优胜劣汰的市场竞争机制调节生产要素的配置。同时也需要政府对经济运行过程进行干预，避免生产过剩矛盾的加剧。应当利用供给大于需求的时机，强化市场竞争，提高市场准入的经济技术标准，淘汰落后的生产能力，使社会再生产在更高的生产力水平上实现协调发展。

三　依靠科技创新推动产业升级

中国作为最大的发展中国家，生产力发展水平具有多层次性和不平衡性。我们既要发挥劳动力资源丰富的比较优势，继续发展劳动密集型产业，也要在发挥比较优势的同时，努力提高竞争优势，推进产业升级，改善国际贸易条件，在技术密集与知识密集型产业领域，缩小与发达国家之间的差距，提升在国际产业分工体系中的地位。

经济全球化条件下的国际分工，导致工业生产过程超越了国家的边界，技术创新和产业升级不可能在封闭环境中进行。但在日益激烈的国际竞争中，各国也在采取措施，实现自身利益的最大化，如保护知识产权、控制核心技术转移等。必须看到，在国际产业分工体系中，我国技术密集型制造业大多处于产业垂直分工的低端。我国虽然是居世界第三位的进出口贸易大国，但货物出口的55%是加工贸易，其中高技术产品出口的90%左右来自加工贸易。国内需要的先进技术装备主要依靠进口，制造业对外来技术的依存度在50%以上。我们强调提高自主创新能力，正是为了改变高新技术高度依赖跨国公司、产业发展受制于人的状况。

发展中国家的技术研发起步晚，技术和产业起点低。为了缩小与发达国家的技术差距，往往通过向跨国公司转让国内的市场份额，以换取国外的先进技术，即通常所说的以市场换技术。这能够缩小技术差距，促进新兴产业发展。我们强调自主创新，并不排斥技术引进和利用外资。但由于产品生命周期和技术代际差异，发展中国家换来的技术总是第二流、第三流的技术，跨国公司在技术转让时必然要"留一手"，发展中国家难以获得核心技术。从实践上看，在引进技术的同时，坚持自主研发和创新，有利于企业提供技术水平和市场占有率。

四　积极调整产业组织结构

由于长期受小农经济生产方式的影响，我国生产、流通和消费过程的社会化程度很低，自成体系，"大而全""小而全"的状况仍然普遍存在。按照社会化大生产要求，调整产业组织方式，推进专业化分工，可以在不增加资源投入的条件下，提高生产要素配置效率。

首先，要根据生产要素集中化趋势，加快资源密集型工业的生产能力向大企业集中。如煤炭开采、钢铁和有色金属冶炼与压延、石油化工、火力发电、建筑材料、造纸等行业。这种集中有利于采用技术先进的大型设备，有利于上下游一体化，有利于降低单位产品的能源、原材料消耗，减少废弃物的排放和对环境的治理，有利于提高劳动生产率，有利于循环经济的发展。

其次，以龙头企业为主导，推进加工组装型制造业社会化和专业化分工。我国大多数企业专业化分工程度低，企业从原材料采购、铸造、各种零部件的加工到产品组装和包装，大部分生产过程都在企业内部完成，加工组装型的制造业如果没有小而专的小企业，就没有大而强的大规模的生产。在专业化分工的条件下，小而专、小而精的企业，是实现大批量、大规模生产的基础。产业组织结构调整应大力推进核心企业外部的专业化分工。

第三，要发展为生产服务的生产性服务业。生产性服务业是从工商企业分离出来的现代服务业。如工程与产品设计、原材料与零部件采购与配送、设备租赁、技术服务、管理咨询、市场调查和分析、计算机服务、信息服务、会计与法律服务、商务与对外贸易服务等。为生产服务的服务业，具有知识与技术密集的特点，不仅能够提高生产企业的效率，而且可以降低企业生产经营和管理成本。

第四，要着力解决影响结构性调整的经济体制和经济运行机制问题。充分发挥市场机制在资源配置过程中的基础性作用，切实转变政府职能。政府在结构调整过程中的主要任务是创造公平竞争的市场环境，制定市场准入规则，提供公共产品，完善社会保障体系，引导投资方向，矫正市场失灵。在国际经济关系中，维护本国的产业安全和企业合法权益。

（本文原载《经济日报》2006 年 8 月 16 日）

中国工业结构的调整与产业升级

工业结构不合理一直是影响中国国民经济协调发展和制约生产要素配置效率的突出矛盾。"十五"时期，中国工业结构调整既取得了积极进展，也出现了许多新的问题。国民经济和社会发展的第十一个五年规划纲要，把结构调整作为转变经济增长方式的一项重要任务，并提出把科技创新作为推动结构调整和优化升级的中心环节。实现结构调整的目标，既要发挥市场机制在资源配置中的基础作用，也要发挥政府宏观调控和产业政策的引导作用。可以预计，在未来的五年，中国工业结构在产业升级和产业组织结构的优化方面，将会取得显著变化。

一 "十五"时期（2001—2005 年）重化工业的发展

第九个五年计划时期（1996—2000 年），由于亚洲金融危机的影响和国内有效需求不足的制约，资源和资本密集型的重化工业也出现了相对过剩。2001 年开始的第十个五年计划，中国工业的增长结构出现了与"九五"时期完全不同的新特点，即资源密集型的重化工业高速增长，能源原材料全面短缺。从 2000 年以来轻工业与重工业增长速度和比例关系的变化可以看出，"十五"时期中国工业增长主要是由重化工业推动的。

"十五"时期，中国年工业增长最快的行业主要集中在资本密集和技术密集型产业。"九五"和"十五"时期，资源和资本密集型重化工业产品产量年均增长速度比较如表 1 所示：

表1　"九五"末和"十五"时期我国轻重工业的增长速度及
所占比重的变化情况（单位:%）

年份	增长速度		在工业增加值中的比重	
	轻工业	重工业	轻工业	重工业
2000	9.5	13.0	40.1	59.9
2001	8.6	11.1	39.5	60.5
2002	12.1	13.1	39.1	60.9
2003	14.6	18.6	35.7	64.3
2004	14.7	18.2	32.41	67.59
2005	15.2	17.0	30.98	69.02

资料来源:《中国统计年鉴》相关年份。

2002年以来，在表2所列的工业产品中，钢铁、有色金属、化纤、汽车、电子通信设备等五个行业的增长对工业增长的贡献率都在50%以上。

表2　2002年以来我国部分工业产品产量的增长速度（单位:%）

原煤	-6.9	17
发电量	6.1	12.8
钢材	7.9	24.7
水泥	4.6	12.1
发电设备	-5.62	50.49
汽车	7.3	22.4
其中轿车	12.4	35.4

资料来源:《中国统计年鉴》相关年份。

中国重化工业快速增长、比重上升的主要原因是:

第一，2000年以来，中国的投资率一直保持在36%以上，2001—2005年的最终消费率分别为：59.8%、58.2%、55.5%、58.0%和57.0%，投资率分别为：38.0%、39.2%、42.4%、44.2%和43.0%。

第二，固定资产投资持续高速增长，2005年固定资产投资规模已达到 88000 亿元。这些投资主要投向了交通运输、能源、经济技术开发区、房地产以及企业的设备更新，其中 60% 的投资用于购买能源、原材料和机电设备，因此形成了对重化工业产品的旺盛需求。例如，"十五"期间，新增发电机组容量 17655 万千瓦，占发电机组总装机容量的 34.6%；新增高速公路里程 23964 公里，占 2005 年末高速公路总里程的 58.8%。

表 3　　　　　　　　　　2000—2005 年 GDP 与固定资产投资增长情况

年份	2000	2001	2002	2003	2004	2005
投资（亿元）	32917.7	37213.5	43499.9	55566.6	70477.4	88604
投资增长率（%）	10.3	13	17.4	31.2	26.7	25.7

资料来源：《中国统计年鉴》相关年份。

第三，城乡居民消费需求结构的变化，消费需求由满足吃穿和一般日用消费为主开始转向购买住房和汽车消费。2002 年开始，由于需求结构的变化增加了对重化工业产品的需求。2001—2005 年城镇用于住宅建设的投资累计为 48900 亿元，是"九五"时期的 2.28 倍。私人汽车拥有量 2000 年为 625.33 万辆，2005 年为 1830 万辆，平均每年增长 24%。

第四，城镇化的进程在逐步加快，城镇人口平均每年增加一个百分点，即 1300 万人。各地政府纷纷扩大城区面积，加快旧城改造和城市基础设施建设，从而增加了对钢材、建筑材料的需求。"九五"时期，城乡房屋竣工面积累计 171.3 亿平方米，平均每年竣工面积为 34.26 亿平方米；"十五"时期，城乡竣工的房屋面积累计达 307.63 亿平方米，平均每年竣工 61.5 亿平方米。

"十五"时期，中国资源和资本密集型重化工业的高速增长具有客观必然性，它使中国基础产业的供给能力大大增强。但是，在高速增长过程中，也存在着一定的盲目性，特别是低水平重复建设，导致工业生产能力过剩，加剧了能源原材料、水和土地供应紧张的局面，环境污染的问题更为突出。

二　中国高新技术产业的发展

高技术产业是指建立在当代前沿科学技术基础上进行生产和提供服务的企业群体。按照联合国制定的产业分类标准，根据研发费用占产品销售收入的比重，科技人员占企业职工总数的比重和新产品销售收入占企业当年总收入的比重等三个指标，中国把医药制造业、航空与航天器制造业、电子及通信设备制造业、电子计算机及办公设备制造业、医疗设备及仪器仪表制造业界定为高技术产业。

（一）高新技术产业的发展状况

"十五"时期，中国高技术产业持续快速增长，2000—2005 年，高新技术产品销售收入平均每年增长 27.5%，增加值平均每年增长 23.25%，实现的利税年均增长 14.6%。高新技术产品增加值占规模以上工业企业增加值的比重，2000 年为 10.83%，2004 年为 11.5%。高新技术产品出口交货值 2000 年为 3388.02 亿元（人民币），2005 年上升到 17464 亿元。在高新技术产品出口交货值的构成中，2000 年"三资"企业占 85%，2004 年占 93.23%，国有及国有控股企业只占 8.82%。上述情况表明，我国高新技术产业的增长主要是依靠跨国公司的资本、技术和出口市场。2000—2004 年主要高新技术行业增长情况如表 4：

表 4　　　　　　　　2000—2004 年我国主要高新技术行业增长情况

	企业数（个）		销售收入（亿元）		增加值（亿元）		利税额（亿元）	
年份	2000	2004	2000	2004	2000	2004	2000	2004
合计	9785	17898	10033	27846	2758	6341	1033	1783
医药制造业	3301	4765	1627	3303	633	1173	262.6	479
航空航天器制造业	176	177	377	498	105	149.2	17.22	25.70
电子及通信设备制造业	3977	8044	5871	13819	1471	3366	592.08	860.5
计算机及办公用品制造业	494	1374	1599	9192	374	1226	103.7	269.5
医疗设备及仪器仪表制造业	1810	3583	558	1303	173	426.8	57.82	148.2

资料来源：《中国高新技术产业统计年鉴（2005）》。

中国在航天技术、核能发电技术、大型计算机技术、数控机床制造技术、信息技术等高新技术产业领域，与发达国家之间的差距逐步缩小，已初步形成完整的高新技术产业体系。手机、程控交换机、微型计算机、显示器、彩电、激光视盘机等产量居世界第一位。

（二）高新技术产业发展存在的突出问题

中国高新技术产业存在的突出问题是缺乏具有自主知识产权的核心技术，自主创新能力不适应社会经济发展和参与国际竞争的要求，科技研发投入不足，企业成为技术创新主体的地位还没有确立，科技成果转化率低。用于研究与开发的投入的强度，中国 2005 年占 GDP 的比重为 1.22%，美国、日本和韩国分别为 2.7%、3.9% 和 2.9%；我国发明专利授权量，只相当于美国和日本的 1/30；对外来技术的依赖程度，发达国家平均在 30% 以下，美国和日本均在 5% 以下。联合国开发计划署公布的 72 个国家技术成就指数，世界平均值为 0.374。排在前十位的美国、日本、韩国、英国分别为 0.733、0.698、0.666 和 0.606，我国为 0.299，排在第 45 位。

根据 OECD 制定的衡量产业技术水平的标准，即用产业 R&D 经费占销售收入的比重来区分高、中、低技术产业——比重大于 3% 的为高技术产业，介于 1%—3% 的为中技术产业，小于 1% 为低技术产业。中国高技术产业 R&D 经费占销售收入比重一直是全部制造业的两倍多，自 2000 年起高技术产业该指标超过 1%，这标志着中国高技术产业正步入一个新的发展阶段（见表 5）；但也表明，中国的高技术产业在世界上仍然处于相对落后的地位。中国高技术产业专利申请数量占制造业的比重不足 1/3，专利授权数量占制造业的比重仅为 1/5 左右的水平。

表5　　　　**中国制造业与高技术产业 R&D 经费支出占销售收入比重**

年份	1995	1998	2000	2001	2002	2003	2004
制造业 R&D 经费占销售收入比重（%）	0.17	0.31	0.45	0.51	0.56	0.55	0.52
高技术产业 R&D 经费占销售收入比重（%）	0.46	0.86	1.11	1.31	1.28	1.09	1.05

资料来源：根据《中国统计年鉴》和《中国高新技术产业统计年鉴》相关年份的有关数据计算。

（三）高新技术产业发展的方向

高新技术产业的发展主要集中在三个领域，即电子信息制造业、航空航天产业和生物工程产业。发展的目标是在科技研发与产业化的水平上，缩小与世界先进水平的差距；在产业规模上，具有自主知识产权的高新技术产品增加值和出口产品比重显著上升。按照产业集聚、规模发展和扩大国际合作的要求，加快高技术产业从加工装配为主向自主研发制造延伸，推进自主创新成果产业化，形成一批具有核心竞争力的先导产业，一批集聚效应突出的产业基地，一批跨国高技术企业和一批具有自主知识产权的知名品牌。

为了实现这个目标，将通过加强原始性创新、集成创新、引进技术的消化吸收和再创新，努力在若干高新技术产业领域掌握一批具有自主知识产权的核心技术，造就一批具有国际竞争力的企业和品牌。在体制安排上，确立企业作为技术创新主体，使企业具有追求技术创新的动力；在组织方式上，形成以企业为中心的产学研相结合的、既有分工又有合作的创新体系；在资金来源上，应形成企业自我积累、政府投入、金融信贷支持以及社会融资的多元化融资的渠道；积极建设产业技术创新支撑平台，包括公共技术创新平台、行业技术创新平台、企业工程技术中心。对于重大的技术创新项目，采取需求牵引、工程依托、社会化分工与市场化运作的方式。"十一五"高技术产业工程的重大专项有集成电路和软件、新一代网络、先进计算机、生物医药、民用飞机、卫星应用、信息、生物、航天等行业急需的高性能材料。

三 "十一五"时期（2006—2010 年）中国工业结构 调整与升级的主要任务

（一）工业结构调整与优化升级的出发点

工业结构调整与升级的任务，应当根据中国工业发展条件的变化和发展目标的要求来确定。从工业发展的客观条件看，以下几个因素直接制约和影响中国工业结构的变化：

第一，中国的基本国情是人均资源短缺，土地、森林、水、石油、金属矿产等资源的人均占有水平都显著低于世界平均水平。在这种条件下，要实现工业化，使 13 亿以上的人口普遍过上比较宽裕的小康生活，并逐步走向现代化，资源约束是实现持续发展的瓶颈，特别是制约着资源密集型工业的发展，结构调整必须着力解决资源瓶颈障碍。

第二，今后每年新增劳动力的总数仍然在 1000 万以上，就业压力是中国社会经济发展的突出难题，结构调整必须继续发挥劳动力资源丰富的比较优势。

第三，石油、煤炭、土地、森林、水以及劳动力等生产要素的价格不断上涨，使我国工业生产成本也不断上升，结构调整要有利于降低工业生产成本。

第四，由于中国已经成为进出口贸易大国，随着出口额的增长，对中国出口产品实行反倾销的贸易摩擦日益增加。与此同时，人民币升值的压力将持续存在。因此，工业结构调整和升级应当促进对外贸易增长方式的转变，由主要依靠扩大出口数量和价格竞争转向提高出口产品附加值。

第五，科技创新是推动经济发展和提升国际分工地位的决定性因素，结构调整必须抓住科技创新这个关键环节，改变高新技术产业领域为跨国公司加工组装、做代工的状况。

（二）工业结构调整和优化升级的主要任务

中国《国民经济和社会发展第十一个五年规划纲要》对"十一五"时期工业结构调整与优化升级的方向和任务已作出了明确的阐述，即按照走新型工业化道路的要求，坚持以市场为导向，企业为主体，把增强自主创新能力作为中心环节，继续发挥劳动密集型产业的竞争优势，调整和优化产品结构、企业组织结构和产业布局，提升整体技术水平和综合竞争力，促进工业由大变强。

1. 能源工业。能源生产要基本保证国民经济发展的要求，到 2010 年单位国内生产总值的能源消耗比 2005 年降低 20%。2005 年中国单位 GDP 的能源消耗为 1.26 吨标准煤，按降低 20% 的要求，2010 年中国每万元 GDP 消耗的能源应为 1.008 吨标准煤。2010 年中国 GDP 总量预计为 26.1

万亿元，能源消费总量需要26.31亿吨标准煤，能源消费量平均每年增长2.72%，在优化产业结构和推进技术进步的前提下，这个目标是有把握实现的，进口原油和天然气的规模不会迅速上升，其增长幅度将低于"十五"时期。外界关于中国经济发展会加剧世界能源供求紧张的判断夸大了中国的能源供求矛盾。中国高耗能工业如冶金、建材、基础化学工业的能力扩张已接近峰值，其能耗过高的问题说明这些行业降低能耗有着巨大的潜力。"十一五"时期，解决中国能源供求矛盾的途径是把节约能源作为基本国策，不断提高能源利用效率；在立足国内，主要依靠国内资源的基础上，加强同世界各国的能源合作；从煤炭资源相对丰富的国情出发，能源结构继续实行以煤为主、多元发展的方针。有序发展水电，积极发展核电，加快开发可再生能源。

2. 原材料工业。从总体上考察，中国传统原材料工业以数量扩张为主的发展阶段已基本结束。原材料工业结构调整的基本方针是控制总量、淘汰落后、提升水平、降低消耗、减少污染、提高产业集中度。钢铁工业调整的任务是严格控制新增钢铁生产能力，淘汰落后工艺、装备和产品，大幅度降低吨钢综合能耗，优化钢铁工业布局，通过企业搬迁和关停，逐步减少大城市市区、严重缺水地区的钢铁生产规模；石油化学工业的调整将按照基地化、大型化、一体化的方向，优化工业布局，逐步减少石油炼厂的数量，扩大生产规模，提高加工深度；建筑材料工业的调整以节约能源、保护生态环境和提高产品档次为重点，节能、节水、节地、节约矿产资源，大力发展新型建筑材料、保温材料和绿色装饰材料；新材料的发展重点是围绕信息、生物、航空航天、重大装备、新能源等产业发展的需求，重点发展特种功能材料、高性能结构材料、纳米材料、复合材料、环保节能材料等产业群。

3. 机械装备制造业。装备制造业的结构调整和优化升级，重点要解决两个问题，一是增强自主创新能力、对引进技术的消化吸收能力，并在此基础上增强新产品的开发能力，使中国机械装备制造业的水平与工业发达国家的差距由目前的15年左右缩小到5—8年，附加价值高的机械装备制造业的国际竞争力显著增强，产品出口规模不断扩大，使目前先进技术装备主要依靠进口的状况得到根本改变；二是优化机械装备制造业的组织结构，促进专业化分工，改变"大而全"和"小而全"的状况。

在重大技术装备领域，努力突破核心技术，以工程为依托，以产品为中心，在大型高效清洁发电装备、超高压输变电设备、大型乙烯成套设备、大型冶金设备、大型船舶装备、轨道交通装备、环保及资源综合利用装备、数控机床、高速铁路车辆、汽车、干线飞机等领域，全面提升研发、设计和制造水平。在发挥市场竞争机制的主导作用的同时，政府通过支持科技研发，加强科技政策与经济政策的协调，积极建立科技公共基础设施和技术创新平台，扩大政府采购等政策措施，提高我国机械装备制造业的国际竞争力。

4. 轻纺工业。轻纺工业调整和产业升级的目标，一是运用信息技术、生物工程技术和环保技术改造传统产业，降低产品能源原材料的消耗，减少生产过程的污染，提高劳动生产率；二是创造和培育国内、国际市场知名的品牌，增加高端产品的品种和市场份额，改变在国内外市场依靠低价过度竞争的局面；三是促进各地区发展具有特色和竞争优势的产业集群，并在产业集群的基础上实行专业化分工。通过调整、改造和创新，使中国轻纺工业继续发挥比较优势的同时，形成在技术、产品质量档次和品牌等方面也具有竞争优势的产业。纺织工业发展的重点是提高纺织工业的技术含量和自主品牌的比重，发展高技术、高性能、差别化、绿色环保纤维和再生纤维，扩大产业用纺织品、丝绸和非棉天然纤维开发利用；提高轻纺工业的技术装备水平，重点突破纺织新材料和先进加工技术，提高装备的先进性、稳定性和可靠性。

四 结构调整和产业升级的途径

第一，抑制部分行业的低水平重复建设。低水平重复建设就是新建项目的规模和生产技术水准低于合理的生产规模和先进技术水准的要求。在市场经济和资本多元化的条件下，微观经济主体的自主决策，并不是投资者愿意上什么项目就可以上什么项目。现代市场经济是有规则的经济，改革政府的行政审批，不等于取消市场准入规则。市场准入规则包括各个行业的先进的技术经济指标、环境保护指标、企业起始规模的标准，等等。

只有当新建项目比原有同行业先进企业的技术经济指标更先进时，在经济上才具有扩大投资的合理性。当微观经济主体的投资活动有可能造成外部的不经济性时，就需要由政府或者行业协会运用市场准入规则加以限制。为了减少和避免低水平的重复建设，还需要解决信息不对称问题。统计部门和行业协会应当经常发布现有企业生产能力利用率、主要产品产销率、企业景气或破产的比例、同类企业主要产品国际竞争力状况等指标，以作为投资主体投资决策时的依据或参考。

第二，优化产业组织结构。在资源密集型产业，生产要素集中化是提高资源利用效率的有效途径，必须形成大型企业为主导的产业组织结构。石油化学工业的大型企业可以做到上下游一体化，使各种原料得到充分利用，并集中治理"三废"，减少污染；大型火力发电机组的发电耗煤比小型电厂的煤耗低25%；大型钢铁企业可以采用工艺技术先进的大型装备，降低能源和水资源的消耗。我国小型钢铁企业的产量占30%，但消耗的能源占全行业的50%。在资源密集型产业，逐步淘汰工艺技术和装备落后的小企业势在必行。这种调整，将会影响到不同地区利益格局的变化，因此需要通过调整财政、税收关系，来协调地区之间的利益关系。

第三，在继续发展劳动密集型工业的同时，积极推进产业升级，促进技术密集型产业和现代服务业的发展。中国生产力发展的不平衡性决定了我国产业结构的变动，既具有工业化过程中结构演变的一般特征，又具有二元经济结构的特殊性，即劳动密集型产业的比较优势需要继续保持，资源密集型产业在国民经济中仍然具有基础性的地位，同时要不失时机地推进产业升级，大力发展技术与知识密集型产业。高新技术产业的发展，既可以降低单位国民生产总值的资源消耗，又能够用高新技术及其装备改造传统产业，降低传统产业的资源消耗。

第四，发展循环经济，提高资源利用效益，减少污染物的排放。发展循环经济首先是在生产过程中，采用新的工艺和设备，将各个环节产生的废弃能源、原材料进行回收再利用，以降低主产品的资源消耗并生产出新的副产品，实现废弃物的减量排放或零排放。建立符合市场经济规律要求的经济机制，使发展循环经济成为企业的自觉行动。通过提高污染物排放的技术标准和购买污染排放权的收费标准，迫使生产经营者加强对生产过程废弃物的治理和回收利用，实现清洁生产，降低排放成本，增加企业收益。其次是加强对资源循环利用的技术开发，通过税收和信贷支持政策，鼓励推广发展循环经济示范工程的技术成果；建立以社区为基础的网络化的废旧物资回收体系、相对集中的分拣体系以及鼓励生产企业利用废旧物资经济机制，促进废旧物资的利用。

第五，增强自主创新能力。在科技发展的总体部署上，进一步深化改革，加快推进国家创新体系建设。在发展重点上，一是把发展能源、水资源和环境保护技术放在优先位置，下决心解决制约国民经济发展的重大瓶颈问题。二是以获取自主知识产权为中心，提高信息产业的国际竞争力。三是大幅度增加对生物技术研究开发和应用的支持力度，为保障食物安全、优化农产品结构、提高人民健康水平提供科技支撑。四是以信息技术、新材料技术和先进制造技术的集成创新为核心，提高重大装备和产品制造的自主创新能力。五是加快发展航空航天技术和海洋技术，拓展未来发展空间，保障国防安全，维护国家战略利益。六是加强多种技术的综合集成，发展城市和城镇化技术，现代综合交通技术，公共安全预测、预防、预警和应急处置技术，提高人民的生活质量、保证公共安全。

（本文原载《开发研究》2007 年第 1 期）

以结构调整促进发展方式的根本性转变

工业结构是生产要素在不同产业、区域和企业配置的比例关系。在社会再生产过程中，工业结构是由固定资产投资累积而形成的，它既是过去工业发展和运行的结果，又是新的经济发展阶段的起点。因此，工业结构反映一个国家或地区的经济发展水平，不仅决定着社会再生产的比例关系，也决定了经济发展中的资源利用效率，更重要的是还决定着一国贸易条件和进出口结构。

调整和优化产业结构，就是通过对资产存量和增量的调整，改善工业再生产的比例关系，提高生产要素的配置效率，实现工业经济协调、高效和可持续发展。

一　我国工业发展条件的变化和工业结构存在的突出问题

近年来，随着生产力的发展和国内外经济关系的变化，我国工业发展的条件和环境也在不断变化。这主要表现为，资源供给紧约束与需求不断增长的矛盾日益突出，资源类产品价格上涨过快，加大了制造业生产成本上升的压力；人口总量已进入低增长时期，城乡青壮年劳动力的比例在下降，同时有关衣食住用行的服务业价格上升，使反映社会必要劳动的工资成本不断上升；随着社会进步，企业必须承担的社会责任不断增多，特别是防治工业污染的标准不断提高，使得企业在追求利润最大化的同时必须兼顾社会利益；国际贸易条件发生了新的变化，如人民币不断升值、贸易对象国设置的各种非关税贸易壁垒增加，成为影响我国经济增长的重要因素。

　　受这些条件的影响，我国工业结构存在的问题日益突出。一是除了一次能源和矿产开采行业外，多数行业的生产能力过剩。"十五"规划以来，我国固定资产投资持续高速增长并陆续形成了新的生产能力，但由于国内有效需求不足，特别是农民收入较低，缺乏购买工业品的支付能力，工业生产能力出现相对过剩。二是资源密集型行业生产集中度低，资源利用效率低下。例如，我国钢铁企业的平均规模不足 100 万吨，排名前五位的大型钢铁企业钢产量只占全国总产量的 28.5%。大量规模不经济的小钢铁厂、小水泥厂、小火力发电厂盲目发展，降低了资源配置效率。三是产业组织结构不合理，生产专业化程度低。目前，我国大多数企业从原材料采购到产品包装，大部分生产过程都在企业内部完成。即使在一些大的汽车制造企业，零部件的自制率也在 60% 左右，"大而全""小而全"的问题普遍存在。四是高新技术产业创新能力弱，缺乏具有自主知识产权的核心技术做支撑。目前，在我国高技术产品出口构成中，外商投资企业占 80% 以上，内资企业仍以出口低附加值产品为主。五是我国能源的 70% 是工业部门消耗的，资源密集型为主导的重化工业又占工业能源消费总量的 80%，这种产业结构是导致单位国内生产总值能耗高的主要原因。此外，我国区域产业结构趋同严重，加上专业化服务体系发展滞后，抬高了企业非生产环节的经营成本，不利于进一步提高产业和企业的国际竞争力。

　　特别是这次国际金融危机的冲击和影响，使得我国工业结构中存在的这些问题更加突显。实践表明，我国工业发展已经进入生产要素成本上升阶段，长期以来依靠高投入、高消耗、低资源成本、低环境成本、低技术含量、低价格竞争的粗放增长方式难以为继，推进结构调整从而促进经济发展方式转变成为关键。

二　坚持在发挥比较优势的基础上推进结构调整

　　从长远发展来看，我国工业结构调整应突出以下几个目标：一是消除结构性短缺或结构性过剩，实现主要工业品的市场供求基本平衡，减少和避免经济运行的剧烈波动；二是促进生产要素向效率更高的部门、地区和企业转移，提高资源配置效率，增强产业竞争力；三是控制和减轻环境污染，保护生态平衡，实现人与自然的和谐。这些目标决定了我国工业结构调整的任务具有多重性。但具根本意义的是在推进工业结构调整时，必须以提高资源利用效率和产业竞争力作为关键环节，切实推动发展方式的根本性转变，发挥比较优势，加快技术密集型产业发展。

新中国成立以来，我国走出了一条不同于西方发达国家的工业化道路，累积形成了劳动密集、资本密集、技术密集等多层次产业共同发展的格局。近年来，尽管劳动力成本在上升，但相对于发达国家，我国劳动力比较优势仍然存在，生产规模大、工业配套能力强、国内市场潜力大的综合优势也是许多国家难以企及的。因此，必须继续发展劳动密集型产业，这也是当前保增长的基础所在。但也要清醒地看到，在国际产业分工体系中，我国的技术密集型产业，大多处于产业垂直分工的低端。我国虽然是贸易大国，但货物贸易的55%是加工贸易。与这一特征相对应，一些地区生产总值虽然增长很快，但国民收入却没有获得相应增长，且以消耗资源、压低工资为代价。改变这种状况，就必须在发挥劳动力比较优势的同时加快发展技术密集型产业，从而提升我国在国际产业分工体系中的地位。

依靠技术创新，推动产业升级。产业升级既包括产业结构由劳动密集型为主导依次向资本、技术、知识密集型为主导的转变，也包括同一产业内产品结构的升级换代。无论哪种类型的产业，技术创新都是升级的基础。当前，我国推进技术创新必须选择有效的途径，实行需求牵引、工程依托和以企业为主体的方式。需求牵引是指技术创新要有明确的工程化和产业化的需求目标，如具体的产品创新、工艺与设备创新、材料创新或关键技术创新。工程依托就是以创新工程项目为平台，在工程实施过程中解决产品设计、材料与设备、制造工艺等问题。以企业为主体就是切实把企业作为技术创新的主体，使多数技术研发落户于企业。在市场经济条件下，企业作为以盈利为目的的经济组织，始终面临着竞争的压力，不搞创新就难以生存，更谈不上发展。因此，我们要充分利用企业的这一特性，在结构调整中重视企业技术创新的主体作用，通过企业这种组织形式把科技要素、工程要素、资金要素、市场要素直接结合起来，使产业技术创新方向和目标的选择更符合市场需求，推进专业化分工，不断优化产业组织结构。

生产社会化是机器大工业发展的客观要求，信息技术的应用使社会分工更加广泛和深化，从而大大提高了生产效率。对工业来说，专业化分工是实现大批量生产的基础，只有大量小而专、小而精、小而强的专业化配套企业存在，才有高效率、低成本的规模化生产。因此，我国工业结构调整要瞄准机械装备、数控机床、交通运输设备等高端制造业，率先在这些关键行业推进专业化分工，从而使龙头企业主要从事新产品的研发、设计、关键零部件制造和产品集成，众多专业化的小企业则形成为龙头企业配套的产业链，实现产业细分带来的规模效益和产业聚集效益。同时，要下决心淘汰高耗能、工艺技术落后的中小企业，使资源密集型产业的生产能力向技术先进的大企业集中。

积极发展生产性服务业。生产性服务业不仅包括工业设计，设备安装与维修，原材料和零部件采购、仓储、配送，产成品整理和包装等直接为生产服务的业务，还包括市场调查、管理咨询、财务会计、法律等为企业经营管理服务的业务。工业企业将非核心业务以"外包"的方式交由专业公司处理，其目的在于截取价值链中的高利润环节，缩小经营范围，将有限的资源集中配置到企业的强势领域，以降低企业的运营成本，

突出企业的竞争优势。由于以专业化分工为基础，生产性服务业大多是技术与知识密集型的服务机构，其发展不但有利于降低企业的生产成本和交易成本，而且有利于扩大社会就业，特别是增加专业技术人员的就业机会。当前，加快生产性服务业发展，可以同时实现保增长、调结构、促就业的多重目标。

优化工业的区域布局结构。一般来说，在市场竞争机制作用下，生产要素和市场份额不仅向具有竞争优势的企业集中，同时也向具有竞争优势的地区集中。因此，地区产业的选择不应当求全和自成体系，而必须突出本地区的特色产业和优势产业，把比较优势转化为竞争优势。尤其在大多数工业品生产能力过剩的情况下，只有不同地区的主导产业实行差异化发展的战略，才能使特色产业在国内外市场上形成优势地位。而从现状看，我国区域产业结构趋同现象严重，各地及企业主要通过价格战争夺国内外市场，产业竞争效率低下。当前，要妥善解决这一问题，必须以深化改革推进体制创新，鼓励各地在竞争中形成具有本地特色的产业体系，从而在

全国及国际贸易中形成错位竞争的发展态势，以提高产业竞争效率。

三　下决心解决工业生产能力相对过剩问题

工业生产能力过剩是指一些行业的生产能力明显大于社会有效需求，其产品价值难以在市场上得到充分实现。相对于市场有效需求，我国工业生产能力过剩经历了两个不同的阶段。1995 年前后，我国曾出现过以消费品为主的相对过剩，主要是由于 1979—1995 年轻纺工业的快速发展，在基本满足城乡市场供给之后，消费品的供给能力超出了当时的市场有效需求。1995 年以来，我国工业投资的重点转向了重化工业，特别是 2002 年以来，重化工业的比重显著上升，大多数重化工业产品出现了过剩。

依据经济发展规律，我们不难看到导致目前我国工业生产能力相对过剩的主要原因。一是市场准入规则不健全或执行不力，难以防范新上项目技术水平落后；二是生产要素的定价机制不合理，进入重化工业的门槛过低，出现低水平的重复建设；三是财政税收体制不完善，工业投资扩张仍然是地区经济增长的主要推动力；四是收入分配结构不合理，低收入群体有效需求不足；五是国际金融危机引发的国际市场需求下降，加剧了供大于求的矛盾。就其经济后果来看，我国工业生产能力相对过剩的不良后果主要表现为产成品库存增加、企业效益下滑、资源利用率低等突出问题，在当前严重影响着我国工业结构的调整和优化，因而是制约我国发展方式转变的潜在因素。从这个意义上看，解决工业生产能力相对过剩问题刻不容缓。

解决工业生产能力相对过剩问题，应主要通过优胜劣汰的市场竞争机制调节生产要素的配置，同时也需要政府对经济运行过程的干预。扩大内需是当前我国保持国民经济平稳较快发展的基本立足点。但不管怎样，我们应当清醒地认识到，扩大内需不是不顾实际地保护落后企业，也不可能让所有的企业都能活下去。因此，当务之急是防止借扩内需之机进行低水平重复建设或保护落后企业。一方面，应利用供给大于需求的时机，市场竞争，主动淘汰落后产能，以此推动发展方式的自然转变；另一方面，应利用世界经济调整的机遇，加强政府对产业发展的战略规划，提高市场准

入的技术标准，从源头上堵住落后产能落地生根的闸门。从保增长的长期
目标看，只有依靠市场竞争与政府干预的双重力量，下决心淘汰那些过剩
的落后生产能力，我国才能在结构调整中推动发展方式的根本性转变，使
社会再生产在更高的生产力水平上实现协调发展。

（本文原载《求是》2009 年第 17 期）

我国工业结构调整的九大任务

结构调整在整个社会再生产中处于中枢地位，要使中国经济实现升级版，必须抓住结构调整这个关键环节。结构调整主要解决两个问题：第一是平衡问题，实现协调发展；第二是效率问题，使有限的生产要素配置到效率更高的部门、地区和企业。应当说，现阶段中国工业结构调整的重点是提高生产要素的配置效率，现阶段我国工业结构的选择必须是"高亦成、低亦就"的结构。主要完成九大任务。

一　正确处理实体经济和虚拟经济的关系

当完成工业化和资本原始积累后，人们热衷于炒房子，当房子限购以后放高利贷，实际都希望通过虚拟资本、资本市场的运作来赚钱。作为企业微观的经营决策可能无可非议，但是作为国家的宏观经济政策必须扎扎实实地发展实体经济，特别是要以先进制造业为基础。如果大家都想在资本市场赚钱，那整个国家的国民经济基础就要崩溃了。所以必须坚持以实体经济作为基础。

二　继续坚持劳动密集型产业的发展

现在由于劳动力成本的上升，很多企业存在招不进人、留不住人的问题。中国现阶段和曾经的日本、韩国和中国台湾地区有共同点，即要在劳动力成本上升以后发展技术密集、附加值高的产业；但是区别在于我们不可能完全放弃劳动密集型产业，他们可以转到中国大陆来，但是我们不可能都转到其他发展中国家去。首先，是因为中国工资成本和发达国家的互补关系并没有发生根本性逆转，过去中国制造业劳动力成本只占发达国家的工资成本的10%甚至更低，而这几年上升到15%左右，但与发达国家产业结构的互补关系并没有发生根本变化，这反映了发达国家的再工业化不可能恢复劳动密集型产业，还得从中国进口。其次，与其他更加落后的发展中国家相比，中国工业的配套体系，产业链的完整性，能源交通运输基础设施条件占据明显优势，这些国家现阶段还很难达到中国的水平。目前，越南、印度的工资不到中国制造业工资的1/3，孟加拉国、柬埔寨可能更低，但是国际大宗劳动密集型产品仍然以中国为主导，这说明中国劳动密集型产业需要继续坚持。

三　产业结构升级的重点是实施缩小差距战略

不能完全把产业结构升级的重点押在战略性新兴产业上。现阶段产业升级的重点应是推进现有产业的技术和产品升级，找准与美国、德国、日本等先进工业国家的差距，实现技术赶超。我们应在钢铁工业、有色金属工业、非金属材料工业、石油化学工业、高性能和智能化机械装备制造业、高速铁路装备制造业、精密仪器制造业、电子通信设备制造业、精细化工制造业、新药研发和生产等高附加值产业领域缩小与发达国家的差距。

在与日本、韩国等国家和地区之间的进出口贸易中，我国每年有2000多亿美元的贸易逆差。我国的出口以劳动密集型产品和农副产品为主，进口以高附加值的机械、电子和精细化工产品为主。在这些行业，如果国内的生产技术水平和产品性能能够达到工业先进国家水平，减少对进口的依赖，贸易逆差就会显著缩小，国际贸易条件将不会因劳动密集型产品出口竞争力下降而恶化。举个例子，现在服装出口单价不到3.5美元一件，而进口一架波音737的中型客机要1.05亿美元，需要出口3000万件衬衣，这需要1万个工人干一年，还需要大量的纺织工人。假如我国"C919"大型客机在2014年定型，2016年上天，到2020年达到批量生产，即使那时候衬衣出口减少了，我们的贸易条件也是优化而不是恶化。经济升级版的关键就是结构升级，结构升级的重点首先是抓住现有产业的升级换代。

四　正确处理增量调整与存量调整的关系

调整的重点应由增量调整为主转向存量调整为主。过去我国投资重点都放在增量上而不够重视存量。现在调整投资结构，首先应继续下决心淘汰落后的生产能力。比如北京的雾霾，关键不是北京的汽车尾气，而是华北地区高耗能的电力工业、建筑材料工业和钢铁工业。华北地区严重缺水不适合发展这些高耗能产业，但是河北省的钢产量占全国钢铁生产能力的1/5。内蒙古和山西的火力发电比重也非常高，所以结构调整既要做增量，更要做好存量调整，淘汰落后，对现有企业进行技术改造和设备更新，推进企业兼并重组。

五　企业产品结构调整是升级换代的基础

企业产品结构的调整是产业结构调整的微观基础，是产业结构调整的切入点。产品结构调整的途径，一是对传统产品的设计、生产工艺和材料进行技术改造；二是推进产品的升级换代和产品创新，特别是把瞄准和赶超国际同类产品的先进水平作为目标；三是培育产品品牌，提高产品附加值和市场影响力。中国的服装出口单价低，加上工资成本不断上升，长三角、珠三角很多企业感觉快做不下去了，但是意大利和法国的服装还在出口，他们的平均出口单价在21美元以上，是中国出口单价的6—7倍。因此，不是服装不能做了，而是我们的品牌、技术和国际竞争力与法国和意大利有很大差距。

六　制造业升级要学习德国人精益求精的精神

中国企业缺乏持之以恒的耐心和精益求精的精神，大家都希望很快地赚钱，去资本市场上捞一把。德国之所以有宝马、奔驰、奥迪，有领先世界的精密机械，得益于上百年的积累，精益求精的精神。中国经济要升级，中国的价值观念、文化传统与发展现代工业的矛盾必须调整。德国之所以能够在这轮金融危机中独善其身，第一是因为德国人将认真、严谨、精细的文化传统贯穿到生产的全过程，没有这种精神造不出宝马、奔驰。第二是社会市场经济模式，以市场机制作为配置资源的基础，同时发挥政府对市场的有效调控和干预。第三是以发展先进制造业为基础，保持技术领先。第四是公共部门与私营部门的有效结合。中国目前国有和私有的产业链没有打通，是"两张皮"。第五是对中小企业确确实实给予了有效的支持政策，激发了市场活力。第六是高素质的产业工人队伍。中国的产业工人队伍完全建立在高流动性且缺乏系统严格训练的农民工基础之上，无法推进产业升级，大家都不愿意当工人，不愿意进职业技术学院，无法制造出高附加值的产品。第七是相对和谐的劳资金关系。第八是以出口高附加值产品为主导。

七 正确处理生产集中化与民营资本进入资本密集型行业的关系

在市场竞争机制的作用下，生产要素向优势企业集中是必然趋势，尤其是资本和资源密集型产业，如钢铁、有色金属、石油化工、火力发电、主要建筑材料、交通运输设备制造、造纸等行业，应当促进生产要素向大企业集中。限制并逐步淘汰不具有规模效应，技术落后的中小企业是完全必要的。

民营资本进入资本密集型行业，必须适应资本密集型产业有机构成高、资本投入强度大，与劳动密集型的中小企业相比技术管理和生产经营管理相对复杂的要求。即生产关系要适应生产力发展的要求，这需要解决生产关系上的三个问题：一是从家族独资形态转向资本多元化和社会化，解决单个私人资本不足的矛盾，以适应基础产业由技术构成所决定的资本有机构成高、资本投入强度大的客观要求。二是在资本多元化、社会化的条件下，民营企业必须实行资本所有权与经营权相分离的现代企业制度，信任不具有血缘和裙带关系的外聘的专业经营管理人才，通过委托代理制，以克服家族治理资本社会化大型企业的局限。三是民营企业需要承担起与现代社会进步相适应的社会责任。

八　努力降低物化劳动消耗

在我国工业产值构成中，工业增加值率只有 26.5%，73.5% 是转移的物化劳动消耗，要把降低物化劳动消耗作为提高工业增加值的重点。2011年我国工业增加值总量为 18.8 万亿元，如果每年工业增加值提高 1 个百分点，为 2000 亿元；到 2015 年提高 5 个百分点，就接近 10000 亿元。在经济增长速度下降后，必须依靠降低生产经营成本，提高企业经济效益，保证企业工资、利润和上缴税收的增长。

九　正确处理房地产与其他产业的关系

高房价加重了以居住为目的的购房者的经济压力，削弱了对其他消费品的购买能力，抬高了中国工商业的成本，削弱了制造业的经济力，这不是耸人听闻，而是确实存在的情况。很多零售小生意做不下去，饭馆不想开了，因为不如出租房子。现在买房主要群体是 30—50 岁的工薪阶层，也是城镇消费主要群体。由于他们被房贷所困，必然要压缩购买其他消费品的支出。因此，轻工、纺织、服装、家电等日用消费品工业、商业服务业、家用汽车工业等产业的市场，必然受到大多数普通工薪劳动者支付能力不足的限制，难以实现扩大再生产的良性循环。因此，必须把房地产行业的利润调节到社会平均利润率的水平，实现国民经济产业体系的协调发展。

（本文原载《经济研究参考》2013 年第 46 期）

中国经济新常态与制造业升级

2014 年 11 月 9 日，习近平主席在 APEC 工商领导人峰会上对中国经济新常态进行了全面解读，阐述了新常态下中国经济的特征：一是从高速增长转为中高速增长。二是经济结构不断优化升级。三是从要素驱动、投资驱动转向创新驱动。在中国经济进入新常态的大背景下，2015 年 5 月 19 日，国务院发布《中国制造 2025》，提出到 2025 年迈入世界制造业强国的发展目标，并部署了全面推进实施制造业强国战略。什么是制造业强国？与工业生产大国不同，制造业强国主要包括以下方面：一是具有独立完整的现代工业体系。二是主要工业产品生产能力和产量位居世界前列。三是在产业结构方面，高附加值的技术密集型产业占主导地位。四是生产要素利用效率达到国际先进水平。五是在国际分工和商品交换体系中，从主要依靠比较优势转向主要依靠竞争优势。六是具有自主创新能力，核心与关键技术立足于国内并具有自主知识产权。七是有一批进入世界前列的大企业和知名品牌。

一　中国工业发展阶段的变化

（一）工业产品产量的增长变化

从 1949 年新中国成立到 2049 年建国 100 年，中国工业的发展历史进程可以用"从无到有，从少到多，从大到强"这十二个字来概括。已经过去的六十多年，中国工业发展经历了两个阶段。从 1949—1978 年的 30 年，中国工业实现了从无到有的转变，奠定了工业化的基础，建立起钢铁和有色金属冶炼、石油化工、重型机械装备制造、机床制造、航空、船舶、机车、汽车、电子、航天和原子能等现代工业部门，形成了独立完整的现代工业体系。虽然这一时期中国工业的发展走了不少弯路,付出了较高的成本和代价,但所取得的成就仍然是巨大的。改革开放以来,中国工业持续高速增长,工业增加值由 1978 年的 1607.0 亿元增长到 2013 年的 210689.4 亿元。按照可比价格计算,增长了 40.6 倍,平均每年增长 10%。中国 220 多种主要工业产品产量超过了美国、德国和日本等工业发达国家,位居世界第一位。中国工业实现了从全面短缺向世界工业生产大国的转变,即工业产品产量实现了从少到多的转变。可以说,中国工业产品产量赶超的任务已经基本完成。中国经济发展进入新常态,中国工业的发展任务应转向以提高生产要素利用效率为主导,在产业结构和技术水平上全面缩小与工业发达国家之间的差距,实现从工业生产大国向制造业强国的转变。

(二) 产能相对过剩成为制造业的突出矛盾

长期以来,中国经济面临的主要问题是供给不足的矛盾,经济工作的重点是扩大各种产品的生产能力。2011 年以来,中国大多数工业行业都出现产能相对过剩问题,尤其是金属冶炼、建筑材料、基础化工、机械装备制造和汽车制造等重化工业的产能过剩问题更为突出。2012—2013 年中国电解铝、平板玻璃、汽车、太阳能电池组件、聚氯乙烯和甲醇的生产能力利用率分别为 70%、68%、70%、51%、60% 和 50%。按照国际制造业的通行标准,工业生产能力利用率在 80%—90% 为正常,中国工业生产能力平均利用率仅有 70%—75%。

(三) 劳动力成本上升具有客观必然性

改革开放以来,中国制造业的高速增长得益于劳动力供给充足且成本低,在国际产业分工体系中具有显著的比较优势。随着经济的发展,这种比较优势正在发生变化。进入 21 世纪以来,中国劳动力成本逐年上升。2000 年中国在城镇就业的职工平均工资为 9800 元,2013 年上升到 51483 元。按照汇率换算,2000 年中国制造业工资水平相当于美国制造业工资水平的 6%,2013 年上升到 16% 左右。中国劳动力成本上升具有客观必然性。一是中国经济发展已经进入中等收入水平阶段,2000 年人均国民收入为 935 美元，2013 年上升到 7250 美元。人均国民收入水平提高，决定了国民收入初次分配中的工资水平必然上升。二是持续 30 多年的计划生育政策，使中国人口总量进入低增长时期，城乡青壮年劳动力的比重下降，劳动力供求关系正在发生变化。三是农村政策的调整，农村土地流转和规模化、社会化经营方式的发展，使农民收入逐步提高。四是社会必要劳动费用上升，即购买家庭必需生活资料、购房或租房的费用支出和用于子女教育的费用逐年上升。五是教育结构失衡，不适应劳动力市场的需求，制造业生产第一线需要的有技能的工人供给不足。

（四）世界经济发展前景的不确定性导致工业产品出口增速放缓

2001 年中国加入世界贸易组织后，国际贸易环境出现有利于中国扩大出口的变化，工业产品进出口贸易出现了井喷式的高速增长。工业产品出口总额从 2000 年的 2237.4 亿美元增长到 2010 年的 14960.7 亿美元，增长了 5.7 倍，年均增长 21%。2011 年以来中国进出口贸易增速显著下降，2011—2014 年增速分别为 17%、3%、6% 和 2%。

20 世纪末，美国有经济学家认为电子信息技术革命和 IT 产业的高速发展，将会熨平经济周期性波动。但 2000 年以纳斯达克指数大幅下跌为标志，网络经济进入调整阶段，同时也表明当代科技革命并没有熨平经济周期性波动。2008 年国际金融危机后，经济全球化的进程并未加快，而是放慢或进入新的调整阶段。一是发达国家为了应对国内经济危机，纠正虚拟经济与实体经济脱节以及服务业比重过高等问题，实施再工业化战略，支持制造业的发展，减少进出口贸易赤字。二是国际资本流动放缓甚至回流，国际产业转移放缓，以防止国内产业空心化。三是发达国家需求增长回落，导致国际贸易增速下降，世界货物贸易从 2001—2007 年平均增长 14% 回落到 2008—2011 年的 4%。四是国际贸易保护主义抬头，在这种背景下，中国出口增速回落不可避免。2011—2013 年中国工业制成品出口额平均增长 12%，比 2000—2010 年工业制成品出口的平均增速回落 9 个百分点。

二 中国制造业与工业发达国家的差距

2015 年 6 月 6 日，中国科学院中国现代化研究中心的《中国现代化报告 2015》发布，报告对 1970—2010 年 131 个国家的工业现代化进行了定量评价。报告显示，2010 年中国工业水平比德国和英国落后一百多年，比日本落后六十多年。笔者认为上述结论夸大了中国工业与工业发达国家之间的差距。衡量工业发展水平及其差距应从以下方面进行考察：工业体系和产业结构、工业生产能力、工业生产技术水平、工业劳动生产率和工业制成品出口规模及其国际竞争力。从工业生产技术水平方面考察，笔者认为中国工业比工业发达国家落后 15 年左右。中国制造业与工业发达国家的差距主要表现在物化劳动消耗、劳动生产率、国际知名品牌、创新能力、在国际分工体系中的地位和高附加值的技术密集型产品供给能力等方面。

（一）物化劳动消耗的差距

中国工业建立在巨大的能源原材料消耗的基础上，2011 年消耗的煤炭和钢材分别占世界总产量的 45% 和 53%。中国工业消耗的能源占国内能源消耗总量的 70%，约 23 亿吨标准煤，是日本能源消耗总量的 3.3 倍，德国的 3.8 倍。在工业消耗的能源中，冶金、石油化工、建材、发电、化学工业和重型装备制造等六个部门消耗的能源占 79%，约 18 亿吨标准煤，是德国能源消耗总量的 3.0 倍。中国平均工业增加值率为 26%，比美国、日本和德国等工业发达国家低 16 个百分点。也就是说，在中国工业总产出的价值构成中，74% 是转移的能源原材料等物化劳动消耗的价值。工业生产消耗的能源原材料高的主要原因是产业结构问题，即资源密集型的重化工业比重过高，高附加值的技术密集型制造业比重低。

（二）劳动生产率的差距

从劳动生产率方面考察，在第二产业就业的劳动力，中国、美国、日本和德国分别为 23170 万人、2322 万人、1583 万人和 1100 万人。中国第二产业的劳动力分别为美国、日本和德国的 8.9 倍、13.0 倍和 18.8 倍。
2012 年中国城镇制造业的劳动力为 5258 万人，美国、日本和德国分别为
1408 万人、1100 万人和 774 万人。中国城镇制造业增加值的人均产出分
别为美国的 32%、日本的 38% 和德国的 45%。2010 年中国制造业小时劳
动生产率为 10.5 美元/小时，美国、德国和日本等工业发达国家制造业小
时劳动生产率分别为 62.5 美元/小时、42.3 美元/小时和 49.3 美元/小时，
韩国、新加坡、南非和墨西哥等新兴工业化国家制造业小时劳动生产率分
别为 31.5 美元/小时、33.4 美元/小时、12.3 美元/小时和 11.5 美元/
小时。

（三）国际知名品牌的差距

联合国发展计划署的统计数据显示，国际知名品牌在全球所有品牌中
所占比重不到 3%，但国际知名品牌的国际市场占有率却高达 40%，销售
额超过 50%。产品出口国际市场的中国企业中，拥有自主品牌的企业不到
20%，拥有自主品牌的产品在国际市场的销售额占出口总额的比重不到
10%。在全球 100 个最有价值的品牌企业中，大部分企业在国际市场的销
售额占全年销售额的 50% 以上。在中国，即使一些知名度很高的企业，其
在国际市场的销售额不到 10 亿美元，仅占其全年销售额的 10% 左右。中
国出口产品中约九成是贴牌产品。2008 年至今，没有一家中国制造业品牌
跻身世界 500 强前一百位。中国品牌发展方面存在的突出问题为，忽略品
牌独创性及个性化；品牌与用户联系松散；企业过度重视短期利益，不注
重品牌塑造。

（四）创新能力的差距

2012 年波士顿咨询公司发布调查报告《全球最具创新能力的 30 个国
家》，中国排名第 27 位。2013 年中国在全球的专利申请数量占 16%，排
名第三。排名第一的美国专利申请数量占 28%，其次是日本，占 21%。
2013 年全球最具创新能力的 100 强企业中，美国有 39 家，日本有 11 家。
当前，中国 R&D 经费支出在绝对数量上已经超过日本，2012 年 R&D 经费
支出按照汇率换算，将近 2000 亿美元，约占 GDP 的 2%，日本为 1465 亿

美元，约占 GDP 的 3%，中国 R&D 经费支出占 GDP 的比重仍低于日本。2011 年中国 R&D 人员数是日本的 3 倍多，但每千名就业人员中 R&D 人员数不到日本的 1/6，每千人 R&D 人员专利数是日本的 2%；2011 年中国 R&D 人员数是美国的 1.8 倍，但就业人员中 R&D 人员密度仅为美国的 14%，每千人 R&D 人员专利数是美国的 4%。

（五）在国际分工体系中的地位的差距

现阶段，中国制造业仍然处于国际垂直分工体系的中低端，以生产劳动密集型产品为主。中国制造业在参与国际分工时主要充当两种角色：一是由于劳动力成本相对较低，跨国公司把中国作为工业产品的生产加工基地，中国主要发展来料加工型的制造业。二是原材料的采购和零部件的制造以本土化为主，跨国公司控制研发和市场销售网络，中国企业充当跨国公司的生产车间。与此同时，制造业内部的垂直分工体系也在不断发生变化，一种产品由不同国家或地区的相关企业共同完成，国家或地区之间进行高度的专业化分工，每个国家或地区只从事同一产品某些环节的生产，但核心技术和关键零部件的生产依然由跨国公司控制，并实行全球采购，从而把发展中国家劳动力成本低廉的优势与发达国家的竞争优势结合起来，实现全球范围内的资源优化配置。

在衡量双边贸易竞争力时，通常采用的指标是贸易竞争力指数，即某一产品净出口额与该产品进出口总额之比。中国与工业发达国家进出口贸易构成中，贸易竞争力指数高于 0.5 的产品，主要集中在纺织服装、家具和生活日用品等；指数低于 0.5 甚至为负的产品，主要是技术密集型的机械电子产品，如民用客机、芯片、轿车和精细化工产品等。这说明中国具有比较优势的领域主要集中在传统的劳动密集型产业和资源密集型产业，而工业发达国家具有比较优势的领域主要集中在高附加值的技术密集型产业。

（六）高附加值的技术密集型产品供给能力的差距

中国工业生产能力一方面存在严重过剩，另一方面仍然存在短缺。由于资源禀赋条件所决定，每年不仅需要大量进口原油、天然气和铁矿石等资源型产品，还需要大量进口高附加价值的技术密集型产品。在与日本、韩国和中国台湾等地区之间的进出口贸易中，中国每年有 4000 多亿美元的贸易逆差。2012 年中国化工产品、塑料及制品、光学、精密仪器、航空器、航天零部件和集成电路等技术密集型产品的进口额为 4404.8 亿美元。在进出口贸易结构中，中国出口产品以劳动密集型产品和农副产品为主，进口产品以高附加值的机械、电子和精细化工产品为主。在这些行业，如果国内的生产技术水平和产品性能能够达到工业发达国家或地区的水平，减少对进口的依赖，贸易逆差就会显著缩小，国际贸易条件将不会因劳动密集型产品出口竞争力下降而恶化。

中国工业与美国、德国和日本等工业发达国家差距的形成，首先是历史的原因，即工业发展的历史起点不同。虽然在明末清初中国就出现了以手工工厂为主要形态的资本主义萌芽，但封建社会的政治经济制度和思想文化观念，阻碍了资本主义生产方式的形成和发展。18 世纪西方国家开始以机器大工业为主导的工业化进程，中国却逐步沦为半封建、半殖民地国家，成为被侵略、被掠夺的对象，丧失了发展近现代工业的历史机遇。新中国的诞生，开辟了中国工业发展的新纪元。中国用 60 多年的时间，在工业生产总量上，完成了对美国、德国、英国和日本等工业发达国家的赶超任务，成为世界工业生产大国。但在工业生产技术水平方面，与其仍存在很大差距，究其原因：一是从发展阶段方面考察，过去几十年中国工业发展的主要任务是建立独立完整的现代工业体系，形成大规模的工业生产能力，消除工业产品短缺，保障国内市场供给和进出口贸易平衡，工业发展的战略重点是缩小与工业发达国家的数量差距。二是后发国家工业生产技术的来源主要依靠引进消化吸收国外技术，而发达国家通过知识产权保护战略，限制先进技术的出口和转让，以维护高附加值的技术密集型产业及其产品在国际市场的垄断地位。三是经济管理体制和机制的制约，主要表现为，科技研发与经济发展脱节，科技创新成果转化率低；国有企业缺乏科技创新的动力和积累能力，民营企业主要集中在劳动密集型产业，民营资本热衷投向短期能够获得高回报的房地产行业，因而企业还没有真正成为科技创新的主体；金融支持科技创新的机制和政策不到位，面向科技创新及其成果转化的风险投资机制还没有形成，社会资本普遍存在投资证券市场和房地产行业的投机行为；企业重视技术引进，不重视对引进技术的消化吸收和再创新，导致普遍的重复引进；企业缺乏从事现代工业的耐心，不重视技术进步和技术积累。这些因素的综合作用，使中国缩小与工业发达国家之间的技术差距，实现从工业生产大国向制造业强国转变的进程变得更为艰巨。

三　制造业结构调整升级的方向和任务

（一）制造业结构调整升级的方向是"高也成、低也就"

制造业结构调整主要解决两个问题：一是保证社会再生产的协调，避免严重短缺或严重过剩。二是提高生产要素配置和利用效率。现阶段，中国制造业调整的重点和难点是生产要素利用效率问题，即如何使投入的生产要素实现产出效益最大化。

中国制造业的升级，不应仅仅理解为产业结构的高度化，而应坚持"高也成、低也就"的方针。所谓"高也成"是指提高高附加值的技术密集型产业在制造业构成中的比重，用高新技术改造传统产业，增强传统产业的国际竞争力。在金属与非金属材料、高性能和智能化机械装备、高速铁路装备、航空航天设备、精密仪器、电子通信设备、精细化工、新药研发和生产等高附加值的技术密集型产业达到工业发达国家的生产技术水平，并形成自主创新能力。所谓"低也就"是指努力保持比较优势，继续发展劳动密集型产业，将劳动密集型产业继续作为吸纳就业和扩大出口的重要产业。

（二）继续发展劳动密集型产业

进入 21 世纪以来，虽然中国制造业的劳动力成本不断上升，但中国的比较优势并没有出现颠覆性变化，所谓中国已经出现劳动力短缺是一个伪命题。按照现行汇率换算，中国工业增加值略高于美国、日本和德国，但从事制造业的劳动力总数，美国、日本和德国分别为 1408 万人、1100 万人和 774 万人，中国不包括乡镇工业的制造业劳动力为 5258 万人，分别是美国、日本和德国的 3.7 倍、4.8 倍和 6.8 倍。2014 年中国从事制造业的劳动力只占全社会劳动力总量的7%，不存在劳动力供给不足的问题。中国与工业发达国家之间的产业结构互补性还没有出现根本性的变化，发达国家的再工业化也不可能重新恢复劳动密集型产业。与发展中国家相比，中国工业的配套体系、产业链的完整性以及能源和交通运输等基础设施的条件是工资更低的发展中国家现阶段还难以达到的。

现阶段，中国制造业企业出现招工难的问题，主要是教育结构不适应劳动力市场的需求。现行教育政策、就业政策和分配政策事实上在引导劳动者脱离实体经济和工农业体力劳动。解决制造业企业招工难的出路，不是增加全社会劳动力的供给总量，而是调整教育结构，大力发展职业技术教育，增加有技能的工人的供给。

由于中国地区之间经济发展水平和人口分布不平衡，在沿海地区工资成本上升的情况下，应促进沿海劳动密集型产业向中西部劳动力输出地区转移。例如，黄淮海地区16个地级市的人口总量超过13000万人，是劳动力外出务工最集中的地区。如果长三角地区劳动密集型产业向淮河流域转移，既有利于降低劳动密集型产业的工资成本，又能促进这些地区的经济发展和劳动力就地向非农产业转移，加快这些地区的城镇化进程。

（三）全面缩小制造业与工业发达国家的差距

现阶段，中国工业发展遇到的突出矛盾是传统制造业产能过剩、工业增长下行压力加大和企业找不新的经济增长点。新的经济增长点的产生需要两个前提条件：一是出现具有广阔成长前景的市场需求。二是以新的科技创新成果为支撑的新兴产业或新产品的出现。新的科技创新成果又分为两种类型：一是由于科学技术革命性的突破引起的新的产业革命。二是对现有产业和产品生产技术的渐进性改进。近代资本主义工业革命以来的历史表明，革命性的突破只有三次，即蒸汽机发明以后的机器大工业的出现，电力发明以后的规模化和专业化流水线生产方式的出现，从20世纪60年代开始的以电子信息技术为先导的信息化革命。在每一次工业革命期间，经历了百年以上的对新技术的消化、吸收、传播、改进和完善的过程。目前我们是处在新的科技革命突飞猛进的时代，还是处在对信息技术应用深化和完善的阶段呢？有观点认为，我们不是处在科技革命突飞猛进的时代，而是处在科技革命进展放缓的时代。

新美国基金会经济增长项目政策主任迈克尔·林德认为，信息时代的新发明给工业生产和日常生活带来的变革远远不如20世纪初期至中期的一系列重大发明。目前传统技术仍然唱主角，真正的革命性科技创新非常罕见，即使出现，也需要很长一段时间才能改变经济和日常生活。迄今为止我们仍然生活在技术停滞的时代，仍在分享20世纪的科学成就。进入21世纪以来，工业和交通运输等物质生产部门以及文化产业的主导产品和技术仍然是20世纪发明的产品和技术，科技创新的重要任务是对现有产业的生产技术不断进行改进和完善，而不是颠覆性和革命性的变革。由此给我们的启示是，新的产品和技术的出现，是以渐进性的革新为主导，突破性的质变和飞跃也是在渐进性的量变基础上实现的。现在还不可能全面放弃20世纪发明的影响人类生活的产品和技术而另起炉灶，用新的产业和产品替代它们。因此，不应把经济增长主要寄托在科学技术的革命性突破和寻找新的经济增长点的基础上，而应重视对现有产品和技术的改进和革新。

中国制造业与工业发达国家之间的差距，包括产业的横向差距和产业链的纵向差距。所谓横向差距，主要是指在国际制造业分工体系中，中国出口产品以劳动密集型产品为主导，进口产品以高附加值的技术密集型产品为主导。在产业链纵向分工体系中的差距，主要表现为中国制造业大多处于产业链的低端，工业发达国家的制造业处于高端。例如，在机械装备制造业领域，90%的高档数控机床、70%的轿车制造关键设备、95%的芯片制造设备和100%的光纤制造设备依赖进口。在化学工业领域，中国的染料、合成纤维、化肥、农药、纯碱、烧碱、轮胎、涂料和硫酸等普通化学品行业，无论是产量还是销量都已居世界前列；但在高端专用化学品和化工新材料等高技术含量、高附加值的高端产品方面主要依赖进口。PX产品是生产合成纤维、医药、农药、染料、油墨和溶剂等化工产品必需的化工原料，2011年中国产能为877万吨，进口700万吨，2015年进口量将达1300万吨，进口额约1700亿元。2010年进口价每吨8350元，2011年上涨到11850元，2013年为12800元。PX产品出口国主要集中在日本和韩国。国内每一次出现反对PX建设项目的群体事件后，都引起PX产品进口价格上涨。中国是电子工业生产大国，电视机、计算机和手机等产品产量分别占世界总产量的 50%、68% 和 70%，但这些产品所需要的核心元器件大部分依赖进口。2014 年中国进口集成电路 2856.6 亿块，进口额 2184 亿美元，仅一种产品的进口额就占进口总额的 11%。

上述情况表明，中国制造业既存在产能过剩，也存在供给不足。供给不足主要集中在高附加值的技术密集型产业，其正是国内企业的市场空间。与其把希望寄托在新的科技革命的出现，不如把缩小现有高附加值的技术密集型产业和产品与工业发达国家的差距作为新的经济增长点。推进现有产业技术和产品的升级，找准与美国、德国和日本等工业发达国家的差距，实现技术赶超。

（四）积极发展战略性新兴产业

发展战略性新兴产业，有利于改善中国在国际分工体系中的地位和贸易条件，改造和提升传统产业，降低对自然资源和劳动力的依赖程度，提高国家综合实力。在一定程度上，发展战略性新兴产业比神舟工程、登月工程、航母工程和建空间站还要难。实践证明，发展战略性新兴产业不仅需要高新技术做支撑，更需要将科技创新成果产业化、市场化和规模化，并具有参与国际竞争的能力。因此，发展战略性新兴产业的途径不同于搞"两弹一星"，也不同于神舟工程和登月工程。前者主要依靠市场化机制，后者主要依靠国家投入和行政主导。

发展战略性新兴产业的途径主要有对未来科技进步的方向做出准确判断，依靠自主研发获得关键技术，将科技创新成果产业化、市场化和规模化，提升政府的扶持力度与民间投资积极性，培育核心龙头企业的技术集成能力，建立以企业为主导的产学研有机结合的机制和组织方式，发挥高科技人才的凝聚力，塑造企业家追求创新发展的价值理念。

参考文献

1. 中国社会科学院工业经济研究所：《中国工业发展报告（2013）》，经济管理出版社 2013 年版。

2. 中国社会科学院工业经济研究所：《中国工业发展报告（2014）》，经济管理出版社

2014 年版。

　　3. 吕政：《稳增长与调结构面临的问题》，《经济与管理研究》2013 年第 1 期。

　　4. 许诺：《当"工业 4.0"遇到"互联网＋"——德国制造启示录》，《齐鲁周刊》2015 年第 23 期。

　　5. 解艾兰：《中国品牌发展现状、问题及对策》，《中国科技产业》2010 年第 3 期。

　　6. 张守营、徐晨曦：《创新之报告　中国科技创新效率亟待提高——来自〈国家创新蓝皮书：中国创新发展报告（2014）〉的数据》，《中国战略新兴产业》2014 年第 10 期。

　　　　　　　　　　（本文原载《财经问题研究》2015 年第 10 期）

工业经济体制

正确解决企业中的党政关系
完善厂长负责制

一　正确理解新的历史时期党在企业中的领导作用，改变企业党委在企业中必须居于核心领导地位的传统观念及其做法

党的十二大报告中指出："党不是向群众发号施令的权力组织，也不是行政组织和生产组织。"中央关于实行厂长（经理）负责制试点的通知中也明确规定，企业党委对厂长不再是领导关系，而是行使保证监督作用。但是必须看到，要完全做到这一点，并不是中央下达一个规定就能立即解决问题的。它首先要有思想观念上重大转变。在战争年代和新中国成立初期，为了争夺政权和巩固新生的政权，即为了适应当时阶级斗争的需要，作为无产阶级先锋队的共产党，对革命和建设事业实行统一领导、具体指挥的方式是必须的。20 世纪 50 年代末期以后，在"左"的思想指导下，一切经济活动都认为要受两个阶级、两条道路、两条路线斗争的支配，企业成了"阶级斗争"的阵地。企业党组织也成了抓企业内"阶级斗争"的司令部和战斗堡垒，从而更加强化了企业党委包揽一切的领导体制和观念。因此，50 年代末期以后，企业党委在企业中居于核心领导地位的体制和观念是与实行以阶级斗争为纲的基本路线联系在一起的。

随着革命和建设事业的发展，党的领导的内容和形式也会发生变化。在现阶段，共产党作为执政党，它的领导应是对整个革命和建设总进程的领导，主要表现为制定和实行代表全体人民利益的路线、方针和政策，而

不是具体地进行行政指挥。企业党组织作为执政党的基层组织，其领导作用应当是宣传党的纲领、政策和主张，使之变成全体党员以至全体职工的自觉行动，以保证党的总路线、总目标的贯彻和实践。

有的同志认为，领导权主要体现为决策权和指挥权，实行厂长负责制以后，这两个权利都交给了厂长，党委只是进行保证和监督，因此实际上只能起辅助作用，党的领导被架空了。这种认识是片面的。其一，不应当把厂长行使决策权与指挥权同党的领导对立起来。厂长的决策是在党和国家制定的方针政策和法律范围内进行的，厂长的指挥是为决策目标的实现，也是为了实现党的总目标和总任务的一个部分。因此，从总体上讲，厂长的决策与指挥是在党的领导下进行的，是党实现对经济工作领导的一种具体和有效形式。其二，企业党委进行保证和监督，即保证和监督企业全面执行党的路线、方针和政策，保证和监督厂长指令的贯彻执行，全面完成生产经营计划和其他行政工作任务，保证和监督各项规章制度的实施，保证和监督正确选拔和使用干部，监督一切违法乱纪、贪污浪费、官僚主义、本位主义行为以及各种不正之风。这一系列的保证和监督作用，有利于端正企业的社会主义方向，实际上更加有利于加强党对企业的领导作用。其三，我们党是执政党，事实上，在目前大中型企业中，各个阶层的领导干部绝大多数都是共产党员，企业党组织如果着力抓好党的组织建设和党风建设，提高党员的素质，使包括厂长在内的每一个共产党员都能成为积极执行党的路线，遵守党的纪律，奉公守法，团结群众，献身事业的先进分子，那么，党对于经济工作的领导作用，就能在基层得到更有效的落实。

二　改变党委书记与厂长（经理）并列一把手的格局，企业党委的工作应当纳入以厂长为首的生产经营管理系统，从体制上保证厂长（经理）负责制的执行

在实行党委"一元化"领导和党委领导下的厂长负责制时期，企业只有一个"一把手"，就是党委书记，厂长在通常情况下由党委副书记兼任。

推行厂长负责制以后，企业普遍出现了党委书记和厂长两个"一把手"并列的局面，即通常所说的企业党政"一把手"。这种格局作为推行厂长负责制过程中的一个过渡形式是可以的，但作为一种改革的模式长期存在下去则是不可取的。实践已经证明，这是厂长负责制难以顺利推行的一个重要原因。它不仅使工厂形成了以厂长为首行政管理系统和党委书记为首的政工系统这样两个中心、两套班子，在客观上造成了思想政治工作与生产经营管理脱节及"两张皮"的状况，而且是党委书记与厂长之间互相掣肘，甚至拉各自的小圈子，增加内耗的制度根源。有的同志认为，只要厂长和党委书记都加强党性修养，互谅互让，互帮互助，这种矛盾是不难解决的。从道理上讲这是对的，而且作为共产党员都应当这样做。但是，现实生活中的成长与党委书记都不可能是完人，都或多或少有各自的局限性。如果完全依靠个人修养来协调党委书记与厂长的关系，那将是脆弱的，而且将会随着厂长与书记的人事更选而发生起伏。

还有的同志主张厂长与党委书记采取一强一弱的搭配方式，谁强谁当厂长，以强化厂长的权威，避免厂长大权旁落或两强相夺的局面。这仍然是一种治标不治本的办法。而且党委书记担负着保证和监督企业贯彻执行党的路线的责任，担负着搞好党的基层组织建设和思想建设的责任，担负着做好职工思想政治工作和动员群众完成各项生产任务的责任，可谓任重而道远，同样也需要强者。因此，企业领导班子一强一弱的搭配方式不仅在理论上是形而上学的，而且在实践也是有害的。广而言之，在党的工作着重点转到经济建设上来以后，为了协调各级党委书记与行政首长之间的关系，也不可能设想由强者当省长、市长或县长，次者当党委书记、市委书记或县委书记。因此，问题的症结不仅在于人员素质，更重要的在于制度建设。

为了巩固和完善厂长（经理）负责制，我们认为，必须改变企业党委书记与厂长并列"一把手"的格局，而要把企业党委工作纳入以厂长为首的生产经营指挥系统。

企业作为从事商品生产和商品经营的经济组织，不应当也没有必要套用国家党政机构的设置方式。企业的中心任务是搞好生产经营，为国家创造更多的财富，为企业的发展积累更多的资金，并使职工在生产发展、效益提高的基础上不断增加收入。企业党委的工作必须围绕这个中心任务进行。把企业党委的工作纳入以厂长为首的生产经营指挥系统，有利于思想政治工作结合生产经营活动一块儿去做。党委书记应当是厂长统一领导下分管思想工作的负责人。有的同志可能会提出，这种组织领导方式不符合党组织原则。其实，这种改变实际上是把企业党委改为与国家机关党委相类似的机构。如同部机关党委书记要接受部长的领导是一个道理。既然企业的中心任务是做好生产经营，而厂长是企业生产经营工作唯一的最高负责人和指挥者，那么服务于生产经营活动的思想政治工作及其分管这一工作的党委书记接受厂长的领导也是顺理成章的。正如管生产经营的副厂长（或总经济师）和管技术的副厂长（或总工程师）分别协助厂长管好一个方面的工作一样，党委书记的职责就在于协调厂长分管好人的工作，包括人的思想行为、人际关系的协调以及干部的选用和考核。按照这种设想，企业只能有一个"一把手"，那就是厂长（经理），党委书记在地位上应与其他副厂长平行。与其他副厂长不同的是，党委书记的产生不是由厂长提名，而是由该企业党员大会或党员代表大会选举出的党委会推选并经上级党委组织任命。

　　还可设想另外一种模式，即实行厂长领导下的事业部制，如生产经营部、技术部、政治部，党委书记兼任政治部主任，分管思想政治工作。

　　厂长成了企业最高"司令官"之后，为了避免和减少厂长个人决策上的失误，防止个人专断，实现决策民主化，企业可成立厂务委员会作为最高决策和指挥机构。厂务委员由厂长召集，党委书记、副厂长、工会主席、职能科室及各车间负责人参加。为了形成以厂长为首的领导核心，国营大中型企业宜建立党组，作为企业的常务领导班子，厂长兼党组书记。党委书记和其他副厂长、工会主席为党组成员。

　　对企业领导体制进行这种改革，目的就是在于改变企业存在两个"一把手"的局面，使企业只有一个领导核心，从体制上避免在企业内部出现双重指挥，以巩固和完善厂长（经理）负责制。

三　相应地完善厂长任期目标责任制

　　实行厂长任期制以后，许多地区和部门在实践中摸索出一套厂长任期目标责任制办法。对于这一办法，还需进一步的完善。

第一，应当建立完备的目标责任体系。它应包括：①任期内逐年达到的产量、品种、质量、总产值目标；②原材料和能源消耗、劳动生产率、成本降低率等经济效益指标；③上交给国家的税收增长幅度；④给企业增添的后劲，包括企业资金增加情况、设备完好率、更新程度、采用新技术等状况以及职工达到的技术水平；⑤职工收入增加幅度和改善福利的程度。只有建立完备的目标责任体系，才能对厂长任期内的实绩进行科学的考核和评价。

第二，单有目标责任还不行，还必须把目标责任与利益联系起来，完整的提法应当是"厂长任期目标责任奖惩制"。完成了预定目标责任应当受到奖励，成绩突出的还应得到重奖。从物质利益上激发厂长们的责任心和进取心。如果完不成预定的目标责任并主要由于经营管理不善而造成的，应根据不同情况给予降薪、降职或就地免职的惩处。

第三，对厂长（经理）等企业领导人，实行高薪制。工业企业是物质产品的创造者，是提供国家积累的源泉，企业的兴旺发达是我们整个国家兴旺发达的经济基础。因此，经营好贡献大的企业领导人可以享有高于国家各级党政干部的工资待遇，从而吸引和集聚更多的有才干的人去从事企业经营管理工作，并形成一个富有进取精神，精明能干的社会主义企业家阶层。从社会产品的分配上破除几千年来束缚商品经济发展的"重官轻商"的传统观念，克服目前许多厂长（经理）愿意"弃工（商）从政"这种不利于生产力发展的倾向。

为了保持企业领导人的相对稳定，克服厂长领导行为短期化的倾向，避免企业领导人走马灯式的频繁更换，对治厂有方、成绩显著且精力充沛的厂长可以连任直到退休。但对不称职者应就地免职，不应异地做官，并不再保留其较高的职务工资。

（本文原载《中国工业经济研究》1987 年第 2 期）

试论治理整顿的目标和对策

　　中央决定实行治理经济环境,整顿经济秩序的方针已经一年了。应当肯定,这一方针的贯彻实施是有成效的。主要表现在三个方面,即经济过热的局面已经得到控制,严重通货膨胀的势头已有所缓解,流通领域秩序混乱的状况有了好转。但是,一年来的治理整顿只是初步的,产生各种问题的根源还没有真正解决,各种经济关系和经济机制中的固有矛盾还没有触及。因此,治理整顿的任务依然十分艰巨。

一　治理整顿的主要目标

　　对于整顿的经济改革和经济发展过程中一种非常规性的措施,实际上是为了纠正前几年经济工作中出现的重大失误,为今后的经济改革和经济发展创造条件。因此,治理整顿的目标应当抓住经济生活中最突出的,对全局有重大影响的问题,即目标的选择应当是有限的,在近期能够切实做到的。我们认为治理整顿应当把缓解严重通货膨胀作为最主要的目标。因为严重通货膨胀是经济运行和发展中各种矛盾的综合反应,如经济过热,总需求大于总供给;连年的财政赤字;经济结构恶化,经济效益下降;流通领域里的经济秩序混,等等。同时,严重的通货膨胀还会引起和加剧各种社会矛盾。所以,把缓解严重通货膨胀作为治理整顿的主要目标,是为了解决当前我国社会经济生活中的突出矛盾。治理整顿的各项措施应主要围绕反通货膨胀而展开。

　　缓解严重通货膨胀,需要确定一个大体的标准。据有关部门测算,1989年全年平均的物价指数在20%左右。应当争取1990年使物价指数降至15%以下,1991年降到10%以下,即通货膨胀率应降到一位数,其中因货币发行引起的通货膨胀率应在5%以下，其余部分为价格的结构性调整而引起的。如果在今两三年内能够达到该目标，则治理整顿的目标基本上实现了。

当然，治理整顿也是一次较大的经济调整，包括调整严重失衡的经济结构和不合理的利用分配格局。近年来，在产业结构上，过度地向加工工业倾斜，造成了基础产业发展严重滞后；在利益分配上，不适当地向地方和企业倾斜，使中央的积累能力和对国民经济的宏观调控能力削弱了。另外，社会各个阶层在国民收入的分配中，第三产业和私有经济中的从业人员收入过高，产业工人和国家公职人员的收入比重相对下降，引起了社会分配不公。这些问题在治理整顿过程中确实需要给予解决，但这些问题的根本解决则有待于对我国经济发展战略进行调整，对经济运行机制进行一系列重大改革，而这些任务又不是通过短期的治理整顿所能完成的。尤其是产业结构的调整，难度更大。因为这次调整与20世纪80年代初的调整有明显区别。那次调整的主要目标是提高消费基金在国民收入分配中的比重，适当放慢重工业的增长速度，加快轻纺工业的发展，工业结构由重工业向轻工业倾斜，因而所需要的投入较少，产出较快，周期较短。这次调整的主要目标是向能源、原材料和交通运输等基础产业倾斜，控制加工工业的盲目发展，以消除经济发展中的"瓶颈"。从一定意义上说，这次经济结构的调整是由轻向重倾斜。因此所需要的资金投入量大，周期长，短期内难以见到成效。在治理整顿的期间，只能使产业结构状况有所改善，在治理整顿的任务基本完成以后，仍需要对产业结构进行渐进性的调整。

1. 既要消除经济过热，又要保持经济的稳定增长

我国经济过热主要表现在三个方面，一是加工工业超高速增长超出了农业、能源、原材料和交通运输等基础产业的供给能力；二是固定资产投资规模过大；三是消费基金膨胀。结果导致国民经济比例失调和严重的通货膨胀。经过一年的紧缩，经济过热的问题已得到初步的控制，特别是工业的增长速度以大幅度下降。

但是，我国工业增长速度太高了不可能，太低了日子也不好过，供求紧张的矛盾会进一步加剧。我们认为，紧缩的方针既要坚持，在实行的过程中又要区别对待。对能够增加社会有效供给和国民财政收入的大中型企

业应该网开一面，在资金上给予适当的支持。在治理整顿期间，我国工业增长应当保7%，力争达到8%；农业总产值的增长保3%，力争达到4%。按工农业总产值分别增长8%和4%计算，1989—1991年工农总产值的每平均增长率接近7%。只有这样，才有可能保持国民收入平均每年增长5%。在新增的国民收入中，平均每年有150亿元由于新增人口而被抵消，剩下的400多亿元仅相当于每年需偿还的对外债的60%左右。在治理整顿期间，国民经济必须保持一定的增长速度。

2. 控制需求，增加供给

在控制总需求方面，首先要继续坚持紧缩的方针。投资重点除交通运输、能源、原材料和农业外，应加强对现有企业的更新改造。对一般加工工业的新建项目在三年内原则上应不上或少上，消费基金的增长则要与国民收入的增长相适应。预计在治理整顿期间，我国人均国民收入平均增长3.5%—4%，因此人均的实际消费收入的增长率应低于3.5%。

要消除通货膨胀，更重要的一环是要控制住货币发行量这个总闸门。为此，必须把稳定币值，有效地调节通货膨胀量作为主要政策目标。财政出现赤字不得向银行透支，同时要研究货币发行量与经济增长，居民储蓄之间的规律性，在掌握规律的基础上，制定出控制和调节货币发行量的控制标准。

在增加供给方面应从三个方面着手。

第一，增加能源原材料的供给。近期增加能源供给量，主要是靠挖掘能源企业内部的生产潜力，增加产量。钢材、铝等金属原材料的供应，首先要保证这些行业的生产能力能够得到充分发挥，以增加产量。

第二，轻纺工业仍然需要保持一定的增长速度。目前立即开始大规模地向基础工业倾斜，暂时牺牲轻纺工业发展的策略是不可取的。这是因为，在目前市场供应仍然存在缺口的情况下，只有轻纺工业保持一定的增长，才有利于缓解通货膨胀。所以，要增加有效供给，还不能把注意力仅仅放在上游产业的增长上。

第三，增加化肥、柴油、农用塑料薄膜等农业生产资料的供给并控制其价格。这一部分的供给数量虽然比重不大，但关系农业生产全局。农业生产能够稳定增长，那么城镇农副产品的价格就能稳住。

3. 改善工业结构

在治理整顿期间，目标只能使工业结构有所改善，而不能对工业结构进行较大的调整，改善工业结构的主要措施有：

①对经济效益差、消耗高的落后企业实行关停并转，尤其是地方政府，要有忍痛甩包袱的勇气，不打破坛坛罐罐，就保不住全局的协调发展。

②把调整工业组织结构作为调整工业部门结构的一项重要措施。近几年我国工业的组织结构状况普遍恶化，由于投资主体多元化和地方局部利益的分割，新建项目不讲规模经济，不搞专业化协作，违背了现代工业发展过程中生产集中化的规律。组织结构的分散化直接影响工业部门结构制的变化。所以通过调控工业组织结构，突出解决好专业化协作和规模经济两个问题，将会有助于工业部门结构的改善。

③对乡镇企业实行严格控制、区别对待、存优汰劣、适当集中的方针。首先要严格控制发展规模，在最近几年里原则上不再上新的项目；其次要对现有的乡镇企业实行区别对待，凡符合国家产业政策的要求、经济效益好的企业，应当给予扶持。乡镇工业的布局要适当集中在乡或乡以上的农村经济、文化中心，这样可以改变乱占耕地的状况，并减少污染，节约基础设施投资，带动农村第三产业的发展，加快小城镇的建设。

二　治理整顿与深化改革

在过去十年里，以增强企业活力为中心和经济运行中扩大市场机制作用的改革方向是正确的。问题在于，当强调微观利益机制的时候，忽视了对微观经济活动的约束机制；在扩大经济运行中市场机制作用的深度和广度的时候，没有建立起来相应的宏观调控体系和调控手段，因而出现了"计划内市场"和"计划外市场"两种市场并存、传统的计划机制和非规范的市场机制并行的局面。其结果，非规范的自由市场蚕食、排挤计划内市场，进而导致经济的畸形增长，经济秩序的混乱和经济结构的恶化。为此，我们必须把治理整顿与深化改革结合起来。在近期内，改革的重点应当是解决企业的约束机制（包括自我约束和宏观约束）和建立新的宏观调

控体系和调控手段。在治理整顿期间，可以从以下四方面进行改革的试点
工作。

1. 把国家政权机构的征税收入同作为所有者的资产增值收入区别开
来，改变目前企业既包税又包利的状况。实行征收国有资产收益费、保证
国家所有权实现的前提下，做到所有权与经营权的分离。

2. 改革投资体制，完善产业政策的实施办法。近年来我国产业组织结
构恶化，"小而全"的重复建设遍地开花，使规模效益大大下降。为了扭
转这一局面，必须改革投资体制，改革按投资额大小划分各级政府投资权
限的做法。凡新建项目和固定资产的重大改造项目，都应由国家行业主管
部门制定出起始规模标准和技术等级标准，政府综合部门和银行按国家颁
发的标准进行审批和决定是否发放贷款。同时要制定与投资标准相适应的
产业投资法，凡有不按国家标准要求擅自新上项目，按违反投资法论处。

3. 逐步改革就业制度，完善劳动就业机制。我国劳动力的优势之所以
还未能充分发挥，关键是由于"铁饭碗"的就业制度还没有得到实质性的
改革。与其让待业者在家里等待好运气，让无所事事的人在企事业的单位
里"泡"，不如造成一种失业的压力和就业竞争的机制。当然，我们是社
会主义制度，绝不能实行饥饿政策，而是应当建立一种有效的社会保障
制度。

4. 改革社会福利制度，特别要突出住房制度的改革。我国职工的社会
福利制度，最重要的有两项，即住房制度和公费医疗。这是国家财政和企
业的一项沉重负担，也是导致畸形消费的一个重要原因。从 1979 年到现
在，全民所有制单位投资新建了近十亿平方米的住宅，这近万亿元资金虽
然是国家的一笔巨大财富，但现行的住房制度又使这项巨额资金完全退出
了社会再生产的过程，成为沉淀之物。因此，改革住房制度，对于改善国
家财政的收支状况，消除通货膨胀、调整消费结构和产业结构、纠正不正
之风等社会经济问题，都会产生巨大的积极的影响。

（本文原载《光明日报》1989 年 11 月 11 日）

试论治理整顿的任务和措施

中央提出治理经济环境、整顿经济秩序的方针已经一年了。应当肯定，这一方针的贯彻实施是有成效的，主要表现在三个方面，即经济过热的局面已经得到控制，严重通货膨胀的势头已有所缓解，流通领域秩序混乱的状况有所好转。但是，一年来的治理整顿只是初步的，产生各种问题的根源还没有真正解决，各种经济关系和经济机制中的固有矛盾还没有触及，因此，治理整顿的任务依然十分艰巨。

一 治理整顿的目标

治理整顿是经济改革和经济发展过程中一种非常规性的措施，实质上是为了纠正前几年经济工作中出现的重大失误，为今后的经济改革和经济发展创造条件。因此，治理整顿的目标应当抓住经济生活中最突出的、对全局有重大影响的问题，即目标的选择应当是有限的，在近期能够切实做到的。我们认为治理整顿应当把缓解严重通货膨胀作为首要目标。因为严重通货膨胀是经济运行和经济发展中各种矛盾的综合反映，如经济过热，总需求大于总供给；连年的财政赤字；经济结构恶化；经济效益下降；流通领域里的经济秩序混乱；等等。同时，严重的通货膨胀还会引起和加剧各种社会矛盾。所以，把缓解严重通货膨胀作为治理整顿的主要目标，是为了解决当前我国社会经济生活中的突出矛盾。治理整顿的各项措施应主要围绕抑制通货膨胀而展开。

缓解严重通货膨胀，需要确定一个大体的标准。据有关部门测算，1989 年全年平均的物价指数上升 20% 左右。应当争取使全国零售物价上涨幅度降到 10% 以下，即通货膨胀率应降到一位数，其中因货币发行引起的通货膨胀率应在 5 % 以下，其余部分为价格的结构性调整而引起的。

　　当然，治理整顿也是一次较大的经济调整，包括调整严重失衡的经济结构和不合理的利益分配格局。近年来，在产业结构上，过度地向加工工业倾斜，造成了基础产业发展的严重滞后；在利益分配上，不适当地向地方和企业倾斜，使中央的积累能力和对国民经济的宏观调控能力削弱了。另外，社会各个阶层在国民收入的分配中，第三产业和私人经济中的从业人员收入过高，产业工人和国家公职人员的收入比重相对下降，引起了社会分配不公。这些问题在治理整顿过程中确实需要给予解决。但这些问题的根本解决，则有待于我国经济发展战略进行调整，对经济运行机制进行一系列重大改革，而这些任务又不是通过短期的治理整顿所能完成的。尤其是产业结构的调整，难度更大。因为这次调整与 20 世纪 80 年代初的调整有明显区别。那次调整的主要目标是提高消费基金在国民收入分配中的比重，适当放慢重工业的增长速度，加快轻纺工业的发展，工业结构由重工业向轻工业倾斜，因而所需要的投入较少，产出较快，周期较短。这次调整的主要目标是向能源、原材料和交通运输等基础产业倾斜，控制加工工业的盲目发展，以消除经济发展中的"瓶颈"。从一定意义上说，这次经济结构的调整是由轻向重倾斜。因此所需要的资金投入量大，周期长，短期内难以见到成效。在治理整顿期间，只能使产业结构状况有所改善。在治理整顿的任务基本完成以后，仍需要对产业结构进行渐进性的调整。

二　治理整顿的主要措施

（一）既要消除经济过热，又要保持经济的稳定增长

　　我国经济过热主要表现在三个方面：一是加工工业超高速增长，超出了农业、能源、原材料和交通运输等基础产业的供给能力；二是固定资产投资规模过大；三是消费基金膨胀。结果导致国民经济比例失调和严重的通货膨胀。经过一年的紧缩，经济过热的问题已得到初步的控制，特别是工业的增长速度已大幅度下降，市场形势已发生了明显的变化，一些中等城市普遍出现了销售疲软的现象。如何判断目前的工业增长和市场供求形势，存在两种不同意见。一种意见认为，工业增长大幅度回落和市场供求

状况的缓和，说明紧缩方针取得了预期的效果，在目前经济机制还没有理顺，引起经济过热的根源还没有得到根本治理的情况下，还必须继续坚持紧缩方针，收紧银根的做法不能有丝毫的动摇，否则又会出现 1986 年下半年以后出现的经济增长失控的局面。另一种意见认为，紧缩方针确实收到了积极效果，但由于采取了总量控制"一刀切"的政策，结果使该保的一部分工业的增长速度也被压下来了，工业结构状况恶化的状况并没有丝毫的改变，工业增长回落过猛，如果再不采取有效措施，有可能出现滞胀的局面。

我们认为，紧缩的方针要坚持，但在实行的过程中又要区别对待。对能够增加社会有效供给和国家财政收入的大中型企业，应该网开一面，在资金上给予适当的支持，以缓解企业之间相互拖欠的局面，使这些企业能够活起来。

在工业增长速度的控制上，根据经验数字，工业增长 5% 应视为增长的临界点。由于我国工业统计中重复计算的比重较大，以及我国人口增长的巨大压力，不能和发达国家国民生产总值增长了 3%—4% 也属正常相提并论。如果工业增长速度降至 5%，农业增长率为 3.5%，农业总产值年增长率仅为 4.6%。我国的国民收入增长率通常比工农业总产值增长率低 1.6—2 个百分点，按低 1.6 个百分点计算，国民收入年增长率仅为 3%，即每年增长 350 亿—400 亿元。在新增的国民收入中，平均每年有 150 多亿元被新增人口所抵消，余下的 200 多亿元仅相当于偿还内外债务的 35% 左右，结果将会导致积累和消费的萎缩。因此，在治理整顿期间，国民经济必须保持一定的增长速度。我国工业增长速度太高了不可能，太低了也不好，会进一步加剧供求紧张的矛盾。我们认为，治理整顿期间，我国工业增长应当保 7%，力争达到 8%；农业总产值的增长保 3%，力争达到 4%。按工农业总产值分别增长 8% 和 4% 计算，1989—1991 年工农业总产值的年平均增长率接近 7%。只有这样，才有可能保证国民收入平均每年增长 5%。在新增的国民收入中，平均每年有 150 亿元由于新增人口而被抵消，剩下的 400 多亿元仅相当于每年需偿还的内外债务的 60% 左右。因此，在治理整顿期，国民经济必须保持一定的增长速度。如果 1989—1991 年我国的国民收入增长率为 5%，那么人均国民收入年平均增长率为

3.57%，应属于低增长的范围。

（二）控制需求，增加供给

在控制总需求方面，必须继续坚持紧缩信贷和财政支出的方针。1990—1992 年的固定资产投资总规模，平均每年不得突破 4000 亿元，即低于 1989 年的水平。这 3 年的国民收入累计额约 40000 亿元，积累率控制在 30%，即平均每年的积累额为 400 亿元。投资重点除交通运输、能源、原材料和农业外，应加强对现有企业的更新改造。对一般加工工业的新建项目，在 3 年内原则上应不上或少上，审批应当从严掌握。因为目前我国加工工业的生产能力，绝大多数行业和产品都超出能源、原材料的供给能力或市场需求量，3 年内即使不建任何新的加工企业，只要能源、原材料有保障，市场有需求，每年仍然可以保持较高的增长速度。

消费基金的增长要与国民收入的增长相适应。预计在治理整顿时期，我国人均国民收入平均增长 3.5%—4%，因此人均的实际消费收入的增长率应低于 3.5%。对消费基金的控制，关键是要控制住工资基金（包括奖金和福利）规定范围以外的现金收入。这部分收入目前已相当平均工资收入的 40%，有的企业甚至超出标准工资的收入。一些单位，特别各类企业，通过种种手段，从银行套取现金分给职工，进一步加剧了消费基金的失控。

要消除通货膨胀，更重要的一环是要控制住货币发行量这个总闸门。1985 年以来货币连年超发行，主要有三个原因：一是经济过热，信贷投放量过大，迫使中央银行增加货币供应量；二是连年的财政赤字，向银行透支，银行也不得不多发票子；三是至今还没有找到货币供应量与经济增长之间合理的比例关系，货币发行量缺乏参照系，仍带有很大的盲目性。要控制货币发行量，必须有步骤地进行金融体制的改革，确保中央银行的独立性，稳定币值，有效地调节通货流量作为主要政策目标。财政出现赤字，不得向银行透支。同时要研究货币发行量与经济增长、居民储蓄之间的规律性，在掌握规律的基础上，制订出控制和调节货币发行量的标准。

缓解通货膨胀，必须增加有效供给。增加供给主要应从三个方面着手：

第一，增加能源、原材料的供给。近期增加能源供给量，主要是靠挖掘能源企业内部的生产潜力，增加产量。现在煤炭机械化综合采煤机组比20世纪80年代初有了大幅度增加，但煤炭工人的劳动生产率却出现下降的趋势，这主要是由于采煤工人的生产积极性下降，必须采取有效措施，调动煤炭工人的积极性。钢材、铝等金属原材料的供应，首先要保证这些行业的生产能力能够得到充分发挥，以增加产量。同时，通过严格控制消费品的进口，用节省的外汇，多进口一些钢材和铝，以缓和国内金属材料供给不足的矛盾。

第二，轻纺工业仍然需要保持一定的增长速度。目前立即开始大规模地向基础工业倾斜，暂时牺牲轻纺工业的发展，这种策略是不可取的。这是因为，（1）结构的转换只能是逐步的、渐进的，大上大下的做法只会造成剧烈的经济波动和效益下降。（2）在目前市场供求仍然存在缺口的情况下，只有轻纺工业保持一定的增长，才有利于缓解通货膨胀。（3）近期外贸出口的增长主要依靠轻纺产品出口的增长。所以，要增加有效供给，还不能把注意力仅仅放在上游产品的增长上。

第三，必须增加化肥、柴油、农用塑料薄膜等农业生产资料的供给，并控制其价格。这一部分的供给数量虽然比重不大，但关系农业生产全局。农业生产能够稳定增长，那么城镇农副产品的价格就能稳住。

此外，目前我国城镇居民的消费结构正在面临着一个新的转变时期，我们的消费政策必须去引导这种转变。否则，城镇居民日益增长的收入，只能集中在很窄的消费领域。一方面城镇居民要求不断提高食物消费水平（主要是提高质量），另一方面国家又要拿出大量的财政补贴来维持城镇农副产品的供应，其结果既加剧了供求矛盾又加重了国家财政负担，对通货膨胀起着推波助澜的作用。所以，对城镇居民消费，要开辟新的消费领域，调整消费结构，对购买力进行分流，以缓解总供给与总需求之间的矛盾。

（三）减少财政赤字

减少财政赤字，首先要增加财政收入。当前应着重解决财源流失问题。近几年无论是国营企业，还是集体企业和私人企业，其成本的真实程度普遍下降，对个体户的营业额也很难掌握。大多数企业通过种种手段加大成本，以截留上交利润，或偷税漏税。个体户偷税漏税的问题更为严重。防止财源流失，单靠突击的财务大检查，只能解决问题于一时，在很多情况下是走了过场，挂一漏万。所以应当制订比成本管理条例更具有约束力的成本管理法，通过法律来规范和约束企业的成本核算，对违反规定，乱摊成本，构成偷税漏税的，依法惩处。

增加财政收入的基础在于提高企业的经济效益。目前我国工业经济效益状况进一步恶化，这是财政收入增长缓慢，甚至下降的根本原因。据对全国800家大中型企业的统计调查，1989年上半年这800家企业工业净产值比上年同期增长15.1%，职工工资总额增长了28.5%，其中各种奖金增长34%，销售收入增长16.2%，销售成本增长20.5%，销售利润下降7.1%，应交利税下降5.4%，停工工时比上年增长29%。工业经济效益下降，一方面是由于企业经营的外部环境恶化，这正是治理整顿所要解决的一个重要问题；另一方面则是由于企业内部经营管理不善，如果全部工业成本降低1%，1年就可以增收100多亿元。应当把降低成本作为当前改善和加强企业内部经营管理的突出任务，落实到每一个企业。

减少财政赤字其次就是要减少财政支出。近期应着重从三个方面控制支出，第一项措施是财政补贴，包括价格补贴、企业亏损补贴和外贸补贴。近年来每年新增的财政收入大多被财政补贴吃掉了。要从根本上扭转财政补贴与日俱增的状况，必须对现行的财政体制、外贸体制、商业粮食购销体制进行改革。在目前体制不可能作出重大改革的情况下，仍然可以采取一些措施来控制补贴的增长。例如，向缺粮地区（包括省、地、县、乡）的粮食调入量，要进行严格的核准，防止高估冒算，大量平价调进后又以市场价往外销。要解决这个问题，最根本的出路是改革粮食价格，向市场价靠近。在价格不可能大改的情况下，只有采取行政手段，加强控制。另外，由于城镇居民生活水平的提高，食物消费结构已发生明显变化，动物性食物的比重上升，粮食的直接消费量显著下降，多余的粮票（或粮食）大多被个体商贩倒走。根据这一实际情况，国家有必要对城镇居民的粮食供应政策进行调整，在总定量不减少的前提下，区别不同的行业或工种，减少平价供应量，增加议价供应量，以减少国家财政在粮食购销中倒挂的负担。在外贸补贴中，对于高亏产品的出口要严格控制，逐步减少，特别要控制那些为出口创汇，但不顾国内资源条件而亏损的出口产品。

减少财政支出的第二项措施就是控制行政事业费用的开支。目前一些国家机关在名义上精简了，但行政经费支出并没有相应的减少，有的人员编制虽然划归公司，但经费仍由国家财政支出。在清理公司的过程中，除了行政关系要与国家机关脱钩外，还应当使其各种经费开支与财政拨款的行政费用脱钩。国家财政不应再负担从行政部门分离出来的公司的经费。

第三项措施是严格控制集团消费，特别是小轿车的购置。从表面上看，由各级财政严格控制了集团购买，但实际上是上有政策，下有对策，在许多地方仍然是禁而不止，因此控制集团消费仍然有很大的潜力。

（四）改善企业经营的外部条件，进一步搞活大中型企业

目前国有大中型企业的生产经营普遍遇到困难，主要有两个问题，第一个问题是生产准备资金短缺，即流动资金严重不足。出现流动资金短缺的原因有三方面：一是企业定额流动资金的额度偏低，近几年企业经营环境发生很大变化，生产资料价格大幅度上涨，银行虽然增加了流动资金贷款，但远不够维持正常周转的需要；二是自 1988 年实行紧缩方针以来，流动资金贷款大大减少，更使企业的资金周转陷入困境；三是一些企业由于担心生产资料价格继续上涨，供应得不到保证，于是超额储备原材料，加之成品的积压，加剧了流动资金紧张的局面。

第二个严重问题是产品的实现问题，部分消费品市场销售疲软。固定资产投资压缩以后，机电产品的积压问题更为突出。产品卖不出去，成品资金收不回来，企业相互之间的债务拖欠问题十分严重，使工业的再生产遇到了障碍。

上述问题单靠企业自身很难解决，必须在宏观上为企业的生产经营创造一个较好的外部条件。对国有大中型企业的流动资金供给，要适当松动，即注水入泵，先解决企业的相互之间的拖欠问题，使这些企业能够正常运转起来。有些同志担心流动资金贷款的松动，会使已初步得到抑制的经济过热又重新升温。我们认为，国有大中型企业的增长除部分长线产品

外，从总体上看，增长速度并不高，1989年以来进一步下降，有升温的必要；此外，在适当增加对大中型企业的流动资金供应量的同时，相应地减少固定资产投资额，以保证资金供应总量不增加，这样更有利于充分发挥现有企业的作用。

（五）改善工业结构

在治理整顿期间，目标只能是使工业结构有所改善。改善工业结构的主要措施有：

（1）对经济效益差、消耗高的落后企业，实行关停并转，尤其是地方政府，要有忍痛甩包袱的勇气，不打破坛坛罐罐，就保不住全局的协调发展。

（2）把调整工业组织结构作为调整工业部门结构的一项重要措施。近几年我国工业的组织结构状况普遍恶化，由于投资主体多元化和地方局部利益的分割，新建项目不讲规模经济，不搞专业化协作。组织结构的分散化，直接影响到工业部门结构质的变化。通过调整工业的组织结构，突出解决好专业化协作和规模经济两个问题，将有助于工业部门结构的改善。

（3）按照调整、整顿、改造、提高的方针，积极引导乡镇企业健康发展，区别对待，存优汰劣。首先要严格控制发展规模，在最近几年里原则上不再上新的项目，即使要上，也必须按照国家产业政策的要求，以及能源、原材料供给条件的可能，严格审批。对现有的乡镇企业，实行区别对待，凡符合国家产业政策要求、经济效益好、不与大工业争能源和原材料，或为大工业协作配套，或能增加出口创汇的企业，应当给予扶持，反之应予以关闭淘汰。乡镇工业的布局要适当集中在乡或乡以上的农村经济、文化中心，这样可以改变乱占耕地的状况，并减少污染，节约基础建设投资，带动农村第三产业的发展，加快小城镇的建设。

（4）逐步调整生产资料价格。通过生产资料价格的改革，一方面可以增加能源和原材料工业的积累；另一方面可以限制加工工业的盲目发展，是工业结构协调的重要保证。我们认为，由于把原材料价格改革的风险估计得过高，始终不敢迈出价格改革这个门槛，但市场供求规律已自发地突破了原材料价格防线。实行价格双轨制以后，能源、原材料的综合平均价格已经大幅度上升，但实行市场价格的那一部分好处大部分并没有返回生产企业，而是在中间的流通环节流失了。

目前的实际情况是，国有大中型企业的原材料有将近一半是按市场价购进的，城市集体企业和乡镇企业购进的原材料，全部按市场价格购进。根据1989年上半年对800家大中型企业的统计，外购原材料总额为127.8亿元，其中按国家调拨价调进的为66.6亿元，占52%，按市场价购进的占48%，而且按市场价购买原材料的比重还在进一步上升。根据这一实际情况，应因势利导，有步骤地推动生产资料价格改革。可以考虑先取消原来的计划调拨价格，在调拨价与现行的市场价加权平均的基础上，再适当提高一些，并逐步接近市场价格。大中型企业因提价多而支出的那一部分暂时返还企业，但应规定消化期限，逐步取消向企业的返还。同时要使原材料提价而增加的收入，大部分能回到原材料生产企业，以促进原材料生产的发展。

（六）正确认识市场状况，有效调节市场供求

为了正确认识市场状况，有必要对目前的商品销售情况进行结构性分析。1989年1—8月社会零售商品总额比上年同期增长14%。按这一增长比例匡算，1989年社会商品零售总额约为8500亿元，如果扣除当年物价上涨因素，实际销售额将比1988年下降6%。在8500亿元零售总额中，消费品占85%，即7300亿元；农业生产资料销售额占15%，即1200亿元。在7300亿元的消费品销售额中，农副产品及其制品（包括烟酒）约占65%，即4750亿元，其余的2550亿元为日用工业品和耐用消费品。在以上的商品销售构成中，农业生产资料销售不存在疲软问题，仍然是供不应求，需要进一步增加供给，以平抑价格。占消费品销售额65%的农副产品及其制品，也基本上不存在疲软问题，而且这一部分商品价格的稳定，是靠财政补贴来维持的，要稳住这一块，关键是要稳住农业，增加农副产品的供给。

真正出现疲软的是日用工业品和耐用消费品。这一块占社会商品销售总额的30%，但这一部分商品销售也并不是所有的都疲软，而主要是集中在彩电、冰箱、洗衣机、自行车、照相机、手表等耐用消费品方面。

出现一部分商品销售疲软的原因，一是由于提高存款利率和开展保值储蓄，居民储蓄额上升；二是部分耐用消费品提价过多，超出了大多数农民和城镇尚未购买这些商品的居民的购买能力；三是居民的消费预期出现了与1988年抢购风时相反的变化，即期待着进一步降价；四是通过加强廉政建设，使社会集团消费初步得到控制。

根据以上分析，我们认为保值储蓄的保值指数应逐步有所下降，对部分耐用消费品，如彩电、收录机、照相机的价格适当降低，以刺激购买。当然彩电降价的前提条件是国内配套的元器件能力大大提高，进口比重大大减少。应当看到，这些产品属于技术密集、消耗原材料少、附加价值高的产品，对于回笼货币有重要作用，还可以缓冲对目前供给不足的农副产品的压力。

（七）整顿流通领域里的经济秩序

整顿流通领域里的经济秩序，首先，要逐步创造条件，取消价格双轨制，以便釜底抽薪，制止各种合法和违法的倒卖活动。

其次，在砍掉一批流通领域里的公司的同时，对继续存在的流通领域里的公司，严格规定其经营范围，超出范围者，应给予重罚；特别是重要生产资料，即使在价格放开以后，也应当有专门的公司或物资部门经营。

最后，要严格规定中间环节的收费标准。严格限制利用原材料经营的垄断地位，任意抬高经营费用。

（八）逐步解决突出的社会分配不公问题

1. 必须坚定不移地把按劳分配作为整个分配政策的基点，在这个大前提下确定不同部门、不同行业、不同阶层之间的具体分配政策。

2. 私人企业和个体户的收入过高是目前社会反映最强烈的一种分配不公。首先既要肯定私人企业和个体户对促进生产力发展和市场繁荣的积极作用，同时又要限制私人经济的发展规模。财富向少数人集中过多，会对社会心理，进而对社会生产力的发展起着阻碍作用。其次要通过加强征管，强化税收，对私人企业和个体户过高的收入进行调节。最后要有步骤地把目前国有企业中一部分多余的劳动力转移到个体户行列，通过调整就业结构，分散个体户市场经营额，使个体户的利润由更多的人去分享。

3. 解决好行业的分配不公。行业的分配不公主要表现在两个方面：一是服务行业与产业部门之间的分配不公，二是同一行业内部不同部门、不同企业之间的分配不公。目前的解决办法是对各个行业，仍然需要制订既有差别，又不能过分悬殊的工资标准，以便从总体上加以控制；再就是要严格执行征收奖金税的办法。

4. 改进和完善工资奖金制度，逐步克服职工收入分配中的平均主义现象，解决好国家公务人员包括事业单位的人员与某些企业之间的分配不公。国家公务人员的工资收入完全取决于国家财政拨款，不同于企业收入取决于经营成果的好坏，而且风险性、变动性较大的状况；因此，国家公务人员的工资弹性较小，应当较大幅度提高固定工资的标准，降低奖金发放数额的比重，使这部分人的固定工资收入明显高于企业的固定工资标准。

三　治理整顿应当与深化改革及廉政建设结合起来

在过去十年里，以增强企业活力为中心和经济运行中扩大市场机制作用的改革方向是正确的。问题在于，当强调微观利益机制的时候，忽视了对微观经济活动的约束机制；在扩大经济运行中市场机制作用的深度和广度的时候，没有建立起相应的宏观调控体系和调控手段，因而出现了"计划内市场"和"计划外市场"两种市场并存的局面。其结果，非规范的自由市场蚕食、排挤违背价值规律的计划内市场，进而导致经济的畸形增长、经济秩序的混乱和经济结构的恶化。但是，我们不能由此而否认前十年经济体制改革基本方向的正确性，把强化行政控制手段作为解决经济难题，走出经济困境的万能钥匙。否则，又会出现一统就死、一放就乱的恶性循环。当前我们面临着两种选择：第一种选择是强化集中统一的计划纪律，重新实行以指令性计划为主的经济管理体制。这种选择，在短期内容易收到效果，特别是在前一阶段分权让利失当、造成经济混乱的情况下，在治理整顿期间，适当收权是必要的。但是不能不看到，全面收权，强化行政管理手段，对保持经济活力和保证经济长期稳定的发展，将会产生更严重的副作用。另外，我国目前的经济成分、经济规模以及经济运行机制已经发生了很大变化，与 20 世纪 80 年代初期以前的格局已有显著不同，再重操传统体制的管理办法，是十分困难的。

第二种选择是坚持改革的正确方向，使有计划的商品经济逐步运转起来，近期改革的重点应当解决企业的约束机制（包括自我约束和宏观约束）和建立新的宏观调控体系和调控手段。在治理整顿期间，可以从以下五个方面进行改革的试点工作：

1. 实行利税分流

把国家作为政权机构的征税收入同作为所有者的资产增殖收入区别开来，改变目前企业既包税又包利的状况。实行征收国有资产收益费，即全面核定企业国有资产的净值，按行业平均资金利润率的标准由企业向国家交纳资产收益费。这样做可以在实现国家所有权的前提下，做到所有权与经营权的分离。在治理整顿期间，对这一改革的试点情况进行总结，逐步加以推广。

2. 试行分税制

为了革除财政包干的弊端，既保证中央财政收入的稳定增长，又能充分调动地方的积极性，中央与地方的分税制势在必行。但目前要全面调整中央和地方的分配格局也有很大阻力和困难。因此，在治理整顿时期，可以着手研究制订分税制的方案，并在少数省市进行试点，争取在 20 世纪 90 年代中期能够全面推行。实行分税制，第一步要划分中央财政和地方财政的事权，以明确各自的开支范围。第二步是划分中央税源和地方税源，可以通过税源分立、税额分成、补助金、特种税等几个途径具体实施，其原则应保证中央税源多于地方税源，以保证中央能够适当集中财力和增强中央宏观调控的力度。

3. 改革投资体制，完善产业政策的实施办法

近年来我国产业组织结构恶化，"小而全"的重复建设遍地开花，使规模效益大大下降。为了扭转这一局面，必须改革投资体制，改变按投资额大小划分各级政府投资权限的做法。凡新建项目和固定资产的重大改造项目，都应由国家行业主管部门制订出起始规模标准和技术等级标准（包括设备的技术等级，主要原材料和能源消耗标准），政府综合部门和银行

按国家颁发的标准进行审批和决定是否发放贷款。要制订与投资标准相适应的产业投资法，凡不按国家标准要求擅自新上项目，按违反投资法论处。

4. 逐步改革就业制度，完善劳动就业机制

我国劳动力的优势之所以还未能充分发挥，关键是由于"铁饭碗"的就业制度还没有得到实质性的改革。尽管我们多么不愿意看到失业，但几百万的待业大军和普遍的隐性失业却是客观现实。与其让无所事事的人在企事业单位里"泡"，不如造成一种失业的压力和就业竞争的机制，其结果将会使整个社会生产效率提高和劳动就业机会增加。因此，要进行劳动就业制度的改革，首先必须解决思想观念上的障碍。

当然，我们实行的是社会主义制度，决不能实行"饥饿政策"，把那些暂时失去工作机会的劳动者抛向街头，不闻不问，而是应当建立一种有效的社会保险制度。假设每一个就业者都有失业的可能，因此每一就业者从他开始就业时直到退休，都必须从每月的收入中扣除一定比例的金额交纳失业保险基金；企业有权根据生产经营的状况裁员，但必须承担社会义务，即必须按照工资总额的一定比例交纳失业保险基金；国家财政按法定的比例拨出社会失业保险基金。这三项经费的来源由各级、各地区的失业保险公司代表国家统筹安排，进行投资经营和失业救济金的发放。凡失业者经确认后，可向失业保险公司领取救济金，其标准以不超过当地最低平均生活费收入线为界。在治理整顿期间，可以进行这方面的论证、测算和试点。如果这项改革能够获得成功，将会对企业的经营机制的转变以及控制消费基金的膨胀产生重大影响。

5. 改革社会福利制度，特别是要突出住房制度的改革

我国职工的社会福利制度，最重要的有两项，即住房制度和公费医疗。住房的福利给每一个职工的机会并不是均等的，更是国家财政和企业的一项沉重负担，也是导致畸形消费的一个重要原因，如许多家庭住房拥挤、简陋，却拥有齐全的高档耐用消费品。从 1979 年到现在，全民所有制单位投资新建了近十亿平方米的住宅，这近万亿元资金虽然是国家的一笔巨大财富，但现行的住房制度又使这项巨额资金完全退出了社会再生产的过程，成为沉淀之物。住房制度非改不可的呼声已经喊了多年了，可是

进展十分迟缓。其实住房制度的改革是一项事半功倍的改革，它对改善国家财政的收支状况，消除通货膨胀，调整消费结构和产业结构，纠正不正之风等社会经济问题的解决，都会产生巨大的积极的影响。住房商品化的改革，必须暂时放弃居者有其屋、住房私有化的目标。住房私有化只是住房商品化的一种模式，而且现阶段只能作为一种补充形式。推行住宅商品化的第一步，应当从调整房租入手，然后再逐步提高出售公有住宅的比重。

治理整顿还必须与惩治腐败相结合。经济秩序混乱固然与两种经济机制并存，宏观约束和调控不力有直接关系，但也与党风和社会风气不正有密切关系。腐败行为不仅严重地侵蚀党和政府的肌体，而且已扩散成为一种比较普遍的社会现象，如以权谋私，以贷谋私，以税谋私，以行业的垄断地位谋私，等等。尚未完全根除的人治方法和各种人情网、关系网成为社会主义商品经济健康发展的阻碍力量和破坏力量。因此，治理整顿不仅仅是经济领域里的事，而必须与惩治腐败、端正党风和社会风气结合起来。

近年来，我们致力于经济建设工作，这无疑是正确的。但对上层建筑对经济基础的反作用以及在一定条件下的决定作用这一马克思主义的基本理论讲得少了，对于党风建设抓得松了。在我们放弃了过去通过运动来整顿党的队伍的"左"的做法之后，却没有建立起适合社会主义商品经济发展要求的新的制度，以致出现了严重的腐败现象。因此，治理整顿不单是经济领域的任务，同时也是上层建筑领域里的一场斗争，要克服腐败现象，加强廉政建设，必须搞好党风建设，加强党的领导。

四　治理整顿需要付出必要的代价

（一）财政收入可能会出现低增长

治理整顿的一个重要任务是要消除经济过热，降低过高的工业增长速度。但是，连续几年财政收入的增长，主要依靠工业的高速增长来支撑。据有的省测算，如果工业增长速度低于5%，财政收入就可能出现负增长。速度下来了，而经济效益低的状况在短期内又难以扭转，其结果是财政收入必然随之下滑。因此，我们必须有这样的思想准备，即在治理整顿期间，财政收入可能会出现低增长的局面。

（二）劳动力待业和隐性失业的压力将会增大

近几年，首先，在城镇每年进入就业年龄的人口将新增 300 万人，但城镇现有的企业、事业单位普遍存在人员过剩的现象，很难再吸纳新增的劳动力，城镇待业率有可能上升；其次，经济紧缩以后，市场销售疲软，相当一部分加工企业生产不景气，人浮于事的现象将会更为严重。据估计，全国工业部门的工时利用率平均只有 40%，许多机械加工企业的生产任务，只需要现有人员的一半就可完成，可见隐性失业的问题已十分严重；最后，20 世纪 90 年代每年大约有 1000 万农民需要从农业部门转移出来，但压缩固定资产投资以后，使原来在城镇工矿从事建筑业的农民工大量返回农村。资金紧缩以后，乡镇工业发展的势头明显减弱，甚至会有大量乡镇工业企业倒闭，这样，工业吸纳农业劳动力的能力将随之减弱，而且原来已从农业分离出来一大批劳动力，不得不再重返农业劳动。所以，在治理整顿中，必须要承受劳动力待业和隐性失业增加的压力。

（三）工业经济综合效益有进一步下降的可能

首先，加工工业的资产存量的闲置状况将会加剧。由于前几年加工工业的盲目发展，远远超出能源、原材料的供给能力。在经济增长过热的局面得到控制以后，将有相当一部分加工企业遇到生产任务严重不足的问题，资产闲置率将会上升。其次，工资支出刚性的状况难以扭转，即使是停工停产，职工工资也得照发。因此，工业产品的固定成本将会上升，造成工业经济效益进一步下降。针对这一实际问题，各地区、部门和企业必须下功夫改善经营管理，制订有力措施，大力扭转经济效益下降的局面。

（四）消费水平提高的幅度将会明显降低

20 世纪 80 年代我国城乡居民的消费水平有了十分显著的提高，其中有一部分是由于消费膨胀的不合理因素造成的。治理整顿当然要压缩超出国力的消费需求，改变消费增长过快的现象。另外，为了加强能源、原材料和交通运输等基础产业的建设，需要适当提高积累在国民收入中的比重，控制消费基金的增长。因此必须使广大干部和群众都能理解，对于提高消费水平的预期不应过高。与 80 年代相比较，在治理整顿期，消费的增长要明显地放慢。

治理整顿不仅是各级政府近期的中心工作，同时也关系全国人民的切身利益，应当得到全国人民的理解和支持。因此，完全有必要把当前我国经济生活中的各种困难，治理整顿的主要目标和政策向全体人民讲清楚，以便统一认识，动员人民，群策群力，顺利地完成治理整顿的任务，为我国国民经济的健康发展开辟道路。

（本文原载《中国工业经济研究》1990 年第 1 期）

宏观经济管理改革面临的几个特殊矛盾

在研究宏观经济管理改革问题时，通常把注意力主要集中在计划、财政、金融和投资体制方面，而往往忽视对宏观经济管理改革条件和环境方面的分析；在借鉴市场经济发达国家宏观经济管理理论、方法和经验时，也往往忽视我国在向市场经济转轨过程中宏观经济管理所面临的一些特殊矛盾。如果只看到市场经济运行方式的共性，忽视我国社会经济发展和运行中的特殊性，即使借鉴和运用发达国家宏观经济管理的成功经验，在实践过程中也会发生扭曲和失效的问题。因此，我国进行宏观经济管理改革和制定宏观调控政策时必须正确认识和分析我国经济运行中的特殊矛盾。

一　二元经济结构条件下宏观调控的难点

宏观调控的一个重要任务是调节社会总需求和总供给之间的关系，抑制通货膨胀，维持充分就业，并通过采用调节利率和信贷规模的办法来实现宏观调控的目标。但是在二元经济结构条件下，同一个政策手段对不同的产业部门往往导致不同，甚至相反的结果。我国的二元经济结构主要表现为，一方面已经形成了完整的和庞大的工程体系，另一方面还有 8 亿农民滞留在传统的农业部门。大多数工程部门的生产能力相对过剩，农业基础则比较脆弱，农产品供给相对不足。结构平衡和通货膨胀的压力突出表现为农业发展滞后和农副产品价格上涨过快。为了抑制通货膨胀，在宏观上实行控制固定资产的投资规模和控制农产品的价格的手段。其结果，虽然抑制了总需求，控制了物价上涨幅度，但由于农产品价格的下跌，固定资产投资规模的收缩，农民转向非农业的机会减少，从而使农民收入相对减少，并限制了农民对工业品的需求，进而加剧了工业生产能力过剩和工业部门的隐性失业；相反，如果采取放松信贷规模以及在二元经济结构条件下，宏观调控面临着两难的选择。宏观上实行需求管理短期政策，往往难以解决结构与效率方面的深层次和长期的矛盾。

二   国有经济比重下降与国家宏观调控能力问题

20 世纪 80 年代以后，我国所有制结构发生了重大变化，其基本趋势是国有经济的比重逐步下降，非国有经济的比重逐步上升，这一变化趋势还将继续下去。预计到 2010 年，国有工业产值占工业总产值的比重将下降到 33% 左右。国有经济的比重的下降会不会削弱国有经济的主导作用和国家的宏观调控能力呢？从过去 15 年变化的结果和今后的变化趋势看，国有经济仍然并将继续控制着国民经济命脉，在能源重要原材料、石油化工、重型机械装备制造业和交通运输设备制造业、军事工业以及通信、金融保险、产业批发等资本和技术密集型行业中，国有经济都占绝对优势，它们的发展状况直接制约和影响着整个国民经济的发展。从经济运行的过程看，政府对于国民经济的宏观调控和管理，不应仅仅理解为对国有资产的控制和管理。在现代市场经济条件下，政府对国民经济的宏观调控和管理，主要是从三个方面进行的：

第一，直接掌握一部分生产资料的所有权和收益权，控制国民经济的命脉，以实现国家的政治经济和社会发展目标。这种对生产资料所有权的控制是对社会在生产条件和手段的控制，也是对创造社会财富的一部分源泉的控制。

第二，通过掌握货币发行权、国家金融机构及其金融手段，以实现对经济运行过程的控制。社会在生产过程在价值形态上表现为资金的运用和周转的过程，货币工具和金融杠杆的作用渗透到和操纵着经济运行的每一个环节。货币供应量的大小、利率的高低、信贷的规模和信贷方向的选择、汇率的调节都会在不同程度上影响经济主体的利益和行为，调节着生产流通分配和消费，发行货币是国家独占的权利，金融机构及其手段也控制在国家手中，因此国家能够通过货币、金融手段实现对经济运行过程的控制。

第三，国家通过财政税收手段实现对社会再生产活动结果的控制。税收是带有强制性的一种经济杠杆，而且覆盖了各种不同的所有的成分。任何经济主体在获得了一定的收入之后，都必须向国家纳税。政府可以通过税收和财政手段调节国民收入的初次分配和再分配。

三   加强中央宏观调控能力与调动地方积极性问题

为了理顺中央与地方的财政分配关系，提高中央财政收入与国民收入中的比重，加强中央政府的宏观调控能力。1994 年实行了分税制度的改革，并取得了显著成效。但是分税制的改革还需要进一步巩固和完善。由于中国人口众多，各地经济发展很不平衡，不同地区在执行同一政策时会遇到不同的问题。在我国转向市场经济的条件下，如何协调好加强宏观调控与调动地方积极性的关系，比经济发达国家要复杂得多。地方政府经济管理职能不仅在于加强基础设施建设，提供产品，还必须解决好本地区的就业问题，提高城乡居民的收入水平，控制物价，发展教育等。所有这些问题的解决都必须以经济发展为基础，因此在重大方针政策统一的前提下，给地方以更多的自主权，可能更有利于各地区的经济发展。

四   落实宏观经济政策与国有企业软约束的矛盾

宏观经济政策最终会影响到微观经济主体的行为和利益。市场经济条件下，微观经济主体必须承担着最终的经济责任。只有在这一前提下，微观经济主体才能对宏观经济政策做出合乎市场经济逻辑的反应。但是由于目前大多数国有企业还没有真正成为自主经营、自负盈亏的经济主体，国家对企业的预算约束事实上是软约束。因此，企业对国家宏观调控的一些经济杠杆的反应往往是扭曲的，例如，提高贷款的利率的目的在于抑制企业盲目借贷，但现在企业并不担心日后是否能归还贷款，因为在贷款时就不打算如期归还，等待着将来银行做挂账处理；再如税收是以法律保障的国家参与与国民收入分配的主要经济手段，但目前企业欠税不断扩大，欠税额逐日增加，而税务部门也无可奈何。这些情况说明，宏观经济管理的改革和调控职能的转换，必须以企业制度的重建和微观经济主体运行机制的转换作为基础。

（本文原载《宏观经济管理》1995 年第 11 期）

对我国所有制改革理论与实践中
若干问题的再认识

我国所有制改革的指导思想已经很明确，就是坚持公有制经济为主体、国有经济为主导、多种经济成分共同发展的方针。沿着这一改革方向，党的十一届三中全会以来我国所有制结构已经发生了深刻的变化，并促进了生产力的发展。但是，在市场经济条件下，如何坚持公有制经济的主体地位，如何发挥国有经济的主导作用，如何规划国有经济和非公有制经济的范围，所有制改革应当遵循哪些原则？这些问题在理论上需要进一步作出科学的解释，在实践中还有待于继续探索。本文试图对上述问题作出一些回答。

一　对我国所有制结构变化的判断和预测

（一）所有制结构变化的状况

1978 年以来，我国所有制结构的基本趋势是国有经济在国民经济中的比重逐步下降，非国有经济，特别是非公有制经济迅速上升，现在已经形成了公有制经济为主体、国有制经济为主导、多种经济成分并存的格局。1978 年，在国民生产总值的构成中，公有制经济占 99%，其中全民所有制经济占 56%，集体经济占 43%，个体和私营经济占 1%。1993 年，在国民生产总值的构成中，全民所有制经济占的比重已下降到 41.5%，集体所有制经济所占的比重略有上升，为 43.9%，非公有制经济上升到14.6%，1978 年，在工业总产值中，全民所有制工业占 77.2%，集体所有制工业占 22%，个体及私营工业占 0.8%。1993 年，这三者比例则分别为 43.39%、38.36%、18.51%；1980 年，在社会商品零售总额中，全民、集体、非公有制成分分别占 84.2%、11.9% 和 3.9%，1993 年，则分别为 39.7%、26.3% 和 34%。

（二）对改革开放以来所有制结构变化的评价

如上所述，改革开放以来我国所有制结构发生了深刻的变化。这种变化的历史性作用，首先，在于促进了经济发展，壮大了国民经济综合实力，增加了社会产品供给，为加快我国工业化进程，找到了一种更为有效的所有制形式。例如，1993 年非国有制工业生产的产品中，乡镇企业的原煤产量占全国总产量的 44.6%，水泥占 36.8%，棉布占 29.2%，食品加工占 70%，食用植物油占 38.3%，机制纸及纸板占 59%，生丝产量占 41.5%，饮料和酒占 26.8%，中小型农业机械和农具占 95%，传统建筑材料中的砖瓦、砂石和石灰产量将近占 100%。这些产品的生产能力，主要依靠城乡集体和个体劳动者自我积累形成的。实践表明，对于资金短缺，劳动力供给充分的发展中国家而言，通过发展劳动密集型的非国有经济，是实现劳动替代资本，推进工业化的一种有效途径。

其次，非国有经济的发展扩大了城乡劳动力的就业门路。城镇集体所有制经济单位的就业人数 1993 年年底为 3393 万人，比 1978 年增长了 65.6%。农村的集体企业、个体企业就业人数 1993 年为 14542 万人，是 1978 年从业人数的 4.8 倍，为大量的剩余农业劳动转向非农产业提供了就业岗位。1978—1993 年，城乡非国有经济单位平均每年新增 1200 万劳动力的就业，接近这一时期平均每年新增人口的数量。如果没有非国有经济的发展，我国很难解决逐年增长的劳动力的就业问题。

再次，非国有经济的发展，培育和形成了多元化的经济主体，从而为转向市场经济构造了新的微观基础。这种多元化经济主体是在保持国有经济主导地位不变的情况下出现的，避免了俄罗斯经济改革中由于国有制经济的急剧变革带来的社会震荡、经济秩序混乱和生产下降的局面。

最后，由于多元化经济主体的出现，形成了多种经济成分相互竞争的局面，迫使国有企业必须转换机制，面向市场，从而为整个经济带来了活力。

当然也必须看到，多种经济成分并存格局的形成，在实践中还存在不少问题，突出表现为，一是非国有经济是在国家给予了较多优惠政策的条件下发展起来的，国有经济则较少获得优惠政策，因此国有经济与非国有经济往往处在不平等的竞争地位；二是非国有经济是在法制和市场规则不健全的情况下发展起来的，在其发展过程中确实存在着行为不规范的问题；三是由于国家对国有企业的资产存在着事实上的软约束，因而一些国有企业在改组、改制以及与外商合资的过程中，出现了国有资产流失的现象；四是国有企业没有真正成为自主经营、自负盈亏的经济主体，其运行机制还不能适应市场经济的要求。

针对上述问题，必须加快国有企业的改革，减轻国有企业的负担，使国有经济与非国有经济在相同的政策条件和市场环境下开展平等的竞争。通过加强法制和健全市场规则，规范非国有经济的行为；通过硬化对国有资产约束，防止国有资产的流失。

过去 16 年，虽然非国有经济的比重迅速上升，但是公有制经济的主体地位并没有动摇。国有经济退出了一些生产、流通和服务领域，但仍然保持着在国民经济中的主导地位。从工业领域看，1993 年公有制工业（国有工业集体工业）在工业总产值中的比重占 81.49%，非公有制工业只占 18.51%；在流通领域中，公有制商业单位实现的社会商品零售总额占全社会商品零售总额的 66.01%，这还没有包括公有制商业销售单位绝大部分的生产资料销售额。目前，国有工业企业的数量只占独立核算工业企业数量的 18%，但其资产总额、销售收入和销售税金仍然分别占到 70% 左右，说明国有工业主要集中在资金密集、资本的有机构成高和劳动生产率较高的部门。

从国有经济的产业分布看：

在金融业，按金融资产、职工人数两项指标衡量，国有金融机构所占的比重为 85%，农村信用社及股份制金融机构所占的比重为 15%。

在铁路、邮电通信、民航、军事工业等部门，国有经济成分几乎占 100%，处于国家垄断地位。

在能源和主要原材料生产领域，石油开采（除海上石油开采）和石油化工行为，国有经济成分占 100%；电力行业国有经济成分占 90%；煤炭采选行业国有经济成分占60%左右；钢铁和有色金属行业国有经济成分占90%。

在城市供水、供气等提供公共产品的部分，国有经济成分占100%。

在航空、航天、汽车、重型机电设备制造等技术密集型行业，国有经济亦占垄断地位。

上述情况表明，国有经济在我国国民经济中仍发挥着主导作用，控制着国民经济命脉。非国有经济主要分布在劳动密集型的加工工业，特别是轻工业中的非国有经济的比重约占三分之二。在全国工业总产值的构成中，非国有工业所占比重较高的几个部门分别是纺织工业和服装工业占18.08%，建筑材料及非金属矿制品占12.32%，机械工业占9.53%，金属制品业占6.11%，其他各种类型的加工工业的产值比重大多在0.1%—4%。这些情况表明，非国有工业主要分布在竞争性的加工工业领域。其特点是资本的有机构成低，容纳的劳动数量大。在独立核算的工业企业固定资产净值中，国有工业企业占72%，职工人数占64%，非国有独立核算工业企业固定资产净值占28%，职工人数占36%。

（三）对今后我国工业所有制结构变化趋势的预测

1979—1993年，国有工业、集体工业和其他类型工业总产值的年平均增长率分别为7.8%、20%和48%。三者之间增长率的比率为1∶2.56∶6.15。我们认为，从现在到2000年，我国工业所有制结构变化的速度与过去16年比较将相对放慢。国有工业、集体和其他类型工业增长率的差距有可能缩小。这是因为，第一，从总体上看，今后几年我国工业的平均总速度将略低于过去15年的平均增长率；第二，改革开放初期，我国集体工业和其他类型的工业起点较低，当政策放开以后，非国有工业出现了超常规增长的局面；第三，我国今后一段时期产业结构变动的趋势是重化工业和高新技术产业比重将进一步上升，这些产业大多属资本密集和技术密集型产业，进入壁垒较高，非国有经济成分难以对这些部门进行大量的投入；第四，我国目前一般加工工业生产能力普遍过剩，大多数轻纺工业产品供给大于需求，在这些领域非国有工业的增长空间相对缩小。在今后五年我国工业平均增长率为11%—12%的情况下，国有工业、集体工业和其他类型工业增长速度的比例预计为 1：2：3。到 2000 年我国不同所有制工业变动趋势如表 1：

表 1　　　　　　　　截至 2000 年我国不同所有制工业的变动趋势

所有制类别	增长率%	工业总产值	比重%	年平均增减（百分点）
国有工业	6	34100	30.7	－ 1.77
集体工业	12	44480	40	0.23
其他类型工业	18	32520	29.3	＋ 1.45

资料来源：根据《中国统计年鉴》相关年份的数据计算整理。

在我国今后所有制形态和结构变动过程中，预计变化较大的将表现在两个方面：

第一，为数众多的国有小型企业将陆续退出国有经济领域。它们的退出对于国民经济的全局不会造成冲击。相反，由于中小城市和县一级政府通过对国有小型企业所有制形式的改革，收回了一部分国有资金，用于加强本地区基础设施建设，同时推进企业经营机制转换，减轻政府对亏损企业补贴的负担，有利于地方经济的发展。因此，对小型国有企业的改组和改制，应当实行支持、引导和规范的政策，避免放任自流或等待观望。

第二，随着股份制经济的发展，由国家、集体、个人或者与外商共同出资形成的混合所有制经济的比重将进一步上升。这种经济形式既不同于传统的公有制经济，也不是传统的私有制经济，对其控制程度的高低主要取决于各种经济成分在资本构成中的份额。无论国有资本是处于控股的地位，还是参股者之一，国有资本所获得的所有者权益仍然是国有经济的一部分。

二　选择所有制形式及其结构的出发点

（一）有利于社会主义政治和经济制度的巩固与完善

任何一种社会政治制度都是建立在一定经济基础之上的，而经济基础的核心是生产资料归谁所有。所有制形式及其结构的选择会直接影响到经济基础以及由它决定的上层建筑的性质和方向。社会主义政治和经济制度既是中国历史发展的必然选择，也是保证现阶段中国社会经济顺利发展的必要条件。共产党的领导是我国社会主义政治制度的核心，公有制为主体、国有经济为主导是社会主义经济制度的基石。在当代中国历史条件下，继续固守传统的所有制形式和结构，中国经济发展没有出路；但是如果实行全面私有化，就会出现权力转化为资本。资本与权力相结合，其结果不会产生所谓的"人民资本主义""社会资本主义"，而会形成一种新的官僚资本、买办资本与私人资本相结合的畸形资本主义，并导致中国社会急剧的阶级分化，引发严重社会动荡，从而使我国经济发展失去稳定的社会政治环境，再次丧失实现中国工业化和现代化的历史机遇。在选择所有制形式及其结构的思想方法上，我们必须把握好生产力与生产关系、经济基础与上层建筑之间的辩证关系，既要坚持生产力标准，又要把生产力的发展放在特定历史条件和政治环境下，进行综合分析，权衡利弊，决定取舍。

（二）有利于提高经济效率

缺乏效率的所有制形式和结构是没有生命力的。在市场经济条件下，提高效率的源泉和动力是市场竞争。任何一个国家和地区、任何一个部门和行业，如果只有单一的所有制形式和少数企业进行垄断经营，都会抑制经济效率的提高。即使是铁路、电信等部门，完全由独家经营，也会产生垄断。市场竞争的前提是必须有多元化的经济主体，而且经济主体的生产经营者必须真正关心本企业的利益得失，承担市场竞争的后果，即做到自负盈亏。效率的高低还取决规模经济的实现程度。规模经济的形成一方面受投资强度的制约，另一方面还要受经济运行机制的支配。只有在打破部门所有、地区所有的传统所有制格局条件下，才能顺利实现产权的流动和重组，即通过市场竞争促进资本的集中，淘汰规模不经济的落后企业。单一的所有制结构，不真正承担生产经营盈亏责任的所有制形式都不可能满足提高经济效率的要求。

（三）有利于实现社会财富的公平分配

马克思主义认为，生产资料归谁所有决定了人们的经济关系中的地位和产品的分配方式，这一原理仍然是正确的。现行公有制为主体、国有经济为主导和多种经济成分共同发展的方针，是实现社会财富公平分配和走向共同富裕的基本保证。公有制为主体和国有经济为主导意味着国家和集体掌握创造新的社会财富的手段，避免出现私有化社会所特有的一边是少数人财富的迅速积累，而另一边是大众贫困化的加剧。尤其是在发展中国家，全面实行生产资料的私人所有制更加容易出现两极分化，成为加剧阶级矛盾和政治动乱的经济根源。社会财富的公平分配，并不是以牺牲效率为代价，没有效率的公平只会导致普遍贫困化的"公平"。我们所要选择的应当是既有利于提高经济效率，又能保证社会公平的所有制形式和结构。

（四）有利于扩大劳动力就业

由于我国人口众多，每年将新增 1500 万劳动力；同时目前国有经济部门的隐性失业率为 20%—25%，约 2500 万人。在国有经济部门增加新的就业岗位将极其有限。乡镇工业在 1984—1988 年高速发展时，平均每年吸收了 1260 万从农业生产岗位上转移出来的劳动力。但是 1988 年以来，乡镇工业平均每年新增劳动力只有 260 万—300 万人，仅相当于前一时期每年吸收劳动力数量的四分之一到五分之一。而这一时期，乡镇工业固定资产投资平均每年递增 40% 以上，这表明乡镇工业的生产规模在扩大，资本的有机构成在提高，但每万元投资吸收劳动力就业的能力则在下降。巨大的就业压力，在客观上要求我们必须实行多种经济成分共同发展的方针，尤其要鼓励发展劳动密集型的非公有制经济，以减轻国有经济和集体所有制经济单位的就业压力。

三　国有经济的范围及其主导作用

人们已经认识到，在计划经济体制下形成的国有经济的范围过大、比重过高。在多种经济成分共同发展的市场经济条件下，国有经济的范围应主要集中在以下六个领域：

第一，国有经济应控制关系国民经济命脉的基础产业，包括石油和天然气开采、大中型统配煤矿和地方煤矿、大中型火电厂和水电站；黑色金属和有色金属矿山及大中型冶炼企业；大中型石油化学工业和基础化学工业企业；大型建筑材料工业企业；重型机电设备制造企业和大中型交通运输设备制造企业；大中型投资类电子产品制造企业；以及铁路、航空运输、公路干线、港口、输油管线、邮电通信等部门和城镇公共产品部门。

第二，关系国家安全的军事装备工业，包括核工业、航空工业、军事电子工业、兵器工业、船舶工业和航天工业。

第三，控制金融业和社会保险业。

第四，控制利税大户，以控制国家财政收入的重要源泉，如大中型卷烟企业、酒厂、制药厂等。

第五，控制重要的高新技术产业，如大规模集成电路等。高新技术产业关系到国家的综合经济实力和在国际上的竞争力，而且投入大、风险大，尤其需要国家的大量投入和扶持。

第六，在流通领域，重点控制批发环节、大型零售商业和进出口贸易企业。

如果国有经济控制基础产业、国防工业、利税大户和科学技术的制高点，就能比较有效地把握住国民经济发展的方向、速度、规模和水平，调节市场的供求。在工业部门，如果国家控制了目前4000多个大型企业和几千家中型企业，就能够发挥国有经济的主导作用。如上所述，国有制的主导地位主要是对关键产业和部门的主导，不能仅看各个行业和部门各类经济成分的简单比例关系。国有资产即使占全社会资产总量的30%，只要能够控制关键的产业部门，就基本上控制了国民经济的命脉。反之，如果国有资产广泛分布在一般的加工工业，即使占全社会资产总量的80%，但失去了对关键部门的控制，也很难起到对国民经济的主导作用。

四　国有经济的范围和比重缩小以后政府调控能力的实现问题

国有经济的范围和比重缩小以后，会不会削弱政府对国民经济的宏观调控能力？我们认为，在建立健全适应市场经济规律要求的宏观管理职能和调控体系前提下，国有经济范围和比重的缩小不会削弱政府的宏观调控能力。政府对国民经济的调控和管理，不应仅仅局限于对国有资产的控制和管理。在现代市场经济条件下，政府对于国民经济的调控和管理，主要是从三个方面进行的：

第一，直接掌握一部分生产资料的所有权，控制国民经济的命脉，以实现国家的政治、经济、社会发展和军事目标。这种对生产资料所有权的控制是对社会再生产条件和手段的控制，也可以说是对创造社会财富的一部分源泉的控制。

第二，通过掌握货币发行权，国家金融机构及其金融手段，以实现对经济运行过程的控制。社会再生产的过程在价值形态上表现为资金的运用和周转的过程。货币工具和金融杠杆的作用渗透和操纵着经济运行过程的每一个环节。货币供应量的大小，利率的高低，信贷规模和信贷方向的选择，汇率的调整，都会在不同程度上影响经济主体的利益和行为，调节着生产、流通、分配和消费的各个环节。发行货币是国家独占的权力，金融机构及其手段主要控制在国家手中，因此国家通过货币、金融手段可以实现对经济运行过程的控制。

第三，国家通过财政、税收手段实现对社会再生产活动的结果的控制。税收是由国家法律做保证并且带有强制性的经济杠杆，它覆盖了各种不同的所有制成分。任何经济主体在获得一定收入之后都必须向国家纳税，在这个意义上，可以说"普天之下莫非王土"。政府可以通过税收和财政手段，调控国民收入的初次分配和再分配。

综上所述，当国有经济的范围和比重缩小以后，政府仍然拥有一部分关系国民经济命脉的生产手段，掌握了对经济运行过程和对社会产品分配进行调节的手段，从而实现对社会再生产重要源泉的控制，对再生产全部过程的控制和对经济活动结果的控制。

从历史的经验看，在新中国成立初期实行社会主义三大改造之前，国营工业只占40%，集体工业比重很小，将近60%的工业、100%的农业都是私人经济，但是当时新生的政权仍对国民经济进行卓有成效的调控。这种情况也表明，政府对经济运行的调控能力不完全取决于生产资料的直接占有份额的多少。

（本文原载《经济管理》1995年第12期）

目前工业企业陷入困境的深层原因简析

一

　　所谓经济周期性矛盾，主要表现在前几年经济高涨时，许多地区和企业基于对未来市场前景不切实际的判断和预期，扩大固定资产投资规模，大上新的工业项目，近两年已陆续形成新的生产能力，使工业产品产量大幅度增长，超出了社会的有效需求。例如，1995 年与 1990 年相比较，呢绒增长 125%，丝增长 100%，机制纸增长 105%，手表增长 455%，合成洗涤剂增长 98%，啤酒增长 126%，彩色电视机增长 99%，录音机增长 193.8%，成品钢材增长 74%，水泥增长 127%，平板玻璃增长 193%，汽车增长 182%。除能源、原材料等基础产业的产品外，大多数加工业产品产量在"八五"期间增长了一倍左右。按照可比价格计算，"八五"时期工业总产值平均每年递增 22.1%，1995 年比 1990 年增长了 172.2%。

　　由于目前我国仍处在工业化的发展阶段，而且人口众多，人均占有的工业产品产量还比较低，因此工业生产能力的扩大和产量的迅速增长有其必然性和合理性的一面。但是，必须看到，在"八五"时期工业的扩张存在着盲目性的一面，导致工业生产能力超出了同一时期社会的有效需求，出现了生产的相对过剩。1995 年与 1990 年相比，我国城镇居民家庭实际收入增长了 45%，年均增长 7.7%；农民家庭实际收入增长了 24.7%，年均增长 4.5%。城乡居民实际收入增长率大大低于加工工业产品产量平均每年增长 15% 左右的水平。

　　1993—1994 年固定资产投资规模的扩大，导致这两年投资品价格大幅度上升，既刺激了投资品的生产，也刺激投资品进口的增加。为了抑制通货膨胀，防止经济过热，中央实行加强宏观调控政策以后，固定资产投资规模被逐步控制到较为合理的范围。1995 年全社会固定资产投资总额名义上是 1990 年的 4.43 倍，年均增长 34.1%；如果扣除同期投资品价格上涨的因素后，实际增长 112%，年均增长 16.2%；如果再扣除土地征用等各种费用的增长因素以后，实际用于购买原材料和购置设备的投资增长率还要低于 16.2% 的平均水平。因此，1995 年以来，投资品市场也出现了供大于求的局面。

在我国经济运行方式逐步转向社会主义市场经济以后，一方面，由于投资主体的多元化，投资决策的分散化，以及市场供求信息的不充分性，投资决策的盲目性难以完全避免；另一方面，目前国有和集体所有制企业以及政府的一些部门事实上还没有真正形成承担投资风险的硬约束机制。这样，投资决策的盲目性与对投资决策者的软约束结合在一起，成为生产规模和结构脱离社会有效需求的根源。当经济运行从过热走向平稳之后，必然会有一部分工业产品遇到难以实现的矛盾。在市场供大于求的条件下，市场竞争加剧，工业产品的生产和销售逐步向优势企业和名牌产品集中，一大批生产经营处于劣势的企业，由于其产品缺乏竞争力而陷入困境。

二

所谓体制性矛盾，主要表现在三个方面：一是在向市场经济体制转轨过程中，大多数竞争性的国有企业和集体所有制企业的生死存亡还不可能完全由市场机制来决定。在市场经济条件下，那些资不抵债严重亏损的劣势企业应当被淘汰或重组。这种淘汰与重组不会减少社会的有效供给，反而会有利于资源的优化配置。但是由于体制上和社会承受力方面的原因，相当多的一批企业还难以破产和重组，仍然期待着政府的挽救、扶持政策。这是目前许多企业"半死不活"的体制性原因。

二是传统体制留下的历史包袱和历史欠账，使企业缺乏自我积累和自我发展的能力，一大批老企业在设备老化、生产技术落后的情况下，没有资金进行技术改造，产品缺乏竞争力而陷入困境。

三是在体制转轨过程中，对国有企业缺乏有效的约束机制，生产经营管理滑坡，成本控制不严，追求工资和福利的最大化，经营者由于经营管理不善或决策失误造成企业亏损后得不到应有惩处。

上述体制性的矛盾是许多工业企业生产经营效益下降甚至发生亏损的最致命的原因。

三

所谓结构性矛盾，从工业与国民经济其他部门的关系看，主要是工业生产能力与农村市场对工业品吸纳能力之间的矛盾；从工业内部看，主要是工业的产品结构和技术结构的问题较为突出。关于工业生产能力迅速增长与农村市场相对狭小的矛盾，主要是工业消费品的供给大于农民的有效需求。以"八五"时期增长最慢的纺织品为例，1995年我国各类纺织品总量为266.8亿米，其中出口量为63.6亿米、占23.8%；用于制作成衣约112亿米，占42%；国内市场除成衣之外的纺织品供应量为91.2亿米，全国人均可供量为7.5米。但是，1995年我国每个农民购买各种纺织品（棉布、化纤布、呢绒和丝绸）合计为2.22米，还低于1990年农民人均购买2.76米的水平。这种供求格局足以说明大量纺织品积压和纺织企业生产能力不得不闲置的原因。其他耐用消费品的供求矛盾也主要是农民的有效需求不足，许多耐用消费品在城市相对饱和的情况下难以迅速地向农村市场转移，从而出现了在农民的消费水平不高的情况下生产相对过剩。

生产资料的供求结构问题最突出的矛盾是机械工业产品结构落后。据对机械工业重点、骨干企业的调查，1994年主导产品达到20世纪90年代水平的只占17.5%，80年代水平的占52%，60—70年代水平的占30%；大中型企业生产的2000多种主导产品的平均生命周期为10.5年，是美国机械工业产品生命周期的3.5倍。由于产品结构落后，国内大量急需的先进机电产品，许多企业生产不了，而不得不依赖进口，同时又有大量的机械工业生产能力由于产品和技术落后不得不闲置。

综上所述，要使大批工业企业摆脱困境，单靠放松总量控制、扩大需求、增加贷款等短期政策手段并不能从根本上解决问题。针对三种矛盾交织在一起的情况，既要谨慎地和适度地松动总量控制，更要积极地推进体制改革，转换企业经营机制，加快企业资产的重组，下决心淘汰一批落后企业。对于产品结构的调整，则应更多地依靠市场竞争，加快产品的更新换代。农业的发展和农民收入的提高，对工业则可以起到"围魏救赵"的作用。

（本文原载《经济改革与发展》1997 年第 2 期）

论公有制的实现形式

　　1992 年中共十四大明确提出建立社会主义市场经济体制的改革目标以后，我国经济运行方式向市场经济转变的进程显著加快。"八五"期间，在价格机制和宏观管理体制的改革方面，取得了突破性的进展。比较而言，国有企业的改革则相对滞后。在传统计划经济体制下形成的企业制度及其运行机制与市场经济的矛盾日益突出。如何在坚持公有制主体地位的同时，构造适应市场经济要求的公有制实现形式，已成为深化国有企业改革的迫切任务。江泽民同志在中共十五大报告中指出："公有制实现形式可以而且应当多样化。一切反映社会化生产规律的经营方式和组织形式都可以大胆利用。要努力寻找能够极大促进生产力发展的公有制实现形式。"这一论述，对于统一关于所有制改革问题的认识，克服"左"的思想束缚，深化公有制经济改革，奠定社会主义市场经济的微观制度基础，具有重要的理论和政策指导意义。本文着重探讨公有制实现形式的含义、寻找公有制实现形式的必要性、公有制实现形式的选择等问题。

一　所有制与所有制实现形式的联系与区别

　　所有制是一种经济制度，反映了人与人之间在占有生产资料方面的关系，其核心是生产资料的归属问题。所有制的实现形式是生产资料所有者支配、经营、管理生产资料，并对再生产过程中创造的产品进行分配的具体方式和途径。实现形式的核心是生产资料的营运效率以及对剩余产品的索取问题。马克思主义认为，生产资料所有制是生产关系的基础，一定的生产资料所有制，决定了人们在生产中的一定地位和相互关系，一定的交换关系和一定的分配关系。同时，生产资料所有权又要通过生产、交换和分配等社会再生产的各个环节来实现。寻找公有制的实现形式，就是要探索和建立公有生产资料在社会再生产过程中更有效的组织方式、经营方式、交换方式和分配方式。

所有制的实现形式有狭义和广义之分。狭义的实现形式就是指产权的组织方式，如私人独资企业、合伙制企业、有限责任公司、股份有限公司、国有独资公司、股份合作制企业以及社区集体所有制企业等。广义的所有制实现形式除了上述的产权组织方式外，还应包括企业的治理结构即委托代理方式与机制、资本运作方式、盈亏责任、监督机制、资产流动与交易方式、剩余产品的分配方式，等等。

将所有制与所有制实现形式区别开来，在理论上和思想上有利于克服两种片面性。一种片面性是认为传统的公有制不适应市场经济的要求，向市场经济转变，就必须放弃公有制或国有制，实行全面的私有化；另一种片面性是认为当前我国的国有企业不存在产权不明晰的问题，对国有企业或集体所有制企业产权关系的明晰，最终将会导致私有化，动摇和瓦解社会主义的经济基础。事实上，所有制实现形式并不等同于所有制。明确了这一点，我们就完全可以在不改变生产资料所属关系的前提下，在坚持公有制主体地位不动摇的情况下，探索和建立多样化的公有制的实现形式。例如，一个家庭，一个机构，拥有一定数量的金融资产，其所有权是唯一的和排他的，即属于这个家庭和机构。但是这笔金融资产究竟采取什么样的存在形式，则是可以选择的和多样化的。可以存入银行，可以购买政府或企业债券，也可买股票，或者兑换成外币。储蓄、债券、股票、外币等都属于实现形式，但不论采取什么形式，最终是为了获得更大的回报，带来更多的利息。

作为所有者，在选择所有权的实现形式时，其出发点主要有两个，一是安全性原则，确保所有权的安全，即通常所说的保值；二是效率原则，通过生产资料的占有、支配和使用，能够带来更大的收益，即通常所说的增值。保障所有权的安全，首先是靠法律手段，保障所有者的合法权益不受侵犯。无论是公有资产，还是私有资产，都应受到法律保护。但这只是一种静态的保护。实际上，在市场经济条件下，投入营运的生产资料是在市场竞争中实现保值和增值的。没有效率，就没有竞争力，就不可能实现保值和增值。不能保值和增值，所有者的权益也就无法实现，或者说实现的可能是零甚至是负数，即表现为亏损和资不抵债。所以说所有制实现形式的核心是效率问题。如果公有制的实现形式没有效率，那么维护公有制就是一句空话。努力寻找能够极大促进生产力发展的公有制实现形式，就是最有效地维护公有制。认为公有制经济这也不能改，那也不能动，其结果必然会削弱公有制。

二　所有制的实现形式是发展变化的

所有制具有相对的稳定性，但也不是一成不变的。一定的生产资料所有制形式，取决于社会生产力发展水平。随着生产力的发展变化，要求生产资料所有制关系相应地进行变革。恩格斯指出："社会制度中的任何变化，所有制关系中的每一次变革，都是同旧的所有制关系不再相适应的新生产力发展的必然结果。"[1] 看不到当代生产力发展变化的趋势，否认所有制关系相应变化的客观必然性，在认识论上是形而上学的。

所有制的实现形式具有更大的可变性和灵活性。同一种性质的所有制，在生产力发展的不同阶段，不同的国家，不同的地区以及不同的行业和企业，可以有不同的实现形式。作为私有制最高形式的资本主义私有制，其实现形式也是随着社会生产力的发展而发展变化的。资本主义早期私有制的实现形式是以单个资本家直接占有和经营资本为主要形态。随着生产力的发展，资本主义私有制与生产社会化产生了尖锐矛盾，并导致了经常性的和周期性的经济危机。有矛盾，就会产生解决矛盾的途径和办法。在资本主义私有制不变的前提下，其实现形式是可以变化的。这种变化，虽然不能从根本上解决资本主义的基本矛盾，但它在一定程度上缓和了生产资料的私人占有与生产社会化之间的矛盾。股份公司的出现，就是资本主义私有制实现形式发展变化的产物。马克思认为，股份公司就是"那种本身建立在社会生产方式的基础上并以生产资料和劳动力的社会集中为前提的资本，在这里直接取得了社会资本（即那些直接联合起来的个

---

① 《马克思恩格斯选集》第 1 卷，人民出版社 1972 年版，第 218 页。

人的资本）的形式，而与私人资本相对立，并且它的企业也表现为社会企业，而与私人企业相对立。这是作为私人财产的资本在资本主义生产方式本身范围内的扬弃"①。概括地说，股份制的出现使资本主义私有制实现形式发生了以下四个方面的变化：一是股份公司的产权形式实现了资本的社会化和多元化；二是公司法人财产权的形成，使资本所有者由原来单个资本条件下承担无限责任转变为只承担以出资多少为限的有限责任，从而降低和分散了投资者的风险；三是一部分资本所有者转化为单纯的货币资本家，而另一部分职能资本家转变为经理阶层，专门从事生产经营管理，使资本所有权与支配权发生分离；四是政府干预和调节剩余产品的分配，以协调和缓和不同的阶级，不同利益集团的经济利益关系和矛盾。

所有制实现形式的发展变化，是生产关系与生产力矛盾运动的结果，这种变化又促进了生产力的发展，私有制经济是这样，公有制经济也不例外。改革开放以来，我国公有制经济的实现形式也发生了重大变化。首先是在农村，"一大二公"、政社合一的人民公社解体，以生产队为基本核算单位的集体经济转变为家庭联产承包责任制。从形式上看，农村生产关系由集体经济变成了单干，由公有制经济变成了小农经济。但是，作为农村最主要的生产资料——土地，仍然归集体所有，改变的主要是土地的经营方式。正是由于农村公有制实现形式的这种变化，才带来农业生产力的巨大解放，使农村经济获得持续、稳定的增长和农村产业结构的重大调整。20 世纪 80 年代以来，我国国有经济的实现形式也进行了一系列的改革。最初从放权让利开始，逐步减少指令性计划和政府对企业生产经营活动的直接干预；80 年代中期以后到 90 年代初，实行企业承包经营，试图从分配和生产经营方式上解决政企关系问题，扩大企业的生产经营自主权，调动企业的积极性。1992 年中共十四大以后，大力推进国有企业的公司化改造，转换企业经营机制。这些改革，都是在坚持公有制主体地位前提下对公有制实现形式的变革。与此同时，国有企业和集体企业还广泛地与外商合作，建立各种类型的合资企业，形成了新的混合经济，通过合资经营，实现了公有经济的权益。

---

① ［德］马克思：《资本论》第 3 卷，人民出版社 1975 年版，第 493 页。

上述情况说明，无论是私有制，还是公有制，其实现形式都是在发展变化的、可以选择的。实现形式虽然也是一种经济关系，但它同时也是一种方法和途径。同样的形式，资本主义经济可以采用，社会主义经济也可以采用。决定取舍的标准，只能看其是否有利于促进生产力的发展，是否符合生产社会化的要求。

三　努力寻找公有制实现形式的必要性

目前大多数国有企业和集体所有制企业的实现形式，是在传统的计划经济模式下形成的。这种实现形式的前提条件是在按照马克思设想建立的社会主义社会里，国家代表全社会直接占有和经营生产资料，不存在商品生产和商品交换关系。社会生产过程和社会产品的分配，也是通过国家的计划进行安排和分配。与此同时，由于历史的原因，我国社会主义的生产方式并不是在资本主义充分发展的基础上建立起来的，而是在小农经济的汪洋大海中形成的。这种历史条件决定了我国传统的公有制实现形式一方面带有产品经济的基本特征，另一面又深受小农经济生产方式的影响。目前国有企业和一部分集体所有制企业暴露出来的种种矛盾，实际上反映了产品经济与市场经济的矛盾，反映了小农经济的生产方式与社会化大生产之间的矛盾。现阶段我国最基本的国情是仍然处在社会主义的初级阶段，仍然存在商品生产和商品交换关系，市场经济机制正在取代计划经济机制，单一的公有制经济正在转变为多种经济成分共同发展的多元化经济。现实条件以及正在加速的生产社会化、市场化的历史进程，客观上要求必须改革传统体制下形成的公有制实现形式。

1978 年中共十一届三中全会以来，我国对所有制的改革取得的进展主要体现在对所有制结构的调整方面。在指导思想上，摒弃了过去片面强调"一大二公"和急于向社会主义全民所有制过渡的政策，确立了以公有制为主体、国有经济为主导，多种经济成分共同发展的方针。在实践上，鼓励各种非国有经济的发展，从而使我国所有制结构发生了重大变化。以工业为例，在工业总产值的构成中，国有工业产值由 1978 年的 77.6% 下降到 1995 年的 34%，集体所有制工业产值由 1978 年的 22.4% 上升到 1995

年 36.6%，城乡私人及其他类型的工业产值由 1980 年的 0.48% 上升到
1995 年的 29.4%。但是，这种改革和变化，主要还是所有制结构的调整，
是在国有经济之外，扶持起一个新的富有活力的非国有经济，而国有经济
自身的改革，则显然滞后了。公有制经济，特别是国有经济的实现形式问
题虽然进行了许多有益的探索，但大多数国有企业还没有形成适应市场经
济要求的实现形式。

向社会主义市场经济转变，必须建立适应市场经济规律要求的微观的
制度基础。这种微观的制度基础的核心内容是，1. 经济主体的产权关系是
明晰的；2. 政企分开，经济主体具有经营决策和投资的自主权；3. 经济
主体必须承担盈亏责任和市场竞争风险；4. 企业的资产能够在产权市场上
进行交易和流动。只有达到这几条基本要求，才能解决公有制与市场经济
的兼容性问题。

传统体制下形成的公有制经济，特别是国有经济的实现形式，由于存
在以下弊端，难以实现与市场经济的兼容。这些弊端是，1. 产权主体单
一，大多数国有企业都是国有独资企业，没有形成企业投资主体的多元
化；2. 具体的产权关系不明确，虽然其终极所有者是国家，但没有人格化
的代表，究竟由谁来代表国家行使所有权并不明确；3. 对企业资产经营无
人承担盈亏责任；4. 在市场竞争中，劣势企业当资不抵债时仍然难以破
产；5. 对于剩余产品的分配，存在着事实上的平均主义，职工吃企业的大
锅饭，企业吃国家的大锅饭的状况没有根本改变；6. 大多数国有企业仍然
承担着不应由企业承担的社会职责。

我国经济体制改革已经走到关键时期，必须下决心改变传统体制下形
成的公有制经济的实现形式，克服公有制经济与市场经济运行规律之间的
矛盾。

努力寻找公有制的实现形式，根本目的是适应和促进生产力的发展。
传统体制下形成的企业运行机制，既缺乏资本的自我积聚机制，更缺乏资
本集中的机制。缺乏资本积聚的机制，是由于企业缺乏将一部分剩余转化
为资本的内在动力，主要目标是追求工资和福利的最大化。其结果，使大
多数国有企业失去自我发展的能力，在市场竞争中处于劣势。缺乏资本集
中的机制，主要是国有独资企业缺乏从社会进行直接融资的功能，同时也

缺乏通过企业兼并使资本向优势企业集中的机制，难以形成规模经济和大型企业集团。在对外开放日益扩大，我国企业越来越广泛地参与国际竞争的条件下，公有制企业不仅在国内市场面临大量"三资"企业的竞争，而且在国际市场上面临着发达国家大型跨国公司的竞争。目前我国虽然在许多工业产品产量方面，已经位居世界前列，但是还没有一家工业企业进入世界五百家大企业的行列。在世界上排名前 500 家的大型企业中，美国和日本两国合计占 60%，我国国内最大 500 家工业企业的年销售额，按汇率换算后，仅相当于美、日几家大企业的年销售额。一个国家的综合经济实力，最主要是靠制造业的实力支撑的。制造业的实力的形成，一是靠科学技术开发及其应用的水平；二是靠产业的规模效应。无论是科技进步还是形成规模经济都要靠建立适应市场经济要求的企业制度及其运行机制。1978 年以前的将近 30 年里，我国的经济发展，主要是奠定工业化基础，建立独立完整的工业体系，解决了从无到有的问题；1978 年以来的近二十年，主要是消除短缺，解决了从少到多的问题；今后二十年或者更长的一个时期，我国经济发展的任务，主要是解决从低到高，从粗放到集约的问题。必须在国民经济的整体素质，特别是科学技术发展水平和生产效率上缩小与经济发达国家之间的差距。寻找公有制经济的实现形式，完成向社会主义市场经济的转变，正是为实现第三步战略目标奠定有效的制度基础。

四　现阶段我国公有制实现形式的选择

公有制的实现形式必须与生产力发展水平相适应。由于我国生产力发展的多层次性和不平衡性，公有制的实现形式也应当具有多样性，不能搞"一刀切"。对旧的形式的改造，新的实现形式的建立，也不能搞"齐步走"和一哄而起，而应当是渐进的和有序的。无论是哪种实现形式，最主要的环节是理顺和明晰产权关系，建立有效的委托代理制，选择适当的经营方式，合理地分配剩余产品。从目前我国的实际情况出发，国有独资公司、股份制企业、股份合作制、社区集体所有制经济将是我国公有制经济的主要实现形式。对国有经济，应当实行中央、省（市）、地或地级市县四级所有。实行分级所有，有利于明晰产权关系，做到谁投资、谁所有、谁负责；有利于中央政府集中力量管好少数关系国民经济全局的重点大型企业；有利于调动地方各级政府的积极性和主动性，加快地方经济的发展。

今后国有独资企业仍将继续存在和发展，但其经营方式需要改革；各种不同投资主体共同出资形成的以股份制经济作为产权组织形态的混合经济将是未来企业组织形式的主体；股份合作制企业在数量上很大，将成为劳动者集体所有制经济的主要形态，但其中相当一部分会出现分化，一部分演变为规范的股份制企业，一部分演变为私人企业。

（一）国有独资企业

目前国有独资企业的范围过大，数量过多，应当收缩范围，减少数量。国有独资企业应当主要集中在国家为了公共消费和社会长远发展需要进行投资的领域。其特点是需要的投资量大，投资回收期长，社会公益性强，但一般产品投资者及外资不愿意进入。国有独资企业将主要集中在部分基础产业如交通、市政基础设施、邮政、军工等领域。对国有独资企业的管理主要应解决好三个方面的问题，一是由政府主管部门选拔、任命和考核经营管理人员；二是在遵循价值规律的基础上合理确定其产品或服务的价格；三是做好对国有独资企业的财务监督。

（二）股份制企业

股份制有限公司和有限责任公司今后将成为我国企业的主要形态，也是公有制经济的主要实现形式。实行股份制改造，主要是为了明晰产权关系，明确资产经营的责任，解除国家对国有企业承担的无限责任；实现所有者的所有权与企业法人财产权的分离，促进政企分开；通过市场竞争机制强化对企业生产经营者的鞭策与约束。通过股份化改造，还有利于实现资本的集中，加速大企业的形成，改变我国企业组织结构过于分散、市场集中度过低的状况。现在问题的焦点已从要不要推行股份制，转变为如何规范股份制，使其健康地发展。在推进股份制改造的过程中，当前需要解决的实际问题是，1. 不应片面追求成立上市公司，在推行股份制改造的起步阶段，更多地应当以不同企业或投资机构共同组成的有限责任公司为主要形式。2. 什么样的企业能够上市，应当进行严格的审查，防止有些企业为了成为上市公司而做假账和采取不正当手段进行公关活动。3. 进行股份制改造的主要是为了明晰产权，实现投资主体多元化，促进政企分开、转换企业经营机制、强化市场对企业的约束，但目前许多地方和企业把融资作为股份制改造的主要目标，改制后政企关系、运行机制以及盈亏责任并没有发生相应的变化，失去了进行股份化改造的意义和作用。4. 治理结构不规范，股东大会、董事会、监事会不能正常地发挥其职能，并与传统的干部管理体制发生冲突。在董事会和经营管理层内部，摩擦与内耗问题比较普遍。5. 委托代理制度不健全，主要表现为经理市场尚未形成，经理人员的选拔尚未引入市场机制，难以做到能者上、庸者下；激励机制的作用不明显，特别是国有控股公司的经营管理人员合法收入的标准过低，起不到激励的作用；同时又缺乏有效的约束机制，经理人员自行扩大个人账户开支。经营管理不善造成企业亏损，仍然可以易地继续做官或当经理。6. 上市股份公司的财务虽然公开，但财务报表是否真实可靠，缺乏必要的审计和监督。这些问题都是推进股份制改造中的实际问题，需要引起重视并在实践中逐步解决。

（三）股份合作制

第一，股份合作制兼有股份制与合作制的特点，是现阶段在中小企业实现生产资料与劳动者相结合的一种有效形式。通过职工入股，使企业职工从过去对企业资产的名义所有权转变为实际的所有权，实现职工对企业生产经营的关心，调动企业职工的积极性；第二，股份合作制企业实行按劳分配与按股分红相结合，既有利于发挥职工的劳动积极性，避免职工收入差距过大，又有利于提高资金的使用效率；第三，实行股份合作制，明晰了企业的产权关系，有利于克服基层行政部门对企业不必要的行政干预，实现政企分开。另外，股份合作制的设立程序比较简单，容易操作，适合于小型国有企业和城乡集体所有制企业产权组织方式的改革和改组。

股份合作制企业作为一种过渡的或中间的形态，在其发展的过程中，将会发生分化。一部分企业将逐步演变为规范的有限责任公司或股份有限公司，还有一部分有可能转化为少数个人控股的私人企业。无论向哪个方向转化，只要有利于生产力的发展，有利于扩大就业，有利于当地政府增加财政收入，都应当给予肯定。

（四）社区集体所有制企业

社区集体所有制企业是社区基层组织或劳动群众出资并共同占有的一种公有制经济。社区集体所有制企业目前仍然是我国集体所有制经济的主体，也是国民经济的重要组成部分。这种经济组织对于安排社区内劳动力就业，增加社会供给，活跃市场，方便群众生活，增加社区收入，有着不可替代的作用。因此对于社区集体所有制企业应当继续实行鼓励和扶持的政策。

五　所有制实现形式的选择与社会人文传统的关系

无论是产权的组织形式还是资本的运作方式，都是在特定的社会人文环境中存在和运行的。它既是社会经济生活的一部分，受经济规律的支配，同时又要受到各种非经济因素的影响和制约。超社会的纯经济组织，以及不受社会人文环境影响的经济活动事实上是不存在的。人们可以选择不同的所有制及其不同的实现形式，却无法选择既定的、由历史延续下来的社会人文传统；人们可以漂洋过海，到异国他乡去谋生存求发展，却很难改变其民族使他养成的思维和行为方式。这种社会人文传统和思维方式虽然是无形的，但它深刻地影响着人们的处事行为。

我们在引入产生于资本主义市场经济的股份制形式的同时，还必须重视建设有利于股份制经济发展的社会人文环境。股份制经济虽然是一种资本集中的形式，表现了物与物的关系，但它同时也代表了人与人的关系。分散资本集中于同一个企业之后，必然要求各个资本的化身——人与人之间，即股东与股东之间或股东的代表——董事会成员之间形成一种凝聚力，共谋企业的发展；要求大家必须遵循契约、章程和法律规范，这样才能保证股份制企业正常而又有效地运转。

问题在于，我国受小农经济生产方式的长期影响，由此而形成的社会人文传统中有许多消极的历史沉淀，不符合现代市场经济条件下股份制的要求。

首先，股份制企业由于所有权与经营权的分离而必须实行委托代理制，并要求被委托代理者必须忠于和维护所有者的权益。但由于受小农经济私有观念的影响，一些人在被委托担任股份制企业的高层经理人员之后，仍然想着有朝一日跳槽自己去办一家企业，宁可当一个小老板，也不安于做大公司的经理。

其次，股份制企业，特别是有限责任公司，必须严守契约和章程的规定，以保持资本的相对稳定性。但是在实际经济生活中，一些企业往往由于人与人之间的内耗和摩擦等因素而导致撤资散伙。

最后，在社会人文传统中，重亲情、重家庭、重关系而不重契约和法律，在企业用人上往往出现任人唯亲的现象。这种影响在农村股份合作制企业中表现得更为突出，一部分股份合作制企业已开始逐步演变为家族式的企业。

由于这些社会人文因素，使我国的台湾、香港以及海外华人企业中，大量的、普遍的企业形态是以家族、亲缘关系为纽带的中小型企业，很难通过资本集中机制在创造业领域形成资本社会化的大型企业。

考虑到我国社会人文传统对所有制实现形式的影响，在向市场化、社会化和现代化转轨的过程中，在一些投资规模大、资本有机构成高以及需要形成规模经济的产业，还必须继续发挥国家的主导作用，以加速资本的集中，建立现代化的大企业。

（本文原载《中国社会科学》1997 年第 6 期）

对精简政府机构和转变政府职能的再认识

经过 20 年的改革开放，我国经济管理体制发生了根本性的变化，传统的计划经济运行方式已成为过去。但是，我国经济运行和管理方式向社会主义市场经济的转变还没有完成。从传统的小农经济和计划经济转向市场经济是一场深刻的社会变革，既要改革经济基础，也要改革上层建筑。作为先进生产力代表的无产阶级政党没有自己的阶级私利，完全能够自觉地按照社会经济发展客观规律的要求，推进上层建筑领域的改革，实现向社会主义市场经济的转变。在具体操作上，政府机构及其职能如何适应市场经济的要求，仍然需要探讨和试验。本文拟对向市场经济转轨过程中的政府机构精简和职能转变问题进行一些讨论。

一　国家行业管理部门的精简与职能定位

国务院机构定编制、定岗位、定职责和人员分流工作正按预定目标顺利进行。这次中央政府机构的重大改革反映了向社会主义市场经济转变的客观要求，反映了全国人民的共同愿望，反映了党中央、国务院推进经济体制改革和政治体制改革的决心。如果没有大刀阔斧的魄力，如果没有义无反顾的勇气，很难做成这件深得人心但又要得罪很多人的大事情。

精简政府机构的意义不仅仅在于节省财政开支。这次国务院所属政府机构精简的人员约 16000 人，如果年人均费用按 2 万元计算，为 3.2 亿元，相当于 1997 年全国财政总收入的 0.036%，国家行政管理费用的 0.28%，数额并不是很大。但是，多年来由于政企不分、经济决策失误所造成的损失不知是 3.2 亿元的多少倍。所以，精简机构和人员分流的意义要远远超出节省财政开支的意义。更重要的意义在于通过釜底抽薪式的精简，实现政企分开，政府不再干预企业具体的生产经营活动，使企业真正成为自主经营、自负盈亏的微观主体。

要巩固这次中央政府机构改革的成果，首先，要通过立法来确定政府的机构及其编制，未经过法律程序，任何人无权加以改变。其次，是继续推进政府职能转变，不能把现在设立的国家行业管理局变成原来部委的"微缩景观"。职能不转变，就很难避免膨胀—精简—再膨胀—再精简的反复和循环。当事情"忙不过来"的时候，往往通过设立临时性或常设性的办公室，并从下属机构或地方政府借调工作人员，导致事实上的机构膨胀。

这次国务院机构改革把原来行业主管部改为局，并将逐步过渡为国家经贸委的职能局，其职能定位应当是，（1）代表国家行使所有者的职能。在我国现在和将来的所有制构成中，国有经济仍居于主导地位，特别是关系国计民生的基础产业，将以国有经济为主，或者由国家控股。行使国有资产所有权，必须有人格化的代表。按照政企分开的原则，国家行业管理局虽然不再直接管理企业，但所有者的职能应当由承担经济责任的行业性投资（控股）公司去行使，如委派董事，决定重大经营战略，监督资产营运等。（2）制订行业发展规划的职能。国家行业管理部门改为国家局以后，在现阶段还应承担制订行业发展中长期规划的职能。在工业发达国家，这种职能主要是企业行为，不需要由政府来制订，而由每一个行业的大公司通过制订公司发展规划和发展战略来引导和带动该行业的发展。但目前我国完全由大公司来制订指导全行业的发展规划还有一定的困难，主要是大公司的主导作用还没有完全形成，也缺乏制订行业发展规划的充分信息和必要的权威。因此在转轨时期，政府行业主管局还不得不发挥替代企业和市场的作用。（3）规范和监督经济主体行为的职能。这种规范和监督主要通过制订行业规则和产品标准，并依靠法律手段和经济手段来实现。对经济主体的规范和监督，传统的做法大多是通过发布一种正面号召式的条例，要求经济主体必须这样做，不能那样做。但是在实际工作中，这种建立在相信经济主体能够自觉遵循规则基础上的监督方式往往是软弱无力的。在利益主体多元化的市场经济条件下，经济主体的行为一切都是从自身利益出发的，企图违规是必然的、经常的。因此，对经济主体行为的规范和监督应当换一种方式，即明确规定经济主体不能做什么，如果做了，就要给予什么样的惩罚，这样才能实现对经济主体行为的硬约束。（4）扶持的职能。作为发展中国家，缩小与工业发达国家之间的差距是经济发展的重要战略任务之一。要完成这项任务，完全依靠市场力量是缓慢的，特别是在一些高技术领域，需要的投资大，风险也大；一般情况，转为或并入自主经营、自负盈亏的经济实体，不必因人设事、上下对口，照搬和套用中央政府成立行业管理局的模式。这方面的改革，上海等地已进行了成功的探索。

　　与国务院机构改革相比较，地方政府机构改革和人员分流工作的难度可能更大。这种困难主要表现在三个方面：第一，转变观念难。中国是一个经历了几千年封建等级社会的国家，现代市场经济和商业社会则刚刚起步和培育。"学而优则仕""万般皆下品，唯有做官高"的观念根深蒂固。无论是普通的工人、农民，还是干部；无论是军人，还是受过高等教育的知识分子，都把当官看得太重了。在资本主义社会，一些人为了获取100%、200%、300%的超额利润，敢于铤而走险，甚至不怕被推上断头台；在一个尚未从官本位解脱出来的社会，有些人为了当官，不惜失去自己的人格、尊严和良心。或许我们不应当过多地责备某些个人的道德品质，而应当看到这是一种市场经济不发达的历史局限，这种历史局限性使成千上万的中国人背上了沉重的官本位的十字架。第二，难以割舍的既得利益。从总体上讲，大多数干部是清廉的，与各个阶层高收入的人群相比较，他们的收入是偏低的。但又确确实实存在着普通老百姓难以企及的物质利益。比如，稳定的工资，按级别分配的或低价购得的住房，可靠的医疗保障，各种不构成违纪或犯法的隐性收入，办事过程中通过权力和关系所得到的种种方便和利益，令人羡慕和敬畏的社会地位。所有这些因素，都使在职的各级干部大多不愿意轻易离开政府部门。第三，地方政府公务员转岗的实际困难。目前我国乡及乡以上各级党政机构的工作人员约900万人，其中99%以上的人员分布在省及省以下各级机关。如果比照国务院机构和人员精简47%的比例和幅度，全国各级地方政府须精简400万—420万工作人员。应当说，地方政府机构改革和人员分流是大头和重点，按年人均费用1万元（工资、津贴、医疗等，但不包括福利分配的住

房）计算，裁减 400 万人，每年就可节省 400 亿元的财政支出，占 1997
年全国行政管理费用的 35%；与此同时还可以大大减少纳入预算外收入的
各种摊派。经济效益和社会效益都十分显著。400 万人向何处分流？如果
从政府分流到事业单位，一是还要继续吃财政饭，不能实现通过精简人员
来节省财政开支的初衷。二是大多数事业单位也人满为患，吸纳分流人员
的能力有限。国有企业 1985 年拥有 5600 万职工，1997 年已下降到 4600
万人，减少了将近 18%。按照提高劳动生产率、减人增效的要求，至少还
需要分流 1500 万职工。因此，地方政府公务员分流到国有企业的空间已
十分有限。在推进地方政府机构改革和人员分流的过程中，必须正视上述
实际困难。

三　培育和发展社会中介组织

随着社会经济活动的日益商品化、市场化和社会化，经济主体之间的
经济关系日益复杂，单靠政府对经济主体的行为及其相互关系进行直接监
督调节是困难的，行业协会、律师事务所、会计师事务所等社会中介组织
可以按照政府制定的法律、条例、规定行使监督和调节的职能。目前我国
社会中介组织的作用还很有限，一方面是由于在历史上和传统体制下形成
的社会习惯，即一切管理活动都由政府包办代替，社会经济生活的运行没
有纳入法治轨道；另一方面是由于近年来成立的各种社会中介组织良莠不
齐，其自身的行为不规范，没有真正树立起社会权威。例如，一些律师事
务所不公正执法，一些会计师事务所帮助经济主体做假账，一些行业协会
只收费不提供服务，使社会公众对这些中介组织缺乏信任，要解决问题仍
然找政府。因此，要有效发挥社会中介组织的作用，必须首先规范和监督
社会中介组织的行为。

（本文原载《首都经贸大学学报》1999 年第 2 期）

论另一只无形的手

——社会文化传统对经济发展的影响

　　无论是西方经济学还是马克思主义经济学理论都认为，在市场经济条件下，有一只无形的手，自动地调节着社会再生产的过程。这种调节主要是通过价值规律的自发作用，由价格杠杆来调节生产和流通、供给与需求，并通过优胜劣汰的竞争机制，推动生产要素和市场份额向优势企业集中，刺激和促进商品生产者改进技术，提高劳动生产率，加强经营管理。

　　市场机制这只无形的手能够自动地优化资源配置，实现效率的最大化。本文所要讨论的问题是，为什么在同样的市场经济条件下，或者同样的政策环境下，有的国家、有的地区经济发展很成功，有的则发展缓慢，甚至停滞不前。

　　1978 年中国实行改革开放政策以来，国内不同地区经济发展的成效也有很大差别，经济发展较快的大多是自然资源与土地短缺、工业基础比较薄弱的地区。而自然资源丰富的地区，工业基础比较强的地区，经济发展却相对较慢。这种情况表明，在相同的政治经济制度与政策环境下，影响甚至决定经济发展和运行的因素还有许多非制度和非政策因素，还有另外一只无形的手在起作用，这就是社会文化传统的因素。因为经济生活总是在一种特定的社会历史和人文环境中运行的，经济规律起着支配和主导的作用，但社会人文传统也是不可忽略的因素，有时甚至成为决定性的因素，就如同上层建筑对经济基础的作用一样。

　　社会文化传统是一个国家或一个地区在长期的社会政治经济实践活动中，逐步形成的一种被普遍遵循的人文精神、价值观念、行为方式以及根深蒂固的习惯势力，是一种没有文字的历史沉淀。它不是通过制度规范和法律条文的形式来表现它的存在，而是通过潜移默化的方式因袭传承。价值法则、供求规律这只无形的手的作用方式，具有市场机制的强制性。社会人文传统这只无形的手的作用方式则是非强制性的，或者起着润物无声、催人奋进的积极作用，或者起着令人无可奈何，束手无策的消极作用。

一　社会人文传统对企业产权组织形态的影响

在市场经济条件下，由于生产力的发展，生产社会化程度的提高，以及竞争机制的作用，出现了资本集中化的趋势。一批具有竞争优势的企业由于能够广泛地利用先进技术，实行新的劳动组织，提高设备利用率和劳动生产率，在竞争中击败对手，并对中小企业进行兼并，把中小企业的资本集中于大企业，在短期内形成巨额资本，实现中小企业难以企及的生产经营规模。另外，市场经济的信用制度的形成和发展，适应了生产社会化的要求，通过银行扩大信贷规模和股份公司的方式，把社会分散的资本集中起来。但是资本集中化的趋势和以现代股份公司为基本形态的企业产权组织在华人企业中表现得并不明显。无论是在亚洲还是欧美，大多数华人企业都做不大，而仍然以家族企业为主体。有一位台湾学者曾经指出，在美国的老一代华人经营领域和经营方式大多以操持"三刀"为主，即拿菜刀——开餐馆，拿剪刀——办小型服装厂，拿剃头刀——开理发店。在这些经营领域里，都是以手工劳动为基础的家庭作坊式的小企业。当年华人的后代以及当代华人新移民，由于会读书，受到良好的高等教育，从事的职业大多以"三师"为主，即教师、工程师或医师。无论是"三刀"还是"三师"，都有一个共同的特点，就是凭借个人的手艺或智力单枪匹马进行奋斗，而在需要实行资本社会化的大型制造业领域，很难见到由华人资本控股的大企业。

在以私有制为基础的市场经济国家，无论是美国和欧洲，还是日本和东南亚，华人企业大多是以家族资本为主的独资小型企业。这种现象的形成，很难从经济制度、法律环境和政府政策方面去找到解释，而主要是华人的人文传统所使然。

　　大企业的产权组织形态是建立在资本社会化的基础上，是通过对分散资本的集中实现的。资本的集中要求资本人格化的代表必须以契约为准绳，建立一种相互信任、相互合作的关系。资本的集中要求不同的所有者主体之间形成一种凝聚力。但是，在几千年小农经济生产方式基础上形成的华人人文传统，更加相信与自己具有血缘或裙带关系的家族成员，更加愿意通过人情关系而不是运用法律手段来解决生产经营中的各种矛盾。在企业产权组织形态和经营管理方式上，更多地实行所有权与经营权相统一的家族独资企业的形式。即使是亲兄弟，当企业稍稍做大以后，大多采取分家的方式，又把企业变小。因此，这种企业通常只具有将利润转化为资本的自我积累机制，而没有把分散资本集中起来进行扩大再生产的机制。

　　由于上述的社会人文传统的作用，使华人社会的企业产权组织很难发展成以私人资本为主体的资本社会化的大型股份制企业。家族式的私人企业也很难在资本有机构成高的资本密集和技术密集型产业有所作为，大多局限在劳动密集型的产业或商贸、服务业领域。改革开放以来，我国的私人经济迅速发展，并逐步成为国民经济的一支重要力量。但国内的私人企业具有与港澳台及海外华人企业相类似的特点，一是以家族式企业为主；二是以劳动密集型产业为主。当一个国家的私人经济还未成大气候，还没有发展成为资本社会化的大型股份公司的时候，往往不得不采取国有经济的形式，依靠国家的力量实现资本集中，兴办私人企业无力兴办或不愿投资的资本密集、技术密集的大型企业，使之成为国民经济的支柱和基础。

　　由此可见，企业产权形态的形成和发展，既要受经济规律的制约，也会受到社会人文传统的影响。不同的国家、不同的地区、不同的民族有着不同的社会人文传统和历史背景。否认这种差异性，照搬照抄别国或其他民族的某种固定的模式，肯定是行不通的。

二　不同地区的社会人文传统对经济发展的影响

　　俗话说"一方水土养一方人"。这里所讲的水土不仅指一个地区的自然地理条件，同时也包含着一个地区的风俗人情和价值观念。中国地域辽阔，各地的经济文化发展很不平衡，社会文化传统、处世哲学和行为方式也有很大的差异。这种差异性又直接影响着当地的社会经济发展。

从历史上看,在中国的明清时期,曾经出现过闻名全国的徽商,特别是江南一带,有过"无徽不成市"的辉煌。但后来徽商衰落了,并没有发展、壮大成为中国近代的资本主义工商业。究其原因,首先,应当归罪于封建的专制统治和清政府重农抑商的政策,对带有资本主义萌芽性质的工商业的摧残和压制。其次,徽州的人文传统和徽商的价值取向也限制了徽商的发展。徽州人之所以大批外出经商,主要是由于当地的自然、生态环境所逼迫的。徽州地区虽然山清水秀、景色宜人,但在历史上,这里曾经是血吸虫病流行的地区,男人如果下田耕作,几乎都被染上血吸虫病。为了谋生,他们不得不背井离乡,外出经商。当然其中有很多经商的成功者,并形成了云集江浙、遍布全国各地的徽商。但是成功的徽商在有了一定的资本积累后,不是沿着资本扩大再生产的道路继续发展,而是买田置地,成为地主,或向朝廷捐款买官,进入官场,同时培养子弟读四书五经,走上仕途。徽商把读书、做官作为最高的价值实现。其结果又重新回到了封建主义的政治经济关系,使得带有资本主义萌芽性质的经济关系和生产方式被中断了和倒退了。

我们再把目光回到当代。不同地区的社会人文传统对经济发展的影响也是很明显的。改革开放以来,我国不同地区之间的经济发展出现了很大差异。从总体上讲,制度环境和政策环境没有根本性的差别,都是在中国共产党的领导下,都是以公有制为主体,都是处在从计划经济向市场经济转轨的过程中。但是各地经济发展的成效大不相同,并出现了后来者居上的情况。人们往往把这种结果归结于中央优惠政策和对外开放政策的差异造成的,归结于国家投资强度不同造成的。我们不否认有这方面的原因,但更重要的原因是社会人文传统、人文精神和企业文化的差异造成的。浙江的中南部与安徽的徽州山水相连,自然条件差别不大。改革开放以前,徽州地区比浙江温州地区要富庶一些,文化也更发达一些。但改革开放以来,经济发展的绩效却不大相同。浙江省人多地少,自然资源并不丰富,20 年来中央政府并没有在浙江省投资兴建什么大项目,但浙江经济经过 20 多年的发展,已成为经济强省之一,其主要原因是得益于浙江人的商业进取精神。浙江的农民为了谋生,为了致富,不以利小而不为,不怕千辛万苦，不辞千山万水，不惜千方百计，哪里有市场，哪里有商业机会，哪里就有浙江农民的足迹。特别是浙江温州人，既有山地农民吃苦耐劳的精神，又有沿海渔民搏击大海，敢闯世界的勇气。1999 年北约轰炸南斯拉夫联盟共和国的空袭刚刚停止，温州的商人就把大批服装和日用品运进了商品严重短缺的南联盟。温州的商人和货物进到南联盟的时间甚至比俄罗斯的士兵进入普里施蒂纳机场的时间还要早、还要快。可以说他们是在"冒着敌人的炮火前进"，以敏锐目光和只争朝夕的精神寻找和抓住商业机会。搞市场经济，需要的正是这种商业进取精神。

再如，改革开放以来，江苏和浙江出现了一批新兴的工业城市，并超过了原来工业实力雄厚的大城市。据统计，1997 年杭州的 GDP 为 1036 亿元，苏州为 1132 亿元，无锡为 960 亿元，宁波为 900 亿元。同年西安市的 GDP 为 500 亿元，沈阳为 854 亿元。但是，20 年以前，西安和沈阳都是我国工业基础和实力最为雄厚的大城市，而苏、锡、杭、甬四市的工业无法与沈阳和西安相提并论。但是 20 年后的今天，情况发生了令人难以置信的变化。1999 年苏、锡、杭、甬跻身于全国 GDP 超过 1000 亿元的经济十强城市，而沈阳和西安则排在了 10 强之外。特别值得一提的是江苏省的江阴市，这是一个只有 100 多万人口的县级市，但 1999 年 GDP 达到 300 多亿元，人均 GDP 将近 3 万元，是全国平均水平的四倍。该市有 8 家上市公司，上市公司的资产平均净收益率明显高于深沪两地上市公司的平均水平，目前有 20 多种产品的市场占有率居全国第一位。实事求是地说，20 多年来江浙一带经济的高速发展主要是由于这里的干部群众善于经营的传统和在商品经济中勇于进取的人文精神。这种传统和人文精神在适宜的政策环境中，会转化为巨大的物质力量，创造出令世人瞩目的经济奇迹。

三　社会人文传统对投资行为和创新行为的影响

1997 年亚洲爆发金融危机，使日本、韩国、马来西亚、泰国等国的经济发展受到打击，我国香港的经济也受到严重影响。这场危机产生的原因是什么？大多是专家学者从金融货币体系与政策、进出口贸易状况、企业与银行、企业与政府的关系以及国际金融投机势力的兴风作浪等方面进行分析。上述的原因都是客观存在，不可否认的。这次金融危机暴露了这些国家和地区经济体制、经济结构和经济发展战略方面存在的矛盾。但是，除了上述原因之外，还应当看到亚洲的社会人文传统对经济发展和运行的消极影响，特别是对投资行为与创新行为的消极影响。

在投资行为上，亚洲一些国家和地区的企业家特别热衷于投资和炒作房地产，企图在短期内就能得到巨额的投资回报。日本在20世纪80年代经济增长强劲的时候，在美国大量购置物业；东南亚国家和地区的一些华人企业家就如同喜欢打麻将、赌博一样，对投资房产更是十分偏好。一些财团虽然有雄厚的经济实力和大量的剩余资本，但只会进行房地产投资或投机，对高科技产业，特别是对制造业领域的高科技产业既不熟悉也不热心。房地产热也一度在内地兴起。如果不是1993年中央政府开始实行强有力的宏观调控政策，及时刹住房地产热，那么这股房地产热对国民经济发展所造成的危害将更为严重。亚洲金融危机实际上是对亚洲的一些国家和地区由房地产热所吹起的泡沫经济的一种惩罚和市场校正。

导致亚洲金融危机的另一个原因是包括日本在内的东亚和东南亚国家和地区的技术创新不足，使经济增长缺乏推动力和后劲。东南亚国家和地区大多缺乏独立进行科学技术研究和开发的能力，产业技术的源泉主要来自于日本。20世纪70年代以来，日本对东南亚国家和地区的资本和技术输出由产业的垂直转移发展到产业的平行转移。东南亚国家和地区大量发展以电子元器件制造和电器装配工业，并出现了产业结构雷同化的趋势，各国共同争夺北美和欧洲市场。当本地区房地产成本和劳动力等生产要素成本不断上升、扩大出口又受到国际市场容量限制后，必然导致贸易条件的恶化、汇率的波动和外汇储备的减少。

为什么日本等亚洲国家和地区的技术创新不足呢？原因当然是多方面的，但其中很重要的一点是社会文化传统的原因。众所周知，战后日本经济的高速增长，主要是由于他善于学习、引进和模仿外国的先进技术，它的创新也主要集中在消化、吸收和改进的层次上，而不是进行革命性的突破。进入20世纪90年代以后，发达国家之间的经济竞争主要转向科技研究与开发及其产业化能力的竞争。谁的技术创新能力强并能保持暂时领先地位，谁就能赢得市场，获取超额利润。90年代以来，日本在技术创新及其产业化方面显然落后于美国。

　　一个国家的创新能力当然取决于国家的政策，取决于经济机制和资金投入强度，但同时也取决于国民的特性和价值观念。

　　日本社会是以中国儒家思想作为基本的哲学理念。从学校教育开始，并不鼓励和培养学生标新立异、独树一帜的创新精神。在企业，更加强调长幼有序、论资排辈。日本的小企业大多数是以大企业为中心，为大企业服务，而不像美国的许多小企业是掌握技术专利的工程技术人员另立门户和进行风险投资而发展起来的。没有技术创新和敢冒风险的精神，就不可能有高科技的发展和产业的升级换代。

　　但是，传统的儒家思想，主张中庸之道，作为一种哲学思想，虽然有其合理的一面，但它本质上是反映了小农经济的生产方式，求安稳、怕风险的思想观念。这种观念扼杀了人们的创新精神和竞争意识，难以适应现代市场经济发展和科技进步的要求。因此推进科技创新及其产业化，也必须以解放思想、更新观念作为重要的前提。

（本文原载《经济管理》2001 年第 2 期）

WTO 规则下我国企业和政府行为调适

从 1986 年 7 月我国政府提出恢复在关贸总协定缔约国地位的要求开始，到 2001 年 12 月 11 日被接纳为世界贸易组织正式成员，此间经历了长达 15 年一轮又一轮的谈判。这 15 年既是我国经济体制由传统的计划经济向社会主义市场经济转变的过程，也是国民经济持续高速增长和不断扩大对外开放的过程。我国经济体制改革的深化和经济综合实力的不断增强，为加入 WTO 创造了条件，奠定了基础。

从经济体制转轨的过程中，目前我国已初步建立起社会主义市场经济新体制，基本达到了世界贸易组织的成员必须是市场经济国家的要求。这主要表现为，各种经济成分并存的、多元化的所有制格局已经形成；国有经济在 GDP 构成中的比重已下降到 40% 以下；市场供求关系和价格杠杆已成为引导投资和企业生产经营活动的主导力量，90% 以上的生产资料和消费资料的生产与销售主要由市场进行调节，优胜劣汰的竞争机制决定着企业生死存亡。很显然，我国经济运行方式已发生了实质性的变化，仍然把中国视为非市场经济国家不符合已经变化了的实际情况，也是不公平的。

从经济规模看，经过 20 多年的持续高速增长，我国经济的总体规模已进入世界经济大国之列，绝大多数工农业产品产量已位居世界前列。2001 年的进出口贸易额突破 5000 亿美元，居世界第 6 位。中国的外汇储蓄 2001 年年底已超过 2100 亿美元。

从对外开放的程度看，在加入 WTO 之前，我国就多次主动降低关税，1991 年我国工业的平均关税税率为 42.5%，到 2001 年 1 月 1 日，工业品的平均关税税率降至 15.3%；与此同时，我国逐渐减少或取消了许多进口产品的配额、许可证等非关税措施。

上述情况表明，我国经济已经是一个开放型的经济，全球化需要有中国的参与，中国经济的发展也需要融入经济全球化的进程。我国加入WTO所获得的机遇是可以利用 WTO 关于贸易与投资自由化的规则以及解决贸易争端的机制，克服贸易保护主义的障碍。根据与世界贸易组织其他成员国所达成的市场准入的协议，为扩大中国产品的出口，创造长期稳定的、具有制度保障的环境。但是，我国加入 WTO 后面临挑战也是巨大的。

中国加入世界贸易组织在许多方面仍然准备不足：

第一，产业升级准备不足。我国在国际市场上所面临的竞争，对手主要是工业发达国家。我国出口产品虽然是以工业制成为主，但主要是劳动密集型产品，在技术密集和知识密集产业领域还不具有竞争优势。因此在国际交换过程中，我国是以低附加值的产品交换高附加值的产品。这种国际分工的格局显然不利于发展中国家。劳动力资源丰富、成本低是我国的比较优势。我们既要维护发挥比较优势，大力发展劳动密集型产业，也要增强竞争优势，推进产业升级，在资本密集技术密集和知识密集型领域，逐步缩小与工业发达国家之间的差距。

第二，产业组织结构调整准备不足，突出表现为企业组织方式中"大而全""小而全"的状况还没有得到根本改变。在制造业领域，我国还没有一家企业进入世界工业 500 强。"大"企业、小规模，用小农经济的方式搞大工业生产的现象普遍存在。国际大型跨国公司已兵临城下，加紧培育我国能够与跨国公司竞争的大型企业和企业集团是一项艰巨的任务。

第三，国有和国有控股企业的创新与转换经营机制准备不足。国有企业进行公司混合产权多元化改革滞后，国有股"一股独大"的问题还没有解决；在公司的治理结构中，高层经营管理人员的选拔、任命和退出机制如何适应市场经济的要求仍处在探索过程中；对企业经营管理人员实行有效的激励和约束机制还没有形成；企业下岗人员从厂内再就业中心转向了社会失业面临着社会失业保险体系不健全的矛盾。这些问题直接影响到我国大中型企业的竞争力的提高。

第四，企业缺乏自我积累和自我发展的能力。在市场经济条件下，企业应当是技术进步的主体，企业的技术进步必须主要依靠自我积累能力，但是目前大多数企业税后利润难以支持企业的设备更新和技术改造。2000

年我国用于 R &D 的投入为 890 亿元，相当于当年 GDP 的 1%，其中企业的投入不足 R &D 总投入的 40%。企业冗员过多，工资侵蚀利润，经营管理不善，税负结构不合理，等等问题限制了企业自我积累和自我发展的能力。

第五，适应经济国际化要求的从事国际经营的专门人才准备不足。在传统计划经济体制下，我国进出口贸易实行由外贸部门代表为主的方式。企业的生产经营并不直接面对国际市场。20 世纪 90 年代以来，随着经济体制改革的深入，越来越多的企业拥有了从事对外贸易的经营权。但是外贸人才主要集中在传统的外贸部门的状况并没有根本改变。生产企业普遍缺乏熟悉国际市场和 WTO 规则的人才。许多工业企业在国际经贸活动中存在着很大的盲目性，特别是缺乏应对国际贸易保护主义以及由此而产生的贸易摩擦的专门人才。

我们必须以加入 WTO 为契机，把压力转化为动力，通过深化国有企业改革，转换政府职能，优化产业结构，推进技术创新，以应对国际经济竞争的挑战。

必须继续推进国有经济的战略性重组，收缩国有经济战线。已进行公司化改造的国有控股企业应逐步降低国有股比重，转换企业经营机制，从制度上解决企业目前事实上还没有做到自负盈亏的问题。对上市的股份公司，重点实现规范化。加强监管，保证上市的股份公司按照市场经济规律和法律规范的要求运行。

政府转换职能的任务是要完善依法行政的制度和机制，增强政府管理经济过程中透明度，对现行法律法规和政策中不符合 WTO 规则要求的条款进行清理、修订或予以废止。政府应努力建立规范的市场秩序，为各种不同类型的企业创造一个公平竞争的环境。政府应在遵循 WTO 规则的前提下，对幼稚产业进行合理保护，在国际经济事务中，积极开展双边和多边贸易磋商与交涉，维护本国企业和产业的合法权益。

结构调整应以企业为主体，以产品为中心，以提高竞争力为关键环节。在世界产业的分工体系中既要继续发挥劳动力便宜的比较优势，又要不失时机地推进产业升级，提高技术密集和知识密集型的产业在国民经济中的比重，扩大附加值高的产品的出口。特别是在钢铁、石油化工、机械装备制造、汽车制造、基础电子元器件和医药等制造领域，应加快设备工艺的更新和技术改造，推进产业组织结构的调整。提高这些产业的国际竞争力。

必须加强行业协会的建设。行业协会既是企业自治性组织，又是介于政府和企业之间的社会中介组织。我国行业协会大多是从原来行业主管部门演变过来的，在体制转换过程中，还没有在企业中建立起新的权威，其功能也很不完善。在加入 WTO 之后，政府、企业以及行业协会都必须高度重视培育和增强行业协会的功能，规范和完善行业协会运行机制。通过行业协会协调企业行业行为，为企业提供服务，维护本行业的合法权益，以适应国内和国际市场竞争的要求。

在市场经济和经济国际化条件下，没有挑战的机遇是个别的、偶然的，挑战则是经常的和难以回避的，只有积极应对挑战，才能抓住机遇。

［本文原载《中国工业发展报告（2002）》一书的序言］

对中国与俄罗斯经济体制改革差异的分析

　　中国和苏联曾经都实行高度集中的社会计划经济体制。因为中国的计划经济体制是照搬苏联的，所以两国传统体制的弊端基本相同。中国从1978 年中共十一届三中全会以后，俄罗斯在 1991 年苏联解体以后，都实行了市场取向的改革。但是在改革的方式上，中俄两国做出了截然不同选择。中国坚持以公有经济为主体，多种经济成分共同发展；俄罗斯实行全面私有化的政策。中国实行渐进式的改革，俄罗斯实行"休克疗法"，试图毕其功于一役。20 世纪 90 年代初期，西方舆论普遍认为俄罗斯的改革道路是正确的，是快刀斩乱麻，将会很快见到成效；认为中国的改革成败难料。

　　每一个国家都有权从本国国情出发，自主地选择改革和发展的道路。这种选择似乎取决于少数英雄人物个人偏好的偶然性，其实都具有这个国家社会、政治、经济、历史、文化等背景所决定的必然性。正如恩格斯所指出的那样："历史进程是受内在的一般规律支配的。"

　　今天，中国和俄罗斯的计划经济体制已成为过去，中俄两国的历史掀开了新的一页，但是两国经济体制改革的任务都还没有完成。分析和比较中俄经济体制转轨的成败得失、经验教训，对于正在进行的历史变革，是必要的，也是有益的。

一　中国实行渐进式改革的过程

　　中国的经济体制改革不是对社会主义政治经济制度进行颠覆性的变革，而是要重新认识什么是社会主义，革除传统社会主义体制的弊端，探索一条符合中国国情、具有中国特色的社会主义市场经济道路。马克思主义唯物辩证法告诉我们，事情的发展都要经历一个从量的积累到质的飞跃的过程。中国新民主主义革命曾经经历了由弱变强、从农村到城市、积小胜为大胜的长期奋斗的历史。这种历史过程并不是由历史人物的个人意志所能左右的，而是由中国的国情决定的。同样道理，中国经济体制改革，是在拥有 10 多亿人口的发展中国家所进行的一场伟大的社会变革。在改革过程中，需要解决一系列深层次的社会经济矛盾，从经济基础到上层建筑，从社会组织形态到人们的价值观念，都要发生深刻变化。因此，这场改革必然具有长期性、艰巨性和复杂性的特点，不可能一蹴而就。

中国渐进式改革从拨乱反正开始。1978 年中共十一届三中全会从指导思想上纠正了居于主导地位长达 20 年的"左"的错误，以解放思想、实事求是的思想路线和"三个有利于"的判断标准统一全党和全国人民的思想认识。在改革的实践上，采取"摸着石头过河"的策略，先实验，后推广。改革的先后顺序是先把农村改革作为突破点，然后再逐步扩大到城市；先在国有经济的体制外，发展各种类型的非国有经济，培育市场经济所必需的多元化的经济主体，再逐步推进国有企业的改革；在计划与市场的关系上，先在计划经济的板块上打开一个缺口，放开一部分农副产品、日用小商品的生产和流通，使它们由市场调节，使市场经济的运行机制在一种渐变的过程中逐步形成。

1982 年召开的中共"十二大"在总结 1978 年以后改革的初步经验的基础上，提出实行"计划经济为主，市场调节为辅"的方针。在实践上，进一步扩大了市场调节的范围。20 世纪到 80 年代中期，大多数日用消费品和农副产品已主要由市场供求关系进行调节。

1984 年中共十二届三中全会提出了"社会主义经济是商品经济"的理论，突破了社会主义经济是非商品经济的传统理论，进一步为市场取向的改革开辟了理论的道路。

1987 年中共"十三大"阐述了社会主义初级阶段的理论，并提出了"国家调节市场，市场引导企业"的经济运行模式。这一概括，向着市场机制在资源配置中发挥基础作用的改革方向前进了一大步。

1992 年中共"十四大"明确提出建立社会主义市场经济的改革目标。

中国的经济体制改革从以放权让利为主的阶段转向了以制度创新为主的新阶段。

1993 年中共十四届三中全会提出建立现代企业制度的任务，目的是构建社会主义市场经济微观的企业制度基础。

1997 年中共"十五大"明确提出国有经济有进有退的方针，国有经济应当主要集中在关系国民经济命脉的基础产业和关系国家竞争力的战略性产业领域；肯定了非公有制经济是社会主义市场经济的重要组成部分，赋予非公有制经济与公有制经济平等的地位。与此同时，指出股份经济是社会化大生产条件下的一种有效的产权组织形式，资本主义可以采用，社会主义市场经济也可以采用。

2002 年召开的中共"十六大"提出进一步改革国有资产管理体制的政策，即中央政府和省、市（地）三级政府分别代表国家履行国有资产出资人的职责，并建立管资产与管人、管事相结合的监督管理体制，从而构造国有资产人格化的代表，防止国有资产流失。

在改革的方法论上，根据实事求是，解放思想的方针，在明确市场取向改革大方向的前提下，企业、部门和地方政府从实际出发，可以进行多种形式的试验和探索，然后再总结经验教训，深化认识，形成政策，进一步对改革实践进行指导、规范和完善。这种改革方式，既保证改革方向的正确性和一致性，又充分尊重和发挥群众的首创精神，承认各个地区、部门和企业的差异性。中国的改革过程是以政策指导为主，在新的经济关系和运行方式已经形成之后，而且对其运行规律有了比较正确的认识和把握的基础上，再制定法律进行规范。这种方式符合认识论的规律，使改革的政策更符合客观实际要求。它既表现为一种自然而然、水到渠成的过程，又发挥了党和政府因势利导的能动作用。

从 1978 年开始的经济体制改革已经进行了 25 年，现在已初步建立起社会主义市场经济新体制，中国的社会经济面貌已经发生了巨大变化。2002 年中国的 GDP 比 1978 年增长了 7.56 倍，平均每年增长 9.35%。主要工农业产品产量进入世界前列。进出口贸易额由 1978 年的 206.4 亿美元增长到 2002 年的 6000 亿美元。城乡居民的物质文化生活水平有了显著提高。社会经济发展的实践证明，中国所选择的改革道路是正确的。

二　中国处理发展、改革和稳定相互关系的战略与策略

在改革、发展和稳定的相互关系上，坚持以改革促进发展，在稳定的环境下推进改革和发展。当代中国的主要矛盾是人民群众日益增长的物质文化生活的需求与落后的生产力之间的矛盾，解决这个矛盾的根本办法是发展经济。因此，在任何情况下，始终坚持以经济建设为中心，坚持把经济发展作为治国的第一要务。要发展，就必须解决上层建筑不适应经济基础变化的矛盾，解决生产关系不适应生产力发展要求的问题。坚持改革开放的方针，通过深化改革，克服旧体制的弊端，理顺各种经济关系；要推进改革和发展，就必须保持社会稳定。如果整天乱哄哄的，各种利益集团你争我吵，看起来很民主，但什么事也干不成。许多本来符合客观经济规律要求的改革政策，由于受到某些利益集团的抵制，很难通过和付诸实践。其结果贻误了改革和发展的时机，并导致社会矛盾进一步激化，既损害了国家的整体利益，也损害了老百姓的切身利益。中国"文化大革命"时千奇百怪的"准党派"式的造反组织林立，给当时的社会政治经济文化造成极大的破坏。中国搞不起群雄并起、政党纷争的"大民主"。

2003年春，突如其来的"非典"疫情的冲击被迅速有效地控制，再次表明中国共产党作为领导中国人民的核心力量，具有高度的政治动员力、社会组织力，将全民族凝聚起来应对危机的能力。这种力量是中国的政治优势，它与市场经济制度和运行机制有机结合，既有利于中国的长治久安，又能保持社会经济发展的活力。

2001年12月，笔者作为中国社会科学院经济学家代表团成员到美国哈佛大学参加一个研讨会，与会的一位哈佛大学教授说，中国20多年来改革和发展取得成功，一个很重要的原因是中国经历了"文化大革命"。在一定意义上讲，这种分析有他的道理，即经历过"文化大革命"十年动乱的中国人民再也不愿意看到动乱局面的重演。正确处理发展、改革和稳定之间的关系，既是改革的方式、方法问题，又是关系改革和发展成败大局的战略性问题。

三　俄罗斯的激进式改革

俄罗斯的体制转轨也是由传统的社会主义计划经济转向市场经济，所要解决的问题与中国有许多共同点。但是，俄罗斯的国情与中国有着重大的差别。俄罗斯的总人口只有中国总人口的11%，俄罗斯的自然资源比中国丰富。中国经济发展所短缺的资源，如土地、森林、水、石油等，俄罗斯都不缺乏；俄罗斯早已实现了工业化和城市化，不存在类似中国的二元经济结构；俄罗斯的文化教育和科学技术基础也比中国发达。人们的思维方式和价值观念等文化传统也有着显著区别。苏联解体后，俄罗斯的政治制度发生了带有根本性的变化。在这种大背景下，要求两个国家采取相同的改革道路，是不切实际的，有差别则是必然的和正常的。人们只能从改革实践的结果来评判改革方式方法的成败得失。

苏联解体后，俄罗斯采纳美国和世界银行的一批经济学家的建议，即所谓"华盛顿共识"，实行了激进的、"休克疗法"式的改革。一是全面推进私有化，构造市场经济的微观主体；二是全面放开价格，从生产资料到消费资料，完全由市场定价；三是取消国家计划，经济运行完全由市场供求关系进行调节，实行经济自由化；四是放开外汇管制。20世纪90年代初，实行500天转向市场经济的改革方案。后来虽然未达到预期目标，但激进式改革的总体战略没有大的变化。

20世纪90年代俄罗斯改革在很短的时间里从根本上破除了传统的计划经济体制，但是新的市场经济体制并没有相应的确立，在经济体制转轨的过程中，没有实现预期的经济增长。1991—1999年的8年里，经济连年下降。按照90年代俄罗斯经济增长率变动计算，1990年苏联、俄罗斯的国内生产总值约为5500亿美元。2000年俄罗斯的国内生产总值为73022亿卢布，按当年汇率计算，相当于3000亿美元。10年期间，俄罗斯的国内生产总值下降了40%。失业人数由1991年的140万人增加到1998年的800万人。同一时期，中国的国内生产总值增长了1.62倍，平均每年增长10%。按美元计算，1990俄罗斯的国内生产总值比中国高出50%，2000年中国的国内生产总值相当于俄罗斯的3.5倍。

俄罗斯 1991—1998 年经济的连年下降，主要是由于上层建筑、经济制度和经济关系的急剧变化，使原来的社会再生产过程被打乱，而新的制度和市场经济运行机制并没有很快形成，社会经济生活的运转一度陷入了一种无政府状态。市场经济作为一种经济运行方式具有普遍性的规律，但在不同的国家、不同的社会历史文化背景下，又有其特殊的实现形式。不从本国的国情出发，照抄照搬教科书上的结论，在实践中必然会碰壁。

四　中俄农业改革的差异

1978 年中共十一届三中全会以后，中国的经济体制改革为什么先从农村开始？这是当时中国的政治经济形势决定的，更是此前长达 20 年的教训逼出来的。1978 年中国的总人口为 9.58 亿，其中农村人口占 87.5%。农村社会经济的稳定和健康发展，关系全国稳定和发展的大局。但是，从 1958 年人民公社化运动开始，直到 1978 年，一直实行"一大二公"的"左"的农村经济政策，农民缺乏生产自主权和提高效率的积极性。1978 年全国平均每个农民所分得的纯收入只有 70 元人民币。在 8 亿多农民中，有 30% 即 2.5 亿人处于严重贫困状态。将近 10 亿人的吃饭、穿衣问题是中国政府当时面临的头等难题。由于农业发展滞后，城镇的农副产品和各类消费品长期匮乏，因此，改革农村的生产关系，解放农村生产力，调动农民的生产积极性，成为关系政治经济全局的大事，所以中国改革从农村开始。农村经济体制改革是在坚持土地集体所有制的前提下，实行家庭联产承包经营责任制，并在 20 世纪 80 年代初，解散人民公社，从制度上使农民成为自主经营的经济主体。农村经济改革极大地调动了农民的生产经营积极性和主动性。不仅在很短的时间里解决了农副产品供给不足的问题，而且使大批剩余农业劳动力转向了非农产业。不可否认，目前中国农村还面临着一系列的难题，但农村改革获得显著成效是毋庸置疑的。

俄罗斯的农业生产条件要比中国优越，主要表现为土地资源丰富，普遍实现了机械化，农村人口比重低且文化教育水平比较高。俄罗斯的农业改革所面临的难题比中国要少得多。俄罗斯农业改革的方式是解散集体农庄，实行土地私有化，将集体农庄和国营农场的土地无偿分给农业工人或农户。每个农业工人可分得 5—7 公顷土地，相当于中国农村人均占有耕地面积的 50 倍。从理论上讲，农户成为土地的主人和市场经济的主体的后，具有发展生产力、搞好经营的内在动力，可以从根本上改变苏联集体农庄时代农业长期徘徊和低效率的状况。但是 20 世纪 90 年代俄罗斯农业改革并没有取得预期效果。由于长期的集体农庄制度，以及农庄内的机械化、专业化分工，使刚刚成为自由的经济主体的农民一时无所适从，难以适应市场经济条件下的自主经营的要求。首先，中国的小农经济同商品生产有着天然的联系，在新的政策环境下，中国农民会自主地发展商品生产和从事商品经营。但是俄罗斯农民的文化传统与中国农民有着很大差别；其次，当集体农庄对劳动力流动的约束解除以后，大量年轻的劳动力流向大中城市，导致农村劳动力进一步短缺，制约了农业生产的发展；最后，在体制急剧转轨的过程中，传统计划经济的粮食流通体制已经终止，新的符合市场经济要求的流通体制又没形成，连接农村与城市、农业与非农业的流通中介组织没有发育起来，即使有这样的中介组织，但往往由于缺乏商业诚信而难有作为。于是，当集体农庄解体后，许多农户又成了自给自足的小生产者。其结果，一方面拥有大面积的肥沃土地，另一方面国家又不得不大量进口粮食。俄罗斯农业生产指数以 1991 年为 100，2001 年则下降到 65.4。俄罗斯发展农业所需要土地、水、能源等资源以及化肥的供给条件都比中国优越，在土地私有化以后，农户有了充分的经营自主权，国内又有了广阔的市场需要，但农业生产仍然停滞不前，这在中国农民看来，是不可思议的事情。另一种解释是，正是由于生存的资源条件不同，文化传统不同，要求俄罗斯农民像中国农民那样起早贪黑、精耕细作、吃苦耐劳、亦工亦农或亦农亦商是不现实的。由此也可以看出，相同的市场机制，在不同的国度，不同的经济文化背景下，其实现形式及其结果大不相同。

五　中俄国有企业改革的差异

关于国有企业改革，中俄两国面临的问题是相同的，但改革的方式则有很大区别。中国先在国有企业的体制外，大力发展非国有经济，构建了一大批产权关系明晰、适应市场机制要求的新的经济主体，形成了与国有企业竞争的格局，进而迫使国有企业进行改革，转换经营机制；国有企业的改革先从放权让利开始，再逐步转向制度创新；先放开小企业，使大多数小型国有企业改制为非国有企业，然后再转向大型国有企业改制的攻坚战；在价格体系和形成机制上，先实行计划价格与市场定价并行的价格双轨制，然后再实行向市场定价并轨。这种先易后难、由表及里、不断深化的改革，已经进行了 25 年。中国国有企业改革所花费的时间要比俄罗斯企业转轨的时间跨度长。但从对经济发展的作用看，中国企业改革既促进企业逐步适应市场经济机制的要求，又在总体上保持社会再生产过程的正常运转，实现经济的稳步增长，改革促进了发展。在过去的 25 年，中国企业的所有制结构已经发生深刻变化，国有经济的比重已从 1978 年的 80% 下降到目前的 40% 以下。在国有制造业企业就业的员工从 20 世纪 80 年代的 5600 万人，下降到 2001 年的 2000 万人。各种类型的中小型国有企业通过股份合作制、拍卖、租赁、私人承包等途径，基本上从国有经济领域退出，成为非国有或非公有制企业。中俄两国中小型国有企业从国有经济领域退出的范围是相近的，但在方式方法上则有显著区别。

1992 年俄罗斯联邦政府向每个公民发放 10000 卢布的国产券，把国有企业的资产量化到个人。改革方案设计者的出发点在于既实现了国有企业资产的人格化及其私有化，同时又保证了在私有化过程中对原国有资产的公平分配。与此同时，允许国有企业资产券自由买卖。这一政策设计在起点上是公平的，但是在运行的过程中，则发生了质的变化。这种资产券既不是上市的股票，又不是特定企业的债权或股权，持有资产券的广大公民事实上仍然是虚拟的所有者，并不可能参与特定企业的经营和分配，再加上严重通货膨胀的原因，出售和变现国有企业资产券则是多数普通持有者的必然选择。少数人乘机在二级市场上大量低价收购资产券。其结果，使国有企业的资产在极短的时间内，转变为私人资产。苏联的一些党政官员和企业的厂长、经理变成了新的富翁。这种魔术般的变换，加剧了两极分化，失去了社会公正。美国著名经济学家、世界银行前副行长斯蒂格利茨认为这是一种"戴着金丝绒手套的掠夺"。当然，不可否认，中国在国有企业改制过程中，也存在着国有资产流失的问题，存在着资本向少数人集中的现象。但中国政府的政策、法律和党的纪律对改制过程中的各种违法、违纪行为一直采取制止和惩处的方针，以防止和减少国有资产被少数人侵吞。

在关系国民经济命脉的大型企业，特别是基础产业领域，中国坚持以国有经济为主导，同时积极推进国家控股条件下的股份制改造。俄罗斯的大型企业在 20 世纪 90 年代中期就基本上实现了私有化，但在能源、港口、航空与航天等基础产业和自然垄断产业领域，仍然实行国家控股。

从理论上讲，当产权私有化以及商品供求关系由市场机制自动调节以后，企业就具有了发展生产、搞好经营的内在动力和外在压力。但是，为什么俄罗斯的企业在 20 世纪 90 年代中期私有化基本完成以后，其生产并没有出现预期的增长？原因是复杂的。一方面，一些获得企业产权的新的所有者，他们并不真的关心企业的生存和发展，而是立即把资产变现并转换成美元，存到国外银行，出现资本大量外流。另一方面，由于俄罗斯的经济结构不合理，企业的设备与技术老化。企业的改制必须与结构调整、企业改组改造结合起来，才能使企业形成新的活力和扩大再生产能力。但是，国有企业改革、改组、改造相结合，结构调整与发展相结合的局面并没有在俄罗斯形成。直到目前，俄罗斯的工业增长仍然主要集中在与出口能源、原材料和武器装备有关的产业。因此，俄罗斯经济要走上健康发展和快速增长的轨道，还需要有一个过程。

六　对俄罗斯体制转轨的历史思考

历史往往有惊人的相似之处。早在 20 世纪 30 年代初，中国共产党内的"左"倾教条主义领导人，照抄俄国革命的经验，遵循来自莫斯科共产国际的指令，不顾中国的国情，实行盲动主义的战略和策略。其结果，给中国民主革命造成巨大损失。20 世纪 90 年代初俄罗斯改革方案的设计和实施，在许多方面是照搬来自华盛顿的理论，按照世界银行和国际货币基金组织规划的改革程序进行的。在一定意义上，可以说俄罗斯的改革犯了关于市场经济的教条主义错误。

2000 年秋，笔者在圣彼得堡涅瓦河畔阿芙乐尔巡舰上参观时曾经产生了这样的联想：1917 年 10 月阿芙乐尔巡舰士兵的起义和支援攻打冬宫的一声炮响，加速了俄国革命的成功。但是，在 1917 年十月革命胜利后，俄国又经历了几年的内战，才使新生的苏维埃政权获得巩固。可以说这是当时俄国革命胜利后的补课和阵痛。1991 年，当时俄罗斯的政治风云人物在莫斯科街头坦克上振臂一呼，并获得军队的支持。此后，苏联迅速解体，实现了政治易帜。1991 年以后俄罗斯出现政治动荡和经济下降，实际上既是一种改革的阵痛，也是对"休克疗法"的一种补课。斯蒂格利茨是这样评论俄罗斯改革的，他说："俄罗斯的改革是采取布什维克的方式，朝着相反方向的转轨"。

用历史唯物主义的观点考察，当人民群众不愿意继续在旧的政治经济制度下生活的时候，历史的变革、革命的来潮就会发生。所以，无论是俄国十月革命的胜利，还是前苏联的解体，都具有一定的历史必然性。但是，从形式上看，十月革命和苏联解体这种带有戏剧性色彩的历史在其表演方式上又是何等的相似？这种相似的背后是否有着相通的民族历史文化传统在发生作用，是一个值得思考的问题。

历史是一个过程。对历史的评判只能在这个过程结束或告一个段落之后才有可能做到比较客观公正。因此我们不应当现在就得出这样的结论，即俄罗斯的经济改革完全失败了。应当说俄罗斯体制转轨的代价是沉重的。所幸的是，在经历了 20 世纪 90 年代政治上的起伏跌宕、不断试错，经历了连年经济下滑的痛苦之后，终于在 21 世纪启程之际，以普京接任总统为转折，俄罗斯国内的政治形势逐步趋于稳定，市场经济体制的基础初步奠定，国民经济出现了恢复性的增长。当然，俄罗斯今天政治局面的出现，既是普京上任后对改革政策进行调整的结果，也是 20 世纪 90 年代付出了高昂的改革成本换来的。普京作为当代俄罗斯的英雄式人物，正是俄罗斯的时势造就的。俄罗斯在向市场经济转轨的过程中，一方面，要推进经济自由化和多党制衡的政治制度的形成；另一方面，由于疆土辽阔，民族众多，为了保持其大国的地位，维护国家的统一、稳定和秩序，又需要有相当的集权。俄罗斯的改革是在这两者之间探索最优的结合点。

参考文献

1. ［德］恩格斯：《路德维希·费尔巴哈和德国古典哲学的终结》，《马克思恩格斯选集》第四卷，人民出版社 1997 年版。

2. 陆南泉：《叶利钦时期经济转轨若干重要问题的再思考》，《国际评论》2002 年第 7—8 期。

3. 许志新：《俄罗斯经济增长乏力的背后》，《中国改革》2003 年第 2 期。

4. ［俄］Б. 马乌：《转轨与发展：俄罗斯的 10 年》，项国兰译，《经济社会体制比较》2002 年第 4 期。

5. 中国（海南）改革发展研究院：《经济转轨——俄罗斯还有很长一段路》，《转轨通讯》2001 年第 4 期。

（本文原载《中国工业经济》2003 年第 7 期）

对深化国有企业改革的再认识

　　我国国有企业改革已进展到什么程度，应当怎样评价企业改革的成效，如何深化国有企业改革，还有许多理论问题和实际问题需要继续研究。本文拟就这些问题做一些探讨。

一　国有企业改革已经取得的进展

　　国有企业的改革已进行 23 年。在 1992 年之前的 13 年，改革是在坚持计划经济为主、市场调节为辅的前提下政府向企业放权让利，扩大企业经营自主权和市场调节的范围。这一阶段的改革为后来的改革探索了道路，积累了经验教训，深化了对国有企业改革的认识。1992 年以来的 10 年，按照建立社会主义市场经济体制的要求，国有企业改革的重点转向制度创新。随着社会主义市场经济体制的逐步形成，我国国有企业的地位、组织形态、治理结构和运行机制等都发生了深刻变化。

　　1. 国有经济的范围明显缩小，比重大幅度下降。以工业为例，在工业总产值的构成中，1980 年国有工业占 80%，2000 年已下降到 47%。目前国有工业主要集中在资本和技术密集型的重化工业和军事装备工业，其总产值约占这些行业总产值的 62%；在劳动密集型的轻纺工业中，非国有经济已占 70% 以上。在企业的组织形态上，80% 以上的国有小型企业通过拍卖、兼并、股份合作制等方式改成了非国有企业。国有工业部门的职工由 1990 年的 4364 万人下降到 2000 年的 2096 万人，职工总数减少 53.99%。

　　2. 在管理体制上，基本实现了政企分开。各级政府按行业设置的企业主管部门已逐步撤销，党、政、军机关办的各类企业已完全脱钩，政府不再直接管理和干预企业的生产经营活动，企业已经初步成为市场经济的微观主体。企业发生亏损，政府不再通过财政或银行给予补贴，企业预算软约束的状况已发生重大变化。

3. 初步建立了现代企业制度的框架。多数国有大中型企业进行了公司化改造，从国有独资的工厂制转变为国有控股的有限责任公司，其中一部分已成为上市的股份公司，并按照现代企业制度的要求，初步形成新的治理结构。

4. 企业的生产经营活动主要由市场进行调节。除少数公共产品和一部分自然垄断产品外。企业的供、产、销等各项经营活动都由企业根据市场供求状况自主决定，政府不再下达计划；优胜劣汰的竞争机制已成为决定企业生死存亡的基本力量，一大批资不抵债、扭亏无望的国有企业已先后破产，退出了市场。

5. 在计划经济体制下形成的企业职工生、老、病、死及各种福利全部由企业包下来的状况已被革除，企业普遍实行了全员劳动合同制，初步建立起职工养老、失业、医疗保险由企业与个人共同负担的社会统筹制度。

二　对国有企业改革的评价

我国经济体制改革的中心环节是国有企业的改革。改革选择了渐进式的道路，实践证明了这种选择是正确的。它既推进了经济体制由计划经济向市场经济的转变，又保持了社会的稳定，实现了国民经济的持续、快速增长。按照可比价格计算，工业创造的 GDP，2000 年比 1978 年增长了 10.19 倍，平均每年递增 11.6%。美国著名经济学家斯蒂格利茨在《改革向何处去：论十年转轨》一文中指出："自 1989 年起十年间，中国的 GDP 增长了将近一倍（笔者注：1999 年比 1989 年实际增长了 1.52 倍），而俄罗斯则减少了近一半。也就是说在刚开始时，俄罗斯的 GDP 是中国的两倍还强，而在期末却比中国小了三分之一。""与这些失败形成鲜明对比的是中国取得的巨大成功，中国创造了自己独特的转轨道路。……当他们开始为市场经济选择一条道路时，他们选择了渐进主义的道路。"20 世纪 90 年代，当时俄罗斯采取休克疗法的改革政策，西方的许多学者普遍肯定这种改革方式，对中国渐进式的改革持怀疑态度。10 年之后的 2001 年 12 月，中国社会科学院经济学家代表团访问哈佛大学，围绕经济体制转轨和经济发展问题与那里的经济学家进行了为期四天的研讨。哈佛大学的经济学家对中国经济改革道路和经济发展成就给予了高度的肯定，对当年为俄罗斯经济体制转轨提供的设计方案——"华盛顿共识"提出批评。

由于各个国家的历史、文化背景不同，经济发展水平不同，不应当要求不同的国家都采取相同的改革模式。革命、建设和改革都必须从本国的实际出发。在中国新民主主义革命时期，正是由于以毛泽东同志为代表的中国共产党人抵制和摈弃了照抄照搬外国革命模式的教条主义理论与方法，找到一条把中国民主革命引向胜利的道路。新时期中国的改革坚持了解放思想，实事求是的思想路线和循序渐进的辩证唯物主义的方法论，使经济体制改革不断深化。从改革的先后顺序和历史逻辑进行考察，我国渐进式的改革具有以下一些特点。

1. 先在国有经济体制之外，鼓励发展各种形式的非国有企业，特别是发展非公有制企业，然后再来改革国有企业。非国有经济的发展，出现了一大批新型的、能够适应市场机制要求的市场主体，促进了市场主体多元化的形成，同时构成了对国有企业的压力和挑战，国有企业被置于非改不可的境地。

2. 先改中小型的国有企业，再改大型国有企业。由于国有中小企业资本有机构成低，大多集中在劳动密集型的轻纺工业，生产经营过程的供、产、销的地域性较强，生产的社会化程度相对较低，改革的影响面比较小，而且地方政府有较大的管理自主权，因此改起来比较容易。国有大企业资本有机构成高，生产经营活动的社会化程度高，对国民经济全局有较大的影响，在大企业就业的职工人数多，债权债务关系复杂，改起来难度比较大。在这种情况下，先改中小型企业，再改国有大企业。实践证明，这种改革方式的效果是减轻了体制转轨过程中的社会震动，避免了国有大企业在改制过程中资产的大量流失，以国有大企业为基础的国家财政税收来源能够保持稳定增长，使政府有能力支付必要的改革成本。

3. 先放权让利，再进行制度创新。20 世纪 80 年代实行以放权让利为主导的改革，是在计划经济体制下政府减少对企业的行政干预，承认企业具有相对独立的经济利益，扩大企业生产经营自主权和分配权。改革的成效是在一定程度上调动了企业搞好生产经营管理的积极性，同时也暴露了放权让利改革的局限性，为如何把国有企业改造成自主经营、自负盈亏的经济主体积累了经验和教训。在这一阶段改革的基础上，1992 年党的"十四大"之后，国有企业改革开始转向从制度上解决政企关系问题、产权多元化及其明晰问题、企业的治理结构问题、责权利的关系问题等深层次的矛盾。

4. 在价格体系和价格形成机制上，实行了先局部放开，后全面放开，先双轨制，后并轨的改革方式。20 世纪 80 年代先放开一部分农副产品和日用消费品的价格，由市场供求关系进行调节，从而刺激了生产经营者的积极性，扩大了生产，增加了供给。当供给增加以后，为全面放开农副产品和消费品价格创造了条件。在生产资料领域，先实行计划定价与市场定价并行的双轨制，到 20 世纪 90 年代初实行全面与市场定价并轨。这种改革方式，虽然曾经导致了市场秩序不规范以及寻租行为等负面效应，但它避免了激进式价格改革所引发的恶性通货膨胀的局面，从总体上保证了社会再生产过程的平稳运行和经济的持续高速增长。

实践表明，我国渐进式的改革道路符合事物发展由量的积累到质的飞跃的客观规律，较好地实现了改革、发展与稳定的多重目标。当然，这种改革方式也不可避免地把体制转型过程拉得更长一些，在较长的时期内存在着新旧体制的摩擦和冲突。现实经济生活中的各种矛盾则是很难避免的转轨阵痛，同时也表明我国国有企业改革的任务还没有完成，政企关系还需要进一步理顺，国有经济的范围和比重还需要进一步缩小，现代企业制度还很不规范，实行公司化改造后的国有及国有控股企业，其运行机制还不能真正适应市场经济和经济国际化的要求。可以说，我国国有企业改革是行百里者半九十。

三　进一步明确国有企业的定位

关于国有经济及其企业的定位，1993 年以来党的有关文献已作过多次阐述，即国有经济应主要集中在关系国民经济命脉的基础产业领域，向社会提供公共产品的领域，关系国防安全的军事工业领域以及关系国家竞争力并具有战略性的高新技术产业领域。应当说，上述关于国有经济或国有企业的定位已经很明确了。问题是在资源配置日益市场化的进程中，越来越多的非国有资本已经或希望进入上述产业领域。因此在产业准入政策上，需要进行调整。在国有资本有限的情况下，首先应当集中在上述四大产业领域，坚持国有经济的主导地位，但也不应排斥非国有经济成分的进入。例如，我国的铁路、高速公路、民用航空、城市公共交通等基础产业领域，已经有一些地区和企业通过股份制的方式，允许非国有资本参股；高性能的大规模集成电路产品是当代电子工业的基础和命脉，但目前国内的供应商主要是中外合资企业以及从国际市场大量进口。

国有经济及其国有企业的定位，首先应与一个国家经济发展的阶段相适应。由于基础性产业和军事工业需要的资本投入量大，资本的有机构成和集中度高，从总体上讲，现阶段民间资本还缺乏进入的力量。但是这些产业又是发展国民经济的基础，在工业化和现代化的进程中起到主导性的作用，因此国有经济及其大中型国有企业必须肩负起责无旁贷的发展任务。随着经济的发展和民营经济日益壮大，民营资本进入资本密集型的基础产业和高新技术产业领域，将是一种必然趋势。即使是关系国防安全的军事工业，在社会化大生产的条件下，将会有越来越多民营企业为核心，军工企业从事配套生产。

国有企业的存在及其在所有制构成中的比重，还与一个国家历史文化背景、经济发展战略、国际政治经济环境有密切关系。笔者曾经对法国的国有经济及其改制问题作过初步考察。根据法国专家学者的介绍和分析，可以将法国国有企业数量相对较多，比重较高的原因归纳为以下几点：

（1）从历史上考察，法国长期是一个以小农经济为主导的国家。在这种经济基础之上，比较容易产生"均贫富"的农业社会主义思想。这也是历史上三大空想社会主义代表人物中有两位即圣西门和傅立叶都产生于法国的社会经济原因。因此具有社会主义性质的国有制有着被群众接受的广泛的社会基础。

（2）从国有企业的来源进行考察。在第二次世界大战期间，法国曾一度被纳粹德国占领，有一些大企业投靠了纳粹或被纳粹占有。二战胜利后，新的法国政府没收了这批资产，转变为政府控制的国有企业。

（3）从经济发展战略考察。二战之后，法国成为联合国安理会常任理事国，在国际政治事务中是一个大国。但由于法国历史上长期是以农业为主导，在欧洲与英国、德国相比明显处于落后位置。特别是在当时东西方冷战的格局下，法国为了巩固其大国的地位，在工业发展政策上，实行了赶超战略，特别是在先进的军事装备工业领域，力求缩小与其他工业大国之间的差距。为此，法国政府依靠国家力量，集中资金，扶持和兴办了一批关系国家竞争力和大国地位的资本与技术密集型的国有企业。

（4）从社会文化传统与企业组织形态之间的关系上考察。大企业通常是资本社会化的企业，是由多个经济主体出资形成的产权多元化的企业。资本的集中，要求代表各种资本所有者利益的经营者凝聚在一起，按照事先约定的规则共同经营。如前所述，法国在历史上是小农经济占主导地位的国家。在此基础上形成的文化传统和行为方式，与资本社会化的企业组织和运行方式往往会发生矛盾和冲突。在这种社会文化背景下，企业的产权结构通常采取两种模式，一种是国有资本为主体的大企业，一种是私人资本为主体的小企业，介于这两者之间的产权多元化、资本社会化的大企业，其发展和运作都比较缓慢和艰难。

中国和法国社会制度不同，但经济形态、文化传统、战后的经济发展背景以及发展战略又有许多相似之处。所不同的是法国在扶持和兴办大型国有企业的时候，更重视私人中小企业的发展；而我国在相当长的时期内，只重视发展单一的国有经济，抑制和排斥私人经济的发展。

用历史唯物主义的观点来分析，我国在特定的历史条件下发展国有企业是必要的，它使我国在较短的时间内奠定了工业化基础，在工业领域缩小了与工业发达的大国之间的差距。但是在今天，随着经济的发展和经济运行方式的变化，国有企业从相当多的领域退出既是必须的，也是可能的。当年只有依靠国家集中资金并通过国有企业才能办到的事，今天通过民营企业也能够办到。

四　国有企业退出的范围

人们通常担心的问题是国有企业从国有经济的一些领域退出，会影响到国家的经济安全。我们认为，国家的经济安全必须建立在优化产业结构和提高经济效率的基础上，没有效率就没有经济安全。马克思在论述资本与商品运动时，用一个非常简单的公式揭示了它的过程，即 $G-W-G'$。当投入资本 G 之后，经过生产过程，产出商品 W 并售出，收回投资加利润 G'。如果 $G'>G$，就可以进行扩大再生产；如果 $G'<G$，即发生亏损，那么简单再生产就无法维持。当这种状况得不到扭转时，几年之后必然会出现资不抵债，直至破产，资本的安全性也就丧失了。所以国有企业是进还是退，出发点应当以是否有利于提高效率为原则。当然，这并不是说国有企业就一定没有效率，民营企业就一定有效率。在现实经济生活中，许多国有企业经营得很好，民营企业天天也都有破产倒闭的，这种现象不乏其例。解决经济问题时，不应以个别典型作为决策的依据，而应从其内在的规律性和总体趋势上去把握。在政策选择上，不应非此即彼地绝对化，国有或国有控股企业搞得好的可以继续坚持下去，搞不好而且很难搞好的，不如退出国有经济领域。

到 2000 年年底，我国国有及国有控股企业总数为 53489 户，占国有及规模以上非国有工业企业总数的 32.8%，创造的工业增加值为 13777.68 亿元，占全部工业当年创造的 GDP 的 34.8%。从行业分布的情况看，在一般的竞争性领域中，仍然有大批国有及国有控股企业。在下表所列的各行业中的企业，有的可以改为国有参股，有的可以改为非国有企业。

表 1　　　　　　　国有及国有控股企业在一般竞争性行业的分布情况

行业	企业数（个）	工业增加值（亿元）
食品加工业	5082	291.77
食品制造业	2071	126.33
饮料制造业	1663	336.89
纺织业	2631	446.05
服装及纤维制品业	638	40.75
皮革毛皮及羽绒制品业	331	14.05
木材加工及竹藤制品业	638	27.61
家具制造业	239	7.44
造纸及纸制品业	1028	121.92
印刷业	2148	91.19
文教体育用品制造业	268	12.04
化学原料及制品业	3692	705.15
医药工业	1496	321.05
化学纤维制造业	233	175.5
橡胶制品业	374	72.30
塑料制品业	967	55.09
非金属矿制品业	4279	363.42
普通机械制造业	2761	334.95
交通运输设备制造业	2747	889.12
电气机械及器材制造业	1684	262.64
电子及通信设备制造业	1330	741.11
仪器仪表及文化办公用机械制造业	710	58.39
合计	37010	5494.71

资料来源：《中国统计年鉴（2001）》，中国统计出版社 2001 年版，第 420 页。

　　表 1 所列的企业合计占国有及国有控股企业总数的 69.19%，创造的工业增加值占国有及国有控股企业工业增加值的 39.88%，相当于国有及规模以上非国有工业增加值的 21.6%。在 37010 个企业中，除了少数大型骨干企业和军事装备工业企业外，绝大多数企业都可以从国有及国有控股的地位退出。这些企业退出并不会削弱国有经济的主导作用。国有经济真

正发挥主导作用的是 7983 个大型企业。在这些大型企业中，国有及国有控股企业无论是行业分布、资产总量、资本有机构成、技术创新能力，还是产品在国民经济中的作用，都对经济全局有着举足轻重的影响。抓住这些大企业，搞好搞活这些大企业，就能够较好地控制国民经济的命脉。

五　规范现代企业制度

近 10 年来，国有企业普遍进行了公司化改造，90% 以上的企业改成了有限责任公司或上市股份公司。但是大多数国有及国有控股公司还不规范，在产权结构、公司治理结构、企业运行机制等方面还不适应市场经济的要求。推进现代企业制度的规范化，是深化国有企业改革的重要任务。

（一）应当积极稳妥地推进国有股减持

2001 年 4 月出台了国有股减持政策，并试图用国有股减持获得的资金补充社会养老基金。结果引发了股市的较大波动。后来暂停了这项工作。最近国务院又进一步明确不再通过国有股减持补充社保基金，恢复了股市的信心。

但是，减持国有股的方向是正确的，仍然需要坚持。国有股减持主要包括两方面的任务，一是非上市公司降低国有股的比重；二是上市公司减少国有持股权。据统计，在已改造为国有控股的有限责任公司中，国有股占资产总额的 65%；在已上市的股份公司中，国有股为第一大股东的占 63%。国有股减持是解决国有经济战线过长、范围过宽问题，推进国有经济战略性重组、实现资本可流动性的重要步骤，也是国有控股企业真正建立起股权多元化、形成有效的法人治理结构的现代企业制度的客观要求。国有股一股独大所产生的消极作用是不利于企业转换经营机制。政府作为国有股的所有者，由于股权比重过高，凌驾于其他股东之上，容易形成政府对于企业的生产经营决策和管理的直接干预；由于国有股缺乏人格化的终极责任人，因此企业的盈亏责任事实上没有人承担。即使是已经上市的国有控股公司，一旦发生经营亏损，除了分散的小股民直接承担投资损失外，国有大股东的损失由谁来承担，这个难题并没有解决。所以，必须通过国有股减持来推进股份公司的规范化和企业经营机制的转换。国有股减持的重点和难点是未上市流通的国有股的定价问题。如果按照溢价发行时的价格或减持时的市值定价，会稀释已上市流通股的市值；如果按资产净值定价，又担心国有资产流失。因此，对国有股的合理定价是推进国有股减持的关键环节，而不在于国有股减持变现后的用途。

（二）规范存续企业与上市公司之间的关系

我国的上市股份公司大多数是通过对原国有企业改造形成的，普遍的做法是把国有企业的资产进行剥离，拿出一块优良资产成立新的公司上市，由母公司控股。上市公司基本可以做到轻装上阵，但是债务、冗员、离退休人员的养老和医疗保险等各种包袱仍然由原来的母公司负担。从积极的方面看，这种做法有利于盘活一部分国有资产，吸引社会资本，促进国有企业产权结构多元化以及企业经营机制的转换。但是，母公司与上市公司之间的矛盾也日益暴露，比较突出的问题是母公司的债务和冗员包袱难以化解，生产设备陈旧，缺乏有竞争力的主导产品，生产经营更加困难。有些母公司利用对上市公司的控股地位，对上市公司进行不适当的干预；留在母公司的职工与上市公司职工的收入差距显著拉大。这些矛盾都是我国经济体制转轨和企业改制过程中带有普遍性的问题，需要逐步解决。例如，可以通过国有股的减持使母公司由控股公司转变为参股公司，母公司可以用股权收益解决存续企业的包袱问题；对于严重资不抵债、已难以继续生存的存续企业应依法申请破产。

（三）探索对经营者的有效激励与约束机制

在资本社会化的条件下，必然会出现所有权与经营权的分离，而不可能普遍做到所有者与经营者的合二为一。只有小型的私人独资企业或少数合伙人企业才可能做到既是所有者又是经营者。通过股份化的方式可以把大公司的产权量化到个人，以实现所有者对企业生产经营状况的关心。但由于股权的高度分散，不得不通过委托代理方式实现对资本的经营和管理。所以适应市场经济要求的治理结构以及对经营者的有效激励与约束，是现代企业制度规范化的核心问题。

目前对国有及国有控股企业的经营者既存在着激励不够的问题，也存在着约束不力的问题。有许多国有大型企业的主要经营者掌管和运营着上千亿的资产，企业每年交给国家的利税少则几亿元，多则上百亿元，但年薪不过5万—6万元，其报酬与其承担的责任极不对称。但也有的国有或国有控股房地产公司的主要经营者，年薪几百万元。这样高的报酬实际上是以消费者的损失为代价，因为他的报酬最终都要摊于房屋建造与销售成本。还有的国有控股公司经营业绩每况愈下，甚至出现大量亏损，但几十万、上百万的年薪并不少拿。

确定经营者的剩余索取权，实现有效激励需要按照市场定价的原则，制订科学的标准和合理的依据。为此，应当考虑的主要因素是，①该公司资产的大小及其保值增值情况；②每年的销售收入及其升降情况；③经营成本和盈利水平的增减；④企业成本的承受力；⑤企业长远发展的潜力；⑥由市场确定的同行业及同类企业经营者收入的平均水平。

加强对经营者约束，需要着重解决的问题是，①健全的、严格的财务会计制度；②制度化的以及离任的审计；③造成损失的责任追究制度；④以法律和舆论监督做保障的对经营失败者重新择业的限制。

总之，激励到位、约束有力是规范现代企业制度，完善委托代理机制的关键环节和必须解决的难题。

参考文献

1. 陆百甫：《大重组》，中国发展出版社1998年版。

2. 孟建民等：《国有资产增量态势及若干建议》，《宏观经济研究》2001年第12期。

3. 顾家麒：《论我国工业体制的改革与发展》，《经济研究参考资料》2001年第89期。

（本文原载《中国工业经济》2002年第10期）

积极引导民营企业的转型

我国民营企业已经有 200 多万户，其基本特点是以私人独资为主，以从事劳动密集型产业为主，以家族成员治理为主，以小型企业为主。由于它能够适应市场经济的要求，具有较强的生命力，民营企业的这些基本特点将会长期保持下去。

国外有一位学者曾经专门研究过华人家庭企业的组织形态，得出的结论是华人企业普遍做不大，而且大多集中在服装、餐饮等劳动密集型产业领域。究其原因，他认为华人家族企业对家族以外的成员缺乏信任机制，产权结构局限于以血缘和裙带关系为依托，缺乏社会资本向企业集中的机制；华人企业的不同所有者、经营者缺乏按契约和规则合作共事的文化传统，缺乏社会资本集中所要求的人际关系的凝聚力。因此限制了企业向有机构成高、资本社会化的制造业大企业的转变。虽然海外也不乏华人大企业，但主要集中在具有较强投机性的、以私人独资为主的房地产领域。

上述海外华人企业的局限性在国内民营企业中也同样存在。但是，由于体制环境的不同，特别是由于我国社会主义市场经济体制的日益完善，政策环境的不断优化，国内已有一大批民营企业在资本结构、生产经营领域和规模等方面发生变化，即从私人独资转向资本社会化，从家族治理转向现代企业制度，从劳动密集型产业转向资本密集或技术密集型产业，从小企业转向大企业。越来越多的民营企业从家族独资企业转向为股权多元化的有限责任公司或股票上市公司，并在资本密集的制造业做强做大，打破了华人私人企业在制造业领域做不大的"结论"。

华峰集团就是民营企业实现转型的优秀代表。华峰集团 1995 年之前还是一个做塑料编织袋的小企业，用了 8 年时间，发展成为我国聚氨酯行业的大型企业。2003年公司的销售额将突破17亿元，在我国1500家大型制造业企业中，将可跻身500名之前，而且该公司的员工只有800多人，人均劳动生产率达到200万元。劳动生产率水平在目前国内制造业企业中可排在前30位之内。这一情况表明，在海外华人企业难以作为的制造业领域，国内已经具备了民营企业能够大展宏图的环境和条件。

华峰集团的产权结构突破了家族私人资本的局限性，逐步转向资本社会化。公司的经营管理层和员工持有公司的股份，既拓宽了企业资本来源的渠道，同时又使各个层次员工的利益与公司的发展密切联系在一起，形成了有效的股权激励机制，改善了私企被雇用与雇用者之间的劳资关系。华峰集团在推进资本社会化的同时，又坚持了私人控股的地位，避免了民营企业产权多元化后经常出现的终极责任人缺位和"三个和尚没水吃"的现象，使大股东继续全心全意地关心企业资产的保值增值和生产经营的效率问题。

华峰集团的转型还在于它突破了民营企业完全由家族成员治理的局限性，不考虑血缘关系，也不分地域，广泛地从社会招聘经营管理人才，并给予充分的信任和重用，使一批来自全国各地具有较高文化素质和专业技能的人才进入公司各级管理岗位，从而显著改善了公司的治理结构，提高了企业的经营管理水平。

民营企业做强做大，还需要资本所有者价值观念的调整。由于受小富即安的小农经济观念的影响，不少民营企业在发展到一定规模后，就失去了继续做强做大的动力，没有按照资本运动的客观规律向前发展。华峰集团董事长尤小平不仅突破了小富即安的传统观念，而且也超越了为自己赚钱的局限。尤小平说，"如果仅仅为我自己和家人赚钱，过上富裕生活，我现在完全可以不干了。把华峰做强做大。我个人的财富可以继续增加，但更重要的目标是使企业经营者团队和职工也能够在企业发展中富起来，可以为家乡的经济发展做出更多的贡献，为我国聚氨酯工业的发展承担更大的责任。"尤小平的话反映了一大批优秀民营企业家的心声和抱负，这种价值取向已超出教科书所描述的经济人的动机就是追逐个人利益最大化的定律。而民营企业的转型也必须有赖于企业家价值观念、价值取向的转变。

（本文原载《经济日报》2003年9月24日）

中国经济改革的实践丰富和发展了马克思主义政治经济学

一　前言

马克思和恩格斯共同创立的马克思主义政治经济学是以社会生产关系为研究对象的科学，它揭示了资本主义商品经济中支配物质资料的生产、交换和产品分配关系的规律。马克思主义政治经济学是用辩证唯物主义和历史唯物主义的世界观和方法论，第一次从一切社会关系中划分出生产关系，并指明它是一切社会关系中最根本最本质的关系，马克思主义政治经济学研究的对象不是物，而是在商品生产和商品交换过程中人和人的关系。马克思主义政治经济学代表着广大人民群众利益的价值取向，而不是研究怎样追求资本利益最大化的学问。

马克思从解剖商品、商品生产和商品交换关系入手，创立了系统的和经典的马克思主义政治经济学基本原理，包括商品二重性、劳动二重性、社会必要劳动和剩余劳动、商品价值和剩余价值、价值规律、货币职能、资本有机构成、资本周转与循环、简单再生产和扩大再生产、社会平均利润率、资本形态、虚拟资本、级差地租、竞争与垄断、积累与消费、生产资料私人占有与生产社会化的矛盾、经济周期等理论。马克思主义政治经济学的经典理论对于认识和把握社会主义市场经济条件下的经济现象和经济运行规律仍然具有指导意义。

马克思主义政治经济学是不断发展的科学。恩格斯在《反杜林论》中指出："人们生产和交换产品时所处的条件，各国各有不同。在每一个国度里，一代一代各有变化，所以对于一切国度和一切历史时代，政治经济学不能都是一样的……所以政治经济学在本质上说是一种历史的科学。"①当代马克思主义政治经济学应遵循马克思主义基本原理，研究和回答当代经济发展实践出现的新情况和新问题，主要任务是研究社会主义市场经济的生产力与生产关系、上层建筑与经济基础运行和发展变化规律，既要研究市场经济的一般规律，也要研究有中国特色的社会主义市场经济的特殊规律。

1978 年党的十一届三中全会以来的改革开放，把马克思主义的基本原理同当代中国的实际相结合，提出了建设有中国特色社会主义的理论、方针和政策，极大地推动了中国社会经济的发展。在这一进程中，马克思主义政治经济学的理论发挥了重要的指导作用，改革开放的实践又不断丰富和发展了马克思主义政治经济学理论。

二　中国处在社会主义初级阶段的客观必然性

社会主义发展阶段问题既是科学社会主义理论需要回答的问题，也是马克思主义政治经济学需要研究的问题。因为社会发展阶段最终是由生产力发展水平以及与之相适应的生产关系所决定的。对社会经济发展阶段的科学判断，是正确选择发展道路、发展模式和发展政策的前提。

马克思指出，共产主义社会第一阶段（即社会主义阶段），是刚刚从资本主义社会中产生的，因而它在经济、道德和精神等各方面不得不带有它脱胎出来的那个旧社会的痕迹。这些痕迹的消除，需要一个发展过程，需要它在自身基础上进一步发展到共产主义高级阶段才能完成。中国的社会主义社会的历史起点不是在资本主义充分发展的基础上产生的，而是在结束半封建、半殖民地社会和以落后的小农经济为主体的经济基础上建立起来的。毋庸置疑，在中国社会主义初级阶段，社会政治经济生活的各个方面，既带有延续几千年的小农经济生产方式和封建主义思想的痕迹，也带有资本主义生产方式和价值观念的痕迹。

---

① 《马克思恩格斯文集》第 9 卷，人民出版社 2009 年版，第 153 页。

新中国成立之初，我们党创造性地提出了符合中国实际情况的新民主主义的理论和经济政策，既防止了把新中国引向资本主义的倾向，又防止了脱离中国国情、企图一步跨入社会主义的"左"的错误，从而保证在取得民主革命胜利以后所确立的经济制度和经济运行方式更加适应当时中国生产力发展水平。新民主主义的理论、政策和实践迅速医治了战争创伤，促进了国民经济的恢复和发展，并为向社会主义的过渡奠定了基础。

在顺利完成第一个五年计划和对农业、手工业、资本主义工商业的社会主义三大改造任务之后，开始出现了社会主义革命和社会主义建设事业急于求成的思想。这种思想的理论根源是缺乏对于社会主义建设的长期性和艰巨性的科学分析和清醒认识。在所有制结构上，片面追求向全民所有制过渡，在农村急于建立"一大二公"、政社合一的人民公社体制；在经济建设速度上，追求脱离实际的高速度。理论与政策的失误，导致从1958—1978年的20年经济建设出现曲折，在经济发展过程中付出了较高的成本和代价。这也说明经济工作的指导思想必须准确把握本国社会经济发展所处历史阶段的重要性。

1978年召开的党的十一届三中全会重新恢复了解放思想、实事求是的马克思主义思想路线，确立了以经济建设为中心和实行改革开放的方针。在对中国经济社会发展阶段的判断上，明确做出了中国仍然处在社会主义初级阶段的科学论断。中国社会主义初级阶段的基本特征是生产力还不发达，社会的基本矛盾是人民群众不断提高物质文化生活水平的需求与生产力相对落后的矛盾，社会主义市场经济制度和机制还很不完善，科技创新能力和竞争力不强，生产的社会化程度不适应生产力发展的要求，城乡差别、工农差别的二元经济结构短期内难以消除，区域经济发展不平衡，人口增长与资源环境的矛盾突出，人均国民收入以及人民群众生活水平与发达国家相比存在显著差距。

这些矛盾具有全局性和长期性的特点，认识和解决这些矛盾，既是发展经济学的研究任务，更需要政治经济学理论研究通过分析生产关系与生产力、上层建筑与经济基础矛盾的表现形式、运行机制和发展趋势，获得规律性的认识。

经过几十年的建设和发展，中国经济总量已居世界第二位，即将跨入人均国民收入一万美元以上的中等偏上收入国家行列。市场供求关系从全面短缺转向相对过剩，科学技术进步促进工业化与信息化的不断融合，正在深刻地改变社会的生产方式和生活方式。马克思主义政治经济学理论研究既要看到这些变化还没有从根本上改变中国仍然处在社会主义初级阶段的历史定位，又要研究这些变化对社会经济发展的影响和趋势。

三　有中国特色社会主义的强大生命力

马克思和恩格斯在分析资本主义基本矛盾的基础上，提出了社会主义必然代替资本主义的论断，并在理论上完成了从空想社会主义向科学社会主义的转变。19 世纪中叶以后，马克思主义理论的传播和欧洲工人运动的兴起，为 20 世纪初俄国社会主义革命的胜利拉开了序幕。但是，如何建设、巩固和发展社会主义，其历史进程并非一帆风顺。1991 年冬，经历了74 年建设和发展并拥有强大军事力量的苏联共产党、社会主义政权和经济制度垮台了。西方世界无比兴奋，并认为社会主义的历史从此终结了。从那时开始，一些西方媒体不断地叽叽咕咕说中国即将崩溃。这些预言，有嫉妒与仇恨，还有恫吓和诅咒，都反映了一个共同的阴暗心理，那就是唯恐中国不乱，唯恐中国不垮。

在重要的历史关口，邓小平同志指出："一些国家出现严重曲折，社会主义好像被削弱了，但人民经受锻炼，从中吸取教训，将促使社会主义向着更加健康的方向发展。因此，不要惊慌失措，不要认为马克思主义就消失了，没用了，失败了。哪有这回事！"[1] 1992 年邓小平南方谈话和党的"十四大"之后，开启了建设有中国特色社会主义的新局面。有中国特色社会主义的基本内涵是，政治上坚持中国共产党领导；思想上坚持马克思主义为指导并与中国国情相结合；经济制度上坚持公有制为主体和多种所有制经济共同发展，实行社会主义市场经济；在社会主义的根本任务上，坚持以经济建设为中心，不断解放生产力、发展生产力，实现共同富裕，消除两极分化；在对外关系上，坚持独立自主的和平外交政策和对外

---

[1]　《邓小平文选》第 3 卷，人民出版社 1993 年版，第 383 页。

开放的方针。有中国特色社会主义为中国社会经济发展提供了可靠的制度保证。

南方谈话至今已过去 1/4 世纪。1990 年中国国内生产总值为 18668 亿元，人均 1644 元，2015 年增长到 689052 亿元，人均 50003 元；中国经济总量从 1990 年世界排名第 11 位，上升到目前的第二位。按可比价格计算，2015 年中国国内生产总值是 1990 年的 10.6 倍，25 年年均增长 9.9%；进出口贸易总额 1990 年为 1154 亿美元，2015 年上升到 39552 亿美元，外贸顺差 1990 年为 87 亿美元，2015 年增长到 5546 亿美元，外汇储备由 1990 年的 111 亿美元上升到 2015 年的 33304 亿美元。在基础设施建设方面，20 世纪末开始起步，用了不到 20 年的时间，到 2015 年建成 13 公里高速公路和 2 公里高速铁路，高速公路通车里程居世界第一位，高速铁路营业里程占世界总量的 60%。

国际上还有一种贬中扬印的舆论，认为印度是实行多党制的民主国家，实行以私有制为基础的资本主义制度，因此印度必然会超过中国。印度和中国在历史上都饱受帝国主义的侵略，并先后于 1947 年和 1949 年独立，两国的人口规模相近，独立后实行了不同的社会制度和发展道路。1949 年，印度与中国相比，主要工业产品产量都超过中国，其中原油产量比中国高出 108%，发电量高出 14%，钢产量是中国的 8.7 倍，生铁是中国的 6.5 倍，水泥是中国的 2.8 倍，硫酸是中国的 2.5 倍，纯碱是中国的 4.5 倍，布是中国的 1.83 倍[1]。60 年以后的 2010 年，中国有 220 多种主要工业产品产量居世界第一位，不仅远超印度，也超过主要工业发达国家。1990 年中国人均 GDP 为 344 美元，印度是 395 美元，印度人均 GDP 比中国高出 14.8%；2015 年中国 GDP 总量是印度的 5 倍，人均 GDP 是印度 4.8 倍。

生产力是否发展了，人民群众的生活水是否提高了，综合国力是否增强了，各项社会事业是否全面进步了，是检验上层建筑是否适应经济基础要求、生产关系是否适应生产力发展要求的最重要的实践标准。尽管我们在发展道路上还面临着许多矛盾和困难，我们的社会并不完美，但是对于

---

[1]　汪海波：《新中国工业经济史》，经济管理出版社 1994 年版，第 67—68 页。

有中国特色社会主义的理论自信、制度自信和道路自信，我们有着充分的事实依据。新中国成立以来，特别是改革开放以来的历史发展成就已经做出了无可辩驳的结论。

四　社会主义与市场经济的兼容性

恩格斯在《反杜林论》中曾经指出，社会一旦占有生产资料，"社会的生产无政府状态就让位于按照全社会和每个成员的需要进行社会的有计划的调节"①。苏联在 20 世纪 20 年代列宁去世以后，放弃了具有市场经济特点的新经济政策，开始建立社会主义计划经济体制。这种体制的积极作用是推进了苏联工业化进程，在较短的时期内建成了工业化强国，为取得卫国战争的胜利奠定基础，但在后来的发展中日益暴露出计划经济体制不适应社会生产力发展的要求。

中国第一个五年计划时期借鉴和学习苏联的经验，逐步建立起高度集中的计划经济体制，通过行政的和计划的手段，集中有限的物力和财力，对于迅速奠定工业化基础、改变旧中国积弱积贫的经济面貌发挥了积极作用。但是，随着社会生产力的发展，这种计划经济体制的弊端也日益突出。

马克思曾经指出，政治经济学应当指导生产力的进一步发展和建立相应的生产关系。毛泽东在 1956 年的《论十大关系》中就开始对苏联计划经济模式进行反思，指出了它的局限性。1979 年春，中国开始了突破传统计划经济体制的改革。首先在理论上突破了把计划经济同商品经济对立起来的传统观念。党的十二届三中全会关于经济体制改革的决定指出，社会主义经济是在公有制基础上的有计划的商品经济。商品经济的充分发展，是社会经济发展不可逾越的阶段，是实现中国经济现代化的必要条件。只有充分发展商品经济，才能把经济真正搞活，促使各个企业提高效率，灵活经营，灵敏地适应复杂多变的社会需求，而这是单纯依靠行政手段和指令性计划所不能做到的。因此，必须大力发展商品经济。发展商品

---

① 《马克思恩格斯选集》第 3 卷，人民出版社 1972 年版，第 319 页。

生产和商品交换，就必须遵循价值规律。在商品经济和价值规律问题上，社会主义经济同资本主义经济的区别不在于商品经济是否存在以及价值规律是否发挥作用，而在于所有制和分配方式的不同。

关于社会主义经济是商品经济的认识为推进市场取向的改革奠定了理论基础。改革的任务必须解决从事商品生产和商品交换主体即企业的性质和地位问题，解决价格的形成机制和价格杠杆的作用方式问题，解决政府对市场运行过程的管理与调控问题。因此，中国经济体制改革在初期始终围绕上述三个方面展开：一是以企业改革为中心，使企业成为自主经营、自负盈亏、自我积累和自我发展的商品生产者和经营者；二是改革价格形成机制和价格体系，使价值规律在市场运行中发挥好调节作用，建立起合理的价格体系，调整不合理的比价，同时改革税收制度、财政体制、金融体制，充分重视经济杠杆的作用；三是简政放权，减少政府对市场微观主体的行政干预。党的"十三大"在总结改革实践经验的基础上，提出了"市场引导企业，政府调控市场"的模式，从而使中国经济体制转向市场经济又向前推进了一步。

1992年春，邓小平同志在南方谈话中指出，市场经济不等于资本主义，社会主义也有市场。计划和市场都是经济手段，计划多一点还是市场多一点，不是社会主义与资本主义的本质区别。邓小平同志的这些论断，丰富和发展了马克思主义政治经济学的理论，突破了市场经济与计划调节完全对立的理论认识。社会主义也可以搞市场经济的理论主张成为中国经济体制改革的指导思想。党的"十四大"明确提出，中国经济体制改革的方向是建立社会主义市场经济新体制，引领中国经济体制改革进入一个新阶段。围绕建立社会主义市场经济体制，不断推进国有经济的战略性改组，收缩国有经济战线，发展股份制经济，建立现代企业制度，改革政府宏观调控体制和机制，撤销各级政府直接管理企业的行业管理部门，培育和完善各种类型的商品市场和生产要素市场，完善农村家庭联产承包责任制，取消农业税，改革价格形成机制和价格体系，建立社会化的失业、医疗和养老保障体系。经过30多年的改革，中国社会主义市场经济新体制基本建立。

党的十八届三中全会根据中国经济发展进入新阶段的客观要求，对全面深化体制改革做出新的部署，并把深化经济体制改革作为全面深化改革的重点，核心问题是处理好政府和市场的关系，使市场在资源配置中起决定性作用和更好地发挥政府作用；提出必须积极稳妥地从广度和深度上推进市场化改革，大幅度减少政府对资源的直接配置，推动资源配置依据市场规则、市场价格、市场竞争实现效益最大化和效率最优化。政府的职责和作用主要是保持宏观经济稳定，加强和优化公共服务，保障公平竞争，加强市场监管，维护市场秩序，推动可持续发展，促进共同富裕，弥补市场失灵。市场机制在资源配置过程发挥决定作用的基本含义是，资源配置的主体是企业而不是政府，价值规律仍然是社会主义市场经济必须遵循的基本经济规律，价格杠杆和供求关系引导投资方向和企业的生产经营行为，优胜劣汰的竞争机制决定企业的生死存亡，政府发挥好宏观调控和市场监管的职能，从而保证社会经济生活既有活力，又有秩序。中国经济体制转型的实践证明，社会主义与市场经济完全能够统一和兼容。因为社会主义初级阶段存在着多种经济成分，即使在公有制经济内部，各个经济主体之间也必须遵循等价交换、独立核算和自负盈亏的规则；社会主义仍然存在广泛的商品生产和商品交换；价值规律和竞争机制仍然是社会主义经济的普遍规律。中国深化经济体制改革的方略，既坚持了市场化改革的方向，又摒弃了实行以私有制为基础、完全自由竞争的市场经济的主张，从理论与实践的结合上丰富和发展了马克思主义政治经济学。

五　改革所有制结构和公有制的实现形式

马克思主义政治经济学科学地揭示了生产资料所有制在社会经济生活中的作用。生产资料所有制决定着不同阶层的经济地位，制约着社会再生产的运行过程，决定着社会产品的分配方式和分配结果，因此所有制是生产关系中具有基础性的经济制度。生产资料所有制又是通过生产、交换、分配等社会再生产的各个环节实现的。生产资料所有制的变革，都是旧的所有制关系不再适应新的生产力发展的必然结果。马克思和恩格斯在《共产党宣言》中指出："共产党人可以用一句话把自己的理论概括起来：消灭私有制。""共产主义并不剥夺任何人占有社会产品的权力，它只剥夺利用这种占有去奴役他人劳动的权力。"① 建立社会主义公有制的出发点主要有两个：一是消除生产资料私人占有与生产社会化的矛盾，以保证社会扩大再生产顺利进行；二是消除通过对生产资料的占有而占有他人劳动的剥削现象，即消除导致社会财富分配不公平的制度基础。社会主义革命和建设的实践正是按照马克思主义政治经济学理论揭示的方向进行的。

新中国成立以后，中国逐步建立了城市以国有经济为主体、农村土地等生产资料实行集体所有的社会主义公有制经济制度。社会主义公有制经济的确立，为加快中国工业化进程和社会经济发展、实行按劳分配、避免社会财富分配出现两极分化提供了制度性的保障。但是，1958 年以后，由于指导思想上的"左"的错误的影响，在所有制结构和公有制实现形式上，片面追求"一大二公"，限制非公有制经济的发展，违背了生产关系一定要适应生产力发展的客观规律。

1978 年以来，按照生产关系一定要适应生产力发展的要求，不断深化所有制结构和公有制实现形式的改革，形成了"两个毫不动摇"的方针，即毫不动摇地巩固和发展公有制经济，毫不动摇地鼓励和引导非公有制经济的发展，坚持和完善公有制为主体、多种所有制经济共同发展的基本经济制度。关于所有制结构"两个毫不动摇"的方针，既坚持了社会主义公有制的方向，又肯定了非公有制经济存在和发展的必要性，丰富和发展了马克思主义政治经济学的所有制理论。中国所有制结构的变革，调动了亿万群众创造财富的主动性，提高了生产要素的配置效率，扩大了就业渠道，促进了社会生产力的发展。所有制结构的变化并没有动摇国有经济的根基，国有资产的总量持续增长，经济效益不断提高，对国民经济的控制力和影响力不断增强。公有制经济为主体，国有经济为主导，非公有制经济不断发展壮大的所有制结构，是有中国特色社会主义的经济基础。具有中国特色的社会主义所有制结构主要通过三个层次的企业产权形态实现：一是在关系国民经济命脉和国家安全的产业领域，坚持以国有独资或国有控股为主导；二是在竞争性产业领域，

---

① 《马克思恩格斯选集》第 1 卷，人民出版社 1972 年版，第 265、267 页。

以混合所有制为主体；三是在量大面宽的中小型企业，鼓励私人企业和个体工商户充分发展。改革开放以来，中国经济持续较快增长和综合国力不断增强的实践证明，这种所有制结构适应社会主义市场经济和现阶段中国生产力发展的客观要求。

有一种观点认为，深化经济体制改革、解决深层次矛盾是推进生产资料私有化。很多人理解的私有化就是以家族私人资本为主要形态，并由家族直接掌管，否则就是所有权没有人格化的代表。为什么不能全面推进私有化，而必须坚持国有经济的主导地位？随着生产力的发展和科学技术进步，由生产力技术构成所决定的资本有机构成不断提高是经济发展的普遍规律，这一规律必然导致资本的集中化和社会化，特别是在资本和资源密集型行业，要求实现规模经济，并以资本集中为特征的大型企业为主导。大型国有企业符合生产集中化的客观经济规律的要求，单个家族私人资本已难以容纳和适应生产力发展的这种客观要求。所有制的选择，只能坚持生产力先进与否的标准。国有大型军工集团是维护国家安全的根本保障。国防科技工业是资本密集和技术密集相结合的产业。军工集团必须不以营利为目的和承担维护国家安全的社会责任。以大型国有企业为主体的国防科技工业在中国军事装备制造业的发展中发挥了无可替代的作用。如果取消国有军工企业，谁来对国家安全负责？难道我们也要向印度学习，依靠买国外的武器装备实现国防现代化吗？只有那些企图遏制中国国防现代化的政治势力最希望中国国有军工企业被削弱和取消。必须吸取一些前社会主义国家私有化过程中的教训。有些前社会主义国家，昔日的权贵和一些胆大妄为之徒通过合法与非法的手段，巧取豪夺，用很短的时间实现了国有资产向少数人的转移和集中，在国民经济的各个领域形成一批私人寡头，加剧了社会的两极分化，一边是财富积累，一边是贫困积累。与此同时，一些私人寡头把巨额财产转向国外，导致国民财富的流失。这种私有化并没有促进技术进步和产业结构升级，相反，在技术密集型产业领域还进一步扩大了与国际先进水平的差距，这些教训必须记取。

在小农经济生产方式基础上形成的私有观念认为，生产资料所有权只有是个人的或家族的，这种产权制度才符合人的本性，才能形成有效的激励机制。实际上，早在 19 世纪中叶马克思撰写《资本论》的年代，私人资本的实现形式就开始出现变化。因为随着生产力的发展和技术进步，单个私人资本越来越难以适应由于资本有机构成提高而导致的资本集中化趋势。以不同类型股份公司为实现形式的混合所有制经济便应运而生。马克思在《资本论》中指出，股份公司就是"那种本身建立在社会生产方式的基础上并以生产资料和劳动力的社会集中为前提的资本，在这里直接取得了社会资本（即那些直接联合起来的个人的资本）的形式，而与私人资本相对立，并且它的企业也表现为社会企业，而与私人企业相对立。这是作为私人财产的资本在资本主义生产方式本身范围内的扬弃"①。股份制经济的出现，是生产资料所有制实现形式的重要变革，其意义在于，股份公司的生产资料所有权实现了社会化和多元化，而不再以单个家族的私人资本为主导；资本所有者由原来单个资本承担无限责任转变为只承担以出资多少为限的有限责任，降低和分散了投资风险；促进了资本的集中，为发展有机构成高的产业创了条件；促进了所有权与经营权的分离，把资本交给善于经营的职业经理人去经营。以股份制经济为主体的混合所有制经济出现，既为私人资本的社会化和集中化开辟了道路，也为公有制经济找到了新的实现形式。

党的十八届三中全会《中共中央关于全面深化改革若干重大问题的决定》提出，积极发展混合所有制经济。国有资本、集体资本、非公有资本等交叉持股、相互融合的混合所有制经济，是基本经济制度的重要实现形式，有利于国有资本放大功能、保值增值、提高竞争力，有利于各种所有制资本取长补短、相互促进、共同发展。允许更多国有经济和其他所有制经济发展成为混合所有制经济。国有资本投资项目允许非国有资本参股。允许混合所有制经济实行企业员工持股，形成资本所有者和劳动者利益共同体。

马克思主义政治经济学理论认为，生产资料所有权决定着社会产品的分配关系，社会产品分配差距拉大的主要原因是私人对生产资料占有多寡的不同。市场经济发达的日本和德国基尼系数只有 0.28 左右，其

---

① ［德］马克思：《资本论》第 3 卷，人民出版社 1975 年版，第 493 页。

重要原因是大型企业的资本不是集中在少数私人手中，而是资本终极所有权高度分散在公众自然人和机构手中，即以资本社会化为主导而不是以私人家族资本为主导，虽然在世界富豪排行榜上鲜有知名的富豪，但有一大批具有竞争力的大型跨国公司。中国积极发展混合所有制经济的重要目的是在实现企业法人资本集中化的同时，实现资本来源的高度社会化和分散化，即企业享有法人资本所有权，大量分散的机构和自然人享有终极所有权，从而为社会产品的公平分配和消除财富占有的两极分化奠定基础。混合所有制是资本集中与资本分散统一于一体的实现形式。我们追求的不应当是有多少亿万富翁能够上世界富豪排行榜，而是培育更多的建立在资本社会化基础之上的有机构成高并具有强大的国际竞争力的大型企业，它们既是国家综合实力的代表，又是能造福于千千万万的所有者。

六　社会主义市场经济条件下扩大
再生产的平衡与协调

马克思主义政治经济学理论关于资本主义扩大再生产问题的研究，主要集中在两个方面：一是研究和论证了社会再生产过程中生产资料生产与消费资料生产两大部类之间实现平衡的条件；二是资本家为了追逐更大的利润，不断地把剩余价值转化为资本，通过资本积累进行扩大再生产，其结果一边是资本与财富的积累，一边是贫困的积累，并最终由于无产阶级有效需求不足而导致生产过剩危机。马克思在《资本论》中揭示的是资本主义扩大再生产的现象和规律，但是社会主义扩大再生产也同样面临着如何解决国民经济各个部门的平衡问题，工业化初期阶段的商品短缺问题，转向市场经济和进入工业化中期阶段以后出现的生产相对过剩问题，经济的可持续发展问题，等等。中国社会主义建设和改革开放的实践，探索和发展了马克思主义政治经济学扩大再生产的理论。

第一，正确处理积累与消费的关系。在社会主义扩大再生产过程中，解决积累与消费的关系，一是在公有制范围内处理好国家、集体与和个人的经济关系；二是在非公有制经济中，处理好资本与劳动的关系。1979年以后，中国吸取前 30 年的经验和教训，逐步降低积累率，压缩固定资产投资规模，调整重工业优先增长的政策，鼓励和支持消费品工业的发展，到 20 世纪 80 年代中期，基本消除了消费品严重短缺的局面，人民群众的生活水平显著改善。社会主义扩大再生产，主要是通过固定资产投资途径实现的。固定资产投资又是由国家财政投资、企业投资两个渠道形成的。1990—2010 年的 20 年，中国经济进入加速工业化的发展阶段。与此同时，由于所有制结构的变化，固定资产投资主体出现多元化，虽然国家财政投资的比重逐年下降，但全社会固定资产投资规模迅速扩大。事实上出现了积累率过高、投资过热以及微观经济主体投资盲目性与社会扩大再生产平衡要求的矛盾。在中国社会主义市场经济条件下，既发挥市场竞争的机制，淘汰落后生产能力，又通过政府的宏观调控，运用信贷、税收等去产能、去杠杆等手段，引导和控制投资规模；同时通过调节劳动与资本的关系、设立最低工资线和促进消费的政策，发挥消费对经济增长的拉动作用。这些政策，在实践上避免了市场经济经常出现的经济周期性危机，实现了社会主义扩大再生产的平稳与协调。

第二，正确把握产业结构演变与升级的趋势。马克思把社会生产部门概括为生产资料生产部门和消费资料生产部门。这两大部门在使用价值形态上形成了社会物质产品生产的产业结构。同时，在商品生产和商品交换条件下，各类物质产品生产主体之间又通过商品交换的价值形态形成相互联系的经济关系。马克思主义政治经济学的经典理论揭示了不同部门之间的经济关系通过生产价格和社会平均利润率的机制实现平衡。社会主义市场经济条件下，产业结构的发展变化是社会扩大再生产的核心问题，因为产业结构是生产要素在不同部门、不同企业、不同地区配置的比例关系。产业结构制约社会再生产的比例关系，包括工业与农业、重工业与轻工业、上游产业与下游产业、生产与流通行业，等等；产业结构还决定着产品的市场供求关系，决定着国家或地区的经济效率，关系国家和企业的竞争力，决定和影响着贸易条件、进出口结构和效益。

产业结构是马克思所揭示的社会再生产两大部类相互关系的具体表现形式，它既反映了社会在生产过程中物与物的关系，也反映了不同经济部门之间的经济利益关系。在资本主义市场经济条件下，产业结构的形成和变化，主要通过市场自由竞争来实现，通常伴随着周期性的经济危机。中国在社会主义建立的初期，试图用国家的行政计划手段，安排产业结构，调节社会再生产的比例关系。但是，实践证明行政计划难以科学地反映市场供求关系，难以协调不同生产部门之间的利益关系，难以保持社会再生产的平衡。

改革开放以来，中国经济体制和运行方式逐步转向社会主义市场经济，开始发挥市场机制在资源配置过程中的基础性与决定性的作用。与此同时，为了避免市场经济机制的自发性和盲目性，政府通过制定产业政策对资源配置过程进行引导。制定和实施产业政策的必要性在于：一是由于市场机制有缺陷，需要由政府制定产业政策来矫正市场失灵，以实现生产要素配置的合理化。因为经济主体为了追求利益最大化，有可能损害外部社会效益，需要由政府进行限制和引导。二是现代市场经济是有规则的经济，需要由超越不同经济主体利益关系的政府制定市场规则，以实现市场的有序竞争。三是防止垄断对消费者利益造成的损失以及对科技进步的阻碍。四是促进不具有直接经济利益的公共产品部门的发展。五是发展中国家为了实现经济赶超，改善国际分工地位，需要通过市场竞争机制和国家的引导，促进产业发展和升级。可以说，中国产业政策的理论与实践丰富和发展了马克思主义政治经济学关于社会扩大再生产的理论。

第三，正确处理实体经济与虚拟经济的关系。马克思在《资本论》中揭示了虚拟经济形成的原因和本质，指出虚拟资本是在借贷资本、生息资本、银行信用制度的基础上产生的经济形态；虚拟资本本身没有创造价值，但是可以通过资本的循环运动获取收益。虚拟经济的经营主体总是试图通过短期投机赚取暴利。现代电子通信与网络技术使虚拟资本的巨额交易、划转和清算可以在瞬间完成，为虚拟资本的投机创造了技术条件、提供了技术支持。少数金融精英获取的暴利诱惑投资者进入资本市场，降低了企业经营实体经济的积极性以及大众在物质生产部门工作的意愿，割断了收入和劳动创造财富的联系，使财富迅速向少数人集中，加剧了社会分配不公。

中国的经济货币化和资产证券化程度日益加深，虚拟经济发展很快，并对实体经济产生了重要影响。鉴于 2008 年由美国虚拟经济泡沫引发的国际金融危机的教训，中国在经济发展政策上，一直强调发展实体经济的重要性，通过货币、信贷、资本市场政策、科技创新政策和抑制房地产泡沫等政策，支持实体经济的发展，提高实体经济的资源配置效率和国际竞争力，把发展先进制造业作为增强综合国力的基础。

七　结语

本文的结语着重讨论政治经济学的方法论问题。

第一，怎样认识经济学与政治经济学的联系与区别。广义的经济学包含政治经济学，其研究对象都是研究社会经济活动中的生产、流通、分配和消费问题。在中国现行的学科分类中，政治经济学被列为经济学科中的理论经济学范畴。但是，狭义的经济学又不同于政治经济学，它们的研究对象是有区别的，经济学不应取代政治经济学。

恩格斯关于政治经济学的定义是政治经济学是"一门研究人类各种社会进行生产和交换并相应地进行产品分配的条件和形式的科学"；从最广的意义上说，是研究人类社会中支配物质生活的生产和交换的规律的科学。[①] 马克思指出，政治经济学不是工艺学，而是研究物质财富生产过程中人们的社会生产关系的科学。马克思和恩格斯共同创立的马克思主义政治经济学，考察了资本主义生产方式及其运行机制，分析了资产阶级和无产阶级的不同地位和分配关系，揭示了资本主义的历史作用和历史趋势，提出了社会主义的历史必然性。英国经济学家罗宾斯对经济学的定义是"经济学是研究稀缺资源配置的科学，即经济学是把人类行为当做目的与具有各种不同用途的稀缺手段之间的一种关系来研究的科学"[②]。基于经济学和政治经济学的不同内涵，研究稀缺资源配置方式的经济学不可能替代研究社会生产关系的马克思主义政治经济学。在一

---

① 《马克思恩格斯选集》第 3 卷，人民出版社 1972 年版，第 186 页。
② ［英］罗宾斯：《经济科学的性质和意义》，商务印书馆 2009 年版，第 21 页。

定意义上说，以研究资源配置效率为宗旨的经济学是侧重于资源配置方法论的学问，而马克思主义政治经济学是研究生产力与生产关系矛盾运动即生产方式运行和发展的学问。前者研究的是术，后者研究的是道；前者是研究如何实现资本利益最大化，后者是研究生产关系如何适应生产力发展的要求。

第二，关于政治经济学的研究方法问题。政治经济学是研究生产力与生产关系发展变化的学问，其任务是揭示社会经济发展和运行中生产力与生产关系矛盾运动的规律性，并根据对规律性的认识，提出改革生产关系和上层建筑的方向，为促进社会生产力的发展提供理论支持。政治经济学也是一门历史科学，不知有汉，何论魏晋。经济制度的变迁、生产力的发展总是从过去走到今天，从现在走向未来。离开对历史的认识和分析，就很难理解今天、把握未来。政治经济学研究对象和研究任务的规定性，决定了在研究方法上必须坚持理论与实际相结合，坚持定性分析与定量分析相结合，坚持洞察历史与把握未来趋势相结合，把认识回答当代社会再生产的重大现实问题作为使命。

不可否认，在当前中国经济学研究和教学中，存在用研究资源配置方法的经济学替代研究社会生产关系的政治经济学的问题，存在着照抄照搬西方经济学理论和方法的倾向，缺乏对经济发展和实际运行问题的调查研究，缺乏反映规律性的大数据的支持，过多地用数学模型代替理论与实际相结合的分析。20世纪30年代初，中国革命曾经经历过从莫斯科传来的教条主义的瞎指挥，毛泽东坚持走马克思主义理论与中国革命实践相结合的道路。历史证明，毛泽东关于中国民主革命的指导思想、战略和策略是正确的和成功的。当代经济学理论研究必须以史为鉴，从中国国情出发，研究当代中国经济发展和运行中的重大现实问题，既要研究市场经济的普遍规律，又要研究中国社会主义市场经济的特殊性，在政治经济学研究和教学中坚持马克思主义的世界观和方法论。

参考文献

1.《马克思主义政治经济学概论》编写组：《马克思主义政治经济学概论》，人民出版社、高等教育出版社 2011 年版。

2.《当代马克思主义政治经济学十五讲》编写组：《当代马克思主义政治经济学十五讲》，中国人民大学出版社 2016 年版。

3. 人民出版社编辑部：《马克思主义经典作家论历史科学》，人民出版社 1961 年版。

4. 中共中央文献研究室：《中共十三届四中全会以来历次全国代表大会中央全会重要文献选编》，中央文献出版社 2002 年版。

（本文原载《中国工业经济》2017 年第 10 期）

工业资源与环境

对工业品积压原因的几点分析

工业品积压问题仍然是目前影响我国工业健康发展和工业经济效益的一个重要因素。造成工业品积压的原因主要有以下几个方面。

第一，在20世纪80年代的一段时期内，由于宏观调节一度失控，许多地区、部门和企业盲目上新项目、铺新摊子，进行大量的重复性建设，因而造成一部分工业生产能力过剩。例如，我国棉纺工业现有700万—750万纺锭的生产能力放空，约占棉纺总生产能力的1/4；彩色电视机生产能力为2000万台，产量为1000万台，生产能力闲置1/2；家用电冰箱年产量约500万—600万台，生产能力闲置2/3；自行车产大于销1000万辆。

第二，社会有效需求不足。据统计，1991年1—6月我国总供给大于总需求约为10%，第三季度以来，供求差距虽然有所减少，但供给大于需求的基本格局仍然没有发生明显变化。社会有效需求不足主要表现在两个方面，一是固定资产投资规模小于投资品的供给能力。1991年全社会固定资产投资规模预计为5400亿元，如果扣除物价上涨因素或按固定资产投资的实物量计算，实际投资水平还低于1988年。但这三年来我国生产投资品的基础工业部分的产品产量都有较大增长，因而出现了目前钢材、水泥以及煤炭等生产资料产品的积压。二是居民消费的有效需求不足。首先是农民的有效需求不足。由于近几年工业品价格大幅度上涨，但农民收入增减慢，农民购买力增长有限，无法吸纳迅速增长的工业品。工业生产能力无限扩大的趋势，遇到了农业生产力落后和农村市场狭小的矛盾。以纺织品为例，我国目前纺织品年生产量约为210亿米。其中25%用于出口，国内销售量为157亿米，人均可购买14米，而这两年农民购买纺织品人均不到7米，供给高出需求一倍。虽然我国大多数农民的衣着水平依然比较低，但由于农民支付能力不足，没有形成对纺织品更大的有效需求。

再例如，目前我国农村的彩色电视机普及率减为5％。即2亿农户有1.9亿农户还没有彩电。按照目前彩电年产2000万台的能力，满负荷生产还需要九年半才能使全国农村普及彩电。但目前彩电供应也是供大于求，农民不是不需要彩电，而是有支付能力的有效需求不足。

从另一方面看，由于农业生产力落后，我们提供的剩余产品率低，使城镇农副产品供给相对不足。在农副产品的价格逐步放开以后，20世纪80年代以来农副产品价格持续上升。其结果，一方面使以农副产品为原料的轻纺工业产品的成本和价格上升；另一方面使职工用于购买农资产品的支出增加，进而限制了城镇居民购买消费品工业产品的能力，这又进一步加剧了工业品的积压。

所以，工业品积压，既有工业自身的问题，也有工业外部的原因，特别是农业生产能力落后的问题。

第三，城镇居民收入差距拉大与消费结构趋同的矛盾。由于所有制结构和分配方式的变化，近年来我国城乡居民收入差距逐步扩大。一小部分居民占有高额储蓄，大多数居民储蓄额有限。但与此同时，目前我国城镇居民在消费结构上，可以说是大同小异，存在趋同化的现象。在目前的消费结构和消费方式条件下，一部分收入高且拥有较多储蓄的居民，还没有为他们开辟更新的消费领域和形成更高的消费需求。而收入处于一般水平且储蓄额较低的大多数居民，虽然有购买欲望，但缺乏有效支付能力，因而也导致了轻纺工业品销售平淡和产品积压。

第四，一部分工业产品性能差、成本高，在国内外市场缺乏竞争力，尤其是机电产品的表现更为突出。许多企业生产的老的机电产品没有市场，性能好、技术先进的机电产品也一时上不去，既难以保住国内市场，更难以开拓和占领国际市场。另外，由于国际贸易护主义的限制，在国内市场供大于求的情况下，使扩大出口也受到了种种限制。

综上所述，造成供应品低价的原因是多方面的，因此缓解和消除工业品积压问题则需要进行综合治理，既要有效地调节供求总量，也要改善企业内部的经营管理和加强企业技术改造，促进产品更新换代；既可调节居民之间的收入差距，也可积极调整消费结构和引导消费趋势，使工业生产与居民消费更好地协调起来。同时要进一步扩大国际贸易，使更好更多的工业产品走上世界。

（本文原载《中国引进报》1991 年 11 月 8 日）

宏观适度从紧　企业出路何在

　　1996 年是实行第九个五年计划的第一年。按照以往的经验，可能会出现新的一轮投资扩张和需求旺盛的局面。另外，自 1993 年 6 月中央加强宏观调控、严格控制固定资产投资规模以来，宏观从紧的政策已持续了 33 个月。可以说固定资产投资增长的幅度已回落到较低点。基于这些情况，许多企业都预期 1996 年宏观经济环境会出现升温和市场需求旺盛的态势，这样可以摆脱生产经营上的困境。

　　但是，目前中央已经明确宣布，包括 1996 年在内的"九五"计划期间，宏观经济政策仍将实行适度从紧的方针。所谓适度从紧，主要表现在三个方面，即从严控制固定资产投资规模；从严控制财政支出，减少财政赤字；从严控制货币投放和信贷规模。实行适度从紧的方针，主要是基于这样几个方面的原因：一是目前通货膨胀的压力还没有完全消除，一旦放松货币投放、信贷规模和固定资产投资规模，已初步得到控制的物价将会反弹，再次出现严重通货膨胀的局面；二是 1995 年新开工的项目仍然偏多，占全部施工项目的比重已超过 30%，是自 1992 年以来新开工项目较多的一年；三是传统体制下形成的地方政府和企业的投资饥渴症并没有根本消除，争项目、争投资的倾向依然存在，在宏观经济政策松动的情况下，有可能出现新的一轮投资扩张冲动。因此，实行适度从紧的宏观经济政策是为了保持国民经济持续、稳定和协调发展的客观要求。

　　工业生产经营除了受宏观适度从紧的大环境的制约外，还要受下列一些重要因素的影响：由于出口退税政策的调整和工业生产成本的上升，工业品出口增长的势头有可能低于 1995 年的增长幅度；为数不少的耐用消费品和日用消费品已经供过于求，在近期内不会出现新的能够对工业增长产生重要影响的消费热点；1996 年农副产品价格进一步上涨的余地不大，因此农民收入增长及其购买力的增长不会高于过去两年，农村市场需求的增长也将是平缓的；在货币适度从紧的条件下，城镇居民货币收入的增长亦将被控制在正常的范围内，城镇居民的消费支出不会出现大幅度的增长。综合这些因素，1996 年，无论是工业企业还是商业企业都将面临一种市场供大于求、竞争更加激烈的形势。因此那种期待 1996 年会出现新的需求旺盛的局面是不够现实的。

宏观适度从紧市场已呈现一种供大于求现象，企业出路何在？这是企业经营者和经济主管部门普遍关注并希望得到答案的问题。面对现实，正确的回答是企业必须靠自己的努力，计划经济最主要的弊端是企业缺乏能动性，一切听从和等待政府的安排，因而导致生产经营效率低。市场机制的最大优势在于通过市场竞争鞭策企业发挥自身的主观能动性，努力适应市场的要求。由于长期受计划经济体制的影响，迄今为止，许多企业在观念上和行为方式上仍然没有摆脱对政府的依赖，总是期望政府放松银根，增加贷款，扩大需求，给企业生产经营营造一个宽松的和旺盛的市场环境。

市场经济本质上是一种竞争性的经济，它不能保证每一个企业都有饭吃，都能盈利。价值规律通过竞争过程给企业造成一种压力，迫使企业不断提高效率，在竞争中求得生存和发展。在这个意义上，可以说市场经济不存在所谓宽松的环境，企业不会有轻轻松松过日子的机会。企业往往把市场需求旺盛作为从事生产经营最理想的环境，但是需求旺盛到一定程度，必然会出现通货膨胀和经济过热，一旦某些生产或流通环节出现障碍，整个社会再生产过程就可能会出现中断进而使大量的企业陷入更大的困境，"宽松"的结果导致严重萧条。在资本主义经济中，就表现为周期性的经济危机。在我国经济发展和运行的实践中，表现为经济增长过程的大起大落和一次又一次被迫的经济调整。一种明智的宏观经济政策，总是根据经济运行的实际状况，实行松紧适度的政策。一般来说，当通货膨胀成为经济运行中主要矛盾的时候，实行适度从紧的方针更有利于改善企业生产经营的环境。在经济运行正常的情况下，保持总供给适当大于总需求的格局，既有利于避免出现通货膨胀，又有利于促进市场竞争，推动企业技术进步和提高微观的经济效率。

　　一些地方的政府官员和企业经营管理人员往往把发展的希望寄托在某种机遇上，并且把机遇理解为一种外部有利条件。所谓机遇，对于企业生产经营者来说，主要是市场所提供的机会和空间。在经济发展的不同阶段和不同的政策环境下，机遇往往是不同的。在工业化的初期阶段和短缺的计划经济条件下，由于大多数工业品供不应求，对于大多数工业企业来说，不愁产品没有销路，办工业处处有市场，天天都有机遇。随着工业化的发展，工业生产能力的扩大和经济运行方式的转变，我国大多数工业品供给不足的历史已经结束，取而代之的是供求平衡和供大于求的局面。例如20世纪80年代初，自行车、手表、缝纫机等"老三大件"的市场需求旺盛，各地的这类企业都红火了一阵子。但80年代中期以后，由于生产能力过剩和城乡居民消费需求结构的变化，许多自行车、手表和缝纫机生产企业陷入困境，但是也有一些企业在困境中生存下来并获得了发展。关键不是"老三大件"市场重新出现了需求旺盛的局面，而是企业进行了产品更新换代，增强了市场竞争能力。80年代后期，彩电、冰箱、洗衣机一度成为居民抢购的热门商品，于是这批生产厂家也风光了几年。但是好景不长，90年代初就出现了市场疲软。尽管近几年工商企业促销战术花样百出，广告费用不断上升，但迄今也没有找到大众的新的消费热点。居民在银行里的储蓄平均每年增长30%以上，消费者似乎失去了80年代那种购物热情，令许多企业感到惘然，新的市场机遇究竟在哪里呢？

　　随着生产力的发展，宏观经济政策的逐步完善和成熟，以及市场调节作用的强化，供求平衡和供大于求将是经济运行的基本态势。因此给企业带来的商业机会和市场空间将变得相对狭小。在有限的市场空间中，占据和保住市场份额主要取决于企业自身的竞争力。市场竞争的商战，犹如短兵相接，唯有强者胜、优者胜、廉者胜，市场竞争不同情弱者。市场是有限的，谁占领了市场，谁就抓住了机遇。

　　人们往往把机遇理解为一种有利的客观条件。其实也不完全如此，有时候逆境和困难也给企业提供了一种机遇。逆境和困难对企业的生存构成压力，企业如果能把这种压力变成动力，卧薪尝胆，背水一战，则往往能够转危为安，转败为胜。1990年，我国电冰箱市场由80年代末的供不应求迅速转向供大于求，面对市场疲软，大多数电冰箱厂的生产下降，产品积压，陷入困境。但是容声、海尔、美菱、上菱、中意等几家冰箱厂知难而进，积极调整产品结构，努力降低成本，提高质量，扩大了市场份额。现在这几家冰箱厂的产品已成为大家公认的国内名牌产品，占全国电冰箱销售量的70%以上。与此同时，其他许多家电冰箱厂在市场疲软的情况下却无所作为，市场占有率连年下降，资金周转不灵，甚至破产倒闭了。"八五"时期我国电冰箱厂家兴衰的事实告诉我们，外部的市场环境或机遇固然是企业生产经营的重要条件，但企业能否在竞争中生存和发展，更重要的取决于企业自身的素质和对市场的应变能力。

目前，企业面临的另一个突出矛盾是流动资金紧张。虽然国家对流动资金的贷款将会适当增加，但不能满足企业流动资金的巨大缺口，出路还得靠企业自己。从实际情况看，凡是经营效益好的企业，一是自有流动资金比重高，债务负担轻；二是产品有竞争力，市场销售状况良好，资金周转快。所以缓解资金紧张的矛盾，企业应主要依靠提高效率，降低成本，增强对企业的适应能力，加快资金周转，提高自有流动资金的比重，而不能指望银行大幅度增加对企业流动资金的贷款。从发展趋势看，今后商业银行将会进一步降低对企业流动资金贷款的比重，以减少贷款风险，因此企业必须把立足点放在依靠自身的努力上。

（本文原载《首都经济》1996年第3期）

企业生产经营环境变化与应对研究

一　资源性产品供给不足，价格上升

人口众多，人均占有的自然资源低于世界平均水平是我国的基本国情。我国人均国土面积 0.8 公顷，人均耕地 0.11 公顷，人均草地 0.33 公顷，人均森林面积 0.1 公顷，分别为世界人均值的 29%、40%、50%、17%。我国水资源总量为 28124 亿立方米，占世界水资源总量的 6% 左右，人均水资源占有量只相当于世界平均水平的 30%。根据地质部门第三次煤田预测统计，我国现已查明的煤炭资源量 6769 亿吨，生产矿井和在建矿井已占用 1916 亿吨，尚未利用的资源量 4853 亿吨。在尚未利用的资源量中，精查储量 810 亿吨，在精查储量中，目前可供建井选用的储量为 227 亿吨。根据全国第二次油气资源评价结果，我国石油总资源量 940 亿吨，天然气资源量为 38 万亿立方米。到 2002 年，全国石油剩余可采储量为 24.25 亿吨，天然气剩余可采储量为 20169 亿立方米。到 2005 年，我国石油进口量已占石油消费量的 40%；我国铁矿石的品位平均为 34%，相当于澳大利亚铁矿石品位的 51%，进口量已占国内需求量的 50%；进口的铝土矿占国内需求的比例为 33%，进口的铜矿占国内需求的 50%。

与此同时，我国工业构成中的重化工业显著提高。自 1998 年以来，资源密集型的重化工业持续高速增长，平均增长速度比劳动密集型的轻纺工业高出 4 个百分点。重工业与轻工业之间的比例由 1998 年的 55∶45 变为 2006 年的 69∶31。1990 年我国生产的一次能源为 9.87 亿吨、发电量 6212 千瓦时、钢材 5153 万吨、水泥 2.097 亿吨，2005 年我国人口比 1990 年增长了 14.35%，但上列能源、原材料的产量和消费量比 1995 年分别增长了130%、318%、580%、402%。生产总量和人均消费量都出现了超常规的增长。

这种变化，一是由于城乡居民的生活水平在基本实现小康之后，消费结构出现新的趋势，即住房需求和购买私人轿车的需求显著上升；二是城镇化的步伐逐步加快；三是全社会的固定资产投资快速增长，2006年全社会固定资产投资在10万亿元左右，相当于2006年GDP的50%。

从生产过程的能源消耗来看，我国综合能耗普遍较高，一般比国外同类设备或技术高出10%以上。就能源的加工转换效率来看，我国的能源加工转换效率是逐渐提高的，但是与国外相比，仍有较大的差距。例如，与国际先进水平相比较，我国钢铁工业的吨钢综合能耗高出30%，粗铜冶炼耗能高出37%，氧化铝高出53%，玻璃高出66%，水泥熟料综合煤耗高出75%，炼油高出69%。开采、加工转换和终端利用效率低，使我国资源供给不足的矛盾更加突出。

"十一五"国民经济与社会发展规划中提出单位GDP能源消费降低20%的目标，2006年上半年的实际情况是GDP增长10.9%的同时，煤、电同比分别增长了12.8%和12%，能源消耗增长仍然快于经济增长，全国单位GDP能耗同比上升0.8%，没有达到节能的预期目标。2006年上半年我国能源效率不升反降的原因：一是结构调整在短时间内难以见到成效，在经济总量持续快速增长的情况下，单位产值能耗并没有下降，特别是高耗能行业仍然以较快的速度增长；二是经济调节的手段与力度不够，一些企业还没有采用新的节能生产技术。

在资源供给紧约束的情况下，资源性产品价格上涨的趋势是不可逆转的。其结果，必然导致企业生产经营成本的上升，但是，下游加工工业产品供大于求，价格上涨的空间小，这就逼迫企业必须改变粗放经营的状况，降低能源原材料消耗，以降低成本。

二　劳动力成本上升是必然趋势

从总体上讲，我国劳动力资源丰富，现阶段仍然具有劳动力价格便宜的比较优势。但这并不等于我国可以长期保持低工资水平不变。持续30

年的计划生育政策，使我国人口总量已进入低增长时期，城乡青壮年劳动力的比例在下降；此外，由于国家对农村、农业和农民政策的不断调整，农民从事农业的收益逐步提高。在这种大背景下，工业企业继续维持低工资水平，甚至实行"血汗工厂"的原始积累方式，将难以保证劳动力的供给。

2003 年以来，在沿海外来农民工较集中的一些地方，出现了所谓"民工荒"。我国劳动力总供给大于总需求的格局并没有发生变化，农村仍然有大量剩余劳动力需要转移。在劳动力供给大于需求的情况下出现"民工荒"，主要是对农民工的工资和应有的福利待遇被压低、劳动条件差造成的。他们的工资和基本的福利没有达到现阶段我国社会必要劳动的水平，解决这个矛盾的主要责任在企业。进城务工农民的工资没有体现保证社会必要劳动的基本要求，而且存在着劳动时间长、劳动条件差的问题。"民工荒"的出现，实际上是通过劳动力市场及其工资的市场机制进行强制性的调节，客观上要求企业必须提高农民工的工资待遇，改善农民工的劳动条件。对进城务工的农民，应当为他们建立失业、养老和医疗保险基金；跨地区流动的农民，应为他们建立能够跨地区兑现的个人账户。

有人担心提高农民工的工资和社会保障水平，将会导致企业生产成本的上升，影响我国劳动密集型产品的出口竞争力。对于这个问题需要从以下几个方面来认识：第一，提高农民工的工资，有助于调整企业主与农民工之间的分配结构，缩小贫富差距，实现社会公正，使社会物质财富的创造者能够分享经济增长和社会发展所带来的利益；第二，有助于提高低收入群体的购买力，即使在出口增速下降的情况下，可以通过扩大国内市场需求促进经济增长；第三，劳动力成本的上升，迫使企业进行技术创新；第四，有助于改变依靠低价格参与国际竞争，既牺牲了本国工人利益却又经常遭到进口国家反倾销的出力不讨好的状况。

目前的社会分配不公、收入差距扩大的矛盾，是国民收入初次分配不合理。这种不合理主要表现在两个方面：一是垄断性企业获得的超额利润没有有效的征收到国家财政，一部分转化为垄断性企业的工资和福利；二是民营企业的雇主与雇员的分配结构不合理。解决社会分配不公的矛盾，必须首先解决国民收入初次分配不合理的问题，提高普通员工的工资水平。

三　部分行业的生产能力相对过剩

工业生产能力过剩是指工业生产能力超出了社会有效需求，其产品难以在市场上得到充分实现，生产能力闲置率超出了合理界限。2002年以来，由于固定资产投资规模的持续扩大，并逐步形成新的生产能力，导致部分行业的生产能力过剩。但从全局考察，并不会出现生产过剩危机。与上年同期相比较，30类制造业企业的平均景气指数比上年同期上升约5个百分点，略有下降行业是塑料制品、橡胶制品、化学纤维、医药制造、化学原料及制品等下游行业，约占20%。按照一般经济规律，工业生产能力利用率以70%为临界点。目前，我国工业大多数行业的生产能力利用率在70%以上的见表1。

表1　　　　　　　我国工业行业生产能力利用率（70%以上）　　　　单位:%

煤炭开采	92.8	原油开采	95.6	化学纤维	72.4
水泥	77.3	平板玻璃	84.9	生铁	81.3
钢材	77.7	电解铝	73.5	机床	82.4
微型电子计算机	78.1	家用洗衣机	70.6		

在大多数情况下，生产能力100%的利用是不可能的，上列煤炭和原油开采能力利用率都在90%以上，反映了这两个行业的产品供求紧张，因而出现过度开采的问题。生产能力的相对过剩则是普遍现象，生产能力相对过剩，有利于促进竞争，淘汰落后。当然这并不等于承认上述行业所有生产企业的存在都是合理的。以钢铁、水泥为代表的资源密集型行业的突出矛盾不是总量过大的问题，而是结构问题，即大量生产技术水平落后、浪费资源、污染环境的落后企业没有退出生产。所以，政策的着力点是推进结构调整。

生产能力相对过剩必须是适度的，在利用率低于70%的情况下，将导致生产要素配置效率的下降、产品库存增加、企业相互拖欠的矛盾加剧。目前生产能力低于70%的见表2。

表2		我国工业行业生产能力利用率（低于70）			单位:%
汽车	55.5	轿车	60.2	家用电冰箱	62.7
空调器	56.0	手机	59.5	彩色电视机	64.5

部分行业产能过剩的主要原因是，第一，固定资产投资增长过快。2002年以来，我国固定资产投资连续5年增速超过20%，2006年投资率已经超过50%。固定资产投资建成期一般为3—5年，大量投资所形成的产能在2005年开始释放，由此导致生产能力过剩。第二，国内消费需求相对不足，在商务部监测的84种纺织品服装中，86.9%的商品供过于求；73种家用电器中，87.7%的商品供过于求；19种五金电料商品全部供过于求。第三，投资体制不合理和政府参与产业投资的强烈冲动。第四，生产要素的定价机制不合理导致的工业的过度投资。工业土地市场不健全，工业用地的低价转让价格政策，导致大量不具备资金能力的投资者进入资本密集型的重化工业；一些自然资源开采权的定价只反映劳动和资本成本而不反映自然资源消耗的机会成本和社会责任成本。

解决工业部分行业生产能力过剩问题的办法：一是继续加强宏观调控，控制固定资产投资规模；二是依靠市场竞争，淘汰落后生产能力；三是严格市场准入标准，完善市场准入机制，限制不具有规模效应和技术落后企业的进入；四是扩大国内需求，特别是增加以农民为主体的低收入阶层的收入及其购买力。

在现代市场经济条件下，由于政府对经济运行过程的宏观调控，在一定程度上，避免或降低了生产危机，保证社会再生产的正常运行。实践证明，2003年下半年开始的以抑制局部行业投资过热为主要目标的宏观调控是完全必要的，如果没有这种调控，生产过剩的问题将更加严重。在当前工业生产能力相对过剩的条件下，宏观调控政策的选择，不应当简单地放松对投资规模控制，刺激投资品市场的需求，以便让所有的企业都能活下去。与此相反，应当利用供给大于需求的时机，强化市场竞争，提高市场

准入的技术经济标准，淘汰落后生产能力，使社会再生产在更高的生产力
水平上实现协调发展。

四　生产要素集中化与生产外包趋势明显

在市场竞争机制的作用下，生产要素向优势企业集中是必然趋势，尤
其是资本和资源密集型产业，如钢铁、有色金属、石油化工、火力发电、
主要建筑材料、交通运输设备制造、造纸等行业，应当促进生产要素向大
企业集中。以火力发电为例，采用大型发电机组发电煤耗只有 320 克/千
瓦时，但我国发电的平均煤耗超过 400 克/千瓦时。如果火力发电的平均
煤耗达到大型机组的水平，一年就可节约 2.8 亿吨标准煤，相当于目前发
电用煤量的 25%。大型钢铁企业的吨钢综合能耗在 700 千克左右，与国际
先进水平的差距已明显缩小，但大多数中小钢铁企业的吨钢综合能耗超过
1 吨，比国内大型钢铁企业高出 30%。由此可见，在资源密集型产业，限
制并逐步淘汰不具有规模效应、技术落后的中小企业是完全必要的。

最近，国务院国资委提出国有资本进一步向关系国家经济安全和国民
经济命脉的重要行业和关键领域集中，向竞争实力强的大企业集中。到
2006 年年底，国有经营性资产价值达 13 万亿元，主要分布在石油、石化、
煤炭、冶金、电力、交通、通信、军事工业等基础性行业和骨干企业。有
人认为提高基础产业进入门槛，资本密集型产业向国有大企业集中抑制了
民营资本进入基础性产业，不利于民营经济的发展。从法律上和政策上
看，并不存在阻碍民营企业进入资本密集型基础产业的障碍，即凡是国有
资本能够进入的领域，民营资本也能够进入。但是由于资本密集型产业的
有机构成高，要求资本的投入强度大，与劳动密集型的中小企业相比，技
术管理和生产经营管理相对复杂。民营资本进入资本密集型产业，需要解
决两个问题：一是从家族独资形态转向资本多元化和社会化，这样才能解
决单个私人资本不足的矛盾，适应基础产业由技术构成所决定的资本有机
构成高、资本投入强度大的客观要求；二是民营企业必须实行资本所有权
与经营权分开的现代企业制度，信任不具有血缘和裙带关系的外聘的专业
经营管理人才，通过委托代理制克服家族治理资本社会化大型企业的局

限。钢铁工业需要以宝钢这样现代化的大型企业为主导，但现阶段我国任何一家单个私人资本都还没有能力兴办这样的大型企业；我国需要能够制造 1 万 5 千吨大型水压机的第一重型机械厂，但没有哪一家私人企业愿意投资这种资本总量大、利润率低的重型机械制造业。由于几千年小农经济的历史局限性，中国的民营企业要克服上述两种历史局限性，还需要一个过程。而现代生产力的发展，又不可能容忍资本密集型基础产业继续停留在技术装备落后、生产规模小、产业组织分散的小企业的状态。

在生产要素集中化的同时，生产外包是产业组织结构变化的一个新趋势。外包逐步成为国际产业转移的新兴主流方式。外包是指企业把非核心的生产、营销、物流、研发、设计活动，分别转包给成本低的发展中国家的企业或专业化公司去完成。外包可能伴随着生产资本的直接投资，也可能仅仅通过外包合同，以非股权方式将业务分解或把非核心业务转移。21 世纪初，越来越多的跨国公司更加注重核心业务的发展，而将非核心业务以"外包"的方式，交由其他专业公司处理，其实质在于截取价值链中的高利润环节，缩小经营范围，将有限的资源集中配置到企业的强势领域，以降低企业的运营成本，突出企业的竞争优势。其中，成本削减是绝大多数企业进行离岸外包的初衷，也是外包带来的最直接、最明显的收益。同时，通过外包，企业能以更低廉的薪金雇用更高素质的人才，以支持更高层次的技术需求或更大的制造规模。企业外包，将推动产业组织结构向着在全球范围内进行专业化分工的方向发展。要适应这种社会化大生产的趋势，企业必须放弃"大而全""小而全"的生产方式，集中力量做好做强核心业务，把不具有竞争优势的生产经营环节外包给其他企业。

五　企业必须承担相适应的社会责任

传统观点认为，企业在商言商，只要搞好生产经营，吸纳就业，增加商品供应并能获得利润，为社会创造了财富，就是尽到了社会责任。这种认识是对的，但不全面。因为在现代社会化的大生产条件下，企业的生产经营活动不是孤立进行的，总是在一定的政治、经济关系中运行的，企业在盘算怎样赚钱的同时，也必须考虑到利益相关者的利益。企业的社会责任分为强制性的和自愿性的两种类型。

强制性的责任首先表现为企业必须依法纳税。政府向企业征税，是在国民收入初次分配中对社会剩余产品的一种扣除，以用于国家行政、科学、教育、国防、社会保障等公共事业的开支，从而使社会的各项事业不断发展，同时也为企业的生产经营及其发展提供更好的公共产品以及和平稳定的社会环境。企业纳税是政府财政收入的源泉。政府财政收入的不断增长，才能按照社会公正的原则，进行国民收入的再分配，协调社会各阶层的利益关系，从而为解决社会矛盾，构建和谐社会奠定基础。所以企业偷税漏税，不仅属于违法行为，也是企业未履行社会责任的表现。

强制性的责任还表现为企业提供的产品必须符合标准，不得造假售假，对消费者构成欺骗和危害。这本来应当是企业的自觉行为，但由于我国的市场经济秩序还不健全，在事实上存在着地方保护主义，少数企业为了牟取不正当利益，造假售假时有发生。其结果，不仅损害了消费者的合法权益，违背了公平竞争的原则，也是引发商家与消费者之间的纠纷和矛盾的主要原因。所以，执行产品的技术标准，接受政府的质量监督，是企业必须履行的社会责任。

企业的社会责任还有非强制性的，即企业自愿承担超越社会契约或法律的要求。契约或法律约束通常是公民和企业必须遵守的最低的社会行为准则，但社会契约和法律还不可能对所有的行为都做出严格的规定。对于有利于社会的公益性事业，契约和法律并不强求企业去做，它属于一种价值观念和社会道德的范畴。但从世界上大企业发展的历史看，不少大企业家也是大慈善家。一方面在不断地赚钱，另一方面又经常地向社会捐赠，资助社会公益事业或社会慈善事业。这种行为既有利于社会事业的发展，同时也为企业树立了良好的社会形象，增强消费者对该企业产品或服务的忠诚度和向心力，为企业的发展赢得更广阔的市场机会，最终也有利于企业的长远发展。

企业既要追求利润最大化，也要兼顾外部经济性的要求。利润最大化是有条件的，即在追求出资人利益的同时，也必须兼顾利益相关者的利益。

有一种观点认为，在市场经济和投资主体多元化的条件下，资本金是出资人的，而不是国家的，投资者愿意上什么项目，想上多大规模的项目，盈利还是亏损，完全是投资主体自己的事，政府不必干预。这种观点似是而非。现代市场经济是有规则的经济，改革政府的行政审批，不等于取消市场准入规则。微观经济主体的投资行为并不考虑外部的合理性问题。例如 2000 年国家曾经下令在当年 6 月 30 日零点之前必须关掉淮河流域的 5000 吨以下的小造纸厂，以减少对淮河的污水排放量。如果从局部的微观利益看，只要造纸企业能赚钱，就有存在的合理性。关掉小造纸厂，会损害地方的利益，会导致造纸厂职工下岗、失业，会减少乡镇和县级财政收入，因此关掉地方小造纸厂似乎是没有道理的。但是从外部看，由于 5000 吨以下小造纸厂技术指标达不到环境保护标准的要求，对淮河造成了严重污染，使淮河的水质下降，直接影响到淮河流域广大人民群众的生活和健康。据有关部门统计和测算，淮河流域小造纸厂兴办以来累计创造的利润约 60 亿元，但为了治理淮河的污染，已经投入和将要投入的费用要高达 600 亿元。很显然，企业的盈利导致了巨大的外部损失。这种情况说明，当局部的和企业的经济合理性导致外部的、更大的不合理性时，企业就应当服从外部合理性的要求，自觉地履行社会责任。如果企业不自觉、不愿意履行社会责任和义务时，作为社会公共利益的维护者的政府，就得采取强制性的手段，限制企业的投资和生产经营活动。

近几年，由于我国经济持续高速增长，对能源的需求十分旺盛，特别是我国能源生产和消费结构仍然以煤炭为主导，煤炭供不应求的矛盾突出。在这种情况下，在具有煤炭资源的地区小煤窑迅速发展。从积极的方面考察，小煤窑的产出增加了煤炭供给，有利于缓解能源紧张的压力。但是，小煤窑在开采过程中，确实存在着浪费资源，破坏环境的问题。与此同时，许多小煤窑的业主把家乡的地表挖得千疮百孔，并以牺牲矿工的安全为代价，获取丰厚的利润。但在赚了钱之后，又远走他乡，到北京、天津、大连等城市购买高档住宅，当起寓公，过着食利者的生活。少数人暴富，大多数当地农民刚刚越过温饱，很显然，这种状况不利于实现社会和谐。在家乡采煤发了财，却不愿回报当地社会，虽然不属违法行为，但可以说是一种没有社会责任感的表现。当市场机制无法自动地解决这种社会矛盾时，就需要社会的管理者、裁判者——政府进行干预，比如提高煤炭资源的开采利用标准，达不到资源利用标准的，不得开采；大幅度提高资源开采税，调节利益分配关系，把这种所得用于当地的经济建设和社会公共事业中，使利益相关者能够分享企业发展的成果。

参考文献：

1. 国务院发展研究中心产业部"中国产业发展跟踪研究"课题组：《2006 年电力煤炭供需形势预测》，《中国证券报》2005 年 11 月 24 日。

2. 国务院发展研究中心产业部"中国产业发展跟踪研究"课题组：《2006 年中国钢材石油供需形势预测》，《中国证券报》2005 年 11 月 30 日。

3. 曹建海：《消解产能过剩，抑制我国固定资产投资大起大落》，《第一财经日报》2005 年 12 月 16 日。

4. 仲大军：《当前中国企业的社会责任》，《中国经济快讯》2002 年第 38 期。

（本文原载《财经问题研究》2007 年第 2 期）

牢牢把握扩大内需这一战略基点

2011 年年底召开的中央经济工作会议提出，2012 年经济工作要牢牢把握扩大内需这一战略基点。把握扩大内需这一战略基点，就是要着力破解制约扩大内需的体制机制障碍，建立扩大内需的长效机制，形成消费、投资和出口协调拉动经济发展的格局。

国际国内经济环境的变化凸显扩大内需的重要意义。

扩大内需是为了满足人民群众日益增长的物质文化需要。进入 21 世纪以来，我国经济一直保持 10% 左右的高速增长。2011 年国内生产总值按现价计算约 47 万亿元人民币，人均 GDP（国内生产总值）5500 美元，已进入中等收入水平国家行列。大多数工农业产品产量和货运周转量位居世界第一位。但与此同时，人们所感受到的生活水平提高与经济高速增长存在一定差距。这其中有四个原因：一是效益问题，经济高速增长所付出的代价和成本过高，人们没有从高速增长中得到相应的实惠；二是结构问题，即新增财富中相当大的比例转化为基础设施和固定资产；三是社会最终产品分配不合理，收入差距扩大；四是出口高速增长所积累的财富一部分转化为外汇储备。要改变这种局面，必须从扩大国内消费特别是扩大居民消费切入，把改善民生、提高人民群众实际生活水平作为发展经济的出发点，调整经济结构，提高经济增长质量，调整收入分配关系，转变外贸增长方式。只有这样，才能实现到 2020 年全面建成小康社会的奋斗目标。所谓全面小康社会，不仅仅是人均 GDP 水平的提高，最主要的标准是人民群众物质文化生活水平的提高，城乡居民能够普遍过上较为宽裕的生活。

扩大内需是顺利实现社会扩大再生产的必要条件。从 2001 年开始，我国固定资产投资进入新一轮扩张阶段。2001—2010 年固定资产投资累计达 78 万亿元，其中工业投资额占全社会固定资产投资总额的 40%，而且主要用于新建项目。各地大规模的固定资产投资使工业生产能力和产品产量迅速增长，2010 年与 2000 年相比，200 多种主要制造业产品的生产能力分别增长 2 到 20 倍，但同期我国总人口只增长了 5.48%，这就意味着新增工业产品的供给能力绝大部分要依靠提高人均消费水平来吸纳。社会扩大再生产理论揭示的经济规律是生产决定消费，但消费反过来也决定生产。如果消费被限制在狭小的范围，商品难以通过流通和分配环节进入消费，就会出现生产能力过剩，并将导致企业减产、停工甚至倒闭。因此，追求经济增长必须改变重生产能力扩张、轻消费市场开拓的观念，充分认识扩大国内需求特别是消费需求对实现经济持续增长的战略意义。

　　扩大内需是国际经济环境变化的客观要求。虽然在经济全球化的条件下可以通过扩大出口来利用国内工业生产能力，但出口的扩大要受到国际政治经济环境的制约。我国的国际贸易条件已经并正在发生变化。2008 年爆发的国际金融危机已历时 3 年多，大多数发达国家还没有找到解决经济衰退、失业加剧和财政赤字扩大问题的有效办法，因此不得不抑制国内需求，减少进口；与此同时，发达国家为了保护本国工业，以所谓"公平贸易"、"平衡贸易"为借口，重拾贸易保护主义，对我国出口贸易增长形成制约；美国宽松的货币政策导致美元贬值，使我国外汇储备的价值缩水；人民币升值的压力和预期依然存在，劳动力成本不断上升，都将弱化我国劳动密集型产业的国际竞争力。这些因素的综合作用，将使我国进出口贸易出现增长速度下降的趋势。国际贸易环境和条件的变化，要求我们必须在保持出口稳定增长的同时，更加注重扩大国内需求。

（本文原载《政策瞭望》2012 年第 4 期）

我国实施扩大内需战略的意义和途径

2011 年年底召开的中央经济工作会议提出，2012 年经济工作要牢牢把握扩大内需这一战略基点。把握扩大内需这一战略基点，就是要着力破解制约扩大内需的体制机制障碍，建立扩大内需的长效机制，形成消费、投资和出口协调拉动经济发展的格局。

一　我国实施扩大内需战略的重要意义

（一）扩大内需是为了满足人民群众日益增长的物质文化需要

进入 21 世纪以来，我国经济一直保持 10% 左右的高速增长。2011 年国内生产总值按现价计算约 47 万亿元人民币，人均 GDP（国内生产总值）约 5500 美元，已进入中等收入水平国家行列。大多数工农业产品产量和货运周转量位居世界第一位。

但与此同时，人们所感受到的生活水平提高与经济高速增长存在一定差距。这其中有四个原因：一是效益问题，经济高速增长所付出的代价和成本过高，人们没有从高速增长中得到相应的实惠；二是结构问题，即新增财富中相当大的比例转化为基础设施和固定资产；三是社会最终产品分配不合理，收入差距扩大；四是出口高速增长所积累的财富一部分转化为外汇储备。

要改变这种局面，必须从扩大国内消费特别是扩大居民消费切入，把改善民生、提高人民群众实际生活水平作为发展经济的出发点，调整经济结构，提高经济增长质量，调整收入分配关系，转变外贸增长方式。只有这样，才能实现到 2020 年全面建成小康社会的奋斗目标。所谓全面小康社会，不仅仅是人均 GDP 水平的提高，最主要的标准是人民群众物质文化生活水平的提高，城乡居民能够普遍过上较为宽裕的生活。

（二）扩大内需是顺利实现社会扩大再生产的必要条件

从 2001 年开始，我国固定资产投资进入新一轮扩张阶段。2001—2010 年固定资产投资累计达 78 万亿元，其中工业投资额占全社会固定资产投资总额的 40%，而且主要用于新建项目。各地大规模的固定资产投资使工业生产能力和产品产量迅速增长，2010 年与 2000 年相比，200 多种主要制造业产品的生产能力分别增长 2 到 20 倍，但同期我国总人口只增长了 5.48%，这就意味着新增工业产品的供给能力绝大部分要依靠提高人均消费水平来吸纳。社会扩大再生产理论揭示的经济规律是生产决定消费，但消费反过来也决定生产。如果消费被限制在狭小的范围，商品难以通过流通和分配环节进入消费，就会出现生产能力过剩，并将导致企业减产、停工甚至倒闭。因此，追求经济增长必须改变重生产能力扩张、轻消费市场开拓的观念，充分认识扩大国内需求特别是消费需求对实现经济持续增长的战略意义。

（三）扩大内需是国际经济环境变化的客观要求

虽然在经济全球化的条件下可以通过扩大出口来利用国内工业生产能力，但出口的扩大要受到国际政治经济环境的制约。我国的国际贸易条件已经并正在发生变化。2008 年爆发的国际金融危机已历时 3 年多，大多数发达国家还没有找到解决经济衰退、失业加剧和财政赤字扩大问题的有效办法，因此不得不抑制国内需求，减少进口；与此同时，发达国家为了保护本国工业，以所谓"公平贸易""平衡贸易"为借口，重拾贸易保护主义，对我国出口贸易增长形成制约；美国宽松的货币政策导致美元贬值，使我国外汇储备的价值缩水；人民币升值的压力和预期依然存在，劳动力成本不断上升，都将弱化我国劳动密集型产业的国际竞争力。这些因素的综合作用，将使我国进出口贸易出现增长速度下降的趋势。国际贸易环境和条件的变化，要求我们必须在保持出口稳定增长的同时，更加注重扩大国内需求。

二 有效扩大内需的主要途径

（一）正确处理积累与消费的关系

扩大内需的难点在于扩大居民消费需求。在宏观层面，首先要处理好积累与消费的关系，提高消费率。积累主要来源于以下几个途径：一是企业利润转化为投资，进行扩大再生产；二是企业从资本市场上直接融资用于投资；三是银行将居民储蓄通过贷款转化为企业投资；四是政府财政或借债用于投资的支出。"十一五"时期以来我国的积累率都在40%以上。2010年我国积累率上升到48.6%，比2000年上升了13.3个百分点；消费率为47.4%，比2000年下降了14.9个百分点。作为仍处于工业化和城镇化加速发展阶段的发展中国家，我国保持较高的积累水平是必要的，但近年来我国积累率的上升幅度已超出合理的界限。根据经济增长的一般规律，经济增长速度与积累率或投资率成正比，与投入产出系数成反比。"十二五"及以后一个时期，我国经济增长预期目标为7%—8%，因此较为合理的积累与消费的比例关系应是消费率不低于60%，积累率不超过40%。

（二）控制固定资产投资规模，优化投资结构

2002年以来我国固定资产投资名义增长率平均在25%左右。2010年全社会固定资产投资总额为27.814万亿元，相当于当年国内生产总值的69%。根据20世纪90年代以来我国固定资产投资与经济增长的关系，按不变价格计算，固定资产投资增长率与国内生产总值增长率的比例保持在2：1的水平较为合理，既可以避免经济过热，也能够避免国内需求不足。"十二五"时期，要保持我国经济平稳增长，按不变价格计算的固定资产投资增长率应控制在16%左右。由于我国固定资产投资构成中78%以上来源于投资主体自筹资金和银行贷款，因此应通过调节信贷规模、控制地方政府债务规模、严格市场准入标准等途径，抑制固定资产投资的盲目扩张，保证固定资产投资的适度增长。与此同时，应引导投资方向，优化投资结构，加强有利于增强经济发展后劲的大型工程建设；加强农田水利设

施、农村电网和饮水安全工程建设；加强对现有企业的设备更新改造和技
术创新能力建设，支持和促进战略性新兴产业发展；加强基层医疗卫生服
务体系和公共文化设施建设；加强中西部农村中小学校舍建设，加快城镇
保障房、公租房建设；加强生态环境建设。

（三）提高城乡居民收入水平

收入分配结构不合理是制约消费需求扩大的重要因素。调节收入分配
差距，提高中低收入群体的收入水平，是扩大内需特别是消费需求的前提
条件，调节的重点是国民收入初次分配。一方面，改善国家与企业的分配
关系，继续实行结构性减税政策，特别是加大对小微企业的减税力度。提
高企业在国民收入初次分配中所得的比例，有助于企业提高员工收入。另
一方面，理顺企业与员工的分配关系，建立和谐劳动关系，提高员工工资
水平。在提高劳动生产率的前提下，形成常态的工资增长机制。提高法定
最低工资标准，建立职工工资集体协商机制，并通过调节劳动力市场供求
关系等多种途径，努力提高包括农民工工资在内的劳动报酬在国民收入初
次分配中的比重。继续完善医疗、养老和失业等社会保障体系，随着经济
发展不断提高社会保障水平，消除城乡居民扩大消费的后顾之忧。扩大消
费需求的难点还在于农民的有效需求不足。2010 年我国农民人均纯收入为
5919 元人民币，即使全国农民当年纯收入都是现金并全部用于购买消费
品，也只占当年全社会消费品零售总额 15.7 万亿元的 1/3。可见，农民现
金收入低是国内消费需求不足的重要原因。所以，为农村劳动力创造更多
的非农产业就业机会，增加农民收入是扩大国内消费需求的难点和着
力点。

（四）改善消费环境

改善消费环境是扩大内需的重要保障。改善消费环境就是规范生产经
营主体的市场行为，健全流通秩序，形成合理的价格体系和定价机制，保
证消费者能够方便、放心地买到质量合格、价格合理、物有所值的商品和
服务。改善消费环境，首先，要求商品生产和经营主体在承担社会责任的
前提下追求合理利润。这种社会责任首先是强制性的，即按照国家的质量

技术标准生产和销售合格产品，不得生产和销售假冒伪劣产品，不得损害消费者合法权益。生产经营主体必须加强行业自律，遵守商业道德。其次，现代市场经济是有规则的经济，买卖自由的前提是经营主体必须遵守法律法规。企业追求利润最大化，必须兼顾利益相关者的利益。公平交易要靠有序竞争来实现，竞争是实现优胜劣汰最有效的机制。克服地方保护主义，规范市场秩序，加强市场监管，严厉打击假冒伪劣、商业欺诈等违法经营行为。加强流通领域信息化建设，克服生产和流通过程中的信息不对称问题，保护消费者的知情权，使消费者能够依法维护合法权益。最后，降低流通费用，保持价格基本稳定。价格是影响消费的最直接因素，生产成本、流通成本以及市场供求关系决定商品价格。我国劳动力成本较低，决定了消费品工业生产成本相对较低，而且大多数工业品生产能力供大于求。但是消费者普遍感到商品的市场销售价格偏高，一个重要原因是流通环节的费用和利润偏高。降低流通费用，理顺工业与交通运输业及商业之间的关系，是实现商品最终销售价格合理化的重要条件。降低流通费用的途径是优化生产力布局，减少不合理运输；理顺铁路、公路运输收费标准和机制；调整物流业的产业组织，建设社会化的现代物流体系，减少流通环节，避免层层加价；调整商业、服务业税费；规范和降低零售商业的场租费用。

（五）处理好房地产市场与扩大内需的关系

城镇房地产业是现阶段我国国民经济的支柱性产业，它的健康发展对扩大内需、带动经济增长具有重要作用。但房地产价格过高，又会抑制需求，一是抑制对商品房的刚性需求和改善性需求；二是加重购房者的经济压力，削弱其对其他消费品的购买能力，压缩其他产业的市场空间。因此，必须继续坚持房地产宏观调控政策。应从大多数人的利益出发，把房地产业的利润水平调节到全社会资本平均利润水平，使商品房价格回归到与当地城镇居民家庭可支配收入相适应的水平。

（本文原载《当代经济》2012 年第 6 期）

工业技术创新

怎样把蛋糕做大　科技人员
应具备工程化意识

从总的情况来看，中国的高科技产业发展还是很慢，在整个国家生产总值中所占的比例不到10%，而美国、日本都在30%左右，印度也达到了12%，中国的高科技产业还处在起步阶段。联想在中国高科技产业中走在前面，我认为它有以下几条经验，第一，科技成果工程化；第二，生产能力规范化；第三，产业销售本土化和市场化；第四，企业经营的国际化。这是联想取得成功的一条比较好的道路。我们的高科技产业不成功的一个很大原因，就是大多数科技人员缺乏工程化的能力和意识。

如今，能够在中关村站住脚的，一个是方正，一个是联想。而众多的小企业，小的高科技公司和院办企业，没有特别成功的。一个很大教训就是，高科技的成果加小生产的方式。就是说很多成果是高水平的，但它的生产方式是小生产方式，小打小闹，没有凝聚力，频繁跳槽，自己搞了一个成果，马上就想开一家小公司，打一枪换一个地方。这种方式是中关村众多企业没有成长起来的一个重要原因。在珠海、深圳一带，有些科技含量高的公司也存在这样的问题，赚了钱以后很快地热衷于去炒房地产，去经营它所不熟悉的领域；而它真正的强项没有继续发展下去，没有在提高规模、提高水平上下功夫。

东南亚这次金融危机，除了金融监管、金融政策以外，很重要的就是产业升级出现了高不成低不就的局面，劳动密集型产业没有竞争力，高科技产业发展不起来。中国香港、东南亚并不缺乏资金，但是这些企业家不愿意，或者根本没有能力去高科技领域发展。当一个企业有了剩余资本，究竟是在自己的强项上继续发展，还是把这些剩余的资本投向其他不熟悉的领域，我想这对于联想今后发展，比如搞工业园区等，应该有所启发。搞工业园区也好，搞其他领域的经营也好，必须慎重，尤其不要轻易去炒房地产。

联想集团还有一点成功经验，就是企业的凝聚力，企业的文化。它克服了企业中间的内耗，领导班子的不团结，动不动就跳槽，自己想当小老板的心态。这对于中国高科技企业的发展，以及对于国有企业的改革都有很重要的借鉴意义。

（本文原载《人民日报》1998 年 8 月 1 日）

正确认识知识经济与传统产业的关系

一　知识经济与农业经济、工业经济之间是渗透融合的关系

近两年来，关于知识经济问题的讨论和宣传大多着重强调知识经济的重要性，强调发展高新技术产业，而对知识经济与传统产业的关系则强调得不够，甚至还存在着一些认识上的误区。其中，关于知识经济内涵的界定，较为流行的见解认为，迄今为止人类社会的经济形态先后经历了农业经济时代和工业经济时代，今后人类将进入知识经济时代。我认为，这种把知识经济同传统的农业经济、工业经济割裂开来的认识是形而上学的。事实上，脱离物质生产过程的、独立的经济形态是不存在的。不管现代科学如何发达，人们都得穿衣、吃饭、居住和行路。要满足人类社会的这些需求，就得有提供这些物质产品的农业生产部门、工业生产部门、建筑业和交通运输业等。无论信息技术和信息产业如何发展，人们总不能靠打电话、发传真和上网过日子。信息产业首先是为物质生产过程的信息传递和人际交往的信息传递服务的，脱离了物质生产过程的服务经济、网络经济肯定是一种泡沫经济。

知识经济比较科学的概括和定义应当是知识或现代科学技术作为一种生产要素在社会再生产过程中起主导作用的经济。知识经济与农业经济、工业经济之间不是板块之间的关系，也不是先与后的关系，更不是替代与被替代的关系，而是渗透、融合的关系，以及改造与被改造的关系。用现代科学技术改造和武装的农业、工业、建筑业、交通运输业、服务业等各行各业都属知识经济的组成部分。按照马克思主义的观点，

划分经济形态，不在于它生产什么，而在于用什么去生产，因此不能认为从事信息产业、生物工程、宇航工业等高科技产业才属于知识经济的范围，而用现代科学技术种田、养殖、造机器设备和建设房屋就不属于知识经济范畴。

二　先进与强大的制造业是一国国际竞争力的重要基础

关于知识经济的讨论中还有一种片面性，就是言必称美国，如美国的服务业比重有多高，美国的电话和电脑普及率有多高，美国的电子商务多么发达，等等。与发达国家进行比较，认识到我们的差距是完全必要的，它使我们有一个追赶的目标，有一个值得学习和借鉴的模式。但是只有比较还不够，还必须研究我国究竟处在什么发展阶段，社会经济发展的任务和方向是什么。我国工业化的任务还没有完成，还有将近70%的人口滞留在传统的农业生产领域；另一方面，我国又面临着国际经济一体化和科学技术竞争日益加剧的大环境的挑战。在这种背景下，我们的发展战略要求必须进行两面作战，即一方面要积极发展高新技术产业，推进国民经济的现代化；另一方面还要继续推进尚未完成的工业化和城市化的进程，把工业化与现代化、工业化与信息化结合起来。

信息化、网络化是建立在工业化、城市化以及生产生活社会化的基础之上的。当几亿农民仍然分散在大大小小的村落，从事着手工劳动，过着半自给自足的生活，计算机、上网、电子交易等现代信息技术和信息产业对于他们来说，至少暂时还没有现实的需求。不区别不同的经济发展阶段和不同的人均国民收入水平，单纯地去比较信息化、网络化的程度是不科学的。20世纪90年代以前，我国信息产业发展的主要障碍是供给能力问题，当前和今后信息产业发展的主要矛盾则是需求问题，即信息产业的发展主要取决于人均国民收入水平的增长以及由收入水平所决定的城乡居民消费结构的变化。而人均国民收入的增长又主要取决于第一产业、第二产业的发展及其效率提高的程度。

生产力的发展和经济结构的变迁，是一个渐进的过程。发展中国家可以通过学习、引进和消化吸收先进国家的科学技术成果，加快经济发展和结构升级的进程，但要实现跳跃式的发展则只能是个别的领域或产业。我国是一个发展中大国，生产力发展很不平衡，既拥有一部分先进的高科技产业，更多的则是落后的农业和庞大的传统制造业。我们在发展战略上，必须统筹兼顾，而不能顾此失彼。在重视发展高新技术产业的同时，也要重视对传统产业的技术改造。在当代，先进的和强大的制造业仍然是衡量一个国家综合实力和国际竞争力的核心。因此必须在重视信息技术、基因技术、纳米技术等当代先进科学技术的同时，从战略高度认识提高制造业的生产技术水平，推进制造业现代化的必要性和重要性。我国必须在能源的生产与使用技术、各类原材料生产技术、大型石油化工生产技术、成套装备和机床制造技术、航空航天设备制造技术、各类交通设备制造技术、大规模集成电路制造技术、高性能计算机研制等方面，大大缩小与发达国家之间的差距。制造业的先进与强大，才是真正的先进与强大。

三 用高新技术改造传统产业是提高传统产业效率的关键

目前在传统产业的发展问题上，存在着一种无所作为的思想和畏难情绪。即认为传统产业的生产能力严重过剩，市场已普遍供大于求，发展的空间越来越小，因此不敢或不愿意进行设备更新和技术改造，以避免给企业带来更大的风险。

推进传统产业的设备更新和技术改造，需要对以下两个问题有正确的认识和判断：

第一，传统产业还有没有市场前景？回答当然是肯定的。即使是已经进入后工业化社会的美国，制造业也仍然是国民经济的支柱产业和国家综合实力的重要体现。据统计分析，在近年来美国出现的"新经济"中，高新技术对经济增长的贡献率占33%，传统产业的增长对经济增长的贡献率占2/3，其中建筑业和汽车制造业各占14%。就业扩大了，雇员的收入增长了，必然会刺激消费需求。消费需求的主要目标是购买和更新住房与汽车，从而进一步带动钢铁、汽车和建筑业等三大传统产业的发展。与美国相比，我国的工业化任务还远远没有完成，人均国民收入还不到 1000 美元，刚刚进入工业化的第二个阶段。加快城市化的进程和基础设施的建设，要消耗大量的能源、原材料。目前我国人均消费的能源只有 1 吨标准煤，人均消费的钢材只有 90 公斤，人均纺织品的消费量只是接近世界平均水平，农村的彩电、冰箱、洗衣机的普及率不到 30%。这些情况都表明，传统产业在我国仍然有广阔的市场。问题并不在于传统产业要不要发展，而在于如何发展。我国资源条件和环境状况的压力都不容许传统产业继续走过去粗放式增长的老路。如果说在过去几十年以数量扩张为主的发展时期，没有数量就没有质量，那么，今后的发展如果没有素质和水平的提高就难以实现数量的持续增长。

还应当指出，目前工业产品的相对过剩掩盖着局部性的短缺。从总体上看，工业品确实过剩；但从局部看，还存在着大量短缺。而短缺的大多是国内暂时生产能力不足或生产不了的性能好、附加值高的一些产品。例如，我国每年还要进口 1000 多万吨钢材、100 多万吨化纤原料，以及生产所需的 50%—60% 的机床、70% 的轿车工业设备、30% 中高档服装面料。大量进口实际上就是大量缺口。形成这种缺口的主要原因是制造业的素质和水平不适应市场需求。在国际贸易和国际竞争中，我国既要继续保持劳动力成本相对便宜的比较优势，更要提高在资本密集和技术密集型制造业的竞争力。

第二，在供大于求、激烈竞争的条件下，传统产业的生存空间和发展机会取决于企业自身的竞争力。经常有一些企业在问"我们企业干什么好"，我们的回答是不在于干什么好，而在于你能把什么干好。竞争力强，干什么都会有生存空间和发展机会。没有竞争力，即使是从事高新技术产业，也会败下阵来。在以创新能力为主导的市场竞争中，技术进步快、创新能力强是保持暂时垄断地位和获取超额利润的基础。用高新技术改造传统产业，是使传统产业获得新的发展动力和市场空间的重要条件。

我认为我国经济发展中的突出矛盾是效率问题。结构调整必须以提高效率为中心。用高新技术改造传统产业是提高传统产业效率的关键。对传统产业的改造，不仅可以提高传统产业的生产技术水平和促进产品的升级换代，而且对整个宏观经济也会产生积极的影响。加强对传统产业技术改造，加快企业设备更新的步伐，对经济发展的全局具有战略性的意义。

（本文原载《光明日报》2000 年 10 月 17 日）

科技创新与中国工业发展

　　人类的科学技术创新活动是分层的。在社会化大生产的条件下，科技创新分为发现、发明和科技成果产业化三个阶段。发现的目的在于揭示从宏观到微观的物质世界的存在方式及其运动规律，主要是从事基础理论研究工作的科学家的责任和工作重点。科学发现为人类认识世界和改造世界提供了科学依据。科学发现的研究成果属于全人类的共同财富，通常不具有专利的性质，正是在这个意义上讲，科学是没有国界的。

　　发明主要是在工程技术层次上的创新，通常是由工程技术人员完成的。不应要求所有的科学家都能够从事发明工作，他们的研究工作不一定都能够立即和直接地面向经济工作的主战场。发明的任务是根据科学发现所揭示的规律，通过工程技术手段，研制成新的产品或新的生产工艺流程。发现是基础研究，发明是应用技术研究。虽然两者不可能截然分开，在发现研究中可能会做出某种发明，在发明过程中也会有新的科学发现，而且科学发现转化为技术应用成果的过程或周期的时间不断加快；但在多数情况下两者仍然是有区别的，创新的侧重点不同，发现属于科学创新，发明属于技术创新。发明不仅有国界，而且发明的企业或个人拥有知识产权。以专利保护为核心的知识产权制度，既从制度和规则上保护了科技创新成果所有者的权益，促进了科技创新活动的永续不衰，又在一定程度上阻碍了科技成果的推广和造福于全人类，加大了发达国家与发展中国家之间的经济鸿沟，成为工业发达国家利用科技优势获取超额垄断利润的有效手段。

　　技术创新成果的工程化、产业化和市场化是科技创新的最终目标。如何建立一种有效的制度、组织和机制，在鼓励和促进科技创新的同时，提高科技成果转化为现实生产力的比例，加速科技成果产业化和市场化的进程。从工业发达国家科技创新及其产业化的普遍经验看，企业是技术创新的主体，多数的技术研发中心建在企业，科技队伍的主体集中在企业。这是因为企业作为以盈利为目的的经济组织，具有通过科技创新实现利润最大化的内在推动力；在市场经济条件下以及经济国际化的大环境中，企业始终面临着竞争的压力，不搞创新，企业就难以生存，更谈不上发展；企业在生产经营的实践活动中，能够更准确地把握市场需求，因此科技创新方向和目标的选择更能够符合市场需求；企业具有把科技成果转化为产品的生产设备和工程技术能力，而科研院所和高等院校则不具备这种能力。根据上述分析，我们认为将从事应用研究的科研院所改成企业，是科研体制改革的第一步。大多数从事应用研究的科研机构应当进入企业，成为企业的研发中心，实现科技、生产和经营管理要素的直接结合。

经过几十年的建设和发展，特别是改革开放以来工业的持续高速增长，中国已经成为工业生产大国，大多数工业产品产量已位居世界前列。与工业发达国家之间的差距，已主要不是工业生产规模和产品产量方面的差距，而是工业经济结构、生产技术水平和产业组织方式上的差距，是研究与开发投入水平和科技成果转化能力方面的差距。推进工业技术创新是缩小这种差距的根本出路。

工业技术创新的战略性目标是什么？我们认为，工业技术创新目标与战略，应当服从于中国国民经济发展、国防安全和参与国际竞争的客观要求，应当有利于解决当前和未来中国工业发展的突出矛盾。具体地说，工业技术创新的目标和战略需要着眼于下列重大问题的解决：

第一，中国作为一个大国，要在 20 年内全面实现工业化，既要发挥劳动力资源丰富的比较优势，继续大力发展劳动密集型产业，同时也要不失时机地推进产业升级，增强资本密集和技术密集型产业的竞争优势。工业技术创新目标的选择要有利于促进整个国民经济的物质技术基础和手段，实现现代化；有利于要改变在国际制造业分工体系中主要从事加工组装等低附加值产业、为跨国公司做代工的状况；有利于改善国际贸易条件，增强资本和技术密集型制造业的国际竞争力，促进出口产品的结构升级换代。

第二，中国人口众多但资源有限，在这种条件下实现工业化、城镇化和现代化，增加工业品的人均占有水平，面临着资源短缺矛盾，特别是优质能源短缺的矛盾和困难。工业科技创新目标的选择要着眼于解决中国能源、原材料、水和森林等资源短缺与国内需求量日益增长的矛盾和冲突。

第三，为了维护国家安全，实现祖国的统一，并为打赢高技术条件下的局部战争做好准备，建立以现代高技术为基础的、寓军于民的国防科技工业，发展高新技术武器装备，实现国防现代化，是中国工业科技创新的一项不可懈怠的战略性任务。推进工业技术创新，目的是要解决工业发展的技术来源问题，是为了避免出现有高新技术产业，但缺乏拥有自主知识产权的高新技术的现象，即高新技术产业的技术源泉"空心化"。产业"空心化"有两层含义：一是指一个国家或地区的制造业转移到其他国家和地区，导致本土就业机会减少，市场需求下降，经济增长放慢；二是技术密集型的高新技术产业没有核心技术，形成对跨国公司的技术依赖。上述第一种类型的"空心化"主要发生在发达国家和地区，但是国民收入仍然是净流入的，对发达国家和地区有益无害。第二种类型的"空心化"主要出现在发展中国家，其后果是国际贸易条件恶化，技术上受制于人，跨国公司控制着高新技术产业的命脉，GNP 的增长与 GDP 的增长不同步，甚至出现有增长而无发展的情况。现阶段中国所要防止的主要是第二种类型的"空心化"。防止核心技术"空心化"的对策是，由合资生产为主转向引进技术为主；引进的外资必须带来先进技术；引进技术的方式由购买设备为主转向购买制造技术为主，努力增强对引进技术的消化吸收能力。

发展中国家利用外资通常是为了弥补国内的资金缺口和技术缺口。根据中国经济发展的实际情况，引进外资以弥补资金缺口的阶段已基本结束。目前中国城乡居民储蓄总额已达到 12 万亿元，国内商业银行存款大于贷款的情况表明，国内经济发展的"瓶颈"障碍已主要不是资金问题，而是技术和自然资源问题。所以，中国利用外资的方向和重点必须与引进高新技术相结合。

但是，发展中国家工业技术进步不能长期建立在以市场换技术的基础上，因为你所换到的技术永远是第二流或第三流的技术。发达国家为了通过技术垄断实现超额利润，在技术转让时，必然要"留一手"。即使是跨国公司的技术研发实行本土化策略，不仅利用了发展中国家廉价的、高素质的科技人才，而且技术的所有权仍然控制在跨国公司手里。因此，我们在利用外资、引进技术的同时，必须不断培养和增强自主创新能力，在一些重要的技术领域实现跨越。

（本文原载《学习与探索》2004 年第 6 期）

要"造句"，更要写出"文章"

——对科技创新及其成果转化的几点分析

随着我国科技体制改革的深入和科技投入的增加，科技创新成果不断涌现。但是，科技研发与生产相脱节、科技创新成果转化率低，仍然是科技工作的突出问题。如果技术的创新成果不能产业化、市场化，就如同学生只会造句而不会写文章一样。所以，推动科技创新既要学会"造句"，更要写出"文章"——促进科技创新成果的产业化和市场化。

要促进科技创新成果的转化，需要正确认识和遵循科学技术创新规律，继续深化科技体制改革，调整科研组织方式，明确科技创新的主攻方向。

一　技术创新活动是分层次的

人类的科学技术创新活动是分层次的。在社会化大生产的条件下，科技创新分为发现、发明和科技成果产业化三个阶段。发现的目的在于揭示从宏观到微观的物质世界的存在方式及其运行规律，主要是从事基础理论研究工作的科学家的责任和工作重点。科学发现为人类认识世界和改造世界提供了科学依据，但不应要求所有科学家的研究工作都能够立即和直接地面向经济工作的主战场。

发明的任务是根据科学家发现的所揭示的规律，通过工程技术手段研制成新材料、新产品或新的生产工艺的流程。发明主要是在工程技术层次的创新，通常是由工程技术人员完成的。发现是基础研究，发明是应用技术研究。虽然二者不可能截然分开，在发现研究中可能会做出某种发明，在发明过程中也会有新的科学发现，而且科学发现转化为技术应用成果的过程和周期的时间不断加快。但在多数情况下，二者仍然是有区别的，创新的侧重点不同。科学发现的成果的主要表现是科学论文，科学技术发明的成果则必须是工程化的创新。

发明不仅有国界，而且发明的企业或个人拥有知识产权。以专利保护为核心的知识产权制度，从制度和规则上保护了科技创新成果所有者的权益，促进了科学技术活动的永续不衰。同时，它也是科技创新成果所有者和应用者获取超额垄断的利润的重要手段。

技术创新成果工程化、产业化和市场化是科学创新的最终目标。科技创新成果需要有企业家把各种生产组织起来，把创新成果转化为现实的生产力，并进行规模化生产。杰出的科学家、发明家不一定是优秀的企业家。在社会化分工体系中，他们角色和能力定位各不相同。我们所要探索和寻找的是如何建立一套有效的制度、组织和机制的安排，在鼓励和促进科技创新的同时，提高科技成果转化为现实生产力的比例，加速科技成果产业化和市场化的进程。

对科学发现、技术发明和科技创新成果产业化作出区分，回答了一个常识性的问题，但这种区分则是确定科学技术创新战略和任务的前提，即科技创新的目标是要解决哪一个层次的问题？如果定位不清晰、不准确，其结果只能是事倍功半。

二　科技研发主力军应向企业转移

从工业发达国家科技创新及其产业化的普遍经验看，企业是技术创新的主体，多数的技术研发中心建在企业，科技队伍的主体集中在企业。这是因为企业作为以盈利为目的的经济组织，具有通过科技创新实现利润最大化的内在推动力；在市场经济条件下及其经济国际化的大环境中，企业始终面临着竞争的压力，不搞创新，企业就难以生存，根本谈不上发展，企业具有重视技术创新的外在压力；企业在生产经营活动的实践中能够使科技创新方向和目标的选择更符合市场需求；企业具有把科技成果转化为产品的生产设备、工程技术能力以及社会化的配套的能力，大多数科研院所不具备这种能力。

目前科研院所通过技术市场向企业转化科技创新成果面临的突出问题是大多科技成果未经过工艺性中试,其技术的可靠性还有待完善,其经济可行性还需要市场验证;企业又缺乏承担市场风险的能力和机制,从而阻碍了科技成果的转化。目前我国科技人员的分布仍然主要集中在科研院所和大学,科研机构、高校和企业拥有科技研究开发人员的比重分别为52%、28%和15%。日本的研发人员的分布结构分别是5%、27%和65%。因此,必须改变我国科技研发的人力资源与企业生产能力及经营能力相分离的状况,大力充实企业的科技人员,加强企业技术研发中心建设,以实现科技要素、生产要素、经营管理要素的直接结合。

三 准确定位科技创新的主攻方向

科技创新的战略性的任务是什么?在继续发展我国劳动力资源丰富的比较优势的同时,要不要积极培育在技术密集型产业领域的竞争优势?我们认为,科技创新的目标与战略应当服从于我国国民经济的发展、参与国际竞争和国防现代化的客观要求,应当有利于解决我国国民经济发展中的突出矛盾。具体地说,科技创新的目标和任务需要着眼于下列重大问题的解决:

第一,中国作为一个大国,要全面实现工业化,既要发挥劳动力资源丰富的比较优势,继续大力发展劳动密集型产业,同时也要不失时机地推进产业升级,增强资本密集和技术密集型产业的竞争优势。科学创新目标的选择要有利于促进整个国民经济的物质技术基础和手段的现代化;有利于改善国际贸易条件,增强资本和技术密集型制造业的国际竞争力,促进出口产品的结构升级换代。

第二,我国人口众多,但资源有限,在这种条件下实现工业化、城镇化和现代化,继续增加工业品的人均占有水平,面临着资源短缺矛盾;科技创新目标的选择要着眼于解决我国原能源、原材料、水和森林等资源短缺,但国内需求量日益增长的矛盾和困难。

第三,为了维护国家安全,实现祖国的完全统一,并为打赢高技术条件下的局部战争做好准备，建立以现代高科技为基础的、寓军于民的国防科技工业，发展高新技术武器装备，实现国防现代化，是科技创新的一项不可懈怠的战略性任务。

有一种观点认为，发展中国家的科技开发能力先天不足，在国际竞争中与工业发达国家不是处在同一起跑线上，要缩小与发达国家的技术差距，必须实行以市场换技术的策略。从实践上考察，这种策略有其积极的作用，与发展中国家最初的技术和产业起点相比，以市场换技术确实起到了缩小技术差距，促进新兴产业发展的作用。但是发展中国家技术进步不能长期建立在以市场换技术基础上，因为你所换到的技术永远是第二流和第三流的技术。发达国家为了通过技术垄断实现超额利润，在技术转让时必须"留一手"。即使是跨国公司的技术研发实行本土化策略，不仅利用了发展中国家廉价的、高素质的科技人才，而且技术的所有权仍然控制在跨国公司手里。因此，我们在利用外资、引进技术的同时，必须不断培养和增强自主创新能力，逐步改变高新技术产业对跨国公司的技术依赖，在一些重要的技术领域实现跨越。

（本文原载《光明日报》2004 年 8 月 6 日）

工业技术创新体制与政策分析

　　科学技术是第一生产力，科学技术创新是生产力发展的主要推动力，但是任何形态的社会生产力总是在一定的上层建筑和生产关系的制约下发展的。因此，有利于科学技术创新的制度安排和政策，是实现科技创新的前提条件。本文主要是对近年来我国技术创新的体制变革和政策选择及其成效进行概要的描述和分析。

一　政府在科技创新中的作用

（一）发挥政府在科技创新中的主导作用

　　在计划经济体制下，政府是科技创新的发动者和组织者。科技创新的目标、战略、项目选择、资金和人才等资源的调配，都是由政府制定计划并作为资源配置的主体。通过政府的力量组织重大科技创新项目的攻关，例如，以"两弹一星"为代表的高技术军事装备的研制，就是由政府发动和组织实施的。在特定的历史条件下，通过政府的行政力量，集中有限的资源进行科技攻关，实现赶超战略，是完全必要的。

　　在转向市场经济以后，科技创新活动应当主要由市场来决定，其主体应当是企业，科技创新的动力主要来自经济主体的利益驱动和市场竞争的压力。政府将不再是科技创新的发动者、组织者和参与者，其主要职责是为科技创新提供有利的制度保证和政策环境。但实际上，在向市场经济转轨的过程中，我国还不可能完全做到这一点。第一，科技创新具有外部性和公益性的特征，并非所有的科技创新活动都能带来直接的经济利益，而且具有高风险性。当经济主体不愿意进行投入而社会经济发展的要求必须去做的时候，政府仍然需要作为这类科技创新任务的发动者、出资者和组织者。第二，由于历史的原因，我国国有企业体制转轨的任务还没有完成，大多数国有或国有控股企业积累能力比较弱，还缺乏技术创新的动力和资金投入能力。第三，从理论上考察，民营企业具有科技创新的内在动力和资本积累能力，应当逐步成为科技创新的主体。但实际上，目前大多数民营企业还难以成为科技创新的主体。一是民营企业主要集中在劳动密集型的消费品工业和服务行业，资本有机构成低、技术含量低，对新技术的需求不足；二是民营企业资本规模比较小、科技力量弱，目前还缺乏技术创新的经济与技术实力；三是大多数民营企业，无论是国内的民营企业还是海外的华人企业，缺乏追求技术创新的价值取向和文化传统，即使是资本实力雄厚的大型私人企业，剩余资本的投向往往更热衷于在短期内能够获取暴利、带有投机性的房地产业；四是当今的国际竞争实质上是科技实力的竞争，我们所面临的竞争对手是国家和国家集团以及富可敌国的大型跨国公司。在这种形势下，作为发展中大国，政府还必须发挥推动技术创新的主导作用。

（二）"863 计划"和"火炬计划"的成效

"863 计划"和"火炬计划"都是政府主导下的重大科技创新计划。"863 计划"着重解决关系国家中长期发展和国家安全的战略性、前沿性的高技术问题，发展具有自主知识产权的高技术，培育高技术产业生长点，力争在有优势和战略意义的高技术领域实现跨越式发展。重点在民用的信息、生物与现代农业、新材料、先进制造与自动化、能源及资源环境等六大领域组织实施。

据不完全统计，"863 计划"实施 15 年来，在民用口 6 个领域的 230 多个专题研究方向，共资助项目 5200 余项，获国内外专利 2000 多项，发表论文 47000 多篇。共累计创造新增产值 560 多亿元，间接经济效益达 2000 多亿元。据专家抽样分析表明，我国在世界高技术领域的局部优势已经形成，60% 以上的技术从无到有，如今已达到或接近国际先进水平；另有 25% 仍然落后于国际先进水平，但在原来基础上也有很大进步。当然，对"863 计划"的定位及其业绩也存在着不同看法。一种观点认为"863计划"跟踪当代科学技术的前沿，抓住了科技制高点，并在若干重大科学技术领域取得了突破性的进展。例如，"神州五号"飞船的成功就是"863 计划"的代表性成就。另一种意见认为，"863 计划"究竟是基础研究还是以产业化为目标的应用研究，其定位并不明确。"863 计划"着眼点在于"技术跟踪"的战略色彩超过产业化色彩，科研纯度相当高，计划攻关项目以及配套资金也全部投向相关高校和科研单位，很多技术仅仅停留在实验室水平。统计资料表明，2002 年，大专院校和科研院所占到了"863 计划"项目总课题的 67%，各类企业仅为 30%；在经费方面，大专院校和科研院所共占 66%，各类企业仅为 31%。"863 计划"的研究成果产业化和市场化的比例低。

"火炬计划"是 1988 年开始实施的以"发展高科技、实现产业化"为宗旨的科技创新与发展计划。"火炬计划"主要是通过高新技术开发区的建设实施的。1991—2002 年，全国 53 家国家级高新技术开发区的营业收入从 87.3 亿元增长到 15326.4 亿元，年均增长 60%。在国家科技部和各级地方政府的扶持下，全国已建立 436 家科技企业孵化器，正在接受孵化的企业达 23373 家，有 6927 家科技企业孵化成功，并有 30 家成为上市公司。15 年来，先后在全国各地建立了 39 个"火炬计划"特色产业基地，建立了 22 个软件产业基地，累计实施的"火炬计划"项目 24000 多项，90% 以上项目的技术是由国内开发的，其中 40% 以上的技术来源于国家和地方科研计划所取得的成果。"火炬计划"还吸引和造就了一批高素质的应用型的科技人才和中青年企业家。到 2002 年年底，在国家级高新技术开发区工作的博士有 14000 多名，硕士 8000 多名。"火炬计划"存在的主要问题是跟踪模仿的技术成果多、核心技术创新不足；由于政府部门及地方的条块分割，"火炬计划"的资金使用中存在着分散、重复研发的现象。

（三）政府对高新技术产业税收优惠政策的作用和局限

1991 年以来，政府为促进技术创新、加快高新技术的发展，曾先后发布了一系列政策规定，对涉及高新技术产业运行和发展的研发与经营活动实行税收优惠政策。

1994 年发布的《关于加快科技成果转化、优化出口商品结构的若干意见》规定，对于出口技术以及为生产出口技术而进口的设备，实行出口退税和关税减免。

1994 年发布的《关于企业所得税若干优惠政策的通知》规定，对设在国务院批准的高新技术开发区的高新技术企业，按 15% 的税率征收企业所得税，新办高新技术企业自投产之日起免征两年的企业所得税；对于研发新产品、新技术、新工艺所发生的各项费用和为此购买的仪器设备可以在税前列支。

1999 年，国家财政部和税务总局决定对技术转让、技术开发、技术咨询和技术服务取得的收入免征营业税；凡符合国家产业政策规定的技术改造国产设备投资的 40%，可以抵免该企业比上一年新增的企业所得税。

2000 年发布的《鼓励软件产业和集成电路产业发展的若干政策》规定，新办软件和集成电路企业，自获利年度起，享受所得税"两免三减"的优惠。该项政策从投融资、税收、产品出口、收入分配、人才吸引与培养、采购政策、软件企业认定制度、知识产权保护、行业组织与行业管理等方面，提出了一系列鼓励软件产业发展的政策措施。

从这些优惠政策实行的结果看，起到了促进技术创新和高新技术产业发展的作用。以 IT 产业为例，1991 年，我国计算机工业的总产值只有 70 亿元人民币，2000 年，已增长到 2800 亿元，10 年增长了 39 倍，年均增长率为 44.66%；2002 年，我国计算机工业总产值达到 4200 亿元，比 2000 年增长了 50%。2000—2002 年，计算机软件产品销售额分别比上年增长了 30.7%、34.2% 和 38.2%，2002 年软件产品销售额为 1100 亿元。全国被认定的软件企业 6282 家，专门从事软件研发和编程的专业技术人员达到 30 万人。

20 世纪 90 年代以来，以 IT 产业为代表的高新技术产业高速发展的经验表明，在转向市场经济以后，政府政策对高新技术产业的发展仍然起着重要的主导作用。这种作用主要表现为，1）发展战略和规划的引导；2）促进技术创新所必需的基础设施条件的完善以及高新技术人才的培养；3）重大项目研发资金的供给；4）创造对高新技术产业的市场需求，包括军事装备产品在内的政府采购；5）规范市场秩序，保护知识产权，维护科技创新主体的合法权益；6）制定、实施有利于增强本国科技、产业竞争力的国际经济技术交流和贸易政策。

加入 WTO 之后，政府对高新技术产业发展的优惠与扶持政策必须符合 WTO 规则的要求。2001 年以来，我国对此前颁布的有关法律、法规进行了清理，逐步取消不符合 WTO 规则的政策规定，如禁止性的出口补贴政策，对进口替代产品的贷款、税收、折旧等方面的优惠政策，高技术企业进出口的关税优惠政策，等等。此外，由于我国仍然是发展中国家，在一定的过渡时期内，可以按照 WTO 的规则，有选择地保留必要的财政、税收等方面的优惠与补贴政策。更重要的是要把对生产环节的优惠政策前移到对研究开发过程的补贴和优惠，以促进科技创新。

二　企业向技术创新主体的转变

（一）企业成为技术创新主体的条件

企业成为技术创新主体需要具备以下条件：第一，企业的制度安排具有追求技术创新的内在推动力；第二，已经形成竞争的市场结构、竞争机制决定着企业的生死存亡；第三，具有追求技术创新的企业家及其经营管理团队；第四，企业拥有一定实力的研究与开发力量和组织；第五，企业具有自我积累能力和外部融资能力。

根据上述条件来衡量，我国企业仍然处在向技术创新主体的转变过程中。从总体上考察，国有企业的数量和比重已经大大下降，多种所有制并存和相互竞争的格局基本形成。市场机制在资源配置过程中已开始发挥基础性作用。1994 年以前，研究与开发费用的投入比例，80% 以上来自政府，来自企业的资金不到 20%。而同期美国、日本和德国来自企业的研发资金分别为 50%、67% 和 61%。随着投融资体制改革的进展，我国用于科学技术研究与开发资金的来源逐步发生变化。1994 年我国研发经费来自政府拨款的占 79%，来自企业的只占 18%。到 2002 年，我国科技研发资金来自企业的占 63%，这说明企业作为技术创新的主体地位正在逐步确立。科技经费筹集额的增长与比例变化情况如表 1 所示。

表1　　　　　　　　　　1998—2002 年科技经费来源及变化

科技经费来源	1998 年	1999 年	2000 年	2001 年	2002 年
政府资金（亿元）	353.8	473.0	593.4	656.4	776.2
企业资金（亿元）	655.1	745.9	1296.4	1458.4	1676.7
金融机构贷款（亿元）	171.0	123.0	196.0	190.8	201.9
企业资金的比例（%）	55.5	55.5	62.1	63.3	63.1

资料来源：《中国统计年鉴（2003）》，第 794 页。

（二）国债资金用于企业技术改造的成效

1997 年亚洲金融危机之后，为了扩大国内需求、调整和优化产业结构、提高工业的国际竞争力，国家实行了积极的财政政策，扩大了国债发行规模。在国债使用方向上，每年安排一定规模的国债资金用于企业重点技术改造项目。1999—2002 年，共安排了 355.4 亿元的国债技改资金，银行配套贷款 2893 亿元，在冶金、石化、煤炭、有色金属、机械、电子信息产业、纺织和轻工等行业，以结构调整和产业升级为中心的技术改造项目达 2222 项。这些项目的实施，使上述各行业的生产技术水平和产品结构发生了显著变化：

冶金行业新增热轧薄板、冷轧薄板、镀锌板等附加价值高的钢材 1000 万吨；全部淘汰平炉炼钢，连铸比由改造前的 67.8% 提高到 93%。

纺织行业增加高档服装面料 16.1 亿米，差别化纤维/新型蛋白纤维 24.9 万吨，化纤差别化率由 18% 提高到 30%。

石化行业的中高档润滑油比例由 70% 提高到 100%，增产高档汽柴油 730 万吨，乙烯装置能耗由 800 万千卡/吨降至 650 万千卡/吨。

有色金属行业每吨氧化铝能耗降低 300 千克标准煤，70% 的铜冶炼企业的吨能耗从 1100 千克标准煤降至 650 千克。部分铅冶炼企业二氧化硫利用率由 0 提高到 92% 以上。

机械行业为冶金、石化企业制造的重大技术装备国产化率可达 80%；大型加氢反应器等关键设备达到国际同类产品的当代水平；大型交流输变电设备可立足国内生产，60 万千瓦超临界机组已形成生产能力；国产数控机床国内市场占有率按台数计算达到 67% 以上；轿车新产品批量投产时的国产化率达到 40% 以上。

信息产业元器件的片式化率提高到 50%，产品技术水平达到国际同期水平。

造纸行业增加 200 万吨高档纸和纸板，中高档产品的比重由 30% 提高到 50%；吨纸生产耗水由 100 吨下降到 30 吨左右；吨纸生产废水排放量下降 40%。

（三）企业成为技术创新主体存在的突出问题

如前所述，我国企业正在逐步成为技术创新的主体，但是仍然存在着缺乏创新的内在动力、资金投入不足和机构不健全等问题。

从国有企业的改制情况看，90% 以上的国有企业已改为国有控股公司以及部分上市的股份公司，但国有股的比重平均仍在 65% 以上。这种股权结构必然导致企业技术创新的自主权不充分，而且企业经营者事实上不承担技术创新投入产出的风险。企业技术创新资金的来源一是靠银行贷款，二是靠贴息的国债。2002 年，企业用于技术研究与开发的资金 1676.7 亿元，只相当于当年企业销售收入的 1.53%，占当年企业税后利润的 28.9%。在主要依靠技术创新才能发展的高技术产业，我国与主要的工业发达国家的研发投入强度存在显著差距（见表 2）。

表 2　　　　　　　　　高技术产业研发费用占工业增加值的比重

高技术产业	中国 2001 年	美国 1999 年	日本 1997 年	英国 1998 年	法国 1998 年	韩国 1999 年
全部制造业	2.6	8.8	7.9	7.0	5.4	4.5
高技术产业	5.1	27.6	20.3	27.5	19.1	13.0
航空航天制造业	13.3	38.2	29.3	40.1	24.3	—
计算机及办公设备	2.7	24.1	19.0	27.6	48.0	3.9
电子及通信设备制造	6.6	52.4	34.3	13.3	3.5	7.0
医药制造业	2.5	18.3	16.2	34.1	12.1	17.9
医疗设备及仪器仪表	2.7	25.8	21.9	16.9	7.3	4.1

资料来源：《高技术产业发展分析》，《安徽省情省力》2003 年第 3 期。

代表技术创新成果的发明专利申请数，2000 年为 25592 件，占世界发明专利总数的 2.8%（见表 3）；2002 年，我国国内申请总量为 39806 件，占全世界发明专利总数的 3% 左右。

表3　　　　　　　　2000 年中国和主要工业化国家发明专利数

	中国	日本	美国	德国	韩国	英国
专利数（件）	25592	388879	175582	78754	73378	33658
占世界的比重（%）	2.8	42.8	19.3	8.7	8.1	3.7

资料来源：胡鞍钢：《关于国家中长期科技规划战略研究的若干看法》，《中国科技产业》2003 年第 9 期。

我国从事科技活动的人员总量 2002 年已达 322.2 万人，其中科学家和工程师 217.2 万人。从事研究开发与试验的科学家和工程师为 81 万人，相当于美国的 70%。但是科技人员的分布仍然主要集中在科研院所和大学，2000 年以前，我国科研机构、高校和企业拥有的科技研究开发人员分别为 52%、28% 和 15%。日本的研发人员的分布结构分别是 5%、27% 和 65%。这是我国科技成果产业化程度低和研究开发未能以市场为导向的一个重要原因。

2002 年之后，我国每年有 100 多万理工科大学毕业生，但由于企业科技人员的待遇低于科研院所和大学，学习理工专业的大学毕业生在择业时更多地选择了科研院所和大学。企业科技人员的短缺，严重制约了企业的技术创新，企业新技术的来源主要依靠技术引进。2000—2002 年，我国大中型工业企业用于技术引进的经费支出分别为 245.4 亿元、285.9 亿元和 372.5 亿元，但同期用于消化吸收的经费支出只有 18.2 亿元、19.6 亿元和 25.7 亿元。这种状况导致我国大多数企业形成对国际技术转让的依赖。

目前，我国依靠自主技术创新的产业主要集中在发达国家对我国进行技术贸易限制的航天技术、核技术等涉及国家军事安全的领域。通过引进和消化吸收，生产技术能力显著提高的产业有大型发电设备制造、程控交换设备制造、家用电器制造等产业。大量重复引进、消化吸收能力差的制造业主要有石油化工成套设备制造、轿车设计和轿车生产线设备制造。完全依靠进口的产品有民航干线大型飞机、大规模集成电路生产设备等技术和知识密集、附加价值高的产品。

三　科研院所的体制改革

我国原来由各个工业部门设立的科研院所共有 242 家，12.2 万名职工，150 多亿元国有资产。这些科研院所长期由国家财政拨款，从事产业应用技术的研究与开发。在中国工业化的进程中，这些科研院所为我国工业的发展和技术进步做出了重要贡献。随着社会主义市场经济体制的确立，原来所属的工业部门陆续撤销，国家财政拨款逐步减少，按行政计划下达的任务日渐萎缩，这些科研院所事实上被推向市场。但是在传统计划经济体制下形成的管理模式和运行机制难以适应市场经济的要求。科研院所的体制弊端主要表现为经费来源主要依靠财政拨款，缺乏在市场开拓业务的主动性；人人都吃"大锅饭"，缺乏竞争机制；以项目不以市场为导向，与企业的生产经营脱节，科研成果转化率低。

为了从根本上解决这些矛盾，1999 年 7 月，国务院决定将国家产业部门管理的 242 个科研院所全部转制为科技企业或整体或部分进入企业，大部分科研院所实行属地化管理，并按照现代企业制度的要求，实行公司化管理和运作。

科研院所改制后其运行机制发生了深刻变化。在思想观念上，从依靠国家拨款转向依靠自身的科技竞争力获得生存和发展机会；在研究与开发项目的选题上，实行以市场为导向，以产业化为目标，实现了科技研发与企业生产经营的结合；在资金使用上，克服了过去不计成本的弊端，开始重视成本核算和经济效益；在用人机制和分配机制上，初步打破了"铁饭碗"和"大锅饭"制度，实行能进能出、拉开分配差距的管理办法。经过几年的探索和逐步完善，科研院所改制以后，大多走上了自主经营、自负盈亏、自我积累的健康发展轨道，涌现出钢铁研究总院、有色金属研究院和北京化工研究院等一大批改制成效显著的科研院所。

但也要看到，科研院所的改制还存在不少问题需要逐步解决和完善。例如，大多数科研院所缺乏规模化的生产能力，甚至缺乏工业中试手段，但由于受利益协调机制的制约，阻碍了科研院所与生产企业的有效合作，限制了科研成果投入大规模生产；有些科研院所小富即安，缺乏向大型科技企业成长的动力和经济实力。曾经作为国家队的应用型研究院所转制后主要考虑本企业的当前利益，不再重视具有外部溢出效应的共用性和基础性技术的研发。从长远看，这些科研院所还需要进一步改革，一部分院所完全进入大型企业，成为大型企业的研发中心；一部分院所通过兼并生产性工业企业，实现科技研发与生产经营的直接融合。

（本文原载《吉林大学社会科学学报》2005 年第 2 期）

论科技创新的理论与政策

一　科技创新与实体经济的关系

　　对于这场发源于美国、迅速波及全球的金融风暴是如何产生的，有很多的原因可以进行解释。其中很重要的一点就是美国的虚拟经济严重脱离了实体经济。奥巴马在其竞选时就对共和党的政策进行了批判。他认为美国长期热衷于经营虚拟经济，而放弃实体经济，正是典型的"买空卖空"引发了本次金融危机。马克思在《资本论》中也讲过，资本主义经济实际上是一种债务经济，或者说西方经济思想是形而上学的思想在政治和经济领域的集中表现。《资本论》最早翻译版本的副标题就是"政治经济学对形而上学的批判"。马克思认为资本主义发展到一定阶段，完全是种依靠债务来驱动的经济。所以说美国出现金融危机，实际上仍然是马克思在《资本论》中所揭示的这些基本经济规律的表现。

　　1998年世界银行和当时国家计委在中国开过一个研讨会，议题是讨论2020年的中国经济。著名的未来经济学家托夫勒在会上做了讲演，内容主要是宣扬他在《第三次浪潮》中所表达的观点。他认为人类社会进入到了服务经济和信息化的时代，虚拟经济、信息经济和服务经济成为继农业经济和工业经济之后新的经济形态。后来我也做了发言，认为其观点有很大的片面性，过于夸大了信息经济在人类社会发展中的地位和作用。我认为信息经济和实体经济之间仍然是"毛"和"皮"的关系。人类社会的存在和发展还不可能离开实体经济，而出现一个独立的所谓的知识经济和信息经济。后来《中国改革报》做了一个报道，标题叫"和托夫勒抬杠的中国经济学者"。20世纪90年代，美国曾经出现过以纳斯达克为代表的美国网络经济的繁荣。到了 2001 年，美国纳斯达克指数急剧下跌，网络经济破灭。这就表明了网络经济脱离实体经济而独立运行，最后必定要回到原点。

美国在 21 世纪这几年出现的经济波动其实都和网络经济泡沫破灭有关。泡沫破灭之后，美国经济出现萧条，美联储实行扩张性的刺激经济的政策，多次降低利率，鼓励人们买房。后来出现通货膨胀，然后提高利率，很多人还不起按揭，就出现了房地产泡沫的破灭。房地产按揭又被银行或房地产公司打包，风险转嫁给保险公司、证券公司，即所谓的资产证券化，于是出现了金融泡沫的破灭。这些都与马克思所讲的债务驱动的经济、虚拟经济脱离实体经济进行相对独立的运动有关。因此，尽管信息经济在当今获得了飞速发展，但我们仍然应把实体经济作为国民经济的基础。我们看到奥巴马上台后有两个基本的政策主张：一个是变革，另一个是收缩。他可能会采取一些新的经济政策，来确保美国实体经济的发展。

二　科技创新与经济周期的关系

世界缺乏科技创新成果为支撑的新的经济增长点。实体经济的发展是建立在科技创新的基础上的。当科技创新的成果不足以支持经济增长的时候，就有可能出现经济增长的停滞、下降或者衰退。克林顿时代的财政部部长萨默斯，现任奥巴马政府的经济委员会主任。他曾经认为信息经济和知识经济熨平了经济周期，即由于信息经济和知识经济的出现，不再会有经济周期的波动。但是 2000 年以来世界经济和中国经济的发展实践证明，这个判断至少是不准确的，经济周期的波动并没有被熨平。那么为什么没能熨平经济周期的波动？我们认为很重要的一个原因是科技创新也有周期。20 世纪 90 年代后期和前几年，科技革命的成果被过分夸大了。在 21 世纪我们看不到有足以引起新的产业和出现新的经济增长点的技术创新成果。而实体经济在没有新的科技创新成果支撑的情况下，利润逐渐被摊薄，或者说出现了实体经济的微利。大量的剩余资本找不到新的产业和新的经济增长点，于是涌向了纽约的石油期货市场、芝加哥的粮食期货市场。所以前几年发生的到 2008 年上半年为止的石油价格暴涨并不是由于石油供求关系引起的。2007 年和 2000 年相比，全世界石油需求的增长没有超过 40%，但是石油价格一度是 2000 年价格的 400% 以上。这种现象正是由于大量剩余资本进入期货市场所引起的，变成了一种金融现象。而之所以剩余资本不在实体经济寻找机会而转向石油市场、粮食市场，原因正是在于没有新的科技成果支撑，找不到新的经济增长点。当然，这只是一种判断。

以作为新技术革命代表的先导型技术——IT 技术为例。摩尔定律本身遇到了天花板，摩尔自己也认为摩尔定律所揭示的规律遇到了障碍。摩尔定律是指每 18 个月集成度提高 1 倍，每 18 个月大规模集成电路芯片的生产成本降低一半。在 20 世纪 70 年代到 90 年代，这个定律都是被遵循的。但现在摩尔定律失灵了。这主要是因为现在硅材料的物理性能无法满足进一步提高集成度的要求。在实际生活中，我们也能感受到，20 世纪 90 年代到 2003 年，电脑更新换代得非常快，而如今电脑 CPU 的变化并不是很明显。理论上提出的分子电路、量子电路也都还没能走出实验室。应当说以 IT 技术为先导的新的科技革命正处于一个发展相对缓慢的阶段。

再谈谈生物工程技术，比如说基因。如今基因测序的技术取得了明显的突破，测序速度明显加快，过程也十分简单。从口腔黏液中取一些样本，几天之后就能测出你的基因构成情况，然后通过基因分析就能判断出你这个人的病理。传统的医学是靠问、靠号脉、靠观察，不用任何技术手段。西医的人体解剖学出现之后，能够判断你身体的某个部位是否出现毛病。而基因的测序解决到了分子的程度，不仅看到病灶的部位，更看到细胞，看到细胞的基因构成。现在这项技术是成熟了，但是全世界都还没有建立起基因测序用于医学诊断的标准，就不能进入临床，只能以健康咨询顾问的形式开展商业活动。这样这个产业就很难做大。所以这项技术虽然有突破，但要真正能进入应用还需要一个过程。生物工程其他的技术比如转基因农作物的栽培虽然也有突破，但现在还未形成大规模、大批量的产业化生产。

接下来谈谈新能源技术。人们预测最能够解决人类能源短缺的技术是可控的核聚变。氢弹的爆炸就是不可控的。但是据预计，可控的核聚变技术的产业化要到 2050 年前后。

　　以上是一些具有代表性的新的科技革命，但是目前都还未能成为新的经济增长点，来支撑产业的发展。科学技术的进步是个长周期的过程，那么会不会引起世界经济长时间的衰退？这需要我们去进一步研究。实际上，20 世纪所发明的技术成果仍然在支撑着 21 世纪的经济发展，比如青霉素、空调、化纤、原子能、飞机。这些技术除了少数基础理论是在 20世纪揭示的，大多数还是在 19 世纪就奠定了。这样看来，如果 20 世纪在基础理论上没有重大突破，也就会造成在应用上没有重大突破，世界经济就有可能进入一个长周期的低速增长。经济增长不完全是经济关系本身的问题，也需要研究作为经济增长的基础即生产力中的科学技术进步的因素。

三　技术进步是走向新的经济增长的主要动力

　　如何摆脱目前经济增长的困境？对于中国来说，技术进步仍然是走向新的增长的起点。我们现在实行扩大内需的政策，刺激固定资产投资和消费，但我认为同时也需要强调加大技术研发的投入，推进实体经济的科技进步。其实即使没有美国的金融危机，中国的经济也要进入调整阶段，不可能维持 2003—2007 年高速增长的格局。这里的原因有很多，比如资源约束问题、环境问题、国际贸易摩擦问题等。我认为最终还是回到了马克思的所谓经济周期。中国目前的经济实际上遇到了生产无限扩大的趋势与购买力不足的矛盾，或者说生产扩大的趋势遇到有效需求不足的矛盾。

　　过去 7 年中国经济的增长是建立在大规模固定资产投资的基础上，2002 年以后的名义增长率都在 25% 以上，这种增长的结果就形成了一系列生产能力的急剧扩张。投资除了形成高速公路、铁路、城市建设，同时更多的是形成了工业生产能力。具有代表性的是钢材。

　　2007 年我国钢材产量达到 5.6 亿吨，占全世界总产量的将近 40%。我们的钢材产量超过了美国、日本、俄罗斯、印度、韩国钢产量之和。与2000 年相比 2007 年中国钢材产量增长 330%，焦炭产量增长 170%，水泥产量增长 130%，玻璃产量增长 180%，轿车产量增长 500%，空调产量增长 340%，冰箱产量增长 240%，棉纺锭的生产能力增长 260%，纱产量增长 200%，化学纤维增长 240%。

但是，过去 7 年我国人口总量只增长了 3%；另外就是国民收入分配结构不合理，特别是初次分配不合理。在国家和企业的关系中，企业税负过重。垄断行业通过行政垄断和自然垄断所获取的超额利润很大一部分转化为部门和集团的利益、职工的福利。在资本和劳动的关系上，资本获得的比重过高。因此，即使没有金融危机的冲击，中国经济也会进入到这样一个调整的阶段。生产能力的扩大需要消化，在国内有效需求不足的情况下只能依靠扩大出口。扩大出口带来的问题一方面有贸易摩擦，另一方面在外部需求减少的情况下将受到严重冲击。而国内有效需求不足的原因，首先在于收入分配不合理，高收入人群的边际消费倾向比较低，低收入人群想消费但没有足够的支付能力。这次扩大内需首先是加快铁路、高速公路、基础设施、农田水利建设，这个带动作用在过去的条件下可能有 40% 变成员工工资，从而转化为消费。但随着现在建设工程资本有机构成的提高，转化为消费的比例必定会变少。要想走出这样一个经济增长的低点，实现新的起飞，除了短期内刺激经济以外，通常需要加强对企业内部设备改造、技术更新。

四　国家创新体系建设

我对国家创新体系的定义是从事科学技术创新活动的机构、体制安排、运行方式的总和。它包括科研院所、高等院校、国家实验室、企业研究与开发机构、科学普及、技术推广和技术中介组织等。不应将国家创新体系简单地理解为国家级的科研院所，它应当是覆盖全社会、各领域、各地区的科技创新的网络组织体系。

实际上大量的科技创新是从发生在生产过程中间的小改小革开始。例如在杭州看到的一个企业，它对中国化学纤维的印染取得突破性的工艺，取消了印染过程。而印染是中国水污染主要的源头之一，因此企业完成的这项工艺对全社会形成重大的经济效益和社会效益。这就说明科技创新体系应当覆盖全社会、各领域，包括这些小型的技术改革。

另外是关于科技创新的分工问题。在社会化大生产的条件下，科技创新分为发现、发明和科技成果产业化三个阶段。发现的目的在于揭示从宏观到微观的物质世界的存在方式及其运动规律，主要是从事基础理论研究工作的科学家的责任和工作重点。这种基础研究是必要的，它是后面发明的依据。发明的任务是根据科学发现所揭示的规律，通过工程技术手段，研制成新材料、新产品或新的生产工艺流程。发明主要是在工程技术层次上的创新。这是工程师的责任，涉及动手能力。例如袁隆平发明了杂交水稻就是属于这个范畴。技术创新成果的工程化、产业化和市场化是科技创新的最终目标。这种转化往往不是由懂行的工程师完成，它需要有企业家把各种生产要素组织起来，把创新成果转化为现实的生产力，并进行规模化生产。过去很火的 VCD，它的技术是由安徽省无线电视技术研究所的几个技术人员研发的，但是他们找不到资金，找不到厂家来生产。后来广东的企业家敏感地意识到这个产品的市场前景，很快进行大批量生产。这就是企业家的敏感性和判断能力的重要性。

五　企业应当成为技术创新的主体

企业是技术创新的主体，多数的技术研发中心应当建在企业，科技队伍的主体也应当集中在企业。党的"十七大"报告中提到要促进创新要素向企业积聚。原因在于，第一，企业是作为以盈利为目的的经济组织，具有通过科技创新实现利润最大化的内在推动力；第二，在市场经济条件下以及经济国际化的大环境中，企业始终面临着竞争的压力，不搞创新，企业就难以生存，更谈不上发展，企业具有重视技术创新的外在压力；第三，企业在生产经营活动的实践中，能够使技术创新方向和目标的选择更符合市场需求；第四，企业具有把科技成果转化为产品的生产设备、工程技术能力以及社会化的配套能力。企业能够把科技要素、工程要素、资金要素、市场要素直接结合起来。

那么如何促使企业成为技术创新的主体？一是要建立鼓励企业增加科技投入的政策和机制，使企业成为科技投入主体。二是要改革科技计划和项目管理，使企业成为重大创新活动承担主体。调整国家科技计划，提高企业承担国家科技计划项目的比重，支持企业牵头实施国家科技项目。三是建立促进科技成果扩散、流动的新机制，使企业成为成果应用和受益的主体。四是要培育良好的创新环境，扶持中小企业的创新活动。

非常重要的一点是要解决科技人员的分布问题。我国目前科技人员对半分布在企业和科研机构，而发达国家科技人员更多地分布在企业，达到70%以上。越发达的国家，其企业作为技术创新主体的地位越突出，企业拥有科研人员的比重也越高。如1993年美国、英国、日本、韩国企业研发人员占全部研发人员的比重分别为75.4%、68.5%、64.8%和54.9%。而我国目前的情况是理工科毕业生更多涌向政府和科研院所，这主要是社会保障方面的影响。因此我们需要形成一种机制，形成有利于科技人员主要分布于企业的格局。

六   技术创新成果转化为现实生产力的途径

在实现途径上关键要强调两点：一是要有明确的需求目标，如产品创新、工艺与设备创新、材料创新，而不是仅仅跟踪目标或发表科学论文。就像我们发射神七，第一运载火箭的推力要大，第二三个人的生存空间要足够，第三要出仓，还要准确回收。这就需要解决运载问题、动力问题、航天飞船的材料问题、航天服的材料和制作工艺问题等。这些都是需求问题。有什么问题就解决什么问题。二是要有工程依托。工程依托是指技术创新有一个具体的工程项目载体。中华人民共和国成立初期回到国内的科学家，真正做出突出贡献的往往是那些分到军事科研部门和大企业的，他们能做出一些名堂来；而那些从事理论研究和分在大学当老师的，很多默默无闻。这就说明只有工程依托，从事应用研究的科学家才有用武之地。

在体制安排上，要确立企业作为技术创新主体，通过深化国有企业改革，使企业具有追求技术创新的动力；在组织方式上，应形成产学研相结合的，既有分工又有合作的创新体系；在资金来源上，应形成企业自我积累、政府投入、金融信贷支持以及社会融资的多元化融资的渠道；要积极建设产业技术创新支撑平台，包括公共技术创新平台、行业技术创新平台、企业工程技术中心。

目前科研院所通过技术市场向企业转让科技创新成果面临的突出问题

是，大多科技成果未经过工业性中试，其技术的可靠性还有待完善，其经济可行性还需要市场的验证，企业又缺乏承担市场风险的能力和机制。有时企业买了研究所的成果觉得上当了，不像原先想的有那么好的性能；还有时研究所把成果攥在手里舍不得卖，企业也很犹豫不知道这项技术行不行。这样的技术创新路径是有问题的。这里需要企业提出技术创新的目标和需求，由企业组织实施，并负责资金的筹措等生产要素的组织。科研院所和大学根据企业提出的技术需求，参与技术创新过程，提供理论和技术支持。这就是实现"产学研一体化"。要改变我国科技研发的人力资源与企业生产能力及经营能力相分离的状况，大力充实企业的科技人员，加强企业技术研发中心建设，以实现科技要素、生产要素、经营管理要素的直接结合。

七　政府在促进技术创新中的作用

在构建国家自主创新体系的过程中，政府应当有所作为。当前应该加强以下几个重点：一是加强科技政策与经济政策的协调，为自主创业提供良好的政策环境，特别是通过建立公平的市场竞争环境，将会极大地增强企业为未来进行技术投资的信心。二是增强政府调动全社会资源的能力，形成多元化科技投入格局，大幅度增加财政科技投入，调整投入结构，加大对科研基地和科技队伍建设的支持，加大对基础研究、前沿高技术研究、社会公益研究的支持，切实提高国家科技经费使用效益。三是积极建立科技公共基础设施和技术创新平台，整合和提高科技基础设施资源，建立科学、合理的管理模式和运行机制，形成适当集中与适度分布相结合的资源配置格局，运用共享的机制推动科技资源的社会化。四是把发现、培养和凝聚各类科技人才特别是尖子人才作为科技工作的基本要求，充分调动广大科技人员的积极性和创造性，造就庞大的创新人才队伍。五是促进创新投资，大力培育和建立科技创业服务体系、科技投融资体系和创业板市场。六是围绕经济社会发展的重大需求，组织实施好重大科技创新活动，能够有效带动相关学科、技术和产业的发展，形成新的经济增长点。

八　正确认识发挥比较优势和增强竞争优势的关系

比较优势意味着"两利相权择其重两害相权择其轻",而竞争优势是指一个企业或国家在某些方面比其他的企业或国家更能带来利润或效益的优势,往往源于技术、管理、品牌、劳动力成本等方面。我们应在发挥比较优势的同时,努力提高竞争优势,推进产业升级,改善国际贸易条件,在技术密集与知识密集型产业领域,缩小与发达国家的差距,提升在国际产业分工体系中的地位。

(一)　在经济全球化的条件下科学技术和工业没有国界吗

虽然经济全球化条件下的产业链的垂直分工,导致工业生产过程没有国界,但是,在有国家存在的情况下,利益绝对是有国界的。作为科学实现形式的技术也是有国界的。对于核心技术的控制,实质上为了控制获得超额垄断利润的手段,以实现本国利益的最大化。由于知识和技术转化为产品的进程不断加快,技术创新所有者通常把技术专利同技术标准结合起来,以获取更大的市场控制权和超额垄断利润。因此也必须看到,保护知识产权是一把双刃剑,它既促进了技术创新,又提高了大多数发展中国家获得新技术的成本,限制了技术创新成果的分享。

(二)　怎样认识以市场换技术的策略

以市场换技术,是指通过向跨国公司转让国内的市场份额,以换取国外的先进技术。

以市场换技术的前提条件有三个:一是国家间的经济技术发展水平处于不同阶段。二是产品具有生命周期。三是技术存在代际差异。通常主要采取两种方式:其一,从国外购买先进技术装备,以提高国内用户的生产技术水平。其二,引进外资在国内建厂。以市场换技术的策略有一定的积极的作用,与发展中国家最初的技术和产业起点相比,缩小了技术差距,促进了新兴产业发展。但我们也必须看到以市场换技术的弊端。由于产品生命周期和技术代际差异,发展中国家换来的技术总是第二流或第三流的技术。跨国公司在技术转让时，必然要"留一手"，以市场换技术的国家更不可能获得核心技术。与此同时，以市场换技术还可能形成对本土企业技术进步的排斥和抑制。20世纪90年代中期以来，随着大跨国公司在华投资的增加，外商投资企业的技术水平明显提高。这段时期里，跨国公司在华企业使用的技术不仅普遍高于我国同类企业的水平，而且有相当比例的跨国公司提供了填补我国空白的技术。外资企业技术水平的先进程度，与其股权结构（即外方的控制力）明显相关。凡是外商独资和外方控股的企业，技术水平都高于合作中方的原有水平，且不乏外方母公司内部的先进或较为先进的技术。与之成鲜明对比的是，跨国公司都不愿将先进技术转让给它们不能有效控制的合资企业。近些年来跨国公司越来越倾向于独资、争取股权结构上的控制权，其战略目的之一就是要锁定可能外溢的"技术资源"。

从我国改革开放的发展过程中，中国企业的技术进步的历程可以发现，跨国公司所在国企业的技术与中国企业的技术差距对技术引进起决定作用，而决定技术差距的不仅包含自主市场的开放程度，而且包括东道国企业的研发能力、技术吸收能力和技术扩散的速度。

九　引进技术与自主创新的关系

自主创新不等于自己创新，更不等于封闭式创新。

作为一个发展中国家，充分利于用国际先进科技成果，坚持在消化吸收国外先进技术基础上再创新，将成为我国自主创新的一个非常重要的途径。

但我国目前技术引进存在非常突出的问题，我国仅有少部分行业有效地消化、吸收了引进的技术知识，通过模仿、改良、技术积累、二次创新，逐步形成了自主技术的发展能力，实现了自主创新能力和创新效率的提高，改变了过分依赖引进技术的不利局面。而其他行业大都将技术引进的重心落在了技术应用上，而没有落在技术学习上。它们或者只是简单地复制、应用外来技术（在国内技术水平整体较低的情况下，这些行业也表现出了相对较高的技术创新效率），或者是因为引进失误，或者是没有充分利用"干中学"和"用中学"的效应,其技术创新仍然停留在较低水平上。我国大中型工业企业技术引进费用金额及其占企业科技经费支出比重不断攀升,技术引进相关的消化吸收经费支出比重严重偏低,且二者的失衡关系一直在扩大化(即技术引进经费支出与消化吸收经费支出之比不断增长)根本没有得到扭转的迹象。我国大中型企业用于引进技术的费用支出和用于消化吸收的费用支出的比例为 1:0.15,日本和韩国的比例为 1:5—8。日本在 20 世纪 60 年代中期,机械行业研究费用中用于引进的仅为 16.9%,而用于改进引进技术的占 68.1%。日本政府审批引进的原则和标准是一号机引进,二号机国产,三号机出口。这里就显示出了差距。

十 文化价值观念与科技创新的关系

要永远树立危机意识。第一,要淡化官本位观念。当一个国家的知识分子都想去当官,这个国家就不可能成一个创新型国家。那些得诺贝尔经济学奖、诺贝尔自然科学奖的人,有几个是大学校长,有几个是系主任。如果当官成为知识分子的追求目标,也不可能建成创新型国家。第二,要抑制投机资本。如果都想通过炒股票、炒房地产获得暴利,谁还去搞创新;企业也不可能稳扎稳打地在制造业领域、高科技产业化领域有所作为。第三,要增强合作精神。提高自主创新能力除了投入、体制、组织方式以外,也许归结到最后还是需要解决文化价值观念问题。

(本文原载《开发研究》2009 年第 1 期)

创新驱动必须以硬科技创新为本

一 问题的提出

什么是硬科技？硬科技是指能够提高物质产品生产效率的科学技术，是能够改进物质产品生产的材料、设备、工艺、零部件、元器件和终端产品性能的技术。硬科技是推进工业、农业、交通运输业、建筑业、环境治理和保护、信息产业、武器装备制造业现代化的高新技术，是能够提高我国国际产业分工地位和国际贸易竞争力的技术。软科技创新主要是商业模式、经营理念和虚拟经济领域的创新。虽然进入 21 世纪以来，依靠商业模式和经营理念的创新，造就了一批新的企业家；但是商业模式创新，解决不了物质产品生产过程的技术难题。把商业模式创新奉为科技创新的领头羊，将使创新驱动误入歧途。不断创新的硬科技才是推动我国实体经济转型升级的技术，是能够缩小高新技术产业与发达国家差距的技术，是实现国民经济产业体系现代化的技术。

近几年来，在科技发展水平的判断、科技创新驱动的目标、主体和路径选择上，出现了一些认识上的误区。一是在宣传我国经济发展成就的时候，忽视了我国与工业先进国家在生产要素利用效率和关键技术上的差距。二是过分夸大"互联网+"的作用，以为"互联网+"是未来创新驱动的主攻方向。进入 21 世纪以来，互联网产业高速发展。人们分享着互联网公司编织的巨网，网上购物、网上约车等物联网系统成为人们难以离开的工具；但是所有这一切都源于光纤通信、GPS 导航系统、大数据计算和人工智能等硬科技的创新。否则，互联网的功能就失去了技术基础的支持。"互联网+"不是万能工具。"互联网+"与物质产品生产的关系是毛与皮的关系，皮之不存，毛将焉附？三是一些媒体把移动支付、网购和共享单车视为新时期中国的重大发明。事实上，这几个所谓的"重大发明"早已有之，一些企业家利用了国内人口众多、快递劳动力便宜、市场广阔、对网购商品质量监控机制不健全的条件推而广之，实现了市场化、规模化；但是它们并没有改变物质产品的生产方式和促进中国制造业的技术升级。四是一些媒体把少数几个靠商业模式创新并成为富豪的企业家视为楷模，并把这些企业当作科技创新"巨头"，误导科技创新的方向，诱导人们追求在虚拟经济领域短时间就能实现暴富。

德国每年产生 200 亿笔的零售交易，75% 是用现金支付的，只有13%—18% 的购物者使用移动支付，移动支付远没有达到中国的普及程度；但是德国在汽车制造、机械装备制造和精细化工产品等领域的竞争力仍然处于世界领先地位。2008 年国际金融危机以来，德国的财政、金融和进出口贸易一直保持稳健，其根本原因在于德国经济是建立在先进制造业的基础上。[①] 这也说明，在国际经济和科技竞争的战场上，真正能够刺刀见红，并带来真金白银利益的还是物质产品生产所需要的硬科技。

美国政府挑起的贸易战促使我们警醒，进一步认识到增强硬科技创新能力的战略意义。如果从经济学经典理论所揭示的规律考察，贸易战违背了经济学理论常识和一般经济规律。一是违背社会再生产的分工理论，因为分工带来效益和财富，特别是在经济全球化的条件下，分工已经超越了国界，中美经贸关系是全球产业分工的结果。二是违背了比较优势的理论，因为在资本主义世界市场形成后，不同国家的产品生产和交换，普遍遵循哪个国家或地区生产成本更低就在哪里生产，进而通过国际贸易实现优势互补。三是违背了等价交换理论，因为在国际贸易中，中国出口的是价廉物美的商品，美国让渡的是美元，双方是等价交换和互惠互利的贸易关系。很显然，美国挑起贸易战违背了客观经济规律和经济全球化的趋势。

如果仅限于经济利益上的冲突，贸易战的结果是双输，即中国对美出

---

① ［德］乌尔里希·森德勒：《工业 4.0》，邓敏、李现民译，机械工业出版社 2015 年版，第 26 页。

口大幅度减少，美国难以找到价廉物美的中国商品的进口替代国，将影响美国进口商和消费者的利益，同时也使美国农产品、汽车、能源产品失去庞大的中国市场。美国对华贸易战已超出了单纯的经贸关系范围，在实行贸易单边主义和霸凌主义的同时，推行科技封锁和遏制战略。美国的近期目标是缩小中美贸易逆差，促进制造业向美国本土回归；中期目标是遏制《中国制造2025》战略的推进，长远的战略意图是阻挡中国的发展和崛起。美国贸易代表罗伯特·莱特希泽2018年在参议院对参议员们说："中国在《中国制造2025》中计划主要发展的产业，中国要运用科技、投入几千亿元，达到国际领先，如果让中国如愿以偿，就对美国不利。"

2018年4月，美国对我国中兴通讯公司实施制裁，3个月内中兴被禁止采购核心半导体零部件，并支付了10亿美元的罚款，导致中兴公司2018年经营业务严重恶化，并不得不接受美国提出的苛刻的芯片供货条件。

当华为公司在5G领域处于领先地位时，美国又对华为公司进行打压，限制美国芯片厂商向华为销售关键芯片，并向其盟国施加压力，企图遏制华为的发展。2019年5月20日，美国政府以维护国家安全为借口，下令英特尔、高通、赛灵思、谷歌等多家公司暂停与华为的合作。① 企图掐断产业链中关键零部件和操作系统的供应渠道，阻止华为公司的发展。由于华为公司未雨绸缪，及早布局，加强了具有自主知识产权的高端芯片的研发，采用华为子公司研发和生产的麒麟芯片替代从美国进口的芯片，保持了生产的稳定，在美国政府的高压政策冲击下，仍然保持了较强的抗风险能力。针对风险领域，通过整合不同的知识和多样性价值，以实现高效、经济、公平和符合道德的决策。多元主体包括政府、经济部门、科研部门以及市民社会代表。②

以上两个典型案例，说明美国把中国列为战略竞争对手以后，正在千方百计地打压中国的高科技企业，遏制中国的科技创新能力和制造业的转型升级，也使我们更加清醒地认识到，在技术密集型产业领域，如果不掌

---

① 赵觉珵、魏云峰：《遭围堵，华为软硬件受影响有多大》，《环球时报》2019年5月21日第1版。

② ［德］奥尔特温·雷恩、皮亚-乔汉娜·斯威泽：《包容性风险治理的概念及其在环境决策中的应用》，张力伟、李慧杰译，《中国治理评论》2019年第1期。

握核心技术，必然冲击本国的产业安全和核心利益，说明了应对这种挑战的根本出路是加强硬科技的自主创新。

新加坡国立大学东亚研究所所长郑永年在 2018 年 8 月 7 日新加坡《联合早报》的《中国新时期的外部风险》一文中指出，不难理解，这次贸易战的核心就是针对《中国制造 2025》的。说到底，通过"技术冷战"，美国不希望中国在技术层面往上爬，至少可以拖延中国现代化的进程。也可以说，促成中国陷入"中等收入陷阱"，或促使中国回到贫穷社会主义阶段是美国所需要的。

二　创新驱动为什么要以硬科技创新为本？

（一）硬科技是推动物质产品生产力发展的主要动力

马克思主义政治经济学认为，社会生产力发展的任何阶段，物质产品的生产都是社会再生产和社会发展的基础。硬科技是提高物质产品社会再生产投入产出效率的基础性技术手段。我国正在推进供给侧结构性改革，其主要任务包括两个方面，一是调整和优化存量，去产能、去库存、去杠杆，降成本。二是补短板，依靠科技创新推进产业结构升级，建立现代化的产业体系，提高技术密集型产业的比重和国际竞争力。补短板的重点是补技术密集型制造业的短板。制约技术密集型产业发展的难点在于缺少具有自主知识产权的核心技术。增强硬科技创新能力，是解决技术密集型制造业技术来源的关键。

（二）工业革命的历史是硬科技革命的历史

18 世纪以来世界经历了三次工业革命，每一次工业革命的起步、扩大和深化，都是由硬科技创新引领和推动的。

18 世纪中后期开始的第一次工业革命，由于瓦特改良蒸汽机以及纺织机器的出现，大大提高了社会劳动生产率，推动人类社会从以手工劳动为主导的农业社会向以机器大工业为主导的工业化社会的转变。

19 世纪后期到 20 世纪初期的第二次工业革命，是由于发电和输变电技术、内燃机车、电动机、电话、无线电报等技术的发明和广泛应用，推动人类社会由蒸汽动力为主导的机器大工业阶段向电气化阶段的转变。与此同时，汽车和飞机设计与制造技术的发明，出现了新型的交通运输工具。

20世纪40年代开始陆续出现的原子能技术、电子计算机技术、集成电路技术、人工合成材料、航天技术、分子生物学和遗传工程等高新技术，以及20世纪70年代以来发明和广泛应用的电子信息技术、光纤通信技术、互联网技术等，标志着第三次工业革命的兴起，极大地推动了社会生产力的发展，促进了社会生产方式和生活方式的变化。

三次工业革命的历史进程表明，社会生产方式的每一次重大变革，都是源于物质产品生产过程中硬科技的创新及其产业化。尽管主要发达国家已进入后工业化社会，但他们为了保持在国际竞争中的优势地位，从来没有放松制造业领域硬科技创新的努力。虽然我国服务业的比重不断上升，但是决定国家竞争力和未来经济发展前途的主要矛盾和任务，必须是增强物质产品生产过程中硬科技的创新能力。

（三）以硬科技创新为本是我国经济发展阶段变化的客观要求

从1949年中华人民共和国成立到2049年中华人民共和国成立100周年，我国经济发展的历史进程分为三个阶段，并可以用十二个字来概括，即"从无到有，从少到多，从大到强"。平均每个发展阶段为30—40年。第一阶段从中华人民共和国建立到20世纪70年代末，我国工业发展实现了从无到有的转变，建成了轻纺工业、机械设备制造工业、能源工业、冶金工业、化学工业、汽车工业、造船工业、飞机制造工业、电子工业、航空航天工业、原子能工业等门类比较齐全的现代工业体系，在"一穷二白"的基础上奠定了社会主义工业化的基础。

改革开放以来，我国工业发展实现了从少到多的转变，即从各种商品严重短缺转变为世界工业生产大国。2018年我国工业增加值为30.5万亿元，按可比价格计算，是1978年的54倍，40年平均每年增长10.6%；按当年汇率换算，2018年中国工业增加值相当于4.5万亿美元，比美国工业增加值高出40%左右。[①] 目前中国已有220多种工业产品产量位居世界第

---

① 国家统计局：《中国统计年鉴（2018）》，中国统计出版社2018年版，第18页。

一，多数工业行业的生产能力出现过剩。这说明我国工业发展在传统产业领域以数量赶超为主导和产品产量高速增长为特征的发展阶段已经结束。未来30年，即到中华人民共和国成立100周年之际，我国经济发展的主要任务是实现从大到强的转变，硬科技创新则是实现这一奋斗目标的关键。

（四）以硬科技创新为本是改善国际产业分工地位的必由之路

我国制造业的技术差距主要有两个方面，一是原材料工业、机械工业、化学工业、交通运输设备制造业等传统制造业领域技术和产品结构差距。二是新能源、电子信息、生物工程、航空航天、精密仪器、智能制造等战略性新兴产业领域的创新能力和关键技术差距。在传统制造业领域，我国具有生产能力优势，但是高附加值的产品和技术显著落后于工业技术先进国家；在战略性新兴产业领域，从研发、关键技术、配套能力到产品供给能力等环节，仍落后于工业技术先进国家。

我国工业生产能力一方面存在严重过剩，另一方面也仍然存在着短缺。由于资源禀赋条件所决定，每年不仅需要大量进口原油、天然气、铁矿石等资源型产品，同时还需要大量进口技术密集型的高附加值产品。在工业制成品进出口贸易结构中，我国的出口产品以劳动密集型的轻纺产品和加工组装类电子产品为主，进口以高附加值的电子元器件、精密机械、高档汽车和精细化工产品为主。

现阶段中国制造业仍然以资源密集型产业和劳动密集型产品为主导。在汽车、电子产品等加工制造业生产体系中，处于国际垂直分工体系中的中低端。[①] 中国制造业在参与国际分工时，一是由于我国劳动力成本相对较低，跨国公司把中国作为工业品的生产加工基地。二是原材料的采购和零部件的制造实行本土化为主，跨国公司控制着研发和市场销售渠道，我国企业充当着跨国公司的生产车间。一种产品由不同国家和地区的相关企业共同完成，国家或地区之间进行高度的专业化分工，每个国家或地区只从事同一产品中的某些环节的生产，但核心技术和关键零部件的生产依然

---

① 陈立敏：《国际竞争力与出口竞争力的对比研究及指标设计》，中国社会科学出版社2013年版，第50页。

由跨国公司控制，并实行全球采购，从而把发展中国家劳动力成本低廉的优势与发达国家的竞争优势结合起来，实现在全球范围内的资源优化配置和利润最大化。[①] 以 iPhone7 为例，其成本构成中，由苹果、英特尔、LG、夏普、三星、德州仪器等跨国公司供应商提供的处理器、基带＋射频、摄像头、面板、内存、机电原件六大类元器件的价值为 156.8 美元，占全部生产成本 224.8 美元的 69.8%。国内组装企业每部手机发生的成本为 9 美元，只占每部手机成本的 4%。我国的手机产量虽然占全球产量的 70%，但其价值构成中，我国仍处于价值链的低端。要改变这种局面，就必须在高附加值的核心元器件领域，提高国内的研发和生产供给能力。

（五）以硬科技创新应对劳动力便宜比较优势的变化

我国制造业工人的平均工资 2000 年为 100 美元，2018 年则上升到 500 美元。与东南亚国家相比，我国制造业工人的月平均工资为 600 美元，越南为 227 美元，菲律宾为 220 美元。应对制造业工资成本的上升，继续发展劳动密集型产业，一是发挥基础设施和工业配套体系完善的竞争优势，降低劳动密集型产业的综合成本。二是改善劳动密集型产业组织，提高劳动生产率。三是优化产品结构，提高产品附加价值。四是利用区域经济发展不平衡的条件，推进沿海地区劳动密集型产业向劳动力流出的中西部地区转移。五是适应国内消费需求，扩大国内市场。但是，最重要的对策，是依靠硬科技创新，推进产业转型升级，提高技术密集型的高附加值制造业的比重。以民用大型客机为例，我国进口一架波音 737 客机，平均单价为 1.2 亿美元，约 8 亿元人民币。我国每件服装出口的平均单价为 5 美元，即出口 2400 万件服装的价值，才能买一架波音 737 客机。生产 2400 万件服装，需 8 万名工人在流水线上工作一年，同时还要消耗约 3000 万米的纺织面料。这就是以劳动密集型产品与技术密集型产品交换的国际贸易现状。如果我国依靠科技进步，在发展大型民用客机等技术密集型产业领域有所作为，当国内平均工资水平不断上升，劳动密集型产品出口下降

---

① 杜传忠、杜建新：《第四次工业革命背景下全球价值链重构对我国的影响及对策》，《经济纵横》2017 年第 4 期。

时，我国的国际贸易条件将不会出现恶化。

（六）硬科技创新是实现武器装备现代化的基础

21世纪以来，我国武器装备实现了跨越式发展，歼20、预警机、无人机、大型运输机、大型驱逐舰、航空母舰、运载火箭、大威力火炮、新一代坦克、电子对抗技术和装备等一批新一代武器装备的研发和制造，缩小了与美国和俄罗斯的差距。这些成就都是硬科技研发和创新的成果。实践证明，国防工业的硬科技创新，是武器装备的现代化基础，其经验可以概括为以下几个方面：

第一，早在20世纪50—70年代，为了应对帝国主义的威胁，捍卫国家的独立和主权，以毛泽东同志为核心的领导集体在外部全面封锁和国民经济百废待兴的极其困难的条件下，开始建立独立自主的国防科技工业体系，为我国国防科技工业的发展奠定了基础。

第二，20世纪80年代，开始实行"军民结合、平战结合、以军为主、以民养军"方针，鼓励军工企业参与国民经济建设和民品生产，国防科技工业逐步建立起军品生产为主导、军品生产与民品生产相结合的新体制，促进了国防科技工业由自成体系的管理模式向军民结合的体制转变，增强了国防科技工业自主创新的动力和活力。

第三，1991年发生的海湾战争以及后来的科索沃战争、阿富汗战争和伊拉克战争，使我们对高技术条件下战争方式的发展变化有了新的认识，看到了我国国防工业和武器装备与超级大国之间的巨大差距。打赢高技术、信息化条件下的局部战争，实现武器装备现代化，必须使国防科技工业转向以科技创新和军民融合为基础。此后逐步调整了我国的国防科技工业政策，加大了对国防科技工业的投入。在一定意义上，可以说我国武器装备的跨越式发展是世界政治军事格局客观形势变化逼出来的。

第四，我国武器装备研发和制造的途径是以武器装备现代化的需求为导向，以缩小差距为目标，以关键技术、关键材料和关键零部件为主攻方向，以型号研发和重大工程项目为依托，以社会化分工为基础，以国有军工企业为主体，依靠自主研发和创新，攻克了许多重大技术难题。

以制造新一代战机的关键材料为例，20世纪90年代以前，军用飞机制造所需要的碳纤维材料主要从日本进口。因为 80 年代中美关系处于战略合作时期，美国没有严格限制中国从日本进口军用碳纤维材料。但是与此同时，也因为能够通过进口得到飞机制造所需要的碳纤维，国内则放慢了碳纤维材料的研发。1991 年年底苏联解体后，美国政府调整了对华政策，开始限制军用碳纤维材料对华出口。在这一背景下，我国立即面临关键材料的供给问题，不得不加强军用飞机碳纤维材料的自主研发，并经过多年的努力取得了重大进展，克服了美国和日本禁止向我国出口军用碳纤维材料给新一代战机研发造成的困难。这一案例也说明，涉及国家安全和核心利益的关键性硬科技必须依靠自主研发和创新。

（七）用硬科技创新改变以市场换技术策略

发展中国家的后发优势之一是可以引进、学习和消化吸收世界上已有科技成果，并对转让技术的跨国公司开放市场，或者由技术接受方缴纳专利费，购买跨国公司的技术。在经济全球化条件下，输出技术的跨国公司与技术引进方通过双边协议，发展中国家合法获得新技术，跨国公司获得市场。因此，以市场换技术和以技术换市场是交易双方自愿、互惠互利、各得其所的商业行为，不存在所谓侵犯知识产权问题。

以市场换技术的前提条件：一是国家间的经济技术发展水平处于不同阶段。二是产品具有起步、成长、旺盛和衰退等不同阶段的市场生命周期。三是技术存在代际差异。跨国公司转让的技术大多是产品的生命周期已进入下行阶段、专利已经超过保护期。以市场换技术通常主要采取两种方式：一是从国外购买先进技术装备、关键零部件和元器件，并交纳专利费，以提高国内用户的生产技术水平和产业配套能力。二是引进外资在国内建厂，通过跨国公司的技术外溢效应带动国内配套产业的技术进步。

以市场换技术的策略有一定的积极作用，与发展中国家最初的技术和产业起点相比，缩小了技术差距，促进新兴产业发展。但是必须看到以市场换技术的弊端，由于产品生命周期和技术代际差异，发展中国家换来的技术总是第二流或第三流的技术，跨国公司在技术转让时，必然要"留一手"，以市场换技术的国家更不可能获得核心技术。与此同时，以市场换技术还可能形成对本土企业技术进步的排斥和抑制。实践表明，维护先进技术的知识产权，就是维护跨国公司的垄断利益，因此跨国公司不可能将先进技术转让给它们不能有效控制的合资企业。近些年来跨国公司越来越倾向于独资或股权结构上的控制权，其目的就是要防止技术资源的外溢。我国汽车工业的发展充分说明以市场换技术的局限性。2018 年我国乘用车的生产能力和销售量为 2470 万辆，超过日美两国汽车产量的总和。但其中国产品牌的 20 家乘用车生产企业总产量为 742.7 万辆，销售收入约 8000 亿元。在国产品牌乘用车中，售价为 5 万—10 万元的低档车占 61%，10 万—15 万元的中低档车占 39%；国内市场的中档车以中外合资企业生产的帕萨特、丰田为代表，高档车以宝马、奔驰、奥迪为代表，这三大品牌乘用车 2018 年在华销售了 197.4 万辆，销售收入 6900 亿元。说明在我国汽车市场上高附加值的乘用车，都是由跨国公司主导的合资企业生产或从国外进口的。从 20 世纪 80 年代后期开始，我国汽车工业持续高速增长了 30 年，但国产乘用车仍处于生产低档车为主导的地位，中高档乘用车的设计，以发动机为核心的关键零部件的生产技术，仍然依赖跨国公司。汽车工业以市场换技术的策略并没有带动国产品牌汽车制造业的转型升级，也说明出让市场份额也换不来价值链高端的核心技术。

三　缩小技术差距是硬科技创新的重要任务

硬科技创新的方向和任务既要从现阶段的需求出发，解决实体经济所需要的关键技术和受制于发达国家严格限制转让的技术，又要着眼于未来发展需要的前瞻性技术。既要研发战略性新兴产业所需要的关键技术，也要重视推动现有产业技术改造和产业升级的技术。《中国制造 2025》战略集中体现了我国制造业硬科技创新的方向和任务，是到 2035 年基本实现国民经济现代化的必由之路，关系到我国的核心利益。[①] 当外部势力极力诋毁和反对时，我们更要保持战略定力，坚定不移，毫不动摇地推进既定的战略目标。到 2025 年只有 5 年的时间，要充分认识实现《中国制造 2025》目标的艰巨性。根据科技创新的新趋势和到 2035 年基本实现现代

---

① 国务院公报 2015 年第 16 号：《中国制造 2025》。

化的要求，有必要进一步完善和充实《中国制造 2025》规划，并将这一规划延伸到 2035 年。

（一）能源开发与利用技术

由于我国油气资源短缺，国内石油和天然气的进口依存度超过 60%。在能源消费构成中，污染严重的煤炭比例仍然过高。增加清洁能源供给能力，优化能源结构，提高能源利用效率是实现我国经济可持续发展的重要技术。能源开发和利用技术主要包括复杂地质油气资源勘探开发利用技术，适合我国页岩气主要储存在云贵川高原地区特点的勘探与开采技术；新一代核能技术，核电等重大装备制造技术；降低风能、太阳能开发成本，提高风能、太阳能和生物质能等可再生能源效率和市场竞争力的开发技术；煤炭的清洁、高效、安全开发和利用技术；电动汽车高性能和快速充电电池技术；重型燃气轮机制造技术，整体煤气化联合循环技术，高参数超临界机组等高效发电技术；安全可靠、先进的电力输配技术，大规模互联电网的安全保障技术，电网调度自动化技术，高效配电和供电管理信息技术和系统；高耗能工业和机电产品节能技术。

（二）原材料工业技术

原材料工业主要包括金属材料、非金属材料和石油化学材料。原材料工业是国民经济的物质基础。在社会经济发展的任何时代，社会生产和消费的衣食住用行产品，都离不开原材料，发展变化的只是原材料的生产方式和产品结构，而支撑其发展变化的条件是原材料工业的科技创新。

钢铁工业技术创新的重点是关键品种和高附加值品种的制造技术，如中高档汽车面板、高牌号硅钢、轴承钢、齿轮钢、海上机械装备用钢、核电用钢等；重大冶金装备如炉外精炼装置、热连轧机、冷连轧机、镀锌机组、不锈钢冷轧机设备的设计与制造技术。可循环钢铁流程工艺与装备。资源循环利用技术，高效率、低成本洁净钢生产技术，大型板材连铸机、连轧机组的集成设计、制造和系统耦合技术，等等。

建筑材料工业技术创新的重点是多功能复合墙体材料，轻质、高强度，集节能、防火、抗震、环保、保温、防水、隔声、装饰等多功能于一体的新型建筑墙体材料和屋面材料，绿色节能建筑墙体材料，密封材料及配套组件等产品的开发和生产技术；玻璃制造业应加强对电子玻璃、高档汽车玻璃、高档建筑玻璃、优质浮法生产工艺和玻璃深加工技术的研发生产。

化学工业的科技创新重点是改变高端专用化学品、化工新材料、无污染和无有害残留农药等高技术含量、高附加值产品依赖进口的状况，提高精细化工的比重。

研发高性能复合材料及大型、超大型复合结构部件材料的制备技术，高性能工程塑料，轻质高强金属和无机非金属结构材料，高纯材料，稀土材料，石油化工、精细化工及催化、分离材料，轻纺材料及应用技术，具有环保和健康功能的绿色材料，新一代信息功能材料，军工配套关键材料。

（三）机械装备制造业的技术

经过 70 多年的发展，我国机械制造业已形成了门类齐全、具有相当规模和技术水平的产业体系。目前我国机械工业销售收入和主要产品产量都位居世界第一位。但是与美国、德国和日本等工业先进国家相比仍存在着差距。我国机械工业的技术差距主要是基础机械和机械基础件发展滞后，并已成为各类主机和重大装备产品升级换代的"瓶颈"；先进制造工艺应用不广泛，高精密加工、精细加工、微细加工、微型机械和微米/纳米技术、激光加工、电磁加工、超塑加工及复合加工技术等新型加工方法的普及率不高；在人工智能领域，一些企业侧重于智能技术在服务业的应用研发，存在急功近利的倾向，但在智能制造加工技术、关键产品和核心元器件领域的研发没有得到足够的重视。

机械装备制造技术创新的重点是基础件和通用部件制造技术，数字化和智能化设计和制造技术，高档数控机床、工作母机、重大成套技术装备、关键材料与关键零部件的自主设计制造技术，绿色制造技术。流程工业的绿色化、自动化及装备技术，高效清洁并充分利用资源的工艺、流程和设备；流程工业需要的传感器、智能化检测控制技术、大型海洋工程技术与装备制造技术。在重大技术装备领域，努力突破核心技术，以工程为依托，以产品为中心，在大型高效清洁发电装备、超高压输变电设备、大型乙烯成套设备、大型冶金设备、大型船舶装备、轨道交通装备、环保及资源综合利用装备、数控机床、高速铁路车辆、汽车、干线飞机、大型海洋工程技术与装备制造技术等领域，全面提升研发、设计和制造水平。

（四）交通运输设备制造业技术

交通运输设备制造业包括汽车、火车、造船、飞机和管道运输设备制造等产业。我国汽车和造船工业的生产能力和产量居世界第一，高铁制造和建设在总体上达到世界先进水平，民用大型客机处于起步阶段。交通运输设备制造业与世界先进水平的差距主要集中在汽车和飞机制造业。

我国汽车总产量居世界第一位。汽车制造业的技术差距，一是汽车发动机、变速箱、车身以及发动机管理系统、动力匹配系统、安全控制系统、自动变速器等核心技术、关键零部件制造技术、汽车电子技术等核心技术方面存在代差。二是整车设计技术差距。三是汽车知名品牌差距，国产乘用汽车主要是价格在 15 万元以下的低档车，中高档乘用车主要依靠合资企业生产或进口。

汽车制造业硬科技创新的重点是中高档轿车设计制造技术、混合动力汽车、新能源动力汽车整车设计、集成和制造技术、动力系统集成与控制技术、汽车计算平台技术、高效低排放内燃机、燃料电池发动机、动力蓄电池、驱动电机等关键部件技术、新能源汽车实验测试及基础设施技术。综合交通运输信息平台和信息资源共享技术、现代物流技术、城市交通管理系统、汽车智能技术和新一代空中交通管理系统技术。

在轨道交通设备制造业领域，硬科技创新的重点是高速轨道交通设备关键零部件制造、控制和调速系统、车辆制造、线路建设和系统集成等关键技术，形成系统成套技术。开展工程化运行试验，掌握运行控制、线路建设和系统集成技术、重载列车、大马力机车、特种重型车辆设计与制造技术。

我国造船工业的完工量和订单量居世界第一位。但船舶工业存在大而不强的问题。全球高附加值船年产量中日本和韩国共占 70%，我国仅为 14%。造船工业硬科技创新的重点领域是关键性的船用配套设备，如动力系统、通信系统、导航系统、甲板机械等自主研制技术；在生产工艺上，具有世界先进水平的壳舾涂一体化集成制造技术、数字化制造、生产精度控制技术、智能化焊接流水线作业技术等。

飞机制造是一项资本投入大、技术复杂的制造业，特别是民用大型客机制造更代表了一个国家技术密集型制造业的综合能力和水平。由于结构和技术的复杂性，飞机制造的产业链不可能局限于一个国家范围内完成其全过程。在国际经济贸易关系正常的情况下，可以通过国际分工与合作，促进民用客机制造。问题在于少数发达国家已经垄断了大型民用客机的市场和技术，不希望后来者打破已经形成的市场格局。后来者要想获得一席之地，面临着工业配套体系和制造技术差距的瓶颈障碍。我国的民用大型客机制造业起步晚，技术基础薄弱。发展本国的大型民用客机制造业，关键是依靠技术创新，掌握具有自主知识产权的核心技术，主要是大型民用客机发动机制造技术、油料液压输送系统制造技术、水平安定平面系统制造技术、空气管理系统技术、线传飞控系统技术、发电和配电系统技术、复合材料制造等核心技术。

（五）信息设备与产品制造技术

改革开放四十年来，我国电子信息产业快速发展，形成了专业门类相对齐全、产业链较为完整的产业体系，重点电子终端产品产量居世界前列，已成为全球最大的电子信息产业基地，但在集成电路、软件等核心高端基础性产品领域，仍然存在明显差距，导致国内企业对国外上游供应商的依赖和制造环节的利润被压缩，关键技术、专利和标准受制于人。美日韩等发达国家掌握并垄断着核心软件和关键基础元器件的设计和生产。其中，美国垄断了核心微处理器系统芯片技术；日本在半导体存储器、电子生产设备以及平板显示器、硬盘驱动器、打印机等方面占有优势。我国电子制造业需要的集成电路芯片进口额 2018 年为 312058 亿美元。[1] 通过加强技术创新，大幅度提高国内芯片设计和制造能力，将会显著改善我国的国际贸易条件和国际分工地位。信息设备与产品制造业硬科技创新的重点

---

[1]　李颖诗：《2018 年芯片行业市场现状与发展前景》，《经济学人》2019 年 6 月 20 日。

是突破制约信息产业发展的核心技术，掌握集成电路及关键元器件、大型软件、高性能计算、宽带无线移动通信、下一代网络等核心技术；提高设计制造水平，开发网络信息安全技术及相关产品；建立信息安全技术保障体系，具备防范各种信息安全突发事件的技术能力；增强人工智能设备配套的传感器和传感芯片制造技术。

硬科技创新的任务，还应包括生物工程技术，新药研发和生产技术，医疗与健康技术，环境治理与保护技术，农业现代化技术，海洋开发利用和生态环境监测与保护技术，城乡智能化管理技术，等等。

四　对硬科技创新途径的探讨

科技创新包括科学创新和技术创新两个层次。科学创新的任务是探索和揭示物质世界从宏观到微观的存在形式及其变化规律，属于基础研究范畴，包括数学、物理学、化学、天文学、地学、生物学等学科。技术创新的任务是根据基础科学研究所揭示的规律，运用工程化的手段，获得新材料、新工艺、新设备和新产品。本文论述的硬科技创新主要是指应用技术领域的创新。

硬科技创新，既要找准目标，更要解决实现目标的途径和措施。《中国制造 2025》和《中国科技中长期发展规划》以及重大科技专项明确了科技创新的目标和任务，还需要进一步完善和落实实施途径、步骤和方法。[①] 硬科技创新的实施主体是谁？动力机制是什么？如何分工与协同？如何处理传统产业技术升级改造与科技革命的关系？如何推动军民融合创新？影响创新发展的主要障碍是什么？这些实际问题，都需要探索和回答。

（一）增强危机意识、竞争意识和进取精神

在经济发展和科技创新的战略与策略上，有一种观点仍然把发挥比较优势作为立足点，甚至还有少数知名企业的高管认为，在经济全球化和产业链国际分工条件下，关键零部件和软件可以通过国际采购进行生产，没

---

① 国务院公报 2006 年第 9 号：《国家中长期科学和技术发展规划纲要》。

有必要自主研发和制造。但是这种模式只能使企业在国际产业链分工体系中长期处于做加工组装的低端位置。其结果虽然做的是高技术产业，但国际市场上卖出一台电脑只能赚"一把大葱"的钱。一旦国际经济竞争关系出现动荡，缺乏核心技术的企业必将面临更大的风险。因此做不做研发，要不要掌握具有自主知识产权的关键技术，直接关系国家的核心利益和人民的福祉。

2017 年特朗普上台后，美国对华政策出现重大变化，即由此前的竞争与合作关系转向竞争与遏制战略，在开展贸易战的同时，重点遏制中国科技创新和高新技术产业的发展。在这一大背景下，通过购买国外专利、关键零部件和引进技术带动国内高新技术产业发展的国际环境已经发生了变化，花钱也买不到新技术的局面正在形成。中国的发展到了一个依靠科技创新时不待我的阶段。增强硬科技创新能力，首先要解决认识问题，树立危机意识和在国际科技竞争中志在必得的进取精神。

（二）正确处理发展战略性新兴产业与传统产业改造升级的关系

一提到科技创新，人们往往想到的是依靠科技革命，发展战略性新兴产业。实际上，工业革命以来科学技术进步的过程，既有重大的革命性突破，也有对传统产业技术的不断改进，科学技术的革命性突破与传统产业生产技术的渐进性改进总是相互促进的。

习近平总书记 2016 年 9 月 4 日在 G20 峰会开幕式上的致辞中指出"上一轮科技进步带来的增长动能逐渐衰减，新一轮科技和产业革命尚未形成势头"。这是对现阶段世界科技进步现状的科学判断，对于准确把握科技进步和产业发展的趋势，构建我国经济增长新动力具有重要意义。19 世纪被认为是科学革命取得重大进展的世纪，电磁学、热力学、生物学、化学、光学和天文学等领域的重大科学创新成就，为 20 世纪的技术革命奠定了理论基础。20 世纪一系列技术创新成果仍然主导着当代的生产与消费。技术进步的渐进性，决定了无论是发达国家还是后发达新兴工业化国家的经济增长，都不可能离开现有产业的生产而完全另起炉灶。基于这一认识，硬科技创新必须处理好追求科技创新的革命性突破与传统产业技术创新和升级的关系，实行发展战略性新兴产业与改造提升传统产业并重的方针。

（三）在各行各业开展找差距和缩小技术差距的战略

前文已经概述了我国工业生产技术与世界先进水平的差距。必须从行业、企业到产业横向和纵向分工体系，全面揭示我国工业与发达国家在规模经济、生产技术水平、产品成本和性能、创新能力和关键技术、核心元器件和零部件等方面差距的现状，明确缩小差距的目标和途径。通过强化优胜劣汰的市场竞争机制，推进企业兼并重组，优化产业组织结构，形成生产要素配置的集中化、规模化、专业化和集群化的产业组织体系。通过改进产业组织方式，提高员工素质，提高自动化、信息化和智能化水平。在能源开发和利用、钢铁工业、有色金属工业、非金属材料工业、石油化学工业、高性能和高端机床制造业、智能化装备制造业、高速铁路装备制造业、精密仪器制造业、航空航天工业、汽车工业、电子通信设备制造业、精细化工制造业、新药研发和生产等高附加值产业领域全面缩小与发达国家的差距。

（四）技术创新必须以企业为主体

基础研究主要是由理科为主的高等院校和从事科学理论研究的科研院所承担。由于分工不同，从事基础研究的项目选择主要着眼于未来和长远的目标，可以不追求近期或中期的经济效益，其成果形式以学术论文为主和实验成果为主，为技术研发和重大技术突破奠定理论基础。从事基础理论研究的科研院所和高等院校通常不具有工程化和产业化的能力。如果从科技论文发表的数量考察，中国已仅次于美国，居世界第二位；但是在一系列前沿高新技术领域，中国仍然落后于美国。这说明科学理论研究与应用技术研发既有密切联系，又有不同的路径和实现形式。

企业是从事生产经营的单位，面对的是竞争性的市场，能够较准确地把握市场需求和技术创新方向，具有将技术创新成果进行验证、改进、完善和工程化中试能力，进而实现产业化、规模化和市场化。

从近年来区域科技创新的成就看，深圳市的发明专利申请量和授权量都位居全国各省市的前列。2018 年北京、上海和深圳的发明专利授权量分别为 46000、20681 和 18928 项，深圳位居全国第三位；2017 年深圳的国际专利申请量占全国的43.1%，连续14年位居全国第一位。但是深圳市的高等院校和科研院所的数量显著低于国内其他大城市，重要原因是深圳市发挥了企业在技术创新中的主体作用。

再从代表性的创新型企业考察，华为之所以在电子通信设备制造业处于全球领先地位，首先，是华为在主营业务领域持之以恒地进行技术创新，每年研发投入占企业营业收入的15%，高于苹果公司的4.6%，三星公司的7.73%，谷歌公司的13.5%，微软公司的13.95%；华为研发人员8万人，占公司员工总数的45%。其次，公司始终坚持电子通信设备制造和研发的主业，不在房地产和资本市场进行投机；华为员工能够分享公司的股权和盈利，建立了有效的企业员工激励机制，保持了企业的凝聚力和依靠创新发展的动力。

（五）促进国内专业化分工和协同创新

现代科学技术发展和工业化大生产的显著特点是科学技术的交叉与融合，任何企业都很难独立地完成技术创新、零部件制造和生产的全过程，因此需要依托社会化分工、协同与合作。社会化分工既有传统的横向产业分工与合作，也有产业链的纵向分工与合作。在经济全球化的条件下，这种分工与合作已经跨出国界。在各国都遵守国际经济关系规则的情况下，跨国分工与合作能够比较顺利地进行。但是最近美国破坏规则，实行科技霸权主义政策，国际科技分工与合作就可能被中断，关键零部件就可能断供。

应对国际科技霸权主义政策和国际分工与合作被中断的挑战，必须增强国内专业化分工与协同创新能力，避免单个企业应对狼群攻击的孤军奋战。硬科技创新的专业化分工合作，需根据产业链的特点，从设计、材料、设备、工艺、关键零部件、总成等各个环节，在全国范围内布局，选择不同环节中具有优势的企业和科研院所，按照总体目标的要求，分别承担其中某一环节的研发、攻关和配套任务，最后由具有综合技术实力的龙头企业集成。以制约我国电子信息产业升级的瓶颈障碍高端芯片为例，必须从集成电路设计、材料备制、精密光学仪器、激光技术、精细化工原料、智能化精密机械设备等产业链的各个环节，在不同的行业培育优质企业，加大投入，积聚高端人才，通过专业化分工与协同创新来实现。

（六）建立军民融合的科技创新和生产体系

20 世纪 80 年代以来，经过不断的改革和调整，我国在计划经济体制下建立的独立封闭的国防科技工业体系已逐步转向军民结合、以军为主的新体制，国防科技工业企业的民品生产占军工企业产值的70%。推进军民融合，就是继续改革和完善国防科技工业体系，进一步破除历史形成军民分割的体制惯性，按照社会化大生产和科学技术发展规律的要求，促进国防科技创新体系融入国家科技创新体系，形成军民两大创新体系相互兼容、同步协调发展的格局。① 军民融合创新的方向和任务，一是军用科技创新，有民用研发和生产单位参与。二是军用科技和民用科技创新成果能够有效和适时地相互转化。三是军用和民用的科研工作可以相互利用或共建科研支持平台。四是以生产军品为主的企业与以生产民品为主的企业，按照社会化、专业化分工和优势互补的原则，相互参与对方的生产过程或承担配套任务，使资源、资本、设备、生产能力、科技研发能力等生产要素得到更有效的利用。五是军地人才双向培养和交流。

军民融合的基础是产业体系和创新体系的融合。由于现代国防科技工业是技术密集型产业，我国制造业转型升级的重点也是发展技术密集型制造业，二者的发展方向和任务具有高度的一致性，所涵盖的领域主要有新一代电子信息技术、大数据和云计算技术、航空航天技术、核能及核技术应用、机电装备和智能制造、新材料、现代交通运输设备制造、海洋开发利用装备等产业和技术。

建立军民融合创新体系的途径，一是产权融合，即在坚持国有控股的前提下，改革国防科技工业企业股权单一的产权结构，促进社会资本参与国防科技工业的生产经营和科技研发，壮大国防科技工业的实力。二是构建"小核心、大协作、专业化、开放型"的武器装备科研生产体系，以国有或国有控股的国防科技工业为核心，承担战略性和高端武器装备研发制造与集成，民用产业和科研机构在国防科技工业的产业链上找到切入点，发挥专业化的优势，为武器装备制造的材料、零部件的配套，通过生产外

---

① 国防科技工业局党组：《加快建立军民融合创新体系》，《求是》2017 年第 5 期。

包，改变国防科技工业"大而全"和"小而全"自成体系的封闭格局。三是国防科技重大项目的研发开展协同创新，优选具有实力、技术相关的民营科研机构、高等院校和企业分担研发任务。四是通过技术转让、合作中试和共同投资兴办企业等方式，促进军民两用技术的相互转化并形成产业化和规模化的生产能力。

武器装备的研发和生产与民品生产经营的运行机制有显著区别，前者的任务来自军方订货，需求单一，不存在国内市场竞争。在和平条件下，军工生产不追求市场规模，甚至还要储备一定的生产能力，产品定价和企业盈亏不完全由市场机制决定；民用工业的生产经营则完全受市场经济规律制约。因此建立军民融合的生产和科技创新体系，必须协调好二者的经济关系，使国防科技工业和民用工业通过军民融合，都能够实现生产要素配置效益最大化。军民融合既需要国家的总体规划和政策引导，还需要不同经济主体根据有利于优势互补，有利于专业化分工，有利于降低生产经营成本，有利于提高投入产出效益的原则，在经济发展和市场运行的实践中，逐步磨合与推进。

（七）克服阻碍创新发展的弊端

在扩大再生产的方式上，阻碍创新发展的弊端主要表现在以下几个方面[①]：一是为了追求产量、产值、市场占有规模和本地区 GDP 的快速增长，偏重于生产能力的扩张，导致产能过剩。二是过于依赖银行贷款，企业的负债率平均超过 70%，高杠杆率提高了企业的资金成本，弱化了企业自我积累能力和技术创新的投入能力。三是一些地区的经济发展过分依赖房地产市场，不断推高房价，其危害是抬高了工商业经营成本，诱导企业资金为获取超额利润而参与房地产市场投机，抑制了企业创新发展的动力。高房价也是一种为渊驱鱼的政策，无视房价与集聚科技人才之间的关系，使一大批优秀的理工科人才选择出国，为别国培养科技人才。四是对技术创新缺乏渐进性积累的耐心。科技进步的过程是一个量的积累到质的

---

① 中国社会科学院工业经济研究所：《中国工业发展报告（2018）》，经济管理出版社 2018 年版。

飞跃的过程，渐进性地改进和创新是常态，科技重大突破是非常态。火车机车、汽车、飞机、电脑、集成电路、手机、家用电器等，都是在几十年和上百年的不断改进过程中实现技术进步的。华为公司今天成为通信设备制造业的领先者，也是几十年不断创新积累和深耕细作的结果，说明创新驱动没有捷径。五是不重视科技创新成果的转化，特别是科研院所和高等院校的研发成果由于缺乏工程化的手段和产业化的融资能力，难以实现产业化。由于推动科技创新成果转化的风险投资发展滞后，企业承担科技成果改进和完善的再创新动力不足，使工业化中试成为科技创新成果转化的薄弱环节。六是具有熟练技术的产业工人队伍严重不足，制造业工人队伍的主体是没有受过专业培训的农民工。德国的汽车制造业全球领先，除了设计和工艺技术先进外，一个重要原因是有一支训练有素、对技术精益求精的产业工人队伍。德国汽车制造企业中，高级技工占35%，中级技工占50%，初级技工占15%。国内的汽车制造企业，高级技师占1.5%，高级技工占3.5%，中级技工占35%，初级技工占60%以上。

依靠创新驱动实现高质量发展，既是生产力发展方式的变化，也要改革不适应创新发展的生产关系；既要求政府深化行政管理体制改革，为创新发展创造更好的市场环境，也要求企业改革自身不适应市场竞争要求的经营理念；既要不断增加科技研发投入，也要克服在扩大再生产过程中阻碍科技创新的各种弊端。

我国经济发展已进入从高速增长转向高质量发展的新阶段，也是经济增长从人均1万美元的中上收入水平迈进高收入门槛的阶段。"行百里者半九十"，我们既为我国已经成为制造业大国而自豪，更要看到制造业技术水平的差距。从工业生产大国转变为强国，关键是产业结构升级，使技术密集型和高附加值制造业的比重占主导地位，全面提高制造业生产要素的配置效率。实现这一目标的战略重点是坚持创新驱动以硬科技创新为本。①

[本文原载《海南大学学报》（人文社会科学版）2020年第2期]

---

① ［美］杰里米·里夫金：《第三次工业革命：新经济如何改变世界》，张体伟、孙豫宁译，中信出版社2013年版。

工业国际竞争力

论提高我国工业的国际竞争力

自 1978 年实行改革开放政策以来，我国工业日益广泛地参与国际交换、国际合作和国际竞争，工业品的出口规模迅速扩大，国外（境外）的产品和资本大量地进入中国大陆。这一进程既促进了我国经济的发展，又对我国工业构成了严峻的挑战。提高工业的国际竞争力，已成为实现我国工业持续、稳定、协调和高效率发展的一项重要任务，本文拟围绕这一主题进行一些分析。

一　我国工业发展以数量扩张为主的阶段已基本结束

如果按人均工业产品占有量以及农村人口所占的比重来衡量，我国还大大低于工业发达国家，工业化的任务远没有完成，工业发展还需要继续进行量的扩张。但是，如果综合考察我国工业的总体规模、主要产品的生产能力和生产技术水平、资源的约束条件、工业品的供求状况等因素，则可以做出这样的判断，即我国工业发展以数量扩张为主的阶段已基本结束，今后工业发展的主要任务是优化结构，推进技术进步，提高工业的国际竞争力。

经过 40 多年的建设和发展，特别是近 20 年来经济的高速增长，我国已经建成了包括从加工工业到基础工业，从劳动密集型的消费品工业到高技术的航天工业在内的完整的工业体系，主要工业产品产量多数已位居世界前列。

目前多数工业品已供给大于需求。据有关部门分析，供大于求的比例约 9%—10%。消费类工业品在 20 世纪 90 年代初已经形成买方市场，例如，纺织品的生产能力比市场需求高出 40%，彩电生产能力高出 60%，家用电冰箱和洗衣机的生产能力高出 1 倍。投资类的工业品的供求状况在 90 年代中期也开始发生变化，长期供不应求的钢材、有色金属、建筑材料等产品，1994 年以来也出现了供大于求、价格下跌的局面。建筑用钢材的价格在 1993 年一度上升到 4000 元/吨，但在中央加强宏观调控以后，1994 年 4 月份以后逐步下跌，目前稳定在 2800 元/吨—3000 元/吨。钢铁工业部门已连续两年进行限产压库。这些情况表明，由于经济的发展，工业生产能力的扩大以及经济运行方式逐步转向市场经济，长期困扰我国的短缺经济问题已基本得到扭转，决定经济增长的因素由主要取决于供给状况开始转向主要取决于市场需求状况。

美国著名的经济学家费雪在《繁荣与萧条》一书中指出，发展中国家工业无限扩张的趋势取决于两个条件，一是农业的支撑能力和农村吸纳工业品的能力；二是在世界市场上的竞争能力。我国工业的发展事实上也受到费雪分析的上述两个条件的制约。由于我国农村可供支配的人均土地资源低于世界平均水平，使农民生产的农产品用于同工业品交换的能力受到限制。此外，随着农产品价格体系的逐年调整，目前我国农产品价格已逐步接近甚至超过国际市场农产品价格，今后进一步提高农产品价格的余地日益缩小。这一格局决定了提高农民购买工业品的支付能力的进程将是缓慢的和艰难的，从而使我国工业生产在农民消费水平仍然较低的情况下出现了相对过剩。

实现工业扩张的另一个出路是扩大出口。出口能否扩大则取决本国产品的竞争力和国际市场的容量。改革开放以来，我国对外贸易迅速增长，1978 年的出口额只有 97.5 亿美元，1995 年上升到 1487.7 亿美元，比 1978 年增长了 14.25 倍，平均每年递增 17.39%；其中工业制成品占出口总额的比重由 1980 年的 49.7% 上升到 1995 年的 85.6%；进出口贸易总额在世界上位次由 1978 年的第 32 位上升到 1995 年第 11 位。但是，1996 年上半年，我国出口贸易增长速度出现了大幅度下降的局面，1—5 月出口额比 1995 年同期下降 7.1%，这是 20 世纪 80 年代以来比较少有的现象。这种现象是偶然的、暂时的，还是带有一定的必然性和趋势性？虽然现在难以做出准确的结论，但从趋势看，今后要继续保持过去 18 年出口贸易年均递增 15% 以上的高速度将是困难的。一方面是由于我国出口产品结构不适应国际贸易发展趋势，摩擦和贸易保护主义加剧；另一方面是由于工业生产经营成本上升，出口产品的国际竞争力下降。还必须看到，随着对外开放的扩大，我国工业不仅在国际市场上面临着激烈的竞争，而且在国内市场上也遇到了进口产品和跨国公司的严峻挑战。

1992—1994 年，我国曾 4 次调低关税和减少非关税措施，使关税总水平从 20 世纪 90 年代初的平均 45% 以上降到 1994 年末的平均 36%。1996 年 4 月起，4000 多项进口商品的关税税率再次下调，平均下调幅度不低于 30%，使我国关税总水平下降到 23% 左右；同时取消了 170 多项进口商品的配额和许可证管理，占目前实行配额和许可证管理商品的 30% 以上。这些政策措施，进一步扩大了我国市场对外开放的程度。

在利用外资方面，1979—1996 年 6 月末，我国实际利用外资总额为 1560 亿美元，其中投资于工业的资金占 70% 以上。外商投资企业占全国工业总产值的比重由 1990 年的 2.1% 上升到 1994 年的 12%。外国（境外）资本进入中国大陆，既是为了利用廉价的劳动力，更重要是着眼于我国的广阔市场和市场潜力。由于在资本实力、生产技术水平、经营机制和管理水平等方面"三资"企业大都比国内同类工业企业具有更强的竞争力，从而形成对国内工业企业的压力。

综上所述，我国工业发展面临的国内和国际经济环境，决定它必须从量的扩张为主的阶段转向以提高素质、增强竞争力的新阶段。

二 我国工业发展水平与工业发达国家之间的差距

过去四十多年，我国工业发展的主要任务是奠定工业化基础，建立独立完整的工业体系，解决从无到有和从少到多的问题，为此在发展道路上实行了数量赶超的战略。可以说到第八个五年计划末，这一任务已基本完成。目前我国工业发展水平与工业发达国家之间的差距，除少数产品外，主要不是数量上的差距，而是素质上的差距，包括结构素质、规模素质、技术素质以及管理素质等，最终则表现为效率上的差距、国际竞争力上的差距。俗话说"知耻而后勇"。实事求是,清醒地认识这些差距,是明确今后我国工业发展方向和任务的前提。以下仅以制造业中的钢铁工业、石油化学工业、机械工业和电子工业为例,简要分析我国工业发展水平与工业发达国家之间的差距。

(一) 钢铁工业

据 1996 年 10 月 10 日《经济日报》报道,今年 1—8 月,我国钢产量达到 6535 吨,月度钢产量一直位居世界第一。按前 8 个月的钢产量推算,1996 年钢产量将达到 9800 万吨,超过日本的钢产量,首次跃居世界第一位。但是,我国近 1 亿吨钢产量是由 1500 多家钢铁企业生产的,年产 100 万吨以上的钢铁企业只有 17 家。钢铁工业部门职工达 300 万人,年人均钢产量为 33 吨,仅为日本钢铁企业人均钢产量的 1/22。在消耗方面,我国重点钢铁企业的吨钢能耗为 976 公斤标准煤,比日本吨钢能耗高 48.7%。在品种结构方面,国外主要产钢国家的板管比在 60% 以上,我国的管板比为 38%。目前一方面有 2000 万吨的小型材生产能力放空,另一方面国内市场需要的热轧板卷、冷轧薄板、镀锡板、镀锌板等优质板管带材 50% 以上依赖进口。在生产装备水平方面,重点钢铁企业的主要生产装备达到国际先进水平的只占 10%,达到国内先进水平的约占 20%,仍处于一般水平和落后水平的装备占 70%,与钢铁工业发达国家相比,我国钢铁工业企业的总体装备水平要落后 15—20 年。

(二) 石油化学工业

我国石油化学工业生产设备主要依靠引进,到 1990 年先后引进了 171 套生产装置,用外汇 45 亿美元,但用于消化引进技术的投资不到 1 亿元人民币。因此"八五"时期新建的石化企业,仍然不得不继续引进国外成套装备。在生产规模方面,各地区为了本地的局部利益,以降低经济规模为代价,纷纷上石化项目。目前炼油厂平均规模为 170 万吨左右,半数以上炼厂的能力在 20 万吨以下;炼油厂的轻油收率比国际先进水平低了 31%。在生产水平方面,目前已建成的 30 万吨乙烯项目,每个企业的职工都在万人以上,而国外同类企业只需要几百人;炼油的单位能耗国际先进水平为 19 千克标准煤/吨，我国为 22 千克标准煤/吨；生产乙烯的综合能耗，国际先进水平为 500 万千卡/吨，我国高达 900 千卡/吨。在产品结构方面，工业发达国家大型石化企业的产品品种达几千种，我国只有 1800 种；国外合成纤维差别化率为 30%—40%，我国只有 10%；塑料与钢材的比例，世界先进水平为 1 : 9，我国为 1 : 30。

（三）机械工业

我国机械工业在生产规模、主要产品产量方面已进入世界前列。机械工业总产值占全国工业总产值的 25%。20 世纪 80 年代以来，从国外引进了 2000 多项先进技术，能源、交通运输、冶金、矿山、石油化工等行业重大技术装备的研制和生产技术水平有了显著提高。但与工业发达国家相比，我国机械工业仍然存在较大差距。据对机械工业重点、骨干企业的调查，1994 年主导产品达到 90 年代水平的只占 17.5%，80 年代水平的占 52%，30% 的主导产品仍为六七十年代的水平。大中型企业 2000 多种主导产品的平均生命周期为 10.5 年，是美国一些机械工业企业产品生命周期的 3.5 倍，说明我国机械工业产品更新换代缓慢，不适应市场竞争的要求。由于许多产品性能落后，缺乏竞争力，从而使机械工业产品的很大一部分市场被进口产品占领。1994 年我国机械产品的出口额为 202 亿美元，进口额为 438 亿美元，进出口逆差 236 亿美元。机械工业存在的突出问题是生产集中度低，分散和低水平重复严重，基础零部件性能落后，质量不稳定，企业的自主技术开发能力弱。大中型骨干企业用于研究开发的经费占销售额的比例只有 1.5%，大大低于发达国家企业研究开发经费占销售额 5% 以上的水平。

（四）电子工业

我国电子工业已有 5700 多家企业，149 个科研单位，210 万职工，电子工业产值占全国工业总产值的比重已超过 5%。20 世纪 80 年代以来，我国电子工业在生产规模、生产技术水平、产品品种和产量等方面都有很大发展，成为世界上 10 大电子生产国（地区）之一。目前电子工业与工业发达国家之间的差距主要表现为，（1）电子工业的绝对值仍然很低，其增加值只占国民生产总值的 1%，低于世界平均为 4.5% 的水平。（2）产业集中度低，1993 年电子工业企业销售额排在前 10 名的企业销售收入只占全行业销售收入的 15%。（3）消费类电子产品比重过高、投资类电子产品比重过低，投资类电子产品、消费类电子产品、元器件类电子产品三者的比例，我国为 19.1：45.9：35，美国为 68：11.5：20.5，日本为 61.9：14：24.1。（4）关键性电子产品的生产技术和产品开发落后，我国目前生产的集成电路芯片中大规模集成电路芯片产量不到 30%，集成电路芯片产量在国内市场的占有率只有 20%—25%，70% 以上的集成电路芯片依靠进口。在集成电路的生产技术水平方面，目前生产 1.2 微米集成电路芯片的企业尚在建设，0.8—1.0 微米技术正在开发，而工业发达国家的主流产品已采用 0.8—1.0 微米技术，并开发 0.5 微米、0.3 微米和 0.2 微米技术。大规模集成电路技术落后，已成为制约我国电子工业发展的瓶颈。

当今国际经济竞争，实际上是科技开发水平及其转化能力的竞争。我国经济已广泛地参与国际市场的交换，当工业产品数量赶超任务基本完成之后，缩小与工业发达国家在生产技术上的差距，提高我国工业的国际竞争力已成为今后的首要任务。

三　提高工业国际竞争力的几个政策问题

影响工业国际竞争力的因素是多方面的，包括经济体制、资源条件、科技力量、资金投入强度、人员素质、管理水平和政府政策，等等。这里不打算对上述问题展开分析，而只是谈一谈提高工业国际竞争力所面临的几个政策选择问题。

（一）关于发挥比较优势问题

众所周知，我国人口众多，劳动力资源丰富，通过发展劳动密集型产业参与国际分工和国际交换，可以使我国劳动密集型工业产品在国际贸易中保持竞争优势。20 世纪 80 年代以来我国对外贸易的迅速发展也正是得益于这一政策。现在的问题是，出口产品以劳动密集型产品为主导的政策要不要调整。笔者认为，应在继续发展劳动密集产业的同时，不失时机地加快发展技术密集型产业。这是因为，（1）进一步扩大劳动密集型产品出口，将受到国际市场需求容量的限制；（2）由于科技进步，劳动力价格便宜的比较优势的作用相对下降；（3）随着我国经济的发展和价格体系的改革，劳动力成本和资源成本不断上升；（4）在国际市场上，我国劳动密集型产品面临着后起的劳动力成本更便宜的国家的竞争；（5）在国际贸易中，长期以出口劳动密集型产品为主导，不利于我国产业结构的升级和国民经济技术装备水平的提高。因此要提高我国工业的国际竞争力，必须下决心发展技术密集型产业。

（二）关于人民币汇率的调整与扩大出口的关系问题

1996 年上半年我国出口增长速度急剧下滑，生产出口产品的企业和外贸企业都遇到了较大困难。为了扭转出口不振的局面，有人主张人民币的汇率进一步贬值。笔者认为，这一主张至少在目前是不可取的。第一，1994 年实行外汇体制改革以后，我国外汇储备迅速上升，到 1996 年 8 月底已达到 900 多亿美元，预计到 1996 年年底将突破 1000 亿美元，这表明我国的外汇供给能力已显著增强。汇率作为一种货币交换价格，必须反映外汇供求状况。在目前外汇储备持续上升、供给比较充裕的情况下，使人民币贬值是不符合供求规律的。第二，人民币贬值，意味着进一步降低我国出口产品价格，以增强其竞争力，但会受到一些商品的国际市场容量和某些国家设置的贸易壁垒的限制。第三，出口商品的收购价格不能不反映国内实际生产成本。在工业生产成本节节上升的情况下，如果人民币进一步贬值，有可能使生产企业的利益受到损失，从而会降低这些企业扩大出口的积极性。因此，增强我国出口商品竞争力的着眼点必须放在依靠技术进步、优化产品结构、加强管理，严格控制生产成本和外贸经营成本。

（三）关于利用外资与增强民族工业竞争力的关系问题

1991—1995 年的第八个五年计划时期，我国实际利用外资 1143.55 亿美元，占 1979—1995 年实际利用外资额的 85.8%，利用外资总规模居发展中国家首位。利用外资的积极作用突出表现为，（1）弥补了国内建设资金不足；（2）促进了产品的更新换代；（3）扩大了就业；（4）推动了出口的增长；（5）带来了一些先进的技术、设备和管理经验；（6）促进了市场竞争局面的形成和发展。与此同时，外资的进入，也使国内原有企业面临着新的挑战。相当多的企业由于机制不活、设备陈旧、产品落后、包袱沉重而缺乏竞争力，失去了传统的市场，对这些企业的生存构成了巨大压力。在这种形势下，如何把握利用外资政策，已成为国内外普遍关注的一个热点问题。我们认为，继续扩大对外开放的政策不会改变，民族工业的竞争力也只能在扩大对外开放、广泛参与国际竞争的过程中不断增强，消极的保护政策只能导致落后。当然，这并不等于说利用外资的工作不需要改进。任何事情都有一个不断完善、不断提高和不断发展的过程，利用外资工作也不例外。巩固、完善、改进和提高不等于对外开放政策的收缩，更不等于关门。今后我国利用外资将从过去单纯重数量转向在数量增长的同时，更注重利用外资的质量和效益；在外资的投向上，将逐步由以劳动密集型产业为主转向更多地投向资金密集型的基础产业和高新技术产业；在外资的待遇上，在继续保留某些必要的优惠政策的同时，逐步实行同等的国民待遇，从而使各种类型企业在同等的条件下公平竞争。更为重要的是，必须加快国有企业改革、改组和改造步伐，增强这些企业的竞争力。

（本文原载《中国工业经济》1996 年第 12 期）

中国能否成为世界工厂

一　21世纪中国工业发展的新起点

　　进入21世纪以后中国工业发展的条件、环境和任务都发生了很多变化，特别是改革开放以来的高速增长和经济运行机制的变化，中国已经成为一个工业生产大国。进入21世纪以后中国工业经济发展的新起点，就是环境和条件的变化。这些环境和条件的变化归纳起来有以下8个方面：

　　1. 工业经济的微观制度基础已经发生重大变化，已经初步形成国有经济为主导、多种经济成分并存的所有制结构。今后5—10年，中国所有制结构将会形成一种国有经济为主导、混合经济为主体的格局。混合经济为主体，有人认为也可叫非国有经济为主体，还有一种观点认为是国有经济为主导、民营经济为主体。这个变化取决于这样几个因素：一是国有经济已从大多数竞争性领域退出，转变为非国有经济；二是集体所有制企业的改革变成股份合作制或者是通过拍卖、租赁，变成合伙人或私人企业；三是非公有制经济的高速发展，使公有经济主体在事实上已经发生了变化。所以在5—10年以后可能就不再是公有制为主体，而是混合经济为主体，以资本社会化的股份制经济为主要形式。所以，中国所有制结构就是微观的制度安排已经发生了变化。

　　2. 经济运行方式发生了变化，市场机制在资源配置中的基础作用已经开始发挥，供求关系、价格杠杆和企业自主经营、自负盈亏的机制已经逐步形成。

　　3. 政府管理经济的职能也发生了变化，从传统的计划行政管理转变到双重体制下的以审批为主对企业微观的经济活动减少干预，到逐步地转向以服务和监督为主。

4. 城乡居民收入格局和消费结构发生了重要变化。这种变化主要表现在两个方面：第一是城乡居民收入差距继续拉大和城镇居民收入差距拉大；第二是消费结构改变。

5. 市场供求关系发生了变化，从长期的短缺转向了持续的相对过剩。市场有效需求不足的矛盾仍然是近年来和今后一个时期的主要矛盾。

6. 经济、工业发展的方式发生了变化，由数量为主、扩张为主的方式转向以提高素质和提高竞争力为主的新阶段。

7. 科技革命对社会经济的影响日益深刻，科技广泛地转化为现实的生产力，速度也在加快。

8. 中国加入世贸组织以后和经济全球化进程的加快，中国经济受世界经济的影响将会越来越深刻，同时也要受到国际经济运行规则与秩序的制约。

二　中国能否成为世界制造工厂

（一）中国要不要成为世界制造工厂

中国能否成为世界制造工厂，就是在新的历史条件新的起点，中国是不是要变成一个世界工业品提供的主要生产基地。现在企业和地方政府普遍存在两种倾向：（1）无所作为的倾向，认为中国工业已经出现了持续的供大于求，大多数工业产品的生产能力严重过剩。现在提出来的结构调整为主线，结构调整的重点一直是放在消除不合理的重复建设和对一些落后的浪费资源和污染环境的"五小""六小""七小"的这些资源开发性的小企业的关停并转，对于一些低效率的企业主要是要破产，因此最近这几年结构调整主要做的是减法，很多企业和地方找不到新的发展目标，不知道干什么。所以很多地方和企业普遍存在着一种无所作为、无所适从的倾向。（2）提心吊胆，对于加入世贸组织以后到底对中国工业有多大的冲击，中国参与国际竞争以后到底存在什么问题，心中无底。

但是外部世界对中国却是另外一种看法，认为在全球经济普遍不景气的情况下，唯独中国仍然保持了7%以上的经济增长速度，保持着将近

10%的出口增长率这样一种态势，在全球经济普遍由晴转阴的情况下中国仍然保持一片比较晴朗的天气，所以外部世界恰恰是更加看好中国的经济发展和未来的前景。日本的《产经新闻》在2001年7月连续发表文章，认为中国2001年内加盟世贸组织，中国市场将进一步开放，在制造业方面中国已经成为世界的工厂，即使在信息技术等最尖端的领域中国也在摸索世界的标准，将在国内外与日美欧产品开展市场争夺战，这种争夺战的前哨战已经开始。另外2001年8月份新加坡的《海峡时报》刊登了日本的一个公司董事长大钱严一的文章叫《下一个危机——中国制造》，认为中国制造业将以越来越充沛的活力迅猛发展，而世界其他国家对此还没有做好充分的准备。认为中国大量闲置的低工资和极具可塑性的工人是这个国家非常大的竞争优势。另外认为中国的优势还有以下三个方面：第一，政治体制和经济体制的改革大大增强了地方自主管理经济的权限，形成了像深圳、广东、上海、苏州、浙江、大连、天津、武汉等10多个非常具有活力的地方经济区，这些地区的经济发展速度已经超过了当年亚洲四小龙，也超过了20世纪80年代以来出现的所谓亚洲的小虎马来西亚、泰国等国家和地区的经济发展速度。因此这些地区的企业受到中国经济的发展特别是中国产品的影响和制约将越来越大，而且这些地区的经济活力、地方经济权限越大，企业越富有活力。这些地方的企业受到的经济体制和传统体制的约束要远远低于目前日本、德国、法国、瑞典这些国家的国有企业受到的约束。虽然中西部地区很落后，但是毕竟已经形成了10多个这样非常富有活力的经济体，而每一个经济体的规模都要甚至相当于韩国，相当于中国台湾，相当于新加坡、马来西亚和泰国这些国家和地区的经济规模。即使中西部的经济上不去，有这么十几个富有活力的地区和经济体，也同样构成对东南亚、日本这些国家的经济威胁。第二，中国的企业家都渴望学习，目前没有骄傲自满的情绪，无论是国有企业、民营企业还是现在已经股份制改造的公司，有一种普遍的追求上进、开拓进取的精神状态，从总体上讲中国的企业家已经形成了一种企业家的精神和队伍。第三，中国的货币稳定，即已经度过了1997年亚洲金融危机给中国的出口以及对中国货币的冲击。这种币值的稳定更有利于外国投资、外国资本进入中国市场。因此，认为亚洲将会出现一轮新的危机，而这一轮新的危机主要是由于中国廉价的有竞争力的产品的出口对东南亚国家构成了新的压力。另外2001年9月份美国的《新闻周刊》发表一篇文章叫《中国公司的扩展》，认为中国新一代的大型的企业和具有信誉的中国公司正在电子、电器甚至在高新技术产业领域迅速崛起，大量廉价的中国出口商品如摩托车、服装已经冲垮了越南、印尼等东南亚国家的国内的制造业。新加坡的总理吴作栋认为新加坡的电子行业也受到中国电子产品的激烈的竞争和严重的影响。

上面这些外部的企业家、政府领导人及一些大公司对中国工业发展的评论究竟是不是符合实际情况，是一种别有用心的渲染还是实实在在地已经感到了中国产品的威胁，我想我们还需要研究。人们说经济学家没有乐观主义者，总是在研究问题。我们自己感觉好像中国工业问题还非常多，没有这么乐观，也可能就是"不识庐山真面目，只缘身在此山中"。所以我想既要看到外部世界对中国工业发展前景一种乐观的预测、分析和判断，同时也要看到提出中国有可能成为世界制造工厂也带有他们自己的目的。

至于我们要不要能不能成为世界的制造工厂，我认为从我们国家的民族利益来讲，应是当仁不让、寸土必争的。历史给了这样一个机会，当然我们要去争夺，就是要推进中国产业结构的升级，进一步提高中国产品的竞争力，由20年前的日本制造转变为今天的中国制造，由20年前的日本第一转变为21世纪的中国第一。

这应当作为21世纪中国工业发展的目标。如果真正做到世界贸易的自由化，如果真正做到全球范围内优化资源配置，我认为目前大多数工业产品在中国生产是最合理和最便宜最廉价最能够发挥生产要求的配置效率的。但事实上你想包打天下，成为世界的制造工厂，提供所有在中国生产最有利的产品，事实上做不到。

（二）中国成为世界工厂的优势与差距

1. 什么是世界的工厂

如果一定要给世界工厂做一个界定、定义，简言之就是少数国家和地区成为面向世界市场的工业品的生产基地和供应基地。就是说世界的工厂不是一个单个的，而是少数国家或地区成为面向世界市场的工业品的生产基地和供应基地。这个少数国家和地区就可以称之为世界的工厂。但是成为世界工厂不是少数的个别企业在世界同类产品中占有重要的位置，而是要有一批企业群在世界上占有重要的位置；从产业的构成上不是个别的产业而应当在一系列的产业领域占有重要的位置。就是说第一要包括一个企业的群体，第二要包括一系列的产业。而且它们的生产能力、市场份额、新产品的开发研制能力、技术创新能力、产品的生产和营销能力，都应当成为世界的排头兵。它们的存在直接影响、决定着世界市场的供求关系、价格走向和未来的发展趋势。按照这样的要求衡量，应该说不是很多国家都能做到，只有少数国家才能做到这一点。

如果按照这样一个标准来衡量，目前中国只是在一些劳动密集领域以及部分劳动密集与技术密集相结合的领域成为世界的重要的生产基地。从总体上讲中国还远远没有成为世界的工厂，这只是我们未来、从现在起所要追求的目标。我们的目标是否就是局限在劳动密集型领域，还是技术密集型领域和知识密集型领域也要逐步成为世界的制造工厂？有一种观点认为中国既然劳动力便宜，从世界资源配置讲要发挥比较优势，现在的重点应当继续放在劳动密集型产业领域。我认为中国作为一个大国在工业发展战略上必须是两面攻的打法，既要巩固、扩张劳动密集型产业，同时也要加快技术密集和知识密集型产业的发展，推进产业升级。中国要成为世界工厂，我们不仅要在劳动密集型产业巩固阵地、扩展市场，同时也要寸土必争，在技术密集、知识密集型领域也当仁不让，能够做到的必须全力以赴地去推进产业升级。中国的产业发展不能完全长期地停留在劳动密集型产业领域。我想中国的制造业的产品也必须像中国的餐馆一样，哪里有人哪里就有中国制造的产品占据当地的市场，中国必须向这样一个目标来前进。世界上五个人中间就有一个中国人，中国的工业制造产品从劳动密集型到技术密集型的都应当达到世界的每一个角落，这应当是中国 21 世纪的发展目标。

2. 制造业的地位

20 世纪 90 年代冷战结束以后，美国处于世界政治、军事、外交上的强势，最根本的原因是其雄厚的经济实力特别是其强大的制造业。美国的制造业在 GDP 的构成中只占百分之二十几，劳动力就业不到 20%，但是作为美国综合国力的基础，作为军事实力的支柱，仍然是制造业。当代世界排在前三位的经济大国，美国、日本和德国都是制造业最发达的工业大国，特别是在资本密集和技术密集型的制造业领域，美、日、德仍然是当代最具有竞争力的先进的工业国。近年来关于知识经济、信息产业、网络经济的作用的宣传显然被夸大了，特别是去年以来美国纳斯达克指数的大幅下跌，说明脱离实体经济的、脱离制造业的高科技也会形成泡沫经济。我曾经讲过要正确处理知识经济与传统产业的关系，不要不恰当地宣传所谓网络经济产业的地位和作用。因此中国今天必须仍然要把发展和提高中国制造业的水平作为增强中国综合国力的立足点。从最近这半年、一年来的美国的经济情况看，去年所宣传的美国的新经济，就是以信息产业为主导的高就业、高增长、没有波动、改变经济周期的这种所谓新经济现象显然被过分地渲染了，它并没有改变经济周期性波动的规律。在国际分工中我们必须充分认识到制造业对于中国综合国力的重要性，对于参与国际竞争的重要性。美国的经济实力和军事实力，航空母舰、巡航导弹、电子对抗，哪一项不是工业制造出来的？没有强大的制造业就没有强大的美国的军事和国际实力。我们必须充分认识到中国恰恰已经开始进入了向技术密集型和知识密集型的制造业起步和起飞的门槛，中国必须抓住这样一个机遇，全力以赴地推进制造业的升级，增强制造业的竞争力，把提高制造业的竞争力放到关系国家综合实力的战略高度来认识，这样才能够使中国朝着所谓世界制造工厂，成为一个真正现代化的工业强国迈进。因此我们不仅要在纺织品、日用工业品和一般的劳动密集型产品上继续保持优势，同时也要在技术密集型领域的制造业能够逐步缩小与工业发达国家之间的差距。我们的目标是要在重型成套设备、机床制造、交通运输设备制造、大规模集成电路制造、石油化工制造等领域大大缩小与工业发达国家的差距，也要达到有朝一日中国的航空母舰能够在全世界各大洋游弋，中国的巡航导弹能够指到哪里打到哪里，这样才是中国的真正强大的现代化的工业。

3. 中国成为世界工厂的优势和潜力

第一，劳动力便宜。国际货币基金组织统计的劳动力成本是中国制造业的周工资 27 美元，泰国 140 美元，马来西亚 210 美元，韩国 280 美元，新加坡、中国台湾、中国香港 310 美元，美国、日本、德国都在 400 美元以上。中国改革开放 20 年来劳动力的成本特别是单位产品的劳动力成本并没有因为农产品价格的上升而提高，现在在一些加工工业领域，很多地区的工人月工资多的为 1000 元，在一般的中西部或者是沿海地区打工的劳动力的工资也就是 600—700 元，这和 20 年前的四级工的 45 元、48 元的水平差不多，购买力也差不多。虽然物价指数大幅度上涨，工资也上涨了，但实际上中国 20 年来并没有出现日本、中国台湾、韩国随着工业的高速增长工资的成本大幅度上升这样一种趋势。这是什么原因？一个很重要的原因就是我们既受累于中国的二元结构，也得益于中国的二元经济结构，使劳动力呈现长期的无限供给的趋势。因此中国的二元结构既阻碍中国工业化的进程又为中国工业发展长期提供廉价劳动力。

第二，劳动力的素质正在提高。有这样一个分析，中国每年招收的大专院校的学生是 200 多万人，按照我们现在的教育结构，60% 是理工科，40% 是人文和医疗。每年要毕业 100 多万理工科的大学生，而理工科大学生真正出国深造的、留学的主要集中在清华、北大等极少的名牌大学，因此从总体上讲中国理工科的工程技术人员的供给能力很大。并且即使是年轻的打工仔，由于中国基础教育的发展，受过初中以上文化教育的已经开始成为主体。东莞是所谓世界重要的电子和电脑外围配件、零部件的生产基地，东莞现在采取的吸引劳动力的办法，就是和中西部地区的一些教育部门和学校建立合作关系，中西部地区的中专、中技的学生在本地学习，然后成批量地输送到东莞。广东经济发达，但广东的教育并不发达，广东所需要的劳动力大部分来自中西部。所以从中国劳动力的素质供给来看应当说是在逐步提高。

第三，中国工业的基础设施包括电力、通信、交通运输能力以及建筑工程能力已经完全能够保证工业发展的需要。基础设施的瓶颈障碍在 20 世纪 90 年代中期已经被克服。

第四，工业本身的配套能力已不成问题。目前除了少数高新技术设备和零部件、元器件以外，绝大多数工业制造业所需要的能源、原材料、加工设备、零部件和电子元器件国内都能够解决。

第五，经济体制改革已经取得了重大突破，经济运行方式转向了市场经济，经济充满活力，各种经济主体竞争的格局已经形成。

第六，国内有广阔的市场，有利于形成规模经济。中国 20 世纪 80 年代以来家电行业的发展为什么这么快，很重要的原因，第一是放开竞争；第二是它有广阔的国内市场。通过竞争和广阔的国内市场来推动规模经济的形成，而且又促进了技术进步和产品的升级换代。

4. 中国成为世界工厂的差距

中国成为世界制造工厂，成为全世界主要工业产品的制造基地的差距主要表现在三个方面：

第一，产业升级在技术密集型产业和一些资本密集型产业，中国还远远落后于工业发达国家。比如说现在数控机床、大型成套设备、交通运输制造主要是轿车和飞机和大规模集成电路这些领域，与美国、日本、德国差距至少在 15 年以上。中国现在集成电路的需求量在整个世界可以说是增长最快的，但是每年国内大规模集成电路芯片的生产能力只能满足市场需求的 20%—30%，70% 以上要靠进口。中国的飞机制造从 20 世纪 70 年代就开始搞。80 年代跟麦道公司承包、转包零部件，想从机翼、机尾逐步地从零部件做起，慢慢地培育中国 100 座以上的干线飞机的生产能力。但，一是受到了美国的航空工业公司的压制；二是我们内部不合作，至今也未搞成。干线飞机上不去，你想搞预警飞机，你的载体、平台就搭不起来。所以这不仅关系改变国家在国际交换中完全以劳动密集对技术密集的经济交换地位，同时也关系国家的经济发展和国防的安全。

因此在产业结构的升级方面中国还有很大的差距。

第二，规模经济的差距。中国的企业很大，但是产量很低，企业的人数很多，销售额很低。全球最大的 500 家工业企业，美国占 31%，日本占 29%，两家合计占 60%。中国真正的工业制造业（中石油不算）没有一家进入世界工业 500 强。全球 2000 年 7700 万辆汽车，日本 1600 万辆占 20%，中国 207 万辆占 2.68%。中国一汽是最大的汽车销售公司，去年的销售额 560 亿元人民币，相当于美国通用汽车公司销售额的 2.1%。

中国三大发电设备动力集团和两大输变电集团，包括沈阳和西安的加在一起资产只相当于日立公司的 3.4%，销售额只相当于日立公司的

1.87%。中国的机床平均每家的产量是 650 台，日本的金森集团公司一家年产 4500 台。这一情况说明中国真要成为世界制造工厂在规模经济上没有一种大的航空母舰，完全是靠成千上万的小企业堆起来的产量，肯定是无法和国际上大的工业制造业去竞争的。

　　第三，研制开发能力不强。科技部公布的中国去年一年的研发 R&D 的费用是 896 亿元人民币，也就是 100 多亿美元，还不如日本的一个公司。夏普公司一年就要投入上百亿美元的开发费用。所以既要看到中国的前面讲到的那些乐观的优势和比较优势方面的有利条件，也要看到差距。比如说现在认为中国已经成为电子产品的第五生产大国，中国电话的装机容量增长速度和手机的增长速度是全世界最快的，手机的用户已经达到 1.3 亿户，仅次于美国居世界第二位；电话的用户已经达到 3 亿多户。实际上要认清中国的电子行业目前所处的位置。全世界的电子行业分三个层次：第一层次是美国，它们生产的是高附加价值的芯片和软件，因特尔公司和微软等于是垄断全世界大部分的芯片和软件市场，它们在整个全世界电子行业所获取的利润至少要占 60% 左右；第二层次是日本和韩国，比如说生产电脑和一些电子器件中的关键性的器件，它们的利润要占 20% 左右；而真正能够分到发展中国家的，比如说分到中国的东莞，中国的昆山，它是处于整个电子产业链分工中的第三层次，只赚不到 10% 的利润，只是拿来进行组装、贴牌。

三　如何努力成为世界的制造工厂

　　要成为世界的制造工厂，可以从不同的角度提出一系列的措施和政策主张。针对目前制约中国工业发展中的一些重大的突出的矛盾，主要解决以下三个方面的问题。

　　第一，提高生产经营的社会化程度。中国许多企业号称大企业，但是大企业小规模，而日本的一些企业叫小企业大规模。造成这种反差的一个更重要的原因就是中国工业生产的社会化程度太低、专业化分工太粗。就是必须推进中国生产经营和社会生活的社会化的进程。中国的经济改革除了要讲市场化以外，还要大讲社会化，没有社会化就没有大规模的生产，就没有效率。

第二，增强科技创新能力。我觉得我们现在科技部的政策叫"隔靴搔痒"，还没有找到问题的症结，包括科学院这两年给了40亿的所谓"知识创新工程"，我认为这钱绝大部分将不会出什么能够产业化的成果，因为从知识到工程中间的桥梁问题没有解决。知识并不能够直接转化为工程。我想中国的科技创新要倒过来，就是要以工程为依托，以产品为龙头，以企业为主体。中国现在的技术创新还没有形成这样一种格局。

"知识创新工程"这个"创新"到底要干什么，将来要提供出什么样的产品来，科学院的人不知道。我们再分析一下美国二战以后或者二战前夕的科技进步和产业化的关系。美国在二战中间的"曼哈顿计划"是搞原子弹，严格来讲它有一个很明确的目标，围绕着原子弹。它从铀的开采、提炼到仪表控制系统到运载系统，整个一系列的工程都要为原子弹的研制成功来配套。围绕"曼哈顿计划"这样一个目标，就把整个美国的原子能工业提高到一个完全革命性的变化，由研究到以工程目标来研究来产业化，所以才有战后原子能工业的发展与和平利用。美国20世纪60年代到70年代的"阿波罗登月计划"，也是围绕阿波罗的登月来解决运载问题，解决燃料的推动问题，解决信息的控制问题，由此既带动了宇航和军事尖端武器的发展又带动了航天工业，整个工业就培育起来了。美国80年代的"星球大战"计划，虽然当时的战略目标是为了搞垮苏联，但是这样一个计划使它的整个信息产业从元器件到产成品，为美国90年代的高增长和信息产业的发展奠定了基础。所以说技术创新如果没有一个明确的产品目标，没有一个明确的工程的载体，所谓"知识创新工程"是个虚的，是个务虚工程，很难产业化。科技创新必须解决从知识到工程的桥梁问题，建立起以企业为主体，以工程为依托，以产品为龙头的这样一个中国技术研究与开发的创新体系和机制。

第三，关于企业的更新改造问题。今年上半年全国企业技术改造的投资总量是1996亿元，占整个全社会固定资产投资的14.9%。现在开始出现国债找不到好的项目的问题。我们扩大内需，发行国债，一年1500亿元，前两年中西部开发上了一些项目，该上的现在已经上了。我们现在改造，除了机制问题还有能力问题。去年是中国经济效益所谓最好的一年，实现利润 2390 多亿美元，但其中将近一半或者说 1/3 是由石油化工行业创造的，真正的大多数工业企业处于微利的状态。如果扣掉石油化工行业创造的利润，那么这些工业的利润平均每个企业不到 150 万元人民币，根本买不了一台数控机床，根本没有自我积累的能力。因此必须把减轻企业的税负，增强企业自我积累能力作为积极的财政政策的一部分。现在企业税负过高，没有积累能力。美国 20 世纪 80 年代减税，90 年代高增长，美国的企业有活力。所以不一定非要通过国家增发国债的办法，减税也应当是积极的财政政策，能真正地创造、增加税收的源泉，增加企业的活力。

（本文原载《经济与管理研究》2001 年第 6 期）

论中国工业的比较优势

英国古典经济学家大卫·李嘉图在 1817 年首次提出比较成本理论。这一理论认为，世界各国生产同类产品的成本只要存在着相对差异，就可以进行国际分工，每个国家可以生产具有比较优势的产品，然后通过国际贸易，获取比较利益。比较优势的存在是生产力发展水平不同的国家之间进行贸易的客观基础，也是价值规律在国际竞争中的另一种表现形式。如果该国生产某种产品耗费的劳动低于国际上生产该类产品的社会必要劳动，那么，这个国家在国际贸易中就能够有利可图。比较成本或比较优势理论的提出距今已将近 200 年了，国际贸易的规模、范围和方式都发生了深刻变化；但是，比较优势的机制仍然在当代国际分工和国际贸易中发挥着规律性的作用。发展中国家与发达国家之间经济结构上的差异性决定了双边经济上的互补性，通过双边和多边贸易，可以获得比本国生产成本更低的产品，从而实现互惠互利。发展中国家通过扩大对外开放，参与国际分工和国际交换，有利于发挥本国的比较优势，促进经济发展。改革开放以来中国经济发展的实践充分证明了这一点。

一　中国工业的比较优势

如果从工业生产技术发展水平来比较，中国工业与发达国家之间的差距，至少要落后 20 年，特别是在资本密集型和技术密集型产业领域，不具有竞争优势。在国际分工中，处于较为不利的地位。但是由于我们较好地发挥了比较优势，使中国的对外贸易规模迅速扩大。1978 年，中国的进出口贸易额只有 206.4 亿美元，2002 年增长到 6200 亿美元，增长了近 29 倍，年均增长 15%，其中出口额从 1978 年的 97.5 亿美元上升到 2002 年的 3200 多亿美元。工业制成品出口的比重从 1978 年的 50% 左右上升到 2002 年的 90%。国家外汇储备从 1978 年的 1.67 亿美元上升到 2002 年的 2860 亿美元。

在分析中国工业竞争力的时候，国内外学者一致认为中国具有劳动力便宜的比较优势。据统计，2001 年中国国有制造业企业职工的年平均工资为 9590 元，月平均工资将近 800 元；城镇集体所有制制造业企业的年平均工资为 6088 元，月平均工资只有 507 元。按现行汇率折算，中国国有制造业职工的周工资只有 22.35 美元，分别相当于泰国的 38.33%，马来西亚的 28.7%，韩国的 9.2%，中国台湾的 6.8%，中国香港的 5.1%，美国、日本、德国的 4% 左右。

从理论上讲，经济全球化和国际经济一体化，不仅包括产品、资本和技术能够在全球自由流动，同时也应当包括劳动力这一重要的生产要素在全球自由流动。但是在现行的国际经济秩序条件下，劳动力的自由流动事实上做不到。发达国家只是允许发展中国家一部分受过良好教育和系统训练的高素质专业技术人才流向那里。因此，在相当长的一个时期内，发展中国家只能通过发展和出口劳动密集型的产品，参与国际分工和国际交换。发展中国家以出口的劳动密集型产品为载体，间接地实现劳动力的输出。发达国家也从这种分工与交换中，获得廉价的劳动密集型产品，提高本国居民的消费水平。因此，发挥比较优势，不仅是发展中国家参与国际分工与交换的有效途径，同时也使发达国家从中获得巨大的实际利益。

对于任何一个国家和地区来说，比较优势都是相对的，并且随着经济的发展而发生变化。20 世纪 50 年代到 70 年代，由于发达国家劳动力成本大幅度上升，这些国家的劳动密集型产业逐步向亚洲和拉丁美洲的部分国家和地区转移。正是在这种国际分工变动的大背景下，才出现了亚洲"四小龙"以及后来的马来西亚和泰国经济的高速增长。随着许多新型工业化国家和地区的工业化和城市化任务的完成以及国民收入水平的提高，这些国家和地区的劳动力成本也随之上升。例如，日本、韩国、新加坡、马来西亚以及中国的台湾和香港地区，正是由于这些国家和地区劳动力便宜的比较优势的逐步下降或丧失，在 20 世纪的最后 20 年，又出现劳动密集型产业向实行改革开放的中国大陆转移的浪潮。

实行改革开放的方针以来，中国经济持续快速增长已经超过20年的时间，相当于甚至高于日本从20世纪50年代到70年代以及亚洲"四小龙"20世纪60年代到80年代的平均增长速度。上述这些国家和地区的劳动力成本随着经济的快速增长都发生了重大变化。为什么中国经济在持续20多年的快速增长之后，劳动力成本低的比较优势还能够保持呢？

一是由于中国经济仍然是典型的二元经济结构，工业化和城市化的任务还没有完成。农村存在着1亿以上的剩余劳动力。由于中国农村人均占有的耕地资源少，农民向非农产业转移的难度大，而且农产品价格难以提高，因此，20世纪90年代中期以来农民的收入增长缓慢。到2002年年底，中国农民平均纯收入只有2400多元，月平均纯收入200元。城镇居民可支配年收入为7700元。农民年均收入只相当于城镇居民的1/3。农民从事农业的收入明显低于进厂、进城务工的收入。这种格局使中国工业能够继续获得廉价的劳动力。

二是随着向市场经济的转变和产业结构的调整，为了改变在传统计划经济体制下形成的人浮于事的状况，增强竞争力，很多企业都裁减冗员。许多经营严重亏损的企业关闭破产，城镇出现了大量下岗和失业的职工。如果按4.5%的城镇失业率来计算，目前全国城镇失业人数在1350万左右。为了维护社会稳定，各地对城镇低收入家庭普遍实行了最低生活保障补贴制度。北京、上海、广州等少数经济发达的大城市，最低生活保障补贴标准为人均300元左右，全国大多数城镇低于这一水平。城镇大量失业人口和低收入人群的存在，形成了劳动力供大于求的状况，这在客观上使企业维持较低工资水平成为可能。

三是地区经济发展的不平衡性，东部和中西部地区的经济存在显著差距。2000年北京、上海、广东、浙江四省市的人均GDP分别为22460元、34547元、12885元和13461元，安徽、河南、湖南和四川省的人均GDP分别为4687元、5444元、5689元和4784元，中西部不发达地区人均GDP只相当于上述东部发达地区人均GDP的1/5—1/2。近年来，虽然东部地区当地职工的工资及社会保障水平大幅度上升，但由于国内劳动力可以自由流动，河北、安徽、河南、湖南、四川等中西部地区农村大量剩余劳动力流向东部沿海地区，使东部地区加工制造业和服务业能够获得大量廉价劳动力。

从中国经济发展的趋势看，二元经济结构以及地区差距在短期内不会有根本性的改变。因此，劳动力便宜的比较优势还将继续保持。我们必须充分发挥这种优势，继续发展劳动密集型产业。

劳动力成本低是比较优势的一个方面，一些地区的自然禀赋、气候、区位也是比较优势的一部分。例如，中国新疆盛产棉花，定西地区适宜种植马铃薯，渭河以北、铜川以南的陕中地区适宜大面积种植苹果，且质量上乘，山西优质煤炭的成本比较低，内蒙古具有生产牛奶和牛奶制品的优势，黑龙江、吉林适宜大面积种植玉米，等等，这些都是比较优势的典型。地方工业的发展应当充分发挥本地区的比较优势，不要追求自成体系。发挥比较优势，既是国际分工、国际贸易必须遵循的规律，同时也是不同地区之间进行产业分工和商品交换的客观依据。比较优势发挥得好，才能避免结构趋同和不合理的重复建设，才有可能实现提高生产要素的利用效率。

上述情况表明，劳动力资源丰富，多数产业部门从业人员的工资水平低是中国最突出的比较优势。在国际分工和国际贸易体系中，中国应当继续发展劳动密集型产业以及劳动密集与技术密集相结合的产业，既能扩大就业，又可以通过国际交换，获得国内供给不足的技术设备和资源。

二　发挥比较优势的条件

具有劳动力成本低的比较优势，是发展劳动密集型产业的重要条件。但是，在世界上，还有一些劳动力成本很低的国家，那里的加工制造业并没有发展起来。国内不同的地区也存在着这种情况。发挥劳动力成本低的比较优势，还需要适宜的社会经济和人文环境。一是要有产权明晰，并具有内在推动力的微观制度安排；二是形成适应市场经济要求的运行机制；三是具有适应社会化大生产的基础设施和工业配套条件；四是有一支素质较高的产业工人队伍；五是有一大批勇于开拓创新和善于经营管理的企业家；六是有以服务为本和高效率的政府。

改革开放以来，中国东部沿海地区工业高速增长，出口规模迅速扩大，成为新兴的工业化地区。有的同志认为主要是由于中央政府对这些地区实行优惠政策的结果。我们不否认有这方面的因素。但是除了优惠政策外，更重要的是这些地区不断创造和完善上述六个方面的条件，在这些因素的综合作用下，使劳动力成本低的比较优势由潜在的条件转化为现实生产力和竞争力。以浙江省为例，该省人多地少，没有发展工业的矿产资源；改革开放以前，由于地处东南沿海前线，国家没有在那里兴办大型工业企业，因此没有现成的工业基础；改革开放以后，除了北仑港和镇海石化以外，中央政府没有在浙江省进行大量的投入；外资也没有大量进入浙江；那里的工商企业没有大量从银行贷款。就是在这种条件下，浙江省的经济持续高速增长，人均 GDP 从 1978 年的 300 元上升到 2002 年的 15000 元，出口额超过 250 亿美元，仅次于广东、江苏和上海，位居全国第四位，而且在贸易结构中，是以一般贸易为主。

过去 20 多年浙江经济高速发展的经验，主要集中在三个方面：一是在国有工业基础薄弱的情况下，放手发展劳动密集型的民营经济，以劳动替代资本，依靠自我积累，由小到大，滚动发展；二是一大批农民出身的精明的企业经营者不辞千辛万苦，不远千山万水，千方百计地去寻找商机，开拓市场；三是依靠市场机制，促进专业化和社会分工，提高生产经营过程中每一个环节的效率；四是地方政府具有很强的改革意识、开放意识和服务意识，把工作的重点放在加强基础设施建设、改革和转变政府职能，建立和完善适应市场经济要求的政策环境方面。古人说"橘生淮南则为橘，生于淮北则为枳，何也？水土异也"。劳动力成本低的比较优势在全国各地普遍存在，而浙江省则为充分发挥这种比较优势创造了更为有利的环境和条件。

发挥劳动力便宜的比较优势，需要建立有利于劳动力替代资本的产权制度。大力发展民营经济则是一条重要途径。中国东部、中部、西部三大地带经济发展水平上的差距，其中一个很重要的原因是民营经济发展程度的不同。目前，中国民营经济的注册资本、在企业就业的劳动力、产品销售额这三项指标，东部地区都占 67%，中部地区占 20%，西部地区占 13%。中国劳动力严重过剩，但在国有经济部门就业的劳动力事实上是逐年下降的。1995 年在国有单位就业的职工为 10955 万人，2001 年下降到

7409 万人；在国有制造业企业就业的职工 1995 年为 3326 万人，2001 年下降到 1194 万人，下降了 63.9%。劳动力的供给在不断增加，而国有部门吸纳劳动力就业的规模在减少，因此，大力发展民营经济则是发挥中国劳动力资源丰富的比较优势的必然选择。

三　中国工业劳动生产率的差距

我们必须清醒地看到，单个雇员的工资水平低，并不等于单位产品的工资成本低。事实上，中国劳动力工资水平低掩盖了制造业的低效率。2001年，中国在制造业部门的从业人员为 8083 万人，分别是美国的 5.5 倍，日本的 9.45 倍，德国的 13.4 倍。但是 2001 年中国创造的工业增加值，按美元计算为 4531 亿元，分别相当于 1998 年美、日、德三国工业增加值的31.6%、50.6%、98%。中、美、日、德制造业增加值和劳动生产率如表 1。

表 1　　　　　　　　　中美日德工业增加值和劳动生产率的比较

国别	年份	从业人员（万人）	工业增加值（亿美元）	劳动生产率（美元/人·年）
中国	2001	8083	4531	5606
英国	1998	1473	14328	97300
日本	1998	855	8954	104725
德国	1998	603	4619	76600

资料来源：朱高峰主编：《全球化时代的中国制造》，社会科学文献出版社 2003 年版。

从表 1 可以看出，美国、日本和德国制造业的劳动生产率分别是中国的 17.35 倍、18.68 倍和 13.66 倍。这种状况大大抵消了中国劳动力便宜的比较优势。虽然由于汇率的因素，按美元计算的中国制造业的实际产出可能被低估了，但在国际贸易中，中国出口产品投入的物力和人力所得到的回报显然低于发达国家所获得的利益。

中国制造业劳动力成本低的比较优势在很大程度上被抵消的原因主要有三点：一是产业结构上的差距，即中国制造业主要集中在附加价值低的劳动密集型行业，美、日、德的制造业主要集中在附加价值高的技术密集型产业。例如，中国进口一架波音民航客机支付的外汇，相当于 30 万—40 万台彩色电视机的出口额。二是企业组织结构不合理，专业化程度低，特别是加工组装型工业，企业产品零部件自制比率高，专业化分工水平低。三是企业仍然存在着大量冗员，人浮于事的问题还没有真正解决，三个人的事五个人干的现象依然普遍存在。目前，中国出口商品的换汇成本已接近于汇率，相当多的企业效益是靠出口退税获得的。尽管中国劳动力的低工资水平还会保持下去，但工资水平不断上升将是必然趋势。上海、深圳等经济发达的沿海大城市已经意识到由于工资水平、房地产和服务价格上升对制造业竞争力造成的不利影响。假定把制造业企业职工工资提高 1 倍，也只相当于韩国制造业雇员工资的 18.4%，美国等发达国家制造业人均工资的 8%，其结果，可能多数企业的生产成本将会大幅度上升，竞争力会下降。

在资本密集型产业，由于生产社会化程度低，技术装备水平落后，企业办社会，冗员分流困难等方面的原因，劳动力便宜的比较优势更难以发挥。以中国三大石油公司与美国埃克森石油公司为例，中国三大石油公司的职工总数为 276 万人，2001 年销售额为 930 亿美元；埃克森公司员工为 12.6 万人，2001 年销售额为 1630 亿美元；中国三大石油公司职工年平均工资约 2500 美元，是埃克森公司人均年薪的 5%；但是中国三大石油公司每百美元销售额的工资成本则是 7.4 美元，埃克森公司每百美元销售额的工资成本只有 3.8 美元，中国石油及石化工业单位产品销售额的工资成本比美国埃克森石油公司高 89%。

从以上对比中可以看出，劳动力便宜的比较优势主要体现为劳动密集型产业。另据《环球时报》驻日本特约记者尹克 2003 年 2 月 17 日的报道：日本佳能公司将投资 1000 亿日元（约合 8.2 亿美元）建一条自动化程度更高的生产线，生产小型照相机、家用打印机等产品，从 2004 年 4 月开始逐步将上述产品在中国的部分生产能力撤回日本。其理由是，"尽管中国的劳动力成本仅相当于日本的 1/20，但是此生产线的建成将使这一优势变得没有任何诱惑力，因为在这样的全自动生产线上生产出来的产品，将比在中国生产的更便宜"。这种情况说明，劳动力便宜的比较优势是相对的，不断地科技创新及其产业化则是增强企业竞争力的可靠保证。

有一种观点认为，由于中国比较优势是劳动力便宜，因此在国际分工中应当以垂直分工为主，主要依靠发展劳动密集型产业。我们认为，中国生产力发展水平具有多层次性的特点，劳动密集型产业的比重很高，但技术密集型产业也形成了一定的基础。因此，正确的方针应当是既大力发展劳动密集型产业，同时也要积极推进产业升级，不断提高技术密集型产业在国民经济中的比重。

四　劳动力便宜与扩大内需之间的矛盾

根据中国现阶段经济发展的客观要求以及劳动力供求趋势，需要继续发挥劳动力便宜的比较优势，但是也必须看到它所带来的消极影响。保持制造业的低工资，实际上会造成国民收入的净流出，降低本国居民的福利。从社会再生产的环节看，压低工资，等于降低工人的购买力，抑制了国内的有效需求，缩小了国内市场空间。在国内有效需求不足的情况下，企业为了降低生产能力闲置率，必须争取扩大出口，甚至竞相压价。

能否考虑另外一种思路，即逐步提高制造业职工的工资，制造业企业职工工资的增加，使低收入群体的可支配收入增加，增强他们的购买力，等于扩大了国内市场需求，从而改善企业生产经营的市场供求环境。假定中国制造业周工资平均每年增长 10%，2010 年的工资水平比 2002 年增加1 倍，也只相当于 2000 年泰国制造业员工周工资的 78%，马来西亚的56%，韩国的 18.4%，美、日、德等发达国家的 8% 左右。从总体上考察，即使制造业工资水平提高 1 倍，中国劳动力便宜的比较优势还将继续保持。同时，这也是通过国民收入的初次分配，调整积累与消费的比例关系。在劳动力成本上升的情况下，迫使企业推进技术进步，改进生产组织方式，改变人浮于事的状况，积极提高劳动生产率，推进产业结构和产品结构升级，增强竞争力。当然，这只是一种理论上的分析，因为工资的决定机制主要取决于劳动力市场的供求关系。如果可行，政府可以通过制定最低工资法，以保证工资水平的逐步提高，从而既可保持劳动力便宜的比较优势，又可减少国民福利的流出。

（本文原载《中国工业经济》2003 年第 4 期）

正确把握中国制造业在世界
分工体系中的地位

一

20世纪90年代中后期，一些报刊在介绍、宣传信息化和知识经济的时候，曾经出现过一些片面的，甚至是错误的认识，例如认为"现代经济的主要职能是知识和信息的生产和分配，而不再是物质的生产和分配"。中国工程院前院长宋健同志尖锐地批判了这种观点，他认为这种浪漫、豪放的认识，"对发达国家也未必准确，应用到中国则更应该慎重。特别对工业制造业的历史地位、现在的形势和未来的发展趋势，应该有符合实际的、科学的分析，从而正确把握自己工业化、现代化的建设方向，不至于随人长短，陷入迷津"。我十分赞同宋健院士的见解。在当代，信息化无疑能够加速工业化和现代化的进程。但是，人类社会对物质产品的需求决定了生产物质产品的农业和制造业将是永恒的产业。芯片代替不了面包黄油，可视电话代替不了家人团聚，高清晰度电视代替不了人们到风景名胜的实地观光旅游。人类总得吃饭、穿衣、住房和行路。要吃饭，就得有农业和食品加工业；要穿衣，就得有纺织与服装制造业；要住房，就得有建筑材料工业和建筑业；要行路，就得有生产运输设备的汽车、火车、轮船和飞机制造业。与此同时，还要有为国民经济各个部门提供装备的机器设备制造业。信息化是服务和改造物质生产过程和人们生活方式的一种手段，而不可能替代物质产品的生产和消费。信息化与物质产品生产之间的关系，可以说是毛与皮的关系，皮之不存，毛将焉附？

二

　　制造业的规模和水平是衡量一个国家综合实力和现代化程度的主要标志。虽然世界正在进入信息化时代，但当代经济最发达的国家，仍然是制造业最发达的国家。美国为什么强大？主要是因为美国有强大的制造业。美国先进的航天器、人造卫星、飞机、舰船和电子信息设备，是建立在先进科学技术基础上的工业部门制造出来的。

　　经过 50 多年的建设和发展，特别是改革开放以来的持续快速增长，中国制造业已形成了完整的工业体系，总体规模已进入世界前列。很多工业品已经位居世界第一，例如钢铁、水泥、平板玻璃、彩色电视机、家用电冰箱、洗衣机、空调器、微波炉、各类纺织品以及日用轻工业品。改革开放以来我国综合国力的增强，首先是由于制造业能力的增强。但是，也必须明确指出，目前中国还不是"世界工厂"或"世界制造业基地"。所谓世界工厂或世界制造业基地，必须能够向世界市场提供大量的出口产品，不应仅仅看该国工业产品的生产总量。由于中国人口众多，人均占有的工业品多数还低于世界平均水平。中国是工业生产大国，但同时也是工业品的消费大国。各种工业品首先供应国内消费，其次才是出口。2002 年中国出口总额为 3200 亿美元，位居世界第五位，但只相当于 2000 年美国出口额的 39%，德国的 55%，日本的 63%。如果今后 8 年出口额年均增长 8%，到 2010 年，中国出口总额接近 6000 亿美元，略高于 2000 年德国的出口水平，相当于 2000 年美国出口总额的 75%。

　　再从工业品出口结构看，目前和今后较长的一段时期内，中国仍然以劳动密集型产品为主，如服装、鞋子、日用轻工业品等。虽然近年来机械电子产品的出口额已经超过纺织品的出口额，但在出口的机电产品构成中，也是以劳动密集型的加工组装产品为主。2001 年我国工业增加值按现行汇率计算，为 4531 亿美元，相当于 1998 年美国工业增加值的 31.6%，日本的 50.6%，德国的 98%。与此同时，我国每年进口的机械电子产品超过 1000 亿美元，而且都是附加价值高的产品。其中仅半导体芯片一项产品的进口就占国内芯片市场需求的 90%。这种情况证明，中国在技术密集型制造业领域，还明显落后于美国、日本和德国。

三

在世界制造业的分工体系中，大多数发展中国家由于受到资本积累能力和技术创新能力的限制，在参与国际分工时，主要采取以下两种方式：第一类是发展来料加工型的制造业。由于发展中国家劳动力便宜，跨国公司就把发展中国家作为工业品的生产加工基地。原材料和零部件的供应及产成品的销售都由跨国公司控制，通过大进大出的方式，实现利润的最大化。作为生产加工基地的国家，主要是赚取人工费用，实现劳动力的就业。

第二类是原材料的采购和零部件的制造实行本土化为主，跨国公司控制着研发和市场销售网络。这种类型较第一种类型的层次提高了一步，但仍然属于跨国公司的生产车间。当然这两种类型不是截然分开的，而往往是并存的，只是比重的高低有所区别。

在上述两种情况下，往往会出现 GDP 增长较快而 GNP 并没有获得相应增长的局面，附加价值的大头通过定价转移和汇回利润的途径被跨国公司拿回了本国，有时甚至出现发展中国家有增长而无发展的结果。我们必须避免出现这种情况。

随着经济全球化与信息化的发展以及交通运输的日益快捷，使得国际交易成本下降，国际产业分工方式又出现了一些新的变化，即在继续发展不同产业的垂直分工的同时，不断扩大产业内部的垂直分工，一种产品可以由不同的国家和地区共同完成。在国际贸易中，跨国公司之间，跨国公司与发展中国家之间的中间产品贸易不断扩大。国家或地区之间进行高度的专业化分工，每个国家或地区只从事同一产品中的某些环节的生产。跨国公司控制着核心技术和关键零部件的生产，并实行全球采购，从而把发展中国家劳动力便宜的优势与本国的竞争优势结合起来，实现在全球范围内的资源优化配置。

中国作为最大的发展中国家，生产力发展水平具有多层次性和不平衡性。特别是具有劳动力资源丰富的比较优势，因此我们不拒绝、不排斥上述第一种类型和第二种类型的发展模式，积极利用外资，欢迎跨国公司在中国建立生产制造基地以及通过大进大出的方式参与国际分工。但是，我们的对外开放和参与国际分工不应长期停留在这一水平上，不应只依靠发挥劳动力便宜的比较优势，而应在发挥比较优势的同时，努力提高竞争优势，推进产业升级，培养一大批能够进入世界工业 500 强的大型企业，在技术密集与知识密集型产业领域，缩小与发达国家之间的差距。

四

所谓以市场换技术，是发展中国家的一种理想和愿望。从积极的方面看，它有利于缩小与发达国家之间的技术差距；但是发展中国家所获得的技术只能是第二流或第三流的技术。要改变这种状况，首先是要通过对引进技术的消化、吸收和创新，提高自身的技术研发能力。只有当本国技术接近发达国家同类技术的条件下，才有可能增强引进更先进技术的谈判能力。其次是要形成跨国公司之间在技术引进国的相互竞争的格局，以促进先进技术向发展中国家的转移。

中国制造业的发展不同于日本、韩国等国家和地区以出口为导向，而是以满足国内需求为主导。随着经济的增长，出口总量会不断增长，但在国民经济中的比重会逐步下降；出口的目标亦不完全以创汇为主导，而是保持进出口总量的平衡。因此，当中国扩大出口的同时，也为其他国家提供了更多的向中国出口的机会。

还必须看到，中国大多数工业品价廉物美，许多国家通过与中国的贸易，使经销商和广大消费者都能从中受益，从与中国的经贸往来中占了便宜，得到了实惠。中国制造业的发展不仅不会对任何国家的经济构成威胁，而且将为世界经济的繁荣做出更大的贡献。

（本文原载《中国经贸导刊》2003 年第 12 期）

国防科技工业

对我国军事工业管理体制改革问题的初步探讨

党的十一届三中全会以来，随着整个国民经济的调整，我国军事工业对原来单一生产军品的产品结构也进行了初步的调整。在贯彻中央提出的"军民结合、平战结合、军品有限、以民养军"方针的实践过程中，进行了许多有益的探索。这些探索主要围绕着如何利用闲置的军工生产能力发展民品生产进行的。目前多数军工业企业还处于"找米下锅"的阶段。就整个军事工业管理体制而言，改革的步伐还迈得不大，长期形成的那种军民分割、封闭式的、单一生产军品的军工体制还没有得到根本改变。我国军事工业管理体制改革究竟应当选择哪种模式，它与整个经济体制改革的关系是什么，应当怎样认识军事工业的普遍性和特殊性，有哪些规律和因素制约着军事工业的发展等，有一系列的理论问题需要回答。本文仅就我国军事工业管理体制改革的指导思想、模式选择以及如何保军的问题做一些初步的探讨。

一　军事工业管理体制改革的指导思想

我国是一个社会主义大国，必须建立起强大的现代化国防。我国国际地位的日益提高和现代化建设的和平环境的取得，除国际条件外，从我国本身来说，这既是党和政府实施正确的外交路线政策的结果，也是我国经济实力和国防实力不断增强的结果。当今的世界仍然是不安宁的，两个超级大国争霸世界的斗争从未休止，军备竞赛有增无减。在战争根源和战争的危险还没有消除的情况下，为了维护和平、保卫我国的现代化建设，我们必须有强大的国防力量做后盾。在当代军事技术不断进步的情况下，强大的国防在很大程度上取决于有没有强大的先进的军事工业，把军事工业同国民经济的发展完全对立起来的观点是不对的，军事工业的改革，首先应当有利于国防现代化的建设。

但是，也必须看到，社会劳动产品一旦成为军工产品，就不再加入社会再生产的过程，也就说它既不能作为生产资料加入实物形态的再生产过程，也不能作为生活消费资料加入劳动力的再生产过程。从整个社会再生产的角度看，军工生产是一种纯消耗性的生产，它不能带来社会物质财富的增加，而且军工产品大多数都是技术密集和资金密集型产品，需要耗费国家相当可观的财力和物力。因此，军事工业的发展从根本上讲取决于国家的经济实力和科学技术发展水平。离开国民经济的发展，企图在较短的时间内实现国防现代化是不切实际的。集中力量搞好经济建设是现阶段全党、全军和全国人民的中心任务，这是大局。经济发展了，国防现代化就有了可靠的基础。军事工业的改革要服从经济建设的大局，为国民经济的发展作出贡献。

根据中央对世界形势科学的分析和对战争可能情况的估计，虽然战争的危险依然存在，但和平的因素也在增长，在近期内大的战争可能打不起来。这正是我国进行军事工业体制改革最有利的时期。我们必须抓住这个时机，把军事工业与整个国民经济的关系理顺，把军事工业内部的各种关系理顺。我国现行的军事工业管理体制不适应四个现代化建设的要求，必须进行改革。改革就是为了建立起平战结合、军民结合的军事工业体制，增强军工企业的活力，促进国民经济的发展，加快国防现代化的进程。改革模式的选择，要从我国的国情出发，改革的步骤要积极稳妥，经过试验，区别对待。不要"一刀切"，不能急于求成。

二　应当承认军工产品是特殊的商品

在资本主义条件下，资本家私人企业生产的军火同其他各种商品一样，都属于商品，这是毫无疑义的。在社会主义条件下，军工产品是不是商品，人们认识还不够一致。一种意见认为，军工产品不是商品，理由是军工产品从生产企业到用户军队没有发生所有权的转移，它是国家所有企业生产，由代表国家利益的军队使用，因此不存在实质上的商品交换关系。另一种意见认为，在社会主义条件下，军工产品也是商品，理由是我国现阶段的经济是社会主义的商品经济，军工产品作为整个社会大生产的一部分，不可能离开整个社会的商品生产和商品交换过程而孤立存在。它从人、财、物各个要素和供、产、销各个环节的运动过程，事实上都存在着一系列的商品交换关系。军工企业同其他国营企业一样，具有自己相对独立的物质利益；军工企业的产品调拨给军队，要通过价格、货币、利润等商品经济的范畴来进行结算，仍然是一种卖与买的关系。因此，应当承认在社会主义条件下，军工产品也是商品。但军工产品作为商品具有自己的特殊性，这种特殊性主要表现为，第一，它与资本主义条件下私人军火商同军队的买卖关系有着本质区别，社会主义军工企业与军队的根本利益是一致的；第二，军工产品作为商品是不能在市场上自由买卖的，它的买方是固定的，即代表国家的军队；第三，军工生产和交换要受商品经济规律及价值规律的制约，同时还要受战争规律、国际政治关系发展变化规律等非经济因素的制约；第四，军工产品就绝大多数而言，既不是生产资料，也不是消费资料，社会商品一旦成为军品，它就脱离了社会再生产的过程。

是否承认社会主义条件下的军工产品是商品，绝不仅仅是概念之争，而是军工体制改革所遇到的一个基本理论问题，直接关系军工体制改革的方向和模式的选择。承认军工产品是特殊的商品的理论与实践意义有利于把军工生产纳入整个社会生产商品经济的轨道，按照社会化大生产的要求组织军工生产，打破封闭式的军工体制，逐步建立起军民结合、平战结合的体制；有利于促进工厂搞好经济核算，不断降低产品的成本，提高军工生产的经济效益；有利于开展竞争，推动军工企业的技术进步和产品的更新换代；有利于改革和建立合理的军品价格体系。

三 军工体制改革也应以增强军工企业的 活力为中心环节

现阶段军工企业管理体制是 20 世纪 50 年代学习苏联模式建立起来的，大多数企业都属军事工业部门的直属企业，以条条管理为主，再加上军工生产有一定的特殊性。因此，对军工企业的人、财、物、供、产、销活动的管理也多数集中于中央主管部门。这种体制的好处是在军事工业基础薄弱甚至存在很多空白的条件下，有利于集中力量在较短时间内建立起独立军事工业体系。它对保证国防建设的需要，提高我军的军事装备水平和国防实力起了巨大的作用。这一点必须肯定。但随着国民经济的发展和科学技术的进步，尤其是军事尖端技术的飞跃发展，这种体制也逐步暴露出它的种种弊端，特别是在和平时期它的弊端就更为突出。一是军工生产自成体系，与整个国民经济的发展和社会化的大生产脱节，不适应平战结合、军民结合的要求。二是企业吃国家的大锅饭，职工吃企业的大锅饭。这一点。军工企业比民用企业更为突出。三是企业缺乏更新改造、加快技术进步的积极性，缺乏主动开拓精神，一切都等待上级主管部门的指令。因此，军工体制改革既要看到军工生产过程特殊性的一面，更要看到军工企业与其他国营工业企业具有共同性的一面。不应当只是简单地变更隶属关系，由原来的条条管理为主变成为块块管理；而是要按照十二届三中全会关于经济体制改革决定的精神，把增强企业活力作为军工体制改革的中心环节。对军工企业也应实行简政放权，逐步做到政企分开，独立核算，自负盈亏。在保证完成国家下达的军工生产任务的前提下，军工企业可以利用富余的生产能力组织民品生产，企业内部的人事任免、组织机构、分配形式等微观经济活动，企业有权进行决定。

对于军品生产任务应继续实行指令性计划，民品生产应实行指导性计划和市场调节相结合的方针。实行指导性计划的民品生产应纳入有关部门和地区的行业规划，在原材料、能源的供应上应当有必要的保证。

四　逐步建立起平战结合、军民结合、具有弹性的军事工业管理体制

在和平时期，由于军队武器装备的需要量小，因而军事生产任务不足，生产能力过剩。但在战时，仅靠现有的军工生产能力，又满足不了未来战争的需要。而且现代军事科学技术日新月异，如果只是在原有技术基础上进行简单的重复生产，不仅造成社会劳动的大量浪费，影响国民经济

的发展，而且难以改变军事装备落后的局面。因此，要建立起平战结合、军民结合、具有弹性的军事工业管理体制，从体制上保证军民结合方针的贯彻执行，推动军事工业的技术进步，促进军工先进技术向民用工业的转移。

世界各国军事工业管理体制主要有寓民于军和寓军于民两种模式。

第一种模式是，保持独立的、完整的国防工业体系，平时兼产民品，战时动员民用工业扩大军品生产，苏联东欧等国家实行的就是这种体制。这种体制是以军为主，寓民于军。其优点是在经济力量落后的情况下，便于国家集中力量发展军事工业，使其武器装备的数量和技术水平在较短的时间内取得重大发展。苏联在经济发展水平上落后于美国，在军事装备的数量与质量上却能与美国匹敌就说明了这一点。但是，这种体制存在着明显的弊病，就是军事工业脱离整个国民经济而自成体系，军事开支庞大，军工技术向民用技术转移缓慢，影响了国民经济的健康发展，也影响了人民群众消费水平的提高。

第二种模式是，国家只建立少量的专门的军事工业，作为研制武器的骨干力量。大量的军品研制和生产由军方向民用工业订货，美国、英国、法国等西方国家实行的是这种模式。这些国家的军品主要由民用工业提供，民为主体，寓军于民。这种模式的提优点是，军工生产和整个经济融为一个有机的整体，在和平时期可以充分利用军工生产的能力和先进的技术生产民品，促进国民经济的发展；军事工业先进的技术能够较快地转移到民用工业；军工生产便于按照社会化大生产的要求组织专业化协作，大量节约社会劳动，降低军工产品成本。同时，国家通过军事订货，直接刺激和带动经济的发展。这种模式的社会经济效益较好，而且在战时民用工业能够比较顺利地转入战时动员，迅速扩大军品的生产能力。因此这种体制具有较大的弹性。

以美国为代表的西方国家的军事工业管理体制，从社会经济效益以及在未来战争中扩大军品生产能力看，具有明显的优点。但这种体制是以下列条件做基础的：国家有较强的经济实力，并具有先进的工业和科学技术，企业具有自主权。我国现阶段的经济力量还有限，工业基础和科学技术与美国相比还有很大差距。如果立即采取美国的模式，条件还不成熟。

根据现阶段我国经济和科学技术的发展水平，适当集中力量建立和发展军事工业是必要的。但是，如果继续实行苏联军工体制的模式，对于整个经济的发展又带来了许多消极后果，最终也不利于军事工业的发展。所以，军事工业管理体制的政策，正是要在这种矛盾中做出选择。

另外，我国军事工业管理体制的改革还必须与军工产业结构调整结合起来。第一，军事工业是根据 20 世纪 50 年代到 70 年代初期的国际形势，在"立足于世界性战争大打和早打"的思想指导下逐步发展起来的。从规模看，其生产能力超出了和平时期对武器装备的需要量。第二，从军事工业的技术水平看，很多品种是在原有技术水平上的重复生产，不适应现代军事技术日益发展的要求。因此，军事工业的调整，一方面要适当地、有区别地压缩部分军工产品的生产，使这一部分生产能力转向民用；与此同时，要进行军工产品的更新换代，提高军品的现代化水平。从整个国民经济看，首先是在搞好调整、理顺关系的基础上，再逐步把重点转向改革。而军事工业调整的任务还远没有完成，这样就更增加了改革的艰巨性和复杂性

我国军事工业管理体制的改革，要从我国的实际情况出发，吸收外国的经验和教训，选择符合我国国情的模式。总的设想是，通过调整与改革，从根本上改变长期以来形成的军民脱节、军工部门自成体系的格局，逐步建立起科研与生产相结合为主体的，平战结合、军民结合的，经营型和开拓型的军事工业管理体制，并最终向寓军于民的方向发展。通过调整和改革，使我国的军事工业在和平时期以搞好技术储备、科研试制为主，把大量的生产能力有计划地转向民用生产，并制定战时动员规划，安排好战备生产能力。

根据以上分析和总体设想，可以把我国现有军工企业分成三大类，分别实行不同的管理办法。

第一类，全部生产军品的骨干企业，以中央有关军工部门直接管理为主，全部实行指令性计划。这一类企业在数量上是少数。

第二类，大多数军工企业用一部分生产能力生产军品，另一部分生产民品。这类企业以地方（包括中心城市）管理为主，军品生产任务实行指令性计划，中央主管部门负责军品发展的规划、军品原材料的供应、技术

标准的实施以及重大技术改造项目的安排。其产品由企业与军队签订供需合同，民品生产的规划。供、产、销活动应纳入行业或地方的生产建设计划。

第三类，主要生产民品的军工企业，完全交给地方管理，变成民用工业，其建设和供产销活动全部纳入地方或行业计划。但可作为军工生产的动员力量，也可继续生产与本厂产品相近的军品零部件，为军工产品协作配套。

绝大多数军工企业通过改组和产品结构的调整，逐步与民用气工业融为一体，形成经济合理的网络，在平时主要生产民品，在战时迅速转向和扩大军品生产，从而逐步建立起寓所于民的军事工业体制。

在军工企业调整和改组的基础上，原有的中央军工管理部门也将逐步进行调整和改组，以达到精简机构、减少行政管理层次上的目的。但在目前，军工管理部门不宜立即做较大的变动，以避免军工生产在军工管理体制改革过程出现混乱和无人过问的现象。从长远看，中央的军事工业管理机构的改革是完全必要的。

五　军事工业保军的首要任务是搞好先进武器的研究试制，保证军事装备水平不断提高

由于战争危险性并未消失，因而战备的工业仍然不能懈怠。在和平时期，军工部门仍然是大有作为，而不是无所作为的。问题在于在新的形势下如何适应新的要求。虽然有的战争一时打不起来，但超级大国的军备竞赛在加剧。我们并不想加入这种竞赛，但是100多年来的中国历史所给予我们的经验教训也使我们深深懂得，落后就要挨打，没有强大的国防，就没有国家的独立、和平。所以，实现国防现代化是我们的伟大目标之一。在当今世界科学技术突飞猛进的形势下，最新的科学技术成果往往首先被用于军事目的。我国的军工生产和武器装备的技术水平与先进国家相比存在很大差距，而军工科学技术又在飞跃发展，因此，对于先进武器装备的研究、实验和开发，必须提高到战略的高度引起重视，并且要有一种不进则退的紧迫感。从国外购买少量的先进武器是必要的，但立足点应当放在

推动本国对先进武器的研制上。正如工业的现代化主要不能靠买设备一样，作为一个社会主义大国，国防现代化的实现更不能、也不可能靠买武器，而是要在学习外国先进技术的过程中进行自主开发。在和平时期，军工部门应当采取积极的储备政策，加速研制先进武器，多试少产，储备技术，搞好工业的技术改造，保能力，上水平，加速武器装备现代化，改变我国武器装备的落后状况。军工科研需要有一大批精通专业的科技人才，要有一系列先进的技术设施和手段，要耗费大量的资金，要有统筹全局、密切协调和科学的系统的管理。

完成这种技术要求高、探索性强、多学科的系统工程，在我国现阶段科学技术水平还不是很高以及资金有限的情况下，尤其需要集中力量。军工管理体制改革，只能加强和提高武器装备的研制工作。为此必须采取一系列有效措施。

第一，对现有军工科研机构要巩固、充实和提高，而不应削弱。

第二，对原有科技人员，要创造条件，使他们的知识得到更新，同时要使军工科研部门能够不断获得新的优秀的科技人才。

第三，加强军工科研机构的技术改造，改善研究实验设施。

第四，军工科研机构的主要任务应当是全力进行武器研制，而不是转民。只有在完成军品科研任务有余力时，或在从事军事科研的同时，能够产生民用的科研成果时，才可附带进行民品的科研。科研单位军民结合的主要形式应当是及时有效地把军品科研取得的成果向民用转移或开发具有特色的技术先进的民品。一般的民品开发应由生产企业结合市场需要进行。

第五，对取得重大军工科研成果的有功人员实行重奖。

第六，为了确保科研成果成为成熟的技术储备，一旦需要即可迅速投入生产，新产品不仅要完成设计定型，而且要完成工艺设计，并经过必要的试验，在技术上具备投入生产的条件。这就要求军工科研机构具有研究、设计、试制的整体能力。为此，除适当充实研究的必要试验手段外，还应选择少数具有开发新武器能力的工厂，划归科研系统承担新产品试制，组成军工科研生产联合体。

第七，为了保证军工科研的计划性和有效性，应当建立由军事专家、国防科学技术专家和经济专家组成的武器装备发展战略研究机构作为装备技术决策的参谋。在科学研究的基础上制定武器装备、发展规划、审定各个时期的研制计划，指导各类武器的研制工作。研究机关具体的研究计划在总体规划的指导下经过充分论证后慎重确定。

六　逐步推行和完善军品生产订货合同制，取消驻厂军代表制

军品的生产和供应，由军队同企业签订合同，是军品供需方式的一种改革。这种改革有利于加强军工企业生产的计划性，避免盲目性，有利于企业增强责任心，改善军工生产过程中的经营管理，加强质量控制。对军队来说也可避免盲目采购，促进军队武器装备采购的经济核算，节约军费开支，并使军队锁定军品承担必要的经济责任。目前这种制度刚刚开始推行，尚需进一步完善。从宏观看，需要改革现行生产成本加5%利润的定价办法。在目前不可能对军品价格体系进行全面改革的情况下，根据合理的消耗定额制订出标准成本，作为定价的基础，在条件具备时，逐步改革军品价格体系。对企业来说，应当搞好基础工作，加强成本管理和经济核算，做到定价合理，而不能漫天要价。军队在武器采购中也要加强经济核算，避免盲目采购和花钱不算经济账的做法。

美国国防部的武器采购系统，有一大批技术经济专家与军事专家，对武器的采购、更新周期、战略战术要求及其所需的费用进行系统的证论，从而使有限的军费发挥更大的军事、政治和经济效益。这方面的经验值得我们借鉴。

随着军品供需双方合同制的推行，应当取消驻厂军代表制。自从新中国成立初期实行驻厂军代表制以来，驻厂代表在监督保证产品质量、协助工厂完成生产任务方面做了大量的工作，起了积极作用。在我国大规模建设军事工业，大量生产武器装备，但工厂管理工作不健全，产品质量不稳定的情况下，实行监督质量的军代表制，是必要的。但过去一个时期曾把军代表的职权过分扩大，验收环节过多，监督范围过广，在实际工作中形成对工厂行政不适当的干预，使工厂人员行使职权增加了许多困难。随着

企业领导制度的改革和扩大企业自主权，这种驻厂军代表制越来越不适应新形势的要求，迫使军工部门改革这种制度。为了得到质量合格的武器装备，军方派出代表验收产品是完全必要的。但是须明确，产品质量的决定因素是工厂。保证产品质量是工厂无可推卸的责任，合格证应由工厂独立签发，产品交付时军方代表可以按照质量标准检验，发现确有不合格者，工厂应完全负责包修、包换、包退。军企双方是对等的供货和订货关系，严格按经济合同办事。如发生通过协商仍无法解决的争执时，应作为经济纠纷案件上诉国家司法机关裁决。对于生产过程中的检验，完全由工厂独立自主地进行，不必设军代表层层设卡，以保证生产全过程中在以厂长为首的指挥系统全权指挥下顺利运行。

军事工业管理体制的改革涉及政治、军事、经济和科研等一系列问题，是一项复杂的系统工程，应当在调查研究的基础上制定出总体方案，有步骤、有计划地实施。在改革的实践过程中，同时应加强对军事工业改革的理论问题的研究，更深入、更透彻地认识军事工业的规律性，使改革少走弯路，并达到预期目的。

（本文原载《中国工业经济学报》1986 年第 1 期）

向军民结合型转变的国防工业

经过两代人几十年的艰苦奋斗，我国已建成了一个独立、完整的国防工业体系。这一体系包括核工业、航空业、军事电子工业、兵器工业、船舶工业和航天工业六大部门。几十年来，国防工业为我军装备现代化建设，为维护国家的和平与安全、独立与尊严做出了巨大贡献。1980 年以来，我国国防工业进行了战略性的调整，铸剑为犁，将绝大部分生产能力转向了民用产品的生产，并成为发展国民经济的一支重要力量。在管理体制上，对传统的封闭型国防工业管理方式进行了一系列的改革，逐步与社会主义市场经济接轨。我国国防工业由单一生产军品的模式向军民结合型转变的过程，实际是第二次创业的过程，这一过程既有成功，也有曲折，既有借鉴，也有创新。究竟怎样更有效地实行军民结合，更好地适应社会主义市场经济规律的要求，还需要继续在实践中探索。

一　国防工业实行战略性转变的背景

20 世纪 80 年代以前我国国防工业是一种封闭型的、单纯生产武器装备的体系。这个体系的优点是，在国防工业的初创阶段，便于国家集中必要的人力、物力和财力，较快地奠定国防工业的基础，并在某些国防尖端科技领域缩小与世界先进水平的差距。其缺点是，这种封闭型的体系与国民经济发展脱节，在和平时期，国防工业的生产能力得不到充分利用，导致生产能力的闲置和浪费，国防科技成果不能有效地为国民经济发展服务。

1980 年以前的 30 年，我国国防工业体制是在当时特定的历史条件下形成的，这些特定的历史条件主要表现为以下几点。

第一，第二次世界大战以后，东西方长期处于冷战状态，军备竞赛不断升级，全世界被笼罩在战争危险的阴影之下。

第二，新中国成立后，在较长的一个时期内，受到了来自外部的经济封锁和军事威胁，我国的国防工业建设不得不实行以战备为中心的方针，争取在较短的时间内，建立自己独立完整的国防工业体系。

第三，我国的国防工业管理体制同整个国民经济管理体制一样，是20世纪50年代从苏联引进来的，实行高度集中和以条条管理为主的计划经济管理方式，造成国防工业自成体系与国民经济发展脱节。

1980年，我国国防工业开始实行军转民的方针。军转民的含义主要包括三个方面的内容：一是国防工业的一部分或大部分生产能力转向生产民用产品；二是国防工业的技术向民用转变；三是国防科技人员承担国民经济建设中科技开发任务。国防工业军转民既包括产业结构和生产能力的调整，也包括国防工业布局的调整。

国防工业实行军转民政策，并非权宜之计，而是一种长远的战略方针，这一政策是根据对国际形势的变化及其发展趋势的实事求是的分析作出的，也是我国社会经济发展的客观要求。

第一，1978年12月，中国共产党第十一届三中全会纠正了在此之前长期实行的"左"的路线，做出了以经济建设为中心的战略决策。加快经济发展，是压倒一切的大局，一切工作都必须服从于这个大局。

第二，我国是一个发展中国家，经济发展水平还很落后，1980年我国的人均国民生产总值不到300美元。我国社会所面临的主要矛盾是人民日益增长的物质文化需要同落后的社会生产力之间的矛盾。要解决这个矛盾，就必须加快生产力发展，除了爆发大规模战争外，都要集中力量进行经济建设。当国防建设与经济发展发生矛盾时，在和平时期必须把发展经济放在优先的地位。

第三，国防工业的发展只能量力而行，尤其是要考虑国家财政的支持能力。1980年以来，我国的财政收入虽然随着经济的发展而逐年增长，但用于国防费用的开支，则增长十分缓慢，有些年份绝对额也是下降的，再加上物价上涨的因素，国防费用的购买力相对下降。1980年，我国的国防费用为193.84亿元人民币，1981年降到176.35亿元，1985年为191.5亿元，与 1980 年的国防费用名义上基本持平。但 1985 年与 1980 年相比，全国物价总指数则上升了 20%，因此 1985 年我国国防费用的实际支出至少下降 20%。1986—1995 年，我国国防费用虽然逐年增长，1995 年财政支出的国防费用为 636.72 亿元，名义上是 1985 年的 3.32 倍，年均增长 12.76%；但 1995 年，居民消费物价总指数是 1985 年的 3.028 倍，平均每年上升 11.7%，1995 年生产资料价总指数是 1985 年 3.5 倍，平均每年上升 13.3%。因此，扣除价格上涨的因素之后，1986 年以来的 10 年，我国国防费用的实际购买力与 1980 年相比，不仅没有增长，反而有所下降。由于国防费用的增加速度低于物价上涨的速度，使国防费用购买武器装备的支付能力下降，导致军队对国防工业需求的减少及国防工业生产能力的闲置。

第四，进入 20 世纪 80 年代以后，国际形势逐步走向缓和。1979 年中美正式建立外交关系；80 年代中期以后，中苏关系开始走向正常化，苏联在中苏边境的百万大军不断缩减规模；中国与越南在边境地区的军事冲突逐步停止。在中国内部，台湾海峡两岸军事对抗的局面也发生了变化，海峡两岸经济、文化交流和人员往来日益增多，为祖国大陆与台湾的和平统一展现了希望。因此，大规模的战争将会推迟或有可能避免。根据这一认识，从 80 年代初开始，军队逐年减少了对武器装备的订货，1985 年又裁减了 100 万军队。与此相适应，我国国防工业也必须缩小规模，结束准备打仗的状态，转向和平时期的正常发展，大量的国防工业生产能力必须转移到为国民经济建设服务。

第五，1950—1979 年，我国国防工业的主要任务是打基础，上规模和填补空白。经过 30 年的建设，到 20 世纪 80 年代初这一任务已基本完成。由于科学技术的进步，国防工业的发展越来越依靠现代高科技成果的运用，要实现国防现代化，主要不是靠武器装备数量的增加，而是靠科学技术的进步。依靠传统技术建立起来的国防工业生产能力，在许多方面已不适应国际现代化要求，需要转向民用工业。此外，发展高科技的国防工业，需较大的资金投入。在财政能力有限的情况下，只能选择有限的发展目标，而不可能继续对所有的国防工业企业都给予财政扶持。在这种情况下，大多数国防工业企业必须面对现实，重新选择生存和发展的出路，转向民品生产。

二　国防工业军转民的过程

20世纪80年代以来，我国国防工业军转民大体上经历了两个阶段，第一阶段1980—1990年，属于全面调整和探索的阶段；第二阶段从90年代初到现在，是逐步确立主导产业和改革运行机制的阶段。

在第一阶段，国防工业军转民的起步是艰难的，既有思想上的困惑，更有实际操作上的诸多难题。要实施军转民的方针，首先，必须解决思想上的障碍问题。军转民的初期，一部分长期从事军工生产的企业领导人和职工认为武器装备的生产是为国防建设服务的，应当完全由国家养起来，即所谓"养兵千日，用兵一时"，他们认为不能在和平时期让国防工业自谋生路，"吃皇粮"对于国防工业来说是天经地义的。这种观念在军转民的开始阶段，妨碍了一些企业实行军转民的主动性和积极性。

其次，是军转民过程中的"等、靠、要"思想。由于国防工业企业的人、财、物长期由国家供给，产品的生产任务由国家下达，按照典型的高度集中的计划经济体制运转。因此，一些企业仍然等待国家下达民品生产任务，由国家提供军转民所需要物质条件和资金保证。

最后，担心军工企业生产民品会削弱军工生产能力，影响军工生产队伍的稳定。

因此，国防工业实行军转民的开始阶段，需要解决国防工业管理部门一些干部和职工思想观念的转变问题，使他们认识到国防工业实行军转民是有利于加快经济发展，有利于增强中国的综合国力。

实践也证明，凡是军转民比较成功的企业，日子就比较好过，不仅加快了企业的技术改造和设备更新，而且职工的收入也显著增加。凡是军转民的动作慢、缺乏主动性和创造性的军工企业，在军事订货大幅度减少的情况下，就难以摆脱被动的局面。

在军转民的第一阶段，国防工业企业对于民品产品的选择，多数处于"饥不择食"和"找米下锅"的状态。由于军事装备订货的急剧减少，军工生产能力严重过剩和闲置，解决职工工资费用的来源问题成了当务之急。20世纪80年代初，国家为解决当时的消费品短缺问题，实行了鼓励发展轻纺工业的政策。在这种政策导向下，大多军工企业开始转向生产消费品，如自行车、缝纫机、洗衣机、照相机、电冰箱等。随着这些产品市场生产能力的不断扩大，市场日益饱和，竞争加剧。大多军工企业由于缺乏规模效益和协作配套关系以及原材料供应渠道，再加上地方和行业的保护政策因此在市场竞争中往往处于不利地位，生产成本高，产品销售渠道不畅，又出现了新的亏损，而国防工业的优势却得不到发挥。

国防工业企业实行军转民的一个重要意图是为了更充分地利用企业闲置的生产能力，以节省固定资产投资。因此，企业在选择民品的发展方向时，必须考虑工艺相近，设备能够通用的原则。但是在实际操作上，由于军品生产设备的专用性和生产工艺过程的特殊性，往往难以用于民品的生产，尤其是在兵器生产行业表现得更为突出。另外，许多民品生产也需要有专用的设备或生产线。例如，嘉陵摩托车厂原来是一家造枪厂，虽然该厂的某些机械加工能力还可以利用，但从总体上，嘉陵厂的摩托车是靠投资新建的生产线生产的。再如，坦克厂生产重型汽车，从工艺上看，坦克与重型汽车是相近的。但实际上现代坦克和重型汽车都是由不同的设备和生产线制造的。因此坦克厂转产重型汽车，也需要建新的生产线。在20世纪80年代中期以前，企业固定资产投资主要是由国家计划安排的，在当时的固定资产投资计划中，基本上不考虑军工企业新建民品生产线的投资问题。因此民品生产线的投资需要由国防工业部门和企业自筹。80年代后期以来，中国的投资体制发生了重大变化，即出现了投资主体多元化的局面，国家预算内投资的比重逐步下降。他方和企业预算外的投资主要通过银行贷款渠道获得。军工企业要建民品生产线，也必须从银行贷款。但军工企业开发民品，往往带来较大的风险性。专业银行在逐步实行商业化经营以后，贷款方向必须考虑贷款效益。因此那些缺乏自我积累能力、缺乏民品主导产品的军工企业难以获得银行贷款，资金问题成为困扰国防工业军转民的一个重要难题。

20世纪90年代初开始，国防工业军转民进入了第二个阶段。这一时期军转民的任务主要集中在三个方面：一是经过80年代的探索和筛选，逐步确立能够发挥国防工业优势的民品主导产业；二是推进制度创新，转换企业经营机制，以适应社会主义市场经济新体制的要求；三是按照专业化协作和联合的原则，进行资产重组，调整军工企业的组织结构。

在确立主导民品产业方面，国防工业的各个行业都有了明确目标。基本指导思想是，要优先发展本行业在技术上处于明显优势的、具有行业特色、与军品同类、军民通用或寓军于民特点的民品。核工业以发展核电及配套的核燃料循环体系为重点，同时积极发展农业、医学、化工等方面的核技术；航空工业以发展民用飞机以及国外民用飞机转包生产为重点，兼顾小型客车及其发动机、制冷设备、环保、机械装备、新型材料等非航空民品的发展；电子工业以发展电子信息产业为重点，推进电子工业技术和产品的升级换代；兵器工业实行以车为主、全面发展的战略；船舶工业以发展出口商用船舶为重点，开展多种经营，积极发展非船舶产品；航天工业以发展应用卫星及卫星应用、计算机及其应用、汽车及其零部件作为重点，加快航天技术向国民经济其他部门的转移，扩大发射民用卫星的国际服务。

在推进制度创新、转换企业经营机制方面，国防工业的各个行业及其所属的工业企业都进行了探索和尝试。由于我国经济的运行方式正在转向市场经济。国防工业企业的生产经营环境已发生根本性的变化，各种生产要素日益市场化。目前除了军品生产任务还通过计划下达给企业外，企业的民品生产任务则完全以市场需求为导向。企业生产所需要的能源、原材料、设备、元器件主要通过市场的渠道取得，即使是军品生产所需要的少量专用材料，供应的厂家也只能保质保量不保价。企业所要的流动资金和更新改造资金，亦按照统一的利率从银行贷款，而不享受任何优惠。国防工业所需要的高科技人才和熟练工人，其工资和福利待遇也必须遵循市场供求原则。经济体制向市场经济转变的大趋势，要求国防工业也必须适应这种转变，与市场经济接轨。但是由于国防工业与民用工业的经济运行方式在客观上存在着区别，因此，国防工业企业在转换经营机制的过程中，与生产民品的国有工业企业相比面临着更多的难点。这些差别和难点决定了中国国防工业企业在一段时期内还不可避免地呈现出双重运行方式并存的局面，即军品生产将更多地受计划机制的调节，而民品生产则完全由市场机制来调节。目前全部生产能力转产民品的企业已开始按照市场经济的要求，正在走向自主经营、自负盈亏。问题比较复杂的是那些既生产军品又生产民品的企业，如何协调军品与民品生产经营方式需要在实践中继续探索。从现有的做法看，一些企业实行"一厂两制"、军品与民品分线管理的办法。所谓"一厂两制"即军品生产基本上采取计划管理的办法，民品生产经营遵循市场经济的原则。

军品与民品分线管理主要包括三个方面的内容：生产技术分线管理，把军品和民品分成两个相对独立的生产、科研和技术质量管理体系，按照各自的供、产、销环节进行生产经营管理活动；财务核算分账管理，按军品和民品分别占用和共用的固定资产及流动资金确定各自占用的企业资产数额，分别摊入产品成本，对生产经营中的各种消耗和经营成果进行独立核算、计算盈亏，并建立各自独立的技术改造投资来源和使用的账目；劳动分配分别管理，军品生产和民品生产都实行优化组合，竞争上岗，按照各自的劳动成果和经济效益，实行不同的分配标准。在企业内部实行军品和民品分流管理的好处是减少或避免了军品和民品生产经营中"吃大锅饭"现象，使各自的成本核算更加科学和准确，增加了军品和民品生产经营管理人员的动力和压力。

国防工业在军转民的调整与改革过程中，还积极开展国际合作，同世界上几十个国家和地区的1000多家厂商建立了经济技术合作和贸易关系。国防工业军转民国际合作的主要方式包括（1）引进外国先进技术和设备，对军工企业进行技术改造，转产民用产品；（2）使用国外的信贷或者与外国厂商进行合资经营，开发军转民的产品；（3）利用军工企业的技术、设备和人才，为外国公司加工民用产品，返销国外市场；（4）中外联合培训军转民企业的高级管理人员。

我国国防工业军转民的国际合作具有广阔的前景，突出表现为（1）国防工业已经打破了传统的封闭的军工体系，特别是民品生产经营机制已逐步与市场经济及国际惯例接轨，为开展国际合作奠定了制度性基础。（2）我国国防工业主要是技术密集型的加工工业，其产品发展方向与我国产业结构升级的方向一致，无论在替代进口还是在改造传统产业方面，国防工业的军转民有着广阔的国内市场。（3）我国国防工业具有力量比较雄厚、门类比较齐全的科技队伍，多年来已经积累了大量先进的技术成果，其中有 2000 多项已宣布解密转为民用，使国防工业的军转民的国际合作能够获得更有效的科学技术支持。

三 国防工业军转民的成就和发展前景

1980—1996 年，经过 10 多年的努力，我国国防工业已初步实现了由单一生产军品向军民结合型的转变。在国防工业六个部门的工业总产值中，民品产值已从 1979 年的 8% 上升到 1996 年的 75%，民品产值平均每年递增 20% 以上，已建成 600 多条民品生产线，可生产 50 大类、15000 多种产品。在军转民的过程中，国防工业发生了五个方面的显著变化：一是国防工业管理部门和国防工业企业的领导人的思想观念发生了变化，即由原来只重视生产军品，不重视生产民品，依靠财政扶持和军事订货，不愿意参与市场竞争转向重视民品生产和千方百计地开拓民品市场；二是企业运行机制发生了变化，由原来生产任务主要依靠上级下达计划和不重视经济核算，转向重视市场需求，重视经济效益，重视建立国防工业企业自主经营、参与市场竞争的机制；三是产业结构发生了变化，即由单一的军品生产结构转向军民结合、军民兼容型的结构；四是由自我封闭、自成体系转向了与国内其他行业开展横向联合，与外商进行合资，共同开发民品；五是国防工业技术由单纯为国防建设服务转为国民经济各个领域服务。

（一）核工业

我国核工业的发展主要依靠自己的力量，建成了包括地质勘探、铀矿采炼、核燃料生产、核动力装置生产、专用核仪器、核设施建筑安装、环境保护等各个环节的完整的核科技工业体系。1979 年以前，核工业实行军用为主的方针，而且是一种完全封闭的工业体系。从 1979 年开始，我国的核工业在核电建设、同位素与辐射技术应用等方面取得了显著进展。核工业的民品产值平均每年增长 20% 以上，民品产值在核工业总产值的比重由 1980 年的 4.9% 上升到 1996 年的 80%。

1. 核电建设。我国核电建设是在自己研究设计的基础上，引进和吸收了国外的先进技术和经验，建成了浙江省秦山 30 万千瓦核电站，并于 1992 年并网发电。秦山核电站的第二期工程计划再建两个 60 万千瓦的核电机组，已于 1993 年 6 月破土动工。为了与秦山核电站相配套，还建成了 30 万千瓦核电站元件生产线。大型核电站燃料元件生产线目前正在进行施工，生产线全部建成后，可满足 600 万千瓦核电站换料的需要。

2. 同位素和其他核技术的开发。同位素和其他核电站的开发、应用是核工业军转民的一个重要方面。20 世纪 80 年代初，我国成立了同位素公司，负责组织同位素的生产、供应和进出口贸易。中国核学会还成立了核农学会、核医学会、核动力学会、核辐射学会等 19 个分会，积极推广同位素和其他核技术的应用。目前，我国从事同位素与辐照技术研究开发与生产应用的单位有 2000 多家，专业技术人员两万多人，生产同位素制品 800 多种，同位素制品的产值平均每年递增 20% 左右。

在农业方面，采用辐射技术，并结合其他技术，培育新品种 332 个，这些新品种每年可增产粮食 40 亿公斤。

在医学应用方面，目前我国已有 1200 个医疗单位应用核医学技术，拥有各种核医学仪器装置与放射治疗设备 6000 台，每年接受治疗的患者 1000 多万人次。

同位素与辐照技术的广泛应用，也推动了民用核仪器仪表生产的发展。目前可生产 5000 多种核仪器。核仪器在石油、煤炭、化工、冶金、地质、交通、医学、农业、环境保护、消防等许多行业得到推广应用。

我国的核工业实行"以核为主、多种经营"的方针，推动民用核技术的产业化。利用核工业的矿产勘探和开发力量，勘探和开发其他矿产资源，以铀为主，综合探矿；核工业的工程设计、安装公司承担民用建筑安装工程，核化工企业利用核化工技术优势，开发民用化工和稀有金属产品。到"八五"时期，核工业民品产值平均每年增长 38.3%，"八五"末，核工业的民品产值比重已达 80%。

"九五"时期，中国核工业总公司将续建和新建秦山二期、广东岭澳、秦山三期、辽宁核电站等核电工程，累计装机容量 660 万千瓦，将在 2001—2003 年相继建成投产；到 2010 年，我国核电装机容量将达到 2000 万千瓦。核电、核燃料和多种经营作为核工业民品生产的三大支柱，其产值平均每年将递增 20%。

（二）航空工业

1978 年以前，我国航空工业的民品产值只占 6% 左右，航空工业长期处于临战状态，从事单一的军品生产，企业的生产计划、原材料供应、产品收购完全由国家计划安排，企业的盈利和亏损由国家统收统支。从 1979 年开始，航空工业贯彻军转民的方针，到 1992 年，民品产值在全行业工业总产值的比重已超过 70%，实现了从单一生产军品以民品为主，寓军于民的转变。

1. 坚持航空产品为主导，重点发展民用飞机。由于民用飞机与军用飞机结构相似、工艺相通，生产设备可以共用，生产民用飞机能够充分发挥航空工业的科研、设计和生产能力。发展民用飞机，有利于建立军民兼容的一体化企业集团。在军用飞机任务少的和平时期，通过发展民用飞机，可以锻炼航空科技队伍，储备技术，促进设备的更新改造。一旦发生战争，也有利于航空工业的科研和生产能力顺利地向军用飞机转产。此外，我国国土辽阔，需要大力发展民用航空事业。但目前大部分的民用飞机仍然依靠进口，航空工业的军转民，有利于提高国民用飞机的水平和市场占有率。

航空工业发展民用飞机的方针是"以干线为重点，支线飞机、专业飞机和直升机协调发展"。"七五"期间，中国航空工业进行了 19 个民航飞机机型的研制开发，其中 3 种飞机取得型号合格证，4 个型号设计定型，向国内各航空公司提供了 200 多架各种民用飞机。在各类民用飞机中，具有代表性的是运 7—100 型支线飞机，到 1992 年已有 87 架在国内 180 多条航线运营，运 7—200A，运 7—200B 支线飞机已开始进入国际市场。可载 96 人，最大续航时间 14.5 小时，航程为 5620 公里、升限为 10400 米的运 8 运输机也于 1990 年交付使用。到"八五"末期，已交付使用和各种民用飞机 156 架。用美国麦道公司研制，上海航空工业公司组装并生产部分零部件的 MD—82 干线飞机，第一批生产了 25 架供应中国民航投入运营有 5 架 MD—82 已返销美国。

2. 依托航空工业的科技优势，发展非航空民用产品。10 多年来，航空工业先后开发了 5000 多种非航空民用产品，累计建成 160 条民品生产线，有 200 项产品列入国家机电行业推荐替代进口产品目录。1986 年以来，非航空展品产值和销售额平均每年增长 30%。航空工业开发非航空展品的支柱产品有 8 个大类。

汽车、汽车零部件和摩托车。全行业有近百个企业和设计单位参与这类产品的生产。汽车零部件生产企业承担了上海大众——桑塔纳轿车 20 大类 100 多种零部件的生产任务，占整个国产化车的 10%；摩托车及发动机的生产企业有 10 余家，目前已形成 50 万辆整车和 30 万台发动机的生产能力。

纺织机械。全行业有 87 家企业参与纺织机械的生产，通过引进和消化国外引进技术，相继开发了具有 20 世纪 80 年代初国际先进水平的纺织机械。

医疗器械和制药生产装备。全行业有 30 多家企业、50 多个产品被国家卫生部和医药管理局批准为定点生产厂。食品包装机械，产品品种 200 多种，已成为我国食品包装机械的主要生产部门。

液压技术产品。目前有 20 多家企业和科研单位将航空液压技术转移到民用工业。由航空工业向建筑、汽车、轻工、化工、冶金等行业提供的液压基础件已达到 20 世纪 80 年代国际先进水平。

轻工机械和家电产品。主要产品有空调压缩机、冰箱压缩机、体育器械、烟草机械、造纸机械、服装机械等。

环境保护设备，包括海水淡化、医疗污水、工业废水处理设备和生产线。

高新技术产品，如神经仿真计算机、高精度坐标测量机、五坐标加工中心、钛合金精密铸造生产线等。

3. 开展国际合作，发展航空零部件的转包生产。1979 年以来，我国航空工业部门先后为美国、英国、加拿大、德国、法国、瑞典、意大利等国家的 20 多家公司生产了民用飞机的机头、舱门、垂尾、中央翼、机载仪表和元器件等几十种产品。通过转包生产，学到了先进的航空产品设计制造技术，加快了我国航空工业企业的技术改造，提高了企业经营管理和产品质量的控制水平。

"九五"时期,航空工业民用飞机将以研制中型客机为突破口,通过国际合作,与自行研制为主相结合,实现 AE—100 飞机首飞,直升机要逐步形成自行设计和研制先进机种的能力和体系。非航空生产产品的发展以提高产品质量和生产规模为重点,发展汽车、制冷设备、环保、新兴材料、电子与信息产业和机械装备等六大类产品。

(三) 电子工业

军事电子工业在国防工业体系中,实行军品和民品生产相结合的起步比较早。在 1979 年以前已开始生产民用产品,1979 年的民品产值占军事电子工业企业总产值的 20%,1985 年上升到 62%,1992 年上升到 97%,目前一直保持在 97% 以上。

1. 积极发展消费类电子产品。经过 10 多年的发展,消费类电子产品中的彩色电视机、收录机、录像机、洗衣机、全自动照相机、电子诊疗仪等已形成了规模生产能力,不仅全面占领了中国国内市场,并开始批量出口。军工电子企业生产的彩色电视机年产量已超过全国彩电总产量的 1/3,电冰箱出口量占全国家电行业出口的 50%。

2. 利用军事电子技术改造传统产业。我国的军事电子工业已将数字处理通信、监控、辅助设计、信息传输、办公自动化等电子技术和设备广泛应用于国民经济各个部门,改进了国民经济各个部门技术的手段,推动了这些部门的技术进步。

在能源工业领域,为电力调度系统提供了无线电及音频电力负荷监控系统,提高了电力的自动调控能力,为煤炭矿务局提供了微波通信指挥联络网,提高了大型煤矿的指挥调控能力。

在交通运输领域,提供了航空管制指挥调控系统,公路交通通信与控制系统,铁路枢纽站驼峰自动编组系统,多种类型的港口管制系统,远洋航轮的通信民航防撞系统,地铁闭路电视系统。

在机械制造业领域,为汽车制造厂研制了可编程序微机控制的汽车驾驶室总成自动装焊与检测线,为纺织工业提供了微机监测系统。

在农业生产领域,提供了多种气象雷达,提高了气象预报的质量和时效;为水利建设提供了各种监测、预报电子设备;利用遥测、遥控、遥感技术开发了防洪调度自动化系统；为森林防火提供了自动报警装置。

在金融领域，为中国人民银行提供了卫星数据传输清算系统，改善了金融调控手段。

军事电子工业在军转民的过程中，推进了军工电子企业与民用电子企业相互之间的联合，先后成立了50多家电子企业集团，其中实力较强、市场占有率较高的电子企业集团有30家，如长虹集团、熊猫电子集团、黄河集团、华晶电子集团、华录集团、太极集团、中山集团、浪潮集团等。这些企业集团集技术、工业、贸易于一体，成为中国民用电子工业的主力军。

（四）兵器工业

兵器工业是以生产枪炮弹药、坦克车辆和光电仪器为主的工业，军民通用产品和军民兼容技术少。因此兵器工业转向民用产品的生产与其他国防工业部门相比，难度更大。许多行业开发民品都需要建新的生产线。20世纪80年代初期，军事订货大幅度下降，企业普遍开工不足并出现严重亏损，兵器工业为寻找出路，不得不四处"找米下锅"，生产民品不厌其小，不厌其少，不厌其杂，不厌其烦，可以说处于一种饥不择食的境地。1980—1985年，民品的销售收入平均每年增长43%。但在转民的过程中，也出现了盲目性，使一些转民项目投资失败。

在总结前五年经验教训的基础上，兵器工业部门对军转民的项目进行了筛选，淘汰一批经济效益差、缺乏市场竞争力的项目，依托兵器工业机械制造、光电、化工的优势，确立了"机械、光电、化工三大系列，车辆为主"的民品发展方针，兵器工业的军转民又进入一个新的发展阶段，即从"找米下锅"和饥不择食转向有计划、有选择地发展民用产品。兵器工业的民品销售收入在"七五"时期平均每年增长15.6%，"八五"时期平均每年增长26.8%，民品销售收入在兵器工业销售收入中的比重从1979年的9%上升到1996年的80%以上。

兵器工业生产民用车辆的重点产品是重型汽车、散型轿车和摩托车。到"八五"末期，兵器工业的民品生产已形成了"以车为主"的格局。1995年，在兵器工业生产的民品构成中，机械、化工、光电和其他民品的产值比重分别为82.1%、6.8%、4.1%和7%，而在机械产品构成中，汽车和摩托车产值占 80%，在民品工业总产值中占 66%。1979—1995 年，兵器工业总公司生产的摩托车累计达 1088 万辆，其中 1995 年就生产了 250 多万辆，占全国市场份额的 34.8%。散型汽车的综合生产能力 15 万辆，其中奥拓轿车 5 万辆。

在光电仪器方面，采用军用望远镜技术，生产各种民用望远镜，年产量达到 200 万只；利用激光技术生产激光测距仪、激光医疗手术刀、激光治疗仪，激光调整摄影仪；利用光学技术生产红外测温仪、红外水分仪、微光电视、激光指纹显现仪。

在化工方面，利用军火弹药生产的技术优势，生产各种高性能的民用爆破器材和各类工程建设所需要的炸药。

兵器工业在军转民的过程中，有三个比较成功的做法：一是重视引进国外先进技术，使民品生产的技术起点高，例如嘉陵摩托车集团先后引进了日本的本田和雅马哈公司的 100 多项技术，使嘉陵摩托车的产品质量保持了全国领先的地位，经济效益也是兵器系统最好的；二是破除军工企业不能与外商合资的观念，积极创办合资企业，利用外资已超过 10 亿美元，在机械、汽车、摩托车、化工、电子等行业创办了 100 多家中外合资企业；三是加强贸易和销售体系，重视民品的出口。兵器工业部在 20 世纪 80 年代中期就成立了北方工业公司，经营兵器工业、各类民品的出口。目前，中国北方工业公司在美国、英国、德国、法国、日本、中东、南美、拉美、非洲、南亚、中国香港等国家和地区建立了 20 多个合资与独资公司，从事对外贸易，开拓民品出口市场。

"九五"时期，兵器工业的民品生产将坚持"以车为主，全面发展"的方针，发挥兵器工业总公司产学研、技工贸相结合的整体优势，实施大公司、大集团战略，坚持扶优扶强，集中力量抓好民用车辆的发展，力争在车辆类民品的规模经营、技术开发以及跨国经营方面成为我国汽车行业的大型骨干企业集团之一。

（五）船舶工业

20 世纪 70 年代末，国防船舶工业的军品生产任务占 70%—80%，民用船舶生产占 20%—30%。80 年代初，国防船舶工业开始扩大民用产品的生产。1982 年原第六机械工业部改为中国船舶工业总公司，成为经济实体以来，中国船舶工业总公司实行以国际市场为导向，造船、修船和非船舶产品并举，比较顺利地实现了军民结合。到 1996 年，船舶工业总公司民品产值已占该公司总产值的 80% 以上，出口船舶占造船总产量的 40% 以上。船舶工业的技术基础和生产过程具有较强的军民兼容性，军用舰船的制造，除对总体设计、武器装备、某些材料及船上设备有特殊要求外，在建造手段、设施、工艺和部分设备等方面，同民用船舶基本相同。因此，船舶工业的生产技术特点决定了它实行军转民和军民结合的过程比较顺利。

1. 以出口船舶为主导，发展商用船。1979 年，军品任务大幅度削减，国防船舶工业接到的军品生产任务只占其生产能力的 60%，主机和辅机厂不到 50%，仪表厂只有 30%。1980 年和 1981 年，当时国民经济处于调整时期，国内市场需求下降。在这种背景下，国防船舶工业依托生产技术力量强、劳动力成本低的优势，开始面向国际市场，积极参与国际竞争。为此，船舶工业总公司消化吸收了 5000 多项国际技术标准，成系列引进国外制造技术，对江南造船厂、沪东造船厂、大连造船厂等大型骨干企业进行技术改造，迅速提高了船舶工业的综合实力。中国船舶工业总公司的造船能力由 1981 年的 80 万吨提高到 1990 年的 150 万吨，其中 3.5 万吨以上的大型船舶建造能力由 25 万吨上升到 80 万吨。船舶的技术档次和建造质量达到或接近 20 世纪 80 年代末期的国际先进水平，提高了我国船舶工业在国际市场上的竞争力。从 1981 年到 90 年代初累计承接的出口船 700 万吨。出口船舶的品种从一般散货船、油舱发展到具有当代先进水平的高性能、高附加值的各种船舶，出口船单船吨位由 2 万吨级发展到 15 万吨。出口船舶的质量受到了外国船东和国际船检机构的广泛好评。我国船舶出口在国际船舶市场的位次已由 80 年代初的第 16 位上升到目前的第 5 位。

2. 实行多种经营，发展非船舶产品。1979 年以来，先后建成 69 条生产线，生产 1000 多种非船舶产品。在船舶工业总公司的生产构成中，造船产值占 61.3%，修船产值占 8.9%，非船舶产品占 19.8%。非船舶类产品主要分为三大类：一类是为冶金、石油、化工、煤炭、交通运输等基础产业部门提供大型金属结构装备和容器；二是应用军工技术开发技术含量比较高的产品，如数控切割机、液压元件，电子清纱机等；第三类是生产消费品和办公用品。

船舶工业总公司在开发民品和扩大出口的过程中，重视发挥企业集团的优势，把企业、科研设计院所以及高等学校联合起来，解决生产中的技术难题。军用船舶科研院所努力贯彻军转民的战略方针，积极开发民用船技术，在大型高技术民用船舶设计方面取得了重大突破，成功地设计了国内最大的出口挪威的 15 万吨油轮，开发了技术含量较高的 4.6 万吨大舱口多用途散货船和 1.65 万立方米 LPG 船，列入国家重大技术装备攻关的 3.5 万吨浅吃水散货船和 1.2 万吨浅吃水江海直达运输船的开发也取得圆满成功。

船舶工业在军转民的过程中，还确立了高起点的技术引进战略。在引进方式上，以引进软件技术为主，即以引进船舶的设计技术、船用设备制造技术、重大关键工艺技术为主，例如引进和采用国际技术标准和制造规范，以委托设计和联合设计的方式，引进复杂的先进船舶设计技术，以生产许可证方式引进关键设备的世界各名牌产品制造技术。在引进先进技术的同时，加快消化吸收，把借鉴、移植同自主开发和创新相结合，从而提高国内自主开发和设计能力。

"九五"时期，船舶工业民品的发展目标是，全面提高竞争能力，逐步扩大在国际市场上份额，到 2000 年中国船舶工业总公司系统的产量将达到 300 万—350 万吨，占世界船产量的 10% 左右，建造质量达到国际先进水平，造船主要配套设备能力达到 80%。

（六）航天工业

我国的航天工业于 20 世纪 50 年代中期起步，在 1979 年前，主要承担运载火箭、航天器、战略和战术导弹等军用产品。经过 40 多年的发展，航天工业已成为我国具有代表性的高科技产业。自从 1979 年开始实行军转民的政策以来，航天工业民品产值平均每年增长 30%，航天工业的民品产值占全行业工业总产值的比重已从 1980 年的 10% 上升到 1995 年的 70%。1986—1995 年，共建成了 126 条民品生产线，产品品种包括电子、机械、交通、能源、纺织、轻工和医疗器械等几十个领域。从事民品生产的职工占航天工业系统职工总数的2/3。航天工业军转民的途径是立足于发挥科技人员集中和生产手段比较先进的优势，使航天技术和航天产品为国民经济服务。

1. 发射民用卫星，利用卫星开展矿藏、地质、水资源、森林资源和国土规模的调查；发射气象卫星为气象预报、旱涝监测、森林草原火情监测以及农作物提供服务；发射通信卫星，为通信、广播和电视传送服务目前我国利用通信卫星传送的广播和电视人口覆盖率达到85%，用于国内通信的转发器中，我国自己的转发器占2/3。航天工业系统已有30家企业和研究所、5万名职工从事卫星应用系统的研制工作，生产各类民用卫星电视接收系统、卫星通信地球站、卫星数据通信系统、卫星云图接收系统等。截至1996年7月，我国已成功发射了36颗自行研制的卫星，并于1987年开始，在返回式卫星上为国内外科技界搭载了数项微重力试验，包括半导体单晶生长、藻类培植、蛋白质生长等材料制备和生命科学实验，都取得了相当满意的结果。

2. 参与国际竞争，为国外提供发射商业卫星的服务。1985年中国开始进入世界航天工业市场，迄今已与世界上36个国家和地区的110家机构建立了商业联系。先后成功发射了"亚洲一号"通信卫星和澳大利亚通信卫星等9颗国外卫星，还为法国的马特拉公司、联邦德国宇航公司提供了卫星搭载服务。

3. 发挥科技优势，开发民用高技术产品。航天工业总公司成立了数控机床企业集团，重点发展了机床数控系统、工业控制系统和各类型的机器人，该集团的数控机床产品已占国内24%的市场。航天工业总公司还将一些特殊的航天技术应用于民用生产，例如应用火箭密封技术，研制出性能可靠的密封阀门，解决了石油化工部门生产装置中的阀门泄漏问题；利用卫星中的制冷技术，开发出新一代无氟利昂污染的冰箱；利用固体发动机技术，研制防止雹灾的防雹弹和缓解旱灾的降雨弹。通过发展高技术产品，避免了与其他民用工业争市场的矛盾，使航天工业开发的民用产品具有其他民用工业部门难以替代的竞争力。

四 国防工业实行军民结合的产业组织形式问题

我国国防工业的军转民已经取得突破性的进展，民品生产在原六个国防工业部门已占主导地位，军品生产的工业产值所占的比重已降到了30%以下，而且还将继续下降。但是，巩固和发展国防工业军转民的成果，提高军转民的效益和技术层次，不仅仅是调整产品结构的问题，还必须建立起一个实行军民结合的产业组织结构。这种产业组织结构应当是具有弹性的，即在和平时期的主要目标是发展民品生产，为国民经济建设服务。在战时，则能够顺利地转向军品生产。究竟哪一种产业组织形式更有利于军民结合，还需要在实践中继续探讨和完善。

第一种产业组织形式是"小军工、大协作"。这种产业组织形式的特点是，继续保留单纯生产军品的工业体系，只是在规模上大大缩小，通用性的零部件由民用工业企业协作生产。大部分军工企业转向民用生产，并在隶属关系上脱离国防工业系统，成为一般的民用工业企业。这些企业不再承担军品任务。此外，保留的军工企业也不承担民品生产任务，军品生产规模以保证和平时期军队正常装备和更新为限度，军品任务不足时，由国家养起来。这种产业组织形式的优点是，在国家军费开支不足的情况下，保留下来的少数军工企业得到的军事订货任务比较饱满也便于集中有限的资金改造和提高这些企业的技术装备水平。由于国防工业的规模大大缩小，过剩的生产能力全部转向民用，这样就比较容易管理。它的缺点是国防工业的调整只是缩小规模和减少了企业数量，但仍然自成体系，与民用工业的关系还是"两张皮"，国防工业先进的科学技术难以转化为民用技术，为国民经济建设服务。

第二种军民结合的产业组织形式，是将原来属于政府系统的国防工业管理部门及其所属的国防工业企业改组成大型集团化的工业公司，这些公司都以生产民品为主，但在公司内还保留一小部分只生产军品的企业，或者一部分企业以生产军品为主，另一部分企业以生产民品为主。在同一企业内，实行"一厂两线"，即一部分生产车间或生产线生产军品，另一部分生产车间或生产线生产民品，但军品生产相对集中。这种产业组织方式的优点是便于发挥政府和总公司在军转民过程中的指导和扶持作用，保证军转民的顺利进行，有利于减少产业结构调整过程中的震荡。但这种产业组织方式也有许多不足，突出表现为军民结合仍然是一种板块式的结合，由于军品和民品的生产经营机制、管理方式不同，在实际运行过程中军品生产与民品生产相互之间容易发生矛盾。已经转民的企业当生产民品的效益高于军品的效益时，通常不愿意再接受军品生产任务。既生产民品又生产军品的企业内部经营管理工作比较复杂。

第三种产业组织形式是寓军于民的方式。这种产业组织方式的特点是打破了国防工业自成体的格局，除少数特殊军工产品（如弹药）由军队主管部门直接管理外，大多数的军工产品的生产都寓于民用工业企业。军队在几个生产厂家中，择优定货，并通过拨给研制费用的方式对重点厂家给予扶持。接到订货任务的厂家通过任务分包的方式，组织专业化协作。这种组织方式的好处是军品生产与民品生产的兼容性强，而且具有顺利实现平战转换的能力。实行寓军于民的产业组织方式的条件是，民用工业具有较高生产技术水平、装备水平以及新产品的研制开发能力，在经济运行方式上，无论是生产军品还是生产民品，都遵循同一的市场经济准则。因此，寓军于民的产业组织方式只能随着生产力水平的提高和市场经济体制的确立而逐步实现，在现阶段，只是一种理想的模式，还不是现实的产业组织形式。

参考文献

1. 《中国国防科技信息》1996 年第 5—6 期。

2. 苏青云、李庆昌、毛付俊等：《兵器工业军转民与汽车、摩托车工业》，《经济管理》1997 年第 1 期。

3. 杨天正：《我国船舶工业的技术引进、消化吸引和国产化道路》，《科技日报》1996 年 3 月 19 日。

4. 《当代中国的国防科技事业》编辑部：《当代中国的国防科技事业》，国防工业出版社 1992 年版。

5. 王慕平：《中国航天事业发展综述》，《中国军工报》1996 年 11 月 12 日。

[本文原载《中国工业发展报告（1997）》]

国防工业的发展及其现代化

国防工业主要是为军队提供武器装备的工业。国防工业现代化是实现国防现代化的基础和关键，也是一个国家综合国力的重要支柱。为了推进军队现代化的建设，防御外来侵略，捍卫国家主权，维护领土完整，实现国家统一，并为社会经济发展创造一个稳定与持久的和平环境，我们必须建立强大的现代国防工业。本章着重论述我国国防工业的历史成就，分析国防工业面临的形势和任务，探讨推进国防工业现代化的途径和措施。

一　1949—1978 年国防工业的发展

在革命战争时期，我军武器装备的供给主要是依靠缴获敌人的武器。随着解放战争的全面胜利和新中国的成立，建立独立自主的国防工业成为新中国工业化建设的一项重要任务。1949—1978 年，我国国防工业经历了一个从无到有、从小到大、从落后到比较先进的发展过程。从国防工业发展的特点看，这一时期我国国防工业发展经历了两个阶段：

第一阶段，1949—1959 年的 10 年。这一时期国防工业在三个方面取得了进展：一是对原国民党政府遗留的以生产枪弹等轻武器为主的兵工厂进行整顿和改造，恢复和扩大生产能力；二是兴建了一批大型骨干军工企业如飞机制造厂、坦克厂、火炮厂、造船厂等，同时还兴办了一批军工科研院所；三是对核武器、运载火箭等战略武器进行规划论证和前期准备工作。经过建国初期举国上下齐心协力的奋斗，到 1959 年建国 10 周年时，我国的国防工业已初步形成坦克、火炮、轻重机枪、弹药、通信器材等常规武器的成批生产能力，飞机、舰艇等武器制造企业的兴建工作也取得重大进展。

　　第二阶段，1959—1978 年的 20 年。这一时期，我国遭受了 3 年严重的自然灾害，苏联撤走了援华专家，又经历了持续 10 年的"文化大革命"。国防工业在极为困难和复杂的国际国内环境中艰难地发展。由于当时是在高度集中的计划经济体制下，中央政府集中了必要的人力、物力和财力，确保国防工业的建设和发展。这一时期国防工业建设取得的成就主要体现在四个方面：第一，从 20 世纪 60 年代初期开始，我国的武器装备由仿制为主逐步转向自行研制为主。第二，"一五"和"二五"时期新建的大型骨干军工企业陆续投产并形成了大批量生产的能力，特别是在重型武器制造方面，取得较快发展，如中型和重型坦克、水陆两栖坦克、装甲车、大口径火炮、自行火炮等，可以成批量地装备军队。与此同时，武器装备中应用电子、半导体、激光等 60 年代以后的新技术方面也取得了较大进展。第三，奠定了航空工业、造船工业的基础。60 年代中期，飞机制造厂开始成批量生产超音速歼击机、轰炸机、运输机和武装直升机；船舶工业能够向海军提供护卫舰、高速炮艇、潜艇和导弹驱逐舰等。在 60—70 年代，我国空对空、地对空导弹亦从研制转向了成批生产。第四，战略武器的研制取得重大突破，原子弹、战略导弹和人造地球卫星先后研制和发射成功。苏联于 1960 年单方面中止援华合同，在核工业系统工作的 233 名专家全部撤走，并带走重要资料，停止设备与材料供应，给我国核武器的研制工作造成极大困难。国防科技工业战线的科学家、工程技术人员和干部工人坚持独立自主、自力更生的方针，克服重重困难，从 60 年代到 70 年代，我国的战略武器的研制和试验取得突破性的进展。1964 年 10 月第一颗原子弹装置爆炸试验成功，1965 年 5 月核航弹首次空投试验成功，标志我国已掌握可供实战的核武器技术；1966 年 9 月第一枚地地战略导弹完成了定型试验；1966 年 10 月又成功地进行了导弹核武器试验，1967 年 6 月氢弹爆炸试验取得成功。1970 年 4 月，成功发射第一颗人造卫星；1971 年 9 月我国自行设计和建造的核潜艇安全下水并试航成功。1969 年、1975 年和 1976 年先后三次成功地进行了地下核实验。我国核武器、导弹和卫星的研制成功，打破了少数军事大国对核武器和空间武器的垄断地位，增强了我国的军事威慑能力和综合国力。

二　改革开放以来国防工业的新成就

从 1978 年到现在的 20 多年，我国国防工业在改革开放的条件下，进行了重大的战略性调整，并在调整中得到发展。这一时期国防工业的调整和发展主要体现在两个方面：一是收缩国防工业的战线，实行军转民的方针，使相当大的一部分国防工业生产能力转向国民经济建设的主战场，生产市场需求的各种民用产品；二是按照新时期加强我军现代化建设，实现科技强军的要求，提高国防科技工业研究、试验和制造水平，努力缩小与发达国家之间的差距。20 多年来，国防科技工业在上述两个方面都取得了显著进展。

（一）国防工业发展民品生产的成效

进入 20 世纪 80 年代，军品定货急剧减少，军工生产能力大量闲置，国防工业开始了军转民的第二次创业。在军转民的起步阶段，由于当时国内市场仍处于产品短缺的状态，一些军工企业纷纷转产消费品。虽然有不少企业获得了成功，但大多数企业的军转民则处于摸索和试错的过程。项目的选择存在着很大的盲目性，一些民品生产线实际上与原来的军工生产联系并不密切，多是另起炉灶，投资新建，进入自己并不熟悉的领域。因此有的成功了，但也有很多项目失败了。进入 90 年代以后，国内市场供求格局发生了重大变化，即由严重短缺转向了相对过剩，军工企业转产民品遇到了激烈的市场竞争。由于经营机制不活，企业办社会的包袱重，规模效益差，摊在民品上的固定费用高等方面的原因，一些转产民品的企业又出现了新的亏损。

为了扭转这种状况，"八五"以来，国防工业军转民又进行了一轮新的调整，调整的方向是根据市场的需求，结合自身的特点来确立主导产品，建立能够发挥本行业优势的支柱产业。经过近 10 年的努力，国防工业军转民又迈上了一个新台阶。

从总量上看，国防工业生产的民品产值已占国防工业企业总产值的 80% 以上。从产业结构上看，各大军工企业从本行业的优势出发，确定发展民品的方向，逐步形成了以技术密集型产品为主导的民品生产格局。

核工业坚持和平利用核能的方针，重点发展核电站，在引进消化国外核电站技术的基础上，已形成自主设计、制造、建设和管理大型核电站的能力。

航空工业发展民品的重点已转向以发展民用飞机为主导。通过与国外合作生产、转包生产外国公司飞机零部件等途径，逐步培育和提高了生产干线中型和大型客机的能力。目前已与美国合作生产了 35 架 MD-82 型，100 座干线中型飞机。自主设计、开发的 50 座运 7 支线飞机、运 8 中型运输机、运 12 轻型多用途飞机已形成批量生产能力，并投入市场运营。航空工业还发挥机械加工制造的生产技术优势，在发展微型汽车和汽车发动机方面，也形成了具有一定竞争力的生产规模。

20 世纪 90 年代以来，民用船舶工业迅速发展，造船总量 1985 年位居世界第 17 位，1995 年跃居到世界第三位。船舶出口量占造船总量的 80%。经过 10 多年的改造、引进和消化吸收，船舶工业已能够自主设计、建造技术性能较高的超大型船舶，建造的质量已基本达到当代国际先进水平。

兵器工业形成了以摩托车、微型轿车、重型载货车、光学仪器和特种化工为主导的民品支柱产业，其产品在国内市场已占有重要地位。国防工业企业生产的摩托车年产量占全国摩托车总产量的 26.5%，出口创汇占 50.2%。国防工业企业生产的微型汽车占全国微型汽车总产量的 61.24%，微型轿车占 31.1%。摩托车和汽车生产的发展还带动了一大批国防工业企业成为生产零部件的配套企业。

国防工业在电子信息产业领域具有明显的优势，原军用电子工业企业 90% 的生产能力转向了民品生产，例如长虹电子集团和熊猫电子集团已成为国内生产彩色电视机的著名企业和行业排头兵。民用电子信息产品的产值已分别占航天工业和航空工业民品产值的第一位和第二位。

20 世纪 80 年代中期以来，我国航天工业在商业化服务方面不断取得新的进展。1988 年 9 月，"长征四号"火箭首次发射成功，把我国第一颗气象卫星"风云一号"准确地送入高度为 901 公里的太阳同步轨道。1990 年 4 月，"长征三号"火箭把美国休斯公司制造的"亚洲一号"通信卫星送入预定轨道。1992 年，"长征二号 E"捆绑式运载火箭发射当时世界上最重的"澳星"取得成功。1997 年 5 月和 6 月相继成功地发射了"东方红三号"卫星和"风云二号"静止气象卫星。1999 年 12 月，我国首次发射和回收的"神舟"号载人试验飞船获得成功。这些成就表明，我国的航天工业已进入世界少数先进国家之列。

目前在民用卫星通信产品和设备制造与服务、民用雷达设备制造、专用集成电路制造、摄像机和可视电话制造、通信光缆生产等领域，国防工业企业和科研院所已成为一支重要的科研和生产力量。它们的产品和技术水平大多处于国内同行业的领先水平，是我国发展电子信息产业的主力军。

（二）武器装备制造工业的新发展

如前所述，我国的武器装备制造企业在 20 世纪 80 年代以前的 30 年，经历了从仿制到自行研制两个发展阶段。80 年代以来的 20 年，根据质量建军、科技强军和为打赢高技术条件下局部战争的战略要求，武器装备的研制和生产转向了以提高水平、缩小差距为重点的发展阶段，在轻重武器、飞机、舰艇、核武器和远程运载武器的研究和制造方面，都取得显著进展，推动了我军现代化的建设。下面选取一些具有代表性的武器装备研制成果，来说明 20 年来我国国防工业在军品发展与创新方面取得的新成就。

1. 轻武器。轻武器是指单兵或班组装备的口径在 20 毫米以下的武器总称。我国新一代轻武器包括新型枪族、新型狙击步枪、重机枪、新型榴弹炮发射器等。我国新型轻武器的研制思路是"步冲合一""轻重合一"、减少品种、减轻重量、简化生产、解决威力与机动性之间的矛盾，做到通用化、多功能化和高效能化。研制过程始终盯住世界先进水平，经过几十年的不断改进和创新，以自动步枪和班用机枪为主的新一代轻武器正在陆续装备部队，与国内外同类产品相比，具有体积小、重量轻、射程远和威力大等特点，达到了世界先进水平。

2. 坦克与反坦克武器。我国的坦克制造也经历了从修理、仿制到自主研制的发展阶段。1963 年，我国自行研制的第一代坦克定型投产。到 20

世纪70年代末，已有多种坦克和装甲车辆研制成功。改革开放以来，我国坦克制造进入了一个新的发展时期，研制开发和生产技术水平不断提高。近年来先后定型并投产的有88式主战坦克、89式履带装甲人员输送车、92式轮式装甲车、84式坦克抢救牵引车以及85—ⅡAP主战坦克。85—ⅡAP坦克的一些性能已达到或接近世界上80年代主战坦克的技术水平。20年来，我国坦克制造企业通过技术改造和技术引进，使坦克工业的制造技术、加工精度和产品质量都有显著提高。

在反坦克武器的研制方面，到20世纪70年代末期我国开始拥有便携式反坦克导弹和大口径反坦克炮。80年代以来，我国又自行研制一批新型反坦克武器，如120mm滑膛反坦克炮、车载式"红箭"—8反坦克导弹和反坦克武装直升机，以及穿透坦克顶装甲的大口径火炮和火箭炮。这些装备的研制成功，使我军的反坦克武器缩小了与发达国家之间的差距。

3. 军用飞机。我国军用飞机制造工业从零起步，20世纪50年代主要是仿制苏联的米格式战斗机，60年代开始自行研制。70年代到80年代，先后大批量生产了歼5、歼6、歼7和歼8型歼击机。90年代自行研制并批量生产歼8—Ⅱ型歼击机，并批量装备空军和海军航空兵。90年代中后期，在歼8—Ⅱ型基础上进行改进，研制出歼8—ⅡM型歼击机，目前是国内生产并装备部队的较先进的战斗机。虽然与美国、欧洲等发达国家歼击机的水平相比还有较大差距，但它标志我国歼击机的研制能力已登上一个新的台阶。与80年代相比较，军用飞机的设计、制造技术、新材料生产水平、机械设备和武器的配套能力有了显著提高。

军用飞机研制的另一个突破性进展是在1999年新中国成立五十周年阅兵式上，我国自行设计制造的空中加油机首次公开亮相，标志我国成为继美、英、俄、法之后第五个掌握空中加受油技术的国家。我国国防工业部门在没有技术资料、没有样机、没有外国技术援助的条件下，依靠自己的力量，攻克了空中加油技术中的加油吊仓问题、空中汇合技术问题、空中对接技术和作战飞机空中受油技术等四大难题，实现了战略性的突破，从而大大提高了我国空军的作战效能。

4. 远程运载火箭和核武器。以远程运载火箭和核武器为代表的当代高科技武器装备是大国军事威慑能力的标志。经过40多年的努力奋斗，我国在核武器、导弹、卫星和运载火箭的研制领域跻身于世界先进行列。虽然在数量和生产规模上，还无法与少数军事大国相提并论，但在研制水平上，已成为世界上少数几个能够独立掌握核武器技术和空间技术的大国之一。有人认为，中国是个发展中国家，经济还不发达，人民的生活水平还不高，因此没有必要急于去搞花钱多的尖端武器。正确的结论恰恰相反，中国不仅有必要，而且有能力从事高科技战略武器的研究、开发和制造。正如邓小平同志所指出的那样："如果六十年代以来中国没有原子弹、氢弹，没有发射卫星，中国就不叫有重要影响的大国，就没有现在这样的国际地位。"

20 世纪 80 年代以来，我国的航天工业和核工业在实行军转民的战略性调整的同时，继续进行卫星运载武器和核武器小型化的研究。1999 年 8 月 2 日，我国成功发射了东风—31 型洲际导弹，射程为 8000 公里，1999 年 10 月 1 日的阅兵式上，这一新型战略武器首次向世人展现。

在核武器小型化的研制方面，我国早在 20 世纪 70—80 年代就取得了突破性的进展。1999 年发表的《中国国防白皮书》向世界宣布，中国完全依靠自己的力量，掌握了中子弹的制造技术。我国在战略武器研制方面取得的进展，进一步增强了我国的军事实力，成为维护世界和平、捍卫国家主权、促进祖国和平统一的一支不可替代的力量。

三　21 世纪国防工业面临的形势与任务

（一）冷战结束后的新形势

20 世纪 80 年代末到 90 年代初，东欧国家长期执政的共产党纷纷下台，苏联解体，社会主义政权的性质发生巨大变化，华沙条约组织随之宣布解散，第二次世界大战后持续了近半个世纪的苏美两大军事集团的冷战结束。世人以为从此天下太平了，可以刀枪入库、马放南山了，可以踏踏实实地发展经济，安安稳稳地过日子了。但是近 10 年来的事实证明，冷战结束后天下并没有真正太平。与华约相对峙的北大西洋公约组织并没有因华约的解散而解散或收缩，反而进行东扩，其成员国由原来的 12 个发展到 19 个，继续扩充和加强它的军事力量，并提出了新的军事干涉理论和"新战略概念"。在亚太地区，美国和日本进一步加强了两国的军事同盟关系，将我国视为潜在的对手，由冷战时期实行包围政策转向新的遏制。1997 年美国和日本签订并通过了美日防卫合作指针，完成了对日美军事同盟的改造，军事同盟的性质由防守型转向进攻型。日美防卫合作指针规定对"周边事态"实行军事干预的范围，将我国台湾纳入其范围之内，并企图将台湾纳入战略导弹防御体系，进一步助长"台独"势力的分裂活动，阻碍中国实现统一的进程，企图长期维持两岸分裂的状态，以牵制中国的发展。美日的军事同盟和军事战略已构成对我国直接的和现实的威胁。冷战的乌云并没有真正散去，军备竞赛并没有停止。在这种形势下，我们必须树立危机意识，增强紧迫感和使命感，国防工业不能有丝毫的懈怠和停滞，不要因外界对我国国防工业军转民成就的称赞而放松了对国防工业主攻方向的努力。60—70 年代，我国在极其困难的条件下搞出了"两弹一星"。今天我们更有理由、更有能力再创国防科技工业的辉煌，用更多、更先进的武器去装备我们的军队，增强我国的军事实力。中华民族爱好和平的优良传统和当代中国社会制度的性质决定了我国军事实力的增强不会去威胁其他国家，但我们必须凭借这种实力去抵御外国侵略势力对中国的威胁。

（二）未来高科技条件下战争对国防工业的要求

由于科学技术的进步，特别是高科技的发展及其在武器装备上的广泛应用，使军事技术、战争方式正在发生新的革命性的变化。世界主要大国为争夺 21 世纪军事制高点的较量已经展开。根据军事专家们的预测、分析和归纳，21 世纪的军事革命的内涵或未来高技术条件下局部战争特点主要体现在以下几个方面：

1. 精确打击。军队利用先进的综合性的电子侦察手段、卫星监视系统和计算机等信息分析处理系统，在很短的时间内，准确地捕捉和确定对方的军事目标，并通过先进的制导系统，保证对敌方军事目标进行准确无误的攻击和摧毁，从而把无效的消耗降低到最低限度。例如，1999 年北约军队对南联盟的空中打击，投入的精确制导武器占武器总数的 98%。

2. 全纵深打击。高技术条件下的战争，由于中远程、导弹等运载武器的运用，已打破了传统的前方、后方的界限，对战略纵深地段军事目标、重要基础设施、国民经济体系中的关键性工矿企业，都被置于被打击的范围之内，前方与后方的界限已难以区分。这种全纵深打击能力，更有利于攻方在战斗人员不直接接触敌方，没有伤亡以及不给本土经济体系造成损失的情况下进行远距离攻击。

3. 兵力相对分散、火力相对集中，杀伤威力大大增强。由于超视距侦察技术和精确制导技术的应用，大大提高了战场透明度，使大部队集结和隐蔽更为困难，同时陆、海、空及远程导弹部队可以从各个不同的阵地对同一地区的目标实施精确复合打击，高性能的炸弹大大提高了杀伤威力。

总之，高技术条件下战争方式的革命性的变化对国防工业提出更高和全新的要求。各个军事大国普遍实行军费预算向高科技研究和开发倾斜的政策，通过争夺技术优势、抢占技术制高点、发展高技术武器装备，以保持和争取战略主动权。

作为一个以经济建设为中心的发展中大国，我们无意参与世界军事大国之间的军备竞赛；但是面对强手的挑战、遏制和威胁，我们绝不能坐以待毙，乞求和平。我们也必须走科技强军之路，加快国防科技工业现代化的步伐。把提高信息战的能力、海陆空军的精确攻击能力、对军事目标杀伤与摧毁能力以及战略武器的威慑和打击能力作为推进国防工业现代化的重要任务。力争在不太长的时间内，在若干重点的武器装备研制领域，缩小与先进军事大国之间的差距。

四　推进国防工业现代化的途径与措施

（一）正确处理推进国防科技工业现代化与发展国民经济之间的关系

为了使本文所论述的问题更为集中，这里探讨的国防工业现代化主要是指武器装备工业的现代化，而不包括国防工业的民品生产问题。

国防科技工业是一个需要高投入的产业，它产出的军品除了出口之外，主要表现为军事效益与社会效益，而不表现为直接的经济效益。因此，发展国防科技工业必须舍得花钱。不能因为它不能直接给老百姓带来吃穿用住行的好处，不能增加财政收入，还要吃财政，而把国防科技工业先放一放，缓一缓，等到将来经济发展了，人均收入提高了再来发展国防科技工业。问题的关键在于如何正确处理好发展国防科技工业与发展国民经济之间的关系。我们面临的矛盾是，资源与财力总是有限的，社会经济发展中要做的事情很多，因此我们不可能参与军事大国之间的军备竞赛。但是客观的国际政治经济环境和挑战又使我们不得不在财力有限的条件下有所作为，推进武器装备的现代化，用先进的武器去装备军队，为打赢可能发生的高科技条件下的局部战争做好准备。我们应当采取的策略是突出重点，集中力量，力求在较短的时间内攻克关键性的环节；对高科技武器装备的研制费用，应随着国民经济的发展，保持逐年稳定增长；对于军队武器装备的全面现代化，应分阶段地推进，做到每年都有新发展，五年上一个新台阶，十年实现一次质的飞跃。

在处理经济发展与国防建设的关系上，日本和苏联的经验和教训都值得我们借鉴。第二次世界大战以后，国际社会反法西斯阵线为了防止日本军国主义的复活，限制日本的军费开支，使日本不得不把财力转向经济的重建和发展。经过几十年的发展，日本已经成为一个经济大国，经济总量仅次于美国。在这种情况下，日本即使拿出国民生产总值1%的财力用于军费，其绝对额也超过400亿美元，位居世界第二位。另外，由于日本的科技开发能力和制造技术处于世界前列，已形成了强大工业基础，因此日本目前除了核武器之外的其他各种武器装备的制造能力已进入世界先进行列，并有可能从经济大国转化为军事大国。从发展经济与扩张军备之间的关系看，日本的模式和道路在经济上无疑是最合理的。但是，这种结果是在特定的历史条件下形成的，即战后日本与美国结成了军事同盟在美国的核保护以及美国直接在日本建立军事基地、驻扎军队的条件下，使日本有可能集中财力发展经济。

对于日本的经验要做具体分析，要克服片面性。第一，应当看到它的特殊性，即战后日美军事同盟为日本集中力量发展经济创造了历史条件。这种格局和结果对其他国家不具有普遍意义。第二，应当承认，武器装备现代化的基础是国民经济的现代化，特别是工业的现代化，使武器装备的研究、开发和制造有先进的实力，雄厚的原材料工业和制造业做基础。即使是民用工业，也能成批量的制造先进的武器装备。因此，我们在推进国防工业现代化的过程中，必须重视提高整个工业的研究、开发和制造水平。

苏联同美国搞军备竞赛，削弱了国家的经济实力，从另一个方面说明发展军备要与经济发展水平相适应。作为大国，武器装备制造业可以通过国家的力量适当超前发展，但不能孤军深入，脱离经济的支撑能力。

从 20 世纪 60 年代到 80 年代，全世界军费支出总额约占同期世界各国国民生产总值的 6%，其中美国军费支出占其国民生产总值的 7%，苏联的军费开支占其国民生产总值的 9%，占财政支出的 1/3。按当时卢布对美元的比价计算，苏联国民生产总值相当于美国的 1/2 强，其军费开支却相当于美国军费开支的 80% 左右。巨额的军费开支成为苏联国民经济的一个沉重负担。在经济结构上，国防军工生产又自成体系。军备竞赛的结果，延误了苏联经济的发展，阻碍了人民群众物质义化生活水平的提高，进而动摇了人们对社会主义前景的信念与信心，成为苏联解体的一个重要因素。

我国实行改革开放方针，社会经济发展的指导方针由 20 世纪 60—70 年代的以战备为中心转向以经济建设为中心，以及由于国际局势的相对缓和，我国的国防费用占国民生产总值和财政收入的比重也逐年下降，并一直保持相当低的水平上。1980—1998 年我国国防费用支出额及其占国内生产总值和财政收入的比重如表 1：

表1　　　　　　　　　　1980—1998 年我国国防费用及其占国内
生产总值和财政收入的比重

年份	国内生产总值（亿元）	财政收入（亿元）	国防支出（亿元）	国防费用占国内生产总值的比重（%）	国防费用占财政收入的比重（%）
1980	4517.8	1159.93	193.84	4.29	16.7
1985	8989.1	2004.82	191.53	2.12	9.55
1990	18598.4	2937.1	290.31	1.56	9.88
1995	57494.9	6242.2	636.72	1.10	10.2
1998	78017.8	9875.95	934.7	1.20	9.46

资料来源：《中国统计年鉴（1999）》，均为当年价格。

1998 年我国国防费用支出，按当年价格表现的绝对额比 1980 年增长了 3.82 倍，年均增长 9.13%。但同一时期，我国的价格体系和价格指数发生了重大变化，价格总指数以 1980 年为 100，1998 年则上升到 343，年均上升 7.08%，如果扣除价格因素，1998 年我国国防费用支出，只比 1980 年增长 45%，年均增长 2.05%。远远低于同期国内生产总值增长 5.41 倍和年均增长 9.8% 的水平。

20 世纪 90 年代以来，我国国防费用占国内生产总值的比重一直保持在 1.1%—1.4%，远远低于美国军费开支占其国内生产总值 3.8%—4% 的水平。我国每年国防费用的绝对额按美元计算，只有 110 多亿美元，仅相当于美国军费开支的 3.7% 左右和日本军费开支的 25% 左右。因此，以 90 年代中期以来我国国防费用逐年增长为借口，编造中国军事威胁论，是毫无根据和耸人听闻的。

预计今后 5—10 年，我国经济将保持中速增长的格局，2001—2005 年的"十五"计划时期，GDP 的年均增长率为 7%，到 2005 年 GDP 总额为 126000 亿元。如果国防费用占当年 GDP 和财政收入的比重仍保持在 90 年代末分别为 1.2% 和 9.5% 的水平上，2005 年国防费用可以达到 1520 亿元左右，1998—2005 年国防费用年均增长 7.2%，与国民经济增长速度基本同步，完全控制在社会经济发展可以承受的范围内。

（二）建立符合社会主义市场经济运行规律的体制和运行机制

20 世纪 80 年代中期以来，我国国防工业管理体制经过了多次调整和改革，是为了适应从计划经济转向市场经济的要求，建立起军民结合、平战结合，富有活力和效率的新的管理体制和运行机制。原来属于军队系统的国防科工委与军队装备部门合并组建成军委总装备部，与国防工业企业的关系转变为用户与厂商、定货与供货的关系。新成立的国防科工委作为国务院主管国防工业的行业主管部门，行使政府职能，已不同于传统的军工行业管理部门。核工业、航空工业、兵器工业、船舶工业和航天工业等五大军工集团被改组为十大军工集团公司，试图形成既有相对垄断，又有适度竞争的企业组织结构。这些改革，初步形成了社会主义市场经济条件下国防工业管理体制的框架，但还有一系列问题有待在今后的实践中进行探索和完善。

1. 关于国防工业企业的产权形态问题。由于国防工业企业，特别是以生产军品为主的企业，主要是提供公共产品并且是关系国家军事安全的特殊产品，在现阶段只能以国有独资为主。如果能够实行股份制，实现国家控股或参股的资本社会化，当然更符合市场经济的要求。但是它的前提条件是其产品价格必须市场化，并能获得不低于社会平均利润率的盈利，而且资本是能够流动的。从实际情况看，目前以生产军品为主的企业还难以满足上述前提条件。作为一个发展中国家，又面临着严峻的国际军事威胁与挑战，完全有必要通过国家的力量，实现资本和人才的集中，办一些通过市场力量还难办到的大事。

2. 关于政企关系问题。应当明确，改组后的集团公司不应再行使政府职能；新的国防科工委作为政府行业主管部门不再干预企业的生产经营活动，而主要通过政策、法规来引导、调控和规范军工企业的生产经营活动。军工企业的特殊性在于，集团总公司的领导人应视为国家公务员，由中央政府任免和考核；军品生产计划虽然通过合同的形式，但仍具有指令性计划的性质；产品价格由军企双方协商决定，并遵循市场定价的原则，使企业得到必要生产经营补偿之后还有适当的盈利。由于价格不合理或达不到生产规模效益而发生政策性亏损，国家通过财政手段予以补贴。

3. 企业的组织结构与生产结构问题。为了改变传统体制下形成的国防工业摊子过大、自成体系的状况，许多同志主张收缩国防工业战线，集中财力形成一种"小摊子、高水平"的研制和生产格局。这种主张是在和平时期的只搞"样机"研制与生产的政策，或者只是一种按比例收缩的办法，它没有解决批量问题，也没有解决国防工业自成体系的问题，特别是没有解决平战转换问题。一旦战争爆发，这种"小摊子"难以应付大量装备和大量消耗的战争需要。因此，在"小摊子、高水平"的基础上还必须加上"大外围"建立起军民结合、平战结合的企业组织结构和生产结构。为此，应当借鉴美国、德国等工业先进国家的成功经验，改变我国军工企业"大而全"和自成体系的状况，逐步建立起主承包商、分系统（部件）转包商和零部件供应商这种金字塔式的企业生产组织结构。主承包商属军工"小核心"，具有新武器的研制开发能力，承担总体设计、核心设备或部件的生产和总体的组装任务；分系统（部件）转包商属于中间层次，掌握重要的专业生产技术，能够承担关键部件的制造和总成；第三层次是大量的寓于民用企业之中的原材料和零部件生产的厂商，为主承包商和分系统（部件）承包商协作配套，提供原材料和零部件。这种企业生产组织结构在和平时期军品订货批量小的情况下，有利于主承包商分散生产经营风险，降低生产经营成本。在战时，有利于迅速扩大生产规模，实现平战转换。形成这种生产结构的条件是，零部件做到标准化和通用化；分包商和零部件生产商具有满足军品质量要求的加工制造能力；有一套严格的质量检测和监控体系；建立比较合理的定价机制，保证各个利益主体都有利可图。

总之，现代国防科技工业不应当是一个象牙塔，而应根植于现代工业基础之上，其生产组织结构应当具有弹性，具有扩散能力和战时动员能力。

（三）培养和凝聚献身国防科技工业的高素质人才

加强国防科技工业人才队伍的建设是实现国防科技工业现代化的关键。由于现代科学技术在武器装备研制和未来战争中的作用日益突出，有人认为未来的战争实质上是科学家、工程师之间的智慧之战。

我国在经济比较落后的情况下，"两弹一星"研制成功，最重要的原因之一是我们党和政府吸引和培养了一大批献身国防科技事业的高水平的科技队伍。在转向市场经济和实行对外开放以后，社会经济环境发生了重大变化，人们的价值观也相应地发生了变化。我们必须研究和实施在新形势下培养、吸引和凝聚人才的办法。

首先，必须从小学到大学，加强对青少年的爱国主义教育，使他们牢记鸦片战争的耻辱，甲午海战的悲愤，中国积弱积贫、落后挨打的不幸，更要记住 1999 年 5 月 8 日北约的巡航导弹袭击我驻南联盟使馆给中国人民留下的新的历史创伤。科学虽然无国界，但科学家有祖国。有志气、有抱负的青年知识分子，应当以献身国防科技事业为荣，以中国的强大作为个人最高的价值实现。

其次，要进一步改进国防科技工业吸引人才的办法。使从事国防科技工业的科研和工程技术人员的工资待遇、住房、生活条件明显地高于其他行业的水平，对于取得突出成果人员及时地给予重奖。

资金投入、体制改革和队伍建设是推进我国国防工业现代化的三个重要因素，抓住、抓好这三个环节，我国国防工业现代化一定大有希望。

［本文原载《中国工业发展报告（2000）》］

工业化与科学发展观

毛泽东对中国工业化道路的探索

　　新中国成立以后，为了探索中国工业化的道路，毛泽东同志曾经做出了不懈的努力，并取得了巨大成就。主要表现为，（1）初步形成了门类齐全的现代工业体系。在煤炭和石油开采、钢铁、有色金属、基础化学工业等能源原材料工业的生产能力大幅度增长的同时，还从无到有、从小到大，建立起一系列的机械制造部门和现代新兴工业部门，它们包括矿山和冶金设备制造、发电设备制造、重型机器和各种机床制造、机车车辆和汽车制造、航空工业、电子和仪器仪表工业、农业机械制造、石油化学工业、大型化肥工业，等等。全民所有制工业企业的固定资产原值 1952 年为 240.6 亿元，1976 年增加到 3728.1 亿元，在 24 年里增长了 14.5 倍，这一时期兴建的几千个大中型工业企业，在今天的现代化建设中仍然发挥着重要作用。（2）工业生产迅速增长。按可比价格计算的工业总产值，1976 年比 1952 年增长了 11.7 倍，平均每年递增 11.18%，其中重工业增长了 20.7 倍。（3）工业布局有了明显改善。1953—1976 年，国家在内地的基本建设投资总额为 3160 亿元，占全部投资的 60%，内地国有工业的固定资产占全国国有工业固定资产的比重由 1952 年的 28%，上升到 1976 年的 57%。在内地的中心城市，形成一大批新的原材料工业和机械电子工业基地。（4）农业生产的机械化水平有了较大提高。通过工业的发展，农业机械化水平也有较大提高，1976 年与 1952 年相比较，农业机械总动力增长了 485 倍，初步改变了农业生产完全靠天吃饭和手工操作的面貌。（5）建立了独立的并具有一定水平的现代国防工业。到 1976 年，已基本建成从常规武器到尖端、战略武器的科研和生产体系，奠定了我国航天工业、航空工业、电子工业、兵器工业和造船工业的基础。

　　新民主主义革命的胜利，为中国实现工业化奠定了社会的和政治的基础。但如何实现工业化，还需要在实践中不断地探索。回顾历史，我们可以看到，我国社会主义工业化所走过的道路，既有对苏联经验的借鉴，也有对苏联经验的扬弃。事实上，毛泽东同志力图寻找一条适合于中国国情的工业化道路。1957 年以前的探索，基本上是成功的，只是在局部问题上出了些偏差；1958 年以后的探索则出现了严重的、带有全局性的失误。

一　创造性地提出了新民主主义时期的经济政策

在 1949 年 3 月召开的中共七届二中全会上，毛泽东同志对新中国成立之后经济工作面临的国情做了全面的、实事求是的分析和概括，在此基础上阐明了党在新民主主义时期的经济政策，他指出[①]：

第一，中国已经有了大约 10% 左右的现代工业经济，它在新民主主义经济中将居于领导地位。

第二，中国大约有 90% 左右的分散的个体的农业经济和手工业经济。因此在今后相当长的一个时期内，我国的农业和手工业的基本形态将是分散的和个体的。同时要逐步地、谨慎地而又积极地引导他们向现代化和集体化方向发展。

第三，中国的私人资本主义工业在现代工业中占第二位，它是不可忽视的力量，一切有利于国民经济的城乡资本主义成分都应当允许其存在和发展。

第四，国营经济、合作社经济、私人资本主义经济、个体经济、国家资本主义经济构成了人民共和国经济的主要经济成分。

第五，中国的经济遗产是落后的，但中国人民是勇敢而勤劳的，中国人民革命的胜利，中国共产党的领导，加上苏联的援助，中国经济建设速度将不是慢而可能是相当快的。

毛泽东同志的这些精辟分析和论述，确立了我们党在取得全国政权以后领导经济工作的基本方针和政策。也创造性地提出了符合中国实际情况的新民主主义经济政策，既防止了把新中国引向资本主义的右的倾向，又

---

① 《毛泽东选集》第四卷，人民出版社 1966 年版，第 1431—1433 页。

防止了脱离中国国情、企图一步跨入社会主义的"左"的错误，从而保证我们党在取得民主革命胜利以后所确立的经济制度和经济运行方式，更加适应当时我国生产力发展水平。直到 1956 年三大改造基本完成的时候，毛泽东同志还主张继续实行一种较为灵活的经济政策。他指出："现在我国的自由市场基本性质仍是资本主义的，虽然已经没有资本家，它与国家市场成双成对。上海地下工厂同合营企业也是对立物，因为社会有需要，就发展起来。要使它成为地上，合法化，可以雇工。现在做衣服要三个月，合作工厂做衣服一长一短，扣子没有眼，质量差。最好开私营工厂，同地上的作对，还可以开夫妻店，请工也可以，这叫新经济政策。我怀疑俄国新经济政策结束得早了，只搞两年，退却就转为进攻。到现在社会物资还不足。我们保留了私营工商业职工二百五十万人（工业一百六十万，商业九十万），俄国只保留了八九万人。还可以考虑，只要社会需要，地下工厂还可以增加，可以开私营大厂，订条约，十年、二十年不没收。华侨投资的二十年、一百年不要没收。可以开投资公司，还本付息。可以搞国营，也可以搞私营。可以消灭了资本主义，又搞资本主义。"[①] 毛泽东同志的这些论述，充满了辩证唯物主义和历史唯物主义的思想。说明他当时并没有拘泥于马克思关于社会主义社会的个别结论，认识到社会主义改造不应当把社会生产关系搞得纯而又纯，而应当允许资本主义的生产关系和经营方式在一定的范围内存在和发展。在一定的条件下，它与社会主义的生产方式是可以并存的和兼容的，应当承认资本主义的竞争机制对生产力发展的促进作用。如果在 1956 年以后，能够继续坚持和贯彻这些思想，我国的社会主义建设就不会走那么多的弯路，经济运行的方式也不至出现严重僵化和缺乏活力的局面。不幸的是，1957 年以后，毛泽东同志的指导思想逐步偏离了他曾经精辟阐述的符合中国国情和富有创造性的思想和方针，特别是在 1958 年以后直到 1976 年"左"的思想和方针，占据了主导的和支配的地位。当然，1957 年以后毛泽东同志"左"的指导思想的形成和确立，是在当时特定的政治环境和历史条件下出现的。从当时的国际

①　转引自薄一波《若干重大决策事件的回顾》上卷，中共中央党校出版社 1991 年版，第 433—434 页。

局势的变化看，由于苏共二十大的召开以及东欧的波兰、匈牙利事件的出现，国际资本主义与社会主义的斗争出现了尖锐复杂的局面。从国内的政治局面看，1957年由整风运动开始，发展到反右派斗争。在这种国际国内背景下，毛泽东同志开始把注意力转向了意识形态领域和政治战线上的斗争，并在指导思想和建设方针上不适当地强调和突出两个阶级和两条道路的斗争，违背了上层建筑一定要适应经济基础、生产关系一定要适应生产力发展这个历史唯物主义的基本原理。

二　探索了工业化和农业合作化的关系

毛泽东同志认为，中国工业化道路的核心问题是正确处理工业与农业的关系问题。这是因为工业发展所需要的粮食和原材料需要农业来提供，工业化的资金在很大的程度上要靠农业提供积累，工业品市场也主要在农村。毛泽东同志指出，社会主义工业化是不能离开农业合作化而孤立地去进行的。如果我们不能在大约三个五年计划时期内基本解决农业合作化的问题，使农业由小规模的经营发展到使用机器的大规模经营，我们就不能解决年年增长的商品粮食和工业原料的需求同现在主要农作物一般产量很低之间的矛盾，我们的社会主义工业化事业就会遇到绝大的困难，我们就不可能完成社会主义工业化。社会主义的工业化和社会主义的农业改造这样两件事，绝不可以分割起来和互相孤立起来去看，绝不可以只强调一方面，减弱另一方面。①

毛泽东同志把实现农业合作化作为实现工业化的一个重要条件，从生产力发展的规律和方向看，这一主张是正确的。工业化的标志，除了工业产值在工农业总产值中占绝对优势之外，还要求农业人口的绝大多数应逐步转移到与现代生产和生活方式相联系的非农产业。农业人口的转移，是建立在农业生产的规模经营和农业劳动生产率大幅度提高的基础上的，而工业化的实现不可能是建立在分散的、落后的小农经济的基础之上。实现农业的规模经营，可以有两种选择，一种选择是走资本主义大农业的道

----

① 《毛泽东选集》第五卷，人民出版社1977年版，第181—182页。

路，另一种选择是走社会主义农业合作化的道路，如果走资本主义大农业的道路，那么在我国农村土地改革工作完成以后，就应当长期保留土地的私有制以及土地自由买卖制度，任凭市场机制的作用，容忍农村的两极分化，使土地逐步向少数富裕农民集中，相当多的农民将再次沦为丧失土地的农村无产者。其结果，在中国的历史条件下，不是形成资本主义的大农业，而很可能是封建地主土地所有制及其生产方式的卷土重来。很显然，这条道路在新中国走不通。因此，毛泽东同志主张走农业合作化的道路，其方向是正确的，后来出现的问题并不在于选择了农业合作化的方向，而在于推行合作化的步子过快。合作化的方式和程度超出了我国农村生产力发展水平。

党的十一届三中全会以后，我们党全面调整了农村经济政策，进行了农村经济体制改革，在坚持土地集体所有制的基础上，实行了家庭联产承包责任制，调动了农民的生产积极性，使农村经济得到全面发展，并加快了农业劳动力的转移和农村工业化的步伐。但是，我们也必须看到，毛泽东同志当年提出的工业化与农业的关系问题今天仍然存在，只是历史条件和问题的表现形式发生了变化。我国农村工业化的任务还远远没有完成，农业生产力落后依然是走向工业化的一大难题。目前农民一家一户的个体经营如何转向集约化的规模经营，如何发展现代化的高效农业，加快农村工业化的步伐，仍然是一项十分艰巨的任务。

毛泽东同志在全国胜利的前夕，就曾经指出："城乡必须兼顾，必须使城市工作和乡村工作，使工人和农民，使工业和农业，紧密地联系起来，决不可以丢掉乡村，仅顾城市。"[①] 毛泽东同志的这些论述，对于今天的经济工作仍然有指导意义。

三　探索了重工业与轻工业的关系

1953 年，我国开始了大规模的社会主义工业化建设，并实行了优先发展重工业的方针。毛泽东同志认为，优先发展重工业，是一种施大仁政的

---

① 《毛泽东选集》第四卷，人民出版社 1960 年版，第 1428 页。

方针。他指出："现在我们施仁政的重点应当放在建设重工业上，要建设，就要资金，所以，人民的生活虽然要改善，但一时又不能改善很多。"① 当时选择优先发展重工业的战略，主要是出于这样几个因素，一是借鉴苏联的经验；二是建国初期我国轻纺工业的比重大大高于重工业，而重工业的基础十分薄弱；三是当时面临着帝国主义的战争威胁和经济封锁，迫切需要加强重工业，以巩固国家的独立。另外，当时还不具备发展劳动密集型产品以广泛参与国际分工和国际交换的环境和条件。实践的结果"一五"时期实行优先发展重工业的方针取得了巨大的成功。

在优先发展重工业的同时，如何处理好重工业与农业、轻工业的关系，随着经济建设实践的发展，毛泽东同志的认识和政策主张也在发展。1956 年，毛泽东同志根据"一五"时期经济工作的经验，并对苏联东欧国家的教训进行反思，提出了必须正确处理重工业与农业、轻工业的关系的见解。他指出："重工业是我国建设的重点，这是已经肯定了的。但是决不可以因此忽视生活资料尤其是粮食生产。""我们现在的问题，就是还要适当地调整重工业和农业、轻工业。这样，重工业是不是为主了，它还是为主，还是投资重点。但是，农业、轻工业投资的比例要加重一点。加重的结果怎么样？加重的结果，一可以更好地供给人民生活的需要，二可以更快地增加资金的积累，因而可以更多更好地发展重工业。"② 从毛泽东同志的这些论述中，我们可以看到，"一五"时期，毛泽东同志在处理农轻重关系问题上，坚持从实际出发，遵循了客观经济规律。因此，"一五"时期，我国国民经济发展的重大比例关系，没有出现大的失调，社会主义工业化的建设进展顺利。

四 探索了沿海工业与内地工业的关系

"一五"时期，我国工业建设的重点项目主要集中在内地，这对改变旧中国遗留下来的不合理的工业布局状况是完全必要的。但当时也出现了

---

① 《毛泽东选集》第五卷，人民出版社 1977 年版，第 268 页。
② 《毛泽东选集》第五卷，人民出版社 1977 年版，第 268—269 页。

对沿海工业的发展估计不足，重视不够的问题。针对这种情况，毛泽东同志在1956年4月就指出："过去朝鲜还在打仗，国际形势还很紧张，不能不影响我们对沿海工业的看法。现在新的侵华战争和新的世界大战，估计短时期内打不起来，可能有十年或者更长一点的和平时期，这样，如果不充分利用沿海工业的设备能力和技术力量，那就不对了。……这不是说新的工厂都建在沿海。新的工业大部分应当摆在内地，使工业布局逐步平衡，并有利于战备，这是毫无疑义的。但是沿海也可以建一些新的厂矿，有些也可以是大型的。至于沿海原有的轻重工业的扩建和改建，过去已经作了一些，以后还要大大发展。好好利用和发展沿海的工业老底子，可以使我们更有力量来发展和支持内地工业。"[1]

但是，后来由于政治上的原因，1958—1978年的20年里，在实践上没有真正贯彻这一正确的指导思想，1978年党的十一届三中全会以来，沿海地区工业持续高速增长，对于我国综合国力的增强和扩大对外开放，发挥了重要作用。当然，在新的历史条件下，沿海与内地之间的经济关系又出现了新的矛盾。今天重温毛泽东同志这些精辟的分析和论述，对于我们正确处理沿海工业与内地之间的关系，仍然有现实指导意义。

五　探索了国家、企业和生产者个人之间的关系

到"一五"后期，我国已基本上按照苏联模式，建立起了高度集中的经济管理体制。这种体制对当时集中力量进行以重工业为中心的工业化建设，发挥了重要的动员力量和组织力量。但这种体制从建立之日起，就开始暴露出它统得过死、集中过多的弊病。毛泽东同志根据当时的实践情况以及苏联的教训，在《论十大关系》中，对这种体制的弊端提出了批评，并阐述了必须发挥中央和地方两个积极性，以及国家、生产单位和生产者个人三者利益兼顾的主张。他指出："中央和地方的关系也是一个矛盾。解决这个矛盾，目前要注意的是，应当在巩固中央统一领导的前提下，扩大一点地方的权力，给地方更多的独立性，让地方办更多的事情。……我

① 《毛泽东选集》第五卷，人民出版社1977年版，第279页。

们的国家这样大，人口这样多，情况这样复杂，有中央和地方两个积极性，比只有一个积极性好得多。我们不能像苏联那样，把什么都集中到中央，把地方卡得死死的，一点机动权也没有。"① 关于国家和企业，职工个人的关系，毛泽东同志认为，"必须兼顾，不能只顾一头，把什么东西都统统集中在中央或省市，不给工厂一点权力，一点机动的余地，一点利益，恐怕不妥"②。现在看来，毛泽东同志的这些论述，似乎都是显而易见的道理，但在当时的历史条件下，这些论述无疑是对苏联高度集中的管理体制的一种挑战，毛泽东同志较早地觉察到了苏联模式的弊病，提出了改革这种模式的思想。这种思想在我国 20 世纪 70 年代末、80 年代初经济体制改革的初期阶段，仍然发挥了积极的指导作用。即使在今天我国经济运行方式已开始转为社会主义市场经济，毛泽东同志所阐述的正确处理中央与地方，国家、企业和个人相互关系的一般原则也仍然没有过时。

　　1958 年以后，毛泽东同志在探索中国工业化道路问题上，出现了较大的失误。这种失误主要表现在三个方面：一是农业合作化过急过快以及 1958 年以后建立的农村人民公社体制，使农村的生产关系脱离了当时农村生产力发展水平。其结果，既影响了农业生产的发展，也延缓了农村工业化的进程。二是 1958—1960 年的工业"大跃进"，出发点是为了迅速改变我国"一穷二白"的落后面貌，但由于片面追求高速度，导致了国民经济比例关系的严重失调和经济发展过程的大起大落。三是 20 世纪 60 年代中期以后实行了以阶级斗争为纲的方针，因而难以集中精力进行经济建设，工业发展缺乏一种稳定的社会和政治环境。

　　毛泽东同志对于中国工业化道路的探索，是我国社会主义革命和社会主义建设的一份宝贵的历史遗产，我们得益于他的正确与成功，他的失误和挫折也使我们今天变得更加聪明和成熟。

　　　　　　　　　　　　　　　（本文原载《中国工业经济研究》1993 年第 12 期）

---

① 《毛泽东选集》第五卷，人民出版社 1977 年版，第 275 页。
② 《毛泽东选集》第五卷，人民出版社 1977 年版，第 273 页。

关于中国工业化和工业现代化的思考

一　引言

　　新的千年已经来临。海内外一些人士认为，21世纪将是中国的世纪。但是，这句话的含义并不明确，相反地还可能成为那些散布"中国威胁论"的先生们的一个借口。什么是中国的世纪？是中国称霸世界吗？古往今来即使在中国最强盛的时期，也从未称霸过世界。汉代的张骞出使西域，带去的是中国的物质文明和精神文明；盛唐时代向海外传播的是丰富多彩的中国文化和大慈大悲的佛教经典；宋代虽然发明了火药，奠定了热兵器的物质技术基础，但并没有因此而耀武扬威；成吉思汗的远征对象同样也包括了中华腹地；郑和下西洋是为了亲善而不是为了侵略。纵观过去两千年的历史，称霸世界不是中国的历史文化传统。

　　有人说，20世纪是美国的世纪。这句话也不确切，不过是一些人的一厢情愿。苏美两个超级大国曾经斗争了半个多世纪。站起来了的中国人从来不向霸权主义俯首称臣。世界的多极化是中国的一贯主张，也是历史发展的必然趋势。我们所追求的是，要在21世纪使中国成为一个现代化的工业强国而屹立世界民族之林。

二　历史的反思

　　两千年以前，中国的北宋时期曾经发明了火药和活字印刷技术，标志着当时中国的生产力和文化发展水平都达到了相当的高度，并处于世界领先地位。根据历史学家的描述，宋代以货币为手段的商品交换和城市经济也已经很发达了。到了明代，由于指南针的使用和造船技术的提高，使郑和率领大型船队远渡重洋成为可能。明末清初，带有资本主义萌芽性质的手工工场在江浙一带大量兴起，其规模并不亚于英国工业革命前夕的手工工场。但是，为什么中国没有沿着生产力发展的一般规律和历史的自然逻辑，一步一步地走向资本主义，也没有出现新的工业革命，使中国从农耕社会转向工业社会？到了 15 世纪以后，拥有几千年文明的中国历史进程似乎凝固了，停滞了，裹足不前了。

究其原因，第一，是由于形成于两千年以前的完备的封建专制统治，窒息、压抑和摧残了新的生产关系和生产力，反动的上层建筑阻碍了社会经济的发展与变革，即使在明末清初出现的资本主义萌芽，但对封建官僚和地主阶级仍然具有极大的依附性，而没有形成类似于同时代欧洲的城市市民阶层。例如，具有代表性的明清徽商和晋商，其结局要么转变为封建官僚士大夫，要么又回归为地主豪绅。

第二，当 15 世纪欧洲出现文艺复兴浪潮并成为资产阶级革命先声的时候，中国居于统治地位的思想是儒家学说中的"三纲五常"和中庸之道。美国哈佛大学著名学者费正清曾经指出，儒家思想重古而不重今，重老而不重幼，重既成的事实而不重创新。这里还需要补充的是，儒家思想重纲常伦理，而不重科学和技艺。不可否认，儒家学说给中国和世界留下了许多优秀的文化遗产，但是历代封建统治阶级所宣扬和推行的儒家思想，则背离了这一学说的人民性和进步性的一面，成为阻碍中国社会进步的精神桎梏，任何的维新和变革，都被视为不遵先王之道的叛逆。宋代的王安石变法，明代张居正推行的"一条鞭"法，1898 年的戊戌变法，尽管都是在维护封建皇权和地主阶级统治的前提下进行的一点点改良，但也都以失败而告终。

第三，清朝初年，康熙皇帝出于巩固疆土和增加国库收入的需要，实行有利于增加壮丁的鼓励生育的人口政策。其结果，使中国的人口急剧膨胀，人口总数从清初的 1 亿多增加到清末的 4 亿多，从而奠定了中国人口规模超常的基础。由于人口的大量增加，人均可耕地面积不断下降，土地成为最稀缺的资源。封建地主阶级巧取豪夺，极力扩大土地占有权，广大农民为获得基本生存条件而挣扎，阶级矛盾日益尖锐和激化。在土地资源稀缺和生产力极其落后的条件下，以及封建生产关系的压榨下，整个社会只能勉强维持简单再生产，难以形成资本主义发展所必要的原始资本积累。

第四，1840 年的鸦片战争，资本主义列强用炮舰和鸦片轰开了闭关自守的大清帝国的门户。欧洲列强的入侵，在客观上给中国带来了一些资本主义的因素，但这绝不是它们的本意。19 世纪中叶以后，中国逐步沦为半封建半殖民地社会，中国民族资本主义工业在封建主义和外国资本主义的双重挤压下，艰难地存在和缓慢地发展。丧权辱国条件下的门户开放，更没有给中国近代工业的发展带来新的机遇。因此，直到 1949 年新中国成立前夕，中国的社会经济也没有真正步入工业化的轨道，而是仍然滞留在小农经济生产方式占主导地位的落后的农业社会。

有一种观点认为，中国的国土资源和人力资源远远超过日本，但中国的经济总量（按美元计算）只相当于日本的 1/4，日本早已实现了现代化，而中国还没有完成工业化，这说明中国的经济制度有问题。这种比较只重结果而抹煞了不同的历史背景和经济发展的不同起点。早在 19 世纪60 年代日本的明治维新获得成功，使日本走上资本主义工业化的道路；但比日本明治维新晚 30 年的中国戊戌变法仅仅维持了一百天就遭到血腥的镇压。在此后的半个世纪里，中国一直遭受东西方帝国主义列强的侵略、瓜分和掠夺。中国明末清初的资本主义萌芽要早于英国的工业革命，但中国资本主义萌芽被封建主义统治和生产方式扼杀了。如果从那时算起，中国工业化的起步要比欧洲晚了 300 年。正是由于中国共产党领导的新民主主义革命的胜利，推翻了封建主义、帝国主义和官僚资本主义的统治，才使中国真正走上工业化的道路。新中国成立后，经过 50 年的建设和发展，在工业生产规律和总量方面，大大缩小了与美国、日本等工业大国之间的差距。

1949 年新中国的成立，开创了中国历史的新纪元，也开始了大规模的工业化建设。如何实现工业化，是摆在新中国第一代领导人面前的一个全新的任务。在当时苏美两大阵营冷战、西方资本主义大国实行对华遏制和封锁政策的历史条件下，只能选择苏联社会主义工业化的模式。1949—1978 年的近 30 年里，中国工业化道路与政策的主要内容有以下六个方面：

第一，实行国有经济为主导和基本上单一的公有制经济。

第二，实行高度集中的计划经济体制。

第三，实行优先发展重工业的方针。

第四，通过较大的工农业产品"剪刀差"的方式，为工业化积累资金。

第五，实行低工资、高就业的政策。

第六，强调自力更生为主，争取外援为辅。

历史地看，上述方针政策对奠定中国工业化的基础，加快工业化的进程起到了巨大的推动作用。这些方针政策都是特定历史条件下的产物。例如，实行国有经济为主导，不应仅仅归结为政治上或意识形态的原因。实际上，它是与客观的经济发展环境、经济发展阶段以及经济发展战略相联系的。法国在"二战"以后，国有经济一直占有很高的比重，其中一个很重要的原因是当时法国的工业在欧洲明显落后于英国和德国，法国为了保持其大国的地位，在经济上实行了赶超战略。为了实施这一战略，就通过国有化的步骤，加速资本的集中，特别是通过大型国有企业的产业组织方式，集中人力、物力和财力，加快技术和资本密集型的工业的发展。中国的工业化是在更为落后的生产力基础上起步的。从20世纪50年代到70年代，所面临的国际环境是长期的冷战对峙，既缺乏可靠的外援，又缺乏能够发挥中国劳动力便宜的比较优势的国际市场。中国实行国有经济为主导和计划经济体制，依靠国家的力量，加快了资本的集中，迅速奠定了工业化的基础。如果依靠私人经济和市场的力量，将是一个十分缓慢的过程。

不可否认，在新中国工业化进程中，也发生了重大失误，特别是1958—1978年的20年，上述六个方面的重大方针政策都被强调到不适当甚至绝对化的程度，给经济发展造成巨大损失。

三　新的起点与新的难题

党的十一届三中全会以来的20年，由于政治上的拨乱反正和实行改革开放的方针，中国工业实现了持续的高速增长，工业化的步伐显著加快。在 21 世纪到来之际，中国工业化和现代化是在一个新的起点上继续向前推进。新的起点主要体现在以下方面：

第一，初步建立了社会主义市场经济的新体制，市场机制在资源配置中已开始发挥基础性作用，使经济发展具有了巨大的内在推动力，经济生活越来越富有活力。

第二，国有经济为主导的多种经济成分并存格局已经形成，相当多的国有企业和集体所有制企业将逐步转变为混合所有制形态；非公有制经济将持续快速发展。

第三，工业生产规模和总量已跃居世界前列。1978—1998 年，中国工业增加值年均每年增长 11.89%，主要工业产品产量，如煤炭、钢、发电量、水泥、化学纤维、家用电器、布和服装、各种日用品等产品的产量，大多居世界第一位或第二位，工业品的供给由长期短缺转向相对过剩。

第四，能源、交通运输、通信等基础设施建设基本能够适应国民经济发展的要求，"瓶颈"障碍的问题已得到解决。

第五，用于支撑经济发展的积累能力显著增强。20 世纪 90 年代中期以来积累率一直保持在 35% 以上，预计今后 5—10 年，中国的积累率仍将保持在 30% 以上，而且由于资金的来源和使用日益市场化，将会逐步提高资金的使用效益。

第六，由于坚持实行对外开放的方针，中国的经济与世界经济的联系日益密切，参与国际交换的规模日益扩大，进出口规模将会持续增长。

第七，中国仍然是一个发展中国家。一方面，随着经济的增长，收入较高和购买力较强的新的富裕阶层将逐步形成和扩大；另一方面，大多数城乡居民的消费水平也将随着经济的发展而逐步提高。因此国内市场需求仍然有着巨大的潜力。

上述这些因素都会对推进中国工业化和现代化有着积极和深远的影响。我们完全有理由对中国经济发展的前景持乐观的态度。但是，也必须看到，在 21 世纪，中国工业化和现代化仍然面临着许多难题，其中最突出的有以下三个方面。

第一，由于农村土地资源的限制，使农业的劳动生产率难以提高，农民的剩余产品比例低，收入增长缓慢，使农民生产的农产品无法与工业品进行充分的交换，形成了工业品的价值量在扣除城镇居民消费及净出口之后与剩余农产品价值量之间巨大的不等式，即农民通过出售农产品所得到的货币收入不足以购买大规模生产的工业产品。因此，一方面是大量工业品的过剩和积压；另一方面农民对工业品的消费又因有效需求不足而被限制在狭小的空间内。这一矛盾靠短期的宏观经济政策是难以解决的。

第二，加快农村工业化、城镇化与非农产业发展缓慢的矛盾。如果按照发展经济学的理论及其提出的数量界限，目前中国人均国民收入只有700多美元，处于钱纳里工业化模型中第二阶段的初期，经济发展进入了工业高速增长和大量农业劳动力向非农产业转移的起飞阶段。但实际上，中国工业发展的规模、结构和已经达到的速度已超出了钱纳里模型所描述的工业化第二阶段初期的水平。工业增长已开始从持续20年的高速增长转向中速增长。中国作为一个工业大国，呈现出与一般发展中国家很多不同的特殊性。一方面，工业已发展到相当成熟的阶段，特别是重化工业和制造业的比重已超出一般发展中国家在经济起飞时所能达到的水平；另一方面，中国农业劳动力向非农产业的转移以及城镇化的步伐并没有与工业的高速增长同步，而是严重滞后。到20世纪90年代末，在GDP的构成中，以农业为主的第一产业只占18%，但是农业人口仍然占总人口的70%。农业人口并没有随着过去20年非农产业的高速增长而相应地大幅度下降。今后5—10年，中国乡镇工业和其他非农产业还会继续增长，而增长速度将不可能保持过去20年高速增长的局面。事实上，从20世纪90年代中期开始，就已经出现了增速下降的趋势。农业劳动力向非农产业转移的规模在20世纪80年代平均每年约1000万人，20世纪90年代下降到平均每年约400万人。特别是最近两年，由于乡镇企业也开始从数量扩张转向以提高有机构成和优化结构为主，关门停产的不景气的企业增多，使得原来已经务工的农民又重新返回农业生产。城市的许多雇用农民工的岗位由下岗职工所替代，减少了农民在城镇务工的机会。这些因素，都限制了农业劳动力向非农产业和城镇转移的规模和速度。

人们通常把城镇化滞后的主要原因归结于限制农村户口向城市迁移的户籍管理制度，这当然是一个原因，但不是主要原因。现在许多中小城市已经放松了农业人口转变为非农业人口以及在城镇定居的限制，但并没有出现中小城镇人口迅速增长的现象。一个重要原因是，小城镇的发展必须依托一定的产业。从城市形成和发展的历史过程看，在近代和现代，没有市场就没有城市，而没有产业依托，也就不可能形成市场。向城镇转移的农业人口，不可能都是食利者阶层，因而必须有赖以谋生的产业。产业—市场—城镇，这是经济发展的自然历史过程，政府的政策只是起到延缓或加速这一进程的作用，但不可能改变它的规律。由于非农产业发展速度趋缓，我国农村工业化和城镇化的进程将受到极大制约，也将直接或间接地影响着我国经济的供求规模和结构。

第三，工业发展集约化与扩大就业的矛盾。中国工业以数量扩张为主的发展阶段已基本结束。从现在起，工业发展必须转向以提高素质为主的新阶段，从粗放发展走向集约化发展的道路。作为一个人口众多的发展中国家，劳动力便宜的比较优势还需要继续保持，但由于科学技术的进步，比较优势将逐步退居于第二位，而依靠科技创新、资本投入强度、规模经济和高效率的经营管理的竞争优势作用则越来越突出。在国际竞争的压力下，我们必须不断提高和增强竞争优势。按照效率的原则，中国工业已不再需要用1亿多劳动力从事工业生产。到1997年，中国制造业的职工总数为9763万人，美国、日本、德国制造业人数分别为2051.8万、1445万和853.6万，中国制造业职工人数分别是上述三国的4.76倍、6.55倍和11.44倍，从而使中国劳动力便宜的优势大大打了折扣。从宏观上看，假定能够再裁减1500万工业职工，将不会减少工业的总产出。这1500万职工人均年工资按5000元计算，一年就可减少750亿元的工业工资成本支出，相当于1997年工业的全部亏损额。这1500万职工离开工业部门后，又可以创造新的社会财富。因此，减人增效势在必行，将来在工业部门就业的劳动力只会减少而不能增加。从长远看，工业效率的提高有利于扩大就业，有利于增加劳动者的闲暇，但在短时期，必然与扩大就业产生矛盾。

第四，生产资料和一般消费品相对过剩与公共消费品供给不足的矛盾。我国工业生产能力的平均利用率在60%左右，部分行业和产品的生产能力利用率在50%以下。工业品的积压超过6000亿元，是合理库存量的4—5倍。虽然我国人均占有的工业品产量还显著低于发达的工业大国，但由于人口、资源和环境的制约，我国工业发展不可能以达到发达国家人均占有水平作为目标。

我国的钢材、水泥等基础工业品产量以及各类消费品的产量都已位居世界第一，城乡居民的衣、食、住、用也有显著提高。衡量一个国家发展程度和生活质量的一些重要指标明显高于我国人均 GDP 在世界上的排位，相当多数的城乡居民生活达到了小康水平。在工业品相对过剩的情况下，一些企业或地方纷纷在寻找新的发展目标，甚至感到无所适从。事实上，作为一个发展中国家，还有一系列严重滞后的领域需要建设和发展。在我国的经济生活中，一般消费品的相对过剩与公共产品供给不足并存（表现在生活质量上），以及家庭内部消费的相对舒适性与外部消费的不方便、不舒适性并存。这种状况表明，当前我国的生产结构、供给结构和消费结构不合理。例如，大中城市因交通拥挤、混乱，公共服务设施和体系不完善、不配套，人们居住的外部环境脏、乱、差，以及出行不舒适、不快捷，等等，使大多数居民的消费局限于家庭范围内，而不愿意出行。在能源、原材料和消费品供大于求的情况下，应当充分利用这些资源，加快提供公共产品的城乡基础设施的建设。

第五，扩大对外开放与工业的国际竞争力不强的矛盾。中国加入世界贸易组织在即，这既给中国经济发展带来新的机遇，同时也使中国经济面临新的压力和挑战。作为劳动力供给充裕的发展中国家，必须继续发挥劳动力便宜的比较优势，同时还必须提高资本、技术和知识密集型产业的竞争优势。从工业的竞争力看，中国加入 WTO 存在三个方面准备不足：一是产业升级和进口替代准备不足，特别是机电产业，多数产品的竞争力不强；二是产业组织结构的调整与优化准备不足，即能够与国际大型跨国公司竞争的中国大企业为数不多；三是国有大企业机制转换准备不足，还没有真正形成自主经营、自负盈亏、自我积累和自我发展的运行机制。当然，不可能把一切都准备就绪以后再加入世界贸易组织，我们只能在竞争中培育和提高竞争力。但是，必须有背水一战的勇气和谋略。矛盾是推动事物发展的动力，成功往往是逼出来的。日本在 20 世纪 70 年代初遭遇世界能源危机，国际市场原油价格大幅度上涨，使其以重化工业为主导的产业结构受到重大冲击。但是，日本的政府与企业共同努力，积极调整产业结构，大力发展技术密集的汽车工业、家用电器工业和半导体工业，有效地摆脱了能源危机的不利影响，坏事转化成了好事，这种置于死地而后生的成功经验值得我们借鉴。

四　向工业强国迈进

100 多年来，从旧中国到新中国，多少志士仁人为了中国的富强而执着地追求和探索，亿万人民为了实现现代化理想而艰苦奋斗。在 21 世纪到来之际，站在新的历史起点上，我们有理由相信，再经过几十年的努力，到 21 世纪中叶，中国将会成为一个现代化的工业强国。工业强国的标志是，主要工业产品的生产规模和生产能力居于世界最前列；工业生产技术水平和创新能力进入世界先进行列；以知识密集型的高新技术产业在产业构成中成为主导产业；无论是劳动密集型产业，还是资本、技术与知识密集型产业，都具有较强的国际竞争力；在工业部门就业的劳动力大大减少，排在第一产业和第三产业之后，劳动生产率大幅度地提高；围绕经济发展和人类生存的资源与环境问题基本得到解决，使经济的可持续发展有了可靠的基础；城乡居民普遍分享工业现代化的成果，物质文化生活水平全面提高，由小康走向富裕。

（本文原载《中国工业经济》2000 年第 1 期）

我国新型工业化道路探讨

党的十六大提出全面建设小康社会，到 2020 年基本实现工业化，必须走新型工业化的道路。关于新型工业化道路的含义，"十六大"报告概括了四个方面的要求，即以信息化带动工业化，以工业化促进信息化；依靠科技进步，不断改善经济增长质量、提高经济效益；推进产业结构的优化升级，正确处理高新技术产业与传统产业之间的关系；控制人口增长，保护环境，合理开发和利用自然资源，实现可持续发展。新型工业化道路是在总结 50 多年来我国工业化进程的经验教训的基础上，针对 21 世纪我国经济发展面临的主要矛盾提出来的。走新型工业化道路，既要遵循发展中国家工业化的一般规律，更要认清和解决我国工业化进程中的特殊矛盾。

一　我国实现工业化的长期性和艰巨性

第一，我国工业化具有长期性和艰巨性的特点。这种特点是由我国的国情所决定的。从 1949 年新中国成立开始到现在，我国的工业化的建设已经进行了半个多世纪。1978 年以前，我国经济建设虽然经历了"大跃进"和"文化大革命"的严重错误，但是 1978 年与 1949 年相比较，工业总产值仍然增长了 38 倍，年均增长 13.48%；1978 年以来，我国经济已持续快速增长了 24 年，其中第二产业增加值平均每年增长 11.3%，第三产业增加值平均每年增长 10.1%，第一产业在国民经济中的比重已从 1949 年的 90% 下降到 2001 年 15.4%。

如果是小的或者中等的发展中国家和地区，国民经济在经历 20 到 30 年的快速增长之后，就基本实现了工业化和现代化。例如，韩国 1960 年的人均 GDP 水平与我国相当，工业规模和水平要落后于我国当时的水平。但 1961—1988 年，经过 20 多年的高速增长，基本实现了现代化。新加坡、我国的香港和台湾也在经历 20 多年的快速增长之后基本实现了现代化。它们实现工业化和现代化的经验值得我们学习和借鉴，但是这些国家和地区工业化、现代化的进程在很多方面与我国不具有可比性。其中最大的不同是我国的人口总规模，特别是农村人口远远超过这些国家和地区。

世界工业化的进程已经历了近 300 年的历史，迄今真正实现工业化和现代化的国家和地区只有 10 亿人口，约占世界总人口的 16%。我国人口占世界总人口的 20%，比全世界已经实现工业化的国家和地区的人口总和还要高出 30%。可以说当今中国社会经济发展的各种难题，都与人口总量大有直接关系。1949 年以前，阻碍中国社会发展和工业化进程的根源是封建制度；1958—1978 年工业化进程出现曲折，主要原因是传统的计划经济体制以及方针政策上的失误；今天，我国工业化的最大难题是巨大的人口规模的压力，特别是农村人口向非农产业的转移的困难。我国大多数物质产品的生产总量已超过日本，但我国人口总量是日本的 10 倍。所以，继续坚持计划生育的基本国策，严格控制人口增长，是加快工业化进程，全面建成小康社会的重要环节。

第二，资源的有限性，也是制约我国工业化进程的重要因素。那种认为在信息化时代，自然资源的重要性已经下降的观点是片面的。土地、水、森林、矿产资源和石油资源仍然是当代社会经济发展的物质基础。我国人均占有的土地、水、森林和石油等自然资源大大低于世界平均水平。我国的工业化和现代化必须从这个基本国情出发。

第三，地区经济发展的不平衡性，决定了我国各地区的工业化不可能齐头并进，而是有先有后。在东部沿海地区基本实现工业化并开始向现代化过渡的时候，中、西部的许多地区可能还处在工业化的初期阶段。东部、中部和西部，城市与农村的发展水平相差 10 年甚至更长的时间，这些情况在短期内还难以避免。

因此，正如"十六大"报告所指出的那样，实现工业化仍然是我国现代化进程中艰巨的历史任务。

二　工业持续快速增长面临的主要矛盾

工业的增长和发展在工业化的过程中居于主导的地位。各地都把加快工业发展作为推进工业化进程的首要任务。从方向上看，这种选择是正确的。按照"十六大"提出的到 2020 年 GDP 比 2000 年再翻两番的目标，今后 18 年工业增加值平均每年需要增长 9.5%—10%。问题在于，今后 10—20 年，我们如何实现工业持续的快速增长？从供给层面看，工业的快速增长要受到资源与环境的约束；从需求层面看，要受到国内外市场需求增长的约束。

与 20 世纪 90 年代中期以前相比较，我国工业增长的环境发生了重要变化。过去是工业品全面短缺，现在是多数工业品相对过剩。其中一个突出矛盾是人均占有的工业品水平低与工业品总量大之间的矛盾。人均占有水平低，说明我国工业还有很大的增长空间。例如，2002 年我国人均消费的能源只有 1 吨标准煤，相当于日本人均能源消费量的四分之一，美国人均能源消费量的十分之一。人均能源消费量是衡量一个国家工业化程度和居民消费水平的一项重要指标。我国能源生产总量已达到 12 亿吨标准煤。在 2020 年我国人口 14 亿的情况下，如果达到日本人均消费 4 吨标准煤的水平，国内能源总产量加进口能源就需要达到 56 亿吨标准煤。很显然这是不现实的。在我国能源的生产和消费结构中，煤炭占 67%，即使煤炭的可采储量能够承受年产 35 亿—40 亿吨的开采强度，但环境保护的要求也无法承受如此大的煤炭消费量。再比如，2002 年我国钢产量已达到 18000 万吨，是美国和日本两国钢产量的总和。但我国人均消费的钢产量只有 150 公斤，不到日本人均消费的钢材的四分之一。如果按照人均占有的能源和钢材产量计算，我国能源和钢材等基础产业的产品产量都还需要成倍增长，但在大多数工业品的生产总量已经很高的情况下，持续增长的空间是有限的。我们必须找到这样一种途径和方式，即在人均占有的水平不可能达到发达国家水平的条件下，使我国十几亿城乡居民能够过上比较宽裕的小康生活。新型工业化道路需要探索解决这种矛盾的途径。

另外，需要解决工业的持续快速增长与农民有效需求不足的矛盾。就大多数一般加工工业而言，其增长的制约因素主要不是资源供给和生产能力问题，而是产品的实现问题。我国大多数农民对工业品的消费水平远远低于城镇居民。现在的主要矛盾并不是产品性能和质量问题，而是农民购买力的问题。在农民占有土地等生产资料有限、农业劳动生产率低下的情况下，农民靠出售什么商品与工业品进行交换，这是我国工业化进程中的最大难题。我国在制造业部门就业的劳动力已达8000多万人。工业的发展不断走向集约化，不可能再吸纳更多的农民进入工业部门。所以，工业化不应理解为就是发展工业，而应当在农业的产业化和发展第三产业方面去寻找出路。

三　新型工业化道路对结构调整与产业升级的要求

新型工业化道路对结构调整和产业升级的要求主要有三个方面。

1. 必须发挥我国劳动力便宜的比较优势。2001年我国国有制造业企业职工年工资为9600元，城镇集体所有制制造业企业职工年工资为6088元。按现行汇率计算，我国国有制造业企业职工周工资只有泰国的47.15%，马来西亚的28.7%，韩国的9.2%，中国台湾的6.8%，中国香港的5.1%，美、日、德三国的4%—5%。这种情况表明，我国在劳动密集型产业具有比较优势。由于我国二元经济结构的长期存在，地区经济发展的不平衡，以及城镇有大量失业人群，使得劳动力便宜的比较优势将会长期保持。我们必须继续发挥这种比较优势，大力发展劳动密集型产业，参与国际分工和国际交换。

2. 用信息化带动工业化。其主要任务包括一是发展以微电子技术为先导的电子信息设备制造业，使之成为新的经济增长点；二是发展电子信息增值服务业；三是推进企业经营管理信息化和电子政务，提高企业经营管理和政府的工作的效率；四是用信息技术对国民经济各个部门进行改造，提高社会再生产的效率。

用信息化带动工业化，当然首先取决于电子信息技术和电子信息设备制造业的发展，同时还取决于一个国家的城镇化水平，生产生活的社会化程度以及城乡居民的收入水平。因此，信息化实现程度是伴随着经济发展的一个渐进过程。

3. 正确处理发展高新技术产业与传统产业之间的关系。在处理发展高新技术与传统产业关系问题时，前两年出现过一种片面认识，即认为全球已进入以信息技术为先导的知识经济时代，工业经济时代已成为过去。新经济的出现，将不再发生传统的经济波动。事实表明，这种判断不符合实际。在美国经济持续快速增长的 20 世纪 90 年代，电子信息产业对经济的拉动作用也只占 33%，汽车产业、建筑业等传统产业对经济的拉动作用占三分之二。从经济发展阶段看，美国已进入后工业化时期，而我国工业化的任务还没有完成，在我国传统产业还有继续发展的空间。高新技术产业与传统产业之间的关系，不是替代与被替代的关系，而是改造与被改造的关系。因此，我们必须实行两条腿走路，坚持发展高新技术产业与传统产业并举的方针。

四　正确把握我国制造业在世界分工体系中的地位

在世界制造业的分工体系中，现阶段中国仍然以生产劳动密集型产品为主导，即处于垂直分工体系中的低端。大多数发展中国家由于受到资本积累能力和技术创新能力的限制，在参与国际分工时，主要采取以下两种方式：

第一类是发展来料加工型的制造业。由于发展中国家劳动力便宜，跨国公司就把发展中国家作为工业品的生产加工基地。原材料和零部件的供应及产成品的销售都由跨国公司控制，通过大进大出的方式，实现利润的最大化。作为生产加工基地的国家，主要是赚取人工费用，实现劳动力的就业。

第二类是原材料的采购和零部件的制造实行本土化为主，跨国公司控制着研发和市场销售网络。这种类型较第一种类型的层次提高了一步，但仍然属于跨国公司的生产车间。当然这两种类型并不是截然分开的，而往往是并存的，只是比重的高低有所区别。

在上述两种情况下，往往会出现 GDP 增长较快而 GNP 并没有获得相应增长的局面，附加价值的大头通过定价转移和汇回利润的途径被跨国公司拿回了本国，有时甚至出现发展中国家有增长而无发展的结果。我们必须避免出现这种情况。

随着经济全球化与信息化的发展以及交通运输的日益快捷，使得国际交易成本下降，国际产业分工方式又出现了一些新的变化，即在继续发展不同产业的垂直分工的同时，不断扩大产业内部的垂直分工，一种产品可以由不同的国家和地区共同完成。在国际贸易中，跨国公司之间，跨国公司与发展中国家之间的中间产品贸易不断扩大。国家或地区之间进行高度的专业化分工，每个国家或地区只从事同一产品中的某些环节的生产。跨国公司控制着核心技术和关键零部件的生产，并实行全球采购，从而把发展中国家劳动力便宜的优势与本国的竞争优势结合起来，实现在全球范围内的资源优化配置。

中国作为最大的发展中国家，生产力发展水平具有多层次性和不平衡性。特别是具有劳动力资源丰富的比较优势，因此我们不拒绝、不排斥上述第一种类型和第二种类型的发展模式，积极利用外资，欢迎跨国公司在中国建立生产制造基地以及通过大进大出的方式参与国际分工。但是，我们的对外开放和参与国际分工不应长期停留在这一水平上，不应只依靠发挥劳动力便宜的比较优势，而应在发挥比较优势的同时，努力提高竞争优势，推进产业升级，培养一大批能够进入世界工业 500 强的大型企业，在技术密集与知识密集型产业领域，缩小与发达国家之间的差距。

所谓以市场换技术，是发展中国家的一种理想和愿望。从积极的方面看，它有利于缩小与发达国家之间的技术差距；但是发展中国家所获得的技术只能是第二流或第三流的技术。要改变这种状况，首先是要通过对引进技术的消化、吸收和创新，提高自身的技术研发能力。只有当本国技术接近发达国家同类技术的条件下，才有可能增强引进更先进技术的谈判能力。其次是要形成跨国公司之间在技术引进国的相互竞争的格局，以促进先进技术向发展中国家的转移。

中国制造业的发展不同于日本、韩国等国家和地区以出口为导向，而是以满足国内需求为主导。随着经济的增长，出口总量会不断增长，但在国民经济中的比重会逐步下降；出口的目标亦不完全以创汇为主导，而是保持进出口总量的平衡。因此，当中国扩大出口的同时，也为其他国家提供了更多的向中国出口的机会。

　　还必须看到，中国大多数工业品价廉物美，许多国家通过与中国的贸易，使经销商和广大消费者都能从中受益，从与中国的经贸往来中占了便宜，得到了实惠。中国制造业的发展不仅不会对任何国家的经济构成威胁，而且将为世界经济的繁荣做出更大的贡献。

五　所有制结构与新型工业化的关系

　　改革开放以前的 20 多年，为了推进社会主义工业化，中央政府通过集中财力和兴办国有企业的方式，以保证重工业的优先发展。历史地看，它的积极作用是在较短的时间里，奠定了我国重化工业的基础。但是它的消极作用也是显然的，即在资本严重不足的条件下，没有能够发挥劳动替代资本的比较优势，使亿万农民被置于工业化的进程之外。与此同时，也导致产业结构的严重失调。党的十一届三中全会以来，全面调整了过去的方针，鼓励各种非国有、非公有经济的发展，大大加快了我国工业化的进程。但是，必须看到，20 多年来我国地区之间工业化的进展是不平衡的。东部沿海地区要快于中、西部地区。一些同志认为这种差距的形成主要是中央政府对沿海地区实行优惠政策的结果。我们不否定这是一个方面的因素，但更重要的因素是沿海地区非公有经济的发展，加快了这些地区工业化的进程。据统计，在我国民营经济的总量中，注册资本、雇用的员工、产品销售额这三项指标，东部地区占 67%，中部地区占 20%，西部地区占 13%。由此可以看出，东、中、西三大地区工业化程度差异背后的原因。

（本文原载《经济与管理研究》2003 年第 2 期）

走适合我国国情的新型工业化道路

党的十六大提出全面建设小康社会，到 2020 年基本实现工业化，必须走新型工业化的道路。关于新型工业化道路的含义，十六大报告概括了四个方面的要求，即以信息化带动工业化，以工业化促进信息化；依靠科技进步，不断改善经济增长质量，提高经济效益；推进产业结构的优化升级，正确处理高新技术产业与传统产业之间的关系；控制人口增长，保护环境，合理开发和利用自然资源，实现可持续发展。新型工业化道路是在总结 50 多年来我国工业化进程的经验教训的基础上，针对 21 世纪我国经济发展面临的主要矛盾提出来的。走新型工业化道路，既要遵循发展中国家工业化的一般规律，更要认清和解决我国工业化进程中的特殊矛盾。

工业持续快速增长面临的主要矛盾

今后 10—20 年，要实现我国工业持续快速增长，从供给层面看，要解决工业发展与资源和环境的矛盾；从需求层面看，要摆脱国内外市场需求增长的约束。

人均能源消费量是衡量一个国家工业化程度和居民消费水平的一项重要指标。2002 年我国人均消费的能源只有 1 吨标准煤，相当于日本人均能源消费量的 1/4，美国人均能源消费量的 1/10。在 2020 年我国人口达到 14 亿的情况下，如果达到日本人均消费 4 吨标准煤的水平，国内能源总产量加进口能源就需要达到 56 亿吨标准煤。在我国能源的生产和消费结构中，煤炭占 67%，即使煤炭的可采储量能够承受年产 35 亿—40 亿吨的开采强度，生态环境也无法承受如此大的煤炭消费量。如果按照人均占有的能源计算，我国能源等基础产业的产品产量都还需要成倍增长，但在大多数工业品的生产总量已经很高的情况下，持续增长的空间是有限的。因此，我们必须寻找一种途径和方式，在人均能源占有的水平达不到发达国家水平的条件下，探索解决这种矛盾，使我国十几亿城乡居民能够过上比较宽裕的小康生活。

同时，要解决工业的持续快速增长与农民有效需求不足的矛盾。我国大多数农民对工业品的消费水平远远低于城镇居民。在农民占有土地等生产资料有限、农业劳动生产率低下的情况下，农民靠出售什么商品与工业品进行交换，成为我国工业化进程中的一大难题。我国在制造业部门就业的劳动力已达 8000 多万人，工业的发展又不断走向集约化，不能再吸纳更多的农民进入工业部门。所以，工业化不应只理解为就是发展工业，而应当在农业的产业化和发展第三产业方面多寻找出路。

新型工业化道路对结构调整与产业升级的要求

新型工业化道路对结构调整和产业升级的要求主要有必须发挥我国劳动力便宜的比较优势。由于我国二元经济结构长期存在，地区经济发展不平衡，以及城镇存在大量失业人群，使得我国劳动力便宜的比较优势将会长期保持。我们必须继续发挥这种比较优势，大力发展劳动密集型产业，参与国际分工和国际交换。

用信息化带动工业化，其主要任务包括一是发展以微电子技术为先导的电子信息设备制造业，使之成为新的经济增长点；二是发展电子信息增值服务业；三是推进企业经营管理信息化和电子政务，提高企业经营管理和政府的工作效率；四是用信息技术对国民经济各个部门进行改造，提高社会再生产的效率。用信息化带动工业化，首先取决于电子信息技术和电子信息设备制造业的发展，同时还取决于一个国家的城镇化水平，生产生活的社会化程度以及城乡居民的收入水平。

正确处理发展高新技术产业与传统产业之间的关系。在处理发展高新技术与传统产业关系问题时，有人认为全球已进入以信息技术为先导的知识经济时代，工业经济时代已成为过去。事实表明，这种判断不符合实际。在美国经济持续快速增长的 20 世纪 90 年代，电子信息产业对经济的拉动作用也只占33%，而汽车产业、建筑业等传统产业对经济的拉动作用仍占据2/3。从经济发展阶段看，美国已进入后工业化时期，而我国工业化的任务还没有完成，在我国传统产业还有继续发展的空间。高新技术产业与传统产业之间的关系，不是替代与被替代的关系，而是改造与被改造的关系。因此，我们必须"两条腿走路"，坚持发展高新技术产业与传统产业并举的方针。

所有制结构与新型工业化的关系

改革开放以前的20多年，为推进社会主义工业化，中央政府通过集中财力和兴办国有企业的方式，保证了重工业的优先发展，奠定了我国重化工业的基础。但是它的消极作用也是明显的，即在资本严重不足的条件下，没有能够发挥劳动替代资本的比较优势，使亿万农民被置于工业化的进程之外。同时，也导致产业结构的严重失调。党的十一届三中全会以来，国家全面调整了过去的方针，鼓励各种非国有、非公有经济的发展，大大加快了我国工业化的进程。但是，20多年来我国地区之间工业化的进展是不平衡的。东部沿海地区要快于中西部地区，其重要原因是沿海地区非公有经济的发展加快了这些地区工业化的进程。据统计，在我国民营经济的总量中，注册资本、雇用的员工、产品销售额这三项指标，东部地区占67%，中部地区占20%，西部地区占13%。

（本文原载《中国经贸导刊》2003 年第 7 期）

我国工业化进程中面临的主要矛盾

衡量工业化的水平主要通过人均 GDP、非农产业产值比重、非农产业就业比重和工业结构水平 4 项指标。

从人均 GDP 指标看，到 2005 年年末，我国人均 GDP 将达到 11400元，按现行汇率换算，为 1400 美元，处于工业化进程中的第二阶段。

从非农产业产值比重指标看，2005 年非农产业增加值比重为 85.1%，农业增加值比重为 14.9%。如果按这个指标来衡量，中国工业化的程度已越过了工业化的中期阶段。

从非农产业就业的比重考察，2005 年非农产业就业比重为 53.9%，仍未达到钱纳里模型工业化中期第一阶段在非农产业就业不低于 56% 的水平。如果按工业化中期第二阶段非农产业就业比重达到 71% 的一般模式标准衡量，当前我国非农产业的就业比重还处于较低的水平。

综合考察，在以上 4 个指标中，由人均 GDP 水平、非农产业产值比重和工业结构水平 3 个指标所反映的工业化进程基本上是一致的，即工业化处于中期第二阶段或重化工业化阶段中的高加工度化时期；而由非农产业就业比重指标所反映的工业化进程则处于初期阶段。这也说明我国仍然是典型的二元经济结构，工业化的任务没有完成。我们必须认识到中国工业化进程的长期性和艰巨性，研究中国工业化道路的特殊性，解决我国工业化进程中的主要矛盾。

一　农村剩余劳动力向非农产业转移的任务艰巨

我国的国情和工业化道路的特殊性，决定了劳动就业问题在未来工业化进程中的重要地位。在我国农村，目前劳动力总量大约有 5 亿人，其中从事农业生产的劳动力为 3.3 亿人，而根据现有的资源状况，农业部门仅能容纳 1.4 亿左右的劳动力，农村潜在的剩余劳动力总量达 1.8 亿以上，即到 2020 年，平均每年大约有 1000 万人需要从农村中转移出来。

改革开放以来，党和政府调整了传统工业化的农村政策，加快了农村非农产业的发展，取消对农业劳动力流动的限制，促进了农业劳动力向非农产业的转移以及农村城镇化的进程。但是，也必须看到，农民向城市和非农产业的转移仍然是不稳定的，离乡并没有真正的离土，离乡也并没有真正融入城市。转移出来的一亿多农民，大多是游离于乡村城市、农业和非农产业之间的群体。

我国 2004 年农村外出务工劳动力 11823 万人，比 2003 年增加 433 万人，增长 3.8%；农村外出劳动力占全国农村劳动力的比重为 23.8%。2004 年农民工年均外出务工时间为 8.3 个月，外出务工时间在 6 个月以上的农民工占 81.3%；2003 年这一比例为 77.6%。这意味着 2003 年和 2004 年分别有 8838.6 万农民工和 9612.1 万农民工虽然被统计为城镇常住人口，但不是真正意义的城镇户口居民，不能够与这些城镇户口居民享有同等的社会保障、医疗和教育等服务。这些人口虽被统计但并不是真正意义的城市化人口，有人称之为"待城市化人口"。这些庞大数量的"待城市化人口"的存在，意味着我国按照城镇常住人口计算的城市化率"虚高"。

关注和解决"三农"问题，绝不是短期的策略性政策，而是关系全面建成小康社会和到 2020 年基本实现工业化的战略性问题。应当把解决"三农"问题，推进农村工业化、城镇化进程作为长期的战略性任务。要继续稳定和不断完善党在农村的各项政策，取消限制和歧视农民向非农业转移和向城镇转移的各种做法，通过产业积聚促进农村人口向中心城市集中。我国城镇化的进程与工业的高速增长之所以不同步，计划经济时期形成的城乡分割的户籍管理制度是一个重要原因，但不是唯一原因。除大城市外，目前许多地区已逐步放宽了农业户口向城镇迁移的限制，但并没有出现城镇人口迅速增长的情况，主要是缺乏产业集聚和就业机会，农民在城镇找不到稳定工作，没有相对稳定的、赖以谋生的职业。同时，现行的失业救济、医疗保险、养老等社会保障体系，还没有把进城定居的农民纳入保障范围。在这种情况下，必然出现农民只能暂时离土离乡而难以真正实现向城镇的转移。因此，对进城务工的农民，应当为他们建立失业、养老和医疗保险基金，纳入城镇社会保障范围。对于跨地区流动的农民，用工企业应当为他们建立失业、养老和失业保险，并能够跨地区兑现的个人账户，以解决离开土地的农民的失业、养老和医疗保险的问题。只有这样，才能促进农业劳动力向非农产业和城镇的稳定转移。

2003 年以来，在沿海外来农民工较集中的一些地方，出现了所谓"民工荒"。我国劳动力总供给大于总需求的格局并没有发生变化，农村仍然有大量剩余劳动力需要转移。在这种大背景下出现"民工荒"，主要是农民工的工资和应有的福利待遇被压低、劳动条件差造成的，解决问题的主要责任在企业。进城务工农民的工资没有体现保证社会必要劳动的基本要求，而且存在着劳动时间长、劳动条件差的问题。"民工荒"的出现，实际上是通过劳动力及其工资的市场机制进行强制性的调节，客观上要求企业必须提高农民工的工资待遇，改善农民工的劳动条件。

有人担心提高农民工的工资将会导致企业生产成本的上升，影响我国劳动密集型产品的出口竞争力。对于这个问题需要从以下几个方面来认识，第一，提高农民工的工资，有助于调整企业主与农民工之间的分配结构，缩小贫富差距，实现社会公正，使社会物质财富的创造者能够分享经济增长和社会发展所带来的利益；第二，有助于提高低收入群体的购买力，即使在出口增速下降的情况下，也可以通过扩大国内市场需求促进经济增长；第三，劳动力成本的上升，有助于推动企业的技术创新；第四，有助于改变依靠低价格参与国际竞争，既牺牲了本国工人利益却又经常遭到进口国家反倾销的出力不讨好的状况。按照建设社会主义和谐社会的要求，不应当再依靠原始积累的方式发展经济。

二　资源性产品供给不足是制约我国经济
持续快速增长的瓶颈

资源的有限性，是制约我国工业化进程的重要因素，那种认为在信息化时代，资源的重要性已经下降的观点是片面的，土地、水、森林、矿产资源和石油资源仍然是当代社会经济发展的物质基础。2004 年我国人均消费的能源只有 1.4 吨标准煤，相当于日本人均能源消费量的四分之一，美国人均能源消费量的七分之一。在 2020 年我国人口 14 亿的情况下，如果达到日本人均消费 4 吨标准煤的水平，国内能源消费总量就需要达到 56 亿吨标准煤，很显然这是不现实的。再比如，2004 年我国钢产量已达到 27000 万吨，超过美国和日本两国钢产量的总和，但我国人均消费的钢产量只有 230 公斤，不到日本人均消费钢材的四分之一。如果按照人均占有的能源和钢材产量计算，我国能源和钢材等基础产业的产品产量都还需要成倍增长，但在大多数工业品的生产总量已经很高的情况下，持续增长的空间是有限的。近年来，在经济的持续发展中，由于需求量的高速增长，我国的资源供应形势全面偏紧。目前我国的主要矿产资源已经出现储量增长远低于开采量增长，开采量增长又低于消费量增长，国内资源保障程度快速下降，新增部分主要依赖进口的局面。在 2004 年的国内需求量中，约有 50% 的铁矿石和铜矿、33% 的铝土矿、40% 的原油和 44% 的木材依靠进口来满足。

我国经济发展所需要的各种自然资源仍然短缺，我国工业化和现代化必须从这个基本国情出发。我们必须找到这样一种途径和方式，即在人均占有的水平不可能达到发达国家水平的条件下，使我国十几亿城乡居民能够过上比较宽裕的小康生活。

如何解决能源、原材料等资源性产品供给不足的矛盾？第一种主张认为，资源性产品供不应求是价格机制问题。只要提高能源、原材料价格，或者由市场自发调节其价格，就会抑制需求，使供求关系自动地达到平衡。第二种主张认为，在经济全球化的条件下，我们可以通过大进大出，进口能源、原材料来弥补国内资源性产品供给不足的缺口。

从经济学理论上看，上述两种主张都是对的。但无论是价格上涨还是扩大进口都是有约束条件的。当国内能源、原材料价格超过国际市场同类产品价格时，将会使我国工业的生产成本大幅度上升，进而影响我国出口产品的竞争力；扩大能源、原材料的进口，无疑是解决国内资源不足的重要措施，但它要受到国际政治、经济环境变化的制约，特别是受国际市场能源、原材料供求关系变化的影响。与 2000 年相比较，国际市场石油价格上涨了 100%，按 2004 年进口 1.2 亿吨石油计算，由于价格上涨，使我国用于进口石油的外汇支出增加了 200 多亿美元。2004 年进口铁矿石价格比 2000 年上涨 80%；2005 年，从澳大利亚等国进口的铁矿石比 2004 年的价格再上涨 71%。很显然，它将直接使我国钢铁工业的生产成本进一步上升，导致建筑、机械、汽车、家用电器等行业的物耗成本的上升，并直接影响到我国工业的竞争力。

经济增长方式粗放，产业组织结构不合理，平均的工业技术水平落后，降低了资源利用效率。资源的利用效率可分为三个环节：开采效率、加工转换效率、终端利用效率。我国资源利用率不仅表现为终端利用效率较低，在开采和加工转换环节效率也低于国外同类行业。例如，我国有色矿产资源储量回采率不到 50%，比国外低 10%—20%。据对全国 3498 个矿山企业进行统计，我国有色金属矿采选回收率为 50%—60%，采、选、冶的回收率比国际水平低 10%—20%。据对全国 845 个矿山的调查，矿产资源综合利用率达 70% 的矿山仅占 7%，综合利用率达 50% 的矿山不到 15%，75% 的综合型矿山企业的综合利用率不到 2%—5%，矿产资源综上所述综合利用率比国外先进水平低 20%—30%。

降低能源、原材料等资源性产品的消耗，是解决资源约束矛盾的根本出路，是实现国民经济持续、稳定和协调发展的一项紧迫性、战略性的任务。

三　工业化的技术来源过多依赖国外，产业技术的自主创新能力薄弱

我国关键技术的自给率较低，对外技术依存度达 50% 以上，而发达国家均在 30% 以下，美国和日本则在 5% 左右；在我国的设备投资中，进口设备占投资设备购置总额的比重达 60% 以上，一些高技术含量的关键设备基本上依靠进口；我国每年的发明专利数占世界的比重不到 3%。

2003 年我国的 R&D 经费总额为 1539.6 亿元，按汇率换算仅相当于美国的 1/16，R&D 占 GDP 的比重仅为 1.32%，明显低于美国、日本和韩国 3% 左右的水平；我国制造业的产出规模已占世界制造业产出总量的 6%，

而制造业 R&D 投入仅占世界制造业 R&D 投入总量的 0.3%。

有一种较为普遍的观点认为，发展中国家技术研发能力先天不足，在国际竞争中与工业发达国家不是处在同一起跑线上，要缩小与发达国家的技术差距，必须实行以市场换技术的策略。从实践上考察，这种策略有其积极的作用，与发展中国家最初的技术和产业的起点相比，以市场换技术确实起到了缩小技术差距、促进新兴产业发展的作用。例如我国的家用电器工业、轿车工业、电子计算机工业、通信设备制造业等。但是发展中国家工业技术进步不能长期建立在以市场换技术的基础上，因为你所换到的技术永远是第二流或第三流的技术。发达国家为了通过技术垄断实现超额利润，在技术转让时，必然要"留一手"。即使是跨国公司的技术研发实行本土化策略，不仅利用了发展中国家廉价的、高素质的科技人才，而且技术的所有权仍然控制在跨国公司手里。因此，我们在利用外资、引进技术的同时，必须不断培养和增强自主创新能力，在一些重要的技术领域实现跨越。

我国与工业发达国家之间的差距，已主要不是工业生产规模和产品产量方面的差距，而是工业经济结构、生产技术水平和产业组织方式上的差距，是研究与开发投入水平和科技成果转化能力方面的差距。推进工业技术创新是缩小这种差距的根本出路。

工业技术创新的战略性目标是什么？在继续发挥我国劳动力资源丰富的比较优势的同时，要不要积极培育在技术密集型产业领域的竞争优势？这些问题是在全面实现工业化的进程中必须回答的重大问题。我们认为，工业技术创新的目标与战略，应当服从于我国国民经济发展、国防安全和参与国际竞争的客观要求，应当有利于解决当前和未来我国工业发展的突出矛盾。具体地说，工业技术创新的目标和战略需要要着眼于下列重大问题的解决：

第一，中国作为一个大国，要在 20 年内全面实现工业化，既要发挥劳动力资源丰富的比较优势，继续大力发展劳动密集型产业，同时也要不失时机地推进产业升级，增强资本密集和技术密集型产业的竞争优势。工业技术创新目标的选择要有利于促进整个国民经济的物质技术基础和手段，实现现代化；有利于改变在国际制造业分工体系中主要从事加工组装等低附加值产业、为跨国公司做代工的状况；有利于改善国际贸易条件，增强资本和技术密集型制造业的国际竞争力，促进出口产品的结构升级换代。

第二，我国人口众多但资源有限，在这种条件下实现工业化、城镇化和现代化，增加工业品的人均占有水平，面临着资源短缺矛盾，特别是优质能源短缺的矛盾和困难。工业科技创新目标的选择要着眼于解决我国能源、原材料、水和森林等资源短缺与国内需求量日益增长的矛盾。

第三，为了维护国家安全，实现祖国的统一，并为打赢高技术条件下的局部战争做好准备，建立以现代高技术为基础的、寓军于民的国防科技工业，发展高新技术武器装备，实现国防现代化，是我国工业科技创新的一项不可懈怠的战略性任务。

四　区域经济发展不平衡，东西部地区间经济发展差距不断扩大

我国区域经济的发展格局主要表现为东部沿海地区与中西部内地之间的经济发展不平衡，即生产要素和经济活动不断向经济繁荣的东部沿海地区集中，而中西部欠发达地区占全国经济总量的比重不断下降。1995 年，东部 11 省市实现的地区生产总值占全国各地区总额的比重为 55.7%，2000 年这一比重提高到 57.3%，2004 年又进一步提高到 58.4%；相应地，中部 8 省所占比重从 1995 年的 26.1% 下降到 2000 年的 25.6% 和 2004 年的 24.7%，西部 12 省区市所占比重则从 18.2% 分别下降到 17.1% 和 16.9%。从人均收入水平的差距看，1995 年，东部和西部的人均生产总值分别为 7104.3 元和 3035.3 元，西部为东部的 42.7%；2000 年，东部和西部的人均生产总值分别为 11334.5 元和 4687.3 元，西部为东部的 41.4%；2004 年，东部和西部的人均生产总值分别为 19351.1 元和 7430 元，西部为东部的 38.4%。东西部地区之间的经济发展差距呈加速扩大趋势。

在市场竞争机制的作用下，生产要素不仅向优势企业集中，而且向优势地区集中，生产要素集中化趋势将进一步加剧地区经济发展水平的

差距。

在区域经济布局的认识和实践问题上，我们纠正了 20 世纪 50—70 年代要求各个地区建立完整的工业体系的做法。今天在强调地区经济协调发展的同时，也要看到生产要素的集中化趋势。美国的国土面积与我国相近，但 65% 的 GDP 是由西南部的旧金山湾地区和东北部的五大湖地区创造的。日本 GDP 的 70% 是由东京湾地区和以大阪为中心的关西地区创造的。以较少的国土面积实现产业集聚，创造更多的国内生产总值，可以大大提高资源的配置效率。产业布局的微观利益应当服从资源利用的宏观效益，而不应当因小失大。它的结果，可能会加剧地区之间经济发展的不平衡性。但是必须看到，由于资源配置的效率的提高，为中央政府增强转移支付的能力奠定了基础。此外，生产集中化趋势迫使每个地区必须发展具有本地区比较优势和特色的产业及产品，避免结构趋同，从而提高每一个地区的资源配置效率。这是解决生产集中化趋势与区域协调发展之间矛盾的必由之路。因此，在制订第十一个五年计划时，应当研究如何正确处理生产集中化趋势与区域协调发展之间的关系问题。

五　在扩大开放条件下提高国际产业分工地位面临的外部压力

20 世纪 90 年代以来，在科技革命和经济全球化的推动下，国际产业转移出现了许多新的特点。随着我国工业化进程加快和对外开放程度的不断提高，我国逐步融入了国际产业分工体系，成为承接国际产业转移最重要的国家之一。

从世界范围来看，国际产业转移的规模迅速扩大，使各国的产业发展及结构调整之间的互动性显著增强，各国之间的产业关联和相互依赖程度达到了前所未有的程度。这为各国带来了更多的分工效益，扩展了发展中国家参与国际分工以及获得外部资源和先进技术的渠道。

由于跨国公司向发展中国家转移技术和产业始终保持着一定的梯度并掌握着主动权，特别是在高技术领域，发达国家在产业转移中的技术控制一定程度上拉大了各国经济发展的差距。由于目前发达国家的大跨国公司控制了产业价值链的关键环节，发展中国家在国际分工体系中始终处在不利的边缘地位，同时也在一定程度上削弱了发展中国家产业成长与结构调整的自主性。同时，以要素分工为主导方式的国际分工格局中，尽管发展中国家的优势资源与外来要素结合的机会增多，但参与国际分工的风险也随之增加。

跨国公司的产业转移对我国产业成长、技术进步以及结构调整产业了重大影响。一方面，跨国公司产业转移促进了我国制造业生产能力的提高，带动了我国产业结构升级，加快了我国技术进步的步伐，在一定程度上提高了我国制造业的整体技术水平，并由此促进了我国出口竞争力的提升和出口结构的升级优化。另一方面，跨国公司的大规模产业进入，促进了行业竞争主体的多元化，加剧了企业竞争，对国内企业产生了积极的竞争示范效应，一些国内企业从跨国公司的产业和技术转移过程中获得了学习机会，增强了参与国际竞争的能力。

虽然跨国公司产业转移对我国产业成长和结构调整起到了积极作用，但对我国经济发展和产业安全也产生了一些负面影响，主要表现为，①跨国公司产业转移一定程度上加剧了我国产业结构调整的路径偏差和外部依赖；②跨国公司技术转让的水平偏低，而且以生产设备等硬件技术为主，跨国公司技术溢出的范围有限；③由于现阶段外商投资企业出口主要采取加工贸易方式，跨国公司产业转移在一定程度上加剧了我国对外贸易的低水平扩张；④跨国公司凭借强大竞争优势，在我国部分行业中占据了较大的市场份额，形成了一定的行业垄断，抑制了国内产业竞争力和市场份额的提高。国际产业转移的负面效应使国家利益与跨国公司利益产生冲突。

针对国际产业转移给我国经济发展带来的利和弊，我国的应对措施也需要随着情况的变化进行调整和完善。

第一，由于我国经济发展阶段与工业发达国家仍然存在着较大差距。一国在国际产业转移中的地位与其经济发展阶段紧密相连，发展中国家在国际产业转移中主要作为承接国是普遍规律。因此，拒绝或收缩接受国际产业转移是不可取的，积极利用外资的政策应当继续坚持。

第二，我国是世界上最大的发展中国家，生产力发展水平具有多层次性，与大多数发展中国家相比，我国在基础产业和技术密集型产业领域已形成较强的基础。我们必须避免拉美地区的一些大国在承接国际转移中的教训，即跨国公司控制了这些国家的经济命脉的产业，与此同时 GDP 增长快但 GNP 并没有获得相应增长，在国际产业分工体系中长期处于受制于人的境地。为了避免这种局面的出现，我国在关系国民经济命脉和国家经济安全的关键性的技术密集型产业，应以引进和消化吸收国外先进技术为主，利用外资为辅。

第三，有一种观点认为经济全球化和产业链在全球布点的情况下，工业已经没有国界，因此也不存在什么民族工业。这种认识是片面的。从产业的生产过程看，在经济全球化的条件下，确实已超越了国界的限制，但是利益仍然有国界，其中的关键是对于资本的核心技术的控制权。所以对不同产业参与国际分工要进行分类指导，对基础产业的国际合作我国应坚持绝对控股，对技术密集型产业要提升和争夺核心技术的控制能力。

第四，发展中国家利用外资的目的主要是弥补经济发展过程中的两个缺口，即资本缺口和技术缺口。根据我国现阶段的实际情况，解决资本缺口已不是突出矛盾。国内的资本积累能力和外汇储备是大多数发展中国家难以企及的，矛盾的主要方面是高新技术产业缺乏核心技术。所以利用外资的重点应转向提高质量和水平，外资进入并非多多益善、来者不拒。如何获得先进技术、增强对引进技术的消化吸收能力和自主创新能力是最突出的任务。因此，对外资进入的项目应进行筛选，要求新的投资必须是技术先进的项目。

第五，对于关系我国产业升级且具有广阔市场前景的技术密集型产业及重大技术装备，应坚持中方控股、合作生产、转让技术为主。例如高速铁路、干线大飞机等，暂时国内企业不能制造的部件可以外购，但要加强对引进的先进技术的消化吸收，而不应长期依赖从国外购买。

第六，实施政府采购，推动重大技术装备的市场实现。政府的最大支持不仅在于提供多大的投入，而且在于提供多大的市场。20 世纪中叶以来，政府采购成为体现国家意志、扶持本国重大技术发展的政策工具。目前，各国政府采购占 GDP 的比重已达 10% 的平均水平，政府采购支出占财政预算支出的比重国际标准是 30%。近几年来，中国开始运用政府采购手段支持重大技术发展。但是，问题在于，一是规模较小，中国政府采购占 GDP 的比重不到 1%；二是规则不全，至今没有一套系统的通过政府采购扶持本国重大技术的行动方案。为此，应尽快将政府采购纳入国家创新体系，发挥政府采购在重大技术市场实现中的作用。WTO 对发展中国家的政府采购有一定的选用本国技术以及产品的优惠空间，大力扶持有自主知识产权的重大技术。政府采购可向这一方向倾斜，以充分利用国际规则。建议国家在京沪高速铁路、核电站建设等重大工程建设领域出台相关政策，引导或明确要求相关工程使用国产装备。当然，在运用政府采购工具时，应注意避免保护本国落后企业的问题。

第七，尽快推进国内企业与外资企业的税率并轨，让国内企业与外资企业处于同等的竞争条件，以增强内资企业的竞争力。

（本文原载《当代财经》2005 年第 12 期）

推进城镇化需要解决的突出矛盾

城镇化是伴随着非农产业的发展和集聚，农村人口向城镇转移的过程。21 世纪以来，我国城镇化进程显著加快。但是城镇化进程中还存在着许多深层次的问题有待解决。提高城镇化水平，既要加快农村人口向城镇的转移的步伐，更要解决城镇化进程中面临的各种矛盾，努力提高城镇化的质量。

一　充分认识我国城镇化的艰巨性

预计到 2020 年我国人口总量约 14 亿，如果届时城镇化率的目标确定为 60%，城镇常住人口将达到 8.4 亿，比 2012 年增加 1.4 亿。扣除城镇户籍人口自然增长的数量后，每年仍将有 1200 万左右的农村人口转移到城镇。向城镇转移的农村人口占总人口的比例平均每年约 0.8 个—0.9 个百分点，虽然转移的速度比过去 10 年有所下降，但人口转移的规模仍然是庞大的，任务十分艰巨。

由于我国人口总量大，人均占有的自然资源远低于世界平均水平，还有大量的国土不适合于人类居住，可供支配的地理空间、生产资料和消费资料也是有限的。如果城镇不能创造更多的就业机会和更完善的生活条件，农村人口转向城市，不过是把城乡二元结构转变为城市内的二元结构，不过是贫困的空间位移。因此，与其把城镇化进程设想得更快一些，不如把城镇化的步伐走得更稳妥、更扎实一些，使城镇化的质量更高一些。

城镇基础设施建设是推进城镇化的必要条件。21 世纪以来我国城镇基础设施建设投资，包括征地拆迁费用在内，全国平均每平方公里已超过 30

亿元。如果每年转移 1200 万人，每平方公里容纳 1 万人，全国城镇建成区面积每年将新增 1200 平方公里，需要 3 万亿元—4 万亿元投资，相当于 2012 年全社会固定资产投资总额的 10%，这些投资主要由各级地方政府筹措。城镇化进程要受地方财力和融资能力的制约，必须坚持量力而行、滚动开发，循序渐进的方针。

二　努力增加农村转移劳动力在城镇就业的机会

稳定的就业机会是吸引农村人口进城的关键，非农产业的发展和向城镇集聚是农村劳动力向城镇转移的基础。第一，现阶段我国产业结构的选择，必须坚持"高也成、低也就"的方向。在推进产业升级，发展高新技术产业的同时，继续促进劳动密集型产业的发展，完善有利于劳动密集型产业发展的支持政策和生产经营环境。第二，在沿海地区产业结构调整和升级的同时，促进劳动密集型产业向中西部地区转移，调整劳动力跨省区流动的格局，创造中西部地区农村人口向区内城镇转移的就业机会。第三，促进服务业的发展。城市管理要有利于扩大就业机会，为各种层次服务业的发展创造条件。应建立公平、规范、透明的市场准入标准，调整税费和土地、水、电等要素价格政策，制止滥收费，处理好市场监管与增强市场活力的关系，营造有利于服务业发展和农民进城创业的体制与政策环境。第四，深化分工，发展社会化、专业化的生产服务体系，开辟现代服务业的新领域，例如现代物流服务、农业产业化服务、社区服务、养老服务等。第五，大力发展职业技能教育，增强农民就业和创业的本领，使他们成为城镇社会经济发展不可或缺的人力资源，这是稳定转移人口在城镇就业的有效途径。

三　完善农村人口向城镇转移的机制

20 世纪 90 年代中期以来，农村劳动力转移的特点是离开家乡但并没有真正离开土地，农村还有承包地和房产。转移出来的 2 亿多农民，并没有真正融入城市。使农民转变为市民，逐步取消户籍限制，根据自愿原则，使有条件农民选择在城镇定居。但户籍制度的改革是推进城镇化进程的一个条件，更重要的条件是取决于城镇经济发展对于转移人口的吸纳能力，取决于政府和社会对城镇化成本的承受能力和消化能力，取决于对既定生产关系和社会保障制度的变革程度。

目前的实际情况是农村劳动力可以自由进入城镇就业务工，但仍保留农村的承包田和宅基地。它的好处是进城农民还拥有农村的生产资料和生活资料，当在城镇失去工作岗位或年老时，还能回到原籍，不至成为完全丧失生产资料的无产者，因此有利于在农业劳动力转移过程中保持社会稳定。其弊端是继续维持城乡二元社会经济结构；降低了土地利用效益，宅基地难以集约化利用；增加了农村耕地流转的难度，土地规模化经营难以推进，继续保留小农经济生产方式；难以造就稳定的、高素质的产业工人队伍。如何在保持社会稳定的前提下，促进农民转变为市民，第一是进城农民有稳定的就业机会；第二是为进城务工农民建立与城镇户籍人口同等的社会保障体系。

还必须看到，由于东部沿海经济发达的大中城市商品房价格和生活成本相对较高，大多数外来务工农民难以在这些地区定居，最终还将选择返回原籍。要使他们转变为市民，需要建立失业、养老、医疗等社会保障基金的跨省区转移机制，即外出务工农民如果不能在务工城市定居，包括个人和用工单位缴纳的社保基金应全额转移到原籍市县的社保基金归集机构，并进入个人账户。当其达到退休年龄时，可以享受与当地城镇居民相同的社会保障，并在城镇定居。这样才有可能使外出务工农民放弃农村的承包田和宅基地。当然前提是必须尊重农民的个人意愿，但政策导向应当积极朝着这个方向引导。

四　房地产业的发展应当有利于推进城镇化

在推进城镇化的进程中，要使农民转化为市民，需要解决他们的安居问题。2005年以来城镇商品房价格上涨过快，超出了大多数工薪阶层的支付能力，进城务工农民更没有经济能力在城镇购房。城镇商品房价格过高，提高了城镇化成本，阻碍了城镇化进程。

健康的房地产市场是实现城镇化的必要条件。房地产政策选择应遵循社会主义市场经济规律，有利于加快城镇化的进程。第一，必须明确城镇商品房的基本属性是保证劳动力再生产所必需的生活资料，以社会必要劳动费用，即一定年限的家庭平均可支配的工资收入，能够购买或租赁符合小康生活水平的商品住宅。因此房地产政策的立足点必须优先保证刚性需求和改善性需求。第二，为了保证国民经济各个行业的协调发展，必须把房地产行业的利润水平调节到全社会资本平均利润率水平，抑制房地产行业的超额利润。第三，由于各地经济发展水平和居民收入水平差别较大，商品住宅的价格受级差地租的制约，商品房价格应回归到与当地城镇居民家庭可支配收入相适应的程度。在城镇务工的农民，根据家庭收入水平选择在城镇安家落户的地点，这样也有利于小城镇的发展。第四，国有企业不应退出房地产领域，而应成为建设公租房、保障房的主体，承担平抑商品房价格和房租价格的社会责任。第五，适时开征房产税，并实行差额累进税率；商品房交易增值收益，累进征收个人所得税，从行政性限购转向用税收杠杆抑制房地产投机。

（本文原载《全球化》2013 年第 6 期）

区域经济

中国东北地区的经济发展和对外开放

中国的东北地区是一个资源丰富、工农业生产都比较发达的地区。新中国成立后，东北地区为中国的经济发展做出了巨大的贡献。由于体制和产业结构等方面的原因，20 世纪 80 年代以来，东北地区的经济发展呈现出相对落后的状况。进入 20 世纪 90 年代以后，特别是 1992 年春邓小平南巡讲话之后，中国的改革开放和经济发展进入了一个新的阶段。东北地区如何发挥优势、抓住机遇、克服困难、重振雄风，是一个值得探讨的重大问题。

一　对"东北现象"的分析

前两年，中国经济界曾将东北经济发展中出现的一些突出问题概括为"东北现象"。所谓"东北现象"，主要表现为，（1）经济增长速度明显低于中国东南沿海以及中部的一些省市；（2）国有企业亏损面大，高于全国平均水平；（3）机电工业普遍开工不足，产品大量积压；（4）企业内部职工的隐性失业问题十分突出，职工收入增长慢。

东北的自然资源和工业基础，与广东、福建、浙江、江苏、山东等省相比，具有明显的优势，为什么近 10 多年来东北地区的经济发展却落后于中国的东部和南部沿海地区？产生"东北现象"的原因何在？笔者认为，既有历史的原因，也有现行政策上的原因；既有经济运行机制方面的原因，也有经济结构方面的原因。

第一，历史地考察，中国东南与沿海地区的商品经济要比东北地区发达，与此相联系，东北地区人们的商品经济观念、经营思想、竞争意识和商业冒险精神不如东南沿海地区强。在东南沿海地区一些行之有效的经营方式和管理手段，在东北地区往往不容易被人们理解和接受，从而也限制了适应市场经济要求的经营管理人才的成长和涌现。

第二，中国的对外开放，首先是从广东、福建等沿海地区开始的。在20世纪80年代计划经济体制尚未发生实质性转变的情况下，国家对沿海开放地区和城市，在政策上给予了一定的优惠，使这些地区较早地突破计划经济体制的束缚，向市场经济转变。同时，由于地理上、政策上和经济运行方式上的优势，使得中国香港以及国外资金首先进入这些地区，带动了这些地区的发展。

第三，东北地区的国有企业比重高，其工业产值占该地区工业产值60%以上。国有企业改革相对滞后，生产任务的指令性计划比重高，利税上交任务重，各种社会负担多，因此缺乏活力。而非国有企业主要靠市场调节，机制灵活。国有企业往往无法同非国有企业进行平等的市场竞争。

第四，在产业结构方面，东北地区以生产能源、原材料和重型机械产品为主导的重化工业占60%，在生产资料等上游产品价格尚未放开，价格体系不合理的情况下，东北地区的重化工业由于价格原因而出现大面积的亏损。如大庆油田、鞍山钢铁公司的产品，长期按指令性计划价格调拨，但由于生产经营成本大幅度上升，使企业生产经营和扩大再生产出现了严重困难。

第五，在传统体制下，国家对企业实行统收统支政策，企业的盈利全部上交，没有形成自我积累。由于东北地区老的工矿企业多，而且资本的有机构成高，在投资体制变化以后，企业缺乏依靠自我积累进行技术改造的能力，因此导致设备老化，技术陈旧和产品落后，进一步削弱了东北地区的工业竞争力。

第六，东北地区的农业生产条件比较好，农民人均耕地2.5亩，高于全国农民人均1.6亩的平均水平，更高于江苏、浙江、广东等省农民人均占有耕地的水平。相对而言，东北地区农村劳动力过剩的矛盾没有东南沿海地区那样突出。因此，东北地区的农民向非农产业转移的规模和速度低于沿海地区。

从以上分析可以看出，"东北现象"的产生以及东北经济发展所面临的矛盾主要是传统计划经济体制造成的。东北地区不仅在地理上接近苏联，而且在经济管理体制方面受苏联传统经济体制的影响也更深，时间更长。要加快东北的经济发展，不仅需要增加资金投入，加强对传统工业的更新改造，更重要的是要转变观念，加快经济体制改革，彻底摆脱传统计划经济体制的束缚，实现向市场经济的转变。

二　产业政策的变化对东北工业增长的影响

从 20 世纪 50 年代初到 70 年代末，中国为了奠定工业化的基础，建立独立、完整的工业体系，实行了优先发展重工业的方针。这一方针的贯彻实施，为东北的工业发展创造了条件，提供了机会。首先，国家在资金投入上向重化工业倾斜，1953—1978 年，国家工业基本建设投资总额的90% 投到了重工业。在东北地区先后兴建和改造了一大批大型的重化工业企业，如鞍山钢铁公司、抚顺铝厂、齐齐哈尔重型机器厂、哈尔滨三大发电设备厂、长春第一汽车制造厂、吉林化学工业公司、沈阳飞机制造公司、大连机床厂、大庆油田、辽河油田以及与它们配套的大型石化企业。这些大型骨干企业的兴建和改造，带动了东北经济的发展。其次，在优先发展重工业的情况下，进一步扩大了对东北地区重化工业产品的需求，东北成为中国的钢铁、有色金属、汽车、机床、石油等重化工业产品的供应基地。40 年来，从东北调往关内的钢材累计数额已超 1 亿吨，石油 5 亿多吨，汽车 200 多万辆，机床 150 多万台。

20 世纪 80 年代初期，中国放弃了片面强调优先发展重工业的方针，并对产业结构进行了调整，加快了消费品工业的发展。1953—1980 年，中国的重工业产值平均每年递增 13.16%，轻工业产值平均每年递增 9.6%，其中东北三省的重工业产值平均每年递增 15%，高于全国平均增长水平。1980—1990 年，中国重工业平均每年增长 11.4%，轻工业平均每年增长13.8%，改变了 1980 年以前重工业增长速度长期高于轻工业状况，其中东北三省重工业的增长率平均为 8%，低于同期全国平均增长水平。1989—1991 年治理整顿时期，东北地区的重工业增长率下降到 4% 以下，特别是机械制造业，甚至出现负增长，机床利用率不到 50%。1992 年以来，中国经济又进入一个新的高速增长时期。近两年经济的高速增长同 80

年代相比，有一明显的区别，即重化工业的增长率高于轻工业增长率，1992 年重工业比轻工业增长率高 3 个百分点，1993 年重工业又比轻工业高出 5 个百分点。在这种情况下，东北地区的重化工业的增长明显回升。在东北的工业结构中，由于重化工业占主导地位，因此东北工业的持续发展，在很大程度上取决于对东北重化工业产品的需求。当对重化工业产品的需求旺盛时，东北重化工业的增长就强劲，反之就乏力。

进入 20 世纪 90 年代以后，中国工业的增长已由过去主要取决于生产资料的供给能力开始转向主要靠市场需求来拉动。目前，中国工业生产的消费品供给普遍大于需求，生产能力过剩。因此，预计今后中国的消费品工业不会出现 80 年代那种持续高速增长的局面，而将表现出巩固数量、提高质量、稳步增长的格局。以满足国内需求为主要目标的消费品工业的投资，在整个工业固定资产投资中的比重将会下降。工业固定资产投资的重点将主要集中于以基础产业为主导的重化工业。由于中国的工业化任务还远没有完成，并呈现出进一步加快的趋势，这种工业化的过程必然形成对重化工业的较大需求，从而推动重化工业的发展。可以预料，从现在起到 21 世纪的最初 10 年甚至更长一段时间，中国重化工业将保持较快发展的格局。中国工业化进程的加快和产业结构的变动，将为东北重化工业的发展提供新的机遇。

三 东北地区的对外开放与东北亚经济圈

东北地区的对外开放，在 20 世纪 80 年代除大连市外，其他地区相对滞后。进入 90 年代以来，中国改革开放的步伐进一步加快，国际政治经济环境也出现了新的变化，从而为东北地区全方位的扩大对外开放创造了条件。1989 年，中国同苏联的关系实现了正常化；1992 年，中国与韩国建立了正式外交关系。东北亚地区的形势由过去的长期对抗走向了缓和，从而为东北地区扩大对外开放创造了一个比较有利的政治地理环境。从经济结构的互补性看，俄罗斯及东欧各国对中国的日用消费品仍然有较大的需求，为东北地区发展外向型的消费品工业提供了机会。东北的黑龙江省和吉林省是重要的农业基地，可以进一步扩大向俄罗斯、日本的农副产品出口。东北地区传统工业的技术改造，对日本和韩国的先进技术设备有一定的需求。另外，东北地区有 1.1 亿人，城镇人口将近 40%。随着经济的发展，东北地区对消费品的需求将日益增长。这些都将为外国投资者在东北地区开展经济合作和开拓市场提供更多的机会。

从东北地区经济上的和地理上的特点看，其对外开放的格局可以分为南部、中部和北部三个各具特色的地区。

1. 大连市的对外开放。东北地区的南部对外开放是以大连为中心，该市早在 1984 年就成为沿海对外开放的 14 个城市之一，起步较早，并且已取得显著成效。1984—1991 年，大连集中力量进行了大规模的基础设施建设，改善了投资环境。到 1993 年 6 月底，在大连建立的"三资"企业已达 2100 家，外资合同金额 60.2 亿美元。"三资"企业的领域已从 20 世纪 80 年代中期以劳动密集型的轻纺工业为主开始转向资本和技术密集型的机械电子工业，并不断向金融、房地产等第三产业发展。可以肯定，大连在东北地区的对外开放中将继续保持着领先的地位，并起着窗口的作用。

2. 吉林省的对外开放。地处东北地区中部的吉林省，对外开放的重点已逐步转向了珲春—图们江地区的开发和开放。珲春—图们江地区的地理位置优越，通往日本海的水上交通便利，也是朝鲜、韩国和日本等国经过中国东北通向蒙古、俄罗斯以及欧洲各国的陆上捷径。对珲春—图们江地区的开发引起了国际上广泛关注，联合国计划开发署已制定了开发规划中国政府于 1992 年 3 月批准珲春市为中国首批边境开放城市，并同意设立边疆经济合作区，可以实行沿海开放城市的有关政策措施。吉林省已决定在珲春市建立经济开发区。目前，珲春—图们江地区的能源、交通、通信等基础设施建设正在全面展开，积极为这一地区扩大对外开放创造条件。当然，目前对珲春—图们江地区进行大规模开发，也还存在一些不利的因素和有待解决的问题。一是这一地区原来的经济基础比较薄弱，工业生产经营和贸易的综合配套能力比较差；二是缺乏经营管理人才、工程技术人才和熟练工人；三是本地区的人口较少，市场容量有限，并且与东北地区其他市场中心的距离又较远。因此，珲春—图们江地区的开发目标，究竟是建设成一个新兴的工业区还是作为东北区地区未来新型的贸易中心，还有待做更深入地研究和论证。

3. 黑龙江省的对外开放。黑龙江省扩大对外开放的重点是扩大沿边开放，发展边境贸易。目前该省已形成以哈尔滨市为中心，以边境县、市为前沿的全方位对外开放的新格局。中国同苏联的边境贸易于 1982 年开始恢复。1983—1987 年，黑龙江省的边境贸易过货额累计为 1.3 亿瑞士法郎，1989 年上升到 6 亿瑞士法郎。1992 年边贸过货额已达 15.9 亿美元，比 1987 年增长了 58 倍。边贸过货额占黑龙江省进出口总额的比重，由 1987 年的 2.4% 上升到 1992 年的 57%。黑龙江省的边境贸易伙伴由苏联的远东地区逐步发展到西伯利亚地区和苏联的欧洲地区。边境贸易口岸由最初的一个绥芬河市增加到六个边境县。

随着中国改革开放的深入和发展，黑龙江省将继续发挥沿边对外开放的优势，实现对外开放的升级，其主要目标是：（1）与俄罗斯的商品互补贸易向全面的经济技术合作延伸；（2）由中转型贸易向出口加工型贸易延伸；（3）从俄罗斯的远东地区向独联体和东欧各国延伸；（4）在经济技术合作的方式上由短期合作向中长期合作发展；（5）由目前的以小型企业合作为主向大中型企业合作发展。

黑龙江省与俄罗斯发展边境贸易和开展经济技术合作的也存在不少障碍：（1）目前俄罗斯国内的政治和经济状况还不稳定，其政府政策仍处于不断调整和变化的阶段，从而影响了双方边境贸易和经济技术合作的稳步发展；（2）俄罗斯的企业法人代表变动频繁，其资信程度难以掌握，中方在同俄罗斯企业进行商务往来时，风险性较大；（3）俄罗斯的卢布大幅度贬值，原材料等商品价格大幅度上涨，而且俄政府加强了对原材料商品出口的控制，在易货贸易时中方往往无利可图；（4）中俄双方都存在着交通运输不畅的问题，经常造成大批货物积压在双方的口岸，限制了边境贸易的发展；（5）双方的边贸公司增加过快过多，而且缺乏有效的协调和管理，容易引起边贸工作的混乱。

4. 关于建立东北亚经济圈。20 世纪 80 年代以来，关于建立东北亚经济圈的构想引起了国际上的广泛关注，联合国计划开发署还打算在全世界筹集 300 亿美元的资金，把图们地区开发成东北亚的工业、贸易和交通中心。从地理位置看，东北亚地区的经济发展有着广阔的前景，但是要建成一个经济发达并类似北美自由贸易区的东北亚经济圈，条件还很不成熟。

经济圈的形成固然需要该地区的各国政府以及国际经济组织的合作与推动，更重要的是它需要有一个共同的经济基础。这种经济基础的形成，不是靠外力推动就能实现的，而是一种经济发展的自然和历史的过程。所谓经济圈，圈内的国家或地区应当具有相同或相似的经济运行方式，以便使各项经济活动能够按照统一的经济规则运作；另外，圈内各国或地区在经济上不仅要有互补性，而且在生产、贸易和资金融通方面应形成相互依存的密切关系。

从东北亚地区各国的现实情况看，要建立东北亚经济圈，还有不少问题，甚至是障碍需要解决。在政治上，虽然这一地区的形势由对抗走向缓和，但依然存在着一些突出矛盾影响着相互经济关系的发展。例如，日俄之间关于北方领土问题的争端，朝鲜半岛南北双方之间的对立，都会直接影响到东北亚经济圈的形成和发展。在经济制度和经济运行方式上，东北亚各国之间也存在着较大差异，这些差异都会在不同程度上限制着相互之间的经济往来。从资本的流向看，日本的工商界在中国的投资过于谨慎和保守，其着重点主要放在扩大向中国出口产品方面；韩国对华投资的重点并不在东北而在山东。俄罗斯的经济重心在欧洲部分，远东地区的人口、经济规模和经济发展水平决定了俄罗斯对于建立和发展东北亚经济圈不会寄予很高的期望。可以说，在建立东北亚经济圈问题上，各国有各国的打算，各人有各人想法。因此，对于建立东北亚经济圈问题，应当少提不切实际的远景构想，多做具体的经济技术合作实事。

（本文原载《中国工业经济研究》1994 年第 6 期）

论区域经济发展的不平衡问题

中国地域辽阔，人口众多，各地区的自然条件和经济文化基础差异大，在相当长的一个时期内，经济发展不平衡是一种必然现象。客观地认识和分析区域经济发展不平衡问题，逐步缩小地区经济发展的差距，是实现中国现代化的重要任务。

一   区域之间经济发展差距扩大的原因

20 世纪 80 年代以来，东、中、西三大地区经济发展的差距出现了扩大的趋势，造成这种局面既有客观的地理环境和历史条件方面的原因，也有政策导向和经济体制方面的原因。

（一）自然地理环境的因素

中国的西部地区自然地理条件与东部和中部地区相比，客观上存在着许多不利因素，例如，西北的陕、甘、宁地区，大多是黄土地或沙漠，常年处于干旱状态，地表植被少，人的生存环境恶劣。西部地区除四川盆地外，多为石山和熔岩地形，耕地面积少。在大陆人均国民生产总值最低的贵州省，山地面积占87%，没有平原，而且山地陡峭、土层薄，农业生产的条件也很差。自然地理方面的不利条件，又导致交通运输不发达，产品的运输费用高，进一步阻碍了工业生产的发展。在国家财力有限的情况下，暂时还没有力量在这些地区进行大规模投入，短期内改变这些地区的交通运输状况。

（二）产业结构上的差异

从工业内部结构看，东部地区的工业主是产业链条较长、加工程度较高的机械、电子和轻纺工业，中西部地区的工业主要是产业链条短、加工深度较低的能源原材料工业。在东部沿海地区，海南省的轻工业比重为67.1%，广东省为65.7%，浙江省为65.2%，福建省为62.7%，江苏为53.2%，高于大陆30个省市自治区平均为48.9%的水平；而中西部的山西、甘肃、青海等省的重化工业比重都在70%以上。中西部地区的能源原材料工业90%以上的工业企业是国有企业，其改革步伐相对滞后，经营机制不活，到了20世纪80年代，国家下达的指令性计划任务仍然很重，在市场竞争中处于不利地位。沿海地区的轻纺工业70%以上的工业企业是非国有工业，拥有经营自主权，机制灵活，在市场竞争中处于有利地位。

（三）价格体系不合理

在价格体系上，由于在传统计划经济体制下，农产品加工、能源和原材料价格严重背离价值，通过计划定价的方式压低了农产品和能源原材料价格。中西部地区在调出农产品和能源材料的过程中由于价格不合理，导致利润向东部地区的加工工业转移。20世纪80年代中后期虽然实行生产资料价格双轨制，但按国家计划价格调出的生产资料仍占主导地位，由市场定价的部分不超过20%。这种不合理的价格体系和价格形成机制导致煤炭和石油开采企业出现严重亏损。到90年代初，由于农产品加工、煤炭、石油、钢材等价格逐步放开，价格扭曲的状况才开始得到扭转。

（四）中西部地区的乡镇企业发展滞后

20世纪90年代以来东部沿海地区经济的高速增长，主要是由于乡镇企业的迅速发展带动的，1992年大陆农村社会生产总值的构成中，乡镇企业产值平均占50.1%，其中东部地区占60.3%，中部地区占39.4%，西部地区占28.4%，东西差异为31.9个百分点。目前西部地区87%以上的农业劳动力仍然滞留在农业部门，东部地区从事农业的劳动力低于农村劳动力的50%。

（五）思想观念和文化传统的影响

思想观念和文化传统虽然是无形的，但它对一个国家或一个地区的社会经济发展有着深刻的影响。中国东部沿海地区，从事商品生产和商品交换的历史要比中西部地区要早，中国资本主义的萌芽最早发生在东部的江浙一带，广东、福建与海外的交往和联系则更为广泛。因此，东部地区人们具有更强的商品经济观念和商业竞争意识，一旦政策允许，这种观念就会转化为发展商品经济的巨大的物质力量。相对而言，中国中西部地区由于长期自给自足的小农经济生产方式和思想的束缚，在观念上更加倾向于保守，缺乏商业冒险精神和商业竞争的社会环境，从事商品生产和商品流通的精英人才也更为缺乏，阻碍了中西部地区商品经济的发展。

二　加快中西部地区经济发展，逐步缩小区域经济之间差距的必要性和途径

在经济发展的过程中，由于各地区的自然、历史、经济、文化条件的不同以及政府政策导向上的差异，出现了区域之间经济发展的不平衡问题。从积极的方面看，在资源投入数量既定的前提下，向具有发展优势地区的倾斜，有利于提高资源配置效益，实现经济的快速增长。但是，区域经济发展的差距过大和时间过长，就会带来一系列消极后果，突出表现为，（1）在市场机制的自发作用下，中西部地区的人才和资金不断流向东部地区，进一步阻碍了中西部地区的经济发展。（2）地区与地区之间利益的不平衡，使中西部地区不得不采取地方保护主义，用行政的办法限制商品流通，妨碍全国统一市场的形成。（3）由于中西部地区经济发展滞后，中央政府不得不要求富裕地区承担更多的财政上交任务以增加中央政府向贫困地区进行转移支付的财力，其结果又会影响到富裕地区的积极性，也会增加中央与这些地区协调财政分配比例的难度。（4）收入差距和生产消费水平差距过大，造成人们心理上的不平衡，影响到社会安定和民族的团结。（5）中西部地区人口占大陆总人数的55%，是工业品的广阔市场，但是由于经济不发达，城乡居民的收入增长慢，限制了购买力的提高，使东部地区工业品的市场开拓受到了很大的制约。

因此区域之间经济发展上的差距必须控制在一个比较合理的范围内，而不能任其自然扩大，在政策导向上，要逐步地缩小区域经济差距。缩小

东中西三大地区之间经济发展差距的主要途径是：

1. 加快中西部地区改革开放步伐加快。加快中西部地区的经济发展，首先必须推进这一地区从自然经济和计划经济转向市场经济的进程。由于中西部地区资本积累和积聚能力有限，主要靠国家投入建立新的国有企业也不现实，因此必须大力发展各种类型的非国有经济，培育自主经营、自负盈亏、主动参与市场竞争的经济主体，增强中西部地区的经济活力。

从主要实行沿海地区的对外开放转向全方位的对外开放，扩大沿边地区、沿（长）江地区和陇海—兰新线地区的对外开放，通过引进外资，加快这一地区的资源开发和发展深加工业。

2. 产业倾斜与地区倾斜相结合。产业结构调整的主要任务是加强基础产业，优化和提高加工工业，积极发展高新技术产业。根据这一要求，在缺乏能源和原材料的东部沿海地区，今后产业发展的重点是技术密集型和知识密集型产业，限制一般性加工工业的发展，把高耗能和消耗大量原材料的产业或产品逐步地转向中西部地区。中西部地区具有能源和各种矿产资源优势。价格体系和价格形成机制的改革，有利于中西部地区能源材料工业的发展。为了加强基础产业，政府的投资重点将向能源原材料工业倾斜，并把产业倾斜同地区倾斜结合起来，在中西部地区建立一批新的大中型的能源、原材料生产企业和基地。同时，鼓励沿海地区和外商与中西部地区进行合作开发，并利用能源和矿产资源丰富的优势发展深加工的重化工业。

3. 调整农村的产业结构，促进中西部地区非农产业的发展。利用当地的农副产品，发展轻工、纺织、食品等劳动密集型乡镇企业，加快农村劳动力向非农产业产业的转移。中西部地区的劳动管理部门有组织地向东部地区输出劳动劳务，这样既可减少中西部地区农村剩余劳动力的盲目流动，又有利于中西部地区农民增加收入、转变观念，学到生产经营的本领。

4. 实行中央与地区相结合的办法，加强对中西部地区交通、通信等基础设施的建设，同时通过以工业振兴的方式组织农村剩余劳动力进行修筑公路、铁路和水利设施等建设，改变中西部地区基础设施落后的状况，改善中西部地区的投资环境。

5. 在中央财政收入逐步增长的前提下，增加对中西部贫困地区的财政援助，并建立专项开发基金，支持中西部重点项目的建设。沿海经济发达的地区与中西部地区建立经济合作关系，并在资金、技术、设备、人才培养和经营管理经验方面，支援中西部地区的经济发展。

三　未来大陆区域经济发展布局的基本取向

目前按照东、中、西三大地带来划分大陆的经济区划，只是从经济发展水平的近似程度作一种粗线条的划分。这种划分过于笼统，只适用对区域经济状况的总体分析，而不能确切地描述三大地带内不同区块的经济发展特点。因此，在制定区域经济发展的战略和产业布局时，还需要根据各个区块的不同特点进行更具体的分析和规划。按照要素禀赋、经济结构特征来确定不同区域经济发展战略和布局，各地区经济发展的格局可以作出如下的描述：

1. 东北经济区。东北三省资源丰富，交通运输比较发达，有良好的工业基础，是大陆的重化工业基地，同时也是粮食生产的重要基地。东北的北部以哈尔滨为中心，重点发展石油开采与加工，发电设备制造、重型机械制造、航空制造量具刃具制造和制药等技术密集型产业。东北的中部地区以长春为中心，重点发展汽车制造业；以吉林为中心，重点发展基础化学工业。东北的南部以沈阳和鞍山为中心，重点发展钢铁、机床和机电设备制造业。在东北经济发展中，还将利用其区位优势，继续扩大同日本、俄罗斯、韩国的经贸关系，推进东北亚地区的经济合作和经济繁荣。

2. 环渤海经济区。环渤海地区包括辽宁南部、河北、山东、山西一部分、北京和天津地区。这一地区具有优越的区位条件，（1）陆海空交通发达；（2）通信设施良好，是大陆通信最发达的地区；（3）工业门类齐全，石油、煤炭化工、冶金、机械、电子、建材、轻工、纺织等工业都有较好的基础和实力；（4）京津地区科技人才集中；（5）商业和服务业比较发达。环渤海地区将与长江三角洲地区和珠江三角洲地区相呼应，成为中国迈向 21 世纪的重要的经济增长带。渤海湾东北部和大连地区重点发展大型船舶、机车车辆、精密机械制造业、服装等工业，并以外向型的工业为主；渤海中部的唐山地区，重点发展钢铁、建材等资源密集型产业；天津将通过产业结构的调整减少污染严重的重化工业，逐步转向以发展技术密集和附加值高的产业为主；北京根据政治中心、文化中心、金融中心和国际交往中心特点的要求，继续发展交通、通信、商贸、金融、旅游业，积极发展高新技术产业；山东的经济在 20 世纪 80 年代迅速迅速崛起，已经形成了多门类的工业体系，今后将通过进一步扩大对外开放，推进产业构的升级。

3. 山西、内蒙古中西部、陕西东部及河南西部经济区。这一地区继续依托煤矿资源丰富的优势，发展现代化的大中型煤炭开采业，并建设大型火力发电厂，成为大陆最重要的能源生产基地和高耗能的铝、煤化工生产基地。

4. 陇海沿线经济区。陇海线的东段地区将重点发展轻纺及食品加工业，中段以郑州、洛阳、西安为中心，重点发展机械制造工业，西段以兰州为中心，重点发展发电、有色金属工业。

5. 长江三角洲经济区。长江三角洲是大陆经济最发达、生产效率最高的地区。今后 15 年，这一地区将以浦东开发为龙头，以产业升级为中心，继续发展以外向型为主的经济。上海将劳动密集型和需要大量调入能源原材料的工业继续向外地转移，重点发展技术和知识密集型产业以及金融商贸服务业。江苏、浙江将努力提高轻工业和纺织工业的技术水平和产品档次，重点发展附加值高的轻纺产品。通过长江三角洲特别是浦东的开发，带动华东地区的经济发展。

6. 长江中游经济区。长江中游地区是以武汉为中心，上至宜昌下到九江，包括湖北、湖南和江西三省的沿江地带。这一地区有充足的水电资源，工农业基础和交通运输条件都比较好，今后将重点发展钢铁、汽车和机械制造、化工、纺织工业以及高效农业和农副产品加工业。这一地区将成为中部地区的重要的经济增长带。

7. 华南经济区。华南经济圈，包括广东、福建、海南和广西的一部分地区。改革开放以来，华南地区特别是珠江三角洲是经济增长最快和最富有活力的地区，也是对外开放程度最高的地区。今后华南地区的经济发展方向是继续坚持外向型为主，进一步密切与港澳台的经济联系，加强基础设施建设，消除"瓶颈"障碍，争取在 15—20 年内形成现代化的交通通信网络；在工业领域把发展创汇型的消费品工业作为主导产业，努力提高轻纺产品的档次和质量，通过打破城乡和社区分割的障碍，以及企业的联合与兼并，推进企业的集团化和城乡经济一体化，提高经济的整体素质和国际竞争力。稳步地有重点地发展高新技术产业，利用华南地区优越的农业和渔业生产条件，发展高效的种植业、养殖业和海洋水产业，巩固和提高华南地区农业的基础地位。

8. 西北经济区。西北经济区包括新疆、青海、宁夏和甘肃等省区。与沿海和中部地区相比，目前这一地区经济发展的总体水平还比较低。但这里有丰富的能源、矿产资源和较好的发展畜牧业的条件。未来 15 年，新疆维吾尔自治区经济发展的重点是石油开采、石油化工和农副产品的深加工工业；宁夏的发展重点是以煤炭为主的能源开发和煤化工业；甘肃的发展重点是以水电为主的能源开发、有色金属的开采与冶炼工业；青海省的发展重点是在发展水电和石油开采的基础上，加强对盐湖资源的开发和深加工，同时发展高耗能的有色金属工业。经过 15 年左右的开发建设，西北地区将成为中国重要的能源原材料生产基地。

9. 西南经济区。西南经济区包括四川、云南、贵州和西藏四个省区。西南地区具有丰富的能源、矿产资源。该地区未来经济发展重点主要是四个方面：一是加强交通、通信和城市基础设施建设，改善西南地区的投资环境，扩大与内地和境外的经济联系；二是发展水电、有色金属、硫磷、盐化工和天然气化工；三是利用已经形成的机械工业基础和国防工业集中的优势，发展重型机械制造、发电设备制造、电子工业、航空航天设备制造工业；四是发展农副产品深加工工业，提高轻纺产品的质量和档次，扩大边境贸易，开拓南亚和东南亚的市场。西南地区的经济潜力还远远没有得到发挥，随着经济体制改革的深入，对外开放程度的扩大以及交通通信条件的改善，在未来的 15 年，西南地区将成为中国一个新的经济增长带，其与东部地区经济上的差距将会逐步缩小。

参考文献

1. 李京文主编：《走向 21 世纪的中国经济》，经济管理出版社 1995 年版。

2. 徐逢贤、王振中：《地区经济发展现状及未来政策选择》，《中华工商时报》1995 年 1 月 16 日。

3. 中国科学院国情分析小组：《我国各地区经济发展差距到底有多大?》，《中国乡镇企业报》1995 年 2 月 27 日。

4. 王为农：《关于我国东中西地区农村经济发展差距的分析》，《经济改革与发展》1994 年第 12 期。

5. 蒋青海：《区域协调发展：对区域差距的分析与思考》，《贵州社会科学》1995 年第 2 期。

（本文是参加 1995 年在台湾召开的"中国现代化问题学术研讨会"提交的论文）

关于区域经济发展中的几个矛盾问题

——在"2004 年中国区域经济学学术研讨会" 上的发言

　　我想就当前经济发展，特别是区域经济发展中的矛盾问题跟大家做一些交流。我想讲这样几个问题。

　　第一个矛盾是中央宏观调控政策与地方经济发展要求的矛盾。大家知道，1998—2001 年，中国国内有效需求不足，经过经济低增长这样一个周期以后，从 2002 年开始中国经济进入新的一轮快速增长的发展阶段，也就是两年的时间出现新的高增长，2004 年又要求中国经济要软着陆。刚起飞就要着陆，这个飞行距离太短，这样就出现中央宏观经济政策与地方经济发展要求之间的矛盾。

　　从地方上讲，现在虽然提出科学的发展观，但还是要坚持发展是硬道理，发展是第一要务，发展是解决所有经济矛盾的根本出路。从各地经济发展来讲，总是"多少事从来急"，想几年内就能上一个大台阶，GDP 就能够翻一番。但是，去年中国经济出现了一些新的问题，这种突出的问题就是固定资产投资增长过快。去年增长 26.7%，今年前三个月增长 43%。根据我们过去的分析，固定资产投资与 GDP 增长的关系在超过 3∶1 的时候，就出现经济过热，比如 1993 年、1994 年的情况。当低于 2∶1 的时候，就出现有效需求不足，经济增长明显放慢，就像 1998—2000 年都是这种情况。2002 年经济开始回升。2003 年，固定资产投资与 GDP 增长是 2.93∶1，2004 年前三个月按现价计算已经达到 4.4∶1，接近 1993 年的固定资产投资与 GDP 的增长之间的关系。从中央的宏观判断来看，认为中国当前经济出现了局部过热，需要软着陆，采取的宏观调控政策就是采取"看住信贷，管住土地"这两个基本的强有力的措施来控制经济增长。我们到各个地方了解到，地方政府官员感觉完全不一样。

他们认为，我们这个地方就需要通过发展来解决就业问题，财政收入问题、实现小康目标。因此，如何认识这种矛盾，宏观经济政策与地方加快发展要求的矛盾怎么协调？从宏观上看是必要的，但从地方局部看，他认为是不是有点像急刹车，正在上的项目有点骑虎难下。这是当前经济发展中突出的问题，需要解决的矛盾。解决这个矛盾最有效的方法就是控制信贷；第二个办法就是控制土地审批，基本上是"一刀切"的办法，不允许基本建设占地、工业占地扩张，占用新的土地。出现这种情况也与我们的干部任命机制有关系，我概括为4年换一届，一届换4人。我曾到过一个地方，两年换了40位书记。我们过去批评出现走读的乡长、镇长，现在有走读的市委书记和市长。在一个地方任职，老婆、孩子、家都放在省城或地级中心城市，谁也不把家搬去，谁也不打算在那个地方长期好好干，或者在那里干几年，总想通过看得见摸得着的投资项目来体现政绩，我想不解决干部的这种任命机制，这种短期行为可能很难解决。所以最近布置了一项任务，如何解决低水平重复投资建设，控制基本建设投资规模，要求中组部提出政绩考核的办法。我想为官一方，对这个地方没有深厚的长期的感情，他也就不可能在这个地方做长期的稳扎稳打的经济发展的考虑。因此，我想解决中央宏观经济调控政策与地方经济发展要求的矛盾既要有这种经济的宏观调控措施，同时也要有这种干部任免体制、机制上的调整，这是第一点。

第二是市场配置机制在资源配置中的基础作用与市场准入监管机制的矛盾。

现在有一种片面的认识，认为转入市场机制以后，我干什么，我投资什么，我赚不赚钱不关你的事，政府不必干预。

什么叫市场机制在资源配置中的基础作用？我概括为三点：第一，供求关系引导投资方向；第二，价格杠杆调节企业微观经济活动；第三，优胜劣汰的竞争机制决定企业的生死存亡。转向市场经济以后，这种市场机制在资源配置中发挥基础性作用，政府取消或减少审批；但要不要市场准入，即使是在规范的西方市场经济国家，没有行政审批，不等于没有市场准入政策。这种市场准入政策，就是我不管你赚钱不赚钱，不管你资金来源如何，但是我必须管你经济的外部性，是不是具有外部的不经济性。你占用土地，总要有国土规划，这里该不该放污染严重的重化工业项目。另外，你污染的程度达到或达不到国家环保部门的要求。像这些靠微观的市场机制来解决资源配置是不可能的。因此，还必须有一只有形的手，或理解为一种行政力量，或者是市场监管政策，来实现这种监管。所以，最近最典型的就是中央封杀了常州钢铁公司，这个公司想搞 800 万吨钢，征用了 6000 亩土地，投资 105 亿。现在就是采取铁腕措施把有关行政领导免职、撤职，中行行长撤职，把投资的主要经营者偷税漏税的暂时拘留。这种铁腕的行政措施可能会在全国引起一些争议，认为那是他是自己的钱，又不需要中央出钱，赚钱不赚钱是他的事，为什么中央政府采取这样一种铁腕措施。我想他之所以这样办，是杀鸡儆猴，840 万吨钢都要控制住，50 万吨钢以下更没有再兴建的合理性。另外，电力平衡问题、资源平衡问题、土地征用造成的"三无"农民问题，这些外部性问题，是公司本身解决不了的。另外，他的违规在于把这样一个项目分解为 22 个小项目，想逃过中央的行政审批。我们现在正在研究我们转入市场经济以后，市场准入、市场监管，解决政府投资者微观行为的规制问题。这是在经济发展中如何解决市场机制在资源配置中基础作用与市场准入、政府规制之间的矛盾。

第三个矛盾是生产要素集中化的趋势与区域经济发展与协调之间的矛盾。

从理论上讲，生产要素的集中，从微观上它是一个必然趋势，就是资本向优势企业集中。从经济学上看，它是一个基本的规律，是竞争的结果，必然是一些企业做大，另外一些企业被兼并、破产。从空间配置上看，生产要素向优势地区集中，除了向优势企业集中，最终也表现为向优势地区集中，这种集中以最小的国土空间来实现创造更多的国民收入和国民生产总值，那么这样的空间配置效率是最高的。从国际经验看，像美国的纽约地区、旧金山地区、底特律地区，它的几个大的地区的国民生产总值之和就超过全国的 60%。像日本的东京地区、阪城地区以及名古屋地区，它的三个大的地带创造的 GDP 也占国内生产总值的 60% 以上。这样，以最狭小的国土空间创造更多的国内生产总值，最大限度地提高土地的利用率，这是最有效的。那么，从中国看，这样一种趋势——生产要素向长江三角洲、珠江三角洲以及环渤海地区集中，这样就带来一个问题：钱都让你赚了，我还能干什么？这种生产要素集中，从宏观上看它有提高资源配置效率的作用；但是，从局部来看它可能会拉大地区之间发展的差距。怎么来解决这个矛盾？我们是想阻止这种生产要素的集中趋势，来实现均衡发展，还是因势利导，既承认这种集中化趋势，又要做到区域经济的平衡？是靠国民收入的再分配来解决，还是靠财政收入的转移支付来解决这种社会产品的分配问题，或是在它的第一次投入的时候来解决？这是我国区域经济理论与实践中需要研究的一个现实问题。一方面我们在讲西部大开发，另一方面西部的资金、人力仍然向东部流动，这是一种市场调节的必然结果。那么，我们是逆向而动调节，还是顺势调节，怎么办？这可能是一个需要研究的矛盾。我们讲生产要素向优势地集中，具有普遍性，但是又需要研究中国的特殊性——人口众多，国土辽阔。要完全按照美国的那种模式集中在少数地区，或者像日本那样一个小国集中在三大地带，在中国行得通？行不通。那么行不通，就要找到一种办法来解决。因此，中央最近几年先后提出了西部大开发，以及振兴东北老工业基地等一些区域经济发展战略。这些发展战略，基本上以政府为主导，以国家输血为主要措施，当然，这几年西部大开发的成效是明显的。那么，东北老工业基地的振兴现在政府依靠大的投资项目来拉动，我想过几年也会明显地见到成效。那么，如何协调资源向优势区域集中的矛盾，也是我们区域经济学中需要研究的一些问题，这是我要讲的第三点。

第四个我想讲扩大工业发展空间以严格控制土地占用和审批的矛盾。

从理论上讲，中国具有发展制造业的比较优势，因为劳动力便宜，国内市场广阔。如果从全世界的资源配置来看，我认为，大部分国家的工业都拉到中国来干可能是最合理的，尤其是一般的劳动密集型和技术密集型的产业，现在中国除了大飞机和个别技术密集型的不能干以外，其他产业在中国干是最合适的。那么，一个国际产业向中国转移，就要求继续扩大工业用地、工业发展的空间，特别是像浙江、江苏。比如说像这次封杀浙江，就在苏南地区，它过去都是吨粮田，就是一亩地产一两千斤粮食，那么究竟是种粮好，还是办工业好？浙江和江苏认为，我们这个地方最适合办工业，因为办工业具有比较优势，具有合理性，你要是种田，它不具有经济的合理性，但是，从目前土地严格控制政策来看，几乎是"一刀切"的这样一种办法，那么，从宏观上看，之所以要这样干主要是害怕全国通过这样一种扩大开发区、扩大城市建设的面积来占用农田，使中国的粮食产量下降，造成中国粮食供给不足，这是带有全局性、战略性的问题。因此，必须封杀滥占耕地这种势头。从2003年以来不断发文，几乎采取一刀切的办法来控制土地的占用，几乎是冻结的这样一种政策。但是应怎么来看待这样一个问题？就是从宏观上要控制总量、控制土地的占用是完全必要的，但是不要完全采取一刀切的办法，使那些已经有比较好的基础，有发展空间的一些开发区也没有了发展的机会。根据国土资源部的统计，现在全国开发区是3800多个，国务院批准的占6%，省级政府批准的占19%，其他的都是未经过合法的或规范的审批程序而建立的开发区，闲置的土地面积占43%，这是从全国讲算大账。我想如何来解决这个问题呢？方法有两个，第一个在思想上、方针上是不是采取总量控制，空间置换和动态平衡的这样一种办法。所谓总量控制就是，保证全国总的开发区的面积不再增加，甚至有所收缩，全国的耕地面积不能下降，甚至有所增长，这叫总量控制。而空间置换呢，我国有些开发区已经开而不发的，特别是县以下的开发区应当关掉，或者是多数应当关掉，恢复成耕地，但是多数开发区是在县，特别是地区以上的，更具有规模效应，基础设施也比较好，有生产要素积聚的效应，原来提的面积大的比如30平方千米，小的5平方千米，这些开发区能不能网开一面，让它有拓展的空间？而把县以下的开发区大部分关掉恢复成耕地，通过这样空间置换，达到动态的平衡，使局部有增有减，而总体不增，甚至农田有所增加，缓解工业用地与农业用地的矛盾。第二个是从根本上来调整以前的土地占用制度和土地征用制度。我认为香港的土地征用制度不适合内地，而我们20多年来，都是香港型的一次性买断，由政府以很低的价格把土地从农民手中征用过来，变成熟地，然后再卖出去，或者是零租金转让。我认为它有几个问题，一个是低价收购土地造成农民失去土地，成为没有土地、没有职业、没有社会保障的"三无"农民，农民失去赖以生存的基本的生产资料。二是政府寅吃卯粮，这一届政府把地卖掉了，那下一届政府还从那儿的土地来获得财政收入，实际上我们过去叫"孙子卖爷爷的田不心疼"，现在是"爷爷卖孙子的田也不心疼"。因此，必须从根本上改变目前的土地征用制度，由一次性补偿改为多年性，由一次性征用改成租用。就是农民的土地作为生产要素，也有索取资本回报的权利，就是说，假定每年一亩土地机会收益是一两千斤粮食，按现在的收购价格 7 毛钱一斤毛粮，那他的机会收益是 1400 元钱，那你每年补他 1400 元钱，农民保证愿意，因为种粮肯定还要投入，还要种子、化肥，还要柴油，还要电力消耗，他实际上净收入不到 1400 元钱。所以，按照这样，每年付给他一定的租金，给他长年所获得的租金收入，这样来解决"三无"农民问题。此外，也可以降低土地开发成本，由一次性投入，变成 50 年、70 年投入，包括房地产的开发，我一年一次性买房子 1 平方米要交，比如北京至少是 2000 平方米的土地转让金，那如果分成 70 年的话，算大账是 2100 元钱一平方米，70 年每平方米只有 30 块钱的土地转让金，而且随着通货膨胀率，不断调整转让金的价格，这样既有利于农民，也有利于消费者，也有利于投资商一次性投入的成本，也使后面的政府有后续的不断的土地转让租金的收入。我想必须从两个方面解决这个问题，第一个是从总量上控制，动态平衡地解决工业发展空间和农民征地的问题；第二个是调整土地转让机制，解决中国目前土地转让中带来的一系列社会问题。

第五个问题我想讲一下降低民营资本进入的门槛与民营资本投机性的矛盾。

大家知道从 2001 年以后，国家发改委不断地降低民营资本进入的门槛，十六大提出凡是法律未予禁止的领域民营资本都可进入，那么这样就从产业准入上解决了民营资本做大做强以后的出路问题。我认为中国在历史上就有一个特点，到现在也没有从根本上改变民营资本这种投机性，这种投机性总是想在短期内就能获得回报，总是热衷于去做房地产，做些基础设施中的短期能够回收投资的产业。过去我一直推崇温州模式、温州精神、温州发展经验。但是现在，上个月到温州去，我说你们又开始找不着东西南北了，就是温州的剩余资本出路问题，到底干什么，他们最热衷于到各地区炒房子。所以，就出现了上海、杭州等地封杀温州的炒房款这样一些问题，就是他能不能把这样一些资本投向所谓产业升级、技术密集型产业，加大对企业的技术改造，而不去或少去干"炒房"这样一种投机性资本行为。这是市场调节必然会出现的这样一种结果，赚钱多，他就必然从那儿干。所以，这样就解决不了中国要么是国有资本，要么是小私有，就培育不起在制造业里的民营企业的大资本的问题。我想这个是中国民营经济发展到今天必须回答的问题。就是说不等于民营企业有钱，他一定去推进产业升级，就像香港有一些大老板他从不做推进广告升级的事情，他就是到内地，首选的是炒房地产，我想这是中国民族资本的一种劣根性，如果这个问题不解决，那么，还得依靠传统的国有企业来搞那些资本密集型和技术密集型产业。因时间问题，我只想讲经济发展中，特别是区域经济发展中有关的几个矛盾性问题。只是提出问题，没有提出解决问题的办法。

［本文原载《重庆工商大学学报》（社会科学版）2004 年第 3 期］

谱写区域协调发展新篇章

——纪念实施西部大开发战略 10 周年

实施西部大开发战略，是党中央、国务院总揽全局、面向 21 世纪作出的重大决策，是我国社会主义现代化建设全局的重要组成部分。西部大开发战略实施 10 年来的实践表明，坚定不移地深入推进西部大开发战略，保持西部地区繁荣、发展、稳定，事关各族人民群众的福祉，事关全面建设小康社会目标的实现，事关中华民族的伟大复兴，具有重大的现实意义和深远的历史意义。

西部大开发 10 年来成就巨大

实施西部大开发战略以来，党中央、国务院在规划指导、政策扶持、资金投入、项目安排、人才交流等方面不断加大对西部地区的支持力度，中央财政对西部地区转移支付累计达 3 万多亿元，中央财政建设资金累计投入 7300 多亿元。目前，西部大开发的政策效应逐步显现，西部地区经济、文化、社会、生态等各方面建设都取得了巨大成就。

综合实力大幅提升，经济发展迈上新台阶。西部地区生产总值从 2000 年的 1.67 万亿元增加到 2008 年的 5.83 万亿元，年均增长 11.7%；人均地区生产总值由 4624 元增加到 1.6 万元，年均增长 10.5%；地方财政本级收入由 1127 亿元增加到 5159 亿元，年均增长 19.6%；全社会固定资产投资由 6111 亿元增加到 3.59 万亿元，年均增长 23.4%。西部地区经济增长速度快、持续时间长、稳定性好，经济总量和人均水平都实现了大跨越，为全国经济发展提供了支撑、做出了贡献。

　　西部大开发基础不断夯实，西部地区自我发展能力显著增强。10 年来，针对基础设施落后、生态环境脆弱等制约西部地区经济社会发展的关键环节，国家加大投入力度，累计新开工西部大开发重点工程 102 项，投资总规模达 1.7 万亿元，青藏铁路、西气东输、西电东送、退耕还林、退牧还草等一批重点工程相继建成、发挥效用，西部地区发展的硬件设施得到极大改善。特色优势产业、重点区域快速发展。能源及化学工业、优势矿产资源开采及加工业、特色农牧产品加工业、装备制造业、高技术产业、旅游产业发展势头良好，涌现出一批具有较强竞争力的名优品牌和企业集团。重点经济区加快发展，正形成引领和带动西部大开发的战略高地。成渝经济区城乡一体化发展初见成效，泛北部湾经济合作深入开展，以西安为中心的统筹科技资源综合配套改革试验、西（安）咸（阳）一体化进程加速推进。

　　各项社会事业全面进步，人民生活水平显著提高。教育"两基"攻坚计划如期完成，全民受教育水平显著提高，青壮年文盲率降到 5% 以下。城乡医疗服务体系迅速发展，服务水平和质量明显提升。新型农村合作医疗制度基本形成，参合率达到 85%。以城镇企业职工基本养老保险、基本医疗保险、失业保险、工伤保险、生育保险等为重点的社会保障体系不断完善，覆盖范围逐步扩大。农村水、电、路、气等基础设施不断加强，解决了不通电行政村的通电问题，建成贫困县出口路 1.7 万公里、通县油路 2.6 万公里，建成户用沼气池 590 万口，解决了 9437 万人的饮水困难和饮水安全问题。完成了送电到乡、油路到县等建设任务，西部地区新农村建设迈出实质性步伐。人民生活水平不断提高，2008 年城镇居民人均可支配收入和农民人均纯收入分别是 2000 年的 2.30 倍和 2.12 倍，扣除价格因素，年均增长 8.1% 和 6.1%；农村贫困人口从 2000 年的 5731.2 万人减少到 2008 年的 2648.4 万人。

　　东、西部地区互动深入开展，西部地区与东部地区发展差距扩大趋势得到初步遏制。目前，已有近 20 万家东部企业到西部地区投资创业，投资总额达 3 万亿元。2000—2008 年，西部地区累计实际利用外商直接投资 238 亿美元，实现进出口贸易总额 4074 亿美元。西部地区的快速发展，使东、西部地区发展差距扩大的趋势得到初步遏制。2000—2006

年，西部地区生产总值和人均地区生产总值增速总体低于东部地区 1.3 个和 0.2 个百分点；但自 2007 年开始，这两项指标增速开始超过东部地区，2007 年分别高于东部地区 0.2 个和 0.6 个百分点，2008 年达到 1.3 个和 2 个百分点，2009 年有望继续保持高于东部地区水平，区域发展协调性不断增强。

总体上看，实施西部大开发战略的 10 年，是新中国成立以来西部地区经济增长最快、发展质量最好、综合实力提高最为显著、城乡面貌变化最大、人民群众得到实惠最多的时期。实践充分证明，党中央、国务院实施西部大开发的战略决策是完全正确的。西部大开发已经站在一个新的历史起点上，进入了新的发展阶段。

西部大开发依然任重道远

由于自然、历史等多方面的原因，西部地区经济社会发展依然存在诸多突出矛盾和问题。西部地区基础设施落后、生态环境脆弱的瓶颈制约仍然存在，经济结构不合理、自我发展能力不足的状况仍然没有得到根本改变，基本公共服务能力薄弱、贫困面广量大的问题仍然突出，加强民族团结、维护边疆稳定的任务仍然繁重。从人均地区生产总值比较看，尽管西部地区人均地区生产总值占全国的比重近年来不断提高，与东部地区增速差距拉大趋势初步扭转，但人均地区生产总值的绝对量与东部地区的差距仍在继续拉大，由 2000 年的 7200 多元拉大到 2008 年的 21000 多元。从小康社会实现程度看，2008 年西部地区小康社会实现程度只有 69.4%，仅相当于东部地区 2000 年的水平、中部和东北地区 2004 年的水平。西部地区依然是我国全面建设小康社会的重点和难点。

因此，我们既要看到西部大开发取得的巨大成就，坚定信心；又要看到西部大开发是一项艰巨的历史任务，需要国家和全社会共同努力，以更大的决心、更有力的措施、更扎实的工作，坚定不移地深入推进西部大开发战略，推动西部地区经济社会加快发展，逐步缩小区域发展差距，促进区域协调发展。

深入推进西部大开发的政策取向

深入实施西部大开发战略，是当前应对国际金融危机、保持我国经济平稳较快发展的重要举措，是有效扩大国内需求、拓展我国发展空间的客观需要，是构建国家生态安全屏障、实现可持续发展的重大任务，是不断改善民生、增进民族团结和维护边疆稳定的重要保障，是缩小地区发展差距、实现全面建设小康社会目标的必然要求。今后一个时期，国家将继续保持西部大开发政策的连续性和稳定性，对西部大开发的支持力度不会减弱。

深入实施西部大开发战略的政策重点是继续加大对西部地区财税、投资、金融、产业等方面的支持力度，更加注重基础设施建设，更加注重生态环境保护与建设，更加注重经济结构调整，更加注重社会事业发展，更加注重优化布局，更加注重体制机制创新，努力把西部地区建设成为现代产业发展的重要集聚区、统筹城乡改革发展的示范区、生态文明建设的先行区，推动西部地区经济社会跨越发展，与全国基本同步实现全面建设小康社会的奋斗目标。

中央高度重视西部大开发

党的几代中央领导集体十分重视西部地区发展，始终把加快西部地区开发建设、促进区域经济协调发展作为党领导经济工作的一条重要方针。

20世纪50年代，毛泽东同志在《论十大关系》中明确提出，要处理好沿海与内地的关系，平衡工业布局，大力发展内地工业。在这一战略思想指导下，国家掀起了开发与建设西部的高潮，奠定了西部地区的工业基础。

20世纪80年代，邓小平同志提出"两个大局"的战略构想。根据这一构想，沿海地区大力推进改革开放，经济实力迅速上升，实现了率先发展。同时，国家组织开展了东西部对口支援，加大了扶贫开发力度，增加了西部地区基本建设投资，为实现第二个大局创造了条件。

世纪之交，以江泽民同志为核心的党的第三代中央领导集体做出了实施西部大开发、加快西部地区发展的重大战略决策。1999 年，江泽民同志指出，从现在起，实施西部大开发要作为党和国家一项重大的战略任务，摆到更加突出的位置。2000 年 1 月，中共中央、国务院转发国家发展计划委员会《关于实施西部大开发战略初步设想的汇报》，明确了实施西部大开发战略的指导思想、奋斗目标、主要任务及保障措施，全面拉开了实施西部大开发战略的帷幕。

党的十六大以来，以胡锦涛同志为总书记的党中央提出要以科学发展观为统领，坚定不移地把西部大开发推向前进。党的十六届三中全会提出"五个统筹"思想，进一步强调统筹区域协调发展，加快西部地区改革开放步伐。胡锦涛同志在西部大开发 5 周年汇报上作出重要批示，强调继续实施好西部大开发战略对确保全面实现小康社会目标十分紧要，要坚定不移地把西部大开发继续推向前进。党的十七大进一步强调，继续实施区域发展总体战略，深入推进西部大开发，重大项目布局要充分考虑支持中西部发展，鼓励东部地区带动和帮助中西部地区发展。中央领导同志多次深入西部地区考察，研究解决西部大开发战略实施中的重大问题，强调要以更大的决心、更有力的措施、更扎实的工作，推动西部大开发持续有效和健康地向前发展。

有力的政策措施，有益的理论启示

西部大开发战略实施 10 年来，党中央、国务院先后制定实施了一系列政策措施，西部大开发取得明显成效。西部大开发的顺利推进，深化了人们对区域发展问题的理论认识。

西部大开发的政策措施

先后制定西部大开发"十五"和"十一五"总体规划。西部大开发总的战略目标是，经过几代人的艰苦奋斗，到 21 世纪中叶全国基本实现现代化时，从根本上改变西部地区相对落后的面貌，显著缩小地区发展差距，努力建设一个经济繁荣、社会进步、生活安定、民族团结、山川秀美、人民富裕的新的西部地区。西部大开发总体规划确定了西部开发的重点区域，包括西陇海兰新线经济带、长江上游经济带、南（宁）贵（阳）昆（明）经济区以及西藏、新疆等少数民族地区。2008 年以来，国务院先后批复《广西北部湾经济区发展规划》《关中—天水经济区发展规划》等区域规划，发布针对新疆、宁夏等省区建设的指导意见，并批复重庆、成都为国家统筹城乡发展综合配套改革试验区。规划还明确了西部大开发的保障机制，即国家政策扶持机制、金融服务支持机制、企业发展激励机制、资源合理开发机制、政府协调服务机制和规划有效实施机制。

制定实施一系列具体政策措施。在工业调整与发展政策方面，强调发挥西部资源优势，加强能源原材料基地建设，加快优势资源开发与利用，发展特色产业，发展高新技术产业，促进结构调整。在农业和农村政策方面，组织实施天然草地保护工程，推进成都平原、河西走廊、新疆南部地区、陕西关中地区、宁夏河套灌区、内蒙古河套灌区等区域的粮食基地建设以及优质棉花生产基地、优质果园、蔬菜良种繁育基地等特色基地建设；大力发展旱作节水农业，积极发展生态农业，加快发展养殖业；积极发展农产品加工业和乡镇企业；加强农业社会化服务体系建设，大力开展基层农技人员和农民培训。在财政政策方面，采取向西部地区倾斜的一系列政策，主要包括税收政策、扶贫等专项资金安排、转移支付、国际金融组织和外国政府贷款，等等。为了鼓励内外资投向西部地区，国家还出台了一系列税收优惠政策。在金融政策方面，中国人民银行鼓励国有商业银行支持西部重点工程建设，国家开发银行积极向西部地区基础设施、重点工程等提供贷款。在科技政策方面，重点支持生态环境建设，发展特色产业，培育高新技术产业，加快信息化，等等。在教育发展方面，在学科设置、高校招生数量、研究生培养、对口教育支援等方面实行向西部地区倾斜的政策；加大对西部地区义务教育支持力度，除了免学杂费，还通过财政专项或转移支付支持改善中小学办学条件。在社会事业方面，国家加大对西部地区医疗卫生事业的投入；建设基层文化设施，保护西部地区特色地域文化；推进网络基础设施、广电覆盖等工程项目，提高西部地区信息化水平。

西部大开发的有益启示

　　处理好区域协调发展中市场与政府的关系。我国幅员辽阔，区域之间的自然环境、资源禀赋以及经济发展的起点和基础存在很大差别。促进区域协调发展，是我国工业化和现代化建设过程中必须完成的重大任务。区域经济发展理论认为，生产要素的空间配置首先要遵循区域经济非均衡发展的客观规律，充分发挥市场机制在资源配置中的基础性作用。由于市场机制的作用，会出现生产要素集中化的趋势，生产能力、市场份额、劳动力以及收入分配向具有竞争优势的地区集中。但是，单靠市场机制调节生产要素的空间配置，必然会出现市场失灵，加剧地区之间的发展差距，使区域经济发展不平衡问题更加突出。特别是在改革开放初期，我国经济体制处在转轨过程中，价格体系及其形成机制还不完善，西部地区以提供能源、原材料为主导的产业结构处于国内产业分工的上游，西部地区的产品交换没有获得应有的价值补偿。另外，"分灶吃饭"的财政税收体制，使各个地区更加关注本地区的局部利益。在这种情况下，单纯依靠市场的力量难以克服地区经济发展差距扩大的问题。因此，在区域经济发展政策上，既要发挥市场的基础作用，也要发挥政府的主导作用，以矫正市场失灵、弥补市场缺陷。通过中央政府的调控，包括制定和实施区域发展规划、财政转移支付、加强基础设施建设、扶持优势特色产业等等，缩小地区差距。

　　处理好欠发达地区在加快发展中自力更生与外部支持的关系。西部地区实现可持续发展的基础是增强自我积累和自我发展的能力，形成发展的内生力量，包括调整和优化产业结构、深化体制机制改革、转变政府职能、改善投资环境、吸引和集聚人才，等等。但完全依靠西部地区的自我积累和自我发展来缩小区域发展差距，需要经历一个很长的历史过程。因此，对落后地区实行援助政策是实现区域协调发展的客观要求。国家通过加大对西部地区基础设施和生态环境建设的投入，改善西部经济发展环境；加大对西部地区财政转移支付力度，缓解西部经济发展的资金困难；在国民收入再分配中，通过增强财政转移支付的力度以及东部地区的支援，改变西部地区教育、医疗卫生、文化等社会事业发展滞后的状况。这样，不同地区都能分享经济发展的成果，实现不同地区经济社会事业的均衡发展。

基础设施建设取得突破性进展

加快基础设施建设是实施西部大开发战略的重要内容。10 年来，国家从战略高度出发，按照先行建设、适度超前的原则，不断加大对西部地区交通、水利、能源、通信、市政等基础设施建设的支持力度。2000—2008 年累计新开工重点工程 102 项，投资总规模 1.7 万亿元。青藏铁路、西气东输、西电东送、国道主干线西部路段和大型水利枢纽等西部大开发标志性工程相继建成，饮水安全、送电到乡、油路到县等与群众生产生活密切相关的建设任务顺利实施。

生态建设与环境保护取得明显成效

生态建设与环境保护是西部大开发战略的重要组成部分。国家启动实施了退耕还林、退牧还草、天然林资源保护、京津风沙源治理、三北防护林体系建设、石漠化治理等一批重点生态工程，加强污染防治。经过 10 年的艰苦努力，西部地区生态建设与环境保护取得显著成效。2008 年西部地区森林面积为 11681 万公顷，森林覆盖率达 17.1%，提高了 6.7 个百分点。天然草原得到休养生息，工程区植被覆盖度平均增长 14 个百分点。化学需氧量和二氧化硫排放量分别减少 4.6% 和 5.6%，酸雨次数明显减少。

（本文原载《人民日报》2010 年 1 月 11 日）